民事訴訟法判例研究集成

野村秀敏

民事訴訟法
判例研究集成

✿❀✿

学術選書
180
民事訴訟法

信山社

はしがき

　本書は，私が，さまざまな機会に発表してきた民事訴訟法関係の判例に関する研究を，批評，評釈，解説などの形式・名称によるものを含めてまとめた2冊目の著書である。前著『民事訴訟法判例研究』（信山社・2002年）には，1980年から2000年の間に発表した2編の総合判例研究と31編の個別判例研究を収めたが，本書には2002年から2017年の間に発表した45編の個別判例研究を収録している。同一の判例に関する2編の判例研究のうちより詳細な方だけを収録し，簡単な方は省略したものが1件あるが，それを除けば，45編はその間に私が発表した判例研究のすべてである。また，対象判例・裁判例として，前著の個別判例研究では下級審の裁判例の数が多いのに対し（31編中最高裁判例12件，下級審裁判例19件），本書では最高裁判例の比率が高くなっているが（45編中最高裁判例35件，下級審裁判例10件），それは後述のような理由による。

　本書に旧稿を収録するに当たっては，ある程度の体裁の統一，漢字・送り仮名の統一を行ったが完全ではない。また，行論に乱れがあるのを発見したので，訂正させていただいた点が数箇所あるが，それ以外には内容的な変更は加えていない。ただし，旧稿の公表後の関連文献を指示した補遺は，今回書き加えたものである。

　民事訴訟法に関する判例，とりわけ最高裁（上級審）の判例の多くは，法律や規則の違反行為の効果に関するもので，生起してしまった問題をどのように上手に収めるかという観点からのものである。すなわち，実務の運用としては，なるべく判例の題材になるような問題を惹き起こさないようなあり方が望ましいであろうし，そもそも民事訴訟法の分野では，実務上重要ではあっても判例が生み出されにくい領域も多くあるように思う。そういった意味で，実体法の領域における以上に，民事訴訟法の領域では，判例集や判例雑誌に登載された文字のみに頼った判例研究には限界があることはしばしば指摘されるところであるが，直接それに携わっていない研究者が実務にアプローチする一手段として，そしてまた，自己の法的思考力を鍛える場として，判例研究にそれ相当の意味を認めるべきことも否定できないであろう。

　ところで，前著刊行以前の時期と本書の元となった旧稿執筆時期との間に私自身の身辺に生じた大きな変化として，法科大学院への勤務と2度の本務校の変更という事態がある。そして，何よりも，判例研究との関係で言えば，その最初に勤務した法科大学院における先輩教授である円谷峻先生の御紹介により，当時商事法務研究会の許で開催されていた取引法判例研究会への参加を許されたことをあげておかなければならない。その後同研究会は日本法律家協会に引き継がれて

はしがき

民事法判例研究会として今日にまで至っているが，両研究会においては，川井健先生，田尾桃二先生，永井紀昭先生を始めとする歴代の名司会者の先生方の下，活発かつ興味深い議論がなされてきた。これらの研究会において報告の機会を与えられ，また，とりわけ出席の実務家の先生方のご教示をいただけたことが，上記のように実務に疎い私にとっては有り難いことであった。これら研究会での報告原稿の公表の機会を与えられたことは，前著刊行までの期間よりも短い期間でより多くの判例研究を発表することができたことにも繋がっている。本書収録の判例研究 45 編のうち，半数の 23 編の成り立ちはそのようなものである。なお，両研究会は最高裁判例のみを取り上げる方針である。本書収録の判例研究には前著の場合よりも最高裁判例に関するものの比率が高くなっているのは，そのためである。

　ここに御名前をあげさせていただいた取引法・民事法判例研究会関係の諸先生方はすべて鬼籍に入られてしまわれたが，以上の次第で，本書が成るについては，それらの先生方を始めとする研究会関係の先生方に大いにお世話になっている。心からの感謝の意を表させていただきたい。また，旧稿の本書への収録を御許可下さった関係の各出版社，本書のような採算の取れない出版を引き受けて下さった信山社の袖山貴氏，出版・編集に際していつもながらの様々なご配慮をいただいた稲葉文子氏にも御礼申し上げたい。最後に私事にわたるが，これまでの著書の刊行に際してと同様，私の研究生活を精神的に支えてくれている妻・康子と長女・桃子のほか，前著刊行後に新しく増えた家族にも感謝したい。

　2018 年春，葉桜の頃

野　村　秀　敏

目　次

はしがき

文献略語表

第1部　判決手続

1 米国ジョージア州港湾局極東代表部職員の不当解雇を理由とする地位確認・賃金支払を求める訴訟と裁判権免除 …………… 3
　（最高裁平成21年10月16日第2小法廷判決，民集63巻8号1799頁・判時2064号152頁・判タ1313号129頁・労判992号5頁）

2 不正競争防止法3条1項に基づく差止めを求める訴えおよび差止請求権の不存在確認を求める訴えと民事訴訟法5条9号 … 17
　（最高裁平成16年4月8日第1小法廷決定，民集58巻4号825頁・判時1860号62頁・判タ1151号297頁）

3 将来給付請求権としての適格性 ………………………………… 24
　（最高裁平成19年5月29日第3小法廷判決，判時1978号7頁）

4 具体的相続分確認の利益 ………………………………………… 33
　（最高裁平成12年2月24日第1小法廷判決，民集54巻2号523頁・判時1703号137頁・判タ1025号125頁）

5 将来の法律関係の確認——雇用者たる地位の確認 …………… 38
　（東京地裁平成19年3月26日民事第36部判決，判時1965号3頁・判タ1238号130頁・労判941号33頁）

6 原告に係る戸籍上の記載が真実でないと主張されている場合における人事訴訟の原告の法律上の利益の判断方法 …………… 44
　（東京高裁平成20年11月26日第9民事部判決，判タ1290号194頁）

7 未登記土地の時効取得者から国への所有権確認請求訴訟 ……… 51
　（最高裁平成23年6月3日第2小法廷判決，判時2123号41頁）

目　次

8　退任した農業共同組合の理事に対して組合が提起する訴えについて組合を代表する権限を有する者……………………57
（最高裁平成15年12月16日第3小法廷判決，民集57巻11号2265頁・判時1846号102頁・判タ1143号248頁）

9　(1)　受送達者あての訴訟関係書類の交付を受けた同居者等と受送達者との間にその訴訟に関して事実上の利害関係の対立がある場合における上記書類の補充送達の効力
　(2)　受送達者あての訴訟関係書類の交付を受けた同居者等がその訴訟に関して事実上の利害関係の対立がある受送達者に対して上記書類を交付しなかったため受送達者が訴訟が提起されていることを知らないまま判決がされた場合と民訴法338条1項3号の再審事由……………………64
（最高裁平成19年3月20日第3小法廷決定，民集61巻2号586頁・判時1971号125頁・判タ1242号127頁）

10　全国消費実態調査の調査票情報を記録した準文書が民訴法231条において準用する同法220条4号ロ所定の「その提出により……公務の遂行に著しい支障を生ずるおそれがあるもの」に当たるとされた事例……………………74
（最高裁平成25年4月19日第3小法廷決定，裁時1578号13頁・判時2194号13頁・判タ1392号64頁）

11　県議会議員の1万円以下の政務調査費支出に係る領収書その他の証拠書類等及び会計帳簿の自己利用文書該当性（消極）……83
（最高裁平成26年10月29日第2小法廷決定，裁判集民248号15頁・裁時1615号1頁・判時2247号3頁・判タ1409号104頁・判例自治392号40頁）

12　前訴において1個の債権の一部についてのみ判決を求める旨が明示されていたとして，前訴の確定判決の既判力が当該債権の他の部分を請求する後訴に及ばないとされた事例……………92
（最高裁平成20年7月10日第1小法廷判決，判時2020号71頁・判タ1280号121頁）

目　次

13　仮執行宣言付判決に対する上訴に伴い担保を立てさせて強制執行停止等がされた場合における債務者に対する破産宣告と担保の事由の消滅 …………………………………………………… 106
　　（最高裁平成 13 年 12 月 13 日第 1 小法廷決定，民集 55 巻 7 号 1546 頁）

第 2 部　執行・保全法

14　強制執行を受けた債務者がその請求債権につき強制執行を行う権利の放棄又は不執行の合意があったことを主張して裁判所に強制執行の排除を求める場合に執るべき措置 ……………… 121
　　（最高裁平成 18 年 9 月 11 日第 2 小法廷決定，民集 60 巻 7 号 2622 頁・金判 1266 号 34 頁）

15　請求異議訴訟における棄却判決の確定力（既判力）の範囲 …… 129
　　（東京高裁平成 12 年 8 月 17 日第 17 民事部判決，判時 1741 号 88 頁）

16　担保を立てる方法として支払保証委託契約を締結するためにされた定期預金の払戻請求権につき転付命令を得た者による担保取消申立ての許否 ……………………………………………… 136
　　（最高裁平成 15 年 3 月 14 日第 2 小法廷決定，判時 1852 号 76 頁・判タ 1127 号 118 頁・金法 1690 号 109 頁・金判 1179 号 20 頁）

17　抵当権に基づく不動産競売において抵当権の不存在又は消滅を売却許可決定に対する執行抗告の理由とすることの可否 … 141
　　（最高裁平成 13 年 4 月 13 日第 2 小法廷決定，民集 55 巻 3 号 671 頁・判時 1751 号 72 頁）

18　地上建物に対する仮差押えが本執行に移行して強制競売手続がされた場合において，土地および地上建物が当該仮差押えの時点で同一の所有者に属していたが，その後に土地が第三者に譲渡された結果，当該強制競売手続における差押えの時点では同一の所有者に属していなかったときの法定地上権の成否 ……………………………………………………………… 150
　　（最高裁平成 28 年 12 月 1 日第 1 小法廷判決，民集 70 巻 8 号 1793 頁・金判 1520 号 28 頁）

目　次

19 配当異議の訴えにおいて競売申立書の被担保債権の記載と異なる真実の権利関係に即した配当表への変更を求めるための要件 ……………………………………………………………………… 157
（最高裁平成15年7月3日第1小法廷判決，裁時1343号202頁・判時1835号72頁・判タ1133号124頁・金法1690号116頁・金判1179号8頁）

20 (1) 債権差押命令の申立てにおける差押債権の特定の有無の判断基準
(2) 大規模な金融機関のすべての店舗または貯金事務センターを対象として順位付けをする方式による預貯金債権の差押命令の申立ての適否 ……………………………………………………… 168
（最高裁平成23年9月20日第3小法廷決定，民集65巻6号2710頁・判時2129号41頁・判タ1357号65頁・金法1934号68頁・金判1379号16頁）

21 普通預金債権のうち差押命令送達時後同送達の日から起算して1年が経過するまでの入金によって生ずることとなる部分を差押債権として表示した債権差押命令の申立てが，差押債権の特定を欠き不適法であるとされた事例 …………………… 177
（最高裁平成24年7月24日第3小法廷決定，裁判集民241号29頁・判時2170号30頁）

22 保険医療機関，指定医療機関等の指定を受けた病院または診療所が社会保険診療報酬基金に対して取得する診療報酬債権と民事執行法151条の2第2項に規定する「継続的給付に係る債権」 …………………………………………………………… 186
（最高裁平成17年12月6日第3小法廷決定，民集59巻10号2629頁・判時1925号103頁・判タ1205号158頁・金法1769号39頁）

23 抵当権に基づく物上代位権の行使としてされた債権差押命令に対する執行抗告において被差押債権の不存在又は消滅を理由とすることの可否 ……………………………………………… 198
（最高裁平成14年6月13日第1小法廷決定，民集56巻5号1014頁・裁時1317号249頁・判時1790号106頁・判タ1095号114頁・金法1657号29頁・金判1155号3頁）

24 差押えがされている動産引渡請求権を更に差し押さえた債権者が先行する差押事件で実施される配当手続に参加するために執行裁判所に対して競合差押債権者の存在を認識させる措置を執るべき義務の有無 ……………………………… 205
 （最高裁平成18年1年19日第1小法廷判決，民集60巻1号109頁・判時1923号41頁・判タ1202号264頁・金法1774号42頁）

25 不作為を目的とする債務の強制執行として間接強制決定をするために債権者において債務者の不作為義務違反の事実を立証することの要否 ……………………………………………… 216
 （最高裁平成17年12月9日第2小法廷決定，民集59巻10号2889頁）

26 面会交流を命ずる決定に基づく間接強制の可否 …………… 229
 （東京高裁平成24年1月12日決定，家月64巻8号60頁）

27 ⑴ 監護親に対し非監護親が子と面会交流をすることを許さなければならないと命ずる審判に基づき間接強制決定をすることができる場合（①事件）
 ⑵ 監護親に対し非監護親が子と面会交流をすることを許さなければならないと命ずる審判に基づき間接強制決定をすることができるとされた事例（①事件）
 ⑶ 監護親に対し非監護親が子と面会交流をすることを許さなければならないと命ずる審判に基づき間接強制決定をすることができないとされた事例（②事件）
 ⑷ 非監護親と子が面会交流をすることを定める調停調書に基づき間接強制決定をすることができないとされた事例（③事件）…………………………………………………………… 235
 （①事件：最高裁平成25年3月28日第1小法廷決定，民集67巻3号864頁／②事件：最高裁平成25年3月28日第1小法廷決定，判時2191号46頁／③事件：最高裁平成25年3月28日第1小法廷決定，判時2191号46頁）

28 確定判決と仮処分決定により，同一の者が実質的に相反する実体的な義務を負う場合におけるそれぞれの義務に関する間接強制の許否（積極） …………………………………………… 255
 （①事件：最高裁平成27年1月22日第2小法廷決定／②事件：最高裁平成27年1月22日第2小法廷決定，裁時1620号4頁・5頁・判時

目　次

2252 号 33 頁・判タ 1410 号 55 頁）

29　債権に対する仮差押えの執行後に本執行がされた場合において仮差押えが取り下げられたときの仮差押えの執行後本執行前にされた被差押債権の弁済の差押債権者に対する効力 …… 268
（最高裁平成 14 年 6 月 7 日第 2 小法廷判決，裁時 1317 号 247 頁・判時 1795 号 108 頁・判タ 1101 号 87 頁・金法 1657 号 32 頁・金判 1156 号 3 頁）

30　一筆の土地の一部についての権利を保全するため当該一筆の土地全部について処分禁止の仮処分の申立てをすることは，保全の必要性を欠くとして理由はないが，仮処分登記をする前提として，債務者に代位して当該部分の分筆のための手続を履践していると仮処分の目的が達成されなくなるおそれがあるときは，申立ては理由があるというべきであるとして，原決定を取り消して事件が原審に差し戻された事例…………… 275
（大阪高裁平成 23 年 4 月 6 日民事第 11 部決定，判時 2123 号 43 頁）

31　審判前の保全処分における子の仮の引渡しの判断基準………… 285
（東京高裁平成 20 年 12 月 18 日決定，家月 61 巻 7 号 59 頁）

32　審判前の子の引渡しの保全処分と執行期間 ………………………… 291
（東京高裁平成 15 年 12 月 25 日決定，家月 56 巻 8 号 60 頁）

第 3 部　倒　産　法

33　債務超過の判断要素 ………………………………………………………… 299
（東京高裁昭和 56 年 9 月 7 日第 3 民事部決定，判時 1021 号 110 頁・金法 996 号 46 頁）

34　株式会社の取締役等の解任または選任を内容とする株主総会決議不存在確認の訴えの係属中に当該株式会社が破産手続開始決定を受けた場合における訴えの利益の消長 ……………… 304
（最高裁平成 21 年 4 月 17 日第 2 小法廷判決，金判 1321 号 51 頁）

35 破産管財人の源泉徴収義務 ……………………………………… 311
（最高裁平成 23 年 1 月 14 日第 2 小法廷判決，民集 65 巻 1 号 1 頁・金判 1365 号 31 頁）

36 破産手続開始前に成立した第三者のためにする生命保険契約に基づき破産者である死亡保険金受取人が有する死亡保険金請求権と破産財団への帰属 …………………………………… 321
（最高裁平成 28 年 4 月 28 日第 1 小法廷判決，民集 70 巻 4 号 1099 頁・金判 1499 号 14 頁）

37 (1) 求償権が破産債権である場合において，弁済による代位により取得した財団債権である原債権を破産手続によらないで行使することの可否（①事件）
(2) 求償権が再生債権である場合において，弁済による代位により取得した共益債権である原債権を再生手続によらないで行使することの可否（②事件） ……………………………… 330
（①事件：最高裁平成 23 年 11 月 22 日第 3 小法廷判決，民集 65 巻 8 号 3165 頁・金判 1384 号 13 頁／②事件：最高裁平成 23 年 11 月 24 日第 1 小法廷判決，民集 65 巻 8 号 3213 頁・金判 1384 号 13 頁）

38 自動車売買代金の立替払いをし立替金等の支払を受けるまで自動車の所有権を留保する者は，購入者に係る再生手続開始の時点で当該自動車につき自己を所有者とする登録がされていない限り，上記所有権を別除権として行使することは許されない。 ……………………………………………………………… 341
（最高裁平成 22 年 6 月 4 日第 2 小法廷判決，民集 64 巻 4 号 1107 頁・金判 1353 号 31 頁）

39 別除権協定の解除条件に関する合意が，再生債務者が再生計画の履行完了前に再生手続廃止の決定を経ずに破産手続開始の決定を受けた時から同協定が効力を失う旨の内容を含むものとされた事例 …………………………………………………………… 352
（最高裁平成 26 年 6 月 5 日第 1 小法廷判決，民集 68 巻 5 号 403 頁・金判 1445 号 14 頁）

目　次

40 根抵当権の目的不動産上に再生債務者と第三者所有の不動産が含まれ，これらが全体としてぱちんこ遊技場として利用されている場合，全不動産について担保権実行の中止命令を発令するのは相当ではないとされた事例 ·· 363
（福岡高裁平成 18 年 2 月 13 日第 3 民事部決定，判時 1940 号 128 頁）

41 民事再生法 149 条に基づき価額決定請求がなされた担保権消滅許可申立事件の配当手続において，対象不動産の価額と被担保債権に対する配当額との間に差額が生じたことにつき，上記差額に係る請求権が共益債権に当たらないとされた事例 374
（東京地裁平成 16 年 2 月 27 日第 1 民事部判決，判時 1855 号 121 頁）

42 破産債権者が破産宣告の時において期限付又は停止条件付であり破産宣告後に期限が到来し又は停止条件が成就した債務に対応する債権を受働債権とし破産債権を自働債権として相殺することの可否 ··· 383
（最高裁平成 17 年 1 月 17 日第 2 小法廷判決，民集 59 巻 1 号 1 頁・金判 1220 号 46 頁）

43 ⑴　保証人が主たる債務者の破産手続開始前にその委託を受けないで締結した保証契約に基づき同手続開始後に弁済をした場合に保証人が取得する求償権の破産債権該当性（積極）
⑵　保証人が主たる債務者の破産手続開始前にその委託を受けないで締結した保証契約に基づき同手続開始後に弁済をした場合に保証人が取得する求償権を自働債権とする相殺の可否（消極） ··· 390
（最高裁平成 24 年 5 月 28 日第 2 小法廷判決，民集 66 巻 7 号 3123 頁）

44 ⑴　民事再生法 174 条 2 項 3 号所定の「再生計画の決議が不正の方法によって成立するに至ったとき」には，再生計画案が信義則に反する行為に基づいて可決された場合が含まれるか
⑵　民事再生法 172 条の 3 第 1 項 1 号の趣旨を潜脱し信義則に反する再生債務者らの行為に基づいて再生計画案が可決されたとして，再生計画に同法 174 条 2 項 3 号所定の不認可事由があるとされた事例 ··· 401

目　次

（最高裁平成 20 年 3 月 13 日第 1 小法廷決定，民集 62 巻 3 号 860 頁・金判 1291 号 16 頁）

45　(1)　仮執行宣言付判決に対する上訴に伴い金銭を供託する方法により担保を立てさせて強制執行の停止がされた後に債務者につき更生手続開始の決定がされた場合における上記担保の被担保債権の性質

(2)　仮執行宣言付判決に対する上訴に伴う強制執行の停止に当たって金銭を供託する方法により担保が立てられた場合において債務者につき更生計画認可の決定がされた後であっても供託金の還付請求権を行使することの可否 …………… 410

（最高裁平成 25 年 4 月 26 日第 2 小法廷決定，民集 67 巻 4 号 1150 頁・金判 1420 号 8 頁）

判例索引　（419）

文献略語表

【判例集・雑誌】

民　　録	大審院民事判決録
判決全集	大審院判決全集
民　　集	最高裁判所（大審院）民事判例集
刑　　集	最高裁判所刑事判例集
裁判集民	最高裁判所裁判集民事
裁　　時	裁判所時報
高民集	高等裁判所民事判例集
東高民時報	東京高等裁判所民事判決時報
下民集	下級裁判所民事裁判例集
無体集	無体財産権関係民事・行政裁判例集
新　　聞	法律新聞
評　　論	法律学説判例評論全集
家　　月	家庭裁判月報
金　　判	金融・商事判例
金　　法	金融法務事情
銀　　法	銀行法務21
ケ　　研	ケース研究
現　　消	現代消費者法
国　　際	国際法外交雑誌
戸　　時	戸籍時報
司　　研	司法研修所論集
自　　研	自治研究
事　　再	事業再生と債権管理
自　　正	自由と正義
ジュリ	ジュリスト
訟　　月	訟務月報
商　　事	旬刊商事法務
資料版商事	資料版商事法務
新民執実務	新民事執行実務
税　　研	税研JTRI
税　　弘	税務弘報
税　　事	税務事例研究
曹　　時	法曹時報
手　　研	手形研究

文献略語表

登記先例	登記先例解説集
登　研	登記研究
パ　テ	パテント
判　時	判例時報
判　タ	判例タイムズ
判　評	判例評論
判例自治	判例地方自治
ビジネス	ビジネス法務
ひろば	法律のひろば
法　教	法学教室
法　支	法の支配
法　時	法律時報
法　セ	法学セミナー
民　月	民事月報
民　研	民事研修
民　商	民商法雑誌
民　訴	民事訴訟雑誌
リマークス	私法判例リマークス
労経速	労働経済判例速報
労　判	労働判例
論究ジュリ	論究ジュリスト
愛　学	愛知学院大学論叢法学研究（愛知学院大学）
青　法	青山法学論集（青山学院大学）
愛　媛	愛媛法学会雑誌（愛媛大学）
大宮ロー	大宮ローレビュー（大宮法科大学院大学）
香　川	香川法学（香川大学）
学習院	学習院大学法学会雑誌（学習院大学）
関東学園	法学紀要（関東学園大学）
関　法	法学論集（関西大学）
九　法	九大法学（九州大学）
京　園	京都学園法学（京都学園大学）
熊　法	熊本法学（熊本大学）
神　院	神戸学院法学（神戸学院大学）
国学院	國學院法學（國學院大學）
駒　法	駒澤法学（駒澤大学）
志　林	法学志林（法政大学）
成　蹊	成蹊法学（成蹊大学）
税　大	税務大学校論集（税務大学校）

文献略語表

専　法	専修大学法学論集（専修大学）
早　誌	早稲田大学法学会誌（早稲田大学）
早　法	早稲田法学（早稲田大学）
中央ロー	中央ロー・ジャーナル（中央大学）
同　法	同志社法学（同志社大学）
東　北	東北法学（東北大学）
東北学院	東北学院法学（東北学院大学）
東北ロー	東北ローレビュー（東北大学）
独　協	獨協法学（獨協大学）
日　法	日本法学（日本大学）
白鷗ロー	白鷗大学法科大学院紀要（白鷗大学）
阪　法	阪大法学（大阪大学）
広　法	広島法学（広島大学）
福　法	福岡大学法学論叢（福岡大学）
法　協	法学協会雑誌（東京大学）
法　研	法学研究（慶應義塾大学）
法　政	法政研究（九州大学）
北　園	北海学園大学法学研究（北海学園大学）
北　法	北大法学論集（北海道大学）
明　学	明治学院論叢法学研究（明治学院大学）
明治学院ロー	明治学院大学法科大学院ローレビュー（明治学院大学）
名　城	名城法学（名城大学）
明治ロー	明治大学法科大学院論集（明治大学）
名　法	名古屋大学法政論集（名古屋大学）
立　命	立命館法学（立命館大学）
龍　谷	龍谷法学（龍谷大学）
論　叢	法学論叢（京都大学）
早稲田ロー	LAW AND PRACTICE（早稲田大学）

【体系書・注釈書等】

秋山ほか・コンメ民訴ⅠⅡⅣ	秋山幹男＝伊藤眞＝加藤新太郎＝高田裕成＝福田剛久＝山本和彦『コンメンタール民事訴訟法』（日本評論社）Ⅰ（2002 年），Ⅱ（2002 年），Ⅳ（2010 年）
伊藤・破産〔第 4 版〕	伊藤眞『破産法〔第 4 版〕』（有斐閣・2005 年）
伊藤・破産・再生	伊藤眞『破産法・民事再生法』（有斐閣・2007 年）
伊藤・破産・再生〔第 2 版〕〔第 3 版〕	伊藤眞『破産法・民事再生法』（有斐閣）〔第 2 版〕（2009 年），〔第 3 版〕（2014 年）
伊藤・民訴〔第 3 版〕〔第 3 版 3 訂版〕	伊藤眞『民事訴訟法』（有斐閣）〔第 3 版〕（2004 年），〔第 3 版 3 訂版〕（2008 年）

文献略語表

上田・民訴〔第5版〕	上田徹一郎『民事訴訟法〔第5版〕』（法学書院・2007年）
兼子・執行	兼子一『増補強制執行法』（酒井書店・1951年）
菊井＝村松・全訂I〔補訂版〕II	菊井維大＝村松俊夫『全訂民事訴訟法』（日本評論社）I〔補訂版〕（1993年），II（1989年）
基本法コンメ新民訴〔第2版〕(1)	小室直人＝賀集唱＝松本博之＝加藤新太郎編『基本法コンメンタール新民事訴訟法〔第2版〕』（日本評論社）第1巻（2003年）
基本法コンメ破産〔第2版〕	中野貞一郎＝道下徹編『基本法コンメンタール破産法〔第2版〕』（日本評論社・1997年）
基本法コンメ民訴〔第3版〕(2)	賀集晶＝松本博之＝加藤新太郎編『基本法コンメンタール民事訴訟法〔第3版〕』（日本評論社）第2巻（2007年）
澤田・試釈	澤田直也『保全執行法試釈』（布井書房・1972年）
条解破産	伊藤眞＝岡正晶ほか『条解破産法』（弘文堂・2010年）
条解破産〔第2版〕	伊藤眞＝岡正晶ほか『条解破産法〔第2版〕』（弘文堂・2014年）
詳解民再	福永有利監修『詳解民事再生法』（民事法研究会・2006年）
詳解民再〔第2版〕	福永有利監修『詳解民事再生法〔第2版〕』（民事法研究会・2009年）
条解民再	園尾隆司＝小林秀之編『条解民事再生法』（弘文堂・2003年）
条解民再〔第2版〕	園尾隆司＝小林秀之編『条解民事再生法〔第2版〕』（弘文堂・2007年）
条解民訴	兼子一＝松浦馨＝新堂幸司＝竹下守夫『条解民事訴訟法』（弘文堂・1986年）
条解民訴上	兼子一『条解民事訴訟法上』（弘文堂・1955年）
新基本法コンメ民執	山本和彦＝小林昭彦ほか編『新基本法コンメンタール・民事執行法』（日本評論社・2014年）
新注釈民再(上)(下)	伊藤眞＝田原睦夫監修『新注釈民事再生法(上)(下)』（金融財政事情研究会・2006年）
新注釈民再〔第2版〕(上)	才口千晴＝伊藤眞監修『新注釈民事再生法〔第2版〕』（金融財政事情研究会）上（2010年）
新堂・新民訴〔第2版〕〔第3版補正版〕	新堂幸司『新民事訴訟法』（弘文堂）〔第2版〕（2001年），〔第3版補正版〕（2005年）
瀬木・民保	瀬木比呂志『民事保全法』（判例タイムズ社・2001年）
瀬木・民保〔全訂第2版〕〔第3版〕	瀬木比呂志『民事保全法』（判例タイムズ社）〔全訂第2版〕（2004年），〔第3版〕（2009年）
大コンメ破産	竹下守夫編集代表『大コンメンタール破産法』（青林書院・2007年）
高橋・重点講義上／上〔第2版〕／上〔第2版補訂版〕／下〔第2版〕	高橋宏志

文献略語表

	『重点講義民事訴訟法』（有斐閣）上（2005年），上〔第2版〕（2011年），上〔第2版補訂版〕（2013年），下〔第2版〕（2012年）
注解破産〔第3版〕上／下	斎藤秀夫＝麻上正信＝林屋礼二編『注解破産法〔第3版〕』（青林書院）上巻（1998年），下巻（1999年）
注解民執(1)(3)(4)(5)(6)(7)	鈴木忠一＝三ヶ月章編『注解民事執行法』（第一法規）第1巻（1981年），第3巻（1984年），第4巻（1985年），第5巻（1985年），第6巻（1984年），第7巻（1984年）
注解民訴〔第2版〕(1)(11)	斎藤秀夫＝小室直人＝西村宏一＝林屋礼二編著『注解民事訴訟法〔第2版〕』（第一法規）第1巻（1991年），第11巻（1996年）
注釈民再〔新版〕(上)(下)	伊藤眞ほか編『注釈民事再生法〔新版〕(上)(下)』（金融財政事情研究会・2002年）
注釈民執(1)(2)(4)(6)(7)(8)	香川保一監修『注釈民事執行法』（金融財政事情研究会）第1巻（1983年），第2巻（1985年），第4巻（1983年），第6巻（1995年），第7巻（1989年），第8巻（1995年）
注釈民訴(1)(2)(4)(5)(8)	新堂幸司＝鈴木正裕＝竹下守夫編集代表『注釈民事訴訟法』（有斐閣）第1巻（1991年），第2巻（1992年），第4巻（1997年），第5巻（1998年），第8巻（1998年）
中野・民執〔新訂3版〕〔新訂4版〕〔増補新訂5版〕〔増補新訂6版〕	中野貞一郎『民事執行法』（青林書院）〔新訂3版〕（1998年），〔新訂4版〕（2000年），〔増補新訂5版〕（2006年），〔増補新訂6版〕（2010年）
中野＝下村・民執	中野貞一郎＝下村正明『民事執行法』（青林書院・2016年）
松本＝上野・民訴〔第4版補正版〕〔第5版〕〔第7版〕	松本博之＝上野泰男『民事訴訟法』（弘文堂）〔第4版補正版〕（2006年），〔第5版〕（2008年），〔第7版〕（2012年）

【評釈集その他】

最判解説民	『最高裁判所判例解説民事篇』（法曹会）
行政判解説	行政判例研究会編『行政関係判例解説』（ぎょうせい）
重判解	重要判例解説〔ジュリスト臨時増刊〕
主民解	主要民事判例解説〔判例タイムズ〕
速報判解	速報判例解説〔法学セミナー増刊〕
時の判例	最高裁時の判例〔ジュリスト増刊〕
民事判例	現代民事判例研究会編・民事判例（日本評論社）
実務に効く事業再生	実務に効く事業再生〈判例精選〉（有斐閣・2014年）
民訴百選	民事訴訟法判例百選（有斐閣・1965年）
民訴百選Ⅰ	民事訴訟法判例百選Ⅰ〈新法対応補正版〉（有斐閣・1998年）

民訴百選〈第3版〉	民事訴訟法判例百選〈第3版〉（有斐閣・2003年）
民訴百選〈第5版〉	民事訴訟法判例百選〈第5版〉（有斐閣・2015年）
保全百選	保全判例百選（有斐閣・1969年）
執行百選	民事執行法判例百選（有斐閣・1994年）
執行・保全百選	民事執行・保全判例百選（有斐閣・2005年）
執行・保全百選〈第2版〉	民事執行・保全判例百選〈第2版〉（有斐閣・2012年）
倒産百選	倒産判例百選（有斐閣・1976年）
新倒産百選	新倒産判例百選（有斐閣・1990年）
倒産百選〈第3版〉	倒産判例百選〈第3版〉（有斐閣・2002年）
倒産百選〈第4版〉	倒産判例百選〈第4版〉（有斐閣・2006年）
倒産百選〈第5版〉	倒産判例百選〈第5版〉（有斐閣・2014年）

第1部

判決手続

1 米国ジョージア州港湾局極東代表部職員の不当解雇を理由とする地位確認・賃金支払を求める訴訟と裁判権免除

最高裁平成 21 年 10 月 16 日第 2 小法廷判決
平成 20 年(受)第 6 号，解雇無効確認等請求事件
（民集 63 巻 8 号 1799 頁・判時 2064 号 152 頁・判タ 1313 号 129 頁・労判 992 号 5 頁）

要　旨　米国ジョージア州港湾局の我が国における事務所に勤務し，解雇された者が，雇用契約上の権利を有する地位にあることの確認及び解雇後の賃金の支払を求めて提訴した訴訟において，同州は我が国の民事裁判権から免除されるとした原審の判断には違法がある。

事実の概要　被告 Y（アメリカ合衆国（以下「米国」という）ジョージア州）の港湾局（以下「州港湾局」という）は，ジョージア州法により設立された Y の一部局であり，Y 所有の施設を運営し，Y，米国及び姉妹州の内外取引を育成，促進することなどを目的としているところ，東京都内に事務所があるその極東代表部の現地職員として X を雇用した。ところがその後，X は整理解雇されたため，その解雇は解雇権の濫用であって無効であると主張して，Y に対し雇用契約上の権利を有する地位にあることの確認と解雇後の賃金の支払を求めて本件訴えを提起した。これに対し，Y は，本案前の抗弁として，外国国家としての裁判権免除などを主張して争った。

第 1 審は中間判決（東京地中間判平成 17・9・29 民集 63 巻 8 号 1823 頁・判時 1907 号 152 頁・労判 904 号 35 頁）で本案前の抗弁を排斥した上で，地位確認請求と賃金支払請求の一部とを認容し，残部については訴えの利益の欠缺を理由に却下した（東京地平成 18・5・18 労判 919 号 92 頁）。これに対する Y の控訴に基づき，原審は本案前の抗弁を容れ，第 1 審の Y 敗訴部分を取り消し，X の訴えを却下した（東京高判平成 19・10・4 民集 63 巻 8 号 1831 頁・判時 1997 号 155 頁・労判 955 号 83 頁）。X の上告受理申立てが認められた。

争　点　米国ジョージア州は，同州港湾局の我が国における事務所に勤務し，解雇された者が，本件事実関係の下に雇用契約上の権利を有する地位にあることの確認及び解雇後の賃金の支払を求めて提訴した訴訟において，我が国の民事裁判権から免除されるか。

判決要旨　破棄差戻し。

「(1) 外国国家は，その主権的行為については，我が国の民事裁判権から免除され得るところ，Y は，連邦国家である米国の州であって，主権的な権能を行使する権限を有するということができるから，外国国家と同様に，その主権的行為

については我が国の民事裁判権から免除され得る。しかし，その私法的ないし業務管理的な行為については，我が国による民事裁判権の行使がその主権的な権能を侵害するおそれがあるなど特段の事情がない限り，我が国の民事裁判権から免除されないと解するのが相当である（最高裁平成15年（受）第1231号同18年7月21日第二小法廷判決・民集60巻6号2542頁参照）。

　(2)　……Xは，極東代表部の代表者との間で口頭でのやり取りのみに基づき現地職員としてYに雇用されたものであり，勤務を継続することにより州港湾局の企業年金の受給資格を得ることが可能であるのみでなく，極東代表部には我が国の厚生年金保険，健康保険，雇用保険及び労働者災害補償保険が適用されていたというのであるから，本件雇用関係は，Yの公権力的な公務員法制の対象ではなく，私法的な契約関係に当たると認めるのが相当である。極東代表部の業務内容も，我が国においてYの港湾施設を宣伝し，その利用の促進を図ることであって，Yによる主権的な権能の行使と関係するものとはいえない。以上の事情を総合的に考慮すると，本件雇用関係は，私人間の雇用契約と異なる性質を持つものということはできず，私法的ないし業務管理的なものというべきである。

　そして，本件解雇は，極東代表部を財政上の理由により閉鎖することに伴い，上記のような雇用契約上の地位にあったXを解雇するというものであり，私人間の雇用契約における経済的な理由による解雇と異なるところはなく，私法的ないし業務管理的な行為に当たるものというほかはない。

　(3)　原審は，免除条約のうち雇用契約に関する11条の規定についての議論の過程では，個人と外国国家との雇用契約から生ずる訴訟については一般的には裁判権免除の対象とならないが，被用者の『採用，雇用の更新，復職』が訴訟の主題となる場合は，裁判権免除の対象となるとの立場がほぼ一貫して採用されてきており，国際慣習としてほぼ定着しているか，少なくとも国際連合加盟各国で共通の認識となっているものと解するのが相当であるとした上，Xが雇用契約上の権利を有する地位にあることの確認及び解雇後の賃金の支払を求める本件請求も，同条2(c)の『復職』を主題とする訴訟に当たると解するほかはないと判示する。しかしながら，免除条約が平成16年12月に国際連合総会において採択されるまでに各国代表者の間で行われた議論においては，労働者が使用者である外国国家に対して金銭的救済を求めた場合に，外国国家は原則として裁判権から免除されないことが共通の認識となっていたところである（当裁判所に顕著な事実であり，その後成立した外国等に対する我が国の民事裁判権に関する法律9条1項，2項3号，4号もこのことを前提としている。）。原審の指摘する免除条約11条2(c)は，雇用関係を開始する場合に関する規定であり，そこにいう『裁判手続の対象となる事項が個人の復職に係るものである』とは，文字どおり個人をその職務に復帰させることに関するものであって，現実の就労を法的に強制するものではないXの本

件請求をこれに当たるものとみることはできない。解雇が無効であることを理由に，雇用契約上の権利を有する地位にあることの確認及び解雇後の賃金の支払を求める本件請求は，同条2(d)にいう『裁判手続の対象となる事項が個人の解雇又は雇用契約の終了に係るもの』に当たると解すべきであり，この場合は，『雇用主である国の元首，政府の長』等が，『当該裁判手続が当該国の安全保障上の利益を害し得るものであると認める場合』に限り裁判権の免除が認められているところである。

さらに，原審は，本件解雇の『正当事由』の有無について判断するため州港湾局の事務所閉鎖の必要性やYの事業政策，財政状況等について審理することは主権の侵害に当たると判示するが，免除条約においては，上記のとおり，解雇の場合は，政府の長等によって安全保障上の利益を害するおそれがあるものとされた場合に限って免除の対象とされるなど，裁判権免除を認めるに当たり厳格な要件が求められていることに徴しても，原審の指摘するような事情が主権を侵害する事由に当たるものとは認められない。

(4) 前記のとおり，本件解雇は私法的ないし業務管理的な行為に当たるところ，原審が指摘するところは，我が国が民事裁判権を行使することがYによる主権的な権能の行使を侵害するおそれがある特段の事情とはいえないから，Yが我が国の民事裁判権から免除されるとした原審の前記判断は，外国国家に対する民事裁判権免除に関する判断を誤った違法なものといわざるを得ない。」

【参照条文】 民事訴訟法第1編第2章（裁判所），（国連国家免除条約2条1号(b)(ii)・11条1項及び2項(c)(d)，対外国民事裁判権法2条2号・9条1項及び2項3号4号）

| 研　究 |

1　本判決の意義

外国国家等の裁判権免除の問題については，わが国の判例も，本判決も引用するパキスタン・イスラム共和国貸金事件に関する平成18年の最高裁判決によって，ようやく絶対免除主義から制限免除主義への転換を果たしたところであるが，本判決は雇用契約との関連で制限免除主義の適用例を示した初めての最高裁判決として意義を有する。また，裁判権免除に関しては，その享受主体の問題もあるが，本判決は国家それ自体ではない米国の州をそれとして認めた初めての最高裁判決としての意義も有する。

2　本判決に至るまでの判例・学説の流れ

(1)　国際法上，国家主権の一作用である民事裁判権の行使には一定の制約があ

り，それを逸脱するような裁判権の行使は国際法違反となる。外国国家も，国際法上，他国の裁判権から免除されることが認められているが，問題となるのは免除の範囲である。この点については，絶対免除主義（国家は，免除を自ら放棄して応訴した場合のほかは，法廷地国に所在する不動産を目的とする権利関係に関する訴訟や法廷地国に所在する財産の相続に関する訴訟を除き，他国の民事裁判権から免除されるという建前）と制限免除主義（国家の行為を二分し，主権的行為については免除されるが，私法的ないし業務管理的行為に関しては免除されないという建前）の対立があるとされてきた。

わが国では，大決昭和3・12・18（民集7巻12号1128頁）が絶対免除主義を採用して以来，最近に至るまで，基本的にはこの立場が下級審の裁判例を支配してきた。これは，その当時の国際社会の状況には合致するものではあったかもしれないが，国家の活動範囲の拡大に伴い，その後，世界の趨勢は絶対免除主義から制限免除主義への移行へと向かった[1]。そして，わが国では，平成14年の制限免除主義を示唆する横田基地夜間飛行差止等請求事件に関する最高裁判決（最判平成14・4・12民集56巻4号729頁）を経て，平成18年の最高裁判決が制限免除主義を採用する旨を明示的に宣言したのである。

(2) 制限免除主義への移行という世界の趨勢の一環として，国連における国家免除条約の採択がある。すなわち，制限免除主義が普及し，外国国家が法廷地国の民事裁判権から免除されるとの慣習国際法の妥当は主権的行為に限られるようになっているとはいっても，その制限免除主義の内容に関しては明確な慣習国際法が確立しているわけではない。そこで，国家と私人との間の法律関係の安定を図るべく，国連総会は1977年（昭和52年）に国連国際法委員会に対して，裁判権免除に関する条約草案作成の検討に取りかかるように勧告した。これを受けて，同委員会が審議の上，制限免除主義に則った条約草案を起草し，これが2004年（平成16年）12月の国連総会で国連国家免除条約として採択された。この条約は現在のところ未発効であるが，わが国は平成19年1月に署名し，既に国会による承認もなされている。また，平成20年9月3日の法務大臣からの諮問を受けた法制審議会主権免除法制部会の審議を経て，この条約の内容に準拠した「外国等に対する我が国の民事裁判権に関する法律」（対外国民事裁判権法）が平成21年4月24日に公布され，平成22年4月1日から施行されたばかりである[2]。

(3) 制限免除主義に関する上記のような状況（上記の法律の施行前の状況）の下では，何が裁判権から免除される主権的行為であるか，何が免除されない私法的ないし業務管理的行為であるかは国内法の解釈問題ということになるが，両者の

---

[1] この点の詳細については，三木素子「判例解説」最判解説民平成18年度（下）873頁以下参照。
[2] 以上につき，飛澤知行編著『対外国民事裁判権法』3頁以下（商事法務・2009年）参照。

1 米国の州を当事者とする雇用関係紛争と裁判権免除

区別の基準としては，主として行為性質説と行為目的説の二つの立場が対立している。前者は，当該行為を国家のみが行いうる行為であるか否かを基準とするものであり，後者は，主権者としての資格や国家の主権活動に直接関連して公共目的でなされた行為か否かを基準とするものであるが，国家の行為は究極的にはすべて公共目的のためになされるのであるから，後者は結果的に絶対免除主義と異ならなくなってしまう，等の批判が加えられ，前者が通説化しているといえる[3]。

もっとも，このように言っても，問題はなお解決しない。行為性質説によっても，①性質決定の対象となる外国国家の行為をどのようなレベルで捉えるのか（これを広く捉えれば，結果的に，行為目的を事実上取り込むことになり得る），②取引それ自体の性質に着目するのか，取引に支障を生じた原因行為の性質に着目するのか，などによって結論が異なり得る，といった問題が指摘されているのである[4]。

そこで，学説上は，アメリカの判例に示唆を受けて，以下のような利益衡量的アプローチをとるべきことが主張されていた[5]。すなわち，まず，訴訟によって本来の政府の機能を不必要に干渉されないという外国国家の利益と，自己の権利を法的手続に則って判断してもらうという私人の利益とを比較衡量することが必要であるとの前提に立つ。そして，原告の請求原因に関連する当該国家行為が私人も従事できるような商業的行為（私法的ないし業務管理的行為）であるか否かを問い，それが肯定されれば，主権（裁判権）免除を否定する推定が働くとする。その一方で，免除を否定する，すなわち外国国家に対して裁判権を行使することが，外国国家の利益の保護，一国の司法権の制約等，国家の理念に反する特段の事情がある場合には，外国国家に対して主権免除を許与すべきであるという。

(4) 以上のような状況の下において，平成18年最高裁判決が下された。この判決は，先にも述べたように，最高裁として初めて制限免除主義をとる旨を明言した上で，主権的行為と私法的ないし業務管理的行為の区別の基準に関しては行為性質説を採用している。ただし，この判決は，制限免除主義をとる理由として，「外国国家の私法的ないし業務管理的行為については，我が国が民事裁判権を行使したとしても，『通常』，当該外国国家の主権を侵害するおそれはないものと解されるから」であるとしており，その結果，そのような行為については，「我が国による民事裁判権の行使が当該外国国家の主権を侵害するおそれがあるなど『特段の事情』がない限り，我が国の民事裁判権から免除されない」と述べてお

---

[3] 三木・前掲注(1)831頁以下参照。
[4] 三木・前掲注(1)893頁以下，村上正子「主権免除について」法時72巻3号12頁以下（2000年）。
[5] 村上・前掲注(4)15頁以下。

り，「通常」とか「特段の事情」とかの留保を付している点が特徴的である。

このような留保が付されている点については，わが国の裁判権を及ぼすことにより，当該外国国家の主権を害する事態が生ずるのであれば，当該行為は私法的，業務管理的行為に該当しないのではないかとも思われる[6]等の疑問が提出されたり，絶対免除に近い国家実行の余地を残しているのではないか[7]等のその理解をめぐる種々の議論がなされたところであった。ともあれ，私法的ないし業務管理的行為との性質決定を最終的な結論に直結させない判断枠組みは，先に紹介した利益衡量的アプローチに近似し，それによるのと同様の考慮を求めるものと言えよう。

(5) 国家それ自体ではない連邦国家の支分国や地方公共団体または海外植民地が免除の享有主体となりうるかの問題は免除の範囲ほどには論じられていないが，各国の取扱いが分かれていることが指摘されている[8]。そして，そうである以上，この点をどう扱うかも国内法の解釈問題ということになろうが，わが国の判例には，本件事案に関する下級審の裁判例を除いて，連邦国家の支分国の裁判権免除の享有主体性を取り扱ったものは存在しない。

3 本判決等の検討

(1) 本件事案については，各審級の判決がそれぞれ異なった判断を示しているので，第1審中間判決から順次見てみることとする。

(i) 第1審中間判決は，裁判権免除の範囲について制限免除主義をとった上で，本件における雇用契約はその性質上も目的上も私法的・業務管理的行為であるとして，Yの裁判権免除を否定している。その際，性質に関しては，雇用契約自体は私人もなし得るものであり，XがYの付与した特定の資格を有する者の中から特定の手続を経た上で任命されているなどの事実は認められないことを，目的に関しては，州港湾局の目的，Xが雇用された目的を援用し，これらからするとXの職務内容はYの主権的活動に関連する業務ではないと認められると指摘している。また，Yは国連国家免除条約草案などを援用して，制限免除主義によっても，労働者の復職や雇用を命ずる訴訟において国家が主権免除を享有し得ることは確立された国際慣習法であると主張していたが，同条約草案は草案にすぎないとして退けている。法廷地国の裁判所が他国の行政組織の運営等に介入するのは相当ではないという，上記の条約草案の実質的根拠となっている考慮に関するY

---

(6) 和知麻里亜「判批」金判1254号3頁（2006年）。
(7) 水島知則「主権免除」ジュリ1321号43頁（2006年）。
(8) 岩沢雄司「外国国家及び国際機関の主権免除」高桑昭＝道垣内正人編『新・裁判実務体系(3)国際民事訴訟法（財産法関係）』18頁以下（青林書院・2002年），山本草二『国際法〔新版〕』250頁以下（有斐閣・1993年）参照。

の指摘も，本件解雇の効力について判断することによってYの行政組織の運営等に重大な影響が生ずるとは考えられないし，Xの権利を裁判上保護する必要も考慮しなければならないとして排斥している。

(ii) これに対し，原審判決は，平成18年最高裁判決後のものであるので，制限免除主義・行為性質説を前提としながら特段の事情による調整を認める判断枠組みを採用している。そして，行為の性質に関して，第1審中間判決が指摘するのと同様の事情をあげて，本件雇用契約の性質は，その債務の履行の側面では私法的・業務管理的行為であるとしている。

その上で，雇用契約の履行や解雇の場合に復職を認めるか否かの問題は，国家の外国における産業振興の事業政策，財政政策，人事政策等の主権的機能とかかわりをもつから，さらに国際慣習ないし国際的な条理に照らしての判断が必要であるとして，特段の事情の枠内における判断に進む。そして，上記の国連条約11条に関する議論を参照し，〔判決要旨〕欄(3)に本判決が引用しているようなことを述べ，Xが本件訴訟で求めている救済も国連国家免除条約11条2項(c)の復職に当たり，裁判権免除の対象となるとする。また，本件解雇は州港湾局のわが国における事務所の閉鎖に伴う解雇であり，その効力を判断するためには解雇の正当事由の有無が主要な審理の対象となり，この審理において明らかにしなければならなくなる上記事務所を閉鎖する必要性やYが採用する外国における産業振興等の事業政策やその財政状況等は外国国家の主権的権能にかかわることであって，Xの請求を認容することは，わが国の裁判所が外国国家の主権的権能にかかわる裁量権に介入することにほかならず，その主権を侵害するおそれがあるという。

(iii) このように，原審判決は，特段の事情の枠内における判断によって，結局，Yに裁判権免除を認めている。これに対し，本判決も平成18年最高裁判決の判断枠組みを用いつつ，原審判決のあげる事情のほか，特に本件雇用契約の締結の形式（口頭での契約），年金関係の取扱いをも指摘して，この契約は私法的ないし業務管理的行為であるとしているが，原審判決のあげるような事情は外国国家の主権を侵害する特段の事情とは認められないとする。その際，本判決も国連条約を根拠としているが，にもかかわらず結論に差異を生じたのは，この条約の規定の解釈ないし当てはめについて原審判決と理解を異にしたからである。

(2) 第1審中間判決は制限免除主義に立っているが，平成18年最高裁判決前のものであるので，主権的行為と私法的・業務管理的行為の区別の基準に関しては行為性質説と行為目的説を併用している。そしてその代わりに，平成18年判決によれば行為性質説によると必要になり得るはずの特段の事情による調整には言及していない。国連国家免除条約を考慮することは，草案であるとして（実際には，この判決が下された年の前年末にはこの条約は国連総会において採択されているが〔前述2(2)参照〕，情報未入手であったのであろう），それ自体としては排斥して

いる。ただし、Yによって主張されたその関連規定の実質的根拠となっている考慮に対しては一応の配慮を払っているが（いささか大雑把な払い方のように見える）、それはここでは当てはまらないとし、裁判権免除を否定している。

これに対し、原審判決や本判決は行為性質説を採用しながらも、本件事案をそれに当てはめるに際して、第1審中間判決が行為の目的との関連で指摘している事情もあげている。このことは、先にも指摘したように（前述2(3)参照）、行為性質説によっても、性質決定の対象となる外国国家の行為を広く捉えると、行為目的を事実上取り込むことになり得ることを示しているように思われるが、最終的には特段の事情による調整が行われるのであるから、問題視する必要はないであろう。

また、原審判決は、特段の事情の内容は国際慣習ないし国際的な条理に照らして判断するとしつつ、国連条約の内容が国際慣習ないし国連加盟国間での共通の認識となっているとする。しかしながら、先にも指摘したように、制限免除主義の内容に関して明確な慣習国際法が確立しているわけでもないからこそ国連条約が作成された。そして、同条約の締約国が平成21年10月現在わずか6か国（署名国はわが国を含めて28か国）であることに鑑みれば[9]、少なくとも雇用契約に関する規制のように各国の意見が激しく対立した問題点に関して、その内容が国際慣習であるとか国連加盟国間での共通認識であるというのは言い過ぎではなかろうか[10]。ただし、特段の事情の内容をどのように具体化するかも国内法の解釈問題ということになろうが、この点について何も明文規定がない以上、内国の条理によるということにならざるを得ないであろう。そして、第1審中間判決時には、国連条約を条理とする[11]のは、いささか乱暴との評価もあったところであるが[12]、その後、同条約に則った国内法が制定され、それが施行直前であったというわが国の状況に鑑みれば、その時点では、この条約ないし国内法の内容を国内の条理と捉えて、それに準拠して判断してよかったと考える。前述のように、特段の事情の内容を具体化するには利益衡量が必要であると思われるが、特に国連条約の雇用契約に関わる規定に関して言えば、以下で述べるように、それが微妙な利益衡量の結果として作成されていると思われる点からも、このように考えることが正当化される。

(3) 国連国家免除条約11条・対外国民事裁判権法9条（本件事案でほとんど前者のみに言及されているのは、後者の成立が原審判決後であったからに過ぎない）は、1項で、個人と外国国家の雇用契約（労働契約）に関する訴訟について一般的に

---

[9] 飛澤編著・前掲注(2)6頁。
[10] 江藤・後掲234頁は、国際慣習法ではないが、各国の共通の認識ではあるとする。
[11] 高杉直「第1審中間判決判批」ジュリ1311号218頁（2006年）。
[12] 櫻田嘉章「第1審中間判決判批」Lexis判例速報10号103頁（2006年）。

1　米国の州を当事者とする雇用関係紛争と裁判権免除

裁判権免除の対象にならないことを規定する。これは，雇用契約は通常は主権的行為に関わるものではないことを意味しよう。しかしながら，これらの条文の2項はその例外を定め，①前者の2項(c)は「裁判手続の対象となる事項が個人の採用，雇用契約の更新又は復職に係るものである場合」を，後者の2項3号は「個人の契約の採用又は再雇用の契約の採否に関する訴え又は申立て」をあげている。また，②前者の2項(d)は「裁判手続の対象となる事項が個人の解雇又は雇用契約の終了に係るものであり，かつ，雇用主である国の元首，政府の長又は外務大臣が当該国の安全保障上の利益を害しうるものであると認める場合」を，後者の2項4号は「解雇その他の労働契約の終了の効力に関する訴え又は申立てであって，当該外国等の元首，政府の長又は外務大臣によって当該訴え又は申立てに係る裁判手続が当該外国等の安全保障上の利益を害するおそれがあるとされた場合」をあげている(13)。

①の場合と②の場合とが区別されている趣旨は，雇用契約の開始に関するものについては外国に広く裁量を認めるが，既存の雇用関係を終了させるものについては，労働者保護の見地をより重視して，外国の裁量に一定の制約を加えるという点にあると説明されている(14)。すなわち，開始の際には，原審判決のいうように，国家の主権的機能とかかわりをもつ産業振興の事業政策，財政政策，人事政策等に関する裁量を尊重するが，一端開始された雇用契約の終了に関しては，労働者の保護の見地から，そのような裁量も制約されざるを得ないという利益衡量の結果がここには示されていると言える。そして，本件事案は解雇に関わるものであり，かつ，②の例外があげる裁判権免除のための過重要件（国家元首等による所定の認識の表明）が示されていない以上，本判決は正当ということになる。

原審判決が裁判権免除を認めた理由は，本件請求が「復職」を求めるものであるということを理由に，本件事案は①の方に該当するとした点にあるが，この「復職」という文言は国内法の方では抜けている。そして，その理由は，①と②は，①は「個人の採用又は雇用契約が更新されたことを理由として」現実の就労や地位の確認を求める手続を，②は「解雇その他の雇用関係の終了の有効性を争って」そうする裁判手続を考えているというふうに，請求の内容ではなく，その理由ないし原因によって区別されるからであり，①の点に関する国内法の文言によって①の条約の内容もカバーされるからであると説明されている(15)。そうであれば，本件事案で求められている救済が②に該当するのは明らかであろう。

(13)　国連条約の訳は，飛澤編著・前掲注(2)125頁による。
(14)　飛澤編著・前掲注(2)45頁以下，主権免除法担当者試案補足説明16頁（この資料を含め，対外国民事裁判権法の立法過程の資料については，すべて法務省ホームページによる）参照。
(15)　法制審議会主権免除法制部会第2回会議議事録5頁〔飛澤発言〕。

また，諸外国においては，不当解雇に対する救済としては，復職・再雇用と金銭的救済があるとされている。そして，解雇が不当とされても前者が当然に命ぜられるのではなく，様々な事情を考慮した上で，それが命ぜられることもあるに過ぎない[16]。すなわち，発端は解雇にあるとしても，復職は解雇が不当と判断されることの直接の結果ではないから，雇用契約の開始に関わる問題と理解され得るのであろうが，地位確認や賃金支払請求はそうではないことからも，それらを①の方に位置づけることはできないと考えられよう。

(4)　原審判決を破棄するためには，上記のような考慮で十分であったはずである。ところが，本判決は労働者からの金銭的救済に関しては外国国家は裁判権免除を主張しえないとの理由もあげている[17]。この点に関連しては，対外国民事裁判権法2条3号・4号には「損害の賠償を求めるものを除く」との括弧書きが付されている（その結果，1号の原則に戻って裁判権免除が認められないことになる）が，国連条約の方には明文規定は存在しないものの，本判決も指摘するように，その議論の過程では，金銭的救済には外国国家は裁判権免除を主張しえないことが共通認識となっていたと一応は言えるようである[18]。

もっとも，そのような共通認識が具体的に何を意味していたのかは必ずしも明確ではないようでもあり[19]，対外国民事裁判権法の制定過程では，当初，この括弧書きの案として「金銭の給付を求めるものを除く」との別案も用意されていた。しかし，この別案によって解雇等の無効を理由に就労を拒否している間の賃金の支払請求までもが3号・4号から除かれて裁判権免除の対象とならなくなってしまうと，外国に対して賃金の支払を請求できて間接的に雇えということを強制できてしまうことになったり，解雇の無効等を無制限に問うことになりかねないと指摘された。そこでこれを回避するために，金銭的救済に関して別案ではなく上記のような文言に落ち着くに至った[20]。そうであれば，賃金支払請求は対外国民事裁判権法9条2項4号の本文には該当するが，その括弧書きには該当しない

---

(16)　イギリスにつき，小宮文人『イギリス労働法』166頁以下（信山社・2001年），アメリカにつき，中窪裕也『アメリカ労働法〔第2版〕』76頁（弘文堂・2010年），双方について，大竹文雄ほか編『解雇法制を考える〔増補版〕』12頁以下（勁草書房・2004年）。

(17)　越山・後掲160頁，江藤・後掲233頁の指摘するように，本判決は，解雇後の未払賃金の請求をも含めておよそ金銭的救済であれば裁判権免除が認められないとしているように見える。また，西立野園子「原審判決判批」平成20年度重判解325頁（2009年）は，自説として，金銭請求であれば一般的に裁判権免除を否定すべきであるとする。

(18)　Yearbook of the ILC, 1991, Vol. II (Part 2) (A/CN.4/SER.A/1991/Add.1 (Part2)), Article 11, para.10.

(19)　法制審議会主権免除法制部会第2回会議議事録8頁〔道垣内発言〕。

(20)　主権免除法制の整備に関する要綱試案(2)1頁，4頁以下，法制審議会主権免除法制部会第2回会議議事録6頁以下〔飛澤発言，阿部(泰)発言〕，飛澤編著・前掲注(2)45頁以下，50頁。

ことは明らかであるから，この点に関する本判決の指摘は余計であったように思われる。

しかしながら，そもそも4号に括弧書きが付されていること自体が適当ではないのではなかろうか。すぐ前に指摘したように，この法律の立法資料は，賃金支払請求を3号・4号の括弧書きに含めると解雇の無効等を無制限に問うことになりかねないと述べている。だが，損害賠償請求であっても，解雇等の不当を前提としているのであるから，それを裁判権免除の対象としなければ解雇の無効等は既に無制限に問われ得ることとなるのではないか。①に掲記の事柄が裁判権免除の対象とされる理由としては，そこでは国家に対する作為命令が問題となっており，それは国家の主権に対する干渉の度合いがより大きいということもある[21]。そして，3号では，たとえば解雇が不当とされて損害賠償が命ぜられても，復職や再雇用が命ぜられるわけではないとすることには意味があるであろう。救済の内容に差異があるのみならず，後者に関しては，前述のように，様々な事情を考慮しての裁量的判断も必要になるからである。しかし，4号の方で，解雇の不当を理由に損害賠償は命ぜられ得るが，同様の理由での地位確認は認められないとすることに意味があるであろうか。後者が安全保障に関わるのであれば，解雇の不当を前提問題としてであれ判断する前者も同様ではなかろうか。元々，国連条約の立法過程での金銭的救済に関する議論がなされたのは同条約草案11条2項(c)との関連においてであり，その議論がなされた当時には同項(d)は存在しなかった[22]。後に後者が挿入されたのは，同項(a)掲記の者（政府の権限の行使としての特定の任務を遂行するために採用されている場合の被用者）に該当しない場合であっても，大使館，領事館の事務技術職員等に係る雇用契約には裁判権免除を認めるべきであるとの意見を一定程度容れるためであった[23]。つまり，同項(d)は，金銭的救済に関する議論とは関係のない同項(a)を一定程度拡張するために挿入されたのである。そうであれば，国連条約11条2項(d)に相当する対外国民事裁判権法9条2項4号に括弧書きを入れたことは立法の過誤というべきではなかろうか。

なお，第1審中間判決に関連して，上記の国連条約11条2項(a)を理由に本件事案において裁判権免除を認めるべきであるとする見解も表明されている[24]。国際貿易の促進や商業活動の拡大のための業務も統治的権限の行使に当たるというのである。しかし，この条約の条項の意味するところを具体化したに過ぎないとされている[25]対外国民事裁判権法9条2項2号は「前号に掲げる場合のほか，

---

(21) 西立野・前掲注(17)325頁参照。
(22) Yearbook of the ILC, 1991, Vol. II (Part 2), p.41 and Article 11, para.10.
(23) 山田中正「国連国家免除条約」国際105巻4号232頁（2007年）参照。
(24) 平覚「第1審中間判決判批」平成17年度重判解300頁（2006年）。
(25) 法制審議会主権免除法制部会第2回会議議事録2頁以下〔飛澤発言〕，飛澤編著・前

当該個人が，当該外国等の安全，外交上の秘密その他の当該外国等の重大な利益に関する事項に係る任務を遂行するために雇用されている場合」となっている。Xの業務がこのようなものでなかったことは明らかであろう。

(5) Yは国家それ自体ではなく連邦国家の一つの州に過ぎないが，当事者によって特に問題とされていないためであろう，第1審中間判決，原審判決，本判決のいずれもが，簡単に，米国の州は，その独立性や権能において国家に比肩し得る地位を有しているとして，裁判権免除の享有主体となり得るとしている。しかし，第1審中間判決のこのような態度やそれに賛成する学説(26)に対しては，州が国としての主権的行為を行使する必要があるのに，その点を明確にしていないとの批判がある(27)。そして，この批判説は，国連条約の注釈によってもそのように解されていると指摘する。

国連条約の2条1号(b)(ⅱ)は，「『連邦国家の構成単位』又は『国家の行政区画であって，主権的な権能を行う権限を有し，かつ，それらの資格において行動しているもの』」も条約上の国に含まれるとするが，注釈の対象となっている1991年の草案の段階では，この前段と後段とは(ⅱ)と(ⅲ)に分けて規定されていた(28)。批判説のあげる注釈は，後者に関するものである。そして，注釈は，前者との関連では，かえって，連邦国家の構成単位が，歴史的その他の理由で，国家の主権的な権能の行使としての行為を行うとの追加的な要件なしに，国家と同一の免除を認められていることがあり，その意味において，それは国家の行政区画とは区別されるとの主張に対応するために，それ以前の段階ではなかった「連邦国家の構成単位」が付加された旨を述べている(29)。

他方，対外国民事裁判権法2条2号は「連邦国家の州その他これに準ずる国の行政区画であって，主権的な権能を行使する権限を有するもの」を，同条3号は「前2号に掲げるもののほか，主権的な権能を行使する権限を付与された団体（当該権能の行使としての行為をする場合に限る。）」も外国等に該当するとする。そして，この規定の基となった主権免除法要綱試案は，第2，2②として「連邦国家の州その他の国の行政区画であって，主権的な権能の行使としての行為を行う資格を有し，かつ，そのような資格に基づき行動するもの」も，同③として「①，②に掲げるもののほか，主権的な権能の行使としての行為を行う権限を有する団体（当該権限に基づき行動する場合に限る。）」も国等に該当するとしていた(30)。

　　掲注(2)44頁。
(26)　高杉・前掲注(11)217頁，平・前掲注(24)300頁。
(27)　櫻田・前掲注(12)102頁。
(28)　Yearbook of the ILC, 1991, Vol. Ⅱ (Part 2), p.14.
(29)　Yearbook of the ILC, 1991, Vol. Ⅱ (Part 2), Article 2, paras.11-13. なお，山田中・前掲注(23)218頁も参照。
(30)　主権免除法制の整備に関する要綱試案(1)2頁。

1 米国の州を当事者とする雇用関係紛争と裁判権免除

　要綱試案における前段階の担当者試案からの細かな変更点は幾つかあるが，その一つとして，③の「主権的な権能」の前に付されていた『国の』の文言が削除された点がある。そして，この理由は，③の団体には①に掲げられた国自体のみならず，②の連邦国家の州等から主権的権能を授権されて行使するものも考えられるが，『国の』としてしまうと前者に限定されるとの誤解が生ずるおそれがあるからだと説明されている(31)。

　この説明を，州が国家から授権された権能をさらに団体に授権した場合に限って，当該団体は国家と同様に扱われると述べていると読む余地もないではないであろうが，そのような団体は元の文言のままでも国家と同視しうる団体に含めることが可能であろう。したがって，むしろ，前記の説明は州固有の主権的権能の授権を受けた団体も国家と同様に扱われるとしていると読むのが素直であろう。そして，このことは，州は国家としての主権的行為を行う場合だけでなく，それ独自の主権的行為を行う場合も裁判権免除を享受しうることを前提としている。

　以上のように，国連国家免除条約に照らしても，対外国民事裁判権法に照らしても，この点については，第1審中間判決以降の裁判所の態度に賛成することができる。

4　実務への影響

　最近，わが国の判例は絶対免除主義から制限免除主義に転換していたところであるが，後者の具体的内容は必ずしも明らかではなかった。その中で，本判決は，米国の州による雇用契約という事案に関してそれを明確にしたものであり，大きな意義を有する。問題の解決は国連国家免除条約に即して図られているが，施行直前の国内法もそれに準拠しているから，本判決は今後の実務にも大きな影響をもつものである。ただし，その金銭的請求に関する判断には必ずしも適当ではない点も含まれているように思われ，その点がどうなるかについては，今後の判例の動きを見守りたい。

■参考文献
　越山和広「本判決解説」速報判解6号157頁以下（2010年）
　江藤淳一「本判決解説」速報判解6号231頁以下（2010年）
　坂巻静佳「本判決解説」平成21年度重判解315頁以下（2010年）

　【補遺】　本判例研究公表後の本判決評釈類として，井口直樹＝安藤裕実・ジュリ増刊・実務に効く国際ビジネス〈判例精選〉4頁以下（2015年）（判旨賛成），井上泰人・別冊判タ32号平成22年度主民解318頁以下（2011年），垣内秀介・判タ1343号37

---
(31)　主権免除法制の整備に関する要綱試案(1)3頁以下。

第 1 部　判決手続

頁以下（2011 年），春日偉知郎・法研 83 巻 9 号 72 頁以下（2010 年）（基本的に判旨に賛成しつつ，行為目的説か行為性質説か不明とする），倉地康弘・ジュリ 1404 号 119 頁以下（2010 年），同・時の判例Ⅶ 232 頁以下（2014 年），同・曹時 63 巻 7 号 218 頁以下（2011 年），同・最判解説民平成 21 年度(下)716 頁以下，多田望・リマークス 43 号 146 頁以下（2011 年）（国家免除条約 11 条〔対外国民事裁判権法 9 条〕の内容を直接参照した方がよかったとしつつ，判旨結論賛成），土田道夫・ジュリ 1409 号 199 頁以下（2010 年）（判旨相当），西口博之・国際金融 1211 号 64 頁以下（2010 年）（判旨賛成），古田啓昌・労経速 61 巻 2 号 2 頁（2010 年），村上正子・国際私法判例百選〈第 2 版〉176 頁以下（2012 年）（判旨賛成），横溝大・民商 144 巻 3 号 350 頁以下（2011 年）（判旨賛成），等がある。

　そのほか，本判決に関する論文として，表田充生「国際的労働関係事件における外国国家等の民事裁判権免除について」京園 62 号 39 頁以下（2011 年），がある。

（初出・法律のひろば 63 巻 6 号／2010 年）

2 不正競争防止法3条1項に基づく差止めを求める訴えおよび差止請求権の不存在確認を求める訴えと民事訴訟法5条9号

最高裁平成16年4月8日第1小法廷決定
平成15年(ラ)第284号，移送申立却下決定に対する抗告審の取消決定に対する許可抗告事件
(民集58巻4号825頁・判時1860号62頁・判タ1151号297頁)

要　旨　不正競争防止法3条1項に基づく不正競争による侵害の差止めを求める訴えおよび差止請求権の不存在確認を求める訴えは，いずれも民事訴訟法5条9号所定の訴えに該当する。

事実の概要　岐阜市に住所地のあるX会社は，工作機械と工具とを接続する「ミーリングチャック」という製品（以下「本件製品」という）を販売，輸出しているところ，大阪市に住所地のあるY会社から，その行為が不正競争防止法2条1項1号が定める「不正競争」に当たるとの主張を受けた。そこで，Xは，Yを相手取って，YがXに対して本件製品の販売または輸出について不正競争防止法3条1項に基づく差止請求権を有しないことの確認を求めて本件訴えを，名古屋地方裁判所に提起した。Xは，Xが名古屋港から本件製品を輸出しているので，名古屋地方裁判所の管轄区域内に不法行為地があり，民事訴訟法5条9号により，本件訴えは名古屋地方裁判所の管轄に属すると主張するが，Yは，本件訴えには民事訴訟法5条9号の適用はないと主張する。

原々審は，移送の申立てを却下したので，Yが抗告したとろ，原審は，原々審の決定を取り消して，本件訴えは民事訴訟法5条9号所定の「不法行為に関する訴え」に当たらないとし，本件訴えに係る訴訟を大阪地方裁判所へ移送する旨の決定をした。Xは，原審の許可を得て，最高裁に許可抗告をした。最高裁は，原決定を破棄し，裁量移送の可否等についてさらに審理を尽くさせるため，原審に差し戻した。

争　点　不正競争防止法3条1項に基づく差止めを求める訴えおよび差止請求権の不存在確認を求める訴えは，民事訴訟法5条9号所定の「不法行為に関する訴え」に当たるか。

決定要旨　原決定破棄・差戻し。

「民訴法5条9号は，『不法行為に関する訴え』につき，当事者の立証の便宜等を考慮して，『不法行為があった地』を管轄する裁判所に訴えを提起することを認めている。同号の規定の趣旨等にかんがみると，この『不法行為に関する訴え』の意義については，民法所定の不法行為に基づく訴えに限られるものではなく，違法行為により権利利益を侵害され，又はされるおそれのある者が提起する

侵害の停止又は予防を求める訴えをも含むものと解するのが相当である。
　そして，不正競争防止法は，他人の商品等表示として需要者の間に広く認識されているものと同一又は類似の商品等表示を使用するなどして，他人の商品又は営業と混同を生じさせる行為等の種々の類型の行為を『不正競争』として定義し（同法2条1項），この『不正競争』によって営業上の利益を侵害され，又は侵害されるおそれがある者は，その営業上の利益を侵害する者又は侵害するおそれがある者に対し，その侵害の停止又は予防を請求することができることを定めている（同法3条1項）。
　民訴法5条9号の規定の上記意義に照らすと，不正競争防止法3条1項の規定に基づく不正競争による侵害の停止等の差止めを求める訴え及び差止請求権の不存在確認を求める訴えは，いずれも民訴法5条9号所定の訴えに該当するものというべきである。」
【参照条文】　民事訴訟法5条9号，不正競争防止法3条1項

　研　究

1　本決定の意義

　特許権等の知的財産権，物権，人格権などに基づく差止めの訴えが民事訴訟法5条9号の「不法行為に関する訴え」に該当するかについては，従来から，知的財産権の侵害差止請求訴訟を中心に争われてきた。本決定は，不正競争行為の差止請求訴訟に関連して，この問題について初めて最高裁としての態度を示し，肯定の結論を下した新判例である。なお，本件事案においては，直接には差止請求権の不存在確認という消極的確認訴訟が問題となっているが，これと差止請求訴訟という積極的な給付訴訟を別異に取り扱う理由はなく，本決定も，直接には問題となっていない後者の訴えをも併せて結論を示している。

2　従来の裁判例・実務と学説

　この問題について，下級審の裁判例であるが，いずれも商標権侵害の差止請求に関する東京地決昭和31・12・20（下民集7巻12号3722頁）と金沢地判昭和31・1・25（下民集8巻1号107頁）が消極説を採用し，あるいは，それを前提とする判断を示していた。これに対し，この東京地決昭和31・12・20の抗告審決定である東京高決昭和32・11・28（高民集10巻9号521頁）と特許権侵害の差止請求に関わる静岡地浜松支判昭和50・6・25（無体集7巻1号188頁）は積極説に立っていた（そのほか，商標権侵害の差止請求について東京地決平成6・6・21公

刊物未登載が報告されている⁽¹⁾。

　以上に対し，学説上は，かつて兼子博士が消極説によっていたことが注目され⁽²⁾，上記の消極説の裁判例はその影響下にあると思われる。そして，その後も消極説が散発的に主張されないではないが⁽³⁾，最近では，積極説の学説が圧倒的に多い⁽⁴⁾。また，このような学説の状況を受け，東京地裁知的財産権部では，10年ほど前に，従来の窓口の取扱いを改め，知的財産権に基づく差止請求訴訟を民事訴訟法5条9号にいう「不法行為に関する訴え」と認めることに取扱いを改めていた⁽⁵⁾。もっとも，その中にあって，あえて引き継いだコンメンタールの旧版の見解を改め，消極説を採用するものがあり注目されるが⁽⁶⁾，何か新しい視点が示されているわけでもない。

　このような裁判例と実務，学説の状況に鑑みれば，本件の原決定が消極説を採用したのはむしろ意外であり，最高裁の態度は当然予測されたところといえよう。

3　本決定の検討

　(1)　先にも指摘したように，差止めの訴えが民事訴訟法5条9号の「不法行為に関する訴え」に該当するかの問題は，従来から，特許権等の知的財産権の侵害差止請求訴訟を中心に争われてきたので，ここでも，差し当たりこれを念頭に

---

(1) 高部眞規子「著作権訴訟の訴額と管轄」斉藤博＝牧野利秋編『裁判実務大系㉗知的財産関係訴訟法』13頁（青林書院・1997年）参照。
(2) 条解民訴上41頁。
(3) 木村志郎『工業所有権関係訴訟における実務上の問題の研究（書記官実務研究報告書4巻3号）』85頁（書記官研修所・1965年），元木伸「特許紛争の際の保全処分」中川善之助＝兼子一監修『実務法律大系⑻仮差押・仮処分』586頁（青林書院新社・1972年），三宅正雄「不正競争防止法における二，三の問題」同『商標法雑感』500頁（冨山房・1973年），条解民訴51頁。
(4) 古く，細野長良『民事訴訟法要義第1巻』246頁以下（巌松堂書店・1931年），中島弘道『日本民事訴訟法第1編』140頁（松華堂書店・1934年）に続いて，渡部吉隆「判批」特許判例百選167頁（1966年），古関敏正「判批」商標・商号・不正競争判例百選107頁（1967年），注解民執⑺280頁〔牧野利秋〕，野崎悦宏「差止請求訴訟の管轄」牧野利秋編『裁判実務大系⑼工業所有権訴訟法』39頁以下（青林書院・1985年），石川明「工業所有権の侵害差止訴訟と民訴法15条」法研62巻12号77頁以下（1989年），注釈民訴⑴189頁〔上北武男〕，注解民訴〔第2版〕⑴286頁〔小室直人＝松山恒昭〕，菊井＝村松・全訂Ⅰ〔補訂版〕96頁以下，高部・前掲注⑴13頁，清水利亮ほか『工業所有権関係民事事件の処理に関する諸問題（司法研究報告書41輯1号）』42頁（法曹会・1995年），基本法コンメ新民訴〔第2版〕⑴35頁〔東孝行〕，三宅省三＝塩崎勤＝小林秀之編集代表『注解民事訴訟法⑴』112頁〔塩崎勤〕（青林書院・2002年），野村秀敏「不正競争行為差止請求訴訟の土地管轄と国際裁判管轄」判タ1062号111頁以下（2001年）〔同『国際的民事紛争と仮の権利保護』81頁以下（信山社・2017年）〕。
(5) 西田美昭「知的財産権侵害訴訟の審理の充実・促進のために」パテ48巻3号10頁以下（1995年）参照。
(6) 秋山ほか・コンメ民訴Ⅰ119頁。

置いて従来の議論を見てみることとする。

　消極説は，不法行為に関する訴えとは違法な行為に基づく損害賠償請求の訴えに限るとの前提に立ち，特許権等の侵害に基づく妨害排除の訴えは，それらの絶対権の作用によるものであるから，不法行為に関する訴えではないとする。

　これに対し，積極説は以下のような論拠をあげる。第1に，特許権侵害行為の停止請求のようなものは，不法行為により侵害されつつある権利の原状回復を請求するとの意味で「不法行為に関する訴え」といえるが，民事訴訟法5条9号は「不法行為に基づく損害賠償請求の訴え」とはしていない。第2に，特許権侵害等の場合に行為地に本案裁判所の管轄を認めないと，仮処分による債権者の保護に欠けることがある。第3に，証拠調べの便宜と権利救済の迅速性という民事訴訟法5条9号の立法趣旨は損害賠償請求のみならず，差止めの訴えに関しても等しく当てはまる。

　原決定と本決定の論拠も，ほぼ上記の消極説，積極説の論拠に対応している。そして，消極説の論拠に対しては，上で紹介した積極説によって既に十分な批判が加えられていると考えるが，消極説には，さらに別個の論拠をあげるものがないではない(7)。

　すなわち，この消極説はまず，差止請求は，特許権等の絶対権が過去において侵害され，また，現在も侵害されつつあることを理由とする場合でも，その訴えの性質はすべて将来の給付を求める訴えであって，この点において，過去において絶対権が侵害されたことを理由として，損害賠償その他を請求するところの，現在の給付の訴えである不法行為に基づく訴えとは異なるという点を指摘する。次に，これは，積極説の第2の論拠に関連し，債権者は常に正しい仮処分申請をするものとは限らないし，現に，この見解が解説の対象としている裁判例（前掲静岡地浜松支決昭和50・6・25）の事案においては，債権者の仮処分申請は被保全権利の疎明がないとの理由で却下されているとも指摘する。

　しかしながら，この消極説の論拠の第1点については，それがあげるような差止請求の場合には，現在存在する不作為義務に，今違反すべからざる旨が主張されるのであるから，その訴えは現在の給付の訴えにほかならないと反論できる(8)。第2点に関しては，債権者（原告）が正当とは限らないのは差止めの場合に限らず損害賠償の場合であっても同じであるから，そのように言っては不法行為地の裁判籍をおよそ否定することになりかねないとの疑問がありうる（もっとも，消極説は，その指摘するような不都合があるから，解釈論として限定解釈をすべきであるといっているだけであろうが，不法行為地の裁判籍に一定の合理性があることは，

---

(7) 高林克巳「判批」特許判例百選〈第2版〉187頁（1985年）。
(8) 野村秀敏『予防的権利保護の研究』7頁以下（千倉書房・1995年），注釈民訴(5)148頁以下〔上原敏夫〕参照。

それが古くから普遍的に認められてきたこと[9]に鑑みても否定されまい）。また，揚げ足取り気味になるかもしれないが，問題の裁判例の事案においては，結局，仮処分申請は却下されたのであるから，当該裁判所に不法行為地の裁判籍による管轄を認めても何ら債務者にとっての不都合はなかったともいえよう。

（2）　不正競争行為の差止めの場合には，上記に加えて，なお検討すべき要素が残されていないではない。

特許権等の侵害の場合には，その権利者の権利に対する違法な侵害があることは明らかである。これに対し，各国の不正競争法の目的は，営業者の利益保護から，次第に公衆の利益，国民経済の利益保護にまで拡大されるようになってきたと言われる。すなわち，そこには，消費者保護や公正な競争秩序の維持という公益的な目的も含まれるようになってきた[10]。そこで，この点を強調すると，不正競争行為の差止めは，必ずしも個人の権利ないし法的利益に対する違法な侵害にかかわるものではないことになり，それを求める訴えは不法行為に関する訴えということはできないのではないか，との疑問を生じうる[11]。

しかしながら，わが国の不正競争防止法は不法行為に関する特別法として出発したことは明らかであり，あくまでも，「不正競争によって営業上の利益を侵害され，又は侵害されるおそれのある者」にのみ差止請求権が認められる（不正競争防止法3条1項）。本決定もこの点を強調している。逆にいうと，消費者（団体）や同業者団体に差止めの原告適格を認める規定は欠けているのであり，この点からいっても，諸外国の立法に比して，なお私法的色彩を色濃く残していると評されている[12]。それ故，この差止めに関しても，不法行為地の裁判籍の適用を認めてよい[13]。

（3）　不法行為地の裁判籍の適用を認めるときは，不法行為があった「地」とはいかなる地を指すかが問題となるが，通説は，不法行為を構成する要件事実の生じた地をいい，単なる準備行為の行われた地を含まないとする。そして，原因行為地と結果発生地とが異なる場合には，そのいずれもが不法行為地に該当するという[14]。いずれの地にも，少なくとも一部の争点に関する証拠が集中していると

---

[9]　注釈民訴(1) 185頁以下〔上北〕参照。
[10]　満田重昭「不正競争防止法の保護利益」小野昌延＝山上和則編『不正競争の法律相談〔改訂版〕』24頁以下（青林書院・2002年）参照。
[11]　横浜弁護士会編『差止訴訟の法理と実務』530頁（第一法規・1994年）参照。
[12]　小野昌延『不正競争防止法概説』29頁，38頁（有斐閣・1994年），同編著『新・注解不正競争防止法』29頁，35頁（青林書院・2000年）。
[13]　田倉整「不正競争行為を理由とする裁判所の管轄」小野昌延＝山上和則編『不正競争の法律相談〔改訂版〕』461頁（青林書院・2002年），青山紘一編著『最新不正競争防止法』130頁（通商産業調査会出版部・1998年）。
[14]　注釈民訴(1) 191頁以下〔上北〕，注解民訴〔第2版〕(1) 287頁〔小室＝松山〕等。

考えられるし，原告の権利救済のためには，双方の地を管轄原因と認めた方がよいからであろう。

　上記のことは不法行為地の裁判籍一般についていわれているところであるが，この一般論は不正競争行為差止めの場合にも当てはまると考えられているようである。すると，原告は，原因行為地であれ，結果発生地であれ，自己にとって最も便宜であると考える地の裁判所に提訴しうることになる。これは，全国規模での販売行為が不正競争行為とされるような場合には，全国どこの裁判所でも管轄権が認められることに帰着し，管轄の定めを置いた意味を失わせかねない。しかし，先の積極説は，裁量移送（民訴17条）によって，これによる不都合に対処すればよいとする(15)。ここでは，新しい民事訴訟法が旧法（旧民訴31条）に比して裁量移送の要件を柔軟化していることを，特に指摘して積極説に賛成したい(16)。

　裁量移送により対処しうるとの指摘は，不正競争行為の差止めに不法行為地の裁判籍の適用を認めない消極説のいう次のような不都合にも向けられうる。すなわち，市場での行為は本社の指示に基づいて行われるから，その市場で幾らのものを幾らで売ったかということは，本社に聞いてみなければ分からないとの不都合である(17)。しかし，先に指摘したように，最初から消極説をとるのは相当ではない。また，この不都合についても，それなら損害賠償請求に関しても同じではないか，との反論が可能である。

　(4)　以上により，不正競争防止法3条1項に基づく差止めを求める訴えと差止請求権の不存在確認を求める訴えを民事訴訟法5条9号所定の「不法行為に関する訴え」に該当するとし，不正競争の原因行為が行われた名古屋を「不法行為があった地」とした本決定に賛成することができる（なお，本件事案においては，名古屋港から輸出されたことに争いはなかったようであるので問題にはなっていないが，争われれば，いわゆる請求原因事実と管轄原因事実の原因符合の問題が生ずる(18)）。

4　実務への影響

　本件事案は不正競争防止法に基づく差止請求訴訟に関するものであるが，しばしば指摘したように，従来主として問題にされてきたのは，知的財産権に基づく差止請求訴訟であった。本決定の射程はこれにも，そしてまた，おそらくは物権

---

(15)　古関・前掲注(4)167頁，野崎・前掲注(4)40頁，高部・前掲注(1)13頁，田倉・前掲注(13)99頁。
(16)　野村秀敏『民事保全法研究』188頁（弘文堂・2001年）。
(17)　三宅正雄・前掲注(3)502頁。それ故，不正競争防止法については特別裁判籍は考えない方がよいという。
(18)　取引法判例研究会では，差止請求権の不存在確認を求める訴えに関し，若干この点に関連して問題点の指摘がなされたが，この点に関しては，高部眞規子「判解」最判解説民平成13年度(下)500頁以下（ただし，直接には国際裁判管轄に関する説明である）参照。

や人格権に基づく差止請求訴訟にも及ぶであろう。この意味で，本決定の実務への影響は相当大きいと思われる。ただし，特許権等に関する訴えについては，平成15年の民事訴訟法の改正によって，移送の可能性を留保しつつも，東京，大阪両地裁への専属管轄化がはかられているから（民訴6条・20条の2），影響は限られる。

■参考文献
森義之「本判決解説」ジュリ1274号190頁以下（2004年）

【補遺】　本判例研究公表後の本決定評釈類として，安達栄司・民商131巻4・5号680頁以下（2005年）（管轄原因としての不法行為地が認められる場所を予め合理的な範囲に限定する必要性を指摘しつつ，決定要旨結論に賛成），上北武男・リマークス31号102頁以下（2005年）（決定要旨に賛成），大濱しのぶ・平成16年度重判解125頁以下（2005年），加藤新太郎・判タ1184号平成16年度主民解186頁以下，酒井博行・北園40巻4号123頁以下（2005年）（決定要旨に賛成），佐瀬裕史・法協123巻2号419頁以下（2006年），徳田和幸・判評555号〔判時1885号〕201頁以下（2005年）（決定要旨に賛成），菱田雄郷・商標・意匠・不正競争判例百選220頁以下（2007年）（決定要旨に賛成），森義之・L&T25号80頁以下（2004年），同・曹時57巻10号261頁（2005年），同・最判解説民平成16年度(上)241頁以下，和田吉弘・法セ599号123頁（2004年）（決定要旨に賛成），等がある。

（初出・NBL 802号／2005年）

3 将来給付請求権としての適格性

最高裁平成 19 年 5 月 29 日第 3 小法廷判決
平成 18 年(受)第 882 号,横田基地夜間飛行差止等請求事件
(判時 1978 号 7 頁)

要 旨　飛行場において離着陸する航空機の騒音等により周辺住民らが被害を被っていることを理由とする損害賠償請求権は,将来の給付の訴えを提起することのできる請求権としての適格を有しない。

事実の概要　国 Y(被告・控訴人兼被控訴人・上告人)が日本国とアメリカ合衆国との間の相互協力及び安全保障条約に基づきアメリカ合衆国に対して同国軍隊(以下「米軍」という)の使用する施設及び区域として提供している横田飛行場の周辺に居住する X ら(原告・控訴人兼被控訴人〔ただし,一部の者は被控訴人〕・被上告人。3,686 名であるが,第 1 審判決時の原告としては 5,917 名いた)は,横田飛行場において離着陸する米軍の航空機の発する騒音等により精神的又は身体的被害等を被っていると主張して,Y に対し,夜間の航空機の飛行差止め等と過去及び将来の損害賠償(訴状送達の翌日から,アメリカ合衆国が横田飛行場において,毎日午後 9 時から翌日午前 7 時までの間,飛行機の離着陸をしなくなり,かつ,その余の時間帯において X らの居住地に 60 ホンを超える一切の航空機騒音が到着しなくなるまで,X ら各自に対し毎月 2 万 2,000 円の支払)を求めて訴えを提起した(いわゆる第 5 次〜第 7 次横田基地騒音公害訴訟の併合事件)。

将来の損害賠償請求の部分に関して,第 1 審(東京地八王子支判平成 14・5・30 判時 1790 号 47 頁)は,大阪国際空港訴訟事件大法廷判決(最大判昭和 56・12・16 民集 35 巻 10 号 1369 頁)の立場を踏襲して,訴えを不適法却下した。これに対し,原審(東京高判平成 17・11・30 判時 1938 号 61 頁)は,一般論としては前記大法廷判決に従いつつも,「口頭弁論終結後も,本判決の言渡日である平成 17 年 11 月 30 日までの 8 か月ないし 1 年間といった短期間については,口頭弁論終結時点に周辺住民が受けていた航空機騒音の程度に取り立てて変化が生じないことが推認され,受忍限度や損害額(慰謝料,弁護士費用)の評価を変更すべき事情も生じないから,終結後の損害の賠償を求めて再び訴えを提起しなければならないことによる X らの負担にかんがみて,口頭弁論終結時について認められる損害賠償請求権と同内容の損害賠償請求権を認めるべきである。」として,第 1 審判決を取り消し,一部認容一部却下の判決をした。

Y は,原審のこの判断に判例違反,法令解釈適用の誤りがあるとして上告受理の申立てをし,これが認められた。

3 将来給付請求としての適格性

判決要旨　　破棄自判。

「(1) 継続的不法行為に基づき将来発生すべき損害賠償請求権については、たとえ同一態様の行為が将来も継続されることが予測される場合であっても、損害賠償請求権の成否及びその額をあらかじめ一義的に明確に認定することができず、具体的に請求権が成立したとされる時点において初めてこれを認定することができ、かつ、その場合における権利の成立要件の具備については債権者においてこれを立証すべく、事情の変動を専ら債務者の立証すべき新たな権利成立阻却事由の発生としてとらえてその負担を債務者に課するのは不当であると考えられるようなものは、将来の給付の訴えを提起することのできる請求権としての適格を有しないものと解するのが相当である。そして、飛行場等において離着陸する航空機の発する騒音等により周辺住民らが精神的又は身体的被害等を被っていることを理由とする損害賠償請求権のうち事実審の口頭弁論終結の日の翌日以降の分については、将来それが具体的に成立したとされる時点の事実関係に基づきその成立の有無及び内容を判断すべく、かつ、その成立要件の具備については請求者においてその立証の責任を負うべき性質のものであって、このような請求権が将来の給付の訴えを提起することのできる請求権としての適格を有しないものであることは、当裁判所の判例とするところである（最高裁昭和51年(オ)第395号同56年12月16日大法廷判決・民集35巻10号1369頁、最高裁昭和62年(オ)第58号平成5年2月25日第1小法廷判決・民集47巻2号643頁、最高裁昭和63年(オ)第611号平成5年2月25日第1小法廷判決・裁判集民事167号下359頁）。

(2) したがって、横田飛行場において離着陸する米軍の航空機の発する騒音等により精神的又は身体的被害等を被っていることを理由とするXらのYに対する損害賠償請求権のうち事実審の口頭弁論終結の日の翌日以降の分については、その性質上、将来の給付の訴えを提起することのできる請求権としての適格を有しないものであるから、これを認容する余地はないものというべきである。」

「以上によれば、Xらの本件訴えのうち原審の口頭弁論終結の日の翌日（……）以降に生ずべき損害の賠償請求に係る部分は、権利保護の要件を欠くものというべきであって、Xらの上記損害賠償請求を原判決言渡日までの期間について認容した原判決には、訴訟要件に関する法令の解釈の誤りがあり、この違法が判決に影響を及ぼすことは明らかである。論旨は理由があり、原判決中上記将来の損害の賠償請求を認容した部分は破棄を免れず、上記部分に係る訴えを却下した第1審判決は相当であるから、この部分についてのXらの控訴を棄却すべきである。」

那須弘平裁判官、田原睦夫裁判官の反対意見があるほか、裁判官全員一致の意見で破棄自判（控訴棄却）（堀籠幸男、上田豊三、藤田宙靖、那須弘平、田原睦夫）。なお、上田豊三、堀籠幸男各裁判官の補足意見、藤田宙靖裁判官の補足意見がある。

第1部　判決手続

　（上田豊三，堀籠幸男各裁判官の補足意見）昭和56年大法廷判決の述べる継続的不法行為に基づく損害賠償請求の適否に関する一般法理（一般的命題）が「『判例』としての先例的意義・価値を有することを否定するものではない」が，これだけが「『判例』としての先例的意義・価値を持つわけではない。」同判決の「『空港周辺の住民が同空港を離着陸する航空機による騒音等により被る損害の賠償請求のうち，事実審の口頭弁論終結日の翌日以降のものは，権利保護の要件を欠き，不適法である』とする判断は，当該具体的事案に前記の一般法理を当てはめて当該事件を解決した最も重要な事例判断から抽出される命題，いわゆる結論命題であり，この部分こそ狭義の『判例』として先例的な意義・価値を有し，拘束力を持つものというべきである。」「原判決のうち原審の口頭弁論終結日の翌日から原判決の言渡日までの損害賠償請求を認容した部分は，昭和56年大法廷判決……の『判例』に明らかに違反するものといわざるを得ない。」

　（藤田宙靖裁判官の補足意見）「昭和56年大法廷判決から25年を経た今日，将来の損害賠償請求に関し同判決が示した法理を，なお当審判例として厳格に維持することが適当であるか否かについては」「少なくとも，近い将来，然るべき事案においてその再検討がなされること自体を拒否するものではない。ただ，正に本件がそのような事案であるかについては，……なお躊躇を覚えるものがある。」将来の損害についての損害賠償請求権が認められるためには「少なくとも，過去におけると同様の被害及び請求権の成否，内容を決定付ける要件の存続が，将来についても『高度の蓋然性』をもって予測されるのでなければなるまい。……ただ，……『防衛施設である横田飛行場の騒音の状況はその時々の国際情勢あるいは我国の防衛力の整備状況等に応じて常に変動する可能性を有するものであって，将来にわたって一定の航空交通量があることを確定できるものではない』という要素があるという事実はこれを否定できないこと，また，論旨の指摘する，周辺住民の移動状況等に鑑みるとき，過去の被害についてのデータから，将来の被害についての『高度の蓋然性』を，果たしてまたどのように見出せるかについては，なお残された多くの問題があるのではないか，と思われる。」原審の判断は，「理論的に見る限り，……判例違反を犯すものであることは否定し得ない（……）ところ，本件においてたまたま認定された最終口頭弁論終結時以後の事情を前提とし，また原審が認定する程度の損害額の上積みの為にのみ，本件においてあえて判例変更の手続をとるということの合理性もまた，問題とならないわけではない。……原判決の判例違反が，あえて上告受理申立て理由として主張される以上，当審としてはこれを受理し破棄自判すべきであるという考え方に，私としても従わざるを得ないところである。」

　（那須弘平裁判官の反対意見）「原判決は，昭和56年大法廷判決の示した枠組みを踏まえつつ，当事者の適切かつ迅速な救済を図るために，あえて判決言渡日ま

3　将来給付請求としての適格性

での短期間に限定して継続的な不法行為による将来の損害賠償請求権の成立を認めるべく実務上の工夫をしたものであると評価できる。」「昭和56年大法廷判決は、……『飛行場において離着陸する航空機の発する騒音等により周辺住民らが精神的又は身体的被害等を被っていることを理由とする損害賠償請求権のうち事実審の口頭弁論終結の日の翌日以降の分』一般について、無条件で『将来の給付の訴えを提起することのできる請求権としての適格を有しない』とまでいっているとは解せられない。」「期限を切らない将来の損害賠償請求と判決言渡日までという明確で比較的短期間に限定したうえでの損害賠償請求との間には将来予測の可能性及び確実性の点で本質的な差異があるのであって、単純に『大は小を含む』というような関係のものとして処理できるものではないと考える。／いうまでもなく、将来の事象は実際に起きるかどうか未確定なものであるが、しかし、実際に起きるかどうかに関する予測可能性ないし確実性の程度は、前提とする事実如何により濃淡様々な差がある。」「継続的な不法行為の場合について、期間を区切らなかったり、区切っても遠い先を期限としたり、あるいは実際に起きるかどうかが不分明な事実に係わらしめた将来の損害賠償請求については、違法行為の成否及びこれによって生ずべき損害の有無、程度につき、予測が困難であるかそうでなくても予測できる事実に不確実な面が多いということはいえるであろう。これに対し、口頭弁論終結から判決言渡しまでという比較的短い期間に限定して違法行為の成否及び損害額を見る場合には、類型的・客観的に訴訟要件を欠くとして訴えを門前払いしなければならないほどの予測の困難性ないし予測事実の不確実性が存在するとは必ずしもいえない。」「この点で、原判決が、将来の損害賠償請求一般の中から判決言渡日までという比較的短い期間で、予測可能性及び確実性が高い部分（しかも、判決言渡しの時点では現実となっている部分）を切り取って類型化し将来の損害賠償請求の適格を認めたことについては相当な理由があり、かつ、……昭和56年大法廷判決の趣旨に照らしてもこれに抵触するとまではいえないと考える。」「原判決のうち将来の損害賠償請求に関する部分は結論において相当なものとして是認すべきである。」

　（田原睦夫裁判官の反対意見）原判決は、「昭和56年大法廷判決の判旨に抵触するものであるが、昭和56年大法廷判決から既に25年を経た今日、その間に提起された同種事件の状況や学説の状況を踏まえれば、同判決が定立した継続的不法行為による将来の損害賠償請求権の行使が許容される場合の要件について、その見直しがなされるべきである。」将来の給付の訴えがどのような請求について認められるかは、「将来生ずる不確定要素の立証の負担を原、被告いずれに負担させるのが妥当かという利益衡量の問題に尽きるのであって、当該具体的な事案に応じて判断されるべき事項である。その点は継続的不法行為による損害賠償請求権の場合も同様に解すべきであり、昭和56年大法廷判決が定立した基準は狭

きに過ぎる……。」本件で如何なる範囲で将来請求を認めるかは,「口頭弁論終結時におけるXらの被っている被害が将来も継続することが高度の蓋然性をもって認められる期間,Xらが口頭弁論終結後の被害にかかる損害賠償請求を求めるために新たに訴えを提起することに伴う負担の内容,将来請求を認容した場合にYが請求異議事由として主張し得る事項とその立証に要する負担の程度,及びその負担をさせることに伴うY,X間の衡平性を考慮したうえで判断すべきであり,その認容判決をなすに当たっては,Xらの請求の範囲で,将来請求を認容する期間,及び認容する金額のいずれも控え目になすべきであって,その具体的な認定は,当該事案における事実関係に応じて判断すべき事柄であると考える(昭和56年大法廷判決における団藤重光裁判官の反対意見参照)。」「原判決は,口頭弁論終結後判決言渡期日までの請求を認容する理由として,……終結後の損害の賠償を求めて再び訴えを提起しなければならないXらの負担をあげるが,」これを「慮って将来請求を認容するならば,原判決の認定する被害が高度の蓋然性をもって継続すると予測される期間の範囲内でXらにとって再訴提起の負担の軽減が実質的に図られる程度の期間につき認めるべきである。」ただし,原判決言渡日の翌日以降についても将来請求を認めることは原判決よりもYに不利益になるので,いわゆる不利益変更禁止の原則により上告を棄却するにとどめるのが相当である。

【参照条文】 民事訴訟法135条

分析

1 事実審口頭弁論終結時において履行を求めうる状態にない給付請求権を訴求する将来の給付の訴えが適法であるためには「あらかじめその請求をする必要がある場合」(民訴135条)でなければならないが,法廷意見(1)が述べるように,大阪国際空港訴訟事件大法廷判決以来,当該請求について一定の請求適格が備えられていることも必要であるとされている。それがなければ,定型的に本案判決による処理になじまないと言うのである[1]。そして,この点が特に問題とされることが多いのが,その契機となったのがこの大法廷判決であることから分かるように,継続的な不法行為に基づく将来の損害賠償請求に関してである。

大阪国際空港訴訟事件大法廷判決は,この請求適格に関して,①「すでに権利発生の基礎をなす事実上及び法律上の関係が存在し」,かつ,②「その継続が予測される」ことに加えて,③法廷意見(1)前段(「そして」の前の部分)のことが要求されるとした。そして,そのように考えると,不動産の不法占有者に対して明渡義務の履行完了までの賃料相当額の損害金を訴求するような場合とは異なって,

---

[1] 高橋・重点講義上322頁。

飛行場において離着陸する航空機の発する騒音等により周辺住民らが精神的又は身体的被害等を被っていることを理由とする損害賠償請求権のうち事実審の口頭弁論終結の日の翌日以降の分については，③の点について問題があるので請求適格を欠くとした。

この大法廷判決には，団藤重光裁判官の少数意見が付されていた。同意見は，法廷意見①②が当てはまるような場合には，具体的事案に応じて，立法者がとくに民事訴訟法135条（旧226条）を設けた趣旨を勘案しながら，既判力の範囲の問題や当事者間の利益の均衡などを考慮して是認される限度で，民事訴訟法135条による訴えが認められるべきものとしつつ，本件については，最小限度の被害の発生は，特別の事態が起こらない限り，将来，当分のあいだ確実に継続するであろうことは，むしろ常識的に是認されうるところであり，最小限度の被害の発生が確実に継続するものと認められる期間を控えめにみてその終期を定めるならば，その期間内に特別の事態が生じた場合に相手方に請求異議の訴えによって救済を求めさせることにしても，これに不当に不利益を課することにはならないとしていた。

大法廷判決の法廷意見の立場は，大規模公害訴訟に関する多くの（裁）判例によって踏襲されている。そのようなものとして，最高裁判例としては，法廷意見も引用する最判平成5・2・25（民集47巻2号643頁）（厚木基地騒音公害訴訟上告審判決），最判平成5・2・25（裁判集民167号下359頁）（横田基地騒音公害訴訟上告審判決〔第1次・第2次訴訟〕）があり，下級審裁判例としては，名古屋高判昭和60・4・12（下民集34巻1～4号461頁）（名古屋新幹線公害訴訟），東京高判昭和61・4・9（判時1192号1頁）（厚木基地騒音公害訴訟），東京高判昭和62・7・15（判時1245号3頁）（横田基地騒音公害訴訟〔第1次・第2次訴訟〕），大阪高判平成4・2・20（判時1415号3頁）（国道43号線公害訴訟），福岡高判平成4・3・6（判時1418号3頁）（福岡空港騒音公害訴訟），福岡高那覇支判平成10・5・22（判時1646号3頁）（嘉手納基地騒音公害訴訟）等の多数のものがある（その中で，小規模な隣人間の公害事件に係るものに関しては，将来の損害賠償請求を認容したものがないではない。大阪地判昭和62・3・26判時1246号116頁）。

2 学説上も，大阪国際航空訴訟事件大法廷判決の立場に同調する有力な見解がないわけではないが[2]，むしろ，その結論に反対する立場が通説であると言ってよいであろう[3]。

---

[2] 菊井＝村松・全訂Ⅱ107頁以下，中野貞一郎「将来の給付の訴え」同『民事訴訟法の論点Ⅰ』139頁以下（判例タイムズ社・1994年，初出1993年）。

[3] 田原睦夫「大阪国際空港夜間飛行禁止等請求事件」民商87巻4号591頁以下（1983年），竹下守夫「救済の方法」『岩波講座基本法学8・紛争』214頁以下（岩波書店・1983年），条解民訴821頁〔竹下〕，注釈民訴(5)140頁〔上原敏夫〕，松浦馨「将来の給付の訴え」

第1部　判決手続

通説が説くところにも論者によって多少の差異があるが，その主なものをあげれば次のようになろう。すなわち，大法廷判決法廷意見の説くところを厳格に適用すると，将来の給付の訴えを事実上提起しえないことになるおそれがある。大法廷判決のあげる基準によったのでは，その事案と不動産の不法占有による損害賠償請求の場合とを区別することは困難である。将来の給付の訴えの適否は，将来の変動要因についていかなる程度まで確実に予測されれば，その変動の立証の負担を被告に負わせるのが衡平に適うかとの利益衡量に基づく判断に帰着する。既に現在の被告の行為が不法行為になるとされ，同一態様の行為が将来も継続することが確実に予想されるなら，将来における不法行為の成否・賠償すべき損害の範囲に影響をもたらす要因の大部分が加害者の行う損害防止措置の実施である場合には，将来の給付の訴えを適法なものと見ることが当事者間の衡平に合致する。賠償を命ずべき損害賠償額は最小限度とし，支払期間も控えめなものとするのが適当である。以上，要するに，この立場は大法廷判決における団藤少数意見に同調するものであるが，その上で，判決の基礎となった事実関係に変動が生じた場合には，被告には請求異議の訴え（民執35条）により，原告には追加請求の後訴によって，これを主張することが認められる（現行民事訴訟法の下では，確定判決変更の訴え〔民訴117条〕の類推適用も認められる）とする。

3　このように，大阪国際空港訴訟事件大法廷判決以来のほぼ確定した判例と学説の大勢の立場とは相対立するものであった。また，学説上は，確定判決変更の訴えと相当な損害額の認定の制度（民訴248条）という従来にはなかった制度が設けられた現行民事訴訟法の下では，大法廷判決の先例性はかなり希釈されたか，あるいは，その説く要件は黙示的かつ自動的に緩和された，と評価できるとの指摘もあった[(4)]。そして，本件の原審は，第1審判決が従来の立場を踏襲したにもかかわらず，極めて短期間に限定してではあるが，大規模公害訴訟における将来の損害賠償請求の適法性を肯定したのであった。したがって，本件で最高裁がどのような立場をとるかは極めて注目に値したのであるが，法廷意見の結論は従来の判例の立場を再確認するという単純なものに過ぎなかった。

民訴百選Ⅰ138頁以下，同「将来の不法行為による損害賠償請求のための給付の訴えの適否」中野古稀『判例民事訴訟法の理論（上）』207頁以下（有斐閣・1995年），上北武男「将来の給付の訴えおよび差止請求の訴えにおける訴えの利益」同書294頁以下，内山衛次「将来の給付の訴え」鈴木正裕古稀『民事訴訟法の史的展開』137頁以下（有斐閣・2002年），笠井正俊「将来の給付の訴え」民訴百選〈第3版〉58頁以下，川嶋四郎「将来の給付の訴えにおける救済展開」同『民事救済過程の展望的指針』259頁以下（弘文堂・2006年，初出2002年），新堂・新民訴〔第3版補正版〕248頁，松本＝上野・民訴〔第4版補正版〕134頁以下〔松本〕，基本法コンメ民訴〔第3版〕(2)20頁以下〔松本〕，上田・民訴〔第5版〕215頁．

(4)　川嶋・前掲注(3)256頁以下，262頁．

3 将来給付請求としての適格性

しかしながら，本件原審判決が大法廷判決に反するものであるかについては，評価が分かれている。上田裁判官と堀籠裁判官の補足意見は，先に指摘した①ないし③の一般的命題とそれを具体的事案に当てはめた「空港周辺の住民が同空港を離着陸する航空機の発する騒音等による損害賠償請求のうち，事実審の口頭弁論終結の日の翌日以降のものは，権利保護の要件を欠き不適法である」とする判断たる結論命題を「判例」と捉え，原審判決はこの判例に違反する旨を強調している。このような見方自体は，藤田裁判官の補足意見，田原裁判官の反対意見においても変わらない。さらに，下級審裁判例にあっては，結論命題をより一般化して「空港・航空機」等を「道路・自動車」等や「新幹線・列車」等にまで拡張していると言える。だが，このような見方には，事案の緻密な分析を軽視することに繋がりかねない判例理論の不当な一般化ではないかとの疑問が生じうる[5]。すなわち，那須反対意見の説くように，大法廷判決の一般的命題は，空港の使用目的，設置及び管理の主体，立地条件，騒音被害の種類，性質，内容，程度及び今後の損害発生の見通し等の判断要素との関連でのみ見られるべきではないかとの見方はありえ（どこまで細かくこれらの要素を考察の視点に取り込むかは問題ではあろうが），そうであるとすれば，本件原審判決が大法廷判決に反するものではないとの評価は大いにありうるものと言うこともできよう。

　他方，そのような評価に従うとしても，そもそも大法廷判決はその前提とする事案に関してすら適当ではなかったとも考えうる。また，仮に本件原審判決が大法廷判決に反すると捉えても，後者から既に25年を経た現在，判例変更を行うべき時期に来ているのではないかは別途，検討すべき課題であり，田原反対意見は，そのように捉えつつ正面からこの課題に取り組むものである[6]。藤田補足意見は，短い期間，わずかな金額に関してのみ将来の損害賠償請求を認容した本件原審判決に関連して判例変更を行うのは相当ではないとしているが，係争利益が小さいために当該争点が真剣に争われていなかったのであればともかく，本件事案においてはそうではなかったのであるから，このような理由で判例変更をためらうべきではないのではなかろうか[7]。ともあれ，当面は，下級審はなお大法廷判決に従うことになろうが，先に見たような学説の傾向に加え，本判決の藤田補足意見，那須反対意見，田原反対意見に鑑みれば，判例変更の日が期待されうるようになってきたと言えないこともないように思われる[8]。

---

(5) 川嶋四郎「本判決解説」法セ632号121頁（2007年）。
(6) 田原裁判官は，かつて大阪国際空港訴訟事件の原告側代理人の1人であり，反対意見と同趣旨を既に田原・前掲注(3)で展開されていた。
(7) 川嶋・前掲注(5)121頁は，百尺竿頭一歩を進める類の法的救済も裁判所の重要な使命であると指摘する。わずかな金額，軽い刑罰が問題とされていたのに過ぎない事案において，多くの基本的人権をめぐる重要な判例が生み出されてきたことも考えてみよ。
(8) 川嶋・前掲注(5)121頁，慶応義塾大学民事手続判例研究会（三木浩一監修）「本判決解

第 1 部　判　決　手　続

【補　遺】　(1)　本判決後，厚木基地騒音公害訴訟に係る控訴審の東京高裁判決（東京高判平成 27・7・30 判時 2277 号 13 頁）は，事実審口頭弁論終結日の翌日から約 1 年 8 月後の日までの損害賠償請求を認めたが，上告審の最高裁判決（最判平成 28・12・8 判時 2325 号 37 頁）は，大阪国際空港訴訟事件大法廷判決や本判決を引用しつつ従来からの立場を維持する旨を明らかにし，原判決を破棄して，訴えを却下した第 1 審判決を是認している。

(2)　本判例研究公表後の本判決評釈類として，安西明子・リマークス 37 号 112 頁以下（2008 年）（判旨反対），笠井正俊・平成 19 年度重判解 140 頁以下（2008 年）（田原反対意見を説得力あるとする），西野喜一・別冊判タ 22 号平成 19 年度主民解 202 頁以下（2008 年）（多数意見，補足意見に若干の疑問を留保），森博英・行政判解説平成 19 年 260 頁以下，山本和彦・判評 592 号〔判時 1999 号〕164 頁以下（2008 年）（田原反対意見を基本的に相当とする），渡辺森児・法研 81 巻 4 号 104 頁以下（2008 年）（判旨反対），等がある。

(初出・民商法雑誌 137 巻 4・5 号／2008 年)

説」Lexis 判例速報 23 号 84 頁（2007 年）。

4 具体的相続分確認の利益

最高裁平成12年2月24日第1小法廷判決
平成11年(受)第110号，具体的相続分確認請求事件
（民集54巻2号523頁・判時1703号137頁・判タ1025号125頁）

事実の概要　平成4年に死亡したAには，相続人として，長男X（原告・控訴人・上告人）と長女Y（被告・被控訴人・被上告人）がいた。Aは生前に，Aが借地をしていた土地の底地の購入をXに勧め，Xはその勧めに応じて，資金の一部につきAからの贈与を受けてその持分2分の1を買い受けた。他方Yは，Aから建物の贈与を受けていた。Aの死後，Yの申立てにより遺産分割の審判がなされて確定したが，その内容は，Yに土地建物等を，Xに土地建物，借地権を取得させ，Xに，Yへの2億円余の清算金の支払を命ずるものであった。この審判には，Yに贈与された建物を特別受益財産とする認定，Xが購入した底地の持分2分の1に関し，Aからの資金援助の割合を相続開始時の底地の価額に乗じて評価した持分の価額が特別受益財産であるとの認定，そしてこれらの認定に基づくYの具体的相続分を3億7,519万5,000円（具体的相続分率0.6331），Xの具体的相続分を2億1,740万5,000円とする算定が基礎となっていた。

これに対し，Xは，①Xの特別受益財産は，Aから出捐を受けた金額とすべきである，②Yには，審判で認定された建物以外にも特別受益財産がある，③遺産の一つである借地権の価額は審判における認定額より低額である，と主張して，Yの具体的相続分の価額は2億169万8,500円，具体的相続分率は0.502679を超えないことの確認を求める訴えを提起した。第1審（岡山地判平成10・3・30民集54巻2号530頁・判タ1002号244頁），原審（広島高岡山支判平成10・10・27民集54巻2号549頁・判タ1002号243頁）とも，具体的相続分は，遺産分割手続における計算上の分配基準にすぎず，民事訴訟の対象としての適格性を有しないとして訴えを却下した。Xの判例（最大決昭和41・3・2民集20巻3号360頁）違反をいう上告受理申立ては認められたが，結局，上告は棄却された。

判決要旨　上告棄却。

「具体的相続分は，……遺産分割手続における分配の前提となるべき計算上の価額又はその価額の遺産の総額に対する割合を意味するものであって，それ自体を実体法上の権利関係ということはできず，遺産分割審判事件における遺産の分割や遺留分減殺請求に関する訴訟事件における遺留分の確定等のための前提問題として審理判断される事項であり，右のような事件を離れて，これのみを別個独立に判決によって確認することが紛争の直接かつ抜本的解決のため適切かつ必要

であるということはできない。

　したがって，共同相続人間において具体的相続分についてその価額又は割合の確認を求める訴えは，確認の利益を欠くものとして不適法であると解すべきである。」

解説

　1　民法903条1項は，「共同相続人中に，被相続人から，遺贈を受け，又は婚姻，養子縁組のため若しくは生計の資本として贈与を受けた者があるときは〔以下，遺贈又は贈与に係る財産を「特別受益財産」という〕，被相続人が相続開始の時において有した財産の価額にその贈与の価額を加えた〔「持ち戻した」〕ものを相続財産とみなし〔「みなし相続財産」〕，……〔法定相続分又は指定〕相続分の中からその遺贈又は贈与の価額を控除し，その残額を以て」その者の相続分（「具体的相続分」）とする旨を規定している。そして，遺産分割の前提として，特定の遺贈や贈与に係る財産の特別受益財産該当性や具体的相続分の価額ないし割合に関して争いが生ずることがしばしばあるが，この争いの解決方法として，後者に関する確認訴訟が許されるかがここでの問題である。

　2　具体的相続分の法的性質に関しては，従来から相続分説と遺産分割分説との対立がある[(1)]。すなわち，相続分説は，具体的相続分を実体的権利関係と把握し，①特別受益は客観的には相続開始時に定まっており，個々の財産に対する遺産共有の持分の割合を示す実体的権利内容そのものである，②民法903条は，法定相続分，指定相続分と同様に「相続分」の節に，その修正要素としておかれている点から見て，具体的相続分は法定相続分等と本質を同じくする，③寄与分の決定（家審9条乙類9の2〔家事別表第2の第14項〕）とは異なり，特別受益の持戻しは審判事項とはされていない，等の理由をあげる。これに対し，遺産分割分説は，①みなし相続財産は，具体的相続分算定のための観念的操作にすぎず，それによって算定される具体的相続分も遺産分割の基準としての割合にすぎないから，遺産分割前に権利として実在するものではない，②特別受益財産に当たるか否かは，被相続人の生前の資産，収入，家庭状況，社会状況等を総合的に考慮して合目的的に判断されるべきものであり，審判事項とするのに適している，等と指摘する。

　伝統的な見解によると，確認訴訟の対象は現在の具体的な権利・法律関係でなければならないとされてきた。そこで，相続分説は，特別受益財産ないし具体的

---

(1)　詳細については，田中恒朗「具体的相続分は『相続分』か『遺産分割分』か」同『遺産分割の理論と実務』216頁以下（判例タイムズ社・1993年）と参考文献欄の諸文献のほか，これらに掲記の多数の文献を参照。

相続分に関して何らかの確認訴訟を認める方向に（それ故，この見解は「訴訟事項説」と呼ばれることも多い），遺産分割分説は，それらは審判によって取り扱われるべきであるとする方向に（それ故，この見解は「審判事項説」と呼ばれることも多い）傾きやすい。もっとも，相続分説の中でも，どのような確認訴訟を認めるべきかについては必ずしも意見は一致していないが(2)，最判平成7・3・7（民集9巻3号893頁・民訴百選Ⅰ229頁）は，特定の財産が特別受益財産であることの確認の訴えの適法性を否定した。ただ，この判決では，具体的相続分の法的性質やその確認の訴えの適否について正面から論じられているわけではなく，それらは残された問題であると指摘されていたが(3)，本判決は，前者につき遺産分割分説を採用する旨を，後者につきその適法性を否定する旨を明言したものである。

　3　Xが引用する判例（最大決昭和41・3・2民集20巻3号360頁）は，遺産分割審判手続において，遺産分割の前提問題として相続権の有無，遺産の帰属性などの訴訟事項を審理判断しても，その判断には既判力を生ぜず，審判とは別個に訴訟によってその点についての判断を求めることができるから，違憲とはならないとする。本判決が遺産分割分説を採用したのは，この判例との抵触を回避するためであったように思われるが(4)，近時の見解は，過去の法律関係についても確認の利益を認めるようになっており，より最近には，将来の法律関係や事実の確認ですら許されるとの見解さえ有力に主張されるようになっている(5)。そうすると，確認の対象が実体的権利関係ではないとの理由のみによっては確認の利益を否定することはできず，別個の観点からの検討も必要になる。本判決も，前掲最判平成7・3・7と同様に，この観点からの検討も欠かしていない（これに対し，確認対象ではなく原告の地位を問題としていて，やや視点は異なるが，最判平成6・10・13家月47巻9号52頁・判時1558号27頁〔民訴百選Ⅰ228頁〕は，相続財産分与の審判前に特別縁故者に当たると主張する者が提起した遺言無効確認の訴えを，原告が私法上の権利を有しないとの理由で却下しており，このような単純な理由付けには不満が残る(6)）。

　具体的相続分の価額，割合が訴訟で確定されても，相続人や遺産の範囲が訴訟において前提とされたことと異なってくれば，紛争は終局的には解決されない。また，その訴訟後に審判で寄与分が定められた場合にも同様となろう。さらには，

---

(2)　山崎賢一「訴訟事項と審判事項の限界」中川善之助先生追悼現代家族法大系編集委員会編『現代家族法大系(1)』267頁以下（有斐閣・1980年），梶村太一「特別受益の持戻しと確認訴訟の適否」家月44巻7号11頁以下（1992年）参照。
(3)　水上敏「判例解説」最判解説民平成7年度318頁。ただし，光本正俊・民商113巻4・5号786頁（1996年），高見・後掲121頁参照。
(4)　高見・後掲121頁。
(5)　野村秀敏『予防的権利保護の研究』223頁以下，364頁以下（千倉書房・1995年）参照。
(6)　佐上善和・判評453号〔判時1576号〕200頁（1996年）参照。

遺産分割審判と寄与分を定める審判が併合された場合には（家審規103条の3〔家事192条〕），寄与分が定まらなければ具体的相続分が最終的に決められないから，審判と具体的相続分に関する訴訟がいわば両すくみのような形になってしまうとの問題点も指摘されている[7]。

他方，ある財産が遺産に属するか否かに関する遺産確認の訴えは，この点を不問に付したまま審判を確定させた場合には，後に当該財産の帰属をめぐる訴訟によって審判の結果が覆される可能性が十分にあるので，適法と解されている（最判昭和61・3・13民集20巻2号389頁・民訴百選〈第3版〉31事件）。これに対し，具体的相続分の価額，割合に関しては，遺産分割（や遺留分減殺）の問題を離れて，遺産分割審判後に訴えを認めなければならないような事態は想定し難いように思われ，遺産確認の訴えの場合とは事情が異なる[8]。

本判決は，これらの事情を考慮して，具体的相続分の価額や割合は，遺産分割審判等の事件を離れて，それのみを別個独立に判決によって確認することが紛争の直接かつ抜本的解決のため適切かつ必要であるということはできないとしたものと思われる。

4　後掲の本判決の評釈類の多くはその結論に好意的なように見えるが，確認判決の争点解消・法的情報提供機能を理由とした批判的な見解がないではない[9]。しかしながら，このような機能であれば，すべての確認判決が多かれ少なかれ果たすであろうから，これでは確認訴訟を適切な範囲に制限するという確認の利益の機能が損なわれてしまうのではなかろうか[10]。また，本判決は，遺産分割の前提として具体的相続分の価額，割合の確認を求める訴えを否定しただけであって，別個の目的で遺産分割前にそのような訴えを提起することの適否には触れていないと解すべきであろう[11]。

■参考文献
本判決の評釈類として，
生野考司・曹時55巻5号1441頁以下（2003年）
同・ジュリ1212号102頁以下（2001年）
佐上善和・平成12年度重判解111頁以下（2001年）
石田秀博・法教239号122頁以下（2000年）
川嶋四郎・法セ550号115頁（2000年）
高見進・リマークス22号118頁以下（2001年）

---

[7]　光本・前掲注(3)787頁。
[8]　特別受益財産該当性につき，水上・前掲注(3)317頁参照。
[9]　川嶋・後掲115頁。
[10]　木村健・法研69巻5号180頁（1995年）。
[11]　田中・前掲注(1)237頁以下，高見・後掲121頁参照。

安達栄司・NBL 714号72頁以下（2001年）
梅本吉彦・家族法判例百選〈第6版〉116頁以下（2002年）

【補　遺】　本解説公表後の本判決解説として，生野考司・最判解説民平成12年度68頁以下，同・時の判例Ⅲ 104頁以下（2004年），下村眞美・民訴百選〈第5版〉56頁以下（2015年），等がある。

(初出・民事訴訟法判例百選〈第3版〉／2003年)

第1部 判決手続

5 将来の法律関係の確認 —— 雇用者たる地位の確認

東京地裁平成19年3月26日民事第36部判決
平成18年(ワ)第2001号・第15394号・第16906号，各地位確認請求事件
（判時1965号3頁・判タ1238号130頁・労判941号33頁）

事実の概要　Y（被告）は損害保険業等を目的とする株式会社であり，Xら（原告・46名）はいずれも，Yにおいて損害保険の募集業務等に従事する外勤の正規従業員である契約係社員（Yにおいては，これを「リスクアドバイザー」あるいは「RA」と称している）の地位にある者である。RAの賃金体系は，内勤社員のそれとは異なって，個々の業績が強く反映される構造となっていた。また，転勤がないものとして募集・採用手続が行われており，内勤社員への転換制度もなく，Xらの志望動機も転勤のないことや地域との結びつきをあげており，現に業務内容も顧客との個人的信頼関係を基礎としていた。Yは業界第1位の企業であり，内勤従業員とは別のRAに適用される就業規則では「会社は業務の都合により，従業員に配置転換，勤務の異動または出向を命ずることができる」とされていた。

Yは，経営上の理由により，平成17年10月に，RA制度を廃止すること，廃止後，RAは退職して代理店を開業するか，職種変更して継続雇用されるか，退職して新しい仕事を自己開拓するかを選択すること，退職する場合には支援金を支払う，という方針を提案・通知した。これに対し，Xらは，XらとYとの間の労働契約は従事すべき職種がRAとしての業務に限定された契約であるところ，RA制度の廃止は，XらとYとの間の労働契約に違反し，かつ，RAの労働条件を合理性・必要性がないのに不利益に変更する無効なものであると主張して，Yに対し，前記の方針でRA制度を廃止するとされている平成19年7月以降も，XらがRAの地位にあることの確認を求めて提訴したところ，本案の問題の前提として，（RA制度は口頭弁論終結時では未だ廃止されていないことから）確認の利益の有無が争いとなった。

判決要旨　本判決は以下のように述べて確認の利益を肯定した上で，請求認容の本案判決をした（控訴）。

「確認の訴えにおける確認対象は，原則として，現在の権利又は法律関係であるのが通常である。しかし，将来の法律関係であっても，発生することが確実視できるような場合にまで，確認の訴えを否定するのは相当ではない。すなわち，権利又は法律的地位の侵害が発生する前であっても，侵害の発生する危険が確実視できる程度に現実化しており，かつ，侵害の具体的発生を待っていたのでは回

5 将来の法律関係の確認——雇用者たる地位の確認

復困難な不利益をもたらすような場合には，将来の権利又は法律関係も，現在の権利又は法律関係の延長線上にあるものということができ，かつ，当該権利又は法律的地位の確認を求めることが，原告の権利又は法律的地位に対する現実の不安・危険を除去し，現に存する紛争を直接かつ抜本的に解決するため必要かつ最も適切であると考えることができる。そのような場合には，確認訴訟が有する紛争の予防的救済機能を有効かつ適切に果たすことができるといえるので，将来の権利又は法律関係であっても，確認の対象として許容する余地があるというべきである。」

「一般的には，将来の権利又は法律関係の確認を求める場合には，仮に，現時点で被告が原告らの将来の権利又は法律関係を否定する言動をしているとしても，それによる危険が現実化，具体化するのは将来であり，現時点で当該権利又は法律関係の確認を求める必要性を欠くことが多いといえよう。しかしながら，現時点における被告の言動や態度から，原告らの権利者としての地位に対する危険が現実化することが確実であると認められる場合には，当該権利又は法律関係の存否につき判決により早急に確認する必要性があり，即時確定の利益を肯定するのが相当である。」

「現時点におけるYのRA制度廃止に対する揺るぎない姿勢を前提にする限り，……同年〔平成19年〕7月1日以降，XらがRAとしての地位を失うことは確実であると認めることができる。そして，RAとしての地位をXらが失うことにより，Xらは，それまで積み上げてきた顧客との契約関係あるいは人的つながりを失い，事後に廃止の無効による地位確認等が認められても回復の困難な事態を招来することも十分に考えられるところである。」

「YがRA制度廃止を言明している時期まであと5か月ほどを残すのみである現時点（口頭弁論終結時）において，Xらには，平成19年7月1日以降のRAとしての地位について危険及び不安が存在・切迫し，それをめぐってYとの間に生じている紛争の解決のため，判決により当該法律関係の存否を早急に確認する必要性が高く，そのことが当該紛争の直接かつ抜本的な解決のため最も適切な方法であると認めることができる。また，仮に，Xらの確認請求を認容する判決がされた場合には，YにおいてもRA制度廃止の方針・内容につき再考する余地も期待することができ，RAの廃止をめぐる現在の紛争の解決のほか，廃止後の条件等をめぐる将来の紛争の予防にもつながる可能性が十分に認められる。そうだとすると，本件訴えは，確認対象の選択の点で不適切であるとはいえず，即時確定の利益についても欠けるところはないものというべきである。」

第1部 判決手続

解説

1 確認の利益の有無の判断基準

　確認の利益の有無は，①確認対象の選択の適否，②即時確定の利益，③確認訴訟によることの適否という三つの観点から判断されるが，伝統的な見解は，①の問題として，確認の対象となりうるのは現在の権利・法律関係に限られるとし，このことの反面として，過去や将来の権利・法律関係は確認の対象になりえないとしてきた。しかしながら，このうちの過去の権利・法律関係は確認の対象とはなりえないとの命題に関しては，現在では，一応のものにすぎず，現在の権利・法律関係の個別的な確定が紛争の抜本的解決をもたらさず，かえって，それらの権利・法律関係の基礎にある過去の基本的法律関係を確定することが紛争の直接かつ抜本的な解決のために適切かつ有効と認められる場合には，その確認にも確認の利益が認められることがあり，その場合，最終的には，確認の利益の有無は②の観点によって判断されると考えられるに至っている[1]。

2 本件事案における確認対象

　本件事案は，Yが平成19年6月30日限りでRA制度を廃止するとしたため，これを無効と主張するXらが7月1日以降もRAの地位を有することの確認を求めたものであり，現在（第1審判決である本判決の基礎となった口頭弁論の終結時）はそれ以前の時点であるから，①将来の時期における法的地位（権利・法律関係）の確認を求めたものと言える。また，Xらの訴旨は，RA制度の廃止がXらの関係で無効であることの確認をその廃止の発効前に求めているというように言い換えることもできよう。これは，YによるRA制度の廃止という，②Xらの将来の法的地位を変動させる法律行為の効力の無効確認を求めるものと言える。さらには，XらはYとの関係で職種限定契約（職種をRAに限定する契約）上の地位を有することの確認を求めるものとも捉えることもできようが，これは，（平成19年7月1日以降という）③将来の時点における（RAという）法的地位の基礎となる現在の法的地位（権利・法律関係）を意味していると理解できる。このように，Xらが確認を求める対象は様々に言い換えることができようが，それをどのようにしたとしても，結局は，平成19年7月1日以降という将来の時期におけるRAとしての法的地位（権利・法律関係）の確認を求めることに帰着すると思われる[2]。

---

(1) 坂田宏「確認の利益」民事訴訟法の争点101頁以下参照（ジュリ増刊・2009年）。
(2) 中野貞一郎「将来の法律関係の確認」同『民事訴訟法の論点Ⅱ』68頁（判例タイムズ社・2001年，初出2000年）参照。

5 将来の法律関係の確認——雇用者たる地位の確認

　過去の権利・法律関係に関する命題とは異なり，将来の権利・法律関係は確認の対象とはならないとの命題の方は，判例・学説上なお確固たる立場を占めているように思われるが，その判例・通説も，条件付き，期限付きの権利・法律関係は現在のそれとして確認の対象となりうるとしている(3)。たとえば，最高裁は，遺言者生存中は法定推定相続人による遺言者と受遺者を相手取った遺言無効確認の訴えは許されないとする（最判平成 11・6・11 判時 1685 号 36 頁—民訴百選〈第 5 版〉26 事件）一方，賃借人から賃貸人の地位を譲り受けた者に対する賃貸借契約の継続中の敷金返還請求権の確認訴訟を，条件付きの権利として現在存在するものの確認を求めるものとして適法としている（最判平成 11・1・21 民集 53 巻 1 号 1 頁——民訴百選〈第 5 版〉28 事件）。

3　将来の権利・法律関係の確認を認める必要性

　将来の権利・法律関係が確認の対象とならない根拠は，将来の権利・法律関係の発生要件である一定の要件が実際に具備されるか否かは不確実であるから，そのような訴訟を適法として確認判決をしてみてもその判決は無駄になる可能性があるので，将来の権利・法律関係が現実のものとなったときに初めて確認訴訟を認めれば足りるという点にあると思われる（最判昭和 31・10・4 民集 10 巻 10 号 1229 頁参照）。

　しかしながら，近時，学説上，将来の権利・法律関係の確認も適法とされる余地があるとする次のような見解が有力に主張されるようになっている(4)。すなわち，高度化・複雑化した現代社会においては，法律関係の不明確が生じやすくなっており，その不明確自体が重大な経済的，社会的な損害をもたらすようになっているとの事実がある。そして，この不明確を除去し，そのような損害に対する救済を与えるためには，なるべく早期の段階で確認訴訟を認めて確認判決の予防的機能を十分に発揮させるべきであり，そのためには，将来の権利・法律関係は確認の対象にならないというような制限を課するのは適当ではない。

　要するに，この見解によれば，過去の権利・法律関係に関する命題と同様に，将来の権利・法律関係は確認の対象とはならないとの命題も一応のものにすぎず，確認の利益の有無の判断にとり，最終的にはやはり即時確定の利益の観点が重要となる。そして，この観点に下で確認判決が無駄になる可能性があるとの問題点も考慮されることになるが，そのような可能性の大小は程度問題であり，そのような可能性が高まる短所は，法律関係の不明確の早期の段階での除去，十分な確認訴訟の予防的機能の発揮という長所によって補われる。具体的には，将来の権

───────
(3)　条解民訴上 698 頁。
(4)　野村秀敏『予防的権利保護の研究』365 頁以下，372 頁以下（千倉書房・1995 年）。既に，条解民訴 808 頁以下〔竹下守夫〕が同趣旨を説いていた。

利・法律関係の発生要件である一定の要件が満たされる一定程度の蓋然性があれば確認の利益が認められる。

4 本判決の評価

前述の最高裁の判例のうち，遺言者生存中の遺言無効確認の訴えを不適法とするものには学説による批判が強い[5]。また，賃貸借契約継続中の敷金返還請求権の確認訴訟を適法とするものに関しては，そこで言う条件とは，「賃貸借終了後，家屋明渡しがされた場合において，それまでに生じた敷金の被担保債権の一切を控除しなお残額がある」というものであるから，敷金返還請求権の発生要件の一部にほかならず，条件付権利と言いながら，実質的に将来の権利の確認を認めたとの評価が可能である[6]。

他方，下級審の裁判例に目を転ずると，退職前に将来の退職金請求権の確認を求める事案に関するものが相当数見出される。そのうちの大部分は，一般論として将来の権利との理由でそれを不適法としているが（仙台地判昭和61・4・15労判473号11頁，大阪地判平成10・8・31判タ1000号281頁，大阪高判平成13・8・30労判816号23頁，大阪高判平成15・5・8労判881号72頁，大阪高判平成19・1・19労判937号135頁等），定年退職日が1月後に迫った者の訴えに関してそれを適法と認めたものがある（東京地判平成19・5・25労判949号55頁）。また，退職年齢を引き下げた就業規則の改定の無効確認の訴えや従前の年齢を退職年齢とする雇用契約上の地位を有することの確認の訴え（いずれも，改定後の年齢に達した後の労働者たる地位確認の訴えと構成できよう）を適法と認めたものもある（大阪地堺支判平成7・7・12労判682号64頁，東京地判平成15・5・27労判859号51頁。ただし，後者は定年日が1か月後に迫った者に限定している）。

このような状況の中で，本判決は，将来の権利・法律関係が確認の対象となることがありうること，そのためには即時確定の利益の観点が重要であることを示し，そのような一般論を背景に，RA制度の廃止が5か月後に迫っているという本件事案に関する確認の利益を具体的かつ説得的に分析して肯定したものとして高く評価できよう[7]。

---

(5) 中野・前掲注(2)63頁以下。ただし，私自身はこの判例の結論に賛成している。野村秀敏『民事訴訟法判例研究』277頁以下（信山社・2002年）。
(6) 野村・前掲注(5)272頁，松本＝上野・民訴〔第5版〕148頁。
(7) 既に引用したもののほか，将来の権利・法律関係の確認が適法である余地を認めるものとして，高橋・重点講義上342頁以下，村上正子「将来の権利関係の確認訴訟における即時確定の利益についての一考察」筑波大学法科大学院創設記念・企業法学専攻創設15周年記念『融合する法律学（下）』443頁以下（信山社・2006年）。

5 将来の法律関係の確認——雇用者たる地位の確認

■**参考文献**

脚注に引用したもの，および，高田裕成「将来の法律関係の確定を求める訴えとその判決の既判力」青山先生古稀祝賀『民事手続法学の新たな地平』175頁以下（有斐閣・2009年）のほか，確認の利益の点について触れる本判決の研究として，三井正信・判評587号〔判時1984号〕190頁以下（2008年），石田信平・同法60巻1号271頁以下（2008年），武井寛・法時80巻8号120頁以下（2008年）。

【補　遺】　本判例解説は，当初，民事訴訟法判例百選〈第4版〉（2010年）に公表したものに，同百選の改定に伴って加筆訂正したものである。

（初出・民事訴訟法判例百選〈第5版〉／2015年）

第1部　判決手続

6 原告に係る戸籍上の記載が真実でないと主張されている場合における人事訴訟の原告の法律上の利益の判断方法

東京高裁平成 20 年 11 月 26 日第 9 民事部判決
平成 19 年（ネ）第 3379 号，養子縁組無効確認請求控訴事件
（判タ 1290 号 194 頁）

判決のポイント　　本判決は，AとCとの間の親子関係の存在が人事訴訟におけるCの子である原告Xの法律上の利益を基礎付けるために必要であるが，CをAの子とする戸籍上の記載が真実でないと主張されている場合に，法律上の利益の有無をどのように判断したらよいかの問題を扱ったものである。いわゆる「藁の上からの養子」に対する実親子関係不存在確認の訴えが権利濫用になりうることを認めた最高裁判決から派生する問題の一つであるが，当該判決が最近のものであるだけに，これまでのところ，判例はもちろん，学説上も，このような問題点を論じたものは皆無と言ってよいと思われる。

事実の概要　　C男は，昭和 17 年 8 月，中華民国天津市において出生し，B男とA女との嫡出子としてBから出生の届出がされ，AB夫婦によって養育され，実の親子として生活してきた。昭和 37 年 4 月にCが婚姻し，同年 10 月にX男が出生したが，その後もAとXとの間には実の祖母と孫としての生活の実態があり，本件訴訟の提起に至るまで，Aはもとより Y_1 女その他の者がAとCとの間の親子関係やAとXとの間の血縁関係を否定したことはなかった。他方，平成 14 年 10 月 15 日付けで，Aを養親，養子を Y_1 とする養子縁組（本件養子縁組）届出がなされた。その後，平成 17 年 11 月 15 日に，Aについて成年後見を開始し，Y_2 を成年後見人に選任する旨の審判がなされ，同年 12 月 2 日に確定した。

　Xは，本件養子縁組届は Y_1 が意思能力のないAに無断で作成して提出したものであるなどと主張して，Y_1 と Y_2 を相手取り，養子縁組の無効確認を求めて本件訴えを提起した。なお，BとCはこの訴えの提起時までに死亡している（Cの死亡は相当以前のようであるが，Bの死亡は本件養子縁組届出後である）。

　Y_1 は，本件訴えに対する本案前の抗弁として，亡Cは戸籍上Aの嫡出子として記載されているが，捨子をもらい受けたものであってAの実子ではないから，Cの子であるXにはAと Y_1 との間の養子縁組の無効確認を請求する法律上の利益がないと主張した。これに対し，第1審の東京家裁（東京家判平成 19・5・31）は，戸籍の記載を理由にXをAの孫と認めて（もっとも，「特段の事情がない限り」そのようにするとの留保を付している）本案前の抗弁を排斥し，かつ，本件養子縁組は無効であるとして請求を認容した。

　本判決も，次のように理由を差し替えつつも，やはり本案前の抗弁を排斥して，

6 原告に係る戸籍の記載が真実でないとの主張と人事訴訟の法律上の利益

Y_1・Y_2の控訴を棄却した。

判決要旨　控訴棄却（上告・上告受理）。

「人事訴訟において，乙が甲の子であることが訴訟（以下「第1訴訟」という。）における原告（乙自身であることもあるし，乙の直系卑属であることもある。）の法律上の利益を基礎付ける事実となっている場合に，被告が，戸籍上乙が甲の子として記載されているものの，同戸籍の記載は真実の親子関係と異なる出生の届出に基づくものであるとして，甲と乙との間の親子関係の不存在を主張するときは，その親子関係の存否は，第1訴訟における法律上の利益の存否に関わるものであるから，裁判所は，当事者の主張いかんにかかわらず，職権でこれを調査し，判断しなければならない（その意味では，親子関係の不存在を主張することが権利の濫用に当たるという主張は，主張自体失当である。）。そして，その法律上の利益の存否の判断においては，真実の実親子関係と戸籍の記載が異なる場合には，実親子関係が存在しないとして原告の法律上の利益を否定するのが原則であるというべきであるが，例外的に，被告として第1訴訟における原告の法律上の利益を争っている者が甲と乙との間における親子関係の不存在確認を請求する訴訟（検察官を被告とする場合も含む。この訴訟においては，乙の直系卑属は，訴訟当事者ではなくても，利害関係人として訴訟に共同訴訟的補助参加をすることができる（民訴法42条，人事訴訟法15条）。以下「第2訴訟」という。）を起こしても，これが権利の濫用に当たり許されないと判断されるような事情が存在する場合には，第1訴訟における原告の法律上の利益を肯定すべきである。このように解さないと，第1訴訟の原告は，第2訴訟が提起されてもそれは権利の濫用であるとされ，その結果乙が甲の子であることが対世的に確定されることになるという立場にあるにもかかわらず，第1訴訟において被告のした行為の無効の確認を求められなくなるという不合理が生ずるからである。

そして，上記のような事情があるといえるかどうかは，……諸般の事情を考慮し，第2訴訟の判決において実親子関係の不存在を対世効をもって確定することが著しく不当な結果をもたらすものといえるかどうかを考慮して決すべきものである（平成18年判例参照）。」

「これを本件についてみると，……第2訴訟の判決においてAとCとの間の親子関係の不存在が対世効をもって確定されることは，Xに著しく不当な結果をもたらすものであるということができる。したがって，Y_1らが第2訴訟においてAとCとの間の親子関係の不存在確認を請求するとするならば，その請求は権利の濫用に当たり許されないものとなると認めることができる。

したがって，本件においては，XとAとの間の血縁関係の有無について判断するまでもなく，Xには，本件訴えについて法律上の利益を認めるべきである。」

第1部 判決手続

> 先例・学説

1 わが国では，生みの親が新生児の出生を届け出ないで，その子をもらい受けた夫婦が自らの嫡出子としての出生届出をする「藁の上からの養子」と呼ばれる慣行が古くから行われてきた。この場合，子が戸籍上の親の実子でないことは，その戸籍上の親，子を生んだ親やごく限られた近親しか知らない。ところが，戸籍上の親と子との間に長年にわたり実質的な親子関係が形成された後になって，何らかの事情により，それらの者の間に法律的な実親子関係がないとの理由で親子関係不存在確認の訴えが提起され，それが認められることとなれば，子の利益は著しく侵害されることになろう。そこで，学説は，虚偽の嫡出子出生届出に養子縁組届出の効力を認めるという無効行為転換理論によって子の救済を図る理論構成に腐心してきたが，判例はこれを容れず（最判昭和25・12・28民集4巻13号701頁・判タ9号50頁，最判昭和49・12・23民集28巻10号2098頁・家月27巻5号112頁・裁判集民113号715頁・裁時658号1頁・判時766号43頁・判タ318号213頁，等），ようやく平成18年の二つの最高裁判決によって（最判平成18・7・7民集60巻6号2307頁・家月59巻1号92頁・裁時1415号318頁・判時1966号58頁，最判平成18・7・7家月59巻1号98頁・裁時1415号320頁・判時1966号58頁），権利濫用理論による救済手段を確立した。すなわち，親子関係不存在確認請求は，諸般の事情の考慮によって権利濫用となり許されないことがありうるというのである。

親子関係不存在確認請求が権利濫用となりうるかという問題の立て方から既に明らかなように，従来の議論は，実親子関係の存否を正面から訴訟物に据えた場合を念頭に置いて行われてきた。しかし，実親子関係の存否は，そのような位置づけにおいてのみならず，それとは別個の訴訟物たる権利関係について本案判決を下すための前提としても問題となりうる。すなわち，訴訟要件の存否や訴訟物たる権利関係の要件事実の一部の充足の有無（たとえば，原告が亡父から相続した土地の所有権を主張するのに対して，被告が亡父と原告との実親子関係を争う場合）の問題としても問われうる。そこで，そのような場合にも平成18年の最高裁判決で示された判断方法が当てはまるかが問われることとなり，本判決は，訴訟要件の存否の問題との関連においてこれを肯定したのである。

2 本件事案以前には，ここで問われたようなことが問題として意識されることはなかったと思われる。したがって，基本的に戸籍の記載を実親子関係の判断基準にするという本件原審判決以外には先例と目すべき（裁）判例は存在しないし，学説も，本判決後のものであるが，その採用した判断方法はありうる不合理の発生の可能性を極小化するものであるとして支持する本判決掲載誌コメント[1]（以

---

(1) 判タ1290号195頁。

6 原告に係る戸籍の記載が真実でないとの主張と人事訴訟の法律上の利益 下「本判決コメント」という)以外には見出されない。

[評 論]

1 最初に，本判決コメントが指摘する不都合について検討する前提として，親子関係不存在確認請求が権利濫用とされる場合の事後処理の問題を見ておこう。

ここでの権利濫用とは訴権の濫用と実体権の濫用のいずれを意味しているのかが問題である。前者であれば親子関係不存在確認の訴えは却下され，実親子関係は存否いずれとも確認されないことになる。したがって，後に，事情が変われば同一原告が再度提訴する可能性や，そうではなくとも，他の者との間で実体判断がなされる可能性が法的には残されることになる。これに対し，実親子関係の不存在の主張を訴訟物とする訴訟において実親子関係そのものに関して実体判断をした請求棄却判決が確定すれば，不存在の否定は存在でしかありえないから，実親子関係の存在が確定されたことになる。それ故，この場合には，後に，当初の訴訟の原告によってはもちろんのこと，それ以外の者によってであっても（この請求棄却判決には対世効がある），実親子関係が不存在と主張される余地はないことになる。

実親子関係の不存在確認請求が許されない理由を実体権の濫用に求めれば，請求棄却判決がなされることになろうから，上記のうちの後者に従った取扱いがなされるべきもののようにも思われる。ただ，ここでは不存在が主張されているのであるから，濫用されている実体権とは何かが疑問となりうるが，これを「親族として法的親子関係を否定する法的地位」と捉える見解が示されている。そして，この見解は，権利濫用となる場合には，この法的地位を否定するという意味で請求棄却判決がなされ，親子関係が存在しないという主張が許されなくなる結果として，法的には親子関係が存在するものとして取り扱われることになると思われると主張する[2]。

しかしながら，そのような法的地位を観念しうるとしても，これが否定されただけでは，その訴訟における原告のそのような法的地位の不存在が確定されるだけである。したがって，当該原告は実親子関係の不存在を主張しえなくなるとしても，（たとえ当該請求棄却判決に対世効を認めても）他の者によって実親子関係の不存在が主張される可能性まで排除されることはないはずである。そうであるとすれば，この場合の請求棄却判決によって，直ちに，親子関係が存在するものとして取り扱われるようになるとは言えないように思われる[3]。

---

[2] 太田晃詳「判解」曹時 61 巻 5 号 1651 頁以下（2009 年）。
[3] 本山敦「判批」金判 1266 号 10 頁以下（2007 年），二宮周平「判批」判タ 1241 号 47 頁（2007 年），門広乃里子「判批」速報判解 1 号 126 頁（2007 年）参照。また，上記のよう

ともあれ，以上からすると，訴権の濫用と見るか，実体権の濫用と見るかによって再訴をなしうる者の範囲に差異が生ずるものの，権利濫用を認めて親子関係の不存在確認請求を排斥した判決が確定してもその存在が確定するわけではないこと自体は同様である[4]。

2 本判決コメントは，本判決のとった方法以外の判断方法をとると様々な不合理が生ずるとする。

(1) 第1に，本件事案のような養子縁組無効確認請求訴訟において原告適格を基礎づけるために必要である親子関係の存在を実体的な血縁関係に従って判断するとの立場を想定し，次のように批判する。すなわち，そのように考えると，必要であるはずの血縁関係が認められなければそれを否定し訴えを却下することになる。ところが，その後，この訴訟の被告側から原告側を相手取って親子関係不存在確認請求訴訟が係属し，平成18年の二つの最高裁判決の示した基準に従って当該請求が権利の濫用であるとされると，親子関係の存在が対世効をもって確定されることになるが，先に原告適格を否定し，訴えを却下した判決には再審事由があるわけではないから，これを覆すことはできない。〔判決要旨〕欄前半第1段落末尾で指摘されている不合理はこのことを意味している。却下判決には既判力がないから実親子関係の存在が確定された後に再度訴えを提起すればよいとの考え方もありうるが，その負担は無視しえない。

だが，先に述べたように，親子関係不存在確認請求が権利濫用との理由で排斥された場合，その濫用を訴権の濫用と見ようと，実体権の濫用と見ようと，不存在と主張されている親子関係の存在が既判力もって対世的に確定されるわけではない。その点は法的にはあくまでもペンディングであり，本判決やそれに関するコメントのいうような不合理は発生しない[5]。ただし，その不存在の判断に対世的な拘束力は生じないとはしても（それ自体を訴訟物とした人事訴訟における判断ではない），当該実親子関係の存否を云々することができないはずの者の主導により，裁判所による実親子関係不存在の判断が導かれるとするならば，そのこと自体大きな問題であり，不都合というべきであろう。

な法的地位を観念すると，逆に請求認容判決となった場合にもその存在が確定されるだけで，親子関係の不存在が対世的に確定されることにはならないのではないか，との疑問も生じうる。

(4) 私見としては，訴権の濫用と考えたい。慶応義塾大学民事手続法判例研究会（三木浩一監修）「判批」Lexis判例速報11号82頁（2006年）は，平成18年民集登載最高裁判決はこの立場をとったものと理解している。

(5) なお，却下判決にも問題とされた訴訟要件の不存在の判断について既判力が生ずるとするのが現在の通説（注釈民訴(4) 310頁〔高橋宏志〕）であるから，本判決コメントのいうような不合理が発生すると考える場合には，再訴は，内容的に抵触した二つの既判力ある判断が存在するときは後の方の判断が基準になる（注釈民訴(5) 235頁以下〔佐野裕志〕），との理由で認めることになるはずである。

6 原告に係る戸籍の記載が真実でないとの主張と人事訴訟の法律上の利益

(2) 第2に,本判決コメントは,原告適格を基礎づけるために必要である親子関係の存在を戸籍の記載に従って判断するとの立場を想定し,次のように批判する。すなわち,この場合には,とりあえず原告適格は肯定されることになるが,その後の親子関係不存在請求訴訟が権利濫用とはされずに親子関係が対世的に否定された場合には,先の訴訟の判決が覆せないことによる不合理が生じうる。もっとも,当事者能力の欠缺を看過した本案判決に再審事由(民訴338条1項3号)があることになるかについては説が分かれているし,そのような判決は無効の判決であるとの説もある。

しかしながら,ここで問われているのは養子縁組無効確認請求訴訟の当事者(原告)適格の問題であって,当事者能力の問題ではない。そして,養子縁組無効確認請求訴訟の判決の効力は一般第三者に及ぶのであるから,当該判決を受けた者に当事者適格がなければ,それは当然に内容的な拘束力を生じない無効の判決ということになる(6)。したがって,この場合にも,本判決コメントのいうような不合理は発生しない。ただし,結局は無効と評価されることになる判決を存在させること自体が不都合と言えば不都合であり,そのような判決はおよそ最初から下されないようにするに如くはない。

3 このように,本判決のとった方法以外の判断方法をとったとしても本判決コメントが指摘するような不合理は生じないが,それとは別個の不都合が生ずる可能性はある。それに対し,本判決がとった判断方法によっても,養子縁組無効確認請求訴訟の裁判所の権利濫用に関する判断と後に提起される親子関係不存在確認請求訴訟における裁判所の権利濫用に関する判断が食い違えば,同様の不都合は生じうる。しかしながら,この場合には,前者の訴訟における原告適格に関する判断と,後者の訴訟における親子関係不存在確認請求が許されるかに関する判断は同一の判断方法によることになるので,そうでない場合に比べ,二つの判断の間に食い違いが生ずる可能性はより小さくなる。それ故,本判決コメントのいうように,本判決が採用した判断方法はありうべき不合理の発生の可能性を極小化するそれとして,一見して非常に巧みな解釈論であるかのように思えなくもない。

しかしながら,前記のような本判決の判断方法には賛成できない。この判断方法は,原告Xによって,AとY₁との間の養子縁組の方も無効と主張されていることを考慮に入れていない。すなわち,本件事案においては,①「Xが養子縁組の効力を問題にする適格(AC間の実親子関係を問題とされない地位)」と並んで,②「Y₁が実親子関係の存否を問題にする適格(AとY₁間の養親子関係)」も問題にしなければならなかったはずである。つまり,本件事案では,②を問題にする

---

(6) 注釈民訴(1) 414頁〔新堂幸司〕。

前提として①が問われているのであるが，①を問題にする前提としては②を問わなければならなかったはずである。これも，本判決のいう第2訴訟における法律上の利益の存否に関わるものであるから，職権によって問題にされなければならない。ところが，②を問題にする前提としては再度①を問わなければならず，さらに①を問題にする前提としては再度②を問わなければならない。ここに無限循環が発生し，（権利濫用であれ，実体的な血縁関係であれ）実質的なことを問題にする限りは，これを断ち切ることはできないように思われる。それ故，原審判決のいうように，ここでは戸籍の記載という形式的基準に従って親子関係の存否を判断することとし，先に指摘したこの方法によるときに生じうべき不合理に対しては，そこで述べたように判決の無効ということで対処し，さらにそれによっても生じうる不都合については甘受するしかないのではなかろうか。また，こう考えると，当初の訴訟の原告・被告以外にそれぞれの原告適格を問題にしうる（する）者がいない場合には先に確定勝訴判決を得た者が得をするという問題が生じうるが，これも無限循環を断ち切るためには止むを得ないのではなかろうか。

　以上のように考えるのは，原告側の主張の当否の判断が可能であることと被告側の主張に関するそれとが互いに他方が否定されることを前提としていて，無限循環に陥るからである。したがって，両者がそのような関係にない場合には，先に述べた意味において巧みな解釈方法であるので，本判決のとる判断方法が採用されるべきである（Y_2 との関係ではそのような関係にないが，X の Y_1・Y_2 に対する訴えは固有必要的共同訴訟であり（人訴12条2項・14条），かつ実質的な紛争は X と Y_1 間にあるのであろうから，X の原告適格は，Y_2 との関係でも，Y_1 との関係でと同様の方法で判断されるべきだろう）。たとえば，X が求めたのが養子縁組の無効確認ではなくして，その取消しである場合である。この場合には，X の主張が実体的に正当であるとしても取り消されるまでは養子縁組は有効であるから（そして取り消されても，取消判決には遡及効はないから（民808条1項・748条1項）），取消し前に Y_1 が AC 間の親子関係を問題とする適格に何らの問題もありえない。また，亡父からの原告の土地相続の有無の前提として亡父と原告との親子関係が被告によって争われる場合に関しても同様である。本判決コメントは，この後者のような場合は本判決の触れるところではないとしており，それはそのとおりであろうが，むしろ，本件事案のような場合ではなくして，このような場合にこそ，本判決のとる判断方法は採用されるべきである。

（初出・私法判例リマークス40号／2010年）

7 未登記土地の時効取得者から国への所有権確認請求訴訟

最高裁平成 23 年 6 月 3 日第 2 小法廷判決
平成 22 年(受)第 285 号，土地所有権確認請求事件
(判時 2123 号 41 頁)

要 旨　登記のない土地を時効取得したと主張する者が，当該土地は所有者が不明であるから国庫に帰属していたとして，国に対し当該土地の所有権を有することの確認を求める訴えは，国が当該土地が国の所有に属していないことを自認している等の事情の下においては，確認の利益を欠き不適法である。

事実の概要　X（原告・被控訴人・上告人）は，昭和 30 年 5 月 26 日に法人格を取得した宗教法人である。本件土地は，明治 4 年正月 5 日太政官布告第 4 号により官有地に区分され，次いで，明治 7 年 11 月 7 日太政官布告第 120 号により官有地第 3 種に区分された墳墓地であるが，その後，明治 8 年 7 月 8 日地租改正事務局議定「地所処分仮規則」に従い民有地に編入された。本件土地については，登記記録は作成されているが，表題部所有者の登記も権利の登記もない。Xは，法人格を取得した昭和 30 年 5 月 26 日から 20 年間本件土地を占有したことによりこれを時効取得したと主張して，国 Y（被告・控訴人・被上告人）に対し，平成 19 年 12 月 14 日送達の本件訴状により，取得時効を援用する旨の意思表示をしつつ，本件土地の所有権の確認を求めて本件訴えを提起した。Xによれば，Yを被告とする理由は，本件土地は所有者が不明な土地であるから民法 239 条 2 項により国庫に帰属していたと解すべきであるとの点にある。これに対し，Yは，本件土地は，過去において所有者が存在していたことが推認される民有地であって，国庫に帰属していたということはできないから，確認の利益を欠き不適法であると主張した。

　第 1 審（甲府地判平成 20・10・10）は，本件訴えの確認の利益を肯定して，Xの請求を認容したが，原審（東京高判平成 21・10・14）は，Yは本件土地の所有者ではなく，Y自らも本件土地が国有地であることを否定しているから，XとYとの間に本件土地の所有権をめぐる紛争は存在せず，これを即時確定する必要は認められないと判断して，第 1 審判決を取り消して本件訴えを却下した。

　Xは，本件土地は，表題部所有者の登記も所有権の登記もなく，従前の所有者が全く不明なのであるから，これを時効取得したXが現行登記法制の下で所有名義を取得するには本件訴えによるしかなく，本件土地は民法 239 条 2 項により国庫に帰属していたものと解して本件訴えの確認の利益を認めるべきであると主張して上告受理の申立てをし，これが認められた。

第1部　判決手続

判決要旨　　上告棄却。

「Yは，本件土地がYの所有に属していないことを是認している上，前記事実関係によれば，Yは，本件土地が明治8年7月8日地租改正事務局議定『地所処分仮規則』に従い民有地に編入されたことにより，Xが主張する取得時効の起算点よりも前にその所有権を失っていて，登記記録上も本件土地の表題部所有者でも所有権の登記名義人でもないというのであるから，本件土地の従前の所有者が不明であるとしても，民有地であることは変わらないのであって，XがYに対してXが本件土地の所有権を有することの確認を求める利益があるとは認められない。

所論は，本件訴えの確認の利益が認められなければ，Xがその所有名義を取得する手段がないという。しかし，表題部所有者の登記も所有権の登記もなく，所有者が不明な土地を時効取得した者は，自己が当該土地を時効取得したことを証する情報等を登記所に提供して自己を表題部所有者とする登記の申請をし（不動産登記法18条，27条3号，不動産登記令3条13号，別表4項），その表示に関する登記を得た上で，当該土地につき保存登記の申請をすることができるのである（不動産登記法74条1項1号，不動産登記令7条3項1号）。本件においては，Xにおいて上記の手続を尽くしたにもかかわらず本件土地の所有名義を取得することができなかったなどの事情もうかがわれず，所論はその前提を欠くものというべきである。

そうすると，本件訴えは確認の利益を欠き不適法であるといわざるを得ない。」
裁判官全員一致の意見で上告棄却（千葉勝美，古田佑紀，竹内行夫，須藤正彦）。
【参照条文】　民事訴訟法134条，民法239条2項

分　析

1　通説的見解によれば，確認の利益は，原告の権利または法律的地位に危険・不安が現存し，それを除去する方法として原告・被告間においてその訴訟物たる権利または法律関係の存否に関する判決をすることが有効適切である場合に認められる。確認訴訟によって除去されうべき危険・不安は，一般的には，原告の法的地位を被告が否定したり，原告の法的地位と抵触する法的地位を主張したりする場合に存在する[1]。

本件事案において，Yは本件土地の所有名義人ではないし，自己が本件土地の所有権を有すると主張しているわけでもない。また，Yによって，本件土地についてのXの占有・使用が現に妨げられているとかそのおそれがあるというわけ

---

[1]　高橋・重点講義上〔第2版〕358頁以下，特に373頁以下。

ではないようであるし，Yが所有者と主張する第三者の氏名・所在は不明であるから，その者によって本件土地についての所有権が主張されるようなこともないまま長年経過してきたと思われる。さらに，Yにとっては，本件土地がXの所有に属するか第三者の所有に属するかはさしたる関心事ではないようにも窺われる。これらの事情に鑑みれば，YはXが本件土地を時効取得したことを争ってはいるが（本判決掲載誌コメントによる），このYの態度によって，Xの所有権に確認の利益を認めるに足るほどの危険・不安がもたらされているとは言えないようにも思われる[2]。

かくして，確認の利益に関する従来の通説的見解を前提とする限り，本判決の結論はその当然の帰結であるようにも思われるが（本判決掲載誌コメントは，このような考え方が自然な考え方であると思われるとする），にもかかわらず，筆者としては疑問の余地がありうると考える。

2　(1)　Xは未登記の本件土地について自己名義の所有権登記を得るために本件訴えを提起したが，表題部所有者の登記も所有権の登記もない土地について時効によって所有権を取得した者が自己名義の所有権登記を実現するためには，以下のような方法がある[3]。まず，①時効取得者が自己のために表示の登記をし，次に所有権保存の登記をするという方法がある（不登74条1項1号）。表示の登記をするには，所有権を証する書面，すなわち，原所有者（時効により所有権を失った者）が当該土地につき所有権を有する書面と，原所有者が作成した時効取得により所有権が時効取得者に移転したことを証する書面を申請書に添付しなければならない。また，②原所有者の協力が得られない場合には，原所有者に対する所有権確認請求訴訟の確定勝訴判決を得て所有権保存登記を申請することができる（同項2号）。

(2)　本件事案に類似した事案を扱った下級審裁判例として，東京高判昭和52・5・31（判タ359号225頁）は，真実の所有者を明らかにしえない登記漏れの土地を原告が時効取得したとして国を相手に提起された所有権確認請求訴訟を適法としている。国が被告となっている理由は，そのような土地については無主の不動産として国庫の所有に属したものとするのが相当であることと，国が原告による時効取得を認めないことにあるが，本件事案におけるのと同様に，国は当該土地は第三者の所有に属すると主張しているから，本判決の立場からは，この判決には疑問が呈されることになるかもしれない。

学説上最も議論されるのは，表題部所有者の登記のみがある（所有権の登記は

---

(2)　福岡高判平成6・3・31判タ858号257頁参照。
(3)　西村一郎「取得時効と登記」幾代通ほか編『不動産登記講座Ⅰ』354頁以下（日本評論社・1976年），松久三四彦「取得時効と登記」鎌田薫ほか編『新・不動産登記講座(2)』154頁（日本評論社・1998年）。

ない）土地について時効取得者が所有権登記を取得するために行う所有権確認請求訴訟に係る判決（不登74条1項2号）は表題部所有者を相手方とした判決に限定されるか，という論点であり[4]，上記②の確認訴訟に係る判決についてはそのような問題は生じない旨が指摘されるにとどまる。いずれにせよ，学説は，確認の利益については，その一般的な判断基準に従って判断されると考えていると推察される。

　3　(1)　本来であれば最も適切と思われる者を具体的に明らかにしえないときは，時効取得者が②の方法で自己名義の所有権登記を実現しようとすれば，それ以外の者を被告にして判決を取得せざるを得ない。しかし，それは，その一般的な判断基準を前提にする限り，確認の利益の欠缺のために不可能なことがありうるが，そのような場合でも，当該土地を所有権の登記がないまま放置しておくことは適切ではない。そこで，本判決は，②の方法を取り得ない場合には，時効取得者は，自己が当該土地を時効取得したことを証する情報等を登記所に提供して自己を表題部所有者とする登記の申請をして，その表示に関する登記を得た上で，当該土地につき保存登記の申請をすることができると指摘する。すなわち，①の方法の方によればよいというのである。

　ところで，権利の登記に関しては，登記官の審査は窓口的審査ないしは定型的審査にとどまるが，表示の登記のためには実地調査も認められており（不登29条），より能動的な実質審査主義が採用されている。しかし，実務においては，人的物的制約から十分に実地調査を実施することができないのが現状であると指摘されるし[5]，実施したとしても，土地や建物の物理的な形状や位置などは目で見て確認することが可能であろうが，所有権の所在のような観念的な問題を確認することは困難ではないかとの指摘もある[6]。すなわち，登記官は，表題部所有者の登記については，権利に関する登記の窓口的審査と同程度の審査（以下「簡易審査」という）しかしておらず，かつ，それで差し支えないとせざるを得ないのではないかとの疑問がありうる。

　そうすると，取得時効の要件について直接的な書証が存在することは少ないであろうから，時効所得者は反対尋問にも曝されていない原所有者以外の関係者の上申書，報告書の類による情報しか登記官に提供しえないことになろう。しかし，それでは，時効取得者は登記官に上記の要件が満たされているとの確信を形成し

---

[4] 吉野衛「注釈不動産登記法各論1」登記先例228号81頁以下（1980年），藤原勇喜「表示に関する登記における最近の問題(3)」登研441号16頁以下（1984年），鎌田薫＝寺田逸郎編『新基本法コンメンタール不動産登記法』226頁〔宮本俊忠〕（日本評論社・2010年）等参照。

[5] 幾代通＝徳本伸一補訂『不動産登記法〔4訂版〕』344頁（有斐閣・1994年）。

[6] 実務座談会「不動産登記に関する最近の実務上の諸問題について(上)」登研584号60頁以下〔匿名H氏，F氏発言〕（1996年）。

うる程の登記情報を提供し得ていないのではないか，登記官は上記の程度の審査に基づいてはそのような確信を形成し得ないのではないかと想像される。そうであるからこそ，学説は，①の方法について原所有者の協力があることを前提にした叙述をしているのではなかろうか。そしてそうであるとすれば，多くの場合，時効所得者による表示の登記の申請は却下されざるを得ないのではなかろうか（不登25条8号，不登令7条1項8号・別表4添付情報欄ハ，不登25条11号）。

ただし，本判決掲載誌コメントは，この場合には登記官の登記申請の却下処分に対する取消訴訟という救済手段があると指摘する。確かに，表示登記の申請却下処分は抗告訴訟の対象になる行政処分と解されるから[7]，取消訴訟は可能であろう。しかし，取消訴訟における審理の対象は，登記官の登記申請に関する審査がその権限を適切に行使して行われたか否かの限度に限られ，直接，申請者に実体権が帰属しているか否かの点に及ぶものではない[8]。そうすると，登記官の審査権限が先に述べた簡易審査の程度のものであるとすれば，時効取得者は，取消訴訟でも，証人尋問等の手段をも利用して自己の実体権を証明して自己名義の所有権登記を実現する機会を与えられないで終わってしまう。そうであるとすれば，②の方法の方で，確認の利益に関する一般的な判断基準を適用せずに，時効取得者の権利を争っていない者に対する訴えをも適法とせざるを得ないように思われる。

もっとも，表題部所有者の記載を求める申請に対する登記官の実質審査のあり方はより積極的なものであり，そうであるべきである（以下，このような審査を「充実審査」という）と主張するかのような見解もないわけではない[9]。筆者としては登記実務の実情に疎いので，この見解を正当とすべきか否か判断しえないが，もしそうすべきであるとするならば，表示登記の申請者は，登記官の実地調査に際し，あるいは登記官の申請却下処分に対する取消訴訟において，充実審査に対応した実体権に関するより実質的な証明活動を許されるであろうから，本判決に敢えて反対するまでのことはないのかもしれない。

(2) 結局，表題部所有者の登記に関する登記官の審査権限が簡易審査の程度にとどまるのであれば，本判決には疑問があることになる。

もっとも，本判決は，①の方法を尽くしたにもかかわらず本件土地の名義を取得できなかったなどの事情があれば確認の利益が認められるということを示唆している。しかしながら，そのような事情がある場合に国と時効取得者との間に残

---

[7] 一ノ瀬雄二ほか「登記官の処分の行政処分性に関する若干の考察」民研327号66頁以下（1984年）。最判平成9・3・11判時1599号48頁は表題部に所有者を記載する行為の行政処分該当性を認める。

[8] 前掲注[7]最判平成9・3・11の園部逸夫裁判官の補足意見，最判昭和61・11・4訟月33巻7号1981頁。

[9] 岩谷久明「ケーススタディ(62)」民研354号290頁以下（1986年），実務座談会・前掲注(6)(下)登研585号18頁以下〔横山亘発言〕（1996年）参照。

るのは，時効取得者が提供した登記情報と登記官が行いうる（行うべき）実地調査に基づいて表題部所有者欄に時効取得者の氏名・名称を記載すべきか否かに関する紛争である。そこで問題になっているのは，国に属する登記官の国法上の行為が時効取得者の権利・法的地位に影響を与えているという関係であって，国が時効取得者と同じ次元に立って，後者の主張する利益と対立拮抗する利益を主張するという関係ではない[10]。確認の利益の一般的な判断基準を適用するという前提に立ちながら，なぜそのような紛争が確認の利益を基礎付けうると解しうるのであろうか。

　また，本判決掲載誌コメントも，①の方法を尽くしたにもかかわらず，不服申立手続である取消訴訟においても時効取得者の所有権の有無（時効取得の成否）につき実質的な審理がされないまま所有名義を取得できなかったなどの事情があった場合にどうなるかは，今後に残された問題であると指摘する。しかし，登記官の審査権限が簡易審査の程度にとどまるべきか，充実審査にまで及ぶかは規範の問題としては最初からいずれかに定まっているはずのことである。したがって，もし前者であるならば，不服申立手続において時効取得者の所有権の有無について実質的な審理がなされないことは初めから予定されていると言うべきである。そうであれば，不服申立手続やそもそも登記官の審査などは経なくとも，最初から確認の利益の一般的判断基準の適用を放棄して，②の方法による確認の訴えを適法とすべきではなかろうか。

　②の方法による場合に確認の利益の一般的判断基準の適用を放棄して，争っていない者との関係でもそれを認めるということは，戸籍などの公簿の記載の訂正のために判決が必要な場合には被告が争っていなくとも確認の利益が認められるというのと同様と考えることができよう。争っていない者を被告とするとすると，本件事案ではそれとしては国Yしか考ええなかったであろう。ただし，それがXの言うように無主の不動産の帰属者として被告となるのか，あるいは原所有者の前主としての資格で被告となるのかは，なお検討すべき問題として指摘することができよう（人事訴訟における検察官のような公益の代表者との資格ということも考えられるかもしれない）。

　【補　遺】　本判例研究公表後の本判決評釈類として，今津綾子・東北ロー1号131頁以下（2014年）（判旨反対），今村与一・判評639号〔判時2142号〕152頁以下（2012年）（判旨結論賛成），上田竹志・リマークス45号102頁以下（2012年）（国を被告とした訴えを適法とする余地もあるとする），川嶋四郎・法セ699号144頁（2013年）（確認の利益を肯定してもよかったのではないかとする），がある。

（初出・民商法雑誌145巻6号／2012年）

---

(10)　東京地判昭和50・8・29判時808号80頁，岩谷・前掲注(9)288頁。

8 農業協同組合の退任理事に対する訴えにおける代表権

8 退任した農業共同組合の理事に対して組合が提起する訴えについて組合を代表する権限を有する者

最高裁平成15年12月16日第3小法廷判決
平成14年（オ）第545号・（受）第546号，損害賠償請求事件
（民集57巻11号2265頁・判時1846号102頁・判タ1143号248頁）

事実の概要　Y（被告・控訴人・上告人）は，昭和56年12月16日から平成5年4月25日までの間，A農業協同組合の専務理事の地位にあった。A組合は，平成元年9月20日から平成2年2月15日にかけて株式投資信託を購入したが，A組合においては，同年4月22日に定款が改正されるまでは，投資信託の購入は，定款上，認められていなかった。A組合は，平成11年7月28日，Yに対し，A組合がした上記投資信託の購入に関し，Yに理事としての善管注意義務または忠実義務に違反する行為があったなどと主張して，上記投資信託の値下がりによりA組合が被った損害の賠償を求める本件訴訟を提起した。A組合は，平成12年3月1日に他の農業協同組合と合併し，X農業協同組合（原告・被控訴人・被上告人）が設立された。本件訴訟は，A組合の代表理事であるBを代表者として提起され，同人から委任された訴訟代理人によって追行されたものであり，上記合併後は，上記合併によりA組合の訴訟上の地位を承継したX組合の代表理事であるCから委任された訴訟代理人により追行されている。

Yは，第1審（前橋地高崎支判平成13・6・28民集57巻11号2274頁）以来，退任後の理事であるYを相手方として提起された本件訴訟においてA組合およびその地位を承継したX組合を代表する権限を有するのは，その監事であるから，A組合およびX組合の代表理事から委任を受けた訴訟代理人による本件訴訟の提起，追行は，訴訟行為をするのに必要な授権を欠いている旨主張しているが，第1審は請求を認容し，原審（東京高判平成13・12・26民集57巻11号2280頁・判時1783号145頁）はYの控訴を棄却した。Yが上告および上告受理申立て。

判決要旨　上告棄却。

「〔商法〔旧〕275条ノ4〕前段の規定は，その〔商法〔旧〕261条3項・〔旧〕78条1項〕特則規定として，会社と取締役との間の訴訟についての会社の代表取締役の代表権を否定し，監査役が会社を代表する旨を定めているが，その趣旨，目的は，訴訟の相手方が同僚の取締役である場合には，会社の利益よりもその取締役の利益を優先させ，いわゆるなれ合い訴訟により会社の利益を害するおそれがあることから，これを防止することにあると解される（最高裁平成元年（オ）第1006号同5年3月30日第三小法廷判決・民集47巻4号3439頁，最高裁平成9年（オ）第1218号同年12月16日第三小法廷判決・裁判集民事186号625頁参照）。

そして，過去において会社の取締役であったが，訴え提起時においてその地位にない者（以下「退任取締役」という。）が前段の規定中の『取締役』に含まれると解するのは文理上困難であること，これを実質的にみても，訴訟の相手方が退任取締役である場合には，その相手方が同僚の取締役である場合と同様，いわゆるなれ合い訴訟により会社の利益を害するおそれがあるとは一概にいえないことにかんがみると，前段の規定にいう取締役とは訴え提起時において取締役の地位にある者をいうものであって，退任取締役はこれに含まれないものと解するのが相当である。」

「その〔商法〔旧〕275条ノ4後段の〕趣旨は，監査役が取締役の職務の執行を監査する権限を有し（商法〔旧〕274条1項），前段の規定により会社と取締役との間の訴訟については監査役が会社を代表する旨定められたことから，上記〔商法〔旧〕267条1項の〕『取締役ノ責任ヲ追及スル訴』の提訴請求を会社が受けること等についても，上記監査の権限を有する監査役において会社を代表することとされたものである。そして，後段の規定の趣旨及び上記『取締役ノ責任ヲ追及スル訴』には退任取締役に対するその在職中の行為についての責任を追及する訴えも含まれ，その提訴請求等についても監査役が代表して受けることとされていることにかんがみると，後段の規定は，監査役において，このような退任取締役に対する責任追及訴訟を提起するかどうかを決定し，その提起等について会社を代表する権限を有することを前提とするものであり，その権限の存在を推知させる規定とみるべきである。そうすると，監査役は，後段の規定の趣旨等により，退任取締役に対するその在職中の行為についての責任を追及する訴訟について会社を代表する権限を有するものと解するのが相当である。

上記のように解する場合には，代表取締役の上記訴訟における代表権限が否定されることになるのかが問題となるが，退任取締役に対する上記訴訟における監査役の代表権限が前段の規定を直接の根拠とするものでないことは，前段の規定に関して前記説示したところから明らかである。監査役の上記代表権限の根拠は，上記のとおり，後段の規定の趣旨等によるものであり，前段の規定のような会社の代表取締役の代表権を否定する特則規定としては定められていないことからすると，監査役が退任取締役に対する上記訴訟について会社を代表する権限を有することは，会社と退任取締役との間の訴訟についての会社の代表取締役の代表権を否定するものではないと解すべきである。」

「以上の点は，商法〔旧〕275条ノ4の規定を準用する農業協同組合法〔旧〕39条2項の解釈においても同様である。すなわち，同項の規定により読み替えられる農業協同組合………の『理事』には，訴え提起時において退任している理事は含まれないものと解すべきである。」

8 農業協同組合の退任理事に対する訴えにおける代表権

> 解　説

　1　農業協同組合法〔旧〕39条2項は，農業協同組合の監事について，商法〔旧〕275条ノ4を，その規定中の「取締役」を「理事若ハ経営管理委員」と読み替えて準用しているから，これらの規定によれば，組合と理事との間の訴訟については，監事が組合を代表する権限を有することになる。しかしながら，従来から，この原則が組合・理事間の訴訟において常に適用になるかが問題とされてきたし，本件事案においては，理事とは退任したそれを含むかが問題とされている。

　2　上記の農協法〔旧〕39条2項は平成4年の改正に係るものであるが，それ以前の同法33条は，組合と理事との間の契約または訴訟において組合を代表するのは監事である旨を定めていた。他方，現行商法〔旧〕275条ノ4は昭和49年の改正に係るものであるが，そもそも制定当時の現行商法は，株主総会は取締役に対する訴えの提起を決議しうる旨，および少数株主は監査役に対し同様の訴え提起の請求をなしうる旨を定めるとともに（旧178条），会社・取締役間の訴訟については原則として監査役が会社を代表するが，少数株主が訴え提起を請求したときは，特に代表者を指定しうる旨を定めていた（旧185条）。その後，昭和25年の改正商法は，従来の株主総会決議または少数株主の請求による訴え提起の制度に代えて株主代表訴訟の制度を導入する一方で，会社・取締役間の訴訟については原則として株主総会の定める者が会社を代表するとした（旧261条ノ2）。会社の代表者を改めたのは，改正法が監査役の権限を会計監査に限定したことに原因していた。ところが，昭和49年の改正に際しては，再び監査役の権限が業務監査に拡張されたことに伴い（商〔旧〕274条），旧261条ノ2が削除されて，昭和25年改正法と同趣旨の現行〔旧〕275条ノ4前段の規定が設けられた（ただし，小会社については，旧規定と同趣旨の〔旧〕商法特例法24条が適用になる）。また，この折の改正により，株主代表訴訟との関連で，株主が取締役の責任追及の訴えの提起を会社に請求するにあたって，監査役がその相手方となる旨の〔旧〕275条ノ4後段の規定が新設された（その後，平成13年に改正を受けている）。

　3　商法〔旧〕275条ノ4前段（及びそれに相当する商法旧規定や農業協同組合法の新旧規定）の趣旨は，判決理由の引用する二つの最高裁判例もいうように，会社・取締役間の訴訟において，代表取締役が会社を代表するとすると，その者が会社の利益よりも同僚である相手方取締役の利益を優先させ，いわゆるなれ合い訴訟によって会社の利益を害するおそれがあるので，これを防止しようとするところにある。そしてまた，監査役が会社を代表するのは，その業務監査権限の実

効性を高めるためのものであり，その延長ないし補完の意味を有する[1]。

ともあれ，会社・取締役間の訴訟について一般的に商法〔旧〕275条ノ4前段の適用を主張する見解もないわけではないが[2]，なれ合い訴訟の防止という趣旨に鑑みれば，最初からなれ合い訴訟のおそれがない場合にまでその規定を適用する必要はないと解される。そして，そのような場合としては，相手方取締役の地位そのものが争いの対象となっている場合というものがあげられるのが通例である。もっとも，そのような場合としても様々な類型が考えられるが，そのうちの幾つかについては相当以前からかなりの数の下級審裁判例が公にされてきた[3]。このような状況の下において，判決要旨が引用する最高裁平成5年3月30日第三小法廷判決（民集27巻4号3439頁）は，ある者を取締役等に選任する旨の決議の不存在確認を求める訴訟を代表取締役において取締役と認めていない別個の自称取締役が提起したという事案において，〔旧〕商法特例法24条の適用を否定した。

判決要旨が引用するもう一つの最高裁平成9年12月16日第三小法廷判決（判時1627号144頁）は，農業協同組合の監事が組合を代表して理事に対して提起した訴訟が係属中，相手方理事が退任したという事案に係るが，結論として，監事の代表権限は失われないとしている。

退任取締役が商法〔旧〕275条ノ4前段の取締役に含まれるかに関しては，在任中の責任を問題とする限り含まれるとする肯定説[4]と否定説[5]が従来から対立しており，特段の判示をしていないものの，（裁）判例にも両説が存在する[6]。これに対し，本件事案においては第1審以来一貫して否定説が採用されているが，本判決掲載誌コメントは，前掲最高裁平成9年12月16日判決の事案と本件事案とでは，訴え提起後に退任したかそれ以前に退任していたかの相違があるので同一には論じえないとするもののようである。しかしながら，この最高裁平成9年判決に関する評釈類は一様にその判旨に好意的であるが，それらはこのコメン

---

[1] 味村治＝加藤一昶『改正商法及び監査特例法の解説』100頁（法曹会・1977年）参照。なお，農業協同組合の監事につき，本山悌吉『増補農業協同組合法』211頁（第一法規・1984年）参照。
[2] 田中誠二『三全訂会社法詳論上巻』624頁以下（勁草書房・1993年）。
[3] 裁判例の詳細については，森まどか「判批」名法169号342頁以下（1997年）参照。
[4] 上柳克郎ほか編『新版注釈会社法(6)』473頁〔鴻常夫〕（有斐閣・1986年），大隅健一郎＝今井宏『会社法論〔第3版〕中巻』318頁（有斐閣・1992年），加美和照「監査役と会社の訴訟代表」商事1118号37頁（1987年）。
[5] 大森忠夫ほか編『注釈会社法(4)』382頁〔山口幸五郎〕（有斐閣・1980年），東京弁護士会会社法務部編『監査役・監査役会ガイドライン』156頁（商事法務・1994年）。
[6] 肯定説を採用するものとして，東京高判平成11・5・27判時1718号58頁。否定説を前提とするものとして，最判平成4・9・10資料版商事102号143頁。

トのような区別をしないで肯定説を採用するように見える[7]。

4　判決要旨は，否定説を採用する理由として，商法〔旧〕275条ノ4中の「取締役」との文言をあげる。しかしながら，判決要旨自らがその後の箇所で指摘しているように，代表訴訟により追及されうる取締役の責任には退任取締役の在任中の責任も含まれると解するのが通説である[8]。商法〔旧〕267条1項中にも同法〔旧〕275条ノ4前段中にも単に「取締役」とあるのみであるのだから，文言は〔旧〕275条ノ4中の「取締役」には退任取締役を含まないと解する決定的な理由にはなりえないと思われる。もっとも，このように代表訴訟と対比することについて，本判決掲載誌コメントは，商法〔旧〕275条ノ4前段の規定が代表訴訟制度とは関係がないことは，その制定過程から明らかであると批判する。しかし，前段の規定がそもそも代表訴訟制度と関係を有しなかったことはそのとおりであるが，判決要旨自身が述べるように，前段の規定を前提としつつ，それと同じく取締役の責任追及の懈怠の防止を趣旨とする代表訴訟に関係した後段の規定が設けられたのであるから[9]，ここに両者が関連付けられるということもできよう。

現職の取締役との間の訴訟では，代表取締役に会社を代表させると同僚意識によるなれ合い訴訟のおそれが類型的に大きい。これに比べて，退任取締役との間の訴訟に関しては，類型的に見たこのおそれは相対的に小さいといえる。しかし，後者の訴訟に関しても，純然たる第三者や代表取締役において取締役と認めていない者との間の訴訟と比べれば，類型的に見たなれ合いのおそれは相対的に大きいといえる。退任取締役との間の訴訟を現職取締役との間の訴訟と同様に扱うべきか，第三者や代表取締役が取締役と認めていない者との間の訴訟と同様に扱うべきかは，なれ合い訴訟のおそれの大小だけを問題にしていたのでは，容易に判断しがたい問題ではなかろうか。なお，本判決掲載誌コメントは，退任取締役に対して会社が訴えを提起する事案では，現経営陣と被告との間に対立関係がある場合がむしろ多いものと思われるとも指摘するが，同一のことは，現職の取締役との間の訴訟に関して代表取締役に会社の代表権限を認めても当てはまろう（たとえば，100件のうち，純然たる第三者との訴訟ではなれ合い訴訟は1件，退任取締役との訴訟では20件，現職取締役との訴訟では30件という話しであろう。無論，これらの数字は任意にあげたものであるが，最後の数字が50件を上回るなどと評価する者はいまい）。それ故，このようにいっては，商法〔旧〕275条ノ4前段の存在意義

---

(7)　弥永真生・判評475号〔判時1643号〕244頁（1998年），近藤光男・判タ975号162頁（1998年），今井宏・リマークス18号119頁（1999年），上田亮子・国学院36巻3号340頁（1998年）。

(8)　たとえば，大隅＝今井・前掲注(4)272頁。

(9)　弥永・前掲注(7)50頁参照。

そのものを否定することになりかねない。

　ところで，先にも言及したように，訴え提起後に退任した場合とそれ以前に退任していた場合とでは区別されうるとする指摘がある。前者の場合に関する前掲最高裁平成9年12月16日判決が監事の代表権限が失われないとする理由は，商法〔旧〕275条ノ4前段が会社・取締役間の訴訟に関し「其ノ訴ニ付テハ」監査役が会社を代表するとしているという法律の文言となれ合い訴訟の防止という当該規定の趣旨が容易に潜脱されるのを防ぐ必要にある。この文言があげられるのは，「これは，既に提起された当該の訴えについて監査役がそのままずっと代表権を有することを意味する」との趣旨であろうから，そもそも誰が訴訟を提起すべきかを問うているここでの問題とは関係がない。また，商法〔旧〕275条ノ4の趣旨の潜脱防止とは，退任によって監査役による責任追及を免れるのは不都合であるとの趣旨であろうが，退任が訴え提起前であればなれあい訴訟のおそれが小さくはなるとしても，なおそれ相当の大きさであるとすれば，退任の時期が訴え提起前であってもこの趣旨は当てはまる。

　判決要旨は，提訴請求を経た場合（商法〔旧〕275条ノ4後段）には，退任取締役に対する訴えについて，監査役と代表取締役とが競合的に会社を代表する権限を有するとするもののようである。しかしながら，先にも指摘したように，代表取締役に会社を代表させると，退任取締役との間になれ合い訴訟がなされるおそれが，なおそれ相当の大きさで存在するとすれば，このように解すると，提訴請求が退任取締役に対するなれ合い訴訟をかえって誘発してしまうおそれも生じよう。いずれにせよ，これも，退任取締役との訴訟には商法〔旧〕275条ノ4前段は適用にならないとの解釈をとっても後段との関係で差支えがないといっているだけで，そうすべきであるとの積極的理由付けにはなっていない。

　ともあれ，監査役が取締役・会社間の訴訟に関して会社を代表する権限を与えられるについては，その業務監査権限が重要な意味をもっているとすれば，取締役が訴え提起前に退任している場合でも監査役の代表権限があると解すべきであろう[10]。

　5　本判決がその結論に達するには，第1審以来X勝訴判決がなされており，いまさらこれらの判決を破棄・取消しするのは適当ではないという考慮が働いたのかもしれない。しかしながら，上告審においても追認は可能であるのだから[11]，そこにおいて補正命令を発して追認を促せばよかっただけのことである（民訴34条）。Yは，原審において訴え提起時の監事が既に退任しているから追認不能であると主張しているが（判時1783号146頁），追認は追認時の監事の職に

---

(10)　近藤・前掲注(7)162頁。監査役の権限が会計監査に限定されている小会社に関する〔旧〕商法特例法24条に関しては，別異に解すべきかもしれない。

(11)　大判昭和16・5・3判決全集8輯18号617頁。

ある者によってなされれば足りるから、この主張は誤っている。原審が訴訟能力等の欠缺を看過しているときは、それに気がついた上訴審は、無能力者等の審級の利益を尊重するため、事件を原審に差し戻して補正を命じさせるべきであるとの見解もあるが[12]、代表権限の欠缺が問題とされるべき側が一審以来全面勝訴している本件事案では、審級の利益を問題とすることなく、上告審で補正を命じてよい。

■参考文献
脚注中に掲記のもの

【補遺】(1) 本判決は、会社法（平成17年法律第86号）の制定に伴う改正前の商法（会社編）、農業協同組合法の旧規定の下での事件に関するものであるが、改正会社法386条1項1号は、会社と取締役との間の訴訟で監査役が会社を代表する場合の取締役には、退任取締役を含む旨を明示するに至った。農業協同組合法35条の5第5項も、会社法のこの規定を準用している。

(2) 本判例研究公表後の本判決評釈類として、伊藤靖史・法教286号106頁以下（2004年）、小柿徳武・民商131巻1号52頁以下（2005年）（判旨賛成）、太田晃詳・ジュリ1270号183頁以下（2004年）、同・最判解説民平成15年度（下）797頁以下、川嶋四郎・法セ598号119頁（2004年）（基本的に妥当とする）、後藤元伸・リマークス30号6頁以下（2005年）（判旨反対）、田村詩子・リマークス30号86頁以下（2005年）（結論に疑問を呈する）、鳥山恭一・法セ597号114頁（2004年）、畠田公明・判評549号〔判時1867号〕191頁以下（2004年）（判旨結論賛成）、福島洋尚・金判1231号63頁以下（2006年）（判旨賛成）、藤井正夫・判タ1184号平成16年度主民解150頁以下（2005年）、等がある。

ほかに、本判決を機縁とする論文として、山田泰弘「退任取締役に対する責任追及訴訟における会社の代表者」立命300＝301号563頁以下（2005年）、がある。

（初出・ジュリスト1269号平成15年度重要判例解説／2004年）

---

[12] 伊藤・民訴〔第3版〕102頁。

第1部　判決手続

9
(1) 受送達者あての訴訟関係書類の交付を受けた同居者等と受送達者との間にその訴訟に関して事実上の利害関係の対立がある場合における上記書類の補充送達の効力
(2) 受送達者あての訴訟関係書類の交付を受けた同居者等がその訴訟に関して事実上の利害関係の対立がある受送達者に対して上記書類を交付しなかったため受送達者が訴訟が提起されていることを知らないまま判決がされた場合と民訴法338条1項3号の再審事由

最高裁平成19年3月20日第3小法廷決定
平成20年(許)第39号，再審請求棄却決定に対する抗告棄却決定に対する許可抗告事件
（民集61巻2号586頁・判時1971号125頁・判タ1242号127頁）

要　旨　1　受送達者あての訴訟関係書類の交付を受けた民訴法106条1項所定の同居者等と受送達者との間に，その訴訟に関して事実上の利害関係の対立があるにすぎない場合には，当該同居者等に対して上記書類を交付することによって，受送達者に対する補充送達の効力が生ずる。

2　受送達者あての訴訟関係書類の交付を受けた民訴法106条1項所定の同居者等と受送達者との間に，その訴訟に関して事実上の利害関係の対立があるため，同居者等から受送達者に対して上記書類が速やかに交付されることを期待することができない場合において，当該同居者等から受送達者に対して上記書類が実際に交付されず，そのため，受送達者が訴訟が提起されていることを知らないまま判決がされたときには，民訴法338条1項3号の再審事由がある。

事実の概要　Yは，Bから，BがXの義父であるAに対してXを連帯保証人として金銭を貸し付けたことによる貸金債権を譲り受けたとして，X及びAに対して貸金元本及びこれに対する約定遅延損害金の連帯支払を求める訴訟（以下「前訴」という）を提起した。

前訴において，Xを受送達者とする訴状及び第1回口頭弁論期日の呼出状等は，Xと同居していた義父AがXの同居者として受領した。X及びAは，前訴の第1回口頭弁論期日に欠席し，答弁書その他の準備書面も提出しなかったため，同期日に口頭弁論が終結され，1週間後の第2回口頭弁論期日において，擬制自白の成立によりYの請求を認容する旨の判決（以下「前訴判決」という）が言い渡された。X及びAに対する前訴判決の判決書に代わる調書については，その住所における送達が受送達者不在によりできなかったため，付郵便送達が行われた。その後，X及びAのいずれからも控訴がなかったため，前訴判決は確定した。

Xは，前訴判決確定の約2年後に本件再審の訴えを提起し，再審事由として，

9 事実上利害の対立する同居者への補充送達の効力と再審事由の存否

「Xは，自らの意思で連帯保証人となったことはなく，Xの義父Aが，自己の債務について，Xの氏名及び印章を冒用してBとの間で連帯保証契約を締結したものであるから，前訴に関し，XとAは利害が対立していたというべきである。したがって，AがXあての前訴の訴状等の交付を受けたとしても，これが遅滞なくXに交付されることを期待できる状況にはなく，現にAは交付を受けた前訴の訴状等をXに交付しなかったから，前訴においてXに対する訴状等の送達は補充送達として効力を生じていないというべきである。そうすると，訴状等の有効な送達がないため，Xに訴訟に関与する機会がないまま前訴判決がされたことになるから，前訴判決には3号事由がある。」と主張した。

第1審，原審とも，前訴においてXに対する訴状等の送達は補充送達として有効に行われているから，訴状等の有効な送達がなかったことを前提とするX主張の再審事由は認められないとして，本件再審請求を棄却すべきものとした。Xは，原決定を不服として抗告許可の申立てをし，原審は抗告を許可した。

争点 1 受送達者あての訴訟関係書類の交付を受けた同居者等と受送達者との間にその訴訟に関して事実上の利害関係の対立がある場合，上記書類の補充送達は有効か。

2 受送達者あての訴訟関係書類の交付を受けた同居者等がその訴訟に関して事実上の利害関係の対立がある受送達者に対して上記書類を交付しなかったため受送達者が訴訟が提起されていることを知らないまま判決がされた場合，民訴法338条1項3号の再審事由が存在するといえるか。

決定要旨 破棄差戻し。

「民訴法106条1項は，就業場所以外の送達をすべき場所において受送達者に出会わないときは，『使用人その他の従業者又は同居者であって，書類の受領について相当のわきまえのあるもの』（以下「同居者等」という。）に書類を交付すれば，受送達者に対する送達の効力が生ずるものとしており，その後，書類が同居者等から受送達者に交付されたか否か，同居者等が上記交付の事実を受送達者に告知したか否かは，送達の効力に影響を及ぼすものではない（最高裁昭和42年(オ)第1017号同45年5月22日第二小法廷判決・裁判集民事99号201頁参照）。

したがって，受送達者あての訴訟関係書類の交付を受けた同居者等が，その訴訟において受送達者の相手方当事者又はこれと同視し得るものに当たる場合は別として（民法108条参照），その訴訟に関して受送達者と事実上の利害関係の対立があるにすぎない場合には，当該同居者等に対して上記書類を交付することによって，受送達者に対する送達の効力が生ずるというべきである。」

「しかし，本件訴状等の送達が補充送達として有効であるからといって，直ちに民訴法338条1項3号の再審事由の存在が否定されることにはならない。同事由の存否は，当事者に保障されるべき手続関与の機会が与えられていたか否かの観

点から改めて判断されなければならない。

　すなわち，受送達者あての訴訟関係書類の交付を受けた同居者等と受送達者との間に，その訴訟に関して事実上の利害関係の対立があるため，同居者等から受送達者に対して訴訟関係書類が速やかに交付されることを期待できない場合において，実際にもその交付がされなかったときは，受送達者は，その訴訟手続に関与する機会を与えられたことにならないというべきである。そうすると，上記の場合において，当該同居者等から受送達者に対して訴訟関係書類が実際に交付されず，そのため，受送達者が訴訟が提起されていることを知らないまま判決がされたときには，当事者の代理人として訴訟行為をした者が代理権を欠いた場合と別異に扱う理由はないから，民訴法338条1項3号の再審事由があると解するのが相当である。」

　【参照条文】　民事訴訟法106条1項・338条1項3号

研　究

1　本決定の意義

　本決定は，最高裁として初めて，受送達者との間に当該訴訟に関連して事実上の利害関係の対立がある同居者等に対して訴訟関係書類を交付してなされた補充送達が有効である旨を明示した点，および，訴状等がそのような有効な補充送達によって送達された場合であっても，同居者等が受送達者に対して上記書類を交付しなかったため受送達者が訴訟が提起されていることを知らないまま判決がされた場合には民訴法338条1項3号の再審事由があるとした点において意義を有する。

2　先例・学説

　(1)　補充送達において，訴訟関係書類の交付を受けた同居者等が受送達者にとって訴訟の相手方ないしその被用者もしくは親族であるなど訴訟の相手方と同視しうる場合には，双方代理禁止の趣旨に照らし，そのような同居者等の送達受領権限が否定され，送達が無効となることは一般に認められており，本決定もこの旨を確認している。これに対し，本件事案におけるように当該訴訟に関して受送達者と同居者等との間に事実上の利害関係の対立があるのにすぎない場合にも送達が無効とされるのかには，下級審の裁判例の上で争いがあった。

　無効説の裁判例（①東京地判昭和49・9・4判タ315号284頁，②釧路簡判昭和61・8・28 NBL 433号40頁，③大阪高判平成4・2・27判タ793号268頁）は，送達場所において受送達者と密接な関係のある者に訴訟関係書類を交付すれば，近接

9 事実上利害の対立する同居者への補充送達の効力と再審事由の存否

する時期に受送達者自身に到達することが期待できるという補充送達の根拠論を強調することによって，交付を受けた同居者等と受送達者との間に当該訴訟に関して事実上の利害関係の対立があって，受送達者への書類の交付を期待できない場合には補充送達は無効であるとするものである。

しかしながら，このような裁判例はむしろ少数であり，多くの裁判例（④神戸地判昭和61・12・23判タ638号247頁，⑤名古屋地決昭和62・11・16判時1273号87頁，⑥札幌簡判平成2・1・25 NBL 454号43頁，⑦東京地判平成3・5・22判時1400号84頁，⑧東京地判平成6・5・30判時1504号93頁）は，事実上の利害関係といった交付を受けた同居者等の動機や目的に関する，送達を行う裁判所その他送達実施機関にとって外形から見て明らかでない事情の有無によって送達の効力が左右されるときは，手続の安定を著しく欠く結果となって妥当ではない，ということを理由として有効説を採用していた。

このような状況の中にあって，最高裁（⑨最判平成4・9・10民集46巻6号553頁）は，訴状の交付を受けた者が「書類の受領について相当のわきまえのある者」（民訴106条1項）に該当しないためにその補充送達が無効であって被告とされた者が前訴提起の事実を知らず，かつ，訴訟に関与する機会を与えられないまま前訴判決が言い渡されてその判決正本が事実上の利害関係の対立がある妻に交付されたという事案において，再審を肯定しつつ，前訴判決は判決正本が有効に送達されて確定したと述べていた。これは，一般に，明示はしていないが受送達者と事実上の利害関係の対立する同居者等へ交付してなされた判決正本の補充送達が有効であることを前提にしていると解されており[1]，その後の送達実務はそのような理解の下に運用されているといわれる[2]。本決定は，補充送達においては，同居者等に訴訟関係書類を交付すれば受送達者に対する送達の効力が生ずるものとされており，その後，書類が同居者等から受送達者に交付されたか否かなどは送達の効力に影響がない旨を指摘して有効説をとる旨を明言したものである。

（2） もっとも，無効説による場合はもちろん，有効説による場合にも，（裁）判例の多くは，利害関係の対立する同居者等に訴訟関係書類が交付されたためにそれを入手することができず，実際に訴訟手続に関与しえなかった受送達者の救済を考えている。

まず，無効説による裁判例①と③は，それぞれ，訴状等と判決正本の送達が上記のような補充送達によっていた場合における判決正本送達後2週間以上経過後の控訴を適法とし，原判決を取り消して事件を原審に差し戻している。また，裁判例②は，支払命令正本の送達が上記のような補充送達，仮執行宣言付支払命令

---

(1) 田中豊「判例解説」最判解説民平成4年度329頁。
(2) 判時1971号126頁，判タ1242号128頁の本決定コメント参照。

正本の送達が付郵便送達によっていた場合において，確定した仮執行宣言付支払命令に対する再審を認めた。

これに対し，有効説の裁判例④は，支払命令正本および仮執行宣言付支払命令正本の送達がいずれも上記のような補充送達によっていた場合に，送達が有効であることを理由に民訴法338条1項3号（旧法下の事件であるが，ここで問題とする民訴法の条文には特に内容的な改正は加えられていないから，旧法事件との関連でも現行法の対応する条文数で引用する）の再審事由の存在を否定した。これは，調査した限りでは，このような場合における受送達者の救済の可能性を全く認めない唯一の裁判例であるが，裁判例⑤は，補充送達による支払命令正本送達後，異議申立期間経過後の異議の追完を認めている。また，裁判例⑥は，訴状等の送達が無効な付郵便送達，判決正本の送達が上記のような補充送達によっていた場合における民訴法338条1項3号の再審事由を主張しての再審の訴えを却下した。理由は，訴状等の付郵便送達が無効である以上3号の再審事由の存在は認められるが，判決正本の補充送達が有効である以上，その存在は上訴によって主張すべきであるから再審の補充性（民訴338条1項但書）が働き，もはや再審事由を主張しえないというものである。そして，判決正本の交付を受けた者がそれを隠匿したために受送達者が判決内容を知り得なかったとしても上訴の追完や民訴法338条1項5号の再審事由があるから，しかるべき救済方法があるはずであると指摘する。裁判例⑦は，裁判例⑥と同一の基本事件を前提として，意図的に無効な付郵便送達を行わしめた基本事件原告と，調査不十分によってそのような送達を行った裁判所書記官の行為を理由とする国に対する不法行為による損害賠償ないし国家賠償請求を否定したものであるが，これも，基本事件判決に対しては上訴の追完が可能であった旨を指摘していた。さらに，裁判例⑧は，裁判例①③と同一の類型の事案において控訴の追完を認めた。

このように，民訴法338条1項5号の再審事由による再審を別とすれば，従来の有効説の裁判例が認める救済方法は上訴（控訴）ないし異議の追完であった。ところが，これに対し，判例⑨は，既述のような事案において，「有効に訴状の送達がされず，それ故に被告とされた者が訴訟に関与する機会が与えられないまま判決がされた場合は，当事者の代理人として訴訟行為をした者に代理権の欠缺があった場合と別異に扱う理由はないから，民訴法338条1項3号の事由が」あるとし，再審の補充性に関しては，「再審事由を現実に了知することができなかった場合」はそれによって再審を妨げられることはないとして再審を認めた。

この判例⑨はそもそも訴状の送達が無効であった事案に係るものであったから，本件事案におけるように訴状の送達が有効であった場合にどのように扱われるこ

9 事実上利害の対立する同居者への補充送達の効力と再審事由の存否

とになるのかは，将来の問題として残されているとされていたが[3]，学説上は，むしろ，判例⑨を前提とすると再審は認められないことになろうとの評価が多かった[4]。ところが，大方の予想に反し，本決定は，訴状の送達が有効であっても，その交付を受けた同居者等から受送達者に対する速やかな交付が期待できず，実際にもその交付がされないために受送達者に訴訟に関与する機会が与えられなかったときは，民訴法338条1項3号の再審事由があるとしたのである。

(3) 事実上の利害関係の対立のある同居者等の補充送達における送達の受領権限に関しては学説上も争いがあるが，判例⑨以降の学説の大勢は，その問題を棚上げしておいて，必要とされる手続関与の機会がはたして保障されていたかどうかについて焦点を当てて，送達の有効性と確保されるべき関与の機会の保障のギャップが生じたときは救済を認めるということで一致しているといわれる[5]。

その際，認められる救済方法としてあげられるのは民訴法338条1項3号の再審事由による再審と上訴の追完であるが，この双方の関係について次のように説く有力な見解がある[6]。すなわち，追完事由は専ら判決後の上訴提起の障害を理由とするものであり，再審事由は判決前の手続や資料の瑕疵を主として理由とするものである，という各事由の違いを理解し，三審制の保障ということを考慮すると，判決の送達前から当事者が訴訟の係属を知る機会がなかった場合には再審の訴えを，既に訴訟の係属を知っており，単に判決の送達についてのみ知る機会がなかった場合には第1審の審理は関与したのであるから上訴の追完の道を認めるのが論理的である，というのである。ただし，同旨を説く論者の中には，追完事由と再審事由とが併存するときには，どちらを選択するかは当事者の自由であるとするものもある[7]。

このような見解に対しては，控訴の追完によることとしても，任意的差戻しの制度（民訴308条）を活用すれば審級の利益の点で問題はないことなど，実際の運用は再審の場合と異ならないこと，追完と再審は歴史的沿革からは同一の起源を有すること，代理権の欠缺を判断基準とする再審による救済の途によるよりも，当事者の帰責事由のありやなしやを判断する追完によるルートの方が原告側・被

---

(3) 田中・前掲注(1)327頁。
(4) 中山幸二「同居者への訴状・判決の送達と再審の可否」NBL 506号19頁（1992年），森勇「判例⑨判批」平成4年度重判解150頁（1993年），高見進「判例⑨判批」民商109巻2号294頁（1993年），高崎英雄「判例⑨判批」法研66巻9号106頁（1993年），高橋宏志「判例⑨判批」リマークス8号151頁（1994年），井田宏「裁判例③判批」判タ821号213頁（1993年），同「裁判例⑧判批」判タ882号235頁（1995年）。
(5) 池尻郁夫「補充送達に関する一考察(1)」愛媛20巻1号31頁（1993年），同「利害対立者への補充送達と追完」中野古稀『判例民事手続法の理論（上）』391頁（有斐閣・1995年）。
(6) 三谷忠之「公示送達と再審」香川8巻2号201頁以下（1988年），同「判例⑨判批」判評412号〔判時1452号〕207頁（1993年）。
(7) 中山幸二「付郵便送達と裁判を受ける権利（下）」NBL 505号26頁，32頁（1992年）。

告側双方の事情を総合的に勘案することを可能にするから，より優れていると説く立場も主張されている。ただし，この論者も，追完という単一の救済方法だけということではなく，他の複数の救済措置の可能性を用意しておいて，状況に応じて選択できる余地を残すという立場をとりたいとしている[8]。

以上のような学説からは，控訴の追完と再審との選択を認めるか否かは別として，本件事案においては少なくとも再審を問題にする余地はあることになろう。そして，判例⑨を前提とすると訴状の送達が有効な場合には民訴法338条1項3号の再審事由は認められないことになろうと予測していた学説も，訴状の交付を受けた者が相当のわきまえのある同居者等でないためにそれが受送達者に渡らなかった場合と，本件事案におけるように事実上の利害関係が対立する同居者等であるために受送達者に渡らなかった場合とで，受送達者の立場から見れば取扱いを異にする理由もないと指摘していた。したがって，学説上も，少なくとも一般論としては本決定の立場は歓迎されることになろう（いずれも簡単なものであるが，本決定に関する後掲の三つの解説を参照されたい）。

3　本決定の検討

(1)　事実上の利害関係が対立する同居者等に訴訟関係書類が交付されて補充送達が行われたために受送達者が訴訟に関与しえなかった場合，勝訴原告と裁判所はなすべきことをなしたとの理由で再審を否定するのがあるべき姿であるとする見解もないではない[9]。しかし，訴訟関係書類を一度も受け取ったことがない者に全く救済の途を否定してしまうのは，裁判を受ける権利の保障の観点からも問題ではなかろうか[10]。

そこで何らかの救済方法を考えなければならないが，上記のような補充送達の効力をどう考えるかは微妙な問題である。しかし，それを有効と考えても救済方法があることに加え，本決定が有効説を明言したことに鑑みれば，敢えてそれを無効とするまでのこともないと思われる。

控訴の追完と再審との間には，以下のような差異がある。まず，既に言及したように，開始されるのは，控訴の追完では控訴審手続であるのに対し，再審では原審の手続であるが，前者でも任意的差戻しにせよ差戻しが活用されるとすれば，審級の利益の点ではさしたる違いはない。また，期間の点では，控訴の追完では1週間，再審では30日（ただし，3号の再審事由では期間制限は働かない。民訴342条3項）であるが，前者でも，1週間の起算点を緩やかに考えて後ろにずらすこ

---

[8]　池尻・前掲注(5)中野古稀（上）391頁以下。
[9]　井上薫「再審の補充性の程度」判タ797号14頁（1992年）。
[10]　中山・前掲注(7)NBL506号18頁。三谷・前掲注(6)判評412号208頁も参照。

9　事実上利害の対立する同居者への補充送達の効力と再審事由の存否

とによってある程度の対応が可能とされる[11]。貼用印紙額は，控訴の追完では訴額を基礎として算出される通常の控訴の場合と異ならないが，再審では定額（2,000 円または 4,000 円）となる（民訴費用 3 条別表第 1）。このように考えると，再審の方がやや申立人にとって有利なようにも思われるが，それ程の相違はないとの評価も可能であろう。

ともあれ，控訴の追完と再審とでは再審の補充性がある以上，前者を優先的に考えざるを得ないであろうが[12]，両者にそれ程の相違がないのであれば，再審の補充性は狭く解して（他の手段が可能であるとして再審を否定するのをなるべく狭く限定して）よいと考える。とりわけ，事実審において一方の手段で救済が認められた場合に，上告審が他方の手段によるべきであったとして破棄するようなことには慎重であるべきであろうし[13]，そもそも，事実審においても，なるべく選択された救済手段を生かす解釈・運用が望まれよう。

民訴法 338 条 1 項 3 号の再審事由の有無を考えるに際して，判例⑨は，判決正本の送達の効力と再審事由該当性との関連での実質的な手続保障の有無の問題とを切り離した。そして，本決定は，さらにこの立場を推し進め，訴状の送達との関係でも，その効力と手続保障の有無とは無関係であることを明らかにした。手続保障の実質化を図るものとして高く評価されるべきものと思う。

⑵　本件事案においては，X が前訴判決の存在・内容を判決後 2 年も経ってから知ったのには，次のような事情があったようである（再審訴状における X の主張と第 1 審判決の推認による）。すなわち，判決正本（正しくは，判決書に代わる調書の謄本であるが，簡略化する）の送達は付郵便送達によって有効に行われたが，X の妻と A とが，自宅に配達されて持ち帰られた郵便物（判決正本）を受け取るために最寄りの郵便局に赴き，妻が X あての郵便物の送達報告書に署名捺印してこれをいったん受領しかけたものの，これを見た A が送達報告書の㊞印や署名部分を抹消・削除し，これを受領させないようにしたばかりか，自己に対する判決正本を受領せずして帰宅した。その後，前訴判決に基づく X あての債権差押命令送達があり，X の銀行預金が差し押さえられて現金が引き出せなくなった。そこで，A は，止むを得ず，単身赴任中の X に電話して事情を話した。

判例⑨は，判決正本の送達が有効であっても控訴が可能とは限らないとして，控訴との関連での再審の補充性（民訴 338 条 1 項但書）の観点からの再審を認めることに対する疑問を解消した。しかし，本件事案の事実関係が上記のとおりであるとすると，X としては控訴の追完をなしうるのではないかとも思われ，この点との関連でも補充性の問題が生ずるように思われる。

---

(11)　池尻・前掲注(5)中野古稀(上)390 頁以下。
(12)　三谷・前掲注(6)香川 8 巻 2 号 202 頁。
(13)　高橋・前掲注(4)150 頁以下。

第1部 判決手続

　この点,追完の制度は当事者救済のための制度であって,その利用は基本的に当事者の意思に任されているとの理由で,控訴の追完をなしえたことをもって,民訴法338条1項但書に該当するとするのは相当ではないとする裁判例がある(⑩東京高判平成5・3・3判時1456号101頁(裁判例⑦抗告審))。また,この裁判例に触れつつ,本決定出現前の最高裁レベルでの判例では控訴の追完をなしえても再審を認める余地は残されているとの指摘もあった[14]。他方,判例⑨の事案でも同様の問題があったはずであるが,当該判例はこの点について特に触れるところがなく,そのことを最高裁は控訴の追完ができなかったことを暗黙の前提としていたと評価する論者もある[15]。

　裁判例⑩が追完が当事者救済のための制度である云々といっているのは,それは特別な手段であるとの趣旨であろうが,再審も非常の救済手段なのであるから,どちらがより特別な手段と言うこともできず,一般的に上記のように言うのは無理ではなかろうか。むしろ,既に述べたように,再審の補充性を前提としつつも,それを狭く解して再審を広く認める方向が適当と考える。そして,前者の学説(高木説)が追完をなしうると言っているのは,抽象的に法律的な意味で可能(再審事由の付着した判決の存在を知った以上は,天災や急病などの不慮の出来事のない限り追完は可能)という意味ではないかと思われる。これに対し,後者の学説(山本説)が追完ができなかったと言っているのは,不慮の出来事などなくとも具体的な事案に即して考えれば実際上の可能性がなかった(1週間以内では追完は無理)との趣旨であると思われる。そうであるとすれば,両者は一見異なったことを言っているように見えなくもないが,控訴の追完の抽象的な可能性があっても具体的な可能性がなければ,補充性を理由に再審を否定することはできないという同一のことを述べているようにも思われる。そして,そのような考え方は,実質的な手続保障の有無を重視する判例⑨や本決定の傾向に沿っているように思われる。本件事案では,前訴判決は横浜地裁川崎支部の判決,XがAから電話を受けたのは平成18年2月28日で熊本に単身赴任中,再審の訴えの提起が3月10日とのことであるから,Xに対し,1週間以内に追完の申立てをしなかったとして非難することなどはできないのではなかろうか。ともあれ,これはXの主張や第1審判決の推認に係る事実を前提にした議論に過ぎないから,差戻し後の審理においてはこのような点も明確にされることが望まれる。

4　実務への影響

　本決定で新たに明確にされたのは,訴状の送達が有効であっても,実質的な手

---

(14)　高木茂樹「判批」九法78号527頁(1999年)。
(15)　山本克己「補充送達と再審」法教290号97頁(2004年)。

9 事実上利害の対立する同居者への補充送達の効力と再審事由の存否

続保障が図られていなければ民訴法338条1項3号の再審事由がありうるという点であり，この点は従来の大方の予想に反したものであるだけに，裁判実務に大きな影響を及ぼすと思われる。また，本決定は，事実上の利害関係の対立があるために書類の速やかな交付が期待できず，かつ，実際にも交付されなかったことを要求しているが，受送達者が実際に訴訟に関与しえなかった場合，これ以外にどのような事情が認められる場合であれば3号の再審事由が認められることになるのかは，将来の課題であろう。

■参考文献
いずれも本決定コメント
川嶋四郎・法セ634号114頁（2007年）
堀野出・速報判解1号175頁以下（2007年）
慶応義塾大学民事手続判例研究会（監修・三木浩一）・Lexis判例速報20号97頁以下（2007年）

【補　遺】　本判例研究公表後の本判決評釈類として，青木哲・平成19年度重判解136頁以下（2008年），宇野聡・リマークス37号128頁以下（2008年）（判旨に賛成しつつ射程が問題になる旨を指摘），河野正憲・判タ1314号15頁以下（2010年）（判旨賛成），河村好彦・法研81巻3号110頁以下（2008年）（判旨賛成），酒井博之・北園43巻3・4号143頁以下（2008年）（送達無効，判決無効を前提に結論は賛成），豊島英征＝真野さやか・別冊判タ22号平成19年度主民解200頁以下（2008年），松下淳一・民訴百選〈第5版〉88頁以下，三木素子・ジュリ1344号88頁以下（2007年），同・時の判例Ⅵ223頁以下（2010年），同・曹時62巻5号113頁以下（2010年），同・最判解説民平成19年度（上）225頁以下，柳沢雄二・早法84巻1号255頁以下（2008年）（判旨賛成），山本研・明治学院ロー8号75頁以下（2008年）（事後的な評価として送達無効とした上で，再審を認める），等がある。

ほかに，本判決を機縁とする論文として，山本弘「送達の瑕疵と民訴法338条1項3号に関する最近の最高裁判例の検討」青山善充先生古稀祝賀『民事手続法学の新たな地平』513頁以下（有斐閣・2009年），がある。

（初出・法の支配148号／2008年）

第1部　判決手続

10 全国消費実態調査の調査票情報を記録した準文書が民訴法231条において準用する同法220条4号ロ所定の「その提出により……公務の遂行に著しい支障を生ずるおそれがあるもの」に当たるとされた事例

最高裁平成25年4月19日第3小法廷決定
平25年(行フ)第2号，文書提出命令申立て一部認容決定に対する許可抗告事件
（裁時1578号13頁・判時2194号13頁・判タ1392号64頁）

　決定のポイント　　全国消費実態調査の調査票情報を記録した準文書をいわゆる公務秘密文書に該当するとし，後者に一事例を加えた決定であるが，具体的事案としては，そもそも当該文書提出命令の申立て自体が不適法ではなかったかとの疑問が残る。

　事案の概要　　Xらは生活保護法に基づく生活扶助の支給を受けているが，同法の委任に基づいて厚生労働大臣が定めた「生活保護法による保護の基準」（昭和38年厚生省告示第158号。以下「保護基準」という）の数次の改定により，原則として70歳以上の者を対象とする生活扶助の加算が段階的に減額されて廃止されたことに基づいて所轄の福祉事務所長らからそれぞれ生活扶助の支給額を減額する旨の保護変更決定を受けたため，生活保護の上記改定は憲法25条1項，生活保護法3条，8条，9条，56条等に反する違憲，違法なものであるとして，上記福祉事務所長らの属する地方公共団体Aを被告として上記各保護変更決定の取消し等を求めた。Xらは，この訴訟の控訴審において，厚生労働大臣が保護基準を改定するに当たって根拠とした統計に係る集計の方法等が不合理であることを立証するために必要があるとして，国Yの所持に係る準文書（平成11年及び平成16年の全国消費実態調査の調査票である家計簿A，家計簿B，年収・貯蓄等調査票及び世帯票で，電磁的媒体（磁気テープ又はCD-ROM）に記録される形式で保管されているもののうち，単身世帯のもの）につき，文書提出命令の申立て（以下「本件申立て」という）を行った。

　原審（広島高決平成24・11・16公刊物未掲載）は，平成11年の全国消費実態調査の調査票情報のうち，都道府県市区町村番号等の個人を特定しうる一定の情報等を除いた60歳以上の単身世帯のもの（以下「本件準文書」という）を記録した磁気テープの提出を命じた。

　これに対し，Yが許可抗告の申立てをし，原審はこれを許可した。

　決定要旨　　破棄自判。
「(1)　……このような観点から，基幹統計の作成を目的とする基幹統計調査について，統計法は，所轄行政庁に個人又は法人その他の団体に対する報告の徴収

10 全国消費実態調査データ記録準文書の公務秘密文書該当性

に加えて立入検査等の調査の権限を付与し（13条1項，2項，15条1項），その報告や調査の拒否等につき罰金刑の制裁を科す（61条1号，2号）などの定めを置いているが，全国消費実態調査のように個人及びその家族の消費生活や経済状態等の詳細について報告を求める基幹統計調査については，事柄の性質上，上記の立入検査や罰金等の制裁によってその報告の内容を裏付ける客観的な資料を強制的に徴収することは現実には極めて困難であるといわざるを得ないから，その報告の内容の真実性及び正確性を担保するためには，被調査者の任意の協力による真実に合致した正確な報告が行われることが極めて重要であり，調査票情報の十全な保護を図ることによって被調査者の当該統計に係る情報保護に対する信頼を確保することが強く要請されるものというべきである。

(2) 全国消費実態調査に係る調査票情報である本件準文書に記録された情報は，個人の特定に係る情報が一定の範囲で除外されているとはいえ，前記……のとおり，被調査者の家族構成や住居状況等に加え，月ごとの収入や日々の支出と物の購入等の家計の状況，年間収入，貯蓄現在高と借入金残高及びそれらの内訳等の資産の状況など，個人及びその家族の消費生活や経済状態等の委細にわたる極めて詳細かつ具体的な情報であって，金額等の数値も一部が分類されて2か月分の加重平均となるほかは細目にわたり報告の内容のまま記録されており，被調査者としては通常他人に知られたくないと考えることが想定される類型の情報であるといえる。このような全国消費実態調査に係る情報の性質や内容等に鑑みれば，仮にこれらの情報の記録された本件準文書が訴訟において提出されると，当該訴訟の審理等を通じてその内容を知り得た者は上記……のような守秘義務を負わず利用の制限等の規制も受けない以上，例えば被調査者との関係等を通じてこれらの情報全体の委細を知るに至る可能性があることを否定することができず，このような事態への危惧から，現に前記……の世論調査の結果からもうかがえるように，被調査者が調査に協力して真実に合致した正確な報告に応ずることに強い不安，懸念を抱くことは否定し難く，こうした危惧や不安，懸念が不相当なものであるとはいい難い。

(3) 基幹統計調査としての全国消費実態調査における調査者の当該統計制度に係る情報保護に対する信頼の保護に係る上記(1)の要請に加え，全国消費実態調査に係る調査情報である本件準文書に記載された情報の性質や内容等に係る上記(2)の事情も併せ考慮すれば，仮に本件準文書が本案訴訟において提出されると，上記(1)及び前記……のように調査票情報に含まれる個人の情報が保護されることを前提として任意に調査に協力した被調査者の信頼を著しく損ない，ひいては，被調査者の任意の協力を通じて統計の真実性及び正確性を担保することが著しく困難となることは避け難いものというべきであって，これにより，基幹統計調査としての全国消費実態調査に係る統計業務の遂行に著しい支障をもたらす具体的な

第1部　判決手続

おそれがあるものといわなければならない。

　以上によれば，本件準文書は，民訴法231条において準用する同法220条4号ロ所定の『その提出により……公務の遂行に著しい支障を生ずるおそれがあるもの』に当たるものというべきである。」

　田原睦夫裁判官，大橋正春裁判官の各補足意見がある。

先例・学説

　1　(1)　平成13年の改正によって設けられた民訴法の規定によると，「公務員の職務上の秘密に関する文書でその提出により公共の利益を害し，又は公務の遂行に著しい支障を生ずるおそれ（公務遂行支障性）があるもの」（公務秘密文書）は一般的な提出義務から除外されている（民訴220条4号ロ）。この公務秘密文書に関する最高裁の判例としては，本決定以前に3件のそれが報告されている。

　①最決平成16・2・20（裁判集民213号541頁・裁時1358号92頁・判時1862号154頁・判タ1156号122頁）は，A漁協に所属するXが県に対し，海面埋立てに関する補償金等の支払を求める訴訟において，県の所持する補償額算定調書中のXに係る補償見積額が記載された部分について提出命令を求めた事案に関するものである。最高裁は，当該文書の内容である組合員ごとの個別の補償見積額が明らかになると，県が補償額の決定・配分をA漁協の自主的判断に委ねるとした前提が崩れ，各組合員に対する補償額の決定・配分に著しい支障が生じるおそれがあり，A漁協との間の信頼関係が失われることとなり，今後，県が他の漁業協同組合との間で，本件と同様の漁業補償交渉を進める際の著しい支障ともなりうることが明らかであるとして，当該文書部分の公務秘密文書該当性を肯定した。

　次に，外国公機関に対する照会文書等に関する②最決平成17・7・22（民集59巻6号1888頁・訟月52巻3号772頁・裁時1392号361頁・判時1907号33頁）では，民訴法223条4項柱書および1号が問題とされた。

　判例①②は事例判例に過ぎないが，③最決平成17・10・14（民集59巻8号2265頁・裁時1398号425頁・判時1914号84頁・判タ1195号111頁・労判903号5頁）は公務秘密文書該当性の判断のための一般的準則を呈示しており，大いに注目された。事案は，Xらが，Xらの子がY社における就労中に死亡したとして安全配慮義務違反等を理由にY社に対して提起した損害賠償請求訴訟において，当該労災事故の事実関係を具体的に明らかにするために必要であるとして，国を相手方として，所管の労働局所属の労働基準監督官2名が調査した結果をとりまとめた当該労災事故に係る災害調査復命書の提出命令の発令を求めたものである。

　この判例において，最高裁はまず，一般的な準則として，民訴法220条4号ロにいう「公務員の職務上の秘密」とはいわゆる「実質秘」をいうとした上で，

10　全国消費実態調査データ記録準文書の公務秘密文書該当性

そのうちの「公務員が職務を遂行する上で知ることができた私人の秘密」は，それが本案訴訟において公にされることにより，私人との信頼関係が損なわれ，公務の公正かつ円滑な運営に支障を来すこととなるものに限定されるとした（「公務員の所掌事務に属する秘密」に関する部分の紹介は省略する）。そして，本件復命書中の「調査担当者が職務上知ることができたＹ社事業場の安全管理体制等のＹ社にとっての私的な情報」は，この意味における「公務員の職務上の秘密」に該当するとした。次に最高裁は，公務遂行支障性の要件に関し，単に文書の性格から「その提出により公共の利益を害し，又は公務の遂行に著しい支障を生ずるおそれがある」と抽象的に認められるだけでは足りず，その記載内容からみてそのおそれの存在することが具体的に認められることが必要であるとの準則を立てた。そして，前記のＹ社にとっての私的な情報に関しては，㋐被聴取者からの聴取内容がそのまま記載されたり，引用されているわけではなく，調査担当者において，他の調査結果を総合し，その判断により聴取内容を取捨選択して，その分析評価と一体化されたものが記載されていることと，㋑調査担当者の事業場への立入・質問・物件の検査権限や，労働基準監督署長等の報告・出頭を命ずる権限が罰則によって担保されていることに鑑みると，前記のおそれが具体的に存在するとは考えられないとした。

(2)　全国消費実態調査の調査票情報を記録した（準）文書について文書提出命令が求められた事例については，従来，公表最高裁判例がないことはもちろん，下級審裁判例としても，本件原審決定のほか，公刊物未掲載の数件のものの存在が指摘されているに過ぎない（本決定掲載誌コメントによる）。すなわち，神戸地決平成22・8・18と新潟地決平成23・1・31は申立てを認容したが，その抗告審である大阪高決平成23・8・25と東京高決平成24・3・2はそれを却下した。青森地決平成23・1・28とその抗告審である仙台高決平成23・7・29も同様である。このうち大阪高決に関しては最高裁第1小法廷において，抗告を棄却する決定がなされて確定している。ただし，これらは，いずれも本件原審において除外された都道府県市区町村番号等が除外されていない事案に関するものであったとのことである。

　2　前記判例③に関しては多くの論評がなされている[1]。そして，その具体的適用に関しては相当強い批判が存在するが，判例③の一般的準則それ自体は概ね学説によって是認されていると言ってよいと思われる[2]。それに対し，全国消費実態調査等の基幹統計調査に係る調査票情報を記録した（準）文書に関する文書

---

[1]　松並重雄「判例解説」最判解説民平成17年度（下）696頁以下および同書728頁掲記の文献等参照。
[2]　そもそもが，平成13年改正の立案担当者の見解に沿うものであった。深山卓也ほか「民事訴訟法の一部を改正する法律の概要（上）」ジュリ1209号104頁以下（2001年）。

提出命令について，具体的に論じた学説は存在しない。

| 評　論 |

1　(1)　田原睦夫裁判官の補足意見は前記の「『具体的な』おそれ」の観点から，公務遂行支障性が問題となりうる文書を幾つかに分類され，そのうちの項目の一つとして「当該文書が訴訟当事者と関係なく作成された文書」をあげられる。そして，そこでは，①それが公表されることにより，その内容に関わる関係者の利益を直接侵害するおそれがあり，そのことによって公務の遂行に著しい支障を来すか否かという点と，②その公表により，将来それと同種の文書を作成することに困難を来し，その結果，爾後の公務の遂行に著しい支障を来すか否かが問題となりうるとしつつ，①の点はある程度具体的に検討することが可能であるが，本件統計調査の如く，その対象者が多数に上る場合には，ある程度緩やかなレベルで判断せざるを得ないし，②の点は，より一般的な将来予測であるだけに，他の細項目の文書の場合に比して，具体性の程度をより緩やかに解さざるを得ないとされる。

　しかしながら，①の点について言えば，本件事案において問題とされる全国消費実態調査は既に終了してしまっており，それに基づく基幹統計は作成済みである。すなわち，当該調査が目的とした公務は既に遂行されてしまっており，いかなる意味においても，本件準文書の公表によってその遂行に支障が生ずることはない。

(2)　公務遂行支障性の有無は，田原補足意見の②の観点からのみ判断されるべきである。ただし，②では具体性の程度をより緩やかに解さざると得ないと言うが，本件事案においては，そのように言わなくとも，おそれの内容自体は将来の関係者が統計調査に協力しなくなって同種文書の作成困難を来すということで十分具体的に特定しているように思われる（その関係者が誰かの具体的特定までは必要ではない）。そして，国の統計調査全般に関する世論調査において，統計調査に回答したくない旨の回答をした者の割合が近年相当増えていることと，回答の際に困惑することとして，個人情報の漏洩のおそれをあげる者が相当割合存在すること（〔決定要旨〕欄で省略した部分の決定理由による）に鑑みれば，このおそれが現実化する蓋然性は，爾後の公務の遂行に著しい支障を来すほどに高いと言ってよいのではなかろうか。

(3)　もっとも，上記のおそれが現実化する蓋然性が高いというためには，その前提として，統計調査に係る個人情報の漏洩により被調査者が特定されてしまい，プライヴァシーが侵害されることに対する危惧に相当な理由があるということでなければならないであろう。そして原審は，都道府県市区町村番号等の個人を特

10 全国消費実態調査データ記録準文書の公務秘密文書該当性

定しうる一定の情報を除外すれば，被調査者の特定可能性は抽象的なものにとどまるとして，それを除いた部分の本件準文書の提出を命じたが，本決定はこの点について見解を異にしている。

平成11年度の全国消費実態調査では，同年1月1日における全国のすべての市および一部の町村において，平成7年国政調査の全調査区の中から一定数の調査区が選定され，当該調査区内にある2人以上の一般世帯5万4,792，および単身世帯5,002（うち60歳以上のもの1,717）が調査対象として選定された。そして，町村には人口の少ない町村も含み，人口が多い区域でも実施範囲が限定され，かつその実施範囲が広報される場合もあるとのことである（〔決定要旨〕欄で省略した部分の決定理由および本決定掲載誌コメント欄による）。しかも，本件準文書に記録された情報は非常に詳細かつ具体的なものである（決定要旨(2)参照）。

そうであるとすれば，ある特定の者が被調査者であることを知る者がおり，かつその者が被調査者との関係等を通じて被調査者に関する情報の一部だけなら知っているという蓋然性はそれなりに高いというべきであろう。そして，当該の者が本件準文書を入手すれば（あるいは，当該情報を準文書の所持者に教えれば），その知っている（教わった）情報を手がかりに被調査者に係る情報全体を知る可能性も相当程度あるというべきであろう。とりわけ，本件で問題になっているのが準文書である磁気テープであるから，現在の技術水準からすれば，これをコンピューターにかけて情報を検索することにより[3]，わずかな情報からでも個人を特定することが容易になっているという事情もある。ただ，これらの蓋然性や可能性を数値で見積もることは事の性質上著しく困難と言わざるを得ない。田原補足意見が②では具体性の程度をより緩やかに解さざるを得ないとするのは，この意味においてであれば理解しうる。

(4) 以上の本件事案に関わる事情を判例③の事情と比較してみると，判例③は㋐の事情（強制権限と罰則の存在）を公務遂行支障性否定の一つの根拠としているが，本件事案においても同様の事情が存在する。また，判例③は㋑の事情（聴取内容とその被聴取者の特定の困難）も公務遂行支障性否定の根拠のもう一つの根拠としているが，当該事案において事情聴取に応じた者がわずか3名であったことに鑑みれば，復命書の内容のどの部分が聴取された事柄であり，それを述べた者が誰であるかの特定がそれほど困難であるのか疑問なしとはしない[4]。他方，本件事案においては，先に指摘したように，被調査者が特定される可能性は原決定が考えているより大きいものであるとは言えるであろうが，それをなお抽象的

---

(3) 磁気テープの取調べはプリント・アウトした書面を書証として取り調べることによって行われるが，相手方からの求めがあれば，磁気テープ自体の複製物を交付しなければならないと解されている。秋山ほか・コンメ民訴IV 535頁。
(4) 和田吉弘「判例③解説」法セ 617号 134頁（2006年）。

なものにとどまるというか，既に具体的なものであるというかは単なる言葉の問題に過ぎず，水掛け論に終わるようにも思われる（大橋正春裁判官の補足意見は具体的な可能性という）。そして，判例③の事案の聴取内容・被聴取者の特定の困難と本件事案における被調査者の特定の困難とで，どちらの程度が高いかは何とも言い難いであろう。前述のように，田原補足意見は，後者の困難さの程度はより抽象的に判断されてよいとするのかもかもしれないが，それが許された抽象さの程度に収まっているかも何とも言い難いようにも思われる。

そうすると，判例③では問題の情報の公表を命じ，本件事案では本件準文書の公表を命じなかったのはなぜか，疑問が生じうるようにも思われる。本決定が正確性を担保する上での情報提供の任意性の重要性を指摘する一方で（決定要旨(1)），国の政策決定の上での基幹統計の重要性，その正確性を担保する上での秘密保持の重要性を非常に強く強調している（決定理由中の〔決定要旨〕欄引用箇所の前の部分）のは，この疑問にもかかわらず，両者の異なった取扱いを正当化するためと思われる。

2　(1)　公務遂行支障性の有無の判断に際して，情報の公表により損なわれる利益の重要性を強調するのであれば，公表しないことにより損なわれる反対利益は考慮されないのか。学説上はこの点を肯定し，両者の比較衡量を要求し，反対利益（真実発見等の訴訟上の利益）の一環として当該証拠の取調べの必要性を考慮する見解が有力である。判例③や本判決の法廷意見はこの点について沈黙しているが，田原補足意見はこれを肯定する。そして，本案訴訟の争点は「生活保護の老齢加算制度の廃止が厚生労働大臣の裁量権の濫用，逸脱に該るか否か」，ここでの証明主題は「本件統計調査の統計データ処理の正確性に関する疑問」であるが，Ｘらは，本件データ処理につき検証されるべき点は何か等についての具体的な主張を行っていないし，その証明主題は本案訴訟の争点との関連性の薄い事柄に過ぎず，いわば模索的立証に近いと指摘される。

(2)　証拠の取調べの必要性の有無とは，本来，当該証拠の証拠としての重要性，代替証拠の有無を意味していたのではなかろうか[5]。すなわち，ある証明主題が最終的な要証事実の証明との関連において重要であることを前提とした上で，当該証明主題の証明のために他に有力な証拠があるか否かという問題である。田原補足意見では，前者の前提が否定されているが，そうであれば，そもそもそれ自体を理由として，本件申立ては不適法であったと言うべきではなかろうか。

また，確かに，上記の証明主題は抽象的ないし不特定であり，具体的な主張を欠くように見えるが，本件統計調査に係る調査票情報が国側にあり，それをまっ

---

(5)　長谷部由起子「公務文書の提出義務」井上追悼『民事紛争と手続理論の現在』353頁（法律文化社・2008年），高橋・重点講義下〔第2版〕164頁。なお，比較衡量否定説は，松本＝上野・民訴〔第7版〕486頁。

たく見たこともないXらに具体的な主張を要求しても無理である。いわゆる伊方原発訴訟に関する最判平成4・10・29（民集46巻7号1174頁・裁判集民166号155頁・裁時1086号147頁・判時1441号37頁・判タ804号51頁・金判912号37頁）は，同様の状況を前提に，その場合，被告行政庁が自己の判断に不合理な点のないことを相当な根拠，資料に基づき，主張，立証する必要があると言っている。

しかしながら，本件の本案訴訟と同種の訴訟が全国各地で提起されており，既に最高裁判決（しかも本決定と同一の第3小法廷の判決である最判平成24・2・28民集66巻3号1240頁・裁時1550号111頁・判時2145号3頁・判タ1369号101頁）にまで至っているものがある。そしてそこでは，問題とされている保護基準の改定が，専門家によって構成される委員会が統計等の客観的な数値等や専門的知見に基づいて示した意見に沿ったものであった等の事情の下においては，それを行った厚生労働大臣の判断の過程および手続に過誤，欠陥があると解すべき事情は窺われないとされていた。すなわち，前記の証明主題との関連でも，既に伊方原発訴訟最高裁判決が要求する主張，立証は行われたというのであり，当然この判断が本決定にも影響しているであろう（田原補足意見は24年判決を明示的に引用する）。にもかかわらず，なおこの証明主題についての証拠調べを要求するのであれば，Xらの主張が合理的な推測であることの手がかりは示されなければならないであろうが[6]，それは示されていない。そうであれば，この理由でも，そもそも本件申立ては不適法であったと言わざるを得ないであろう。

3　以上のように，本件文書提出命令の申立ては実体的にも理由がないと言えるが，そもそもその前に，上であげた二つの理由（のいずれか）により不適法というべきではなかったかと考える[7]。ただし，本件訴訟ではほとんど実体的理由の有無のみが問題とされてきたようにも見え，このままでは不適法であるとしても，田原補足意見の言うように差し戻すのが適当か，直ちに却下してよかったかは，事案の経緯が詳らかでない以上，よく判断できない。

【補遺】　本判例研究公表後の本決定評釈類として，伊東俊明・平成25年度重判解132頁以下（2014年），井上禎男・判評664号〔判時2217号〕140頁以下（2014年），同・福法59巻1号75頁以下（法廷意見の精巧さの欠如を指摘），川嶋四郎・法セ717号126頁（2014年），佐伯彰洋・民商148巻4・5号481頁以下（2013年）（決定要旨に賛成），高橋明男・平成25年度重判解41頁以下（2014年），安井英俊・法教402号判例セレクト2013〔Ⅱ〕28頁（2014年）（本決定妥当），渡辺森児・法研88巻2号55頁

---

(6)　模索的証明の余地を認める見解も手がかりを要求するものが多い。畑瑞穂「模索的証明・事案解明義務論」鈴木（正）古稀『民事訴訟法の史的展開』633頁（有斐閣・2002年）参照。

(7)　長谷部・前掲注(5)353頁は，問題の文書が要証事実との関連性を欠く等の場合は比較衡量の必要はなく，それが必要なのは一部の事件だけである旨を指摘する。

第1部 判決手続

以下（2015年）（決定要旨に賛成），等がある。
　ほかに，本決定に関する論考として，宇賀克也「基幹統計調査に係る文書提出命令(1)(2)(3・完)」自治実務セミナー53巻4号44頁以下・5号42頁以下・6号42頁以下（2014年），がある。

（初出・私法判例リマークス48号／2014年）

11 地方議会の政務調査費に関する文書と文書提出命令

11 県議会議員の1万円以下の政務調査費支出に係る領収書その他の証拠書類等及び会計帳簿の自己利用文書該当性（消極）

最高裁平成26年10月29日第2小法廷決定
平26年(行フ)第3号，文書提出命令に対する抗告審の取消決定に対する許可抗告事件
（裁判集民248号15頁・裁時1615号1頁・判時2247号3頁・判タ1409号104頁・判例自治392号40頁）

決定のポイント　地方議会議員の政務調査費関係の書類が民訴法220条4号ニ所定の自己利用文書に当たるかに関する3件目の最高裁の決定であるが，前2例とは異なって，初めて消極の判断を示して文書提出義務を認めたものであって注目に値する。

事実の概要　岡山県に主たる住所を有する特定非営利法人であるXは，地方自治法242条の2第1項4号に基づき，県知事に対し，県議会の議員であるYらが平成22年に受領した政務調査費のうち使途基準に違反して支出した金額に相当する額について，Yらに不当利得の返還請求をすることを求める訴えを本案事件として提起している。

本件は，XがYらの所持する平成22年度分の政務調査費の1万円以下の支出に係る領収書その他の証拠書類等及び会計帳簿（以下「本件各文書」という）について，文書提出命令の申立てをした事案であり，Yらは，本件各文書は民訴法220条4号ニ所定の「専ら文書の所持者の利用に供するための文書」に当たると主張している。

岡山県では，地方自治法（平成24年改正前）100条14項及び15項の規定を受けて，岡山県議会の政務調査費の交付に関する条例（以下「本件条例」という）及び本件条例の委任に基づく岡山県議会の政務調査費の交付に関する規程（以下「本件規程」という）が定められ，県議会議員に対して政務調査費が交付されている。

本件条例，規程によると，政務調査費の交付を受けた議員は，その収支報告書を年度ごとに所定の様式により議長に提出し，それには1件当たりの金額が1万円を超える支出に係る領収書の写しその他の議長が定める書類（具体的には，領収書の写しその他の支出を証すべき書面であって当該支出の相手方から徴したものの写し。以下これを「領収書の写し等」ともいい，収支報告書と併せて「収支報告書等」という。なお，以下に指摘する点も含めて，領収書等に係る規律は平成21年の改正により追加されたものである）を添付しなければならないとされている。また，議長は，政務調査費の適正な運用を期すため，収支報告書が提出されたときは必要に応じ

調査を行い，一定期間収支報告書等を保存しなければならず，何人も議長に対して収支報告書等の閲覧を請求することができ，議長は収支報告書等の写しを市長に送付するものとされている。他方，議員は，政務調査費の支出について会計帳簿を調製するとともに証拠書類等を整理保管し，これらの書類を一定期間保存しなければならないとされている。ただし，収支報告書の様式上は項目ごとの支出額の合計の記載と主たる支出の内訳ごとの概括的な記載が要求されているに過ぎず，本件条例，規程には，議長が収支報告書につき採ることができる調査の方法に関する定めはない。

原々審はXの申立てを認めたが，原審は，本件各文書は民訴法220条4号ニ所定の「専ら文書の所持者の利用に供するための文書」に当たると判断して，原決定を取り消して申立てを却下したので，Xが許可抗告を申し立てた。

決定要旨 原決定破棄・抗告棄却。

最高裁は，自己利用文書該当性に関する判断枠組みとして，最決平成11・11・12（民集53巻8号1787頁・裁判集民195号271頁・裁時1255号24頁・判時1695号49頁・判タ1017号102頁・金法1567号23頁・金判1079号8頁・同1081号41頁・資料版商事189号259頁）などの判例が示したところを引用した上で，以下のように判示しつつ本件各文書の自己利用文書該当性を否定した。

「本件条例においては，平成21年条例改正により，政務調査費の交付を受けた議員は収支報告書に1万円を超える支出に係る領収書の写し等を添付して議長に提出しなければならず，何人も議長に対して当該領収書等の写し等の閲覧を請求することができることとされたものである。

議員による個々の政務調査費の支出について，その具体的な金額や支出先等を逐一公にしなければならないとなると，当該支出に係る調査研究活動の目的，内容等を推知され，当該議員の活動に対して執行機関や他の議員等からの干渉を受けるおそれが生ずるなど，調査研究活動の自由が妨げられ，議員の調査研究活動の基盤の充実という制度の趣旨，目的を損なうことにもなりかねず，そのような観点から収支報告書の様式も概括的な記載が予定されているものと解されるが，上記のような改正後の本件条例の定めに鑑みると，平成21年条例改正は，従前の取扱いを改め，政務調査費によって費用を支弁して行う調査研究活動の自由をある程度犠牲にしても，政務調査費の透明性の確保を優先させるという政策判断がされた結果と見るべきものである。

そして，平成21年条例改正後の本件条例の定めは，1万円を超える支出に係る領収書の写し等につき議長への提出を義務付けており，1万円以下の支出に係る領収書等についてまでこれを義務付けてはいないが，議員が行う調査研究活動にとっては，一般に，1万円以下の比較的少額の支出に係る物品や役務等の方が1万円を超える高額の支出に係る物品や役務等よりもその重要性は低いといえる

11 地方議会の政務調査費に関する文書と文書提出命令

から，前者の支出に係る金額や支出先等を公にされる方が，後者の支出に係る金額や支出先等を公にされるよりも上記の調査研究活動の自由を妨げるおそれは小さいものといえる。そうすると，平成21年改正後の本件条例における領収書の写し等の提出に係る上記の定めは，1万円以下の支出に係る領収書その他の証拠書類等につきおよそ公にすることを要しないものとして調査研究活動の自由を優先させたものではなく，それらの書類に限って議長等が直接確認することを排除する趣旨に出たものでもないと解されるのであって，領収書の写し等の作成や管理等に係る議員や議長等の事務の負担に配慮する趣旨に出たものと解するのが相当である。

　また，本件条例の委任を受けた本件規程においては，政務調査費の支出につき，その金額の多寡にかかわらず，議員に対して領収書その他の証拠書類等の整理保管及び保存が義務付けられているところ，以上のような平成21年条例改正の趣旨に鑑みると，同改正後の本件条例の下では，上記領収書その他の証拠書類等は，議長において本件条例に基づく調査を行う際に必要に応じて支出の金額の多寡にかかわらず直接確認することが予定されているものと解すべきである。

　そして，本件規程においては，議員に対して会計帳簿の調整及び保存も義務付けられているところ，会計帳簿は，領収書その他の証拠書類等を原始的な資料とし，これらの資料から明らかとなる情報が一覧し得る状態で整理されたものであるといえるから，上記領収書その他の証拠書類等と同様に，平成21年条例改正後の本件条例の下では，議長において本件条例に基づく調査を行う際に必要に応じて直接確認することが予定されているものと解すべきである。

　そうすると，上記の領収書その他の証拠書類等及び会計帳簿である本件各文書は，外部の者に開示することが予定されていない文書であるとは認められないというべきである。」

　　先例・学説

　1　(1)　最高裁は，本決定も引用する平成11年決定によって，「外部非開示性（内部文書性）」「不利益性（開示による看過しがたい不利益）」「特段の事情の不存在」という三つの要件のいずれもが当てはまる文書が民訴法220条4号ニ所定の「専ら所持者の利用に供するための文書」（この文書の呼称には様々なものがあるが，ここでは自己利用文書と呼ぶことにする）に該当するとして，自己利用文書該当性の判断枠組みを示し，これを種々の類型の文書に適用してきた。そして，このことは本件事案において問題となっている地方議会議員の政務調査費関係の書類に関しても例外ではないが，本件事案と同種の住民訴訟を本案事件としつつ，そのような書類の文書提出命令が問題とされた事件に関する最高裁の先例は本決

定以前に2件ある。

(2) まず，最決平成17・11・10（民集59巻9号2503頁・裁判集民218号409頁・裁時1399号17頁・判時1931号22頁・判タ1210号72頁）は，仙台市条例およびその委任に基づいて市議会議長が定めた要綱により，政務調査費の交付を受けて調査研究を行った議員は所属会派の代表者に対して調査研究報告書によって調査研究の内容と経費の内訳を報告しなければならないとされていたところ，市議会の会派が所持するこの調査研究報告書と添付書類について文書提出命令が求められたという事案に係るものである。上記条例，要綱は，政務調査費の交付を受けた会派の経理責任者に対して政務調査費に係る収支報告書の作成を，当該会派の代表者に対してその議長への提出を義務付けていた。また，議長による収支報告書の検査，議長から市長へのその写しの送付，議長から代表者に対する証拠書類等の資料の提示要求も定められていたが，市長や議長が調査研究報告書の提出を求めることができる旨の定めや調査研究報告書の様式の定めはなかった。

この決定も，平成11年決定を引用した上，その外部非開示性要件で重視されている文書の作成目的に関し，調査研究報告書の提出先が上記のようになっていることの趣旨は議員の調査研究に対する執行機関等からの干渉の防止にあり，条例，要綱の定め，このようなそれの趣旨からすると，調査研究報告書は専らその提出を受けた会派の内部にとどめて利用すべき文書であるとした。また，収支状況報告書には議長による検査等の定めがあるが，これにより調査研究報告書の性質，作成目的等が左右されるものではないとした。他方，平成11年決定の不利益性要件に関しては，会派と所属議員による調査研究が執行機関や他の会派等の干渉等により阻害されるおそれ，調査研究に協力などした第三者の氏名，意見等の開示により協力が得られにくくなって以後の調査研究に支障が生じたり，プライバシーが侵害されるおそれを理由にそれを肯定し，さらに，特段の事情もうかがわれないとした。

(3) これに対し，最決平成22・4・12（裁判集民234号1頁・裁時1056号1頁・判時2078号3頁・判タ1323号121頁）は，名古屋市議会の会派が市から交付された政務調査費を所属議員に支出する際に各議員から諸経費と使途基準中の経費との対応関係を示す文書として交付を受けた政務調査費報告書とこれに添付された領収書の自己利用文書該当性を肯定した決定である。名古屋市条例とその委任を受けた同市規則は，会派の代表者の政務調査費に係る収支報告書の議長への提出義務，すべての者によるその閲覧請求権，議長による収支報告書に関する調査を定めていたが，収支報告書の様式上収支の記載は概括的なもので足りるとされており，調査方法として具体的なことは定められていなかった。上記規則は，会派の経理責任者による会計帳簿の調製，領収書等の証拠書類の整理・保管義務も定めていた。ところが，本案事件の被告である会派では会計帳簿を調製しておらず，

11 地方議会の政務調査費に関する文書と文書提出命令

各議員から政務調査費報告書（内容は項目ごとの領収書の枚数・金額，主な調査内容の簡略な記載等）を提出させることで済ましていた。

この平成22年決定も，平成11年決定の判断枠組みに従いつつ，条例，規則の趣旨について平成17年決定の条例，要綱に関する説示と同趣旨のことを述べた上，会計帳簿の調製，領収書等の証拠書類の整理・保管義務は，政務調査費の適正な使用についての会派の自律を促すとともに，会派の代表者らが議長等による事情聴取に対し確実な資料に基づいてその説明責任を果たすことができるようにするための基礎資料を整えておくことを求めたものであるとして，それを議長等に提出させるためのものではないとし，外部非開示性を肯定した。また，政務調査費報告書は会計帳簿に代わるものではないと指摘した後で，不利益性要件に関しては平成17年決定と同趣旨のことを述べている。

2 学説には，平成11年決定の自己利用文書該当性の判断枠組みそれ自体に批判的なものがあるし[1]，そうではなくとも，不利益性要件の不利益としてどのようなものを盛り込むべきかなどに関して争いがある[2]。しかし，平成17年決定，平成22年決定について言及する学説は，一応，平成11年決定の判断枠組みを前提に議論を展開しているが，にもかかわらず，平成17年決定に関する調査官解説[3]とそれに同調する少数の論者[4]を例外として，大半の論者は両決定の結論にも理由付けにも反対している[5]。

---

(1) 川嶋四郎「文書提出義務論に対する一視角」同『民事訴訟過程の創造的展開』174頁以下（日本評論社・2005年，初出2002年）。

(2) この点に関する議論の概観として，伊藤眞「自己使用文書再考」福永古稀『企業紛争と民事手続法理論』256頁以下（商事法務・2005年）参照。

(3) 長屋文裕・最判解説民平成17年度（下）817頁以下。

(4) 高石直樹・判タ1245号190頁以下（2007年）。山本浩美・判評579号〔判時1959号〕178頁以下（2007年）も賛成。

(5) 平成17年決定に関するそのような評釈類として，藪口康夫・平成17年度重判解137頁以下（2006年），川嶋四郎・法セ614号125頁（2006年），同・金判1311号172頁以下（2009年），駒林良則・民商134巻4・5号680頁以下（2006年），藤原淳一郎・自研83巻11号142頁以下（2007年），濱﨑録・法政74巻1号191頁以下（2007年）。そのほか，川嶋四郎「政務調査費関係文書と民事訴訟法上の文書提出命令制度・覚書」同法61巻2号689頁以下（2009年）は徹底的に平成17年決定を批判するし，山本和彦「文書提出義務をめぐる最近の判例について」曹時58巻8号21頁（2006年），杉山悦子「文書提出命令に関する判例理論の展開と展望」ジュリ1317号96頁（2006年），長谷部由起子「証言拒絶権と文書提出義務の除外事由」伊藤古稀『民事手続の現代的使命』478頁（有斐閣・2015年）なども批判的である。また，平成22年決定に関しても，その評釈類である，川嶋四郎・法セ670号138頁（2010年），吉田栄司・民商143巻2号260頁以下（2010年），中山代志子・明治学院ロー13号109頁（2010年），上脇博之・判評623号〔判時2093号〕172頁以下（2011年），河村好彦・法研84巻10号100頁以下（2011年），久松弥生・自研89巻12号107頁以下（2013年）のほか，寺田友子「政務調査費に関わる情報開示訴訟」同『住民訴訟判例の研究』202頁以下（成文堂・2012年，初出2011年）が反対するが，賛否を明らかにしない評釈類も若干ある。堀野出・法教366号判例セレクト2010

第1部　判 決 手 続

　反対説は，両決定の外部非開示性要件，不利益性要件のいずれに関する判断をも批判している(6)。すなわちまず，外部非開示性の否定の理由として以下のような点を指摘する。第1に，平成17年決定に関して言えば，調査研究報告書の提出先が会派の内部の代表者であっても，議長による収支報告書の検査に際し証拠書類等の資料としてそれが検査の対象になると指摘する。平成22年決定の須藤裁判官による反対意見は，政務調査費の使途を説明した文書は，議長による調査に際してそれに提示されるのが通常であろうという。第2に，関係の書類の作成が法令によって義務付けられている点があげられる。平成17年決定の横尾裁判官の反対意見は上記第1点とこの第2点双方を理由としている。また第3として，政務調査費の公（益）的性質を強調する議論も有力である。

　上記両決定の不利益性の判断手法も強く批判される。すなわち，両決定を含めて判例は，一般的に，不利益性要件充足の判断に際して文書の性質に着目した客観的，類型的判断しか行っておらず，個々の文書の記載内容に立ち入った個別具体的な判断に踏み込んでいない。しかし，そのような判断手法は，文書提出義務を一般化し，不提出を例外とした現行民事訴訟法の趣旨に反するし，判例が民訴法220条4号のほかの除外事由の有無の判断に際しては，文書の内容をも勘案した利益衡量的な手法をとっていることとのバランスも失している。そして反対説は，平成17年と平成22年の両決定が「調査研究が阻害されるおそれ」「第三者の協力が得られにくくなるおそれ」「プライバシー侵害のおそれ」といった抽象的なレベルでのおそれしか認定していない点を批判し，より具体的な不都合のおそれがあるかを問題とすべきであるとする。その際，時間の経過とともに不利益が縮小することがありうることも考慮すべきであるし，また，不利益の有無の判断のために必要であればインカメラ手続なども利用して審理し，実際にそれがあるのであれば一部提出命令を活用することも考慮すべきである。

評　論

　1　平成17年，平成22年の両決定も本決定も，それぞれの関係法令に即して判断をしている。

　まず，平成17年決定は，仙台市の条例等の上で，調査研究報告書が会派の代表者に提出されることにしかなっておらず，議長や市長がその提出や提示を要求

　〔Ⅱ〕29頁（2011年），林昭一・速報判解8号177頁以下（2011年），安達栄司・法支161号51頁以下（2011年）。
(6)　紙幅の関係上問題点ごとに文献を列挙できない。また，以下の批判に対する両決定に賛成する側からの反論は平成17年決定の調査官解説に，それに対する再反論については前掲注(5)の川嶋教授の同志社法学論文に詳しいが，そこまで触れる余裕もない。

しうる旨の規定がないことを重視している。また，調査官解説によると，当該法令上，議長による収支報告書の検査というのは各個の支出の使途基準適合性には及ばず，収支報告書の内容の正確性にしか及ばないとされている[7]。そしてその結果，その検査権限を定める法令も議長が調査研究報告書の提出や提示を求める根拠とはならないという。この調査官解説の理解が適切であり，平成17年決定もそれを前提としているとすると，同決定は，そのようなことを求めることができるとする（少なくとも，できるとしていると解釈可能な）法令上の規定がない限り，外部非開示性を肯定するとしているということになるであろう。

　他方，平成22年決定の名古屋市の条例等では，会計帳簿，領収書は議長に提出されることになっていなかった。この点は，平成17年決定の調査研究報告書と同様であるが，その事案とは異なって，収支報告書の検査をするにあたっての議長による証拠書類等の提示要求を認める旨の規定もなかった。そうすると，ここでは議長などの第三者が会計帳簿，領収書の提出ないし提示を求めうるとするための手がかりとして問題にしうる規定すらないのであるから，上記の平成17年決定の理解からすれば，その外部非開示性が肯定されるのは当然ということになるであろう[8]。まして況や，この事案で実際に提出を求められていたのは，会計帳簿とは異なる政務調査費報告書であったのであるから，これに関してはそのことはより一層当てはまる。そこで，会計帳簿，領収書には手許に置いておいて議長への説明に際して参照する基礎資料たる役割しか与えられないことになるが，政務調査費報告書の役割もせいぜい同程度ということになろう。

　以上に対し，本件事案の岡山県の条例等においても，会計帳簿を議長に提出することにはなっていないし，議長による収支報告書に関する調査の方法についての具体的な定めもない。もっとも，収支報告書のほか1件当たりの金額が1万円を超える支出に係る領収書の写し等に関しては議長に提出されるべきものとされているが，逆に言うと，会計帳簿のほか，1万円以下の支出に係るそれは提出の必要はないことになる。そうすると，会計帳簿と1万円以下の支出に係る領収書等に関する限りは法令の状況は名古屋市のそれと同一であるから，従来の判例によれば，外部非開示性は肯定されるようにも思われなくもない。事実，原決定（広島高岡山支決平成26・5・29判例自治392号49頁）は，会計帳簿などの役割に関する平成22年決定の判示と同趣旨のことを説いて外部非開示性を肯定していた。しかし，名古屋市の条例は平成20年に1万円以上の支出に係る領収書その他の証拠書類の議長への提出を義務付ける方向へ改正されており，この改正に関して，平成22年決定は，調査研究活動の自由をある程度犠牲にしても，政務調

---

(7)　長屋・前掲注(3)837頁。
(8)　川嶋・前掲注(5)法セ670号138頁，河村・前掲注(5)110頁。

査費の使途の透明性の確保を優先させるという政策判断がされた結果と見るべきものである（が，そのことは改正前の条例の下における領収書等の性質を左右するものではない）としていた。この判示は厳密には傍論であろうが，本件事案においては，まさにこの傍論の事実関係が正面から問題とされることになった。そして，上記判示を承けつつも，原決定は，岡山県条例の改正は1万円超の支出に関してのみ調査研究活動の自由より透明性の確保を重視した結果であると理解したのに対し，本決定は，当該改正は事務負担を考慮したに過ぎず，そのような理解は誤りとしたのである。

　2　以上で見たところから明らかなように，本決定は平成17年，平成22年の両決定の延長線上に位置すると考えられる。双方の結論を分けた原因の一つは本件事案において問題となったのが収支に関する原始的帳票であった点にもあるとの見方もあるが[9]，平成22年決定も会計帳簿と領収書を問題としているから，これは適切ではない。この原因は専ら，一部にせよ領収書の議長への提出義務を定めた条例の規定が設けられた点にあると言うべきであろう。そうであるとすると，本決定の射程は微妙との評価もあるが[10]，それは条例等にそのような定めがない場合には及ばないことになると考える。

　もっとも，このように，政務調査費のような税金を原資とした公金の使途に関わる書類の提出義務が条例等の定めのあり方によって左右されることを認めることには疑問がありうる。すなわち，それは地方議会議員が自らその義務を免れることができる自己利用文書を創設する可能性を認めることになるからである[11]。政務調査費の収支を正確かつ詳細に明らかにする文書が何らかの形式で公表・公開されることを求めない条例は市民の「知る権利」と議会制民主主義・地方自治の観点から違憲・違法であるとする見解さえ主張されている[12]。ただし，2014年6月1日現在，全国47都道府県・20政令市・43中核市の議会中，岡山県議会を除く全議会が，1万円超といったような制限を付さずに，すべての政務活動費（地方自治法の平成24年改正により改称）による支出に係る領収書の収支報告書への添付を義務付けているそうであるから[13]，今後は，少なくともこれらの自治体に関係した本件事案のような本案事件との関係で，会計帳簿や領収書の文書提出義務が問題とされることはないであろう[14]。

　【補　遺】　本判例研究公表後の本決定評釈類として，内海博俊・民商151巻1号

---

(9)　濱﨑録「本決定解説」平成26年度重判解134頁（2015年）。
(10)　川嶋四郎「本決定解説」法セ721号114頁（2015年）。
(11)　川嶋・前掲注(5)法セ670号138頁。
(12)　駒林・前掲注(5)176頁。
(13)　判例自治392号43頁のコメント参照。
(14)　藪口康夫「本決定解説」速報判解17号180頁（2015年）。

11　地方議会の政務調査費に関する文書と文書提出命令

99頁以下（2014年），奥宮京子＝高橋哲也・判例自治399号3頁以下（2015年），駒林良則・判評681号〔判時2268号〕148頁以下（2015年）（最高裁は，議長へ提出されることになっていない証拠書類への開示へ進むとする），寺田友子・判例自治400号113頁以下（2015年）（本決定を高く評価），芳賀雅顯・法研88巻11号51頁以下（2015年）（結論賛成），がある。

（初出・私法判例リマークス52号／2016年）

第 1 部　判決手続

12　前訴において 1 個の債権の一部についてのみ判決を求める旨が明示されていたとして，前訴の確定判決の既判力が当該債権の他の部分を請求する後訴に及ばないとされた事例

最高裁平成 20 年 7 月 10 日第 1 小法廷判決
平成 19 年(受)第 1985 号，損害賠償請求事件
（判時 2020 号 71 頁・判タ 1280 号 121 頁）

　要　旨　　違法な仮差押命令の申立てを理由とする損害賠償請求権の一部である弁護士費用損害についての賠償請求を棄却する判決の既判力は，判示の事実関係の事案は 1 個の損害賠償請求権の一部に関してのみ判決を求める旨が明示されていた場合と解されるから，仮差押えの執行により目的土地の買収金の支払が遅れたことによる遅延損害金相当の損害金の支払を求める後訴には及ばない。

　事実の概要　　(1)　Y は，平成 12 年 4 月 10 日，X_2 との間で，同人所有の B 土地を賃借する旨の賃貸借契約を締結し，さらに，同月 12 日，X_1 との間で，同人所有の A_1 土地及び A_2 土地を賃借する旨の賃貸借契約を締結した（以下，これらの各賃貸借契約を併せて「本件賃貸借契約」という）。その当時，上記各土地は，高速道路の取付道路用地として，鹿児島県による買収が予定されていたが，Y は，上記各土地上に樹木（シマトネリコ）を植栽した。

　(2)　X_1 らは，本件賃貸借契約は無効であるなどと主張して，Y に対し，A_1 土地，A_2 土地及び B 土地（以下，これらを併せて「本件土地」という）の所有権に基づき，本件土地上に植栽された上記樹木（以下「本件樹木」という）の撤去及び本件土地の明渡しを求める訴訟を提起した。同訴訟については，平成 16 年 10 月 6 日，本件賃貸借契約は，農地法所定の許可を受けていないから無効であるが，本件樹木は，民法 242 条本文の規定により本件土地に付合し，本件土地の所有者である X_1，X_2 に帰属したとして，X_1 らの請求のうち本件土地の明渡請求を認容し，本件樹木の撤去請求を棄却する旨の第 1 審判決が言い渡され確定した。

　(3)　Y は，平成 16 年 12 月 8 日，上記付合によって損失を受けたとして，民法 248 条による償金請求権（以下「本件償金請求権」という）を被保全権利として，本件樹木について X_1，X_2 をそれぞれ債務者とする仮差押命令の申立てをし，同月 10 日，各仮差押命令を得て，その執行をした（以下，この命令を併せて「本件仮差押命令」といい，この執行を併せて「本件仮差押執行」という）。

　(4)　X_1 らの申立てに係る起訴命令を受けて，Y は，平成 17 年 1 月 21 日，本件償金請求権に基づき，X_1 らに対して，合計 4 万本の本件樹木に係る各償金の支払を求める訴訟（以下「前事件本訴」という）を提起した。Y は，本件仮差押命令の申立てに先立ち，X_1 らに対し，それぞれ約 5,000 万円の償金の支払を請求

していたが，前事件本訴の第1審において請求した償金の額は，X_1に対しては1億5,852万8,306円，X_2に対しては1億4,147万1,693円であった。これに対し，X_1らは，同年5月19日，本件償金請求権は存在せず，本件仮差押命令の申立ては違法であると主張し，それぞれ，Yに対し，不法行為に基づく損害賠償として，本案の起訴命令の申立て及び前事件本訴の応訴に要した弁護士費用相当額250万円及びこれに対する遅延損害金の支払を求める反訴（以下「前事件反訴」という）を提起した。

(5) 前事件については，平成17年10月27日，①仮に本件償金請求権が発生するとしても，Yは，本件土地が道路用地として鹿児島県により買収される予定であることを知り，補償金目当てに，X_2やX_1には絶対に迷惑をかけないと言って本件賃貸借契約を締結して本件樹木を植栽し，補償金が得られないと知るや一転して巨額の償金請求を行うなどしており，本件償金請求権の行使は権利の濫用であるとして，Yの本訴請求を棄却し，②本件償金請求権の発生自体は認められる可能性があることなどに照らし，本件仮差押命令の申立ては違法性を欠くとして，X_1らの反訴請求も棄却する旨の第1審判決が言い渡された。さらに，平成18年5月31日に言い渡された前事件の控訴審判決は，Yの本訴請求については，上記①と同旨の判断をし，X_1らの反訴請求については，本件償金請求権の行使は権利の濫用に当たり許されないものであるから，被保全権利を欠く本件仮差押命令の申立ては違法であり，Yに過失も認められるとして，弁護士費用相当額の損害各50万円及びこれに対する遅延損害金の支払を求める限度で認容した。Yは，この控訴審判決に対して上告した。

(6) X_1らは，平成18年6月29日，本件仮差押執行のために本件買収金の支払が遅れたことによる遅延損害金相当の損害賠償を求める本件訴訟を提起した。

(7) 前事件については，平成18年10月5日，Yの上告を棄却する旨の決定がされ，上記控訴審判決が確定した。

(8) X_1らは，前事件の判決の確定を受けて，被保全権利の不存在を理由に本件仮差押命令の取消しを申し立て，平成18年11月1日，本件仮差押命令を取り消す旨の決定がされ，同決定は同月16日確定し，本件仮差押執行が取り消された。

(9) その後，X_1らは，自らの労力と時間を費やして，本件樹木の撤去作業を行い，これを廃棄した。

(10) 上記(6)の買収金の金額はX_1につき1,565万9,328円，X_2につき1,517万9,664円，遅延の期間の始期は上記仮差押命令の正本がX_1らに送達された平成16年12月15日，終期は上記仮差押命令の執行が取り消され，上記樹木が撤去されて本件買収金がX_1らに支払われる見込みが生じた平成19年6月30日とされている。これらを前提としつつ民法所定の年5分で計算して請求された遅延損害金相当の損害額は，X_1につき199万0,665円，X_2につき192万9,688円であ

る。ただし、この終期は(6)の訴え提起時には到来していなかったから、その時点では終期は確定期限では画されていなかったと思われる。

⑾　原審（福岡高宮崎支判平成19・9・28 LEX/DB 2542003）は、本件訴訟に係る訴えは、前事件の確定判決の既判力に拘束されるというべきであるとして、X_1らの請求をいずれも棄却した。これに対するX_1らの上告受理申立てが認められ、最高裁は、原判決を破棄し、事件を原審に差し戻した。

争点　　違法な仮差押えの執行を理由とする弁護士費用相当額の損害賠償請求を一部棄却する判決の既判力が、本件事実関係の下において、1個の損害賠償請求権の一部に関してのみ判決を求める旨が明示されていたとの理由で、仮差押えの執行により目的土地の買収金を取得することが遅れたことによる損害金の支払を求める後訴には及ばないことになるか。

判決要旨　　破棄差戻し。

「(1)　X_1らが本件訴訟で行使している本件仮差押執行のために本件買収金の支払が遅れたことによる遅延損害金相当の損害（以下「本件遅延金損害」という。）についての賠償請求権と、X_1らが前事件反訴において行使した本案の起訴命令の申立て及び前事件本訴の応訴に要した弁護士費用相当額の損害（以下「本件弁護士費用損害」という。）についての賠償請求権とは、いずれも本件仮差押命令の申立てが違法であることを理由とする不法行為に基づく損害賠償請求権という1個の債権の一部を構成するものというべきであることは、原審の判示するとおりである。

(2)　しかしながら、X_1らは、前事件反訴において、上記不法行為に基づく損害賠償として本件弁護士費用損害という費目を特定の上請求していたものであるところ、記録（前事件の第1審判決）によれば、X_1らは、このほかに、Yが、本件仮差押執行をすれば、X_1らにおいて長期間にわたって本件樹木を処分することができず、その間本件買収金を受け取れなくなるし、場合によっては本件土地が買収予定地から外される可能性もあることを認識しながら、本件仮差押命令の申立てをしたもので、本件仮差押命令の申立ては、X_1らによる本件土地の利用と本件買収金の受領を妨害する不法行為であると主張していたことが明らかである。すなわち、X_1らは、既に前事件反訴において、違法な本件仮差押命令の申立てによって本件弁護士費用損害のほかに本件買収金の受領が妨害されることによる損害が発生していることをも主張していたものということができる。そして、本件弁護士費用損害と本件遅延金損害とは、実質的な発生事由を異にする別種の損害というべきものである上、前記事実関係によれば、前事件の係属中は本件仮差押命令及びこれに基づく本件仮差押執行が維持されていて、本件仮差押命令の申立ての違法性の有無が争われていた前事件それ自体の帰すうのみならず、本件遅延金損害の額もいまだ確定していなかったことが明らかであるから、X_1らが、

前事件反訴において，本件遅延金損害の賠償を併せて請求することは期待し難いものであったというべきである。さらに，前事件反訴が提起された時点において，Yが，X_1らには本件弁護士費用損害以外に本件遅延金損害が発生していること，その損害は本件仮差押執行が継続することによって拡大する可能性があることを認識していたことも，前記事実関係に照らして明らかである。

(3) 以上によれば，前事件反訴においては，本件仮差押命令の申立ての違法を理由とする損害賠償請求権の一部である本件弁護士費用損害についての賠償請求権についてのみ判決を求める旨が明示されていたものと解すべきであり，本件遅延金損害について賠償を請求する本件訴訟には前事件の確定判決の既判力は及ばないものというべきである（最高裁昭和35年（オ）第359号同37年8月10日第二小法廷判決・民集16巻8号1720頁参照）。」

【参考条文】　民事訴訟法114条1項

研　究

1　本判決の意義

金銭その他の代替物という数量的に可分な給付を目的とする請求について，その任意の一部のみを請求する訴えに係る判決の確定後，残部請求の再訴が許されるか。この一部請求（後の残部請求）の可否という問題点に関しては様々な学説が対立する中で，伝統的には，判例は前訴における一部請求である旨の明示の有無によって区別をする立場をとるものと理解されてきた。すなわち，一部である旨を明示したときは再訴を認めるが，明示のないときは再訴を認めないというのである。ところがその後，最高裁は，後掲判例⑦によって，明示の一部請求の場合であっても，請求棄却または一部棄却（一部認容）の場合には，信義則上，再訴は認められない旨を明らかにして注目を集めることとなった。本判決は，明示があると認められる場合の1事例を示すとともに，この事例はこの判例の論理の埒外であることをも示しているように思われ，注目に値する。

2　従来の（裁）判例と学説

(1) 最高裁判例

最高裁の判例としては，まず①最判昭和32・6・7（民集11巻6号948頁）が，前訴で2人の被告に対して45万円の金銭債務の履行請求をしたが，連帯債務と主張しなかったために分割債務との趣旨で各被告に対して45万円の支払を命ずる勝訴判決を得た原告が，後訴で連帯債務と主張して未払いとなっていた残部22万5,000円の支払を請求した事案において，後訴は前訴の既判力に触れて許

されないとした。次に，③最判昭和37・8・10（民集16巻8号1720頁）は，前訴で寄託物不法処分の損害金30万円のうち，その一部である10万円を明示して請求し（このように，一部を数量〔金額〕によって画した場合を，以下「数量的一部請求」という），8万円の認容判決がなされて確定した後，後訴で改めて残額20万円を請求した事案に関わる。判例③において，最高裁は，訴訟物となっているのは請求された一部である10万円部分のみであり，この部分に関する確定判決の既判力は残部には及ばない旨を判示した。これらの判例にはそう理解してよいのかに問題がないわけではないが[1]，一般に，最高裁は，判例①③によって，「一部請求である旨を明示したときは，その勝敗如何に関わらず残部請求をなしうるが，明示しなかったときは，前訴で全部勝訴していたとしても残部請求は認められない。」との立場を確立したと理解されている。

　最高裁は，訴え提起による時効中断の範囲に関しても上記と同様の立場を採用しており，一部であることを明示した場合には，時効中断の範囲は当該一部に限られ，明示しなかった場合には，債権の同一性の範囲内でその全部に時効中断の効力が及ぶとする。前者の旨を説く②最判昭和34・2・20（民集13巻2号209頁）は，火災による損害賠償債権の全部について，その請求の原因，並びに損害額の全額を明示し，当初はその1割のみを請求して訴えを提起したが，当該訴訟の係属中に残額にも請求を拡張したという事案に関するものである。また，後者の旨を説く④最判昭和45・7・25（民集24巻7号1177頁）は，訴え提起時までに支出した治療費のみを請求して訴えを提起したが，その後，訴訟係属中に支出した分の治療費にまで請求が拡張されたという交通事故による損害賠償請求に係る事案に関するものである。

　⑤最判昭和48・4・5（民集27巻3号419頁）は，一部請求と過失相殺との関係についていわゆる外側説を採用した判決であるが，当該事案においては，交通事故による損害賠償請求において，逸失利益について明示的な数量的一部請求がなされていた。⑥最判平成6・11・23（民集48巻7号1355頁）は，一部請求と相殺の抗弁の関係に関しても外側説を採用した判決であるが，この事案においても，請負契約の解除による損害について明示的な数量的一部請求がなされていた。

　判例②④⑤⑥は一部請求後の残部請求それ自体に関する判例ではないが，その後，直接この問題に関わる判例が現れた。すなわち，⑦最判平成10・6・12（民集52巻4号1147頁）は，（商法512条による，または民法130条に基づく）ある報酬請求権12億円のうち1億円の支払を求めた一部請求訴訟における請求棄却判決の確定後の残部のうちの3億円弱を求めた訴えを不適法却下した。判例③によれ

---

(1) 中野貞一郎「一部請求論の展開」同『民事訴訟法の論点Ⅱ』119頁（判例タイムズ社・2001年，初出1999年）。

ば明示の一部請求の場合には，前訴の勝敗如何にかかわらず残部請求は許されるはずであるが，判例⑦は，以下の理由により，上記訴えを信義則に反して許されないとした。すなわち，一部請求の「請求の当否を判断するためには，おのずから債権の全部について審理判断することが必要に」なり，「裁判所は，当該債権の全部について当事者の主張する発生，消滅の原因事実の存否を判断し，債権の一部の消滅が認められるときは債権の総額からこれを控除して口頭弁論終結時における債権の現存額を確定し，現存額が一部請求の額以上であるときは右請求を認容し，現存額が請求額に満たないときは現存額の限度でこれを認容し，債権が全く現存しないときは右請求を棄却するのであって，当事者双方の主張立証の範囲，程度も，通常は債権の全部が請求されている場合と変わるところはな」いので，一部請求を全部又は一部棄却する判決は「後に残部として請求し得る部分が存在しないとの判断を示すものにほかならない」から，その「判決が確定した後に原告が残部請求の訴えを提起することは，実質的には前訴で認められなかった請求及び主張を蒸し返すものであり，前訴の確定判決によって当該債権の全部について紛争が解決されたとの被告の合理的期待に反し，被告に二重の応訴の負担を強いるものというべきである」からである。

　この判例⑦の直後に，⑧最判平成10・6・30（民集52巻4号1225頁）は，別訴において一部請求をしている債権の残部を自働債権とした相殺の抗弁を適法とした。別訴においては違法仮処分によって目的不動産の売却価格が低下したことによる損害賠償請求権2億5,000万円余のうちの4,000万円が訴求されていた。そして，本訴の方において違法仮処分の取消しのために要した弁護士費用相当額の損害賠償請求権を自働債権とする相殺が主張されたのであるが，法廷意見は，これを，判例③を引用しつつ，別訴において訴求中の債権を自働債権とする相殺の抗弁を許されないとする判例（最判平成3・12・17民集45巻9号1435頁）にもかかわらず，相殺の自働債権と「別件訴訟において主張している債権とはいずれも違法仮処分に基づく損害賠償請求権という一個の債権の一部を構成するものではあるが，単に数量的な一部ではなく，実質的な発生原因を異にする別種の損害というべきものである」から，相殺の抗弁の機能に鑑みて許されるとした。この判例は，弁護士費用相当額の損害賠償請求権に関しては，別訴においてそれを除外する旨の明示があり，かつ，判例⑦の論理は関係ないと見ていることになる。なお，相殺の自働債権としては，違法仮処分による目的不動産の売却価格低下の損害賠償請求権の残部債権も主張されていた。これが明示の数量的一部請求の残部債権であることは明らかであるが，この別訴に関しては⑧判決と同日に上告棄却判決が言い渡され，請求棄却の判決が確定している。そこで，この結果を先取りし，判例⑦の論理を加味すればこちらの相殺は許されないことになり，事実，園部裁判官の補足意見はそのように論じているが，このような先取りが許されてよ

いかには問題がありうる旨が指摘されている[(2)]。

(2) 下級審裁判例

以上のように，最高裁の判例によると，一部請求の問題に関しては明示の有無が第一次的な意味を有することになる。そこで，どのような場合に明示があると言えるかが重要となるが，債権総額が明示額を上回ることを主張しつつ数量的な一部を請求する事例がそのような場合に該当することは言うまでもない。判例②③⑤⑥⑦と判例⑧のうちの違法仮処分による目的不動産の売却価格低下による損害賠償請求権に係る部分がこのような事例に関する。下級審裁判例の中でも⑨東京地判昭和40・4・10（判時417号53頁）はそのような事例であるが，ここでは，そのような事例以外の事例に関するもので，かつ，前訴判決確定後の残部請求の可否の問題に関するものに限って若干の下級審の裁判例も見ておくこととする。これらはすべて，判例①③によって確立されたとされる最高裁の立場を前提としている。

まず，⑩広島高判昭和46・3・23（高民集24巻1号55頁）の前訴においては，原告は被相続人のある特定の債務の3分の1を相続によって承継したとして相続人の1人である被告に対して請求して認容判決を得た後，被相続人の財産は被告に包括遺贈されていたと主張して当該債務の残部3分の2を請求したが，判例⑩は，明示がないとした原審判決を取り消して，前訴は明示の一部請求であるとしつつ請求を認容した。

他方，⑪岡山地判昭和47・6・7（判時678号82頁）の事案では，建物の不法占拠者2人のうちの1人に対する不法占有による損害金の支払請求訴訟において連帯債務との主張がなかったために損害額の2分の1の支払を命ずる前訴判決が確定したが，その後，その1人が損害額全額を支払った後に半額の不当利得返還請求訴訟を提起した。判例⑪は，前訴において連帯債務の根拠となる共同不法行為を理由付ける事実が主張されていたために，前訴では一部請求である旨が明示されていたと認められ，全額の損害金債権を不法占拠者各自に対して主張することは前訴判決の既判力に抵触することなく許されるとした。

また，⑫大阪高判昭和53・5・31（判時915号69頁）は，労災事故を原因とする損害賠償請求の事案に関して，期間を限った逸失利益の請求は明示の一部請求であるが，ある労災後遺症等級の慰謝料を請求するということによっては，別の等級での慰謝料の請求を留保している旨が明示されたとは言えないとした。

(3) 学説

一部請求後の残部請求の可否の問題に関する学説は多岐に分かれている。結論によってこれを分類すれば，全面的な肯定説と全面的な否定説との間に中間説が

[(2)] 高橋宏志「⑧判批」リマークス19号130頁（1999年）参照。

あり，しかも同一の結論を採用する論者の間でも理由付けは区々に分かれている（以下の学説は代表的なもののみである）。

全面肯定説は，要するに私的自治の原則とその訴訟上の反映である処分権主義を理由に，一部請求訴訟の訴訟物と既判力はその一部に限定されることを前提としつつ，明示の有無や一部請求の前訴の勝敗如何に関わらず残部請求の再訴を認める(3)。この正反対に位置する全面否定説は，紛争解決の一回性（効率性）や被告の応訴負担という被告や裁判所の立場を重視しつつ，訴訟物は債権全体であるとし，明示の有無や前訴の勝敗に関係なく残部請求の再訴を否定するが，理由付けについては，既判力によるもの(4)と併合強制に関する失権的効果（人訴9条〔現行人事訴訟法25条〕，民執34条2項・35条2項）の類推によるもの(5)とがある。

中間説としては，判例①③によって確立されたとされる明示と黙示とによって区別する立場があり，学説上もこれを支持する見解がある(6)。次に，この判例の立場を基礎にしつつ，明示的一部請求の場合にも，原告が前訴で勝訴したか敗訴したかで分け，敗訴した場合には残部請求の再訴を認めない見解がある。この見解は，再訴禁止の根拠を何に求めるかによってさらに細分される。第1は既判力を根拠とする見解であるが，訴訟物が債権全体であるのか，訴求された一部に限定されるのか，既判力がどの部分に及ぶのか等の点で説明を異にしており，中には黙示的一部請求後の残部請求を認める見解もある(7)。第2に，信義則による見解があるが，これもその信義則を権利失効(8)とするか禁反言(9)とするかで立場が分かれる。第3として，具体的攻撃防禦過程を踏まえての利益衡量的考慮を強調する見解も存在する(10)。

判例①③によって確立されたとされる判例の明示と黙示によって区別する立場は，判例⑦によって大きな変容を被っているが，それには信義則説が大きな影響を及ぼしていると言われる。この信義則説の主唱者である竹下教授は，判例が明

---

(3) 木川統一郎「一部請求後の残額請求」同『民事訴訟法重要問題講義(中)』306頁以下（成文堂・1992年）等。
(4) 新堂幸司「既判力と訴訟物」同『訴訟物と争点効(上)』159頁以下（有斐閣・1988年，初出1963年）等。
(5) 山本和彦「一部請求」同『民事訴訟法の基本問題』118頁以下（判例タイムズ社・2002年，初出1998年）等。
(6) 江藤价泰「一部請求と残額請求」民事訴訟法の争点〔新版〕189頁（ジュリ増刊・1988年）等。
(7) 三ヶ月章『民事訴訟法〔法律学講座双書〕〔第2版〕』120頁以下（弘文堂・1985年），伊藤・民訴〔第3版3訂版〕185頁以下，松本博之「一部請求訴訟後の残部請求訴訟と既判力・信義則」同『既判力理論の再検討』201頁以下（信山社・2006年，初出2001年）。
(8) 条解民訴611頁以下〔竹下守夫〕。
(9) 中野・前掲注(1)113頁以下。
(10) 井上治典「確定判決後の残額請求」民事訴訟法の争点180頁以下，特に183頁（ジュリ増刊・1979年）等。

示の有無を基準としていることの実質的意味は,「被告において,その訴訟において紛争が全面的に解決・決着したと合理的に期待しうるか否かを基準とする点にあると理解し,したがってまた,明示したとみられるか否かも,このような角度から決定されるべきものと考え」るとされる。そして,明示的な数量的一部請求の場合ではなくとも,訴訟の経過から残額請求の可能性を留保していることが明らかであれば,被告の全面的決着についての期待は成り立ちえず,被告は全面的決着を欲するなら,自ら債務不存在確認の反訴を提起して,残額請求の可能性を排除しておくべきであるとし,そのような場合の例として,裁判例⑩の事案をあげられる。また,一部を他と切り離して審理の対象とすることができ,残部の審理に立ち入らずに請求棄却の判決がなされた場合には,裁判所は残部の存否については審理していないはずであるから,判決の判断内容を基準として紛争の決着が付くはずだとの被告の信頼は,残額については成立しようがないとし,一部を他と切り離して審理することのできる場合の例として,損害賠償請求での,各費目ごとの損害の存否・数額に関する審理をあげられる(11)。

3 研 究

(1) 総 説

　一部請求後の残部請求の可否という問題点に関して主張されている上記のような様々な見解の当否について,ここで逐一検討することはできないが,取り敢えずは判例⑦に影響を及ぼした信義則説(特に竹下説)を無難な解釈と考えておく。全面肯定説の結論はルーズに過ぎると思われるし,全面否定説は一部請求に対する実際的必要性に意を用いていない。全面否定説の山本和彦教授は,一部請求を十把一絡げに提訴手数料負担の回避行為と決めつけることはできないとの中野教授の批判(12)に対して,提訴手数料がゼロか定額であれば一部請求はなくなると反論されている(13)。確かに,そうであれば解消する問題もあるであろうが(債権の全額を正確には把握できない場合には,考えうる最大の金額を全部請求として定立すれば何ら問題はない),すべてがそうとは言い切れまい(損害の全額の確定のために調査を重ねる必要がある場合に多めの請求をすれば調査未了の部分に関しては一部棄却の判決を受けてしまい,その後の調査によって前訴認容額以上を請求することができることが判明しても,それは前訴判決によって妨げられる)。したがって,結論の妥当性という面からは中間説が妥当ということになるが,判例⑦のように一般的な形での遮断を認めるのであれば既判力にその根拠を求めるべきであるとの指摘が存

---

(11)　条解民訴613頁,614頁〔竹下〕。
(12)　中野・前掲注(1)91頁。
(13)　山本(和)・前掲注(5)122頁以下。

12 前訴確定判決の既判力が後訴に及ばないとされた事例

在する(14)。しかし，中間説を既判力によって根拠付けようとの試みは現在のところは成功しているとは思えないから(15)，取り敢えずは，信義則説に従っておきたい。

(2) 従来の(裁)判例について

以上を前提として，どのような場合に明示がなされたと見ているかの観点から(裁)判例に現れた事案を見てみるが，その際，特に問題のない明示的な数量的一部請求は考察の対象から除外する。

まず，判例④は，訴え提起時までに支出した治療費のみを請求した場合について，将来発生することあるべき治療費を除外してその他の損害金のみを請求することを明示して訴えを提起していないことは明らかとしている。しかし，この訴訟では，訴え提起後も通院を続けている旨が主張されているのであるから，訴え提起後の分が除外されていることは明らかというべきではなかろうか。裁判例⑫でも，期間を限った逸失利益の請求を明示の一部請求と認めている。ただし，判例④は一部請求に係る判決確定後の残部請求に係る事案ではなく，一部請求による時効中断の範囲に関する事案であった。明示があったとすると，判例②を前提とする限り，判例④の事案でも時効が完成してしまったことになる。これを回避しようとしたというのが判例④が明示がないとした真の理由かもしれないが（ただし，最判昭和43・6・27訟月14巻9号1003頁は，登記官吏の過誤により土地を取得し得なかったことによる国家賠償請求事件において，土地代金相当の損害賠償の請求のみをした場合，それは明示の一部請求であり家屋収去による損害の賠償請求の部分の時効は中断しないとしている），そもそも判例②の立場に問題がある(16)。

判例⑧が，弁護士費用相当額損害と目的不動産の価格低下による損害とは，一個の債権の一部を構成するものであるが別種の損害であるとしている点は分かりにくいが，損害費目としては別という趣旨であろう。そうであれば，これは竹下説が既に指摘する，一方に関する判決が他方についての紛争の決着期待を成り立たせない場合の一例と言うことができる（東京高判昭和57・6・29東高民時報33巻5・6号81頁も，前訴において不当仮処分の執行による損害として弁護士費用，漏水補修費等が主張されていた場合は，得べかりし賃料（逸失利益）とは区別された明示の一部請求の場合と言えるとしている）。

裁判例⑩の事案は，竹下説が訴訟経過から残額請求の可能性が留保されていることが明らかな例として引用するものである。ただし，これは被告に対する債務額が元の債務の3分の1か全額かが共同相続か包括遺贈かに係っている事案であり，2分の1か全額かが分割債務か連帯債務かに係っていた判例①の事案に類似

---

(14) 山本和彦「⑦判批」民商120巻6号1042頁（1999年）。
(15) 三木浩一「一部請求論について」民訴47号52頁（2001年）〔同『民事訴訟における手続運営の理論』112頁（有斐閣・2013年）〕。
(16) 条解民訴867頁〔竹下〕。

していると言えなくもない。しかも，判例①の事案では連帯債務である旨が前訴において主張されなかったために分割債務とされてしまったのであるが，裁判例⑩の事案では，原告はむしろ包括遺贈である旨を自ら否定していたのであるから，前者にも増して明示がなかったというべきとも思われる。しかし，この事案では，原告は，前訴において共同相続人の他の1人も共に訴えており，包括遺贈を自ら否定したのはその者に対する当該債務の3分の1の請求を理由付けるためという事情があった。したがって，この事案において実際にそうなったように，共同被告の包括遺贈の主張が認められてそれに対する請求が棄却されれば，本訴被告に対する残部の請求がありうることをその者は予期すべきであり，紛争の全面的決着を期待することはできないということになろうか。

　裁判例⑪は，分割債務との前提で債務額の2分の1について給付を命じた判決の既判力が連帯債務との主張を遮断するかとの意味において判例①と同様の事案に関する。しかし，それとは異なり，前者においては，前訴において連帯債務の根拠となる共同不法行為を理由付ける事実が主張されていたために，明示の一部請求であるとされて残部請求が認められ，結論を異にした。前訴では，単独占有との前提の下に父が被告とされて損害額全額の賠償請求を受けたが，結局，その息子との共同占有であるとの認定がなされ，その結果，共同不法行為であるにも関わらず，連帯債務との主張がないということになってしまった。父子で占有しているような場合には，単独占有か共同占有かの認定は微妙なこともあろう。裁判例⑪の結論には，このようなことも影響しているのではなかろうか。

　(3)　本判決の検討

　このように，従来の(裁)判例は，一部請求後の残部請求に係る事案ではない判例④を除けば，比較的緩やかに明示があったと認めているように思われる。ところが，本判決の原審は，前事件反訴において，本件における損害の有無が実質的に審理されていなかったということを認めながらも，X₁らは，前事件反訴においてYに対し本件仮差押命令の申立てによる損害として弁護士費用相当額の賠償を請求するに当たり，これが不法行為による損害の一部であることを明示していたとは認め難いとした。これは，判例⑧が，目的不動産の価格低下による損害と弁護士費用相当額との損害とが考えうる場合，前者を請求しているときに後者を留保していることは明示されているとしていることと矛盾する判断というべきである。本判決は，弁護士費用相当額損害と目的不動産の価格低下による損害とは「実質的な発生原因を異にする別種の損害」であるという判例⑧の文言を繰り返しており，この判例を意識していることは明らかであろう。

　もっとも，判例⑧の事案では，別件訴訟中で，そこでは主張されていない弁護士費用相当額の損害がありうる旨が主張されていたかは認定されていない。これは，この事案が別件訴訟係属中に本事件の方の訴訟で相殺の抗弁が提出されたと

いうものであったために，別件訴訟において，弁護士費用の相当額の損害の主張はそこではなく，本訴訟の方で行うという旨が明らかにされたと判断されたためであろう（ただし，前掲東京高判昭和57・6・29は，不法行為における損害の多様性に鑑みると，特定の損害費目のみに係る損害賠償を請求している場合には，他の費目の損害は発生していない旨の主張がなされている等特段の事情がない限り，当然に明示の一部請求と認められるとしている）。これに対し，本件事案では，前事件反訴においては，X_1らは，Yの仮差押えはX_1らによる買収金の受領を妨害する不法行為であるということも主張しながら弁護士費用相当額の賠償金のみを請求していたのであるから，その不法行為による損害賠償が別途ありうる旨を明示していたと言えることに疑いはない。

以上のように，本件事案ではそれぞれ別費目である弁護士費用相当額の損害と買収金の受領の遅延による損害とを根拠付ける事実がそれぞれ主張されており，にもかかわらず，前者に関する損害の賠償しか請求されていないのであるから，それで一部請求の旨の明示があったというには一応十分であるように思われる。ところが，本判決は，これらに加えて，前事件の係属中は仮差押えが維持されていて，その本案訴訟たる前事件それ自体の帰すうのみならず，買収金の受領遅延による損害額も確定していなかったから，X_1らが，前事件反訴においてこの遅延金損害の賠償を併せて請求することは期待し難かったという事情も指摘している[17]。

従来の信義則説では，上記のような事情は，一部請求をせざるを得ない動機ないし原因としては指摘されていたが，一部請求の棄却判決確定後の残部請求を認めるための要件としてはあげられていなかった。しかし，明示的な数量的一部請求以外の事案に係る(裁)判例においては，明示があるか否かの結論を導くに際して，実際上様々な要素が考慮されていることもあるように思われる（(裁)判例④，⑪⑩⑪．判時2020号72頁，判タ1280号122頁の本判決コメント参照）。これらの(裁)判例や本判決は，形式的な明示の有無だけによらずに残部請求の可否を決しているとの意味において，信義則説を基礎としつつも，明示の有無以外に一部明示責任，理由明示責任，請求拡張責任というものを措定し，これらのいずれかが果たされなかった場合には，信義則上残部請求が排除されるとする最近の学説[18]との近親性を示しているようにも見える。もっとも，この学説は損害の費

---

(17) ただし，日本法律家協会の民事法判例研究会の席上では，元本額が何時確定したのか不明であるが，もしそれが確定していれば，「所定の元本に対する年5分の割合による損害金，期間は所定の始期から一定の不確定期限の到来まで」という形で損害額を特定することは可能であったのではないかとの指摘があった。実際，本件訴訟でも，当初は，前事件反訴提起前の平成16年12月15日を始期として，このような形で損害額が特定されていたと思われる。事実の概要⑩参照。

(18) 三木・前掲注(15)44頁以下〔同・手続運営の理論105頁以下〕。

目を限定している一部請求の場合には，一部請求と残部請求とで証拠の種類や立証の内容が異なるために，原則として請求拡張責任はないとしているから[19]，本判決は，より進んで，紛争態様や前訴の具体的手続過程を具体的に考慮する立場にまで通ずるところがあると言えなくもないのかもしれない。

ところで，本件事案の前事件反訴は一部認容一部棄却に終わっているから，判例⑦との関係が問題になりうる可能性があるが，判例⑦は，そこに述べられた論理にもかかわらず，特段の事情があれば，一部請求訴訟で敗訴した原告が残部請求訴訟を提起することが許される場合があることを留保していた。そして，そのような特段の事情がある場合として，損害費目を異にしている場合があげられることがある[20]。また，判例⑦が，「一個の金銭債権の数量的一部請求は，……債権の特定の一部を請求するものではない……」としていることを捉えて，それは，ある損害費目によって特定される一個の債権の一部を請求する場合はそもそも一部請求と捉えておらず，したがって，これについて特段の事情を問題にする余地もないとの理解もある[21]。

しかし，本判決がそのような場合も一部請求の問題として扱っていることは明らかである（判例⑦は，数量的一部請求は特定的一部請求ではない旨を述べたに過ぎず，後者は一部請求でない旨までを述べたものではないであろう）。また，本判決は，損害費目を明示することによって特定された一部の請求の問題としたために[22]，判例⑦のいう信義則ひいては特段の事情の有無を問題にするまでもなく，本件訴訟を適法としたと思われる。そして，この後者のことが，本判決が判例③のみを参照判例としてあげ，判例⑦に言及していない理由と考えられる。

4 実務への影響

本判決によって，請求されている損害費目とは異なった損害費目の損害がありうることが主張されていれば，一部請求の旨の明示があると言えることができ，かつ，そのような場合には，一方の費目に係る損害賠償請求訴訟で敗訴しても，その判決の既判力や信義則によって妨げられることなく，他方の費目の損害の賠償を請求する訴訟が許されることが，一応，明らかになった。ただし，本判決は，そう言えるためには，より具体的な事情をも考慮すべきことをも示唆しているようにも思われ，そうであるとすると，実務には不安定要因が持ち込まれたことになる。いずれにせよ，なお判例の動きに注視が必要なことは間違いない。

---

(19) 三木・前掲注(15)47頁〔同・手続運営の理論109頁〕。
(20) 山下郁夫「⑦判解」最判解説民平成10年度（下）617頁。
(21) 山本克己「明示の一部請求後の残部請求」法教294号129頁（2005年）。
(22) 山下・前掲注(20)621頁は，このような捉え方もありうる旨を指摘していた。

12　前訴確定判決の既判力が後訴に及ばないとされた事例

【補　遺】　本判例研究公表後の本判決評釈類として，小原将照・法研82巻3号119頁以下（2009年）（理由付け不十分としつつも，結論賛成），川嶋四郎・法セ654号130頁（2009年），金洪周・別冊判タ25号平成21年度主民解172頁以下（2009年），越山和広・民商140巻1号102頁以下（2009年），佐瀬裕史・平成20年度重判解153頁以下（2009年），堤龍弥・リマークス39号118頁以下（2009年）（判旨賛成），堀野出・速報判解4号123頁以下（2009年），渡部美由紀・判評608号〔判時2048号〕160頁以下（2009年），がある。

（初出・法の支配153号／2009年）

第1部　判決手続

13　仮執行宣言付判決に対する上訴に伴い担保を立てさせて強制執行停止等がされた場合における債務者に対する破産宣告と担保の事由の消滅

最高裁平成13年12月13日第1小法廷決定
平成13年(許)第21号，担保取消決定に対する抗告審の取消決定に対する許可抗告事件
(民集55巻7号1546頁)

要　旨　仮執行宣言付判決に対する上訴に伴い担保を立てさせて強制執行の停止又は既にした執行処分の取消しがされた場合において，債務者が破産宣告〔破産手続開始決定――以下，同様〕を受けたことの一事をもって，「担保の事由が消滅したこと」に該当するということはできない。

事　実　平成8年2月，X_1・X_2（相手方〔担保取消事件〕・抗告人〔即時抗告事件〕・相手方〔許可抗告事件〕）が，A証券会社に対する精算金支払請求の訴えを東京地裁に提起し，平成10年5月15日に仮執行宣言付請求一部認容判決を得た。X_1らは，この仮執行宣言付判決を債務名義として，Aの有するB銀行に対する預金債権について債権差押・転付命令の申立てをし，当該命令は同年6月25日に発せられた。これに対し，上記判決に対して控訴を提起していたAは，同年7月1日，X_1のために8,000万円，X_2のために3,000万円の担保を立てて，仮執行宣言付判決による強制執行の停止と上記預金債権に対する強制執行取消しの決定を得た。控訴審である東京高裁は，平成11年5月26日，Aの控訴を棄却し，X_1から提起されていた附帯控訴を認容する判決をし，その結果，X_1に関して認容額が増額されることとなった。最終的な認容額は，X_1につき1億2,764万0,277円，X_2につき3,882万1,656円である。ところが，控訴審判決の確定前である同年6月2日，Aは東京地裁において破産宣告を受け，Y（申立人〔担保取消事件〕・相手方〔即時抗告事件〕・抗告人〔許可抗告事件〕）が破産管財人に選任された。その後，X_1らが判決で認容された額を破産債権として届け出たが，同年12月15日の調査期日においては異議は出されず，X_1らの債権は破産債権として確定した。その間，Yは担保取消しの申立てをしていたところ，詳しい理由は不明であるが，東京地裁は，平成12年12月25日，担保の事由が消滅したとして，この申立てを認容する決定を下した。

原審（東京高決平成13・4・19民集55巻7号1561頁）は，以下の理由により，この決定に対するYの即時抗告を認容した。(1)仮執行宣言付判決の執行停止の担保について，担保取消しをなしうる「担保の事由が消滅した」場合とは，控訴審において，担保を供したAの控訴が容れられ，同仮執行宣言付判決を取り消

して X_1 らの請求を棄却する判決がされてこれが確定するなど，強制執行停止が終局的に是認されるような場合で，担保権利者である X_1 らの損害賠償請求権が発生する可能性がなくなった（ないし，その発生が希有となった）と認められる場合をいう。(2) 仮執行停止の担保によって塡補すべき損害とは，仮執行停止により債権の全額の回収，満足がえられなくなった損害のみならず，執行が遅延したことにより債権の回収，満足が遅延したことによる損害も含まれる。(3) 債務者に破産宣告があった場合，破産財団に対する強制執行は効力を失うが，破産宣告当時既に強制執行が完了している場合には遡って失効するということはなく，このことは，仮執行宣言付判決に基づく強制執行によって執行が完了した場合も同様である。すなわち，仮執行は，本案判決が変更ないし取り消されることを解除条件として，即時に執行力を有し，確定判決による強制執行と同様に，債権の終局的満足を得させる完全な効力を有するもので，破産宣告によって強制執行が遡って失効すると解するのは，債務者の無資力に陥る危険から債権者を保護するという仮執行の目的に沿わない。(4) したがって，仮執行により債権を回収していたとすれば，回収したものを破産財団に返還すべき必要はないから，仮執行の停止がなければ，仮執行により回収しうる分は終局的に回収・満足を得られたものであって，X_1 らに仮執行停止により回収が遅延したという損害が発生する。(5) したがって，その損害を塡補すべき担保について，その事由が消滅したとは認められない。(6) なお，仮に，第三債務者Bから相殺の主張がなされて本件差押・転付命令により債権の満足が得られなかったとしても，Aに強制執行すべき財産がなくて，およそ仮執行により債権の満足が得られる見込みがなかったとは認め難い。この決定に対して，Yは，東京高裁の許可を得て，最高裁判所に許可抗告をした。

抗告理由 (1) 会社更生に関する東京地判昭和 56・9・14（判時 1015 号 20 頁）の理を進めれば，次のような考え方が当然に導かれるはずである。仮執行宣言付判決に基づく強制執行をした債権者が破産債権の届出を懈怠すれば，その債権は失効し，もはや権利行使の方法はない。また，仮執行宣言付判決に基づく強制執行をした債権者が破産債権の届出をすれば，破産配当にあずかるほか権利行使の方法はなく，破産配当を超えた部分の権利を満足させるための権利行使の方法はない。したがって，当該仮執行宣言付判決に基づく強制執行を停止するために債務者から担保が供されていた場合は，「担保の事由が消滅した」場合に該当し，担保を取り消すべきである。しかるに，強制執行停止が終局的に是認されるような場合に限定した原決定には，破産法 70 条の解釈を誤り，大阪高決平成 12・10・18 等と相反する違法がある。(2) 仮執行による弁済の効力は，確定的なものではなく，後日本案判決または仮執行宣言が廃棄されないことを解除条件とするもので，その判決が確定したときに初めて確定的に支払の効力が生じると

するのが，大審院以来の判例である。したがって，仮執行は本案判決が確定するまで終了しないのであるから，それまでの間に債務者が破産宣告を受けた場合には，仮執行宣言付判決に基づく強制執行は破産法70条の規定によってその効力を失い，後は，債権者の債権は破産手続による処理を免れないのである。本件仮執行につき，既に完了した本執行の効果と同視して仮執行で得たものの返還を要しないとした原決定は，独自の見解に立ち至っている。(3) 仮執行停止により執行が遅延し，これにより損害が発生した場合には，その損害を破産債権として届け出ることにより回収すべきであり，仮執行停止の担保によって塡補すべき損害には，執行が遅延したことにより債権の回収が遅延したことによる損害も含まれるとした原審の判断には，破産法70条の解釈適用を誤り，前掲大阪高決平成12・10・18と相反する違法がある。

決定要旨　抗告棄却。

「1　本件は，仮執行宣言付判決に基づき債権差押え及び転付命令が発せられ，同判決に対する控訴の提起に伴い担保を立てさせて強制執行の停止並びに上記差押え及び転付命令の取消しの裁判がされた後，担保提供者であるAが破産宣告を受けたところ，その破産管財人であるYが，担保の事由が消滅したとして，担保取消しを求めた事案である。

2　民訴法400条2項の準用する同法79条1項にいう『担保の事由が消滅したこと』とは，担保供与の必要性が消滅したこと，すなわち，被担保債権が発生しないこと又はその発生の可能性がなくなったことをいい，上訴に伴う執行停止の場合については，その後の訴訟手続において担保提供者の勝訴判決が確定した場合又はそれと同視すべき場合をいう。

破産法70条1項本文は，破産債権に基づき破産財団に属する財産に対してされた強制執行等は破産財団に対してはその効力を失う旨を規定するところ，破産宣告当時既に強制執行が終了している場合は，同項本文の適用はないから，既に終了した強制執行は，破産宣告により効力を失うことはない。仮執行宣言は，その宣言又は本案判決を変更する判決の言渡しにより，変更の限度においてその効力を失うものではあるが（民訴法260条1項），仮執行宣言付判決に基づく強制執行（以下「仮執行」という。）は，終局的満足の段階に至る点において確定判決に基づく強制執行と異なるところはないから，破産宣告当時既に終了している仮執行は，破産宣告により効力を失うことはないと解すべきである。

そうすると，仮執行宣言付判決に係る事件が上訴審に係属中に債務者が破産宣告を受けた場合において，仮執行が破産宣告当時いまだ終了していないときは，破産法70条1項本文により仮執行はその効力を失い，債権者は破産手続においてのみ債権を行使すべきことになるが，他方，仮執行が破産宣告当時既に終了していれば，破産宣告によってその効力が失われることはない。よって，仮執行宣

言付判決に対して上訴に伴う強制執行の停止又は既にした執行処分の取消し（以下「強制執行停止等」という。）がされた後，債務者が破産宣告を受けた場合には，その強制執行停止等がされなかったとしても仮執行が破産宣告時までに終了していなかったとの事情がない限り，債権者は，強制執行停止等により損害を被る可能性がある。

したがって，仮執行宣言付判決に対する上訴に伴い担保を立てさせて強制執行停止等がされた場合において，担保提供者が破産宣告を受けたとしても，その一事をもって，『担保の事由が消滅したこと』に該当するということはできないと解するのが相当である。

3 本件についてこれを見ると，仮に本件強制執行停止及び執行取消決定がなかったとしても，Aの破産宣告当時X₁らの強制執行が終了していなかったものということはできないから，X₁らは，本件強制執行停止及び執行取消決定により損害を被る可能性があるということができる。しかも，本件仮執行宣言付判決に係るX₁らの破産債権は，債権調査期日においてY及び破産債権者並びにAの異議なく確定し，確定債権について債権表に記載され，債権表の記載は勝訴の確定判決と同一の効力を有するのであるから，本件仮執行宣言付判決の結論は是認され，担保提供者の敗訴判決が確定した場合と同視することができる。

したがって，本件強制執行停止及び執行取消しのため立てた本件担保の事由が消滅したということはできない。」

裁判官全員一致で抗告棄却（町田顯，井嶋一友，藤井正雄，深澤武久）。

【参照条文】　破産法70条1項〔現行破産法42条2項〕，民事訴訟法79条1項・259条・398条1項〔現403条1項〕・400条2項〔現405条2項〕，民事執行法39条1項・40条1項

| 批　評 |

本件決定の結論には賛成するが，決定理由には，なお検討すべき点が残されていると考える。

1　仮執行宣言付請求認容判決を受けた給付訴訟の被告が，上訴審で仮執行停止・取消しのための担保を立てて執行停止等の処分を得た後（民訴398条1項2号・3号），仮執行宣言付判決の確定も仮執行宣言の取消しもない間に，被告が破産宣告を受けた場合，このことが，民訴法400条2項・79条1項にいう「担保の事由が消滅したこと」に該当するか[1]。本件事案において問われているこの問

---

(1) 同様の問題は，仮執行宣言付手形・小切手判決（民訴259条2項）または仮執行宣言付支払督促に基づく執行が停止等される場合にも（民訴398条1項5号・3号），また，破産以外の会社更生等の他の倒産手続との関連でも生じる。

題は，これまでの学説によって直接取り上げられることはなかったが，近時，抗告理由も引用する大阪高決平成 12・10・18 とその原審決定である大阪地決平成 12・7・31（民事法情報 171 号 58 頁以下に，ごく簡単な両者の紹介とコメントがある）と本件の原々審の決定は肯定説を採用した。ところが，原決定と最高裁の本第 1 小法廷決定は否定説を説き，その後，第 2 小法廷決定もこれに同調しているから（最決平成 14・4・26 判時 1790 号 111 頁。これの原審である東京高決平成 13・11・26 は肯定説のようである），判例としては否定説の線で固まったといってよいであろう。

そもそも，「担保の事由が消滅したこと」とは，被担保債権たる損害賠償請求権が発生しないこと又はその発生の可能性がなくなったことをいい，仮執行宣言付判決の執行停止のための担保については，その後の訴訟手続において担保提供者の勝訴判決が確定した場合が典型的である[2]。ところが，原決定は，「確定するなど」とか，その「ような場合」とかいって含みを残しており，「それと同視すべき場合」を含めている本件決定も同様である。そして，もし仮執行宣言付判決の確定前の債務者の破産によって仮執行の結果が効力を失い（失効説），債権者が仮執行によって得たものを破産財団に返還しなければならないのであれば，仮執行が停止されようとされまいと，債権者は結局，自己の債権の回収をはかりえないことになるから，その者には執行停止による損害はないことになる。これに対し，仮執行の結果は効力を失わず存続するとすれば（存続説），停止がなければ仮執行により自己の債権を回収し得たはずの債権者には，執行停止により損害が発生することになる。それ故，前説をとれば，ここで問題としている場合も原決定や本件決定によって残されている含みの範囲内に包含されることになるから，失効説と存続説とのいずれが適切かが問われなければならないことになる。

2　仮執行の結果，すなわち，それによって得られた弁済の効力が法的にどのように評価されるべきかは，様々な局面において問題となるが，従来最も問われてきたのは，控訴審における審理との関係でそれが斟酌されるべきかの問題である。もっとも，現在の判例・学説は，結論的には，この点について消極説をとることに一致しているが，その理由付けに関しては見解の対立が見られる。

まず，判例・通説は，仮執行による弁済の効力は確定的なものでなく，後日本案判決または仮執行宣言が廃棄されないことを解除条件とするものに過ぎないとの立場から，その結論を導いている[3]。これに対し，少数説は，仮執行宣言付判

---

[2] 近藤莞爾「訴訟上の担保」同『民事訴訟論考 4 巻』88 頁（判例タイムズ社・1978 年，初出 1955 年），三宅省三ほか編『注解民事訴訟法 II』127 頁〔瀬木比呂志＝倉地真寿美〕（青林書院・2000 年），秋山ほか・コンメ民訴 II 95 頁等。

[3] 大判大正 15・4・21 民集 5 巻 270 頁，最判昭和 36・2・9 民集 25 巻 2 号 209 頁，条解民訴 576 頁以下〔竹下守夫〕，菊井＝村松・全訂 I〔補訂版〕1265 頁等。

決に基づく強制執行も，仮差押えや仮処分とは異なって，債権者の終局的な満足まで進むということを強調し，訴求債権が存在するのであれば実体法上の弁済の効力は確定的に生ずるとの立場に立つ。他方，この少数説は，仮執行による弁済の効力をめぐる諸問題は，その性質や発生する局面を全く異にするから，それら間に論理必然の関係を見出す必要はなく，個別的に考察すべきであるとする。そして，これらの前提に立ちつつ，結局，仮執行の前提たる債権の存否の審理において仮執行の結果を斟酌するのは論理矛盾である，等の理由により消極説に達する[4]。

筆者も，従来から消極説に賛成しているが，理由は上記のいずれの見解とも異なる。すなわち，私見は，仮執行があった後も，訴求債権の存在の証明責任は債権者たる原告に課せられたままであるから債務の本旨に従った履行がなく，それ故，実体法上，訴求債権が消滅しないので，仮執行の結果が控訴審における審理に影響を与えないのは当然のことであると解している[5]。これは，訴求債権は仮執行の結果が是認されることを条件として消滅するという停止条件付消滅説である[6]。

---

[4] 青山善充「仮執行の効力に関する一考察」法学協会編『法学協会百周年記念論文集(3)』413頁以下，419頁以下，428頁（有斐閣・1983年）。林教授の一連の論考も個別的考察が必要であるとする点で同様の傾向を示すが，青山説と林説との間には，前者は仮執行によって訴求債権は確定的に消滅することを出発点とするのに対し，後者は消滅しないことを出発点とするという相違がある。林淳「仮執行宣言の理論」吉村徳重＝井上正三編『講座民事訴訟(6)』249頁以下，267頁以下（弘文堂・1984年），同「仮執行と所得の計上時期」明治学院大学法学部二十周年記念論文集『法と政治の現代的課題』193頁以下，242頁以下（第一法規・1987年），同「仮執行と弁済の効力」三ヶ月古稀『民事手続法学の革新下巻』117頁以下，157頁以下（有斐閣・1991年），同「仮執行と履行遅滞」明学47号67頁以下，94頁以下（1991年）。なお，古く，小川保男「仮執行宣言の本質とその運用（3完）」志林44巻4号48頁（1942年）は，仮執行による弁済の効力は確定的に生ずるとしつつ，この立場を首尾一貫して，その後の訴訟においては，原告は申立ての趣旨を変更して，債権が執行当時存在していた旨の確定を求めるべきであるとしていた。

[5] 野村秀敏「いわゆる満足的仮処分と本案訴訟」同『民事保全法研究』295頁以下（弘文堂・2001年，初出1981年）。なお，証明責任の点を理由とする私見は全くの少数説にとどまっているが，それには筆者が当初示した例が必ずしも適切ではなかった点にも原因があるようであるので，最近，その例を訂正している（野村・前掲書229頁）。また，梶山玉香「執行による『満足』と債権の消滅(2)完」同法42巻2号116頁以下（1990年）は，仮執行宣言付判決後「債務を免れるために」との留保を付して行う給付（仮執行自体による給付と同視できる）の場合，返還請求権についての留保が付されている場合とは異なり，給付後に債権者が「債権の存在」を積極的に争わなければならない（その証明責任を負う）が，その代わり，債権者にはかかる弁済の受領拒絶権があるとしている。そして，にもかかわらず，「債務を免れるために」の留保の場合にも，弁済による債権消滅効果は弁済時に生ずるとしているが，弁済の受領拒絶権があるなら，その弁済は債務の本旨に沿ったものとはいえないはずであり，そうであるなら弁済の効果が直ちには生じないはずである。

[6] 三ヶ月章「前掲注(3)最判昭和36・2・9判批」同『判例民事訴訟法』185頁以下（弘文

3 仮執行による弁済の効力は，本件と同様な事案，控訴審における審理との関係のほか，判例上，幾つかの事案において問題とされてきた。

このうち，抗告理由(1)が引用する①東京地判昭和56・9・14（判時1015号20頁）は，被告たる債務者につき会社更生手続が開始された場合，更生債権の届出をしないまま更生計画が認可されれば，当該訴求債権は失効するとしている。また，〔抗告理由〕欄では紹介を省略してあるが，これも抗告理由が引用する②東京高判昭和63・7・19（金法1231号40頁）は，債務者が保証（担保）を立てたことによって執行が停止されている最中に当該債務者について和議開始決定がなされ，和議認可決定によって訴求債権の一部が免除されることとなった場合には，本案判決確定前に和議認可決定が確定すれば，訴求債権の免除部分については仮執行による満足を保持できなくなるということを前提にした判断をしている。さらに，③大阪地判平成5・10・13（判タ840号205頁）は，同時廃止決定の確定，仮執行，免責決定という順に事が運んだ場合において，訴求債権は免責の効果を受けるとしている。

これらの先例は，控訴審における審理との関係に関する判例・通説を，それぞれが問題としている状況に単純に推し及ぼしたものであり，①判決公表時にこれについて公にされた学説の多くもそのような立場から同判決の結論に賛成していた[7]。そして，この単純に推し及ぼすという態度を前提とすれば，仮執行の効力が本案判決確定前の債務者の破産により失われるかの問題に関しては，上記の判例・通説や筆者の採用する停止条件付消滅説からは失効説が，少数説からは存続説が導かれることになろう。

しかしながら，近時の学説上は，仮執行による弁済の効力をめぐる諸問題は個別的に考察される必要があるとの少数説の基本的立場に賛成する見解が有力となりつつあり[8]，このことは，控訴審における審理との関係の問題点についてどの

堂・1974年）が，既にこの見解を示唆していた。
[7] 堀内仁「金融判決紹介」手研325号43頁以下（1982年），宗田親彦「①判決判批」昭和56年度重判解143頁以下（1982年），清田明夫「①判決判批」判評284号〔判時1049号〕223頁以下（1982年）。これに対し，佐野隆雄＝矢野真之「更生法上の失権と民訴法198条2項の原状回復義務との関係（上）（下）」NBL 252号6頁以下，253号17頁以下（1982年）とこれに賛成する渡部晃「仮執行による満足後の倒産手続の開始」NBL 397号42頁以下（1988年）は，①判決の結論には反対であるが，単純に推し及ぼすという態度そのものは他の学説と同様である。なお，竹下守夫「仮執行の宣言」中田淳一＝三ヶ月章編『民事訴訟法演習Ⅰ』183頁（有斐閣・1963年）は，それ以前から，破産に関連して①判決と同趣旨を説いていた（ただし，竹下守夫「判批」民訴百選145頁（1965年）は，問題ごとの個別的な検討が許される旨を説いていたが，条解民訴576頁以下〔竹下〕は，元の立場に戻っている）。
[8] 前掲注(4)の林教授の諸論考のほか，林淳「①判決判批」新倒産百選104頁以下，田頭章一「①判決判批」リマークス10号166頁（1995年），注釈民訴(4)260頁以下〔森勇〕，新堂・新民訴〔第2版〕635頁，三谷忠之「①判決判批」倒産百選〈第3版〉94頁以下。

ような見解に従うかに関わりない。すなわち，この問題点についてどのような見解に従うかにかかわらず存続説に従われるべきこととなる可能性があるのであるから，本件決定をそれに導いた実質的理由こそが重要である。

4　(1)　本件決定は，決定要旨2において，存続説の理由を，仮執行は終局的満足の段階に至る点において確定判決に基づく強制執行と異なるところはないから，破産宣告当時既に終了している仮執行は破産宣告により効力を失うことはない，という点に求めている。

破産宣告前に終了した強制執行が破産宣告によって失効することがないのは，強制執行手続は請求権実現の最終段階に位置し，これによって債務者の財産の受ける変動は確定的であるから，破産開始時までに完了した強制執行を，改めて失効させる理由に乏しいからである(9)。そして，抗告理由(2)にも現れているように，控訴審における審理との関係に関する判例・通説や停止条件付消滅説は，仮執行による弁済の効力ひいては債務者の財産の受ける変動は確定的なものではないとしているから，執行手続は終了しており，それ自体が無効となることはないとしても，仮執行全体は完了していないとの理由で，むしろ失効説の方に繋がりやすいというべきである。他方，少数説は，弁済の効力が確定的に生じているため仮執行全体が完全に終了していると評価して存続説に至りやすいと思われる。

以上を要するに，終局的満足の段階に至るから執行手続によって仮執行が全体として終了してしまっているといえるか否かは，判例・通説や停止条件付消滅説を前提とするか少数説を前提とするかに係っている面がある。ところが，本件決定は，判例・通説を前提とした帰結を採用していない。これは，仮執行による弁済の効力をめぐる諸問題の検討には個別的な考察が必要であるとの近時の傾向に従っているためであると思われる。そうであるなら，ここで問われるべきは，本件決定をしてその結論に導いた実質的理由であり，仮執行宣言付判決に基づく強制執行によって仮執行全体が完了しているか否かも表面的なあと付けの理由に過ぎないというべきであろう。

(2)　原審の決定理由(3)は，近時の有力な学説に従い(10)，仮執行には債務者の無資力に陥る危険から債権者を保護するという目的があるとし，失効説はこの目的に沿わないとする。

仮執行宣言制度の目的は，第1に，勝訴者の早く満足を受ける利益と敗訴者の上訴の利益との調整にあり，第2に，濫上訴の防止と訴訟資料の第1審集中との点にある。また，仮執行宣言の必要性（民訴259条1項）の判断に際しては①即時の執行が勝訴者に特に必要な事情があること，②仮執行が敗訴者に回復し難い

---

(9)　注解破産〔第3版〕上379頁〔永田誠一〕。
(10)　林・前掲注(4)講座(6)250頁，同・新倒産百選105頁，注釈民訴(4)234頁〔森〕。

損害または危険を生じさせるおそれのないこと，③上訴によって判決が変更される蓋然性が少ないこと，といった事情を総合的に考慮すべきである(11)。そして，債務者が無資力に陥る危険からの保護という点を仮執行宣言制度の目的に含ましめる見解は，それを①の事情の一つの要素とする(12)。

　仮執行が常に債権者の終局的満足の段階まで進むべきものであれば，それは，債務者が無資力に陥る危険に対処する措置としては過ぎたるものというべきであろう。もしそうであるなら，仮払仮処分にこの目的が含まれているとは説かれないのと同様に，仮執行宣言制度にもそれは含まれていないというべきであろう。もっとも，ドイツ法の場合ほど広くではないが(13)，わが国でも仮執行免脱のための担保が提供された場合につき，別個の措置を見返りとしつつ仮執行が終局的満足の段階まで進められないことが認められている。それ故，この意味において，仮執行宣言制度全体としては，債務者が無資力となる危険からの保護という目的が内包されているといえなくもないかもしれない。

　しかしながら，この目的のための本来の制度としては仮差押制度がある。そして，平等主義をとるわが国の制度の下では，この手続をとっても，仮差押債権者の優先的満足は保証されていない。それ故，たとえ，仮執行宣言制度に債務者が無資力に陥る危険からの保護という目的が内包されているとしても，それだけでは，ここでの問題につき存続説を説いて仮執行によって得たものを債務者の破産財団からはずす（それにより債権者が独占的に自己の債権の満足に充てることを認める）べきであるとの結論を導くことはできないと考える。

　(3)　以上のように，本件決定のあげる理由や原審決定のあげる理由は存続説のための理由としては不十分ないし不適切であると考えるが，だからといって，失効説に賛成するわけではない。むしろ，少数説のあげる次の理由により仮執行による弁済を受けた債権は破産債権とはならない（それよって得られたものを破産財

---

(11)　条解民訴572頁以下，575頁〔竹下〕，林・前掲注(4)講座(6) 250頁以下，注釈民訴(4) 234頁，244頁〔森〕，新堂・新民訴〔第2版〕633頁，644頁以下等。

(12)　林・前掲注(4)講座民訴(6) 250頁，注釈民訴(4) 244頁〔森〕。

(13)　ドイツ法上は，仮執行免脱宣言の制度があるほか，もともと，それが付されている場合には，被差押金銭または差押物の売得金は供託されるべきとされており（ドイツ民訴720条），さらには，1977年の簡素化法によって，担保の提供を条件とする仮執行宣言付金銭給付判決の債権者は，担保の提供なしに，動産（債権を含む）に関しては差押えの，不動産に関しては保全抵当権の記入の限度でのみ執行をなすことが許される旨の規定が付加された（ドイツ民訴720条a。なお，この点につき，森勇「西ドイツにおける仮執行制度」独協25号82頁以下（1987年）参照）。そして，このように単なる保全の措置にとどまる場合が広く認められているためであろう，債務者が無資力に陥る危険からの保護という点が仮執行宣言制度の目的として広く強調されている。Furtner, Die vorläufige Vollstreckbarkeit (1953), Vorwort; Jaeger, KO, 1.Lfg., 9.Aufl. (1977), § 3 Rdnr. 34; Begründung zum Entwurf eines Gesetzes zur Vereinfachung und Beschleunigung gerichtlicher Verfahren (Vereinfachungsnovelle), BT-Drucksache 7/2729, S.44.

団に返還する必要はない）と考えるべきである⁽¹⁴⁾。

　「倒産債権として倒産手続の制約に服するのは倒産手続開始当時まだ満足を得ていない未済の債権のみであり，その確定の有無は問わない。……倒産債権の届出制度なるものはその懈怠によって蒙るべき失権と届出をすればこれに応じた弁済が得られる利益とに裏打ちされて成立しているから，すでに経済的に満足を得ている債権者にこれを期待しても無理である。……仮執行後の債権が倒産債権になるか否かは，……その債権の満足が倒産法の目から見て今さら倒産手続の制約に服させるのが不当であるとの認識を正当ならしめる程度の十分な満足といえるかによるのである。そして，仮執行による債権の満足は，実質的に考えて当該債権を倒産法上未だ強制執行の済んでいない債権から区別し，債務者のその後の倒産から保護するに足る程度には十分な満足というべきである。」

　ところで，先に述べた仮執行宣言制度の目的からすれば，仮執行宣言が付された場合には，何らかの即時の執行が勝訴者にとり特に必要な事情があったはずである。そして，この事情の中に債務者の無資力化からの保護を含めることは適切ではないから，これは，勝訴者に給付目的物の直接的占有を得せしめて，判決確定前にその使用・収益等を認めることの必要性を意味する。失効説により，仮執行により得たものを破産財団へ返還しなければならないとすることは，この必要性に応じた措置を無にすることを意味する。すなわち，原審の決定理由(2)とは別個の意味においてではあるが，失効説は仮執行宣言制度の目的に沿わない。

　また，先に指摘した仮執行免脱担保の提供があった場合の債権者側への見返りの措置としては，債権者がその担保について他の債権者に先立って弁済を受ける権利を取得するということである（民訴259条3項・6項・77条）。そして，この権利は債務者の破産に際しては別除権者として保護される（担保は存続する）ことになろうが⁽¹⁵⁾，このこととのバランスも存続説をとるべきことの理由としてあげられよう⁽¹⁶⁾。

　5　結局，理由はともあれ，強制執行停止等がなくとも仮執行が破産宣告時までに終了していなかったとの事情がない限り，担保の事由は消滅していないとの本件決定の結論は正当ということになるが，仮執行が終了した場合でも，なされたのはあくまで仮執行であるから，なお訴求債権の存否が確定される必要がある。

---

(14) 青山・前掲注(4)415頁。先に述べたように，青山教授は，仮執行による弁済の効力は確定的に生ずるとの少数説の立場を主張されているのに対し，私見は停止条件説である。しかし，教授は，私見のような立場に立っても，本文に指摘したような実質的考慮によって存続説を採用すべきであるとされる。

(15) 本決定に続く前掲最判平成14・4・26は，この旨を明らかにしている。高部眞規子「本件決定解説」ジュリ1231号171頁（2002年）参照。

(16) 林・前掲注(4)講座民訴(6)268頁以下，同・新倒産百選105頁。

そこで，そのための方法に言及しておくが，それとしては，①破産法が用意する破産債権の調査・確定の手続を利用する方法と，②破産宣告によって中断していた訴求債権に関する訴訟を破産財団に属する財産に関する訴訟として，原告たる債権者または管財人から（届出・調査手続を経ないで）直ちに受継するという方法（破69条〔現行破44条2項〕）が考えられうる。

控訴審における審理との関係に関する判例・通説や停止条件付消滅説は，訴求債権は完全には消滅していないとの前提に立つから，それを破産債権として①の方法と結び付くことになりやすいであろう[17]。これに対し，少数説は②の方法と結び付きやすいであろう[18]。しかし，しばしば述べるように，これらの見解から直ちに仮執行による弁済の効力に関連した具体的問題に対する解答を導くべきではないとすると，いずれの見解も①②の双方の方法と結び付く可能性を排除されていないというべきであろう。本件決定も，決定要旨3において，①の方法を採用しているように見えなくもないが，これは，強制執行の停止等がなされたためにX_1らからの債権届出等があったため示された説示に過ぎないとも思われる[19]。

①と②の方法の差異の一つは[20]，訴求債権の確定の過程に破産債権者も関与できるか否かの点にあるが，ある財産が破産財団に属するかに関する（破産財団の構成に関する）訴訟の当事者適格は破産管財人に専属する。これに対し，破産債権の確定については破産債権者も関与できるとされているのは，管財人によって形成された破産財団の配当に与りうる債権者の範囲は，関係者間で自主的に決定することを認めるとの趣旨であろう[21]。そして，存続説を前提とするときは，上

---

(17) ドイツにおいて，Kuhn, Über die Rechtsprechung des Bundesgerichtshofes auf dem Gebiete des Konkursrechts, KTS 1963, 69 は，このような立場に立つ。

(18) 青山・前掲注(4)417頁，443頁は，このような立場に立つ。

(19) 髙部・前掲注(15)170頁は，本件決定は控訴審における審理との関係に関する判例・通説を前提としつつ存続説をとり，かつ①の方法を採用している旨を強調しているが，山本克己「本件決定判批」金法1652号67頁（2002年）は，①と②の方法のいずれを採用しているかは明らかではないとする。なお，後者は控訴審における審理との関係に関する判例・通説は①の方法に，少数説は②の方法に結び付くことを前提にそのように述べているが，この結び付きは必然ではあるまい。

(20) ①と②の方法の間のその他の差異については，山本・前掲注(19)66頁以下参照。両者の実体的差異との関連で，山本教授は，判例・通説を前提とした場合には，仮執行による満足も破産法75条後段（現行破産法165条後段）により否認されうると解すべきこととの関係上，訴求債権が仮執行により確定的に消滅した時点を，仮執行による満足の時点と見ることが首尾一貫しているように思われるとする。しかし，仮執行により，その後条件を成就させることによって優先弁済を確保しうる地位を取得した行為が否認の対象になると捉えれば，必ずしもそう見る必然性はないのではなかろうか（私見は停止条件付消滅説であり，訴求債権はその存在を肯定する判決が確定した時点に消滅すると見る）。なお，同教授は，前注(19)に指摘したように，判例・通説と①の方法とを結び付けて上記のように述べるが，②の方法と結び付けても同一のことが問題となるであろう。

(21) 宗田・前掲注(7)144頁参照。

訴審において債権者側が勝訴すれば、その者は仮執行によって得たものを最終的に保持することを認められ、破産債権者となることはない。これに対し、敗訴したときは、その者はそれを破産財団へ返還しなければならないだけであり、やはり破産債権者となることはない。いずれにしても、ここでは破産債権者の範囲を決定することは問題となっておらず、問題となっているのは破産財団の範囲（仮執行によって得たものが破産財団に組み込まれるべきか）である。それ故、ここでは、②の方法により訴求債権の確定をはかるのが相当ということになる。

6　最後に、本件事案において、担保されるべき損害とは何かが問題である。本件決定はこの点に触れていないが、原審の決定理由(4)は仮執行により回収しうる分としている。従来の見解は、執行停止のための担保は、執行の遅延による損害を担保すべきものであり、執行の基本債権を担保すべきものではないとしつつ、執行が遅延したことにより結局それが不能となった場合には、基本債権も担保されるとしている[22]。そうすると、この見解によっても、原決定は基本的には正当ということになろう[23]。

【追　記】　本件決定については、脚注に指摘したものを含め、既に、佐野裕志・平成13年度重判解133頁以下（2002年）、石渡哲・判評522号〔判時1785号〕207頁以下（2002年）、山本克己・金法1652号64頁以下（2002年）、高部眞規子・ジュリ1231号168頁以下（2002年）の各評釈類がある。

【補　遺】　(1)　最高裁は、本件決定後、関連判例として、最決平成25・4・26民集67巻4号1150頁を公にしている。筆者は、この決定に関しても判例研究（本書【45】事件410頁以下）を公にしているので、本研究と併せて参照していただければ幸いである。なお、そこでは、本判例研究での私見を一部、改めている。
　(2)　本判例研究公表後の本決定評釈類として、川嶋四郎・法セ580号115頁（2013年）（決定要旨賛成）、佐賀義史・判タ1125号平成14年度主民解226頁以下（2002年）、高部眞規子・曹時55巻4号236頁以下（2003年）、同・最判解説民平成13年度（下）822頁以下、同・時の判例III 137頁以下（2004年）、長谷部由起子・リマークス26号138頁以下（2002年）（通説によりつつ、本件決定の結論は是認できるとする）、等がある。

（初出・民商法雑誌127巻3号／2002年）

---

(22)　村松俊夫「執行の停止とその担保」菊井献呈『裁判と法下』1029頁、1041頁（有斐閣・1967年）、注解民訴〔第2版〕⑾204頁〔西村宏一＝鈴木信幸〕。これに対し、近藤莞爾『執行関係訴訟〔全訂版〕』624頁（判例タイムズ社・1968年）は、あくまでも基本債権は担保されないとするもののように見える。
(23)　ただし、破産配当により回収しうる分は控除すべきであろう。「基本的には」という留保はこの意味である。

第2部

執行・保全法

14 強制執行を受けた債務者がその請求債権につき強制執行を行う権利の放棄又は不執行の合意があったことを主張して裁判所に強制執行の排除を求める場合に執るべき措置

最高裁平成 18 年 9 月 11 日第 2 小法廷決定
平成 18 年 (許) 第 13 号, 債権差押命令及び転付命令に対する執行抗告棄却決定に対する許可抗告事件
(民集 60 巻 7 号 2622 頁・金判 1266 号 34 頁)

事実の概要　債務弁済契約公正証書の債権者である X は, 同公正証書に基づき, Y らを債務者, Y らの預金債権を差押債権として東京地方裁判所に対し債権差押命令及び転付命令 (本件各命令) の申立てをしたところ, 本件各命令が発せられ, かつ, その執行が行われた。Y らは, 本件各命令に対して, 請求債権について強制執行を行う権利の放棄又は不執行の合意 (以下「不執行の合意等」という) があったこと等を主張して執行抗告を提起した。

原々審は, Y らの主張はいずれも実体上の理由であって, 執行抗告の理由とはなり得ないものであり, Y らの執行抗告は手続を不当に遅延させることを目的としてされたものと認められるとして, 民事執行法 10 条 5 項 4 号に基づき執行抗告を却下する旨の決定をした。原審は, この決定に対する執行抗告を, 不執行の合意等は執行抗告事由に該当せず, Y らの主張は主張自体失当であるとして棄却した。

Y らは, この原審の判断の前提となっている法令解釈は大審院の判例に違反するなどと主張して許可抗告の申立てをし, それが許可された。

決定要旨　抗告棄却。

「Y らの主張する不執行の合意等は, 債権の効力のうち請求権の内容を強制執行手続で実現できる効力 (いわゆる強制執行力) を排除又は制限する法律行為と解されるので, これが存在すれば, その債権を請求債権とする強制執行は実体法上不当なものとなるというべきである。しかし, 不執行の合意等は, 実体法上, 債権者に強制執行の申立てをしないという不作為義務を負わせるにとどまり, 執行機関を直接拘束するものではないから, 不執行の合意等のされた債権を請求債権として実施された強制執行が民事執行法規に照らして直ちに違法になるということはできない。そして, 民事執行法には, 実体上の事由に基づいて強制執行を阻止する手続として, 請求異議の訴えの制度が設けられており, 不執行の合意等は, 上記のとおり, 債権の効力の一部である強制執行力を排除又は制限するものであって, 請求債権の効力を停止又は限定するような請求異議の事由と実質を同じくするものということができるから, その存否は, 執行抗告の手続ではなく,

請求異議の訴えの訴訟手続によって判断されるべきものというべきである。

Yらは、執行抗告によって不執行の合意等の存在を主張することができるというが、執行抗告は、強制執行手続においては、その執行手続が違法であることを理由とする民事執行の手続内における不服申立ての制度であるから、実体上の事由は執行抗告の理由とはならないというべきである。なお、不執行の合意等の存否が執行異議の手続で判断されるべきでないことは、上記検討によって明らかである。

以上によれば、強制執行を受けた債務者が、その請求債権につき強制執行を行う権利の放棄又は不執行の合意があったことを主張して裁判所に強制執行の排除を求める場合には、執行抗告又は執行異議の方法によることはできず、請求異議の訴えによるべきものと解するのが相当である。これと見解を異にする大審院の判例（大審院大正14年（オ）第970号同15年2月24日判決・民集5巻235頁、大審院大正15年（オ）第1122号昭和2年3月16日判決・民集6巻187頁、大審院昭和10年（オ）第952号同年7月9日判決・法律新聞3869号12頁）は、変更すべきである。」

[研　究]

1　本決定の意義

債務名義に表示された給付請求権について不執行の合意があるにもかかわらず強制執行が行われる場合、それを阻止するための不服申立ての手段が執行異議または執行抗告であるか請求異議の訴えであるかについては、古くから判例・学説上争いがあった。大審院の判例とそれに従う下級審の裁判例の多くは執行異議説（民事執行法以前は、執行方法に関する異議〔旧民訴544条〕であるが、簡略化のために執行異議で統一する。また、本件は債権執行に係る事案であるので執行異議ではなく、執行抗告が問題となっているが〔民執145条5項〕、これも簡略化のために執行異議にのみ言及する）を採用していたが、最近の学説の大勢は請求異議説によっていた。このような状況の下において、本決定は大審院の判例を覆して請求異議説によるべき旨を明示した新判例として注目に値する。

2　従来の判例・学説

(1)　大判大正15・2・24（民集5巻235頁）は、判決に基づく強制執行をしない旨の特約は、「実体上ノ権利如何ニハ毫モ触ルル所ナク唯単ニ判決ニ基ク執行ヲ為ササルヘシトノ契約ニ止」まるから、請求異議の事由とならず、執行異議の手続によるべしとし、大判昭和2・3・16（民集6巻187頁）、大判昭和10・7・9（新聞3869号12頁）もこれを踏襲していた。戦後の下級審の裁判例にもそれに従

うものが多いが（東京高決昭和 31・5・15 東高民時報 7 巻 5 号 101 頁，東京地判昭和 31・12・14 判タ 73 号 80 頁，福岡高判昭和 39・7・23 ジュリ 313 号 7 頁，福岡高決昭和 39・12・22 金法 401 号 15 頁，東京高決昭和 41・11・14 判タ 199 号 137 頁)，請求異議の訴えによるべしとするものもあった（飯田簡判昭和 33・8・23 判タ 83 号 76 頁，札幌高決昭和 33・10・27 判時 167 号 20 頁，福岡高判昭和 47・12・21 判時 698 号 70 頁)。後者の裁判例は，後記の兼子説に依拠しているものと思われる。

(2) 学説上は，古くは，不執行の合意を不執行という不作為義務を生じさせる私法上の契約として有効としつつ，その違反に関しては損害賠償のみが認められるとするものもあったが[(1)]，何らかの執行法上の救済手段を認める見解の方が一般的であった。その際，まず執行異議説が主張されたが，その理由付けとしては，不執行の合意を直接執行法上の効力を生ずる訴訟（執行）法上の契約と捉えることを前提とする訴訟契約説[(2)]と，私法契約説を前提としつつ，当該合意が給付請求権に直接関わるものではないことを理由とするように思われるもの[(3)]とがある。上記の大審院の判例がいずれの立場によっているのかは，必ずしも明らかではない[(4)]。

ところがその後，兼子一博士が私法契約説を前提としつつ，請求異議の訴えを認めるべき旨を詳細に根拠付けた[(5)]。兼子説が訴訟契約説を排斥する理由は任意訴訟の禁止にあり，他方，請求異議の訴えを認める理由は次のような点にある。①不執行の合意が直接訴訟上の効果を生ずるものではない以上，これに違反する執行行為は当然に違法とはいえないので，執行異議の対象とはならない。②実質的にも，執行機関において予め合意の存否，内容を調査することは不可能であるのみならず，それにそのような権限を与えるのは妥当ではないから，執行異議を認めることはできない。③請求異議の訴えが執行手続上は適法な執行であるが実体法上不当な執行を阻止するが為に与えられる救済であり，また当事者間の実体関係については執行機関の調査に委ねず，受訴裁判所の判決手続によらしめている点に鑑みれば，当事者間の契約上債権者が一般にあるいは特定の執行行為を求むべからざる私法上の義務を負うことに基づき執行を阻止するには，それをこそ類推すべき十分な根拠がある。

最近では，この兼子説の影響を受けて私法契約説によりつつ，合意違反の場合

---

(1) 加藤正治『民事訴訟法判例批評集(2)』352 頁以下（有斐閣・1927 年)。
(2) 松岡義正『強制執行法要論〔第 4 版〕(上)』638 頁以下（清水書店・1925 年)。
(3) 小野木常『強制執行法概論』334 頁以下（酒井書店・1959 年)。
(4) 兼子・執行 143 頁は前者とし，原田和徳＝富越和厚『執行関係等訴訟に関する実務上の諸問題（司法研究報告書 37 輯 2 号)』48 頁（法曹会・1989 年）は後者と見ているように思われる。
(5) 兼子・執行 143 頁，同「訴訟に関する合意について」同『民事法研究(1)』288 頁以下（酒井書店・1930 年，初出 1925 年)。

の救済方法としては請求異議説による立場が通説となっているといってよい。ただし，この立場には請求異議の訴えの類推ないし準用をいうものが多いが[6]，中野教授は，その適用そのものであるとする。中野説は，請求異議の訴えの性質に関する新形成訴訟説を前提としつつその訴訟物を「債務名義の執行力の排除を求めうる地位にあるとの法的主張」とする立場を背景にしている。また，④不執行の合意の審理が一審限りの決定手続でなされるのは不適当であり，必要的口頭弁論を経ることが要請されるとも強調する[7]。

請求異議の訴えの適用そのものと説く見解の中には，私法契約説を前提としつつ，その内容に関して上記の諸説とは理解を異にするものがある。すなわち，石川教授は，不執行の合意は実体法上の請求権に関する責任を排除し，自然債務化する契約であるから，それに対する違反は実体法上の請求権そのものに対する関係で不当になるので，請求異議の訴えの適用そのものを考えればよいとする[8]。

以上のように，不執行の合意の法的性質について訴訟契約説をとれば救済方法に関しては執行異議説，私法契約説をとれば請求異議説に傾くであろうが，この結び付きは必ずしも必然的ではない。すなわち，先に見たように，古くは私法契約説によりつつ執行異議説によると思われる見解があったが，より最近には，訴訟契約説によりつつ請求異議説による見解も有力に主張されている。この石渡説は，私法契約説の②の論拠との関連で，執行機関が合意の存否，内容を審査することになって執行の迅速性が犠牲にされることになっても，その迅速性によって利益を受けるはずの債権者自らが利益を放棄したのだから差し支えない，執行機関が認識しえない事情によって執行が違法になっても国家賠償が認められるとは限らないとして訴訟契約説が採用されるべきとしつつも，救済方法としては④と同趣旨の論拠で請求異議の訴えによるとする[9]。

そのほか，必ずしも不執行の合意の法的性質につき明示的に立場を明らかにしないまま請求異議説をとる見解もあるし[10]，執行異議と請求異議の訴えの双方を

---

(6) 斎藤秀夫「執行契約」民事訴訟法学会編『民事訴訟法講座Ⅳ』1061頁以下（有斐閣・1955年），近藤莞爾『執行関係訴訟〔全訂版〕』238頁以下（判例タイムズ社・1968年），菊井維大『強制執行法（総論）』208頁（有斐閣・1976年），注解民執(1) 594頁以下〔吉井直昭〕，注釈民執(2) 409頁〔宇佐美隆男〕，原田＝富越・前掲注(4) 49頁以下。

(7) 中野・民執〔増補新訂5版〕80頁以下，225頁以下。内山・後掲135頁は中野説に従う。

(8) 石川明「不執行の合意について」同『訴訟行為の研究』188頁，192頁以下（酒井書店・1971年，初出1961年）。

(9) 石渡哲『執行契約の研究』88頁以下，104頁以下（慶應通信・1978年）。

(10) 注解民執(1) 153頁〔竹下守夫〕。もっとも，竹下教授は判決手続との関連での訴訟上の合意に関しては一般的に訴訟契約説によっているから（竹下守夫「訴訟契約の研究(2)」法協80巻4号469頁以下（1963年）），不執行の合意に関してもそう解しているのかもしれない。また，注釈民執(1) 306頁以下〔田中康久〕も性質決定に拘っていないように見える。

認める見解も主張されている。この最後の見解は，両者の併存を許容し，執行異議の方式で争う余地もあるが，確定力を伴う最終的な認定を欲するならば，執行法上の救済の一般的な地位を持つ請求異議の訴えによることも認めるべきであるとする(11)。

3　本決定の検討

(1)　本決定は，不執行の合意の法的性質について，債権の効力のうち請求権の内容を強制執行手続で実現できる効力（いわゆる強制執行力）を排除又は制限する法律行為としており，この点では石川説に近いように思われる。ところが，それに引き続いて，不執行の合意は，実体法上，債権者に強制執行の申立てをしないという不作為義務を負わせるにとどまるとしており，この点では，石川説以外の私法契約説による理解に従っているようにも見える。あるいは，本決定は両者は矛盾しないと考えているのかもしれないが，従来，たとえば，有限責任の場合に債権者は限定された責任財産以外の財産には執行しない私法上の義務を負っているなどとは考えられてはいなかったのではなかろうか。いずれにせよ，この点については，もう少し明瞭な説明がほしかったところである。

もっとも，執行異議と請求異議の訴えの双方を認める見解は別として，上記の最近の学説からは，不執行の合意違反の執行に対する救済手段として請求異議の訴えのみを認める本決定の結論自体にはほとんど異論は提出されないと思われる(12)。

(2)　不執行の合意の法的性質と救済方法とは，最近は必ずしも結び付けて考えられていないようであるから，この法的性質をめぐる議論はどれだけ意味のあるものであるか疑問としうるところであろう。それはともあれ，一応それに対する態度決定をしておくこととすると，私見としては，訴訟上の合意全般について訴訟契約説に魅力を感じているので，不執行の合意に関しても，それに従いたいと思う。

確かに，執行機関が予めこの合意の存否，内容を調査することは不可能かつ不

---

(11)　三ヶ月章『民事執行法』171頁（弘文堂・1981年）。石川教授も，先に指摘したように請求異議説によっていたが，その後，それと並んで執行異議も認められるとするに至った。石川明「執行契約再論」同『強制執行法研究』104頁以下（酒井書店・1977年，初出1973年）。

(12)　比較的最近の執行異議説としては，上田徹一郎「民事執行の停止・取消し」竹下守夫＝鈴木正裕編『民事執行法の基本構造』185頁（西神田編集室・1981年）くらいのものであろう。なお，日本法律家協会の判例研究会の席上においては，不執行の合意が公正証書で成立している場合などに関しては，救済の簡易迅速性の観点から執行異議説や三ヶ月説にも傾聴すべき点があり，その意味で本決定が一般的に従来の判例を覆してしまったのは行き過ぎであるとの意見も出されたが，救済の簡易迅速性の観点からの議論に関しては，内山衛次・後掲135頁に的確な批判がある。

適切であろう。しかし，執行の開始要件のうちの破産手続の開始等の執行障害に関しては，執行機関が職権で調査できるが，執行行為の実施にあたって予め調査しなければならないわけではなく，提出された文書や公告等により執行障害の存在を了知したときに対応すれば足りるとされている[13]。したがって，これと同様に解すれば，不執行の合意の存在，内容が執行機関に当然に知られることがないとしても，そのことは当該合意に反する執行を執行法上違法と評価することの妨げにはならないといいうると思われる。

　もっとも，執行障害の存在にもかかわらずなされる執行に対する救済手段は，違法執行一般に対する救済と同様に執行異議である。そこで，不執行の合意の存否，内容の調査に関して執行障害と同様に扱うというのであれば，救済手段に関しても同様に扱うべきであるとの議論があるかもしれない。しかしながら，請求異議の訴えの本来的使命が，債務名義が存在するが，請求権の実体的存否，内容からして，債務名義どおりの執行をすることが実体法上是認されない場合に，そのことを理由として執行を排除することにあることは確かであるが，いったんこのように判決手続によって執行の当否を確定する手段が成立した後には，請求権の存否，内容と直接に関わらない事情であっても，判決手続によって審理判断するのを相当とするものであれば，これを請求異議の事由となり得るとすることは，決して許されないことではない[14]。そうであるとすれば，石渡説のいうように，訴訟契約説によりながら，私法契約説④のような実質的論拠によって請求異議説を採用することができる。なお，執行異議を認めることには，それが容認された場合には，債権者にとって救済の途がないことになってしまうという問題点があるから[15]，請求異議の訴えとの併存という形でも適当ではない。

　さらに言えば，判例上，強制執行が権利濫用・信義則違背として許されない場合の救済は請求異議の訴えによるべきであるとされる[16]。この場合，債務名義に表示された実体上の権利の行使が権利濫用・信義則違背であるのか[17]，執行請求権の行使がそうであるのか[18]は問題であろうが，おそらくこのような詮索などに意味はなく，その双方であるということになるのではなかろうか[19]。そしてそ

---

(13)　中野・民執〔増補新訂5版〕152頁。
(14)　注解民執(1) 153頁〔竹下〕。
(15)　注釈民執(1) 306頁〔田中〕。
(16)　最判昭和37・5・24民集16巻5号1157頁，最判昭和43・9・6民集22巻9号1862頁。
(17)　竹下守夫「請求異議の訴え」同『民事執行における実体法と手続法』278頁（有斐閣・1990年，初出1983年）はそう捉えているように思われる。
(18)　中田淳一「確定判決に基づく強制執行と権利の濫用」同『訴と判決の法理』208頁以下（有斐閣・1972年，初出1965年）。中野・民執〔増補新訂5版〕237頁も，債務名義の利用が権利濫用・信義則違背としており，こう捉えているように見える。
(19)　吉川大二郎「強制執行における権利濫用」末川古稀『権利の濫用(中)』342頁（有斐閣・1962年）。

うであるとすれば，執行請求権の行使が権利濫用・信義則違背であり執行法上違法との側面において執行異議が考えられなくはないが，それは問題とされていない。そうであるとすれば，ここでも違法執行であるにもかかわらず執行機関は予め執行の違法性を調査する必要はないし，救済手段は請求異議の訴えであるという例が見出される（また，請求異議の訴えの訴訟物として，請求権の存在，内容についての異議，裁判以外の債務名義の成立についての異議のほかに，強制執行を通じての請求権の行使についての異議というものを構成するとすれば[20]，請求異議の訴えの適用か，その類推ないし準用かなどということにも拘らなくてもよいのではなかろうか）。

4 実務への影響

ここでの問題点に関しては，古い大審院の判例の立場とその後の学説上の通説との間に対立があったところであるが，最高裁が大審院の立場を維持するかどうか疑わしいとの推測もなされていたところである[21]。そのような状況の下で，本決定が従来の判例を覆して通説に従う旨を明らかにしたため，今後は実務の運用に迷うところがなくなったということができ，その意味で本決定は歓迎すべき決定というべきであろう。

ただし，本件事案における債務名義が執行証書であったので問われていないが，それが判決であれば，ここでの救済方法が請求異議の訴えであるとすると，民事執行法35条2項の適用があるかが問題となる。この点については，最判平成5・11・11（民集47巻9号5255頁）が，傍論として否定説の立場を明らかにしており，学説上も否定説が通説であるが[22]，近時，有力な肯定説もあるところであり[23]，判例が正面から態度を明確にする機会が得られることが期待される。

■**参考文献**
内山衛次「本件判批」平成18年度重判解134頁以下（2007年）

【補　遺】　本判例研究公表後の本決定評釈類として，上原敏夫・法教337号84頁以下（2008年）（請求異議説），小川浩・別冊判タ22号平成19年度主民解208頁以下，笠井正俊・金法1844号48頁以下（2008年）（判旨結論賛成），川嶋四郎・法セ630号117頁（2007年）（選択を認める見解に賛成する），慶応義塾大学民事手続判例研究会（監修・三木浩一）・Lexis判例速報13号101頁以下（2006年），下村眞美・速報判解1号

---

(20)　竹下・前掲注(17)277頁以下参照。
(21)　注解民執(1)153頁〔竹下〕。
(22)　兼子・前掲注(5)292頁，石川・前掲注(8)193頁，石渡・前掲注(9)111頁等，これまでに掲げた請求異議説のほとんどすべては否定説である。
(23)　中野・民執〔増補新訂5版〕80頁以下，小林秀之＝小田敬美「最判平成5・11・11判批」判評448号〔判時1561号〕207頁（1996年）。

第 2 部　執行・保全法

159 頁以下（2007 年）（判旨賛成），田頭章一・判評 584 号〔判時 1974 号〕194 頁以下（2007 年）（判旨結論賛成），高橋譲・ジュリ 1358 号 160 頁以下（2008 年），同・曹時 61 巻 4 号 231 頁以下（2009 年），同・時の判例Ⅵ 242 頁以下（2010 年），同・最判解説民平成 18 年度(下)985 頁以下，高見進・執行・保全百選〈第 2 版〉4 頁以下（判旨の理由付けに疑問），西川佳代・リマークス 36 号 134 頁以下（2008 年）（本件事案では執行抗告を適法とすべきであったとする），三木浩一・法研 80 巻 10 号 119 頁以下（2006 年）（判旨結論賛成），等がある。

　ほかに，本決定を一つの機縁とする論文として，梅本吉彦「強制執行抑制の合意」専法 100 号 1 頁以下（2007 年），西川佳代「紛争過程からみた提出責任」名法 223 号 257 頁以下（2008 年），がある。

（初出・金融・商事判例 1271 号／2007 年）

15 請求異議訴訟における棄却判決の確定力（既判力）の範囲

東京高裁平成12年8月17日第17民事部判決
平成11年（ネ）第6325号，請求異議控訴事件
（判時1741号88頁）

判決のポイント　請求異議訴訟における本案判決の確定力（既判力）が当該債務名義に記載された請求権の存否範囲にも及ぶかについては，請求異議訴訟の法的性質，訴訟物の問題とも相まって争いがあるが，本判決は棄却判決につき肯定説を採用した初めての公刊判例である。しかし，この肯定判断は，本判決も前提としていると思われる（新）形成訴訟説の立場から本判決の結論を導くためには不要であったはずであり，また，上記の立場とも調和せず，理解の困難な判決である。

事実の概要　Yは，平成4年5月21日，Xに対して10億2,000万円を貸し渡した旨の記載がある本件公正証書に基づいて強制執行に及んだ。これに対し，Xが本件公正証書の執行力の排除を求めて請求異議訴訟を提起したのが本件訴訟であるが，この公正証書にかかる契約は，XがYに対して負っていた旧債務（元本及び利息）を目的とする準消費貸借契約（本件準消費貸借契約）と，それと同日，YがXに新たに貸し付けた271万5,560円の消費貸借契約の混合契約の実質をもつものであった。

本件について，1審判決である原判決に対して，Xが控訴を申し立て，差戻前の控訴審判決がなされた。これに対して，Xが上告を申し立てた。上告審判決は，差戻前の控訴審判決の審判の対象について，その一部についての上告を棄却し，その余の部分についての差戻前の控訴審判決を破棄して，その部分の審理を差し戻した。本件旧債務の元本は3億1,075万円であったが，上告審判決が上告を棄却したのは，この元本と新たに貸し付けられた271万5,560円を合計した3億1,347万3,560円及びこれに対する利息，損害金の部分について，執行力の排除を求めるXの請求を，原判決及び差戻前の控訴審判決が棄却した部分である。

差戻後の控訴審において，Xは，本件準消費貸借の元の貸金は，貸金業の規制等に関する法律13条〔現行貸金業法13条の2〕の過剰融資の禁止違反であって無効であるとか，同法43条1項のみなし弁済〔現在は制度そのものが廃止されている〕の要件欠如により，一部消滅しているなどと主張した。本判決においては，この主張が差戻前控訴審判決の既に確定した部分の既判力に触れないかと，貸付後1年未満の利息に関する重利の特約の効力が問題にされているが，判決要旨として紹介する部分は前者の問題点に関わる。

判決要旨　一部変更（確定）。

「本件上告審判決により，差戻前の控訴審判決は，当裁判所に差し戻された部分を除いて，確定した。すなわち，本件準消費貸借の旧債務の元本である3億1075万8000円と平成4年5月21日に新たに貸し付けられた271万5560円とを合計した3億1347万3560円及びこれに対する平成4年5月21日から平成4年6月11日まで年1割5分の，同月12日から支払済みまで年3割の各割合による利息，損害金については，Xが求める執行力の排除の請求が棄却され，これが確定している。

この確定力（既判力）は，直接には，その部分について公正証書の執行力が存在することを確定するものである。しかし，執行力は債権の存否範囲と直結しているのであるから，右の既判力は，執行力のみならず，債権の存否範囲についても生じるものと解するのが相当である。……

右のように上告審判決で，差し戻し前の控訴審判決が部分的に確定しており，その既判力は，本件準消費貸借の旧債務の元本3億1075万8000円を対象として準消費貸借債権が存在することに及ぶ。」

先例・学説

1　請求異議訴訟の本案判決の既判力が債務名義に記載された請求権の存否範囲にも及ぶかの問題は，請求異議訴訟の法的性質，訴訟物の問題とも相まって，古くから争われてきた。

まず，形成訴訟説は，請求異議訴訟の法的性質を，この訴えは債務名義の執行力を排除して，その債務名義に基づく強制執行の不許の宣言を求めることを目的としており，請求認容判決の確定により，債務名義の執行力の排除という形成的効果を生ずるから形成訴訟であると捉える。そして，この訴えの訴訟物は，債務名義の記載と実体上の権利関係との不一致を原因として生ずる執行法上の異議権ないし執行力の排除を求める法的地位であるとする。また，訴訟物に関しては，請求異議訴訟の法的性質をどのように捉えるか，訴訟物をどのように構成するかにかかわりなく，民執法35条3項・34条2項との関連もあり，上記の不一致を生じさせる実体上の事由（弁済，時効，相殺等々）ごとにその分断を認めるか（すぐ後に指摘するように，伝統的な判例はこの立場である），それらを何種類かの訴訟物に取りまとめるか[1]，あるいは，何らかの意味での一種類の訴訟物しか認めな

---

[1] たとえば，形成訴訟説のある論者（菊井維大『強制執行法（総論）』225頁（有斐閣・1976年））は，請求権の消滅，その不存在，その効力の停止と限定，その主体についての変動の四つにまとめる（ただし，債務名義の成立についての異議による請求異議訴訟を認める民事執行法以前の学説である）。

15 請求異議訴訟における棄却判決の確定力(既判力)の範囲

いか[2]について争いがあるが，この争いは形成訴訟説の内部にも存在する。

　上で指摘した最後の点は別として，この形成訴訟説が従来からの多数説であり，後述のように，これとは異なった様々な見解が提唱されるようになった現在でも，なお明示的にこれに従う学説も有力に主張されている[3]。また，大審院の判例も形成訴訟説を採用し（大判明治44・2・4民録17輯30頁，大判昭和7・11・30民集11巻2217頁，大判昭和12・12・14判決全集5輯1号18頁。なお，東京地判昭和15・6・29評論16巻民訴38頁），かつ，債務名義の記載と実体上の権利関係との不一致を生じさせる原因ごとに訴訟物の分断を認める見解をとってきた（大判大正8・11・27民録25輯2137頁，大判大正12・4・12民集2巻226頁，大判大正13・5・20民集3巻219頁，大判昭和6・11・14民集10巻1052頁，大判昭和9・10・25民集13巻1999頁）。戦後の多くの判例も訴訟物の分断を認めるか否かの点については明言しないものの，一貫して形成訴訟説に従ってきたが（名古屋高金沢支判昭31・12・5下民集7巻12号3562頁，東京地判昭和39・3・14金法374号12頁，最判昭和45・4・24判時592号71頁），学説の側からの訴訟物の分断は異議と異議の原因（異議の事由）とを混同するものであるとの批判[4]を考慮したのであろう，請求権の全部もしくは一部の不存在・不帰属と請求権の態様としての条件の成就や期限の到来の二つに訴訟物をまとめる判例（横浜地判昭和40・11・15下民集16巻11号1691頁）[5]や，一種類の訴訟物（先に摘示した執行力の排除を求めうる地位にあるとの法的主張）のみを認める判例（大阪高判昭和55・5・28高民集33巻2号73頁，札幌高判昭和63・7・28判タ683号200頁）も現れている。

　ともあれ，従来の形成訴訟説によっても，判決主文の判断である，一定の基準によって分断された（またはされない）範囲内の異議権ないし法的地位の存否の判断について既判力を生ずる（なお，請求認容判決に関しては，形成判決には既判力なる観念を容れる余地はないとの見解[6]に従えば別であるが，そうではない限り，

---

(2) たとえば，形成訴訟説のある論者（中野貞一郎「請求異議訴訟の訴訟物」同『強制執行・破産の研究』25頁以下（有斐閣・1971年，初出1970年。以下，中野・前掲注(2)①で引用する）は，原告たる債務者が特定の債務名義につき執行力の排除を求めうる地位にあるとの法的主張が訴訟物であるとする。中野貞一郎「請求異議訴訟の法的性質」同『民事手続の現在問題』354頁（判例タイムズ社・1989年，初出1981年。以下，中野・前掲注(2)②で引用する），同・民執〔新訂4版〕218頁は，民事執行法の下でも同様の見解を維持されている。

(3) 前注(1)(2)に掲げた文献のほか，注解民執(1)578頁〔吉井直昭〕，原田和徳＝富越和厚『執行関係等訴訟に関する実務上の諸問題（司法研究報告書37輯2号）』26頁〔原田執筆部分〕（法曹会・1989年）。

(4) 兼子・執行97頁，中野・前掲注(2)①13頁。

(5) 兼子・執行97頁に従ったものである。なお，最判昭和52・7・21金法838号31頁は，少なくとも請求権の不存在の中でさらに訴訟物が分断されることは認めない。

(6) 三ヶ月章『民事訴訟法』33頁，51頁以下（有斐閣・1959年）。

上記のことの存在の判断について既判力を生ずる）。それに対し，債務名義に記載された請求権の存否範囲に関する判断は判決理由中の判断に過ぎないから，これについては既判力を生じない[7]。

2　以上のように，請求権の存否範囲の判断に既判力を生じないとすると，たとえば，請求棄却判決が確定し，強制執行を阻止しえなかった債務者が，その後，同一の事由を主張して債権者に損害賠償請求または不当利得返還請求をすることを妨げえないかのように思われる。そこで，このような不都合な結果を回避すべく，様々な見解が唱えられるに至っているが，そのうちの主なわが国の学説としては以下のようなものがある[8]。

最初に形成訴訟説に反対して現れた確認訴訟説は，実体上の給付義務の不存在確認訴訟と理解する[9]。これに対しては，実体上の請求権（給付義務）の変更・消滅があっても，それ自体として債務名義の執行力に消長がない以上，判決におけるその状態の確認だけでは足りるはずがない[10]，といった批判がなされる。

次に救済訴訟説は，請求異議訴訟は既存の債務名義の執行力を前提とし，これを機縁として新たな観念的形成を行いつつその取消しを要求する複合的な性格（請求権の消滅・変更の確認という確認作用プラス執行力の排除という形成作用）をもち，抗告訴訟等と並ぶ救済訴訟の一種であるとする[11]。この見解に対しても，各種の執行関係訴訟は，抗告訴訟等とは切り離し，それらを一まとめにした独自の訴訟類型として考察されるのが適当である[12]，といった批判がなされる。

第3に命令訴訟説は，請求異議訴訟は，執行の許容性の要件たる事項（請求権の存否，裁判以外の債務名義の有効性など）を審判の対象＝訴訟物とし，これを既判力をもって確定するとともに，その結果に従い，その債務名義に基づく執行の許否を執行機関に向けて（執行機関に対する拘束力をもって）判決主文で宣言する，

---

[7]　中野・前掲注(2)① 31頁，前掲大阪高判昭55・5・28。
[8]　その他のわが国の学説やドイツのそれを含めた学説の詳細については，中野・前掲注(2)② 335頁以下，同・民執〔新訂4版〕213頁以下，注解民執(1) 576頁以下〔吉井〕，上村明広「請求異議訴訟の訴訟物」吉川追悼『手続法の理論と実践下巻』425頁以下（法律文化社・1981年）参照。なお，上村教授は，執行機関に対する不当執行防止請求権の主張を訴訟物とする独自の見解を唱えられている。
[9]　兼子・執行95頁以下，染野義信「請求異議の訴」中田淳一＝三ケ月章編『民事訴訟法演習Ⅱ』125頁（有斐閣・1964年）。
[10]　中野・民執〔新訂4版〕214頁。
[11]　三ケ月章「執行に対する救済」同『民事訴訟法研究(2)』57頁以下（有斐閣・1962年，初出1955年）（ただし，同「訴訟物再考」同『民事訴訟法研究(7)』60頁以下（有斐閣・1978年，初出1973年）参照），石川明「請求異議訴訟の類型論」同『民事法の諸問題』246頁以下（一粒社・1987年，初出1984年）。
[12]　竹下守夫「第三者異議訴訟の構造」同『民事執行における実体法と手続法』336頁以下（有斐閣・1990年，初出1977年）。

との構造をもつ特別な訴えであると説く⁽¹³⁾。

　また，確認訴訟の説くところに加えて，法が請求異議認容判決では執行不許を宣言すべきものとしているのは，この訴訟が実体関係を執行手続に反映させる特別な訴訟であることに基づく技術的・付随的裁判であると説く新確認訴訟と称する見解も主張されているが⁽¹⁴⁾，これには，執行不許の宣言は請求異議訴訟に本質的なものであるとの批判がある⁽¹⁵⁾。

　これらの見解は，請求権の存否範囲に関する判断にも既判力を及ぼすことによって先に指摘した不都合を回避しようとの試みと評価できようが，形成訴訟説も自説を修正することによって同様の結果を達成しようとする。すなわち，新形成訴訟説は，執行力の排除を求めうる地位を否定した請求棄却判決は，債務名義に記載された請求権の内容たる給付を当該債務名義による強制執行において実現することを容認する趣旨を含むことになるから，先に見たような損害賠償請求ないし不当利得返還請求は，この判決の既判力による確定判断と矛盾関係に立ち許されないというのである⁽¹⁶⁾。

評論

　1　(1)　判決要旨は「執行力の排除の請求」といっており，この文言によれば，本判決は請求異議訴訟の法的性質を形成訴訟と捉えていると思われる。もっとも，判決要旨のこの文言は当事者の主張に引きずられているだけであるとの評価もあるかもしれない。しかし，先に指摘したように従来の判例が一貫して形成訴訟説に従ってきたことに鑑みれば，本判決が(新)形成訴訟説以外の立場に立つならば，その旨を一言してしかるべきであったと思われるから，このようにいって差し支えないであろう。

　また，既に見たように，伝統的な形成訴訟説では債務名義に記載された請求権の存否範囲についての判断に既判力を生ぜず，この点が他の様々な見解を生み出す原因となった。すなわち，確認訴訟説，救済訴訟説，命令訴訟説および新確認訴訟説の各説は，この点の判断を既判力の対象として正面から取り込んでいる。これに対し，本判決は，ここで問題となっている既判力は，「直接には，……公正証書の執行力が存在することを確認するものである」とのみいっているから

---

(13)　竹下守夫「請求異議の訴え」同『民事執行における実体法と手続法』274頁以下（初出1983年），同「民事執行における実体法と手続法」同『民事執行における実体法と手続法』61頁以下（初出1984年）（以下，竹下・前掲注(13)はこの文献を指す）。
(14)　山木戸克己『民事執行・保全法講義〔補訂2版〕』92頁〈有斐閣・1999年〉。
(15)　竹下・前掲注(13)65頁。
(16)　中野・前掲注(2)②360頁以下，同・民執〔新訂4版〕244頁。注釈民執(2)384頁〔宇佐見隆男〕も，ほぼ同旨。

(直接には，請求権の存否範囲を確定するものではない，といっているから），確認訴訟説以下の各説に従っていないことは，この点からも明らかである。

のみならず，以下の点からいって，より積極的に，本判決は新形成訴訟説に従っているか，少なくとも強くそれを意識している，といってよいと思われる。すなわち，先に紹介した箇所では省略したが，新形成訴訟説は，「債務名義に表示されたとおりの執行債権が存在しないと判定されれば，それは，そのまま，原告たる債務者が債務名義の執行力の排除を求めうる地位を有することを意味し，間然する余地がない」との理由で，請求異議認容判決の既判力は請求権不存在の判断にも及ぶとする(17)。この理由と，本判決の「執行力は債権の存否範囲と直結している」との文言を対比すれば，上記のようにいうことができると思われる。

(2) 本件事案においては，請求を棄却した差戻前控訴審判決の既に確定した部分の既判力に，差戻後のXの主張が触れるかが問われている。形成訴訟説に立つ場合でも，この既判力は，判決要旨のいうように，上記部分につき本件公正証書の執行力が存在することを確定するものといえる。他方，Xの主張とは既判力の基準時前の種々の理由による本件準消費貸借契約の元の貸金の不存在・消滅をいうものであり，それを根拠に，結局，上記部分に係る執行力を含め，本件公正証書の執行力の全面的な排除を求めている。新たな事情もないのに同一部分についての執行力の排除を求めることは，執行力の存在を確定する判決の既判力に触れることは明らかである。ここで問われていることは，請求棄却判決後の，再度の請求異議訴訟が既判力に触れるかということと異ならず，この問題に関してなら，執行力の排除を求めうる地位の不存在を確定する前訴判決の既判力を理由に肯定の判断を示した判例が存在する（前掲最判昭和52・7・21）。

以上を要するに，形成訴訟説に立つ場合，判決要旨のように執行力は債権の存否判断に直結しているなどというまでもなく，同一の結論を導きえたはずである。このことは，新形成訴訟説に立つ場合でも異ならない。新形成訴訟説が執行債権と執行力の排除を求めうる地位の直結をいうのは，請求認容判決に関してである。本判決はこれを請求棄却判決に及ぼしており，新形成訴訟説を誤解しているのではないかとの疑問を拭いえない。債務名義に記載された請求権が存在していても，裁判以外の債務名義の成立についての異議が成り立たないか，当該債務名義により強制執行することが信義則違反ないし権利濫用として許されないのではないか，といったことが問題になりうる。新形成訴訟説のいうように，棄却判決の請求権存在の判断は訴訟物についての判断と必ずしも直結していないのである(18)。

---

(17) 中野・民執〔新訂4版〕246頁。なお，同・前掲注(2)② 358頁以下。
(18) 中野・民執〔新訂4版〕246頁。もっとも，中野・前掲注(2)② 359頁には，「請求異議訴訟の本案確定判決における執行債権存否の判断に既判力を認めても，……」とか，「執行債権の存否の判断につき既判力を認め……」という本判決も陥っている誤解を招き

15 請求異議訴訟における棄却判決の確定力（既判力）の範囲

2 最後に，新形成訴訟説そのものに対する疑問を簡単に述べておく。

先に見たように，この見解は，請求棄却判決の判決理由中の判断には既判力を認めないことを前提としつつも，主文中の執行力の排除を求めうる地位を否定した判断に，棄却判決後の同一事由による債務者側からの損害賠償請求，不当利得返還請求は矛盾するとする。

しかしながら，裁判以外の債務名義の成立に関する異議のみを主張した請求異議訴訟における棄却判決との関係では矛盾関係を認めるのが困難であることは，既に指摘されている[19]。これに対し，請求権の不存在のみを主張しての請求異議訴訟における棄却判決の場合には，上記の二つの請求はこの判決の判断に矛盾するように思われなくもない。だが，そう思われるのは，「請求権の存在」を肯定した部分にまで既判力を認めているからではなかろうか。

また，請求棄却判決が当該債務名義に記載された請求権の内容たる給付を当該債務名義による強制執行において実現することを容認する趣旨を含むからといって，同一事由による損害賠償請求や不当利得返還請求が許されないとは限らない。確かに，確定給付判決に基づいて取り立てられたものを不当利得として返還請求することはできない。しかし，仮払仮処分に基づいて取り立てられたものは，その仮処分命令をそのままに，通常訴訟により不当利得として返還請求されうるし，この場合には，不当仮処分を理由にした損害賠償請求も可能である。損害賠償請求や不当利得返還請求が許されないというためには，確定給付判決に関する場合のように，強制的実現を許された給付内容と損害賠償請求等が同一次元に立つ（ないしは同一の法的性質をもつ）ものであることを示す必要があるのではなかろうか。ここで問題となっているのは，執行力の排除を求めうる地位という執行法上の地位と実体法上の損害賠償請求権等なのである[20]。

新形成訴訟説には，以上のような疑問があると考えるが，筆者は，かつて，執行文付与の訴えに関し命令訴訟説に賛意を表したことがある[21]。請求異議訴訟に関しても，この立場に従いたい。

【補　遺】　本判例研究公表後の本判決解説として，須藤典明・判タ1096号平成13年度主民解（2002年）（既判力ではなく，信義則によってXの主張を排斥すべきであったとする），がある。

（初出・私法判例リマークス24号／2002年）

かねない表現が見出される。
(19)　竹下・前掲注(13)64頁。
(20)　竹下・前掲注(13)64頁。
(21)　石川明ほか編『注解民事執行法上巻』309頁〔野村秀敏〕（青林書院・1991年）。

16 担保を立てる方法として支払保証委託契約を締結するためにされた定期預金の払戻請求権につき転付命令を得た者による担保取消申立ての許否

最高裁平成 15 年 3 月 14 日第 2 小法廷決定
平成 14 年(許)第 32 号, 担保取消申立て却下決定に対する許可抗告事件
(判時 1852 号 76 頁・判タ 1127 号 118 頁・金法 1690 号 109 頁・金判 1179 号 20 頁)

事実の概要 AがYに対して金員の支払を命ずる仮執行宣言付第 1 審判決を得たところ, Yが控訴し, かつ, 強制執行の停止を申し立て (民訴 398 条 1 項 3 号〔現 403 条 1 項 3 号〕), 担保提供の方法としてB金融機関との間で支払保証委託契約を締結した (民訴 400 条 2 項〔現 403 条 2 項〕・76 条, 民訴規 29 条)。B金融機関は, Yがこの契約に基づき同機関に対して負担することあるべき求償債務を担保するため, Yに同機関に定期預金を差し入れさせた上で, その払戻請求権の上に質権を設定させた。Yに対する債権者Xが, Xへの金員の支払を命ずる債務名義に基づき, この払戻請求権について差押転付命令を得たところ, この命令は確定した。そこで, Xは, この定期預金の払戻しを得るために担保取消しの申立てをした (民訴 400 条 2 項〔現 403 条 2 項〕・79 条)。原々審がこの申立てを認めたかは不明であるが, 原審はこれを却下した。Xは, 原審の許可を得て, 最高裁に抗告に及んだ。(本稿〔初出の解説〕執筆時点では, 本決定はいかなる公刊物にも掲載されていない〔最高裁ホームページと判例時報 1816 号の最高裁判例要旨欄に決定文のみが掲載されている〕。そのため, 筆者は本誌〔法学教室〕編集部より提供を受けた決定書と許可抗告申立理由書にのみ基づいて本稿を執筆しており, 上記の事実関係はこれらから推測したものにすぎない。)

争点 担保を立てる方法として支払保証委託契約を締結するためにされた定期預金の払戻請求権について転付命令を得た者が担保の取消しの申立てをすることの許否。

決定要旨 抗告棄却。
「一定の金額を限度とする支払保証委託契約を締結するという方法によって担保を立てることを条件に, 仮執行宣言付第 1 審判決の強制執行を停止する旨の決定に基づき, 被告が, 金融機関との間で支払保証委託契約を締結するとともに, 上記金額と同額の定期預金をしたところ, 第三者が, 転付命令により, この定期預金払戻請求権を取得した場合において, 上記第三者が上記担保の取消しの申立てをすることはできないと解すべきである。」

16 支払保証委託契約の担保である預金債権の転付債権者の担保取消申立資格

解　説

1　支払保証委託契約の締結による担保の提供は，その経済的な長所が重視されて非常によく利用されるようになってきた（もっとも，現在の超低金利時代にあっては，経済的なメリットは大きくはない）。そして，それが法律上の要件となっているわけではないが（民訴規29条1項参照），支払保証委託契約を締結するに際しては，銀行等は，契約上の義務を担保権利者に対して履行した場合に将来取得することあるべき求償権を担保するため，担保提供者（委託者）に担保金額と同額の定期預金をさせ，それに質権を設定させることが多いといわれる（定期預金は，既に存在するそれを利用することもある[1]）。

しかしながら，民事保全事件や強制執行停止事件において損害担保のための担保を立てるべきことが命ぜられても，実際には，これに対して権利行使がされることは極めて少ない[2]。それ故，多くの場合に上記の定期預金債権は質権の拘束を免れることになり，しかも，その債務者（第三債務者）は金融機関という資力の確実な者であるから，担保提供者の債権者にとり非常に魅力的な財産として，転付命令の恰好の対象とされる。もっとも，とりあえずは上記債権は質権の拘束を受けているから，そのような質権の設定された債権が被転付適格を有するかという問題がないわけではないが，この点は，現在では，①最判平成12・4・7（民集54巻4号1355頁）によって積極の方向で解決されている[3]。ただ，それが転付されてしまえば，担保提供者としては質権の拘束を解くことに意義を見出しえなくなり，担保取消しの申立てをせずに放置することにもなりうるであろう。そこで，そのような場合に，転付債権者自身が担保取消しの申立てをなしえないかが問題となる。

2　支払保証委託契約の締結と並ぶもう一つの方法である供託によって担保を立てた場合に関しても類似の問題がある。すなわち，この場合の供託物取戻請求権の被転付適格にも問題がないわけではないが，この点は，質権の設定された債権とは異なって，従来から肯定されており，その上で，転付命令を得た債権者は自ら担保取消しの申立てをなしうると解されている（②大決昭和5・7・23新聞3165号7頁）。また，担保権利者が担保提供者に対する被担保債権以外の債権に関する債務名義に基づいて転付命令を得たときは，直ちに担保取消決定をなしう

---

(1) 以上につき，塚原朋一「判批」金法1202号14頁（1988年），東京地裁保全実務研究会編著『民事保全の実務〔新版〕下』12頁以下〔江頭公子〕参照（金融財政事情研究会・2003年）。
(2) 塚原・前掲注(1)16頁参照。
(3) この判決前の判例・実務・学説の状況とこの判決に対する学説の評価については，生野考司「判解」最判解説民平成12年度(上)405頁以下参照。

るとされている（③大決昭和7・11・18民集11巻2197頁[4]）。

3　支払保証委託契約の締結のためになされた定期預金の払戻請求権について転付命令を得た債権者の担保取消しの申立ての許否に関しては，過去，二つの下級審の裁判例が報告されている。まず，肯定説の④大阪高決昭和60・5・14（高民集38巻2号69頁）は，担保権利者自身が被担保債権以外の債務名義に基づいて転付命令を得た事案に関わるが，担保の実質を有するのは支払保証であるとともに定期預金債権でもあるからとの理由で，定期預金債権の転付とともに担保取消申立権も移転するとする。これに対し，⑤大阪高決平成9・11・21（判タ964号272頁）も同様の事案に関わるが，定期預金債権と支払保証委託者の地位は別個のものであること，定期預金債権への質権設定は支払保証委託契約に必ず伴うものではないこと，この方法による担保が担保として実効性があるのは保証人の銀行の支払能力の点にあり，預金債権にあるのではないことを指摘して，否定説を採用した。

学説には，（裁）判例②③④を列挙し，④の結論をも是認しているように見えるものもないではないが[5]，より自覚的な検討を加えるものは，支払保証委託契約と定期預金債権とが法律的にはなんら関係を持たないという裁判例⑤の第1の理由と同趣旨の理由により否定説に与している[6]。

本決定は担保権利者ではなく第三者が転付命令を得た事案に関わるが，転付命令を得た者が誰であるかに関わりなく否定説によるとの趣旨であろう。もっとも，本決定は否定説の理由を何も述べておらず，その点には不満が残るが，おそらく，学説と同様に，裁判例⑤の第1の理由を重視したものであろう。

これに対し，肯定説の裁判例④は，供託の方法による担保提供の場合に担保の実質を有するのは供託物でありその取戻請求権であるとの叙述の対比として先に紹介したようなことを述べているが，この叙述に対比するなら，支払保証とともに定期預金債権というのではなく，支払保証とともに銀行等に対する支払請求権としなければならないはずである。また，本決定の許可抗告申立理由書も供託物取戻請求権との対比を念頭におきながら裁判例⑤を縷々非難し，その第1の理由が当てはまるとしても，主物・従物の理論によって定期預金債権の転付に伴って，支払保証委託契約上の地位も移転すると解すべきであるとしている。しかしながら，たとえ，ここで主物・従物の理論を持ち出すことが適当であるとしても，担

---

[4]　事案は，供託有価証券の取戻請求権を差し押さえ，引渡命令を受けた者に関わるが，考え方は変わらない。ただし，この根拠に関しては，担保権利者の担保権の放棄を擬制し，その同意があった場合と同視できるとするものと，地位の混同であるとするものに見解が分かれている。注釈民訴(2)551頁〔吉野孝義〕参照。

[5]　注釈民訴(2)558頁〔吉野〕，秋山ほか・コンメ民訴Ⅱ92頁以下。

[6]　塚原・前掲注(1)16頁，上原敏夫『債権執行手続の研究』245頁（有斐閣・1994年）。

16 支払保証委託契約の担保である預金債権の転付債権者の担保取消申立資格

保として，まず問題とされるのは支払保証委託契約なのであるから，むしろ，この契約こそ主物と観念すべきではなかろうか。

4 　実務においては，裁判例⑤にもかかわらず，定期預金債権について転付命令を得た債権者が担保取消決定を得て，預金の払戻しを受けるという取扱いがなされてきたようである(7)。本決定はこの取扱いを否定しているが，そのような債権者が預金の払戻しを受ける方法として，これに代わるものがあるであろうか。

裁判例⑤は，担保権利者が担保権を放棄することにより定期預金債権上の質権を消滅させるという方法を示唆している。しかしながら，このような方法によって質権を消滅させるための実体的要件を満たすことができるとしても，ここで問題とされているのは担保取消しの申立資格という手続的要件であるから，この提案では解決方法にはならない（判例③の事案とは同列には扱いえない）。

債権者代位権による解決を示唆する見解もあるが(8)，これも解決方法にはならないであろう。確かに，担保取消申立権は債権者代位権の対象になるであろう(9)。しかし，質権の設定された債権が転付された場合，後に質権が実行されるか否かにかかわらず，転付命令の確定に伴って執行債権は券面額で確定的に消滅するから（判例①），担保提供者に対する被保全債権がなくなってしまう。もっとも，結果的に質権が実行されて，転付債権者が被転付債権から満足を得られなかった場合には，担保提供者に対する不当利得返還請求権が発生するから（判例①），これを被保全債権として債権者代位権を行使しうるのではないかとの考え方もあるかもしれない。しかし，そのような不確定な債権を被保全債権となしうるかは措くとしても，この不当利得返還請求権の発生には質権が実行されること，すなわち被保全債権の満足に供されるべき債権の消滅が前提とされる。ところが，ここでは，その債権から満足を得ることを最終的な目的として，担保取消申立権を代位行使することが問題となっている。前者の前提と後者の目的とは矛盾している。

結局，担保提供者に対する債権者としては，定期預金債権を差し押さえただけの段階で債権者代位権を行使して担保取消決定を得て，しかる後に転付命令の申立てをするしかないであろうか。そしてそうすると，この債権者にとって転付命令により独占的満足を得る可能性が減少してしまうが，それは債権者代位権が問題となる他の場合（たとえば，債権者代位権によって取消権を行使して債務者の責任財産に復帰させた債権に対して執行しようとする場合）と同様になるだけのことであるから，やむを得ないというべきであろうか。それとも，他に何か適切な工夫

---

(7) 判例①と本決定の許可抗告申立理由書（同一の代理人の手になる）がそれぞれ強調するところである。
(8) 塚原・前掲注(1)19頁。
(9) 東京地裁保全実務研究会編著・前掲注(1)57頁以下〔楡井英夫〕。

第 2 部　執行・保全法

はあるであろうか（支払保証委託契約の委託者の地位の差押え・管理命令〔民執 167 条・161 条〕と転付命令を併用するという方法も考えられないではないが，これにも種々の疑問がありえよう）。

　【補　遺】　本解説後の本決定評釈類として，上原敏夫・リマークス 29 号（2004 年）（結論賛成），中島弘雅・ジュリ 1325 号 235 頁以下（2006 年）（結論賛成），平田豊・判タ 1154 号平成 15 年主民解 214 頁以下（2004 年），三木浩一・法研 78 巻 4 号 121 頁以下（2005 年）（判旨賛成），山本和彦・金法 1716 号 52 頁以下（判旨正当），がある。

（初出・法学教室 277 号／2003 年）

17 抵当権の不存在・消滅と売却許可決定に対する執行抗告の理由

17 抵当権に基づく不動産競売において抵当権の不存在又は消滅を売却許可決定に対する執行抗告の理由とすることの可否

最高裁平成 13 年 4 月 13 日第 2 小法廷決定
最高裁平成 12 年(許)第 52 号，売却許可決定に対する執行抗告棄却決定に対する許可抗告事件
（民集 55 巻 3 号 671 頁・判時 1751 号 72 頁）

事　実　第 1 審決定に対する執行抗告の理由（民集 55 巻 3 号 678 頁以下参照）によると，本件物件に本件抵当権の設定登記がなされるに至った経緯は以下のようなものである。すなわち，X（抗告人）は 10 年程前から物忘れがひどくなり，長男で同居している A に実印や印鑑登録カードを預けるようになっていた。A は，平成 2 年，顔見知りの中国産カシミヤ輸入会社の社長 B から事業拡大のため取引先銀行からの借入れの債務保証をするように頼まれ，C 銀行に対し同輸入会社の連帯保証をしたほか，A および X が相続で取得した土地を C 銀行に担保提供した。ところが，主債務者が債務を履行せず，平成 4 年 2 月頃から C 銀行に担保物権の実行を迫られ，平成 4 年 8 月，D クレジット会社から保証債務履行のため多額の金銭を借り入れることにした。その際，本件物件を含む不動産に D 社のために抵当権を設定することが条件となっていたが，X が反対して抵当権の設定を承諾しないことが予想された。そこで，A は X に無断で本件物件を担保提供する手続をとることとし，預かっていた印鑑登録カードを勝手に利用して X の印鑑証明書の交付を受け，平成 4 年 8 月上旬，自宅応接室において，X から信頼されていることを奇貨として，一切の事情を知らせず，高齢で判断能力の減退した X に D 社が用意した金銭消費貸借並びに抵当権設定契約書，登記申請委任状等に署名させ，保管中の X の実印を無断で捺印して書類を完成させ，それら書類，印鑑証明書，登記済証等を D 社に渡した。そして，この結果，本件物件に D 社のために抵当権設定登記がなされるに至った。

その後，執行裁判所は，平成 11 年 12 月 10 日，D 社の申立てにより，本件抵当権に基づいて競売開始決定をし，平成 12 年 9 月 5 日，4 億 2,000 万円で入札した D 社自身に売却許可決定をした。X は，本件抵当権の設定の承諾をしたことはなく抵当権設定登記は無効であると主張して，この売却許可決定に対して執行抗告を提起した。抗告裁判所は，平成 12 年 11 月 6 日，担保権の不存在又は無効は売却許可決定に対する執行抗告の理由とはならないとして抗告を棄却した。そこで，X は許可抗告の申立てを行い，これが容れられた。

決定要旨　抗告棄却。
「抵当権に基づく民事執行法 43 条 1 項に規定する不動産（同条 2 項の規定によ

り不動産とみなされるものを含む。）を目的とする担保権の実行としての競売（以下「不動産競売」という。）においては，抵当権の不存在又は消滅を売却許可決定に対する執行抗告の理由とすることはできないものと解するのが相当である。けだし，執行裁判所は，抵当権の登記のされている登記簿謄本等が提出されたときは，抵当権の存否について判断することなく，不動産競売の手続を開始すべきものとされているとともに，抵当権の不存在又は消滅については開始決定に対する執行異議の理由とすることが認められていることにかんがみると，不動産競売の手続において抵当権の不存在又は消滅を主張するにはこの執行異議によるべきものであって，抵当権の不存在又は消滅は，売却不許可事由としての『不動産競売の手続の開始又は続行をすべきでないこと』（同法188条，71条1号）には当たらないというべきであるからである。」

評釈

決定要旨に賛成する。

1　担保権の実行としての競売手続において，担保権が当初から不存在であり，または事後的に消滅した場合には，債務者（ないし不動産の所有者）は，そのことを理由として競売手続を阻止しえなければならない。そして，そのための手段として，競売開始決定に対する執行異議（民執182条）のほか，担保権不存在確認の訴え（とそれを本案とする担保権実行禁止の仮処分）という二つの方法が認められることに争いはない。問題は，これらに加えて売却許可決定に対する執行抗告の方法が認められるかである。すなわち，問われているのは，担保権の不存在・消滅が売却不許可事由・執行抗告の事由たる「競売手続の開始又は続行をすべきでないこと」（民執188条・74条2項・71条1号）に該当するかである。

この問題については，民事執行法施行後間もない頃には積極説に立つ学説が有力に主張され，その旨の裁判例も存在したが，近時は，消極説が通説となっており，裁判例もそのほとんどがこの立場によっていた。そして，昭和年代の終わり頃には，売却許可決定以前の執行異議申立てが期待しにくい状況で提起される執行抗告で，しかも理由があるように見えるものに対する判例の態度は必ずしも明らかではないとの評価もなかったわけではないが[1]，他方で，消極説はもう動くことはないともいわれていた[2]。本決定は最高裁としても消極説を採用する旨を明らかにしたものであり，大方の予測に沿ったものといえる。

---

(1)　高橋宏志「不動産競売と担保権の不存在」ジュリ876号〔民事執行法判例展望〕106頁（1987年）。

(2)　佐藤歳二ほか「研究会」ジュリ915号〔民事執行法理論展望〕105頁〔中野貞一郎発言〕（1988年）。

2 最初に裁判例と学説の動向を概観しておく。

(1) 旧法下では，担保権実行としての競売（任意競売）の基礎は担保権に内在する換価権であると捉えられていたため，その不存在・消滅は競売手続を開始・続行すべきでない事由に直接該当するとされていた。すなわち，担保権の不存在・消滅を理由に，競売開始決定に対して異議申立てをなしうるのみならず，競落許可決定に対して即時抗告を申し立てることもでき，さらには，真に担保権が存在しなければ，競落人が代金を納付しても所有権を取得しえないと解されていた[3]。そして，即時抗告の条文上の根拠となる旧民訴法680条・672条1号は「強制執行ヲ許ス可カラサルコト又ハ執行ヲ続行ス可カラサルコト」（旧競売法32条2項により任意競売に準用）を競落許可決定に対する即時抗告の事由としてあげており，この文言は民執法71条1号に類似していた。そこで，民事執行法の施行後のこの問題に関する最初の裁判例である①東京高決昭和56・6・29（判タ450号95頁）は担保権の消滅の主張に関して実体判断を加えており，一応は積極説を前提にしているように思われる[4]。

もっとも，民事執行法は，特に法が認める場合に限り（民執10条1項），しかも手続上の瑕疵を理由とするものに限って執行抗告を許すこととしている。そこで，この点を重視すると，旧法下の解釈はもはや通用しないとも考えられる。②大阪高決昭和56・11・26（判時1043号67頁）は，このような考えにより消極説を採用した（ただし，この点のみを理由としているわけではない）。そして，③仙台高決昭和57・5・10（金判650号30頁），④仙台高秋田支決昭和57・5・19（判タ473号148頁），⑤大阪高決昭和57・8・19（金判660号40頁）も消極説によっている。

このように，明示的に積極説による裁判例は存在せず，また，消極説による裁判例が相次いでいるなかで，積極説を初めて詳しく展開したのが，⑥東京高決昭和57・12・23（判時1066号62頁）である。その最も重要な理由は，担保権の実行としての競売は，担保権という実体上の権利に内在する換価権能に基づいてなされるものであるから，担保権の不存在・消滅により換価権能がなければ競売手続を開始・続行できない性質のものであるという点にある。この裁判例が先に指摘した旧法下の考え方に強く依拠するものであることは明らかである。

しかしながら，その後も，⑦東京高決昭和58・8・24（判時1090号133頁），⑧東京高決昭和60・5・15（判時1184号77頁），⑨東京高決昭和60・6・13（判

---

[3] 旧法下の判例・学説については，斎藤秀夫『競売法』125頁，156頁注(30)，173頁注(15)（有斐閣・1960年）参照。

[4] ただし，先例としての価値は薄い（住吉博「⑦決定判批」昭和58年度重判解134頁(1984年)）とか，積極説かどうか疑問（竹下守夫「⑥決定判批」同『担保権と民事執行・倒産手続』108頁注(4)（有斐閣・1990年，初出1983年）という評価もある。

タ574号90頁），⑩東京高決昭和61・1・31（判時1184号77頁）と消極説による裁判例が相次いだ。そして，この時点で，先に見たようにやや慎重な評価はあるものの，消極説はもう動くことはないといわれていたわけであるが，⑪東京高決昭和62・10・27（判時1254号72頁）が現れて，実務の動向はなお流動的との評価が加えられた。すなわち，東京高裁は，この事案における抗告人の行為に着目し，それが著しく社会的妥当性を欠いているため執行抗告を認めて競売手続の進行を阻止することはできないとして，抗告を棄却しており，このような裁判所の態度が積極説を前提としていると理解されたのである(5)。だが，この事案においては担保権の不存在・消滅が生の形で執行抗告の理由とされたのではなく，抗告人は被担保債権を弁済して担保権登記の抹消を得，その抹消登記のされた登記簿謄本を執行取消文書（民執183条1項4号・2項）として裁判所に提出して執行抗告を提起したのであるから，この決定はここでの問題点については直接には何も述べていないとの理解も示されている(6)。のみならず，この決定は，「担保権の実行としての競売は，実体的には担保権に内在する権能としての換価権に基礎を置く」と積極説と同一のことを述べるが，続いて，「（そうではあるが，）手続的には一定の文書の提出によって開始されるのであり」としており，むしろ，ここでの問題点に関しては消極説に従っているように窺われなくもない。

次いで，⑫東京高決平成元・10・5（東高民時報40巻9〜12号117頁）も消極説を採用している。ただし，この事案では，担保権の不存在を理由として執行異議とそれに伴う執行停止の申立てに対する応答をしないまま売却許可決定がなされていたが，この決定は，この応答がない状態も民執法71条1号の「競売手続を続行すべきでない事由」に該当するものとし，抗告を認容している。

以上のように，平成年代に入ったごく初期の段階で裁判例の動向は消極説で固まったといってよい。そこで，その後は暫くこの問題に関する裁判例が報告されることはなくなっていたが，⑬東京高決平成7・1・23（判時1545号55頁）も消極説に従った。そして，今回，本件最高裁決定が示されたわけであり，これによりこの問題については，一般論としては消極説の線で完全に決着がついたといってよい。

(2) 裁判例の動向は上記のとおりであるが，学説上も，民事執行法施行後間もない頃に公にされた実務家諸氏の論考に積極説によったり(7)，それに理解を示し

---

(5) 判時1254号73頁の「⑪決定コメント」。
(6) 栗田隆「⑪決定判批」判評354号〔判時1276号〕201頁（1988年）。
(7) 田中康久『新民事執行法の解説〔増補改訂版〕』433頁以下（金融財政事情研究会・1980年），注釈民執(1)241頁〔田中康久〕，注解民執(5)155頁〔田中康久〕，田中康久「抵当権の実行」米倉明ほか編『金融担保法講座(1)』337頁（筑摩書房・1985年），富越和厚「換価」藤田耕三ほか編『民事執行法の基礎』134頁（青林書院新社・1983年），注釈民執(4)48頁注(21)〔近藤崇晴〕。

17 抵当権の不存在・消滅と売却許可決定に対する執行抗告の理由

たりするものがなかったわけではない(8)。しかし，当時から消極説も有力に主張されており(9)，現在ではほとんどこれ一色といってよい(10)。すなわち，学説の傾向も裁判例の動向に一致するのであるが，折衷的な見解もないわけではないし，また，かつて積極説に賛成していたある論者は，最近も，その見解を維持する旨を表明されている(11)。

　3　積極説と消極説は様々な論拠を提示しているが，その中には実質的なそれとはなり難いものもある。たとえば，先に紹介した裁判例②のあげる消極説の論拠は，民事執行法は他で例外的に実体異議，実体抗告を認めているし（民執182条・191条・193条2項），積極説のいうように担保権実行としての競売の基礎を捉えれば，担保権の不存在・消滅を民執法71条1号の文言に乗せることも可能であるから，論拠としては弱い。すなわち，真の問題の一つは，担保権実行としての競売の基礎をどこに求めるかの方にある。そして，本決定も競売開始決定に対して実体異議が認められているという実質的な論拠とはなり難い論拠をあげているが，そのような論拠を排除していくと，結局，実質的な論拠は，上記の競売の基礎という理論的な論拠と買受人の保護に関わる実際的な論拠に集約されよう(12)。

────────

(8) 岨野悌介「⑦決定解説」季刊実務民事法5号227頁（1984年）は，消極説には，「実体上の理由が抗告審の判断に服する機会がないことが一つの問題として残る」とし，浦野雄幸「民事執行法の諸問題(9)」曹時36巻2号229頁（1984年）は，積極説は，「理論的には支持できないが，実務上の処理としては全面的に否定できない面も含まれている」とする。また，浦野雄幸ほか「研究会・民事執行実務の諸問題(9)」判タ532号42頁〔米津稜威雄〕（1984年）も，抵当権の消滅が明白になっているのに，売却許可決定に対する抗告でいえないというのは，いきすぎだという気がするとする。

(9) 昭和年代の消極説として，高橋・前掲注(1)108頁，竹下・前掲注(4)105頁以下，同「担保権の不存在と競売手続内での救済方法」同『民事執行法の論点』198頁以下（有斐閣・1985年），住吉・前掲注(4)134頁，注解民執(3) 49頁〔三宅弘人〕，中野貞一郎「担保執行の基礎」同『民事手続の現在問題』475頁以下（判例タイムズ社・1989年，初出1986年），稲田龍樹「被担保債権の消滅を理由とする不服申立方法」大石忠生ほか編『裁判実務大系(7)民事執行訴訟法』271頁（青林書院・1986年），西澤宗英「⑧⑩決定判批」昭和61年度重判解140頁。

(10) 平成に入ってからの消極説として，西村宏一＝佐藤歳二編『注解不動産法(9)不動産執行』596頁〔原敏雄〕（青林書院・1989年），小川浩「⑫決定判批」判タ762号平成2年度主民解265頁（1991年），三谷忠之「⑥⑧決定判批」執行百選86頁以下（1994年），石渡哲「⑬決定判批」判評450号〔判時1567号〕209頁以下（1996年），注釈民執(8) 193頁〔廣田民生〕，林屋礼二編『民事執行法〔改訂第2版〕』309頁以下〔生熊長幸〕（青林書院・1996年），中野・民執〔新訂4版〕438頁以下，福永清貴「売却許可決定に対する執行抗告」塩崎勤＝澤野順彦編『新・裁判実務大系(7)不動産競売訴訟法』47頁（青林書院・2000年），内山衛次「本決定判批」法教255号118頁（2001年）。

(11) 注釈民執(8) 92頁以下〔近藤崇晴〕，近藤崇晴「担保権実行に対する実体異議」近藤ほか編『民事執行の基礎と応用〔補訂増補版〕』84頁（青林書院・2000年）。

(12) 石渡・前掲注(10)209頁，注釈民執(8) 84頁〔近藤〕参照。

(1) 積極説の理論的な論拠に対し，消極説は以下のように反論する[13]。すなわち，民事執行法は，担保権実行としての競売においては債務名義を要求してはいないが，やはり一定の文書（民執181条1項）の提出があれば担保権の存否を調査することなく手続を開始してよく，しかも執行異議・担保権不存在確認の訴え等によって担保権の不存在が認められない限り，それを最後まで進めてよいとしている。したがって，この一定の文書の性質を債務名義に準ずるものと見るか，法定証拠と見るかについては争いがあるものの[14]，いずれにせよ，競売の基礎は一定の文書の有効な存在にあるのであり，担保権の不存在・消滅が直ちに競売手続の違法につながるわけではない。本決定は，これと同趣旨のことも論拠としてあげている。

消極説のこの反論に対しては，積極説からの以下のような再反論がある[15]。民執法181条1項文書の性質は法定証拠と捉えるべきであるが，このような理解を前提とすれば，理論的な論拠については積極説の方に分があり，裁判例②のいうことに賛成できる。もっとも，ここでは，手続の開始後に抗告人の主張立証によって担保権の存在が認められないこととなるという状況を考えているのであるから，「競売手続の開始をすべきでない事由」ではなく，「競売手続の続行をすべきでない事由」があることになる。

(2) 買受人の保護に関しては，消極説から，担保権の不存在・消滅を理由にした執行抗告を許すと，結局，その主張が理由がない場合にも，売却許可決定の確定が遅れ，買受人の所有権取得が遷延させられると主張される[16]。先にも述べたように，民事執行法は，特に法が認める場合に限り，しかも手続上の瑕疵を理由とするものに限って執行抗告を許すこととしているが，これ自体だけでは消極説の論拠としては弱いと考えられる。しかし，こうされていることの根拠にまで遡って考察すれば，それは旧法下において即時抗告が執行妨害・執行遷延のために濫用されたことへの反省にあるのであるから[17]，この消極説の論拠はかなり重要に思われる。積極説を前提とすると，債務者が取り敢えず売却許可決定に対して執行抗告を提起して時間稼ぎをしておき，その間に弁済資金を調達して弁済したうえ，改めて執行異議を申し立てるという策謀を許すことになるとの指摘もあったりするのである[18]。

---

(13) たとえば，竹下・前掲注(4)106頁以下，同・前掲注(9)200頁。
(14) 債務名義説として，たとえば，竹下・前掲注(4)106頁，同・前掲注(9)200頁，同「民事執行請求権」同『民事執行法の論点』38頁（有斐閣・1985年）。法定証拠説として，たとえば，中野・前掲注(9)467頁以下，同・民執〔新訂4版〕330頁以下注(3)。
(15) 注釈民執(8)94頁以下〔近藤〕，近藤・前掲注(11)84頁。
(16) たとえば，竹下・前掲注(4)105頁。
(17) 田中・前掲注(7)『新民事執行法の解説』33頁以下参照。
(18) 竹下・前掲注(4)105頁。

もっとも，実体上の理由による執行異議は代金納付時まで可能と解されている。そこで，積極説から，消極説によっても，売却許可決定後の執行異議の申立てと執行停止の仮の処分によって買受人の所有権取得は遷延させられるのであり，結局，同じことであるとの反論がないわけではない(19)。

　(3)　評釈者も消極説に賛成する。理由付けとしても従来からの議論に特に付け加えるべきものを有しないが，ただ，積極説から消極説への反論ないし再反論について一言しておきたい。

　まず，理論的な論拠に関わる再反論であるが，これは論理として逆転しているように思われる。すなわち，法定証拠説は，民執法181条1項文書を担保権の存在を証する法定証拠と捉えるのであるが，積極説からの再反論は，抗告人の主張立証によりこの点の証明が破られれば，競売手続を続行すべきではないという趣旨であろう。しかし，法定証拠説に立つならば，ここで問われるのは，この点の証明を破る（担保権の不存在・消滅を証明する）ことをどのような手続によって行うことが認められるかなのであるから，既にこの証明が破られていることを前提としている上記の再反論は論理として成り立っていないのではなかろうか。

　また，買受人の保護に関わる反論については以下のようにいうことができる。執行抗告の提起があれば，売却許可決定の効力の発生は自動的に阻止される（民執74条5項）。これに対し，執行異議にあっては，その申立てがあっても自動的に執行停止の効力を生ずるわけではないし（民執11条2項・10条6項前段参照），たとえ執行停止の仮の処分の発令があっても，売却決定期日後ではもはや手続は停止されないことになっている(20)（民執188条・72条2項）。つまり，この場合には，買受人が代金を納付する前に開始決定を取り消す旨の裁判（民執183条1項5号）まで取得する必要があるのであるから，決して，担保権の不存在・消滅を理由とした執行抗告を許す場合と同一ではない。

　4　先にも指摘したように，折衷的な見解もないわけではない(21)。この見解は，競売開始決定に対する執行異議において担保権の不存在・消滅が主張されたが，それが容れられなかった場合にのみ，執行抗告においてこの点を不服の理由とす

---

(19)　注釈民執(8)95頁〔近藤〕。
(20)　竹下・前掲注(4)104頁，大濱しのぶ「⑪決定判批」法研70巻3号119頁。なお，付言するに，民執法72条3項の担保権実行としての競売への準用の有無については争いがあるが（積極説として，注釈民執(8)191頁以下〔廣田〕。消極説として，奈良次郎「民事執行の停止・取消し」竹下守夫＝鈴木正裕編『民事執行法の基本構造』202頁（西神田編集室・1981年），三宅弘人「買受人の地位」鈴木忠一＝三ヶ月章監修『新・実務民事訴訟講座⑫』286頁注(26)（日本評論社・1984年）），72条2項が準用されることには問題はない。
(21)　栗田・前掲注(6)203頁。これは，③決定はこの折衷説をとったと解する余地もあるという。

ることを認める。論拠は，担保権の存否に関する不当な執行裁判所の判断による不利益を所有者に課すべきではないということと，民執法182条に関する判例法の展開のためとの2点にある。しかし，これは，競売開始決定に対する執行異議を却下する決定に対する執行抗告を認めるべきであるとの立法論にしかなっていないのではなかろうか[22]。

ところで，民事執行法施行後間もない頃の実務家諸氏の論考に積極説が多かったのは，旧法下の取扱いに引きずられたという面もないではないであろうが，それのみではなく，真に担保権が不存在・消滅であれば，なるべく後まで所有者に救済の途を残しておいてやらなければ具体的妥当性に欠ける場合がありうるとの実務感覚が働いたこともあるのではなかろうか。しかし，そのような場合が本当にあるのであれば，緊急避難的な救済で足りるのではないかと指摘されている[23]。つまり，信義則や権利濫用などの一般条項による修正の可能性ならどのような法制度の運用，解釈にもありうるのであるから，解釈論としては消極説を妥当としてよいというのであろう。

上記と同一のことは，もう一つの折衷説についてもいいうる。この見解は，裁判例⑫に示唆を受け，担保権の不存在・消滅を理由とする執行異議の申立てに応答のないまま売却許可決定をなすことは許されず，そうされた場合には「手続を続行すべきでない事由」を無視したものとして執行抗告をなしうるとする[24]。だが，このような立場によると，売却決定期日直前に執行異議の申立てをして手続を遷延させることが可能になると，既に指摘されている[25]。この折衷説はこの指摘に対しても一応，応えているが，執行異議の申立てが売却許可決定の直前か直後かは偶然の事情に係ることが多かろう。偶然でなしに直前であれば，むしろそれは濫用的なものである蓋然性が高い。ずっと前であれば，合理的な理由なしに執行異議の申立てが無視されることはないであろう。そして，そうであれば，前であるからといって一律に救済するのではなく，後の場合と同様に，緊急避難的な救済で足りるのではなかろうか。

5 最後に，本件事案に特有な事情について触れておく。

民執法184条は，担保権の実行としての競売における「代金の納付による買受人の不動産の取得は，担保権の不存在・消滅によって妨げられない」として，競売の公信的効果を認めている。この効果の理論的論拠については種々の説明があるが[26]，いずれの見解に従おうとも，本件事案におけるように，担保権の不存

---

(22) 石渡・前掲注(10)210頁。
(23) 髙橋・前掲注(1)108頁。
(24) 大濱・前掲注(20)117頁以下。
(25) 小川・前掲注(10)265頁。
(26) この点については，中野・前掲注(9)478頁以下，同・民執〔新訂4版〕348頁以下，

在・消滅にもかかわらず競売を申し立て，あるいは追行した申立債権者自身が買受人となっているような場合には，売却不動産の所有者に犠牲を強いてまで買受人を保護する必要はないとして，上記184条の適用は否定されている[27]。それ故，本件事案のXとしては，D社の所有権取得を否定し，本件物件の返還を請求する可能性をなお排除されているわけではない[28]。

【補　遺】　本評釈後の本判決評釈類として，安達栄司・NBL 749号58頁以下（2002年），石川明・判タ1095号85頁以下（2002年）（消極説），上原敏夫・金判1652号60頁以下（2002年），遠藤功・平成13年度重判解135頁以下（2002年）（消極説），大西武士・金判1651号4頁以下（2002年），同・判タ1102号69頁以下（2002年）（消極説），栗田睦雄・法研74巻12号109頁以下（2001年）（判旨賛成），東京地方裁判所民事執行センター実務研究会・判タ1103号38頁（2002年），志賀剛一・金判1640号196頁以下（2002年）（消極説），名津井吉裕・執行・保全百選〈第2版〉52頁以下（2012年）（消極説），日比野泰久・リマークス25号130頁以下（2002年）（消極説），矢尾渉・ジュリ1225号74頁以下（2002年），同・最判解説民平成13年度（上）419頁以下，同・時の判例Ⅲ173頁以下（2004年），綿貫穣・判タ1096号平成13年度主民解196頁以下（2002年），等がある。

（初出・判例評論518号〔判例時報1773号〕／2002年）

注解民執(5) 248頁以下〔高橋宏志〕参照。
(27)　中野・前掲注(9) 481頁以下，同・民執〔新訂4版〕349頁，注解民執(5)〔高橋〕。ただし，反対，三宅・前掲注(20) 289頁以下。
(28)　内山・前掲注(10) 118頁。

18 地上建物に対する仮差押えが本執行に移行して強制競売手続がされた場合において，土地および地上建物が当該仮差押えの時点で同一の所有者に属していたが，その後に土地が第三者に譲渡された結果，当該強制競売手続における差押えの時点では同一の所有者に属していなかったときの法定地上権の成否

最高裁平成28年12月1日第1小法廷判決
平成27年(受)第477号，損害賠償等・境界確定等請求事件
（民集70巻8号1793頁・金判1520号28頁）

事実の概要　Aは，平成14年5月23日当時，甲土地，乙土地およびこれらの土地上にある本件建物を所有していた。本件建物および乙土地につき，平成14年5月23日，本件仮差押えがされた。Aは，平成19年3月26日，甲土地をX（AXは夫婦である）に贈与した。本件建物および乙土地につき，平成20年2月20日，本件仮差押えが本執行に移行することによって本件強制競売手続の開始決定による差押えがされた。Yは，本件強制競売手続における売却により，本件建物および乙土地を買い受けてその所有権を取得した。Yは，平成21年7月29日から，本件建物，乙土地および甲土地を占有している。

Xは，甲土地を占有するYに対し，甲土地の所有権に基づき，甲土地の一部の明渡しおよびYが占有を開始した平成21年7月29日から上記明渡し済みまでの賃料相当損害金の支払を求めるなどして提訴したところ，本件仮差押えがされた時点で，本件建物とその敷地の一部である甲土地が同一の所有者に属していたことによって，本件建物につき法定地上権が成立するか否かが争いとなった。

原々審（福岡地直方支判平成24・11・30民集70巻8号1800頁・金判1520号36頁）および原審（福岡高判平成26・11・21民集70巻8号1813頁・金判1520号31頁）は法定地上権の成立を否定したが，Yの上告受理申立てが認められた。

判決要旨　一部破棄差戻し・一部棄却。

「(1)　地上建物に仮差押えがされ，その後，当該仮差押えが本執行に移行してされた強制競売手続における売却により買受人がその所有権を取得した場合において，土地及び地上建物が当該仮差押えの時点で同一の所有者に属していたときは，その後に土地が第三者に譲渡された結果，当該強制競売手続における差押えの時点では土地及び地上建物が同一の所有者に属していなかったとしても，法定地上権が成立するというべきである。その理由は次のとおりである。

民事執行法81条の法定地上権の制度は，土地及び地上建物が同一の所有者に属する場合には，土地の使用権を設定することが法律上不可能であるので，強制競売手続により土地と地上建物の所有者を異にするに至ったときに地上建物の所

有者のために地上権が設定されたものとみなすことにより，地上建物の収去を余儀なくされることによる社会経済上の損失を防止しようとするものである。そして，地上建物の仮差押えの時点で土地及び地上建物が同一の所有者に属していた場合も，当該仮差押えの時点では土地の使用権を設定することができず，その後に土地が第三者に譲渡されたときにも地上建物につき土地の使用権が設定されるとは限らないのであって，この場合に当該仮差押えが本執行に移行してされた強制競売手続により買受人が取得した地上建物につき法定地上権を成立させるものとすることは，地上建物の収去による社会経済上の損失を防止しようとする民事執行法81条の趣旨に沿うものである。また，この場合に地上建物に仮差押えをした債権者は，地上建物の存続を前提に仮差押えをしたものであるから，地上建物につき法定地上権が成立しないとすれば，不測の損害を被ることとなり，相当ではないというべきである。

(2) これを本件についてみると，前記事実関係等によれば，本件強制競売手続は本件仮差押えが本執行に移行してされたものであり，本件仮差押えの時点では本件建物及び甲土地の所有権はいずれもAに属していたから，本件強制競売手続によりYが本件建物の所有権を取得したことによって，本件建物につき法定地上権が成立したというべきである。」

研　究

1　本判決の意義

　民法388条の法定地上権の制度は，土地・地上建物の一方または双方に抵当権の設定がある場合を前提としており，そのいずれにも抵当権の設定がない場合には射程が及ばない。そこで，この欠を補うために設けられたのが民事執行法81条の法定地上権の制度であるが，その成立要件は以下の四つである。すなわち，土地上の建物の存在（物理的要件），当該土地・建物の同一所有者への帰属（所有者要件），土地または建物の差押え，売却により所有者を異にするに至ったことであるが，これらのうちの物理的要件と所有者要件に関しては，その充足の有無を何時の時点を基準に判断するかの基準時の問題が問われる[1]。そして，この問題に関しては民事執行法制定後の間もない時期に学説上は相当の議論がなされたが，従来，下級審のそれを含めても公表判例は存在しなかった。本判決は所有者要件の基準時に関する初めての最高裁判決であり，差押え時説を採用した原々審判決，原審判決とは異なって，仮差押え時説を明言している。

---

(1) 物理的要件と所有者要件とは別個に扱われる。ここでは，後者のみを考察する。

2　従来の学説

(1)　上記のようにこれまで公表判例は存在しないので，学説上の議論を見てみるが，この所有者要件の基準時の問題に関しては売却時説と差押え時説，さらに仮差押えが先行する場合には仮差押え時説が主張されてきた[2]。

(2)　このうち売却時説は，①民事執行法81条の法定地上権の場合，抵当権設定時に抵当権者が抱いたような建物敷地利用権を考慮した価値把握の意思が差押債権者には存在しないと思われること，②差押え時から売却時までの事情変更によって生ずる問題を回避できて法的解釈を単純化できることを理由とする[3]。また，この説が「『売却により』所有者を異にするに至ったとき」という法の文言に沿っていることも指摘される[4]。

しかしながら，ⅰ売却時説は，現行の執行手続のシステム上，差押え時以降の所有者の変更を執行裁判所が把握し得る体制になっていないと批判される[5]。さらに，ⅱこの説をとると，土地の差押え後執行による売却前に建物を譲渡した場合法定地上権は成立しないし，建物譲渡に際して設定された土地利用権も土地の買受人に対抗できないが，売却後に建物を譲渡すると法定地上権付きの譲渡ということになり，それを土地の買受人に対抗し得ることになって，執行による売却の先後でこのような差が生じてしまうのは不合理であるとの指摘もある[6]。

(3)　差押え時説の根拠は，以下のようなものである[7]。①民事執行法は差押えと仮差押えを区別して使い分けており（民執59条・87条等），差押え時説が81条の文理に忠実である。②仮差押えの手続は売却を含まず，売却はあくまで差押えに基づいて行われる。③土地・建物が同一の所有者Sに属し，建物のみにGから仮差押えがあった後，SからAへの土地譲渡，Gによる建物仮差押えの本執行への移執行がなされるという場合（本判決の事案）には，土地譲渡の際に土地の

---

[2]　そのほか，物件明細書作成時説もあり得るとされるが，執行裁判所の内部的な事務処理によって法定地上権の成否が判断されるのは不合理であるとされ（東京地裁民事執行実務研究会編著『改訂不動産執行の理論と実務（上）』303頁（法曹会・1999年）），これを採用する者はいない。

[3]　注解民執(3)194頁〔東孝行〕。

[4]　東京地裁保全研究会『民事保全実務の諸問題』126頁（判例時報社・1988年）参照。

[5]　東京地裁保全研究会・前掲注(4)126頁等，多くの見解が一致してこの点を指摘する。

[6]　東京地裁保全研究会・前掲注(4)126頁。

[7]　①～④は，中野＝下村・民執425頁，440頁，佐藤歳二ほか「研究会」ジュリ915号〔民事執行法理論展望〕55頁〔中野貞一郎発言〕(1988年)，⑤は，宇佐美隆男＝浦野雄幸ほか・ジュリ増刊〔民事執行セミナー〕133頁〔竹下守夫発言。ただし，後に改説〕(1981年)。そのほかの差押え時説として，浦野雄幸『条解民事執行法』363頁（商事法務・1985年），注釈民執(4)184頁〔原田和徳〕，新基本法コンメ民執248頁〔藤本利一〕。そのほか，差押え時説と仮差押え時説を詳しく検討するものとして，富越和厚「差押え・仮差押えの効力(8)」金法1016号26頁以下（1982年）参照。

利用権を約定することが可能であり，それがあればGとしてもその効力を否定する理由はない。④この③の事案で，土地譲渡後，Gの移執行前にAの債権者Fが土地を差し押さえることがあり得る。この場合，仮差押え時説によると，土地の競売による買受人は約定利用権の負担を受けるのか（仮差押えの移執行がない場合），法定地上権の負担を受けるのか（移執行がある場合）が仮差押えの消長により左右されてしまう。⑤同様の事案で，土地利用権が賃借権であるとして土地の譲渡を受けたAの信頼を保護すべきである。

このうちの①に対しては，ⅰ条文の体裁だけで結論を出すのは早計である[8]との，③に対しては，ⅱ土地譲渡に際して確固たる約定利用権が設定される保障はどこにもない[9]，との反論がなされる。また④については，ⅲ仮差押え後に設定された抵当権に基づいて競売申立てがなされた場合のように，仮差押えの処分禁止効の仮定性により手続が影響を受ける場合はほかにもあるから，これは仮差押え時説を排斥する決定的理由とはならないと指摘される[10]。⑤については，ⅳ建物付きの土地の譲渡を受ける者は地上建物の登記簿を調査すべきであり，そこに仮差押えの登記があれば法定地上権の成立を予期し得ると指摘される[11]。

これに対し，仮差押え時説の根拠は，①仮差押えの効力は本執行に移行すれば仮差押え後の処分行為を否認するという意味で，本執行の効力と何ら差異はないから，本差押え時点よりも仮差押え時点で所有者要件の具備の有無を判断した方が自然であり，執行の保全という仮差押えの目的に適合しているというにある[12]。②仮差押えをした債権者がその時点で把握した担保価値の確保という観点（これは売却時説の根拠①に対する反論ともなろう）も指摘されるが[13]，この観点は執行の保全の趣旨を言い換えたものであろう。

(4) 公表判例は存在しなかったが，東京地裁執行部，東京地裁保全部所属の裁判官・書記官諸氏の手になる実務家向け文献[14]がいずれも仮差押え時説によっていることから，実務ではこの立場による取扱いが有力なものと推測されている[15]。

---

(8) 難波孝一「法定地上権」大石忠生＝岡田潤＝黒田直行編『裁判実務大系(7)民事執行訴訟法』244頁（青林書院・1986年）。
(9) 東京地裁保全研究会・前掲注(4)133頁，難波・前掲注(8)244頁。
(10) 東京地裁保全研究会・前掲注(4)134頁。
(11) 佐藤ほか・前掲注(7)56頁〔鈴木禄彌発言，佐藤歳二発言〕。
(12) 難波・前掲注(8)244頁。
(13) 佐藤ほか・前掲注(7)56頁〔竹下発言〕。東京地裁保全研究会・前掲注(4)133頁が「執行の対象としての価値の保存」というのも同旨であろう。
(14) 前掲注(13)の東京地裁保全研究会の文献のほか，東京地裁民事執行実務研究会編著・前掲注(2)308頁，八木一洋＝関述之編著『民事保全の実務〔第3版増補版〕(上)』200頁以下〔谷有恒〕（金融財政事情研究会・2015年）。
(15) 金判1520号29頁の本判決コメント参照。

3　検　討

(1)　以上のような学説状況の中にあって，原々審と原審判決は，差押え時説の根拠①②③をあげて差押え時説を採用している。これに対し，本判決は仮差押え時説を採用し，その根拠として，ⓐ仮差押え時点では約定利用権を設定することが不可能であったこと，ⓑその後の土地譲渡時に土地利用権が設定されるとは限らないこと，ⓒ地上建物の収去による社会経済上の損失の回避の必要性をあげている。また，ⓓこの場合の仮差押債権者は地上建物の存続を前提に仮差押えをしたものであるから，法定地上権の成立を認めないと不測の損害を被るとも指摘している。

ⓐは仮差押え時にいかなる者にとっても約定利用権を設定し得なかったことを，ⓑ（差押え時説に対する反論ⅱ）は建物買受人（譲受人）がその意思のみでは約定利用権を取得し得ないことを意味しよう。本判決はこれらのことが当てはまる場合には，法定地上権によりⓒのことを貫徹させなければならないと考えたものであろう。ⓓも，土地譲渡時に利用権の設定がない場合における仮差押債権者の保護をいうものであり[16]，ⓑを重視することと関連するし，仮差押え時説の根拠①②とも通ずるものである。

無論，土地利用権が設定される場合もある。その場合，それが差押債権者にとって法定地上権より有利な約定利用権であれば建物が競売されたときに生かされ，不利な場合には法定地上権が成立するという考え方もあり得ないではないが[17]，この有利・不利の判定は困難なことも多かろう。それ故，上記のⓐⓑと競売手続の安定を重視し，本判決に賛成したいと思う。

(2)　そもそも債務者が土地付き建物を所有しているのであればその双方を仮差押えすればよく，そうしておけば土地のみが譲渡された場合にも，仮差押債権者は移執行に際してそれを無視し得るのであるから法律の文言により忠実に差押え時説をとるべきであるとの考え方はあり得る[18]。

---

(16)　ただし，本件では地上建物が既に売却されているので，法定地上権が成立しないとすると損害が発生するのは仮差押債権者ではなく買受人Yについてである。LLI判例秘書「判例番号L07110060の解説」4(4)が指摘するように，本判決の意図は，あくまでも一般論として，仮差押えをする段階における仮差押債権者の利益に焦点を当てるところにあろう。

(17)　佐藤ほか・前掲注(7)55頁〔鈴木（禄）発言〕。

(18)　佐藤ほか・前掲注(7)55頁〔中野発言〕。ただし，このような考え方に対する反論として，LLI判例秘書「判例番号L07110060の解説」4(3)が，移執行となれば超過売却となる場合の措置（民執73条）がとられることになると考えられるが，これはあまり合理的ではないと指摘するのは的を射ていない。この場合には一括売却（民執61条本文）となるであろうし，一括売却の場合には超過売却について考慮することは不要と解されている（注解民執(3)90頁以下〔園尾隆司〕）からである。もっとも，民執法61条但書との関係

18 強制競売手続における法定地上権成立のための所有者要件の基準時

　本件事案においては，本件建物は甲土地と乙土地上に跨って所在するが，大部分は乙土地上にあり，甲土地上にはみ出している部分はわずかである。そして，甲土地と乙土地の間には境界に争いがあり，本件訴訟には境界確定の訴えが併合提起されていた。つまり，仮差押債権者としては，本件建物は乙土地上に収まっているから甲土地まで仮差押えする必要はないと考えたが，境界が仮差押債権者（ひいては買受人Ｙ）側にとって不利に引かれてしまったために，結果として，本件建物が仮差押えがなされていない甲土地にもはみ出しているということになってしまったのではなかろうか。そうであれば，甲地に対しても仮差押えをしておかなかったからといって，法定地上権の成立を認めずにそうしなかった者の救済を否定するのは相当ではないのではなかろうか。

　(3)　最後に，所有者要件との関連で仮差押えが関連し，かつ，差押え時説と仮差押え時説とで結論が異なってくる若干の事例に言及する。

　㋐土地・建物が同一の所有者Ｓに属し，土地のみに仮差押えがあり，ＳからＡへの建物譲渡後，Ｇによる土地仮差押えの本執行への移執行がなされるという場合，ＡＳ間で土地について利用権を約定することは一応は可能である。しかし，この約定利用権は土地仮差押えの処分禁止効に対抗できないから，本執行がなされるとその効力は否定されることになる。したがって，この場合は，建物の譲受人が土地所有者に対抗し得る土地利用権を自らの意思では取得し得ない場合として（ⓐのほか）ⓑの事情があるといえ，本判決の射程はここにも及ぶものと解する。差押え時基準説によったのでは，Ａは何らの土地利用権も取得し得ない[19]。

　㋑土地・建物が同一の所有者Ｓに属し，土地のみに仮差押えがあり，ＳからＡへの土地・建物双方の譲渡後，Ｇによる土地仮差押えの本執行への移執行がなされるという場合，差押え時説では仮差押えの処分禁止効により土地譲渡の効果は無視されるために差押え時に土地はＳ，建物はＡに帰属すると評価されることになって法定地上権の成立は否定されそうであるが，この結論は適切ではあるまい[20]。ここでは（建物譲受人にとり）約定利用権を設定する機会がないのであるから（ⓐに加えて）ⓑのことが当てはまり，本判決の射程が及ぶと解する。㋒同様の事例で，建物のみに仮差押えがあり，ＳからＡへの土地・建物双方の譲渡後，

で債務者の同意が得られず一括売却とならないことがあり得るが，この場合には土地または建物の一方の売却の実施は留保されることになり（注解民執(3) 88頁〔園尾〕参照。なお，土地・建物の仮差押え後，本執行への移行までに土地が譲渡されており，その際に土地利用権が設定されていないときは，必ず土地の方を売却すべきことになろう），超過売却の問題とはならない。

(19)　東京地裁保全研究会・前掲注(4) 134頁，東京地裁民事執行実務研究会編著・前掲注(2) 308頁。法定地上権の成立を否定する見解として，中野＝下村・民執440頁，新基本法コンメ民執248頁〔藤本〕。

(20)　東京地裁保全研究会・前掲注(4) 134頁。

Gによる建物仮差押えの本執行への移執行がなされるという場合にも，同じことがいえる。

㋧土地がS，建物がAに属し，土地にGから仮差押えがあった後，AからSへの建物譲渡，Gによる土地仮差押えの移執行という場合，および，㋨同様の事例で，建物にGから仮差押えがあった後，SからAへの土地譲渡，Gによる建物仮差押えの移執行という場合には，Gに対抗し得る約定土地利用権をSA間で設定し得る機会があったのであるから，ⓐの事情は存在せず，本判決の射程は及ばないものと解する。㋧の場合に差押え時説をとって法定地上権の成立を肯定すると，仮差押債権者の保全の目的を阻害するおそれがある[21]。㋨の場合に法定地上権の成立を認めて，約定利用権の存続を予期していたであろう仮差押債権者をより保護する理由もないように思われる[22]。仮差押え時説により約定利用権を生かす方向で考えるべきである。

本判決は差押え時説の根拠③にあげられた事案に関するものであり，その射程はあくまでそれに限られるとの評価もあるが[23]，ⓐⓑの事情が当てはまる場合には，その事案以外の場合にも射程が及ぶと解したい。

【補　遺】　本判例研究公表後の本判決評釈類として，杉本和士・法教439号126頁（2017年），野村武範・ジュリ1509号91頁以下（2017年），栗田隆・関法67巻4号92頁以下（2017年）（本判決に賛成しつつ，AX間の土地譲渡に際して約定利用権の設定があれば，Yはそれと約定利用権とを選択しうるとする），柳沢雄二・名城67巻1号269頁以下（2017年）（本文〔研究〕欄3(3)㋐㋒の場合にも法定地上権を認める），松村和徳・リマークス56号126頁以下（2018年）（結論には賛成するが，差押え時説を基本とすべきであって本判決の射程は限定的），がある。

（初出・金融・商事判例1520号／2017年）

---

[21]　東京地裁保全研究会・前掲注(4)135頁，難波・前掲注(8)244頁。差押え時説では，単純にその立場を一貫させて法定地上権の成立を肯定する見解（注釈民執(4)183頁〔原田〕）と，Sの建物取得による自己借地権に相当する状態の作出について民執法59条2項を類推してそれを否定する見解（中野＝下村・民執440頁，新基本法コンメ民執248頁以下〔藤本〕）に分かれている。

[22]　東京地裁保全研究会・前掲注(4)135頁，佐藤ほか・前掲注(7)53頁〔竹下発言〕。法定地上権の成立を肯定する見解として，中野＝下村・民執440頁，佐藤ほか・前掲注(7)53頁〔中野発言〕，注釈民執(4)183頁〔原田〕，新基本法コンメ民執248頁〔藤本〕。

[23]　金判1520号30頁の本判決コメント参照。

19 配当異議の訴えにおいて競売申立書の被担保債権の記載と異なる真実の権利関係に即した配当表への変更を求めるための要件

最高裁平成 15 年 7 月 3 日第 1 小法廷判決
平成 14 年(受)第 1873 号，配当異議事件
(裁時 1343 号 202 頁・判時 1835 号 72 頁・判タ 1133 号 124 頁・金法 1690 号 116 頁・金判 1179 号 8 頁)

要旨 配当異議の訴えにおいて，競売申立書における被担保債権の記載が錯誤，誤記等に基づくものであること及び真実の被担保債権の額が立証されたときは，真実の権利関係に即した配当表への変更が求めることができる。

事実の概要 Xは，A社に対する債権を担保するために，物上保証人B外2名所有の本件各不動産につき，被担保債権の極度額を8,000万円とする本件根抵当権の設定を受け（共同抵当），既に登記されていたC銀行の抵当権，根抵当権の外，D社の根抵当権に次いで，その旨の登記を経由した。その後，Xは本件各不動産について本件根抵当権の実行としての競売を申し立てたが，その際に提出された申立書には「担保権」として極度額を8,000万円とする本件根抵当権の表示に加えて，「被担保債権及び請求債権」として「元金6,000万円」の記載があったが，利息，損害金の記載はなかった。本件各不動産につき売却許可決定がなされて代金2億5,000万円余が納付されたので，Xは，民事執行規則60条による執行裁判所からの催告に応じ，執行費用の額と元金現在額6,000万円のほか，利息損害金現在額計5,300万円余を記載した債権計算書を提出した。

執行裁判所は，Xに優先する債権者に配当した後の金銭から申立書に記載された6,000万円をXに配当し，その残金6,724万2,654円をXの後順位者であるYに配当する旨の配当表を作成した。Xは，配当表への異議を述べ，極度額の範囲内で利息，損害金の内金2,000万円への配当を求めて配当異議の訴えを提起した。第1審，原審ともXの請求を棄却した。最高裁はXの上告受理の申立てを受理し，例外的に，配当異議の訴えにおいて競売申立書の被担保債権の記載と異なる真実の権利関係に即した配当表への変更を求めることができる場合があるが，原審は本件事案がこの例外的場合に該当するかについての審理を行っていないとして，原判決を破棄し，事件を原審に差し戻した。

争点 配当異議の訴えにおいて競売申立書の被担保債権の記載と異なる真実の権利関係に即した配当表への変更を求めることはできるか，できるとした場合に，その要件はどのようなものであるか。

判決要旨 原判決破棄・差戻し。

「(1) 民事執行規則170条2号，4号の規定の趣旨が競売手続の安定した遂行

にあることは，原審の判断(1)の指摘するとおりである。また，被担保債権の一部のみの実行を申し立てた者は，当該手続において申立てに係る債権の拡張を制限されてもやむを得ないということができる。しかし，この結論は，当該申立債権者の選択を信頼した競売手続の関係者に対する禁反言の要請から生ずるものであって，上記各号の規定が被担保債権の一部実行の場合における残部の優先弁済請求権の喪失という実体法上の効果を定めるものではない。

(2) 不動産を目的とする担保権の実行としての競売の手続は，所定の文書（民事執行法181条1項）が提出されたときに開始し，当事者の申立てに係る事実を前提として進められるものであるから，執行裁判所においては，民事執行規則170条2号，4号の規定に従った記載がされるとの信頼の下に，申立書の記載に従って手続を進行させることが円滑な売却手続の実現に資するものということができる。

(3) しかし，抵当権の被担保債権の一部のみのためにする担保権の実行としての競売においては，売却により抵当権は消滅し，当該抵当権者は残部の被担保債権に対する優先弁済請求権を喪失することとなり，その効果は当該手続における配当にとどまらないから，被担保債権の一部実行を申し立てる意思はなく，錯誤，誤記等に基づき競売申立書に被担保債権の一部を記載しなかった場合にまで，一律に真実の権利主張を禁ずることが，前記の禁反言からの当然の帰結ということはできず，民事執行規則170条2号，4号の規定が予定するところということもできない。

(4) したがって，訴訟手続である配当異議の訴えにおいて，競売申立書における被担保債権の記載が錯誤，誤記等に基づくものであること及び真実の被担保債権の額が立証されたときは，真実の権利関係に即した配当表への変更を求めることができると解すべきである。」

【参照条文】 民事執行法90条・188条，民事執行規則60条・170条2号・4号・173条1項

研　究

1　本判決の意義

担保権の実行としての競売の申立てをした債権者は，自ら制限しない限り被担保債権額全額について配当等を受ける資格を有するが，申立書に記載することによって，被担保債権の一部についてのみ担保権の実行を求めることもできる（民執規170条4号）。債権者がこのようなことをする主たる理由は，差押登記の登録免許税額が債権金額を基準としてその0.4パーセントと定められているため（登

税23条・別表第1の1(五)），登録免許税を節約しようとするところにあるようである[1]。ところが，目的不動産が意外に高く売却されたりした場合には，債権者としては，当初申立書に記載した請求債権額を債権計算書（民執規60条）に記載する等の方法によって配当までの段階で拡張することができれば便宜であり，その許否が問題となる。同様の問題は強制競売の場合にもあるが，この場合には，拡張が認められなくとも同一の債務名義に基づいて別個の財産に対して改めて執行できるのに対し，担保権の実行としての競売の場合には，目的不動産の売却によって担保権が消滅してしまい，残額について再度の競売の申立てをすることはできないので，問題はより深刻である。

上記の問題に関しては，拡張禁止説，拡張許容説，拡張禁止説を基本としつつも若干の例外を認める例外許容説の三つの見解が主張されているが，民事執行法下の下級審の裁判例と執行実務は拡張禁止説ないし例外許容説によってきた。そして，そのような状況の下において，本判決は，最高裁として，これに若干先立つ判決に引き続いて例外許容説によることを表明したものであるが，例外を認める範囲が従来の見解よりも広いように見え注目に値する。

2 従来の判例・裁判例，執行実務と学説

(1) 旧法下の状況

旧法下（民事執行法施行前）において①最判昭和47・6・30（民集26巻5号1111頁）は，「不動産の競売申立てに際し，競売法24条2項3号により申立債権の表示が必要とされるのは，被担保債権がいかなる債権であるかを明らかにするためであるから，その表示の程度はこれを特定しうる程度で足り，申立債権の額の表示は，債権額を限定する意義を有するものではない」として，拡張許容説を採用していた。もっとも，この判例自体は，そう解する理由を述べていないが，これによって是認された第1審判決（②青森地弘前支判昭和39・2・28民集26巻5号1119頁）は，「任意競売の場合には，債権者はもともと根抵当権又は抵当権の効力の及ぶ範囲において被担保債権の消滅するまで担保物件の売却代金から弁済を受けることができる」ということを強調していた。

そして，東京地裁の執行実務もこの判例に従って拡張許容説によっていたようであり，かつ，これが多くの裁判所の取扱いであったようであるが[2]，大阪地裁

---

[1] 荒木・後掲27頁は，登録免許税額は，共益費用となる執行費用として最優先で申立債権者に配当されるので，実際には，節約のために一部実行がさほど多く行われているとは思えないとするが，売却価額が被担保債権額を下回るときは，執行費用が増えれば本来の被担保債権の回収額が減少するから，節約はやはり一部実行の相当な誘因となるのではなかろうか。

[2] もっとも，基本的には拡張禁止説がとられていたとの指摘もある。最高裁判所事務総局編『条解民事執行規則〔改訂版〕』470頁（司法協会・1998年）。

の執行実務は，むしろ拡張禁止説を前提としていたようである[3]。他方，有力な学説も拡張許容説を説いていた[4]。

(2) 民事執行法下の状況

民事執行法下の下級審の裁判例のうち③名古屋地判昭和61・11・27（判時1226号96頁）は，根抵当権の被担保債権（貸金債権）一つとその利息損害金を追加した事案につき拡張禁止説を説いている。④東京地判昭和62・6・23（判時1274号113頁）も拡張禁止説であるが，根抵当権の被担保債権（第三者の借受債務に関する連帯保証債務の履行請求権）を一つ誤って書き落としていたという事案に係る。

これに対し，⑤仙台高判平成4・3・17（判時1429号63頁）は，根抵当権の被担保債権の発生日付を遡らせたが（債務者の商号が変更されたために変更後の日付による契約書も存在した），それにより根抵当権の被担保債権が租税債権に優先することになったという事案に係る。そして，請求債権額の拡張を許さないとする理由の一つである処分権主義は債権発生日の誤記の訂正とは関係がないからそれは許されるとしつつ，配当表が作成された段階に至ったときは，自白の撤回に準じて，申立書等の記載が真実に反し，かつそれが錯誤のためになされたことを主張立証することを要するとした。これも，被担保債権額の拡張に関しては，一応，拡張禁止説のように見える。

また，⑥大阪高判平成13・6・13（判タ1083号282頁）は，一個の抵当権の被担保債権を分割して発行された抵当証券を複数所持する者が，その一部の抵当証券のみに基づいて不動産競売を申し立てた後に，残余の抵当証券につき配当を求めた事案に係るが，原則として拡張禁止説によるべきであるが，この事案のような場合，当初の申立ての基礎となった抵当証券に即して見る限りは全部申立てである等の理由により，拡張禁止説は当てはまらないとした。この裁判例が例外を抵当証券にのみ認めるのか，それ以外の場合にも認めるのかは明瞭ではない。すなわち，これが一般の場合について例外許容説か拡張禁止説かは不明である。⑧東京高判平成13・10・30（判時1775号65頁）も抵当証券に関する事案に係るが，例外許容説を前提としつつも，本件事案は例外的取扱いが許される場合（後記の例外許容説があげる例外の第2の場合）に該当しないとする。

本件の第1審である⑨横浜地小田原支判平成14・5・10（金判1171号16頁）も拡張禁止説であり，ことに原審の⑩東京高判平成14・8・28（金判1171号13頁）は厳格な拡張禁止説である（「競売申立書に記載した被担保債権及び請求債権の額を

---

[3] 鈴木弘「最判昭和47・6・30解説」最判解説民昭和47年度532頁以下，細江秀男「配当時における請求債権の拡張の可否」西岡清一郎ほか編・東京地方裁判所民事執行センター実務研究会著『民事執行の実務・不動産執行編（下）』190頁（金融財政事情研究会・2003年）参照。

[4] 斎藤秀夫『競売法』95頁（有斐閣・1960年）。

後の配当手続の段階に至ってから債権計算書等の記載をもって拡張することは，もはや全く許されない」)。そして，その原審（⑦東京高判平成13・7・17金判1123号19頁）も拡張禁止説であったが，⑪最判平成14・10・22（判時1804号34頁）は，申立書の明白な誤記，計算違いはその後の手続において是正することが許されるとし，例外許容説を採用した。事案は，既発生の確定損害金につき計算根拠と計算結果を記載したが，計算結果に明白な違算があったというものである。

なお，そのほか，⑫東京高判平成14・4・30（判タ1106号297頁）は，当初申立時までの附帯の債権しか請求していなかった債権者がその後の附帯の債権を請求債権に加えることを認めたものであるが，請求債権を申立時までの附帯の債権に限定する慣行のある債権執行の事案に係るものであった。しかもそこでは，申立日から配当期日までに5年余りが経過し，かつ，当該債権者の附帯の債権の利率と被告である配当に与る他の債権者の附帯の債権の利率が大きく異なるため，附帯の債権を含めるか否かによって各債権者の受ける配当額にかなりの差が生ずるという事情があった。それ故，この裁判例は不動産競売に関しては参考にならないと思われる。

結局，従来の下級審の裁判例の大勢は，⑤⑥のような特殊な事案以外の事案に関しては拡張禁止説のように見えるが，これがそれに関しても絶対に例外を許容しない趣旨であるとは断言できないであろし，明示的に例外許容説を採用するものもある。そして最近，最高裁も⑪で例外許容説を明示していた。

次に，執行実務を見てみると，民事執行法施行直後には多少の混乱が見られたものの[5]，次第に拡張禁止説が主流になっていったようである[6]。そして最近は，東京地裁執行部では拡張禁止説によっているとか[7]，これが実務における確立した取扱いであると指摘される[8]。ただし，これも何らの例外をも許さない厳格なものであるのかは，必ずしも明瞭ではない[9]。

学説上も拡張許容説がないではないが[10]，多くの学説は拡張禁止説または例外許容説を採用している[11]。例外許容説の認める例外の第1は明白な誤記，違算等

---

(5) 座談会『民事執行の実務』53頁以下（法曹会・1981年）参照。
(6) 伊藤善博ほか『不動産執行における配当に関する研究（昭和57年度書記官実務研究21巻1号）』172頁（裁判所書記官研修所・1982年）。
(7) 東京地裁民事執行実務研究会編『改訂不動産執行の理論と実務（下）』587頁（法曹会・1999年）。
(8) 細江・前掲注(3)190頁。
(9) 裁判例⑧，上田正俊「最新『民事執行事情』〔第7回〕」債権管理7号29頁以下（1988年）参照。
(10) 富越和厚「担保権の実行としての競売」香川最高裁判事退官記念論文集『民法と登記（上）』285頁以下（テイハン・1993年）。
(11) 拡張禁止説として，最高裁判所事務総局編・前掲注(2)467頁，細江・前掲注(3)189頁以下，伊藤ほか・前掲注(6)167頁以下，東京地裁民事執行実務研究会編・前掲注(7)

の更正であり⁽¹²⁾，第2は「保証債務を履行したことによる求償権や手形割引請求権が根抵当権の実行手続中に現実化した場合」である⁽¹³⁾。

3 検討

(1) 拡張禁止説の根拠

拡張許容説の根拠は，要するに，旧法下の裁判例②と同様に，抵当権の実体的効力を重視するものであるが，拡張禁止説のそれは次のようなものである。

①不動産競売の申立書には，担保権と被担保債権を記載しなければならないが，被担保債権の一部について担保権の実行を求めるときは，その旨と範囲を記載しなければならない（民執規170条2号・4号）。このように，一部請求の場合にその旨を記載させたのは，単に請求債権の特定に資するというだけではなく，請求の上限を明らかにさせているものと解される。②民事執行法の下においては換価については申立主義をとっており，その限りで処分権は当事者にあるのであるから，当事者自ら当初の申立てにおいて請求債権を絞った以上，その請求額に拘束されても止むを得ない。③申立人以外の債権者が，現に係属中の民事執行手続を利用して債権回収を図ろうとした場合，この手続により自己に配当金が回るかどうかにより，この手続に参加するか他の手続を選択するか，あるいはこの手続への参加に加えて他の手続をもとるかを決定することになろうから，申立人の請求債権額がどれだけあるかは重要である。それを配当段階で拡張することを認めると，他の債権者を害することになる。したがって，このようなことは，信義則ないし禁反言の趣旨から許されないというべきである。④申立人が差し押さえた複数の物件の一部で，申立人の債権が満足できるときはその余の物件の換価を許さないこととされているが（民執61条），申立人の請求債権額はその余の物件の換価を許すか否かの判断の基準となる。最低売却価額〔買受可能価額〕で申立債権

586頁以下，近藤崇晴「配当要求及び配当をめぐる諸問題」鈴木忠一＝三ヶ月章監修『新・実務民事訴訟講座⑿』219頁（日本評論社・1984年），松田延雄＝栗栖勲「抵当権の優先弁済権をめぐる手続法上・実務上の問題点」加藤一郎＝林良平編『担保法大系⑴』327頁（金融財政事情研究会・1984年），山下満「競売申立て後における請求債権の拡張」大石忠生ほか編『裁判実務大系⑺民事執行訴訟法』126頁以下（青林書院・1986年），山北学「債権額の拡張の可否」東京地裁配当等手続研究会編著『不動産配当の諸問題』89頁以下（判例タイムズ社・1990年），上田正俊「配当時における請求債権の拡張等の可否」近藤崇晴＝大橋寛明編『民事執行の基礎と応用【補訂版】』339頁以下（青林書院・1998年）。

(12) 中野・民執〔新訂4版〕489頁。
(13) 裁判例⑧，上田・前掲注(9)29頁以下，廣田民生「昭和61年名古屋地判解説」判タ298号299頁（1988年），注釈民執(8)65頁〔佐藤歳二〕。なお，中野・民執〔新訂4版〕489頁は，このような場合には例外を認めず，条件付債権として申立書に記載すべきであるとする。

者に配当等が見込めるか否か（民執63条）の判断基準にもなる。また，数個の物件を売却した場合において，あるものの買受けの申出の額で各債権者の債権と執行費用の全部を弁済できる見込みがあるときは，他の物件についての売却許可決定を留保するが（民執73条），この場合も判断基準になるのは，申立人に関しては請求債権額である。そして，これらの判断の後にも，これら判断を前提として手続が進められるので，配当段階で請求債権額の拡張を認めると，事後的にこれらの判断が無意味に帰することになり，手続の安定を害する。⑤拡張を認めると，登録免許税の納付を不当に免れさせる。⑥拡張を認めなくとも，申立債権者としては，当該競売手続の係属中，配当要求の終期までに新たに残額につき競売申立てをすることができる。

　これらの根拠の多くは一応もっともなように思われるが，拡張禁止説の条文上の根拠は民事執行規則170条2号・4号しかない。しかし，このような裁判所規則の規定を担保権の実体的な消滅の根拠とするのは困難なように思われる[14]。そうすると，そのような効果が生ずる決定的な理由は信義則ないし禁反言という一般条項に求めざるを得ないであろう。そして，このような一般条項の適用の可否は，個別の事案における様々な事情の総合判断に係っているはずである。拡張禁止説はこの総合判断を初めから放棄しており，硬直的に過ぎて相当ではない。また，従来の例外許容説もごくわずかな例外を例示するのみで，総合判断の必要性を指摘しておらず，不満が残る。これに対し，判例⑪は既に誤記，計算違いという例外を示していたわけであるが，本判決はこれに錯誤を付け加えただけでなく，より開かれているように見え（錯誤，誤記「等」），評価できると考える。

(2)　最近の拡張許容説

　すると，例外をどのような場合に認めるかが問題となるが，この点に触れる前に，本判決を契機として再び全面的な拡張許容説が主張されるようになっているので[15]，それを簡単に検討しておこう。

　まず，この見解は，拡張禁止説の根拠④に対し，超過売却の禁止の原則は，競売申立てに係る複数の不動産のうちの一部の売却により申立債権者の債権および執行費用の全部を弁済することができる場合に，全部についての売却を制限する（禁止する）ことを意味するが，申立債権額の縮小の場合とは異なり，拡張の場合には超過売却の事態が招来されるとは考えられないし，一括売却の場合も同様であると指摘する。

　この批判は，本判決と同様に，配当段階での拡張を念頭に置いて議論していると思われるが，従来の議論はそれ以前の段階をも視野に入れていた。そして，あ

---

(14)　伊藤ほか・前掲注(6)171頁参照。
(15)　荒木・後掲27頁以下。

る不動産の売却手続を進めている途中の段階で拡張を認めると他の不動産との一括売却が必要ということになり，そのために先の売却不動産の入札期日を取り消す必要が生ずるといった不都合が生じうる[16]。拡張にもかかわらずそのまま売却され，あるいは買受人が定まった後に拡張がなされると，売却不許可（民執71条6号）となる可能性があろう。これに対し，売却許可決定が確定した後に拡張がなされたときには，確かに手続の後戻りは生じないであろうが，一括売却されれば，より多額の被担保債権の消滅という利益を享受できたはずの債務者の利益が害される。超過売却との関連でも，売却許可決定が留保されて買受けの申出が取り消された後（民執73条3項）に拡張がなされれば，改めて売却手続を実施する必要が生ずるし，売却許可決定のあった不動産の代金納付により留保不動産に係る手続が取り消された後（民執73条4項）では，より問題は大きい（これに対し，無剰余換価禁止がここでは関係がない旨の指摘は正当である）。

　また，拡張禁止説の根拠②③⑥に関連し，後順位債権者としては，被担保債権の全額について当初から覚悟しているはずであるし，申立後の拡張が禁反言の要請で禁止されるのであれば，⑥の競売申立ても禁止されるはずであり，さらには，申立債権者ではない担保権者には拡張が認められていることとの均衡も考慮すべきであるとも指摘する。

　しかしながら，禁反言はある一つの行為のみを基礎とするとは限らない。複数の作為・不作為が合わさって基礎となる先行行為と評価されることもありうる。ここでは，申立書に請求債権額として一定の債権額を記載したという作為と，その後の配当要求の終期までに残額についての競売申立てをしないという不作為を総合して先行行為と捉えればよい。

　次に，被担保債権全額は抵当権設定後に減少することはいくらでもありうるのであるから，当初は被担保債権全額について覚悟していても，先順位債権者が一部についての競売申立てしかしなかったときに，それで全額と信じた後順位債権者の信頼を保護に値しないとはいえない。もっとも，一部であることを明示した申立ての場合には残額も覚悟しろといえるかもしれないが，登録免許税を節約しようとの虫のいい動機で一部での申立てをした債権者より，後順位債権者の方が保護に値しよう（ただし，拡張禁止説の根拠⑤に関するこの見解の指摘は適切であり，そこでいわれているような運用上の手当がなされれば別異に解すべきかもしれないが，ここでは現状を前提とする）。さらに，拡張禁止説の多くが主張するように，自ら積極的に一部で申立てをした申立債権者と裁判所からの催告に応じて届出をしたに過ぎないそれ以外の担保権者とでは，禁反言の適用の上で差異があってもおかしくはないであろう。

---

(16)　伊藤ほか・前掲注(6)170頁参照。

(3) 例外の範囲

　禁反言の適用のためには，第1に，問題の先行行為を行った者の側の主観的事情（その者が先行行為を行うに至った事情，それに矛盾する後行行為をせざるを得なくなった事情）を考慮することが必要であろう。第2に，関係の者に先行行為に対する信頼が生じているか否か，どの程度の信頼が生じているかを考慮することが必要であろう。そして第3に，矛盾する後行行為を認めることによってどのような不利益が関係の者に生ずるか，第4に，後行行為が禁じられることにより，どのような不利益が当該行為者に生ずるか，を考慮することも必要であろう。

　このような観点からすると，判例⑪や一部の学説のあげる明白な誤記，計算違いの場合には，先行行為に対する信頼が生じていないから例外を認めてよい。裁判例⑦は，申立債権者自身の計算違いが原因であるとの理由で訂正を認めていなかったが，上記の禁反言適用のための考慮要素第2が全く満たされていないから，誤りが誰の責任で生じたかを問題にする必要はない。ただし，本判決では，「明白な」という文言が抜けているが，これは必要であろう。

　次に，本判決のあげる錯誤は上記の考慮要素第1に関わる。錯誤の内容は，一部であるにもかかわらず，その債権額を全部と信じたということである。したがって，登録免許税の節約のためという理由で債権額の一部で申立てをした場合は，拡張は認められない。これに対し，求償債権や手形の買戻請求権が事後的に現実化したという場合は認めてよいであろうが，事情によっては重過失（民95条但書参照）による調整はありうる[(17)]。

　もっとも，以上は一応の原則に過ぎず，第3，第4の考慮要素による修正はありうる。たとえば，考慮要素第3との関係では，拡張禁止説の根拠③が重要であろうが，実際の事件において，当該競売手続に参加する一般債権者，後順位債権者がいなかったときには，この根拠は妥当しない。もっとも，拡張を認めると，剰余金をもらえたはずの債務者がもらえなくなるという可能性はあるが，申立債権者に対してなお債務を負担している債務者のそのような利益は保護に値しない。また，拡張禁止説の根拠④も重要であろうが，そこで指摘されていることが具体的な事件において常に問題となるわけでもない。したがって，錯誤のないような場合であっても，拡張を認めてよい場合はありうるのではなかろうか。

　このように考えると，競売申立書における被担保債権の記載がどのような事情でそのようになっているかだけではなく，その他の事情も考慮に入れる必要があるから，その「記載が錯誤，誤記等に基づくものであること及び」ではなくして，「あること等，及び」とするのがより適切である。また，本判決は，「及び」の後に「真実の被担保債権の額が立証されたこと」も配当表の変更を求めるための要

---

(17) 荒木・後掲31頁参照。

件として掲げているが，これはどのように変更してよいかが分からなければ変更のしようがないから当然である。

　なお，本判決は配当異議の訴えに係るが，それに先立つ執行裁判所の手続では申立書の記載に関連した本判決の摘示する事項の調査は困難であるのに対し，配当異議訴訟は訴訟手続であるからそうではないとの趣旨の指摘がなされている[18]。この指摘は，債権計算書で請求債権額の拡張をしても，執行裁判所は一切考慮すべきではないとの趣旨を含むようにも見える。確かに，明白な誤記，計算違いの訂正はともかくとして，配当以前の段階で請求債権額の拡張がなされたときに一々それを執行裁判所が考慮しなければならないというのでは，手続の迅速・安定を害するであろう。しかし，配当（執行）裁判所と配当異議の訴えの受訴裁判所の関係は，執行機関と裁判機関の関係とは異なる。配当異議の訴えで問題にしうることは，もしそれが既に生じていれば配当表作成段階でもすべて考慮に入れるべきである。ただ，手続的な制約のために，ここで問題にしているようなことは，主張しても裁判所は考慮してくれないことが多いというだけのことであろう[19]。

4　実務への影響

　本判決は，基本的には拡張を否定しているし，例外の場合に該当するか否かは個別事件の事情に係っているから，それを予め判断することは難しい。それ故，申立債権者としては，今後も可能な限り正確な申立書の作成に努めるべきは当然である。また，冒頭にも指摘したように同様の問題は強制競売の場合にもあるが，本判決は残部に関する優先弁済権の喪失という実体的効果を強調しているから，その場合にまで例外を許容するかは残された問題というべきであろう。

■参考文献
富越和厚「本判決解説」ジュリ1257号102頁以下（2003年）
荒木新五「本判決研究」銀法626号24頁以下（2003年）

【補　遺】　本判例研究公表後の本判決評釈類として，井上繁規・金法1710号27頁以下（2004年）（債権計算書では拡張禁止，配当異議訴訟では例外許容），酒井一・リマークス29号128頁以下（2004年）（拡張否定説），島田清次郎・民商129巻4・5号741頁以下（2004年），園田賢治・法政72巻1号179頁（配当段階での計算書により拡張可），中島弘雅・法研77巻10号125頁以下（2004年）（判旨結論賛成），二羽和彦・金判1191号60頁以下（2004年）（判旨賛成），萩本修・判タ1154号平成15年度主民解226頁以下（2004年），松村和徳・執行・保全百選〈第2版〉50頁以下（拡張許容説），宮

---

(18)　富越・後掲103頁。
(19)　荒木・後掲30頁参照。

19 競売申立書の被担保債権記載の配当表での変更

崎謙・執行・保全百選 198 頁以下（例外許容説），湯川克彦・金法 1716 号 56 頁以下（2004 年）（債権計算書では拡張禁止，配当異議訴訟では例外許容），吉岡伸一・金法 1773 号 24 頁以下，吉田直弘・関法 54 巻 3 号 112 頁以下（2004 年），等がある。

(初出・NBL 785 号／2004 年)

第2部 執行・保全法

20
(1) 債権差押命令の申立てにおける差押債権の特定の有無の判断基準
(2) 大規模な金融機関のすべての店舗または貯金事務センターを対象として順位付けをする方式による預貯金債権の差押命令の申立ての適否

最高裁平成23年9月20日第3小法廷決定
平23(受)第34号，債権差押命令申立て却下決定に対する執行抗告棄却決定に対する許可抗告事件
（民集65巻6号2710頁・判時2129号41頁・判タ1357号65頁・金法1934号68頁・金判1379号16頁）

<決定のポイント>　1　判示第1点は，債権差押命令の申立てにおける差押債権の特定の有無の判断基準について，従来の裁判例や学説に沿った判断を示した。
　2　判示第2点は，第三債務者である金融機関の支店を一つに特定することなく全支店を対象に順位付けして債権差押命令を求める申立てを，差押債権の特定を欠くとの理由で不適法とした。全支店を対象とした申立ての適否につき従来の裁判例や学説上の争いに決着を付けたものであるが，なお問題を残している。

<事実の概要>　X（債権者・抗告人・抗告人）は，Y（債務者・相手方・相手方）に対する金銭債権を表示した債務名義による強制執行として，Yのわが国を代表する都市銀行3行（第三債務者）に対する預金債権並びにゆうちょ銀行（第三債務者）に対する貯金債権の差押えを求める申立てをした。その際，Xは，各第三債務者の全ての店舗または貯金事務センターを対象として（都市銀行の店舗に関しては各々の支店番号の若い順によるとの，ゆうちょ銀行の貯金事務センターについてはXの付した番号によるとの）順位付けをし（なお，以下，都市銀行の店舗とゆうちょ銀行の貯金事務センターを併せて単に「店舗」という），かつ，同一店舗の預貯金債権については，差押えの有無やその種別等によるとの順位付けをした上，各金融機関に割りつけた請求債権額に満つるまでの差押えを求めるとして，差し押さえるべき債権（差押債権）を表示していた。
　原々審（執行裁判所・①東京地決平成23・4・28民集65巻6号2733頁・金判1376号25頁），原審（②東京高決平成23・6・6民集65巻6号2738頁・金法1926号120頁・金判1376号23頁）とも，そのような表示では差し押さえるべき債権の特定が欠けるとして，申立てを却下した。これに対し，Xが許可抗告の申立てをした。

<決定要旨>　抗告棄却。
「(1)……債権差押命令は，債権者に対し差押債権の取立てその他の処分を禁止するとともに，第三債務者に対し差押債権の債務者への弁済を禁止することを

内容とし（民事執行法145条1項），その効力は差押命令が第三債務者に送達された時点で直ちに生じ（同条4項），差押の競合の有無についてもその時点が基準となる（同法156条2項参照）。

　これらの民事執行法の定めに鑑みると，民事執行規則133条2項の求める差押債権の特定とは，債権差押命令の送達を受けた第三債務者において，直ちにとはいえないまでも，差押えの効力が上記送達の時点で生ずることにそぐわない事態とならない程度に速やかに，かつ，確実に，差し押さえられた債権を識別することができるものでなければならないと解するのが相当であ……る。債権差押命令の送達を受けた第三債務者において一定の時間と手順を経ることによって差し押さえられた債権を識別することが物理的に可能であるとしても，その識別を上記の程度に速やかに確実に行い得ないような方式により差押債権を表示した債権差押命令が発せられると，差押命令の第三債務者に対する送達後その識別作業が終了するまでの間，差押えの効力が生じた債権の範囲を的確に把握することができないこととなり，第三債務者はもとより，競合する差押債権者等の利害関係人の地位が不安定なものとなりかねないから，そのような方式による差押債権の表示を許容することはできない。

　(2)　本件申立ては，大規模な金融機関である第三債務者らの全ての店舗を対象として順位付けをし，先順位の店舗の預貯金の額が差押債権に満たないときは，順次予備的に後順位の店舗の預貯金を差押債権とする旨の差押えを求めるものであり，各第三債務者において，先順位の店舗の預貯金債権の全てについて，その存否及び先行の差押え又は仮差押えの有無，定期預金，普通預金等の種別，差押命令送達時点での残額等を調査して，差押えの効力が生ずる預貯金債権の総額を把握する作業が完了しない限り，後順位の店舗の預貯金債権に差押えの効力が生ずるか否かが判明しないのであるから，本件申立てにおける差押債権の表示は，差押えを受けた第三債務者において上記の程度に速やかに確実に差し押さえられた債権を識別することができるものであるということはできない。そうすると，本件申立ては，差押債権の特定を欠き不適法というべきである。」

　田原睦夫裁判官の補足意見がある。

先例・学説

　1　債権差押命令の申立ては，「差し押さえるべき債権の種類及び額その他の債権を特定するに足る事項」を明らかにしてされなければならない（民執規133条2項）。これは，執行裁判所が，差押債権が差押禁止債権に該当しないか，差押えの許容限度を超えていないかを判断できるようにするためであり，また，債務者や第三債務者が差押えの効力が及ぶ債権・範囲をそれが及ばない債権・範囲

から区別して識別し，誤認混同することなく認識できるようにするためである。

以上のことは，仮差押えに関しても異ならない（民保規19条1項・2項1号）。もっとも，（仮に）差し押さえられるべき債権の特定の有無の判断基準の具体的な適用は差押えと仮差押えとで異なる点もあるとの学説もないではないが[1]，裁判例の上では区別されていないので，ここでも特に区別はしないこととする[2]。他方，店舗ごとに預金債権の管理をしている一般の金融機関と地域の貯金事務センターごとに貯金債権の管理をしているゆうちょ銀行とでは異なった面もあり[3]，問題は前者においてより大きいので，ここでは専らそれを念頭に置いて論ずる。また，本決定の田原裁判官の補足意見は，金融機関だけではなく，百貨店やゼネコンなども第三債務者として視野に入れて検討する必要があるとしているが，ATMの有無，顧客情報管理システムの整備状況（現状とあるべき状況の双方）などに大きな差異のある両者を同一に論ずることは疑問であり[4]，ここではやはり金融機関（以下，その代表として「銀行」という）を念頭に検討を行うこととする。

2　問われているのは，差押債権の特定のために預金の取扱店舗を一つに限定することが必要かであるが，現在の実務においては，問題を肯定するのが通常の扱いとなっている[5]。ところが，最近の電子情報処理技術の発達に伴い，複数の取扱店舗を掲げる債権差押命令の申立てが見られるようになり，とりわけここ数年急増した上記の問題点を取り扱う裁判例（特に高裁決定）の間で結論が分かれたために，大いに実務や学説からの注目を浴びることとなった。そこで，それらの裁判例を掲げることとするが，紙幅の関係上，ここでは平成23年になってからの裁判例を中心とする[6]。なお，その際，取扱店舗を一つに限定しない方式には，当該銀行の全店舗を掲げつつ支店番号の若い店舗にある預金債権から順に差し押さえるとの順位付けをする方式（田原補足意見に従い「全店一括順位付け方式」という）と限定した数の店舗を掲げつつ申立人の付した番号の若い店舗にある預金債権から順に差し押さえるとの順位付けをする方式（以下「限定的店舗順位付け方式」という）とがあるので，両者を分けてあげることとする。

---

[1] 淺生重機「判批」判評633号〔判時2123号〕35頁（2011年）。
[2] 飯塚宏ほか「座談会・複数支店の預金に対する(仮)差押え(下)」金法1784号21頁以下（2006年）参照。
[3] 滝澤孝臣「判批」金判1390号11頁以下（2012年）参照。
[4] 内海順太「預金債権の(仮)差押えと取扱い店舗の特定」金法1775号31頁（2006年），飯塚ほか・前掲注(2)座談会23頁〔石黒清子発言〕，滝澤・前掲注(3)12頁。
[5] このような実務が定着したのは，ここ20年～30年のこととされる。三上徹「全店差押えと実務の実情」金法1931号40頁（2011年）。以前の裁判例と学説につき，住吉博「判批」判評420号〔判時1476号〕50頁以下（1994年）参照。
[6] それ以前の裁判例の詳細については，岡本雅弘「判批」金法1929号50頁（2011年）参照。

20 差押債権としての預貯金債権の特定に必要な表示

　まず，全店一括順位付け方式を適法とした裁判例として，③東京高決平成23・1・12（金法1918号109頁・金判1363号37頁），④東京高決平成23・3・30（金法1922号92頁・金判1365号40頁），⑤東京高決平成23・4・14（金法1926号112頁），⑥東京高決平成23・6・21（金法1926号122頁），⑦東京高決平成23・6・22判時2122号82頁・判タ1355号243頁・金法1926号124頁・金判1374号22頁）があり，不適法とした裁判例として，本決定の原審，原々審である①②決定のほか，⑧東京高決平成23・3・31（金法1922号92頁・金判1365号40頁），⑨東京高決平成23・5・16（判時2111号38頁・判タ1347号248頁・金法1923号91頁，⑩東京高決平成23・6・30（金法1926号126頁）がある。そのような中，本決定はこの方式を不適法としたものであり，最高裁第3小法廷は本決定と同日付けで，それぞれの原決定である⑪仙台高秋田支決平成23・5・18（金判1376号26頁），⑫東京高決平成23・9・20（金判1376号29頁）が不適法説によっていた他の2件の事件でも，抗告棄却決定を下している（金判1376号26頁，29頁）。

　限定的店舗順位付け方式に関しては，なぜか平成23年になってからの裁判例が少ないので，それ以前のものも若干あげることとするが，これを適法とするものとして，⑬千葉地決平成19・2・20（金法1805号57頁。15店舗をあげる），⑭大阪高決平成19・9・19（判タ1254号318頁・金判1279号14頁。10店舗をあげる），⑮東京高決平成23・1・11（金法1918号109頁・金判1363号37頁。11店舗をあげる）がある。他方，不適法とするものとして，⑯東京高決平成18・7・18（金法1926号112頁。銀行につき32，貯金事務センターにつき11の店舗をあげる），⑰東京地決平成22・11・16（金判1363号43頁。⑮原審），⑱東京高決平成23・5・18（金法1926号112頁。16店舗をあげる）。

　学説も種々分かれているが，その議論は裁判例の上での議論をあまり出るものではないように思われる。

　3　多少のニュアンスの差異を別とすれば，一般論としての差押債権の特定の判断基準はどの立場によっても変わりはないように思われる。たとえば，全店一括順位付け方式を適法とする③決定は，「第三債務者において，通常予想される業務内容等に照らし，社会通念上合理的と認められる時間と負担の範囲内で，差押えの目的となる債権を確定することが困難である場合においては，差押えの目的となる債権の特定を欠く」としており，この点は不適法説である①決定も完全に同趣旨である。そして，本決定の決定要旨(1)も，言葉こそ違え，同様であると言ってよいであろう。

　このように判断基準自体に差異がないとすれば，結論を異にする原因は，銀行の顧客情報管理システムに関する現状認識を前提とした上での，上記の判断基準の当てはめの仕方にあることになる。

4　(1)　上記の裁判例や銀行実務の状況を伝える文献[7]によると，取扱店舗を一つに限定しなければならないとする立場の論拠は概ね以下のようなものである[8]。

①　第三債務者である銀行は，預金債権に対する差押命令の送達を受けたときは預金債権の存否等を調査し，差押えの効力の及ぶ範囲を速やか，かつ，確実に把握して，差押債権の支払を停止しなければならない。

②　全店舗の預金債権を差押命令に定められた順序で一定額に満つるまで検索する作業を短時間で完了するシステムが整備されているとは認めがたく，短時間とはいえないその作業完了までの間も銀行は，債務者からの預金の払戻請求により常に二重払いの危険に曝されている。

③　銀行は，②の危険に鑑み，とりあえず債務者の（明らかに差押えの対象となっていないものを除く）すべての預金の支払を停止することとしても，支払停止の措置が誤りであったと判明した預金に関して債務不履行責任を問われるおそれがある。また，銀行は，貸付金や預金との相殺の可否や手形決済の可否などを短時間のうちに判断しなければならないという事情もある。

④　預金保険法による名寄せのためのシステムによって当然に差押債権の検索が容易に完了させることが可能であると認めることも困難である。このことは，各銀行が独自に構築している顧客情報管理システム（CIFシステム）に関しても同様である。

⑤　銀行の顧客管理は店舗ごとに行われており，複数の店舗の預金債権に対する差押えが認められた場合，速やかに取扱店舗相互間における緊密な連絡と確認作業の必要が生ずる。しかも，これを通常業務をこなしながら行わなければならない。

⑥　差押命令が債務者に係る取扱店舗以外の店舗に送達された場合は，取扱店舗を調査し，取扱店舗に連絡して支払停止等の措置をとる必要がある。これも通常業務の傍ら行わなければならない。

(2)　これに対し，全店一括順位付け方式を適法とする立場は，要するに，④のCIFシステムが②で言われている能力を具備したシステムであると評価し，したがって，①のことが可能であるとするものであると言うことができよう。もっとも，この立場は，一店舗への限定を求める立場から⑤や⑥のような指摘を受け，数店舗の預金債権であれば差押債権を検索するための銀行の負担もそれ程ではないであろうと考えて限定的店舗順位付け方式へと移行する。また，この立場は，

---

(7)　飯塚ほか・前掲注(2)座談会(上)(下)金法1783号9頁以下，1784号15頁以下（2006年）等。

(8)　田野壽「預金債権の差押え（または仮差押え）をする場合の預金債権の特定について」銀法668号52頁以下（2006年）のまとめを参考にした。

②の危険に対しては民法478条の（類推）適用によって対処すべきであるとし，③のおそれに関しては債務不履行責任を問わない方向で考えるべきであるとする。

　　評　論

　1　以上に見たような状況下で，本決定は全店一括順位付け方式を不適法としたものであるが，「第三債務者において，先順位の店舗の預貯金債権の全てについて，その存否及び先行の差押え又は仮差押えの有無，……等を『調査』して，差押えの効力が生ずる預貯金債権の総額を把握する作業が完了しない限り，……」と述べていることからすれば，やはり⑤や⑥のことを念頭に置いた上で，現在のCIFシステムに関しては②のようなものとしか評価できないというのであろう。このように，第三債務者である銀行は⑤や⑥の作業を行わなければならないことは，結論としてどの立場に従うかにかかわらず，ほとんどすべての裁判例・学説によって前提とされているように思われる。
　しかしながら，債権差押命令の送達を受けた銀行は，CIFシステムによって自行における債務者の預金の所在を確認し，所在を確認された預金債権を指定された順に並べ替えて該当すると判断される預金の支払を停止するだけでよく，それ以上に⑤の作業は要しないとすべきではなかろうか。そして，その限りで陳述の催告に回答する義務があり，またそれで足りるとすべきではなかろうか（⑲決定参照）[9]。たとえば，ある店舗で差押えの直前に手形決済があり，それがCIFシステムにまだ反映されていないためにそれ以前の預金額を回答した場合，銀行は決済後の金額を支払えば足り，それによって債権者に生じた損害があるとしても銀行には責任がないとすべきではないか。また，誤って他人の預金の支払を停止してはならないから，CIFシステム上の預金者と債務者との同一性に疑念があれば，該当なしと回答すべきであり，これが結果的に誤っていても，やはり銀行には責任はないとすべきではないか。
　そもそも，問題は，債務者の預金債権の所在を知るための有効な手段を与えられていない債権者の立場と，他人間の紛争に巻き込まれたに過ぎない第三債務者であって過度な負担を課されるべきではないとの銀行の立場とのバランスを如何にとるべきかの点にある。上記のようにすると，⑤の作業を要するとするよりも，債務者名義の預金債権を見出しうる可能性は低くなるであろうが，それでも債権者にとっては申立て却下よりは余程よい。他方，コンピュータ上の操作で済むから，銀行にとっても大きな負担にはならない[10]。そして，そうであるとすれば，

---

[9]　大西武士「判批」NBL 556号64頁以下（1994年），同「判批」判タ951号96頁以下（1997年）も同様の方向を指向しているように見える。
[10]　ほかならぬ銀行実務家自身が，ある程度の時間と正確性に関する割り切りがあれば，

銀行の負担を軽減するために限定的店舗順位付け方式を考える必要はなく，全店一括店舗順位付け方式を適法と考えてよい。無論，これは銀行が CIF システムを備えていることを前提としているのであるが，今どきそのようなシステムを全く備えていない金融機関があるのであろうか。

学説上は，債権者が債務者の銀行預金等の財産情報を収集するための既存の制度の改善や新たな法制度の創設を検討すべきことが説かれる。また，差押えの効力の発生時を第三債務者への送達時とするのではなく，第三債務者に⑤や⑥の作業を行う時間的余裕を与えるために後ろにずらすべきであるとの提案がなされる[11]。これらはそれ自体としてはもっともな指摘であろうが，立法論にとどまる以上[12]，現在の債権者にとって何の役にも立たない。上記のような解釈論がバランスのとれたものであると考える。

2　かくして，私見としては本決定に反対であるが，今後の実務は本決定を前提として運用されることになろう[13]。そうであるとしても，限定的店舗順位付け方式の適否は問題として残されている。また，本決定は，第三債務者が大規模な金融機関であると指摘しているが，このことは意味を持つのであろうか。この点は，たまたまそれがそうであると述べているだけであるとも解しうるが，この指摘に意味があるとすれば，小規模な金融機関であれば全店一括順位付け方式を適法とする余地を残しているのかもしれない。もしそうであるとすれば，大規模な金融機関であっても限定的店舗限定方式であれば適法であるという方向に繋がるように思われる[14]。

取扱店舗を一つに限定する必要はないとする裁判例には，銀行が申立てに先立って行われた弁護士会照会に対する回答を拒絶したという点を指摘するものがあるが，本決定はこのような点には言及していない。本件事案ではそもそも照会がなかったが，照会に対する回答拒絶があった⑪⑫決定の事案の最高裁決定でも同様である。これが何を意味するかも問題である[15]。また，誤って払ってしまっ

全店一括順位付け方式に対応できるとしている。飯塚ほか・前掲注(2)座談会(下)18頁〔中原利明発言〕，三上・前掲注(5)41頁。なお，田野・前掲注(8)54頁以下も参照。

(11)　たとえば，古賀政治「金融商事の目」金判1378号1頁（2011年），三上・前掲注(5)43頁。

(12)　ただし，淺尾・前掲注(1)30頁以下は，後者を解釈論として主張するもののように見える。

(13)　私見以外に本決定に反対するのは，滝澤・前掲注(3)8頁以下くらいのものである。ただし，これは，⑤や⑥で行われるとされている作業がCIFシステムによって行われているのではないかとの推論に基づくもののように見える点で，私見とは異なる。

(14)　その際，指定された複数の店舗が相互に場所的に近接していることは，その適否とは無関係であろう。内海・前掲注(4)30頁。

(15)　堀口久「本最高裁決定の概要と解説」銀法738号7頁以下（2011年）参照。小原将照「判批」平成23年度重判解138頁（2012年）は，本決定は債権者と第三債務者の立場の

た場合の民法478条の（類推）適用の可否も残された問題である（これは取扱店舗を一つに限定する場合にも生じうる問題点である）。

3　本決定後，⑲東京高決平成23・10・26（判時2130号4頁・金法1941号151頁・金判1380号52頁）は，銀行の全店を対象として，その中で差押対象預金の残高が一番多い店舗の預金を差し押さえるという「預金額最大店舗指定方式」の申立を適法とした。これは，前記⑤の作業はその一つの店舗との関係で行えば足りるから，銀行が行わなければならない作業は一店舗に限定した場合とさして変わらないというのである。

この裁判例に対しては，残高一番の店舗を特定することが銀行にとり全店一括順位付け方式の場合と異ならない大変な負担となるとの趣旨の批判がある[16]。しかし，これは「実際」の残高が一番の店舗を特定することを前提とした批判であろうが，「CIFシステムの上」で残高一番の店舗の預金を差し押さえるという方式であれば，その店舗の特定のためにはコンピュータ上の操作が必要なだけであるから，それ程大きな負担とはならないのではなかろうか。無論，これでは結果的に差押えが空振りになる可能性が生ずるが，当て推量で一店舗に限定する場合よりは差押えの対象として的確な預金に行き当たる可能性はずっと大きいと思われる。

【補　遺】(1)　法務省は，法務大臣からの諮問第102号を受けて設置された法制審議会民事執行法部会における審議結果に基づいて，「民事執行法の改正に関する中間試案（平成29年9月8日）」を公表している。その中では，「債務者財産の開示制度の実効性の向上」のために，「現行の財産開示手続の見直し」と「第三者からの債務者財産に関する情報を取得する制度の新設」が提案されているが，これらが立法化されれば，その実際の機能のあり方は，当然，差押債権の特定方法いかんという本決定で取り上げられている問題点にも影響を及ぼすことになろう。

(2)　本判例研究公表後の本決定評釈類として，池田曜生・銀法745号18頁以下（2012年），石井教文・民商146巻2号170頁以下（2012年）（本決定に賛成），大橋弘・判評641号〔判時2148号〕168頁以下（2012年），春日偉知郎・法研85巻8号31頁以下（2012年）（若干の疑問を留保しつつ本決定賛成），香月裕爾・NBL963号4頁以下（2011年）（本決定に賛成），川中啓由・早法87巻4号183頁以下（2012年）（結論賛成），工藤敏隆・法教390号判例セレクト2012〔Ⅱ〕30頁（2013年），杉原麗・ジュリ増刊・実務に効く担保・債権管理〈判例精選〉186頁以下（2015年），高田昌宏・執行・保全百選〈第2版〉102頁以下，谷口園恵・曹時66巻6号198頁以下（2014年），同・ジュリ1470号73頁以下（2014年），同・最判解説民平成23年度（下）609頁以下，同・時の判例Ⅶ250頁以下（2014年），堀口久・銀法738号5頁以下（2011年）（止む

考慮による判断という検討方法をとっていないとも評価できるとする。
(16)　三上徹「全店差押問題に第2ラウンドがあるのか」金法1933号12頁以下（2011年）。

を得ない結論），堀野出・速報判解 11 号 121 頁以下（2012 年）（本決定に賛成），前川勤・東北 42 号 89 頁以下（2013 年）（本決定妥当），山本和彦・現消 14 号 107 頁以下（2012 年）（止むを得ない結論），吉田純平・駒法 11 巻 4 号 95 頁（2012 年）（民法 478 条の活用を説いて本決定に反対），渡辺隆生・金法 1953 号 44 頁以下（2012 年）（本決定に賛成），等がある。

　ほかに，本決定を機縁とする論文として，内田義厚「預金債権の特定に関する最高裁決定の意義と課題」早稲田ロー 8 号 185 頁以下（2014 年），萩澤達彦「取扱店舗を特定せずに申し立てられた預貯金の差押え申立ての許否」成蹊 76 号 1 頁以下（2012 年），吉岡伸一「預金債権差押え申立ての際の『特定』の要件」龍谷 44 巻 4 号 531 頁以下（2012 年），がある。

（初出・私法判例リマークス 45 号／2012 年）

21 普通預金債権のうち差押命令送達時後同送達の日から起算して1年が経過するまでの入金によって生ずることとなる部分を差押債権として表示した債権差押命令の申立てが，差押債権の特定を欠き不適法であるとされた事例

最高裁平成24年7月24日第3小法廷決定
平成24年(許)第1号，債権差押命令申立て却下決定に対する執行抗告棄却決定に対する許可抗告事件
(裁判集民241号29頁・判時2170号30頁)

要　旨　　預金残高のうち将来の入金によって生ずることとなる部分への差押えの申立ては，第三債務者において，特定の普通預金口座への入出金を自動的に監視し，常に預金残高を一定の金額と比較して，これを上回る部分についてのみ払戻請求に応ずることを可能とするシステムは構築されていないなどの事情の下においては，差押債権の特定を欠き，不適法である。

事実の概要　　Xは，XのYに対する金銭債権を表示した債務名義による強制執行として，Yの第三債務者Z銀行に対する特定の普通預金口座に係る普通預金債権の差押えを求める申立て（以下「本件申立て」という）をした。その際，Xは，その申立書において，差し押さえるべき債権（以下「差押債権」という）として，上記普通預金債権のうち差押命令送達時に現に存する部分（以下「現存預金」という）だけでなく，同送達時後同送達の日から起算して1年が経過するまでの入金によって生ずることとなる部分（以下「将来預金」という）も表示し，差押えの順序を当該入金時期の早いものから差押債権目録記載の金額に満つるまでとしていた。原審は，本件申立てを全面的に却下した。Xからの許可抗告の申立てが認められた。

争　点　　現存預金とともに将来預金をも対象とした債権差押命令の申立てにおける差押債権の特定の有無。

決定要旨　　一部破棄自判・一部抗告棄却。

「(1)　債権差押命令の申立てにおける差押債権の特定は，債権差押命令の送達を受けた第三債務者において，直ちにとはいえないまでも，差押えの効力が上記送達の時点で生ずることにそぐわない事態とならない程度に速やかに，かつ，確実に，差し押さえられた債権を識別することができるものでなければならないと解するのが相当である（最高裁平成23年(許)第34号同年9月20日第三小法廷決定・民集65巻6号2710頁参照）。

(2)　これを本件についてみると，普通預金債権が差し押さえられた場合，預金残高のうち差押債権の額を超える部分については，第三債務者は預金者からの払

戻請求に応ずるべき普通預金契約上の義務を負うものと解されるところ，本件申立ては，将来預金の差押えをも求めるものであり，この部分については，普通預金の性質上，預金残高を構成する将来の入出金の時期及び金額をあらかじめ把握することができないのであるから，本件申立てが認められたとするならば，第三債務者であるＺ銀行において，差押命令送達の日から起算して１年の期間内に入出金が行われるたびに，預金残高のうち差押債権の額を超える部分と超えない部分とを区別して把握する作業を行わなければ，後者についての払戻請求に応ずる義務を履行することができない。

ところが，記録によれば，Ｚ銀行においては，普通預金口座の入出金は，窓口の営業時間外であっても，現金自動入出機（ＡＴＭ）又はインターネットを通じていつでも行うことができるのに対し，特定の普通預金口座への入出金を自動的に監視し，常に預金残高を一定の金額と比較して，これを上回る部分についてのみ払戻請求に応ずることを可能とするシステムは構築されていないというのであり，他の方法により速やかにこれを実現することも期待することはできないとみられる。

そうすると，本件申立てにおける差押債権の表示のうち，将来預金に関する部分については，Ｚ銀行において，上記の程度に速やかに，かつ，確実に，差し押さえられた債権を識別することができるものということはできないから，本件申立てのうち当該部分は，差押債権の特定を欠き，不適法であるというべきである。

(3) 他方，本件申立てにおいては現存預金と将来預金とが区別して表示されていると解されるところ，このうち現存預金に関する部分は，上記の識別が可能なものであって，差押債権の特定に欠けるところはないというべきである。」

田原睦夫裁判官の補足意見がある。

【参照条文】 民事執行法143条，民事執行規則133条2項

研　究

1　本決定の意義

預金債権に対する差押命令の申立てをする場合，従来，当該預金を取り扱う金融機関の店舗を一つに特定した上で，当該店舗の預金債権につき，差押えの有無や預金の種別等によって付された順位に従って差押債権の有無および額を特定する方式（以下「店舗別預金順位付け方式」という）が実務上確立されたものとして行われてきた。ところが，最近，コンピューター技術の発展や消費者被害の実効的救済の必要性などもあって，差押債権の特定を緩和した申立方式が種々工夫されるようになってきた。本決定は，それらのうち，下級審の取扱いが必ずしも統

21 将来の預金債権を差押債権とした差押えの申立てが不適法とされた事例

一されていなかった「普通預金のうち将来の入金によって生ずることとなる部分を差押債権として表示した申立ての方式」(以下「将来普通預金包含方式」という)を不適法とした最高裁の新判例として意義を有する。

2 別の方式に関する判例・学説

(1) 債権差押命令の申立ては，「差し押さえるべき債権の種類及び額その他の債権を特定するに足る事項」を明らかにしてしなければならない（民執規133条2項）。執行裁判所が，差押債権が差押禁止債権に該当しないか，差押えの許容限度を超えていないかを判断できるようにし，かつ，債務者や第三債務者が差押えの効力が及ぶ債権・範囲を識別できるようにするためである。そして，従来の店舗別預金順位付け方式を緩和する方式として実務上最初に問題にされたのが，第三債務者の全店舗を順位付けした上（店舗番号による方式と，債権者が付した番号による方式がある），同一の店舗の預金債権に関しては，差押えの有無や預金の種別等によって順位を付する方式（以下「全店一括順位付け方式」という）と，限定した数の店舗をあげつつ債権者の付した順に差し押さえるとの順位付けをする方式（以下「限定的店舗順位付け方式」という）であった。

これらの方式の適否については下級審（とりわけ高裁段階）の裁判例の上で見解が分かれていたところであるが，本決定引用の①最決平成23・9・20（民集65巻6号2710頁）は，わが国を代表するような大規模な金融機関が第三債務者であった場合における全店一括順位付け方式を不適法とした。これにより，実務的には，この問題にはある程度の決着が付けられたと言えよう。

①決定は多くの判例研究等の対象となったが，立場上当然のこととして，銀行実務家諸氏はそれに全面的に賛成している[1]。他方，それ以外の論者の中には，①決定には債務名義を有しながら債務者の預金債権の所在を知るための有効な手段を有しない債権者の立場に対する配慮が見られないとして若干の疑念を示すものもあるが[2]，そのような論者も含め，ほとんどの者が結論には賛成しており[3]，

---

[1] 銀法738号4頁以下（2011年）掲載の「預金債権の差押えの特定」と題する特集中の，中原利明，宇野太賀慶，中村英夫，鈴木雅和，塚本恭男各氏の論考，金法1931号39頁以下（2011年）掲載の「最三決平23.9.20に寄せて」と題する特集中の三上徹，岡本雅弘各氏の論考，渡辺隆生「判批」金判1953号44頁以下（2012年）。
[2] 春日偉知郎「判批」法研85巻8号31頁以下（2012年），山本和彦「判批」現消14号107頁以下（2012年）。
[3] 香月弘爾「判批」NBL963号4頁以下（2011年），堀野出「判批」速報判解11号121頁以下（2012年），小原将照「判批」平成23年度重判解137頁以下（2012年），高田昌宏「判批」執行・保全百選〈第2版〉102頁以下，大橋弘「判批」判評641号〔判時2148号〕168頁以下（2012年），池田曜生「判批」銀法745号18頁以下（2012年），石井教文「判批」民商146号2号170頁以下（2012年），萩澤達彦「取扱店舗を特定せずに申し立てられた預貯金の差押申立ての許否について」成蹊76号1頁以下（2012年）。

反対しているのは滝澤(元)判事[4]と私[5]くらいのものである。

　もっとも，両者の理由は異なる。滝澤説は，要するに，幾つかの間接事実から，全店舗一括順位付け方式による特定でも，債権差押命令の送達を受けた金融機関は，①決定のいうような速やかに，かつ，確実な差押債権の識別ができているのではないかと推測するものであろう。いずれにせよ，①決定とそれに賛成する見解は，複数の店舗の預金債権に対する差押えが認められた場合，店舗間相互における緊密な連絡と確認作業を行う必要があるとの前提に立つものである。これに対し，私見は，金融機関はその顧客情報管理システム（CIFシステム）上で明確になる情報を基に差押債権を識別すれば足り，それが結果的に誤っていても責任（民執147条2項）を問われないというものである。たとえば，私見以外の見解は，ある店舗で差押えの直前に手形決済があっても，それがCIFシステム上にまだ反映されていないおそれがあるから，金融機関においては上記のような連絡・確認作業を要するとするのである（滝澤説は，手形決済は直ちにCIFシステム上に反映されていると推測するものであろうか）が，私見は，陳述の催告には決済を反映しない金額を回答しておいた上で，決済があったのであれば，支払は決済後の金額についてなせば足りるとするものである。

　(2)　①決定後，第三債務者である金融機関の具体的な店舗を特定することなく，「複数の店舗に預金債権があるときは，預金債権額合計の最も大きな店舗の預金債権を対象とする。なお，預金債権額の最も大きな店舗が複数あるときは，そのうち支店番号の最も若い店舗の預金債権とする。」とした上で，差押えの有無や預金の種別等によって順位付けをして差押債権を特定する方式（以下「預金額最大店舗指定方式」という）が工夫された。

　これについても，高裁段階の裁判例が特定を認めるもの（②東京高決平成23・10・26判時2130号4頁，③名古屋高決平成24・9・20金判1405号16頁）と認めないもの（④東京高決平成24・10・10金判1405号16頁）とに分かれていたところ，後者の立場に立っていた原審決定（⑤東京高決平成24・10・24金判1412号9頁）を，⑥最決平成25・1・17（金判1412号8号）は是認した。

　⑥決定は「原審の判断は，正当」とするのみで詳しく理由を述べていないが，⑤決定の理由は，本決定の決定要旨(1)に引用された①決定の一般論を前提とした上で，預金額が最大の店舗を特定するためには，全店一括順位付け方式で差押債権を特定する場合と同様の作業が必要になるので，それと同様に，特定を認めることはできないということを趣旨とするものである。

---

(4)　滝澤孝臣「判批」金判1390号8頁以下（2012年）。
(5)　野村秀敏「判批」リマークス45号114頁以下（2012年）〔本書20事件168頁以下〕。なお，吉田純平「判批」駒法11巻4号95頁以下（2012年）も①決定に批判的と理解できようか。

21　将来の預金債権を差押債権とした差押えの申立てが不適法とされた事例

①決定に賛成する論者は⑥決定にも賛成するであろうし[6]、金融機関は①決定のいうような速やか、かつ、確実な差押債権の特定ができているのではないかと推測する滝澤説は⑥決定にも反対することになろう。

　私見は、預金額が最大の店舗とはCIFシステムの上での最大の店舗を意味すると解するから、⑥決定にも反対である[7]。のみならず、⑥決定の抗告理由は、預金額最大店舗を特定するためには第三債務者のシステムによるだけでよい（その後、店舗別預金順位付け方式でも必要な、判明した支店に連絡して、預金債権者と債務者の同一性を確認する作業をすればよい）という趣旨のことを述べている。この抗告理由は、私見と同様に、預金額とは、支店と連絡をとって初めて判明する手形決済等を反映させたそれを意味するのではなく、CIFシステム上の預金額を意味しているに過ぎないとしているように見える。債権者のいう預金額を前者の意味だと理解している⑤決定や⑥決定とは議論が噛み合っていないのではなかろうか。少なくとも釈明する必要はあったと考える。

3　本決定（将来普通預金包含方式）について

(1)　全店一括順位付け方式や限定的店舗順位付け方式には後れつつも、預金額最大店舗指定方式よりも前に工夫されたのが、本件事案において問題となっている将来普通預金包含方式である。他の方式とは異なり、差押えの対象は特定の店舗の普通預金債権一つという意味では完全に特定されているが、そこに将来入金される分の預金額まで含められている点に、この方式の特徴がある。

　この方式については、⑦東京高決平成20・11・7（判タ1290号304頁）が不適法説を採用し、差押命令の送達時から3営業日以内の入金によって生ずる将来預金の差押えの申立てを却下した（現存預金部分に関する部分も却下しているが、その部分の特定性に問題がないのは本決定の言うとおりであろう）。これに対し、⑧奈良地決平成21・3・5（消費者法ニュース79号200頁）と⑨高松地観音寺支決平成21・3・25（消費者法ニュース80号347頁）は、単に定型書式を利用してのものに過ぎず、問題をどこまで意識してのものか疑問の余地がないではないが、⑦決定のそれと同旨の申立てを認めて差押命令を発令した。このような状況の下で、将

---

(6)　中原・前掲注(1)9頁、渡辺・前掲注(1)47頁、大櫛・前掲注(3)175頁、石井・前掲注(3)182頁、萩澤・前掲注(3)70頁、三上徹「全店差押問題に第2ラウンドがあるのか」金法1933号12頁以下（2011年）、佐藤歳二「債権差押えにおける差押債権の特定」市民と法78号26頁以下（2012年）。これらはすべて、②決定に反対している。ただし、春日・前掲注(2)46頁以下は、①決定に賛成しつつも、②決定にも賛成している。

(7)　CIFシステム上の情報を重視する私見からは、個別の店舗内の差押債権の特定もそのシステム上で行えばよいと考えられるかもしれない。しかし、預金額最大店舗の特定が簡単にできるのであるから、さらに債権者にとってより有利な作業（当該店舗での実際の預金残高等の調査の作業）を要求して差支えないであろう。

来分については特定性を否定したのが本決定である。

⑥決定に言及する学説は，ほとんどそれに賛成している[8]。また，これまでに公表された本決定に関する意見は，すべてそれに賛成している[9]。

(2) 将来普通預金包含方式が工夫されたのには，次のような事情がある。すなわち，詐欺的商法などの消費者問題の被害者の弁護士が，加害者である業者の許で，あるいは法務局でのその登記申請書類の閲覧の際に，業者が顧客に対して振込先として指定した口座を知ることがある。しかし，口座を変更するのは煩雑であるし，顧客の疑心を高めることになるから，業者は口座を変更しない。頻繁に出金を繰り返せば，業者にとって差押えは怖くないからである。

唯一人，適法説を展開している消費者側の弁護士は，このような状況を憂えているのである[10]。

(3) 将来発生すべき債権は，既にその発生の基礎となる法律関係が存在して，近い将来における発生が確実に認められるため財産価値を有するものでなければ差押えの対象にならないとされている[11]。そこで，将来の入金分を差押えの対象に含めることには，特定の問題以前に，差押えの対象としての適格性を欠くのでないかとの疑問が生ずる[12]。この点，田原裁判官の補足意見は，普通預金口座は将来生ずるべき債権発生の基礎となる法律関係として存在するものの，一般に，債権差押えの申立ての時点において，将来，同預金口座に何時，幾らの金額が入金されるか予測がつかないのであって，発生の確実性を欠いていると指摘する。

この適格性を肯定する見解のなかには，普通預金では入金された金銭が既存の預金残高と合計されて１個の債権として取り扱われるという点を理由とするものがあるが[13]，このようなことは将来の入金が確実であるか否かとは無関係なこと

---

(8) 堂園昇平「普通預金の差押え対象はどこまでか」金法1868号1頁（2009年），浅井弘章「判解」銀法714号57頁（2010年），松丸徹男「銀行に対する差押えの範囲とその実務対応」銀法717号16頁以下（2010年），大門匡「民事執行判例・実務フロンティア2010年版」判タ1315号307頁（2010年），東京地方裁判所民事執行センター「さんまエクスプレス〈第57回〉」金法1899号57頁（2010年），笠井正俊「判批」金判1336号188頁以下（2010年），同「債権執行における差押債権の特定をめぐって」先物取引被害研究39号16頁以下（2012年）。

(9) M氏「コメント」NBL987号89頁以下（2012年），下村眞美「民事執行関係重要判例の回顧（平成24年）」新民執実務11号199頁（2013年），松村和徳「判批」平成24年度重判解129頁以下（2013年），阿多博文「判批」民商147巻4・5号470頁以下（2013年）。

(10) 荒井哲朗「流動性預金の時間的包括的差押えについて」消費者法ニュース80号348頁以下（2009年）。

(11) 中野・民執〔増補新訂6版〕649頁，東京地方裁判所民事執行センター実務研究会編著『民事執行の実務・債権執行編〔第3版〕（上）』140頁（2012年）。

(12) 適格性を否定するものとして，松村・前掲注(9)130頁。

(13) 荒井・前掲注(10)350頁以下，阿多・前掲注(9)474頁。そのほかの肯定説として，笠井・前掲注(8)金法1336号190頁，同・前掲注(8)先物取引被害研究39号17頁。

21 将来の預金債権を差押債権とした差押えの申立てが不適法とされた事例

ではなかろうか。それ故，やはり，一般論としては，ある者の普通預金口座に何時，幾らの金額が入金されるのかは，予測がつかないと言うべきであろう。しかし，当該口座が業者によって先に指摘したような方法で利用されているとすれば，継続的にある程度の金額の入金が顧客からなされることは予測しうると言ってよいのではなかろうか。本件事案においても，債務者Yは貸金業者であり，差押えの基礎となっている債務名義は過払金の返還を命じた確定判決のようであるから，本件預金口座は顧客の借入債務の返済用のものであると推察されなくもない。一概に，本件事案の預金債権の将来入金分が差押えの対象としての適格性を欠くとは言い切れないように思う。その適格性は，一般論を機械的に当てはめるのではなく，もっと，個々の事案の事情を基礎として個別的に判断されるべきでなかろうか(14)。

(4) 本決定の法廷意見は，専ら特定性が欠如しているとの理由で将来入金分に係る申立てを却下した。すなわち，払戻請求に応ずる義務を履行するために，「第三債務者であるZ銀行において，差押命令送達の日から起算して1年の期間内に入出金が行われるたびに，預金残高のうち差押債権の額を超える部分と超えない部分とを区別して把握する作業を行わなければ」ならないが，Z銀行においては，これを行うために，「特定の普通預金口座への入出金を自動的に監視し，常に預金残高を一定の金額と比較して，これを上回る部分についてのみ払戻請求に応ずることを可能とするシステムは構築されていない」し，「他の方法により速やかにこれを実現することも期待することはできない」から，「速やかに，かつ，確実に，差し押さえられた債権を識別することができるものということはできない」というのである。

繰り返し述べたように，私見の基本は，金融機関はCIFシステム上の情報を基に対応すればよいというものである。ところが，現時点でCIFシステムをどのように操作しても将来入金分がその上に反映されることはありえない。したがって，金融機関の預金口座の管理システムの実状が本決定のいうようなもので

---

(14) 田原補足意見は，将来預金の差押えを肯定すると，差押え後にその普通預金口座に差押禁止債権に係る金員が振り込まれた場合にも差押えの効力が及ぶこととなって不都合が生ずる旨を指摘している。しかし，それが本当に不都合であるかはともかくとしても（金判1397号12頁の本決定コメント参照），本件事案の債務者Yは法人（貸金業者）である。法人が差押禁止債権を有することなどあるのであろうか。大量の事件を画一的に処理しなければならない執行事件ということはわかるが，田原補足意見は過度に一般化・抽象化した対象を念頭に置いて議論しすぎてはいないだろうか（なお，①決定の補足意見で，金融機関だけでなく，百貨店やゼネコンなども第三債務者として考慮に入れて検討する必要があるとされていた点についても，同様の批判がなされていた。野村・前掲注(5)115頁〔本書20事件170頁〕および同所引用の文献参照）。なお，田原補足意見のこの点に対するそのほかの観点からの批判として，阿多・前掲注(9)475頁。

あるとすれば(15)(16)，これに賛成せざるを得ないことになる。

　もっとも，もとより私はコンピューター技術一般にも金融機関のCIFシステムにも疎いので的外れな疑問に過ぎないかもしれないが，本決定が言うようなシステムを構築することはそれ程むずかしいことなのであろうか，との疑問は払拭しきれない。その気になれば出来ることなのではないか。もしそうであるならば，その実際ではなくして，顧客情報管理システムはどうあるべきかを問題とする滝澤説(17)は，本決定にも反対することになるのかもしれない。ただ，このような考え方に対しては，法的な意味で一定の債務管理態勢を義務付け，それを採用していない第三債務者に対しても，そのような管理態勢を前提に特定の有無を判断するという手法は（解釈論としては）やはり困難であろうとの指摘もある(18)。しかし，現状ではそうだとしても，決定理由中でそのようなシステムの構築を促し，将来的にはシステムが構築されなくとも差押命令を発令すると示唆するくらいのことはしてもよいように思われなくもない(19)（一票の格差の問題で，「違憲」とは言わないまでも「違憲状態」と言うようにである）。

4　実務への影響

　①決定，⑥決定および本決定によって，最近店舗別預金順位付け方式を緩和するものとして工夫されてきた預金債権の特定方式はほとんどすべて否定されてしまった。そこで，債務者の預金債権の所在・内容を知り得ない差押債権者の救済は，立法という抜本的な手段に求めざるを得ないかのごとくであり，既にそのた

---

(15) ⑦決定の理由中で，それと同種の事件で裁判所から都市銀行・地方銀行数行に対して調査嘱託がなされ，そのような実状であることが把握された旨が指摘されている。
(16) 金融機関では，差し押さえられた普通預金のうち請求債権額に満つるまでの部分を別段預金など別の口座に移替して保管している場合がある。そして，債権差押命令の送達時に普通預金口座に請求債権額に満たない預金しか存在しなかった場合に将来入金分についてまで差押えの効力が及ぶとすると，第三債務者としては，債権差押命令の送達後も，請求債権額に満つるまで当該預金口座に受入れがされた預金を債権差押命令の対象として保管しなければならないが，それまでの間，払戻し（出金）は制限されるので，第三債務者に格別の負担が生ずるとは解されない，との指摘がある（金判1397号13頁の本決定コメント）。しかし，普通預金口座に保管している間に払戻しが求められれば，一々その払戻請求額が制限限度外のものかを確認しなければならないから，やはり第三債務者には相当の負担があるというべきではなかろうか。
(17) 滝澤・前掲注(4)11頁。
(18) 山本・前掲注(2)112頁。
(19) 新聞報道（朝日新聞2013年6月6日付け夕刊）によると，警察庁は，口座の継続的な監視などを金融機関に義務付ける法改正も視野に，マネーロンダリングに対する対策を検討するとのことであり，名義人が実際に口座を使い続けているかなどを定期的に確認することを義務化することなどが検討対象となるようである。これは，本決定のいうシステムの構築と何らかの関連性を有することになるのかもしれない。

21 将来の預金債権を差押債権とした差押えの申立てが不適法とされた事例

めの提案もなされている[20]。ただし、①決定にもかかわらず、小規模な金融機関に関する全店一括順位付け方式や大規模な金融機関であっても限定的店舗順位付け方式にはなお問題が残っているし[21]、預金額最大店舗指定方式に関しても、私見のような前提に立てば、それを適法とする余地はあるように思う。この前提に立っていることを明確にする工夫を施した上で（たとえば、「『CIFシステム上』預金額最大の店舗の預金債権を対象とする。」と明示する）、改めてこの方式の申立てをしてみる価値はあるのではなかろうか。これに対し、現状を前提とする限り、将来普通預金包含方式は本決定によって完全に死命を制せられてしまったように思われる[22][23]。

【補　遺】(1) 法制審議会民事執行法部会における「債務者財産の開示制度の実効性の向上」のための措置に関する議論について、本書20事件【補遺】(1)175頁参照。
(2) 本判例研究公表後の本決定評釈類として、阿多博文・民商147巻4・5号470頁以下（2012年）（本決定に賛成）、河野正憲・判評659号〔判時2202号〕164頁以下（2014年）、栗原伸輔・法セ402号判例セレクト2013〔Ⅱ〕33頁（2014年）、町田余理子・法時85巻13号383頁以下（2013年）（結論賛成）、松村和徳・平成24年度重判解129頁以下（2013年）（論理構成に疑義を示しつつも、結論には賛成）、丸山昌一・NBL1385号372頁以下（2012年）、山木戸勇一郎・法研86巻1号51頁以下（2013年）（本決定に反対）、山中利晃・ジュリ1476号100頁以下（決定要旨に賛成）、がある。

（初出・法の支配171号／2013年）

---

[20] 執行法制研究会「民事執行制度の機能強化に向けた立法提案」判タ1384号84頁以下（2013年）〔三木浩一編『金銭執行の実務と課題』353頁以下（青林書院・2013年）所収〕。
[21] もっとも、東京地裁民事執行センターは、①決定にもかかわらず、従来の店舗別預金順位付け方式の取扱いを改めることはしないとしている。浜秀樹「民事執行判例・実務フロンティア2012年版」判タ1363号245頁（2013年）。
[22] 本決定は事例判断の形式をとっているが、そこで指摘されている金融機関の実状は一般的なものと推測されるからである（前注[15]参照）。阿多・前掲注[9]472頁。
[23] なお、現在進行中の民法（債権法）の作業においては、一時期、預金債権の差押えは現存預金に限る旨の提案がなされていたが（民法〔債権法〕改正検討委員会編『債権法改正の基本方針』別冊NBL126号385頁（2009年）。これに賛成するものとして、堂薗・前掲注[8]1頁、大野正文「債権法改正についての実務からの視点」銀法715号16頁（2010年）、反対するものとして、笠井・前掲注[8]金法1336号191頁、大阪弁護士会『実務家からみた民法改正』別冊NBL131号247頁（2009年））、本決定を踏まえて、民法に規定を置くのは相当ではないと考えられて、現在ではその提案は取り下げられている（法制審議会民法〔債権関係部会〕部会資料47「民法〔債権関係〕の改正に関する論点の検討[19]〔平成24年1月5日補訂〕」70頁参照）。

22 保険医療機関，指定医療機関等の指定を受けた病院または診療所が社会保険診療報酬基金に対して取得する診療報酬債権と民事執行法151条の2第2項に規定する「継続的給付に係る債権」

最高裁平成17年12月6日第3小法廷決定
　平成17年(許)第19号，債権差押命令申立て一部却下決定に対する執行抗告棄却決定に対する許可抗告事件
　（民集59巻10号2629頁・判時1925号103頁・判タ1205号158頁・金法1769号39頁）

要　旨　健康保険法上の保険医療機関，生活保護法上の指定医療機関等の指定を受けた病院または診療所が社会保険診療報酬支払基金に対して取得する診療報酬債権は，民事執行法151条の2第2項に規定する「継続的給付に係る債権」に当たる。

事実の概要　東京高等裁判所は，婚姻費用分担の審判に対する抗告事件において，平成17年2月21日，Y（歯科医師・夫）に対し，「ア．平成15年3月から平成17年1月までの23か月分の婚姻費用分担額の未払分119万6,000円，イ．平成17年2月から当事者の離婚又は別居状態の解消に至るまで，毎月末日限り5万2,000円ずつの婚姻費用分担額」をX(妻)に支払うよう命ずる決定（以下「本件決定」という）をし，その後，本件決定は確定した。Xは，これにより，民事執行法151条の2第1項2号に掲げる義務に係る確定期限の定めのある定期金債権（以下「本件債権」という）を取得したことになる。

　Xは，平成17年3月8日，本件決定の正本に基づいて，①本件債権のうち確定期限が到来しているもの及び執行費用125万8,650円（以下「本件期限到来債権等」という。内訳は，上記アに平成17年2月の未払分5万2,000円を加えた124万8,000円と執行費用1万0,650円である）を請求債権として，Yが第三債務者である社会保険診療報酬支払基金（以下「支払基金」という）から支払を受ける平成17年3月4日から平成18年3月3日までの診療報酬に係る債権（ただし，65万8,650円に満つるまで）の差押えを，②本件期限到来債権等を請求債権として，Yが第三債務者である栃木県国民健康保険団体連合会から支払を受ける上記期間の診療報酬に係る債権（ただし，60万円に満つるまで）の差押えを，③本件債権のうち確定期限が到来していないもの（以下「本件期限未到来債権」という。平成17年3月以降の上記イの債権）を請求債権として，Yが第三債務者である支払基金から支払を受ける上記期間の診療報酬に係る債権（ただし，本件期限未到来債権の確定期限の到来後に弁済期が到来するものに限る）の差押えを，それぞれ申し立てた。Yは，診療所を開設し，「A歯科クリニック　Y」の名義で支払基金から診療報酬

の支払を受ける地位を有する。

　原々審は，Xの上記申立てのうち，本件期限到来債権等を請求債権とする上記①②の申立て部分は認容したが，本件期限未到来債権を請求債権とする上記③部分の申立ては却下した。原審（東京高決平成17・4・26民集59巻10号2641頁）も，「民事執行法151条の2第1項に掲げる婚姻から生ずる費用の分担の義務等に係る定期金債権については，確定期限の到来していないものについても債権執行を開始することができるが，その場合，上記定期金債権について，その確定期限到来後に弁済期が到来する『給料その他継続的給付に係る債権のみ』を差し押さえることができるものとされている。上記『給料その他継続的給付に係る債権のみ』とは，同法151条に規定する継続的給付に係る債権と同じく，給料債権や賃料債権のように同一の法律関係に基づいて継続的に発生する債権をいうものと解されるところ，社会保険診療報酬債権は，保険医が被保険者を診療することによってその対価として受ける個別的な債権の集合であって，同一の契約関係から継続的に発生するものではないから，『継続的給付に係る債権』には該当しないものというべきである。」との理由によって，原々審の判断を是認した。

　Xの許可抗告に基づいて，最高裁は原決定を破棄し，原々決定のうちXの申立てを却下した部分を取り消して，この部分を原々審に差し戻した。

争点　健康保険法上の保険医療機関，生活保護法上の指定医療機関等の指定を受けた病院または診療所が社会保険診療報酬支払基金に対して取得する診療報酬債権は，民事執行法151条の2第2項に規定する「継続的給付に係る債権」に当たるか。

決定要旨　破棄自判。

　「法律の規定（健康保険法63条3項1号，国民健康保険法36条3項等）に基づき保険医療機関としての指定を受けた病院又は診療所は，被保険者に対して診療等の療養の給付をした場合，法律の規定（社会保険診療報酬支払基金法1条，15条1項，健康保険法76条，国民健康保険法45条等）に基づき，診療担当者として，保険者から委託を受けた支払基金に対して診療報酬を請求する権利を取得することになる。そして，上記の診療担当者として診療報酬を請求し得る地位は，法律の規定に基づき保険医療機関としての指定を受けることにより発生し，継続的に保持される性質のものであるため，上記指定を受けた病院又は診療所は，被保険者に対し診察等の療養の給付をすることにより，支払基金から定期的にその給付に応じた診療報酬の支払を受けることができる。また，診療報酬債権に係る上記の法律関係は，病院又は診療所が生活保護法に基づき指定医療機関としての指定を受け同機関として療養の給付をした場合，児童福祉法に基づき指定育成医療機関として指定を受け同機関として育成医療の給付をした場合等，支払基金が法律の規定に基づき委託を受けて医療機関に対して診療報酬を支払うものとされている

場合についても，基本的に同様である（社会保険診療報酬支払基金法15条2項，生活保護法49条，53条，児童福祉法20条，21条の3等）。

そうすると，保険医療機関，指定医療機関等の指定を受けた病院又は診療所が支払基金に対して取得する診療報酬債権は，基本となる同一の法律関係に基づき継続的に発生するものであり，民事執行法151条の2第2項に規定する『継続的給付に係る債権』に当たるというべきである。」

【参照条文】 民事執行法151条の2・151条，社会保険診療報酬支払基金法1条・15条1項・2項，健康保険法63条1項・76条，国民健康保険法36条3項・45条，生活保護法49条・53条，児童福祉法20条・21条の3

研 究

1 本決定の意義

保険医である診療担当者の診療報酬支払担当機関に対する将来の診療報酬債権が民執法151条（またはその前身である旧民訴法604条）にいう継続的給付に係る債権に該当するかについては，かねてから下級審の裁判例や学説の上で争いのあるところであった。その中で，平成15年の改正により追加された民執法151条の2は，いわゆる予備差押えの制度を導入し，扶養義務等に係る定期金債権を請求債権とする債権執行にあっては，その一部に不履行があれば当該定期金債権のうち確定期限が到来していないものについても執行を開始できるとするとともに（同条1項），差押えの対象となるのは，各定期金について，その確定期限の到来後に弁済期が到来する継続的給付に係る債権に限るとした（同条2項）。本決定は，診療報酬債権が民執法151条の2第2項にいう継続的給付に係る債権に該当する旨を判示した最高裁の新判例であるが，このことにより，後述するような将来の診療報酬債権の差押えに関する実務に変更が生ずるかは，なお明確ではないように思われる。

2 従来の学説と(裁)判例・執行実務の取扱い

(1) 最初に，保険医の診療報酬債権の支払の仕組みを見ておく。医療保険の患者（被保険者）が保険医療機関（保険医）で診療を受けるときは，その保険医に対しては診療報酬のうち一部負担金のみを支払う。残りの部分の診療報酬については，保険医が1か月分の診療内容をまとめた診療報酬明細書（レセプト）を添えて社会保険診療報酬支払基金や国民健康保険団体連合会（以下，簡潔のため「基金」とのみいう）に対し，各月分を一括して翌月10日までに支払を請求する。基金はレセプトを審査して診療報酬額を決定し，診療の行われた月の翌々月の5日

22 診療報酬請求権と予備差押え（民執法151条の2）

までに，健康保険組合等（保険者）に対し，上記報酬額を基金に支払うよう請求し，その月の20日までに支払を受け，保険医に対し，遅くともその月の末までに，あらかじめ指定された銀行の口座を経由して支払をする。

このような仕組みによって，保険医の診療報酬債権は1か月ごとにまとめられて基金を債務者として各月ごとに発生することになり，その結果，ある程度金額のまとまった安定したものであることが期待できるので，将来分をまとめて担保のために譲渡することや，差押えの対象としたりすることが問題になるのである。

(2) 民執法151条の2との関係をとりあえず除外することとすると，将来の診療報酬債権を差し押さえることができるかについては三つの見解が主張されてきた。

第1説は，民執法151条の「継続的給付に係る債権」として差し押さえることができるとする。その理由は，保険制度における法律関係は個人法的・行為法的にではなく，組織法的・団体法的に観察すべきであり，上記のような診療報酬債権の支払の仕組みに鑑みれば，診療報酬債権に関しては，将来において債権が発生すべき確実な事実的基礎が存在するというだけでなく，既に法律的基礎が存在するといってよいという点にある[1]。そして，将来の診療報酬債権額の不安定性について，民事執行法以前の学説（1a説）は，月々の患者数や疾病の種類・程度に変動はあっても，診療報酬の総額はそれ程変動しないし，俸給等であっても，昇給等による変動はありうるし，賃金体系に出来高払制・歩合制の要素が強い場合もあるから，診療報酬の不安定さも程度の差に過ぎないとした[2]。これに対し，民事執行法下の学説（1b説）は，過去の実績からみて当該保険医と支払基金との間に固定的な基本関係の成立が認められれば足り，旧民訴法604条とは異なって，単に給料「その他継続的給付に係る債権」としていて，「その他『これに類する』継続的給付に係る債権」とはしていない民執法151条の下においては，継続的給付に係る債権の範囲が拡張されたと考えられ，各期の収入額の一定性・予測可能性は統一的基準たりえないとする[3]。また，これらの見解は，将来債権としての差押えも肯定する。

第2説は，継続的給付に係る債権として差し押さえることはできないが，将来債権として，一定の期間を画して差し押さえることは認める。このうちの一つの

---

(1) 田倉整「後掲②判決判批」判評118号〔判時531号〕134頁以下（1968年），上谷清「後掲②判決判批」判タ228号67頁以下（1968年），阿部正幸「将来の診療報酬債権の差押性」藤田耕三ほか編『民事執行法の基礎』174頁以下（青林書院新社・1983年）。この視点は，将来債権としての譲渡可能性との関連で，於保不二雄「後掲①判決判批」判時389号〔判評75号〕41頁以下（1964年）が示していたものである。

(2) 西原道雄「後掲②判決判批」医事判例百選183頁（1976年）。

(3) 中野・民執〔増補新訂5版〕646頁，664頁以下，倉地康弘「将来債権の差押え」山﨑恒＝山田俊雄編『新・裁判実務大系⑿民事執行法』336頁，339頁（青林書院・2001年）。

見解（2a説）は，継続的給付に係る債権とは，特定の法律関係に基づき，確実に連続して新しい支分債権が発生しまたは次々に弁済期が到来する債権をいい，ある程度の周期性および規則性が必要であるところ，診療報酬債権は，保険医という地位から当然に生ずるものではなく，多数の被保険者に対する診療の事実から生ずるものであるし，毎月の患者数や疾病の種類程度により債権額の変動が著しく，平均的な固定収入を客観的に予測することが困難であるということを，診療報酬債権が継続的給付に係る債権であることを否定する理由として指摘する[4]。これに対し，第2説のうちの別個の見解（2b説）は，法律的な基礎が存在することは認めつつ，専ら，債権額が固定せず，平均的な固定収入を客観的に予測することが困難であることを否定の理由として指摘する[5]。

　第3説は，継続的給付に係る債権としての差押えも将来債権としての差押えも認めない見解であるが[6]，この立場をとる者は現在では皆無であると思われる。

　(3)　裁判例としては，①東京地判昭和39・4・30（下民集15巻4号999頁。後掲⑤判決の第1審）が，将来の診療報酬債権の将来債権としての譲渡性を否定した。譲渡ができなければ，差押えもできないことになるから，この判決を前提とすれば上記第3説に従うことになる。また，②東京高判昭和43・2・23（高民集21巻8号82頁）は，診療報酬債権は事実上の継続する収入の債権にすぎないが，このこと自体は継続給付に係る債権としての差押えの障害にはならないものの，月々の収入が一定し，客観的にその額を把握しうるような場合に該当しないとして，継続給付に係る債権としての差押可能性を否定した。ただし，これを否定しても，さらに将来債権としての差押えが可能かは問題となりうるが，②判決はこの点には触れていない。そして，昭和30年代から40年代の執行実務の取扱いは第3説に従っていたといわれる[7]。もっとも，③福岡高決昭和53・11・13（金判579号33頁）は，継続給付に係る債権としての差押えを認めたが（他に，福岡高決昭和53・12・22，福岡高決昭和53・4・17。金判579号33頁のコメント参照），他方で，④福岡高決昭和54・1・16（金判579号34頁）は，2a説のあげる理由に従ってやはり差押えを認めなかった。

　このような中にあって，⑤最判昭和53・12・15（判時916号25頁）は，将来の診療報酬債権は，その月々の支払額は，医師が通常の診療業務を継続している限

---

(4)　注解民執(4)373頁，481頁，482頁〔稲葉威雄〕，松山恒昭「継続的債権における差押えの効力が及ぶ範囲」大石忠生ほか編『裁判実務大系(7)民事執行訴訟法』387頁（青林書院・1986年），注釈民執(6)310頁〔田中康久〕。

(5)　中野貞一郎「後掲②決定判批」民商63巻4号630頁（1971年）。ただし，中野教授は，先に指摘したように，民事執行法の下では1b説によるべきであるとされている。

(6)　宮脇幸彦『強制執行法〔各論〕』122頁以下（有斐閣・1978年）。

(7)　宮脇・前掲注(6)122頁以下，篠田省二「後掲⑦決定判批」金判1148号15頁，16頁（1987年）参照。

り，一定額以上の安定したものであることが確実に期待されるものであって，それほど遠い将来のものでなければ，特段の事情のない限り，現在すでに債権発生の原因が確定し，その発生が確実に予測しうるものであるから，始期と終期を特定してその権利の範囲を確定することによって，有効に譲渡しうるとした。そこで，これを受けて，⑥東京高決昭和 54・9・19（判時 944 号 60 頁）は，将来 6 月分の，⑦札幌高決昭和 60・10・16（判タ 586 号 82 頁）は，将来 1 年分の診療報酬債権の将来債権としての差押えを認めた。⑦決定は 1 年を超える部分の差押えを求める申立てを却下しているが，これは⑤判決が 1 年間の診療報酬債権の譲渡の有効性が争われた事案に関するものであったことが影響していると指摘される。また，執行実務の取扱いとしても，将来 1 年分の診療報酬債権については，将来債権としての差押えを認めるという方向での運用が定着した[8]。そして，このように一定の限度で将来債権としての差押えを肯定する執行実務が定着するとともに，診療報酬債権が継続給付に係る債権に該当するかの問題はいわば棚上げされ，教科書等で触れられるほかは，あまり議論されないようになってきた。

その後，民法学説上，将来債権の譲渡について，譲渡可能な将来債権の適格性はその発生についての法律的基礎の有無や発生可能性の程度などといったあいまいな基準をもって制限されるべきではなく，譲渡契約の有効性を広く認めた上で，事案に即し当該契約の公序良俗適合性等を判断することによって解決すべきであるとする見解[9]が有力化するに至った。そこで，⑧東京地判平成 5・1・27（判タ 838 号 262 頁）は，長期間の診療報酬債権であっても，少なくとも当事者間では有効に譲渡しうると解する余地がないではないとしたが，結局は，4 年以上先の分の譲渡は差押債権者には対抗できないとした。しかし，⑨最判平成 11・1・29（民集 53 巻 1 号 151 頁）は，将来発生すべき債権を目的とする債権譲渡契約にあっては，契約当事者は，譲渡の目的とされる債権の発生の基礎を成す事情を斟酌し，右事情の下における債権発生の可能性を考慮した上，右債権が見込みどおり発生しなかった場合に譲受人に生ずる不利益については譲渡人の契約上の責任の追及により清算することとして，契約を締結するものと見るべきであるから，右契約の締結時において右債権発生の可能性が低かったことは，右契約の効力を当然に左右するものではないが，譲渡人の営業等に対して社会通念に照らし相当とされる範囲を著しく逸脱する制限を加え，又は他の債権者に不当な不利益を与

---

[8] 最高裁判所事務総局編『民事執行事件に関する協議要録（民事裁判資料 158 号）』150 頁（法曹会・1985 年），今井隆一「将来発生する債権に対する差押えについて」東京地裁債権執行等手続研究会編『債権執行の諸問題』40 頁以下（判例タイムズ社・1993 年）。なお，⑦決定は 1 年の始期を差押命令発令時としているが，執行実務では，むしろ執行申立ての日の属する月の 1 日とする扱いが一般的のようである。

[9] 高木多喜男「集合債権譲渡担保の有効性と対抗要件（上）」NBL 234 号 8 頁以下（1981 年）。

えるなどの特段の事情の認められる場合には，右契約は公序良俗に反するなどとして，その効力の全部又は一部が否定されることがあるとした。具体的には，契約時から8年3月分の診療報酬債権の譲渡の効力を認めたのである。

将来債権の差押えとの関係では，⑨判決以前に，既に発生の基礎となる法律関係が存在して，近い将来における発生が確実に見込めるものであれば差押えの対象となりうるとの一般論に立ちつつ，将来の診療報酬債権の差押えを将来1年分に限ることになんの根拠もないとの執行実務に対する批判があった[10]。しかし，学説上は，多数の債権者・債務者間の公平という観点や，手続の明確性ないし形式的画一性が厳しく要求される執行手続における配慮として，債権発生の蓋然性を画する目安として合理性を欠くとはいえないとして，将来の1年分に限る執行実務の運用を肯定する見解も有力であった[11]。

⑨判決以降，⑩札幌高決平成15・2・24（判時1833号135頁）は，発生の見込みがないと認めるに足りる具体的事情もないとして，1年を超えた将来5年分の診療報酬債権の差押えを認めたが，執行実務の運用には変化はないようである[12]。これに対し，学説上は，差押えの局面においても⑨判決と同じ基準が当てはまるとしつつ，差押えの場合には，ほぼ必然的に他の債権者と競合する結果，債権譲渡の場合よりも一定期間の制限を受けることが多くなるであろうとの見解がある[13]。これは具体的な年数を示していないが，⑨判決以前の見解と同様に，差押えにあっては債権発生の確実性が必要であるとしつつ，差押えが行われるようなときは既に保険医の経営が悪化しており将来における診療報酬債権の確実性にやや疑問が生じているのが通常であろうが，そうだとしても，1年間という期間は短すぎ，例えば3年間ないし5年程度であれば，債権発生の確実性という要件は十分に充足していると思われるとの見解もある[14]。逆に，同様の認識を示しつつも，危機の徴表ともいえる差押えの場面では，1年という期間は最大限に近く，むしろ短めの方向が示唆されることになろうとする見解もある[15]。

---

(10) 中野・民執〔増補新訂5版〕628頁，630頁＝民執〔新訂3版〕541頁，546頁。
(11) 篠田・前掲注(7)16頁，池田真朗「前掲⑧判決判批」判タ838号35頁（1994年），藤田広美「前掲⑧判決判批」判タ882号267頁（1995年）。
(12) 東京地方裁判所民事執行センター実務研究会編著「民事執行判例エッセンス2002」判タ1103号71頁（2002年），廣戸充「将来債権の差押え」西岡清一郎ほか編『民事執行の実務・債権執行編（上）』118頁（金融財政事情研究会・2003年）。ただし，日本法律家協会の判例研究会の席上，裁判官の会員から，形式的に1年分に限定せずに，個別の事件ごとに判断するようになっているとの指摘があった。
(13) 道垣内弘人「将来債権の包括的譲渡の有効性と対抗要件」ジュリ1165号79頁以下（1999年）。
(14) 倉地・前掲注(3)343頁。
(15) 佐藤鉄男「前掲⑦決定判批」執行・保全百選131頁。

3 本決定の検討

(1) 以上のように，最近は，将来の診療報酬債権が民執法 151 条の継続的給付に係る債権に当たるかの問題は棚上げされ，議論は将来債権としての差押え可能性に移っていたのであるが，平成 15 年の民事執行法の改正法が，扶養義務等に係る定期金債権を請求債権とするいわゆる予備差押えにあっては，継続的給付に係る債権のみを差押えうるとしたことにより，上記の問題を避けては通れないこととなった。

民執法 151 条の 2 で請求債権が限定されていることの趣旨は，定期金債権であるもののうち，各定期金の額が少額であることが通常であり，かつ，その権利実現が債権者の生計維持に不可欠であるため，債権者の手続的負担を軽減すべき必要性が特に高いものに限って，期限到来後に限り強制執行を開始できるという原則（民執 30 条 1 項）の例外を設けるという点にある。他方，差押えの対象となる債権に関しては，扶養義務等は給料から支払われることが通常であろうが，適用範囲をなるべく広くするという観点から，民執法 151 条の場合と同一の表現が意図的に採用され，給料その他の継続的給付に係る債権とされたのである[16]。

保険医の場合，社会保険診療報酬支払基金に対する診療報酬債権はその収入の大部分を占めるであろうし，他方で，患者の個人負担分の報酬債権を差し押さえることは事実上かなり困難であろう。そして，上記のように，民執法 151 条の 2 が問題になる場合には，請求債権に関する保護の必要性は非常に高く，かつ，対象債権はなるべく広くすることが意図されたし，期限未到来の債権を請求債権として，将来債権としての診療報酬債権を差し押さえることは不可能である。これらの事情に加えて，個人の開業医と勤務医とのバランスを考えれば，実質的考慮として，本件の原審および原々審のように診療報酬債権をおよそ継続的給付に係る債権には該当しないといってしまうことは不適当であるように思われる。

(2) 継続的給付に係る債権の差押えの効力は，差押債権者の債権および執行費用の額を限度として，差押え後に受けるべき給付に及ぶ（民執 151 条）。㋑差押えの効力がその後の給付に及ぶのは，基本となる一つの法律関係から将来にわたって継続的に現実化していく多数の債権について各個に差押えをしなければならない煩雑さを避けるとともに，現実化すると同時に債務者が処分したり，他の債権者が差押え・転付を受けてしまう危険から差押債権者を保護するためである。また，㋺差押債権者の債権等に効力が限定されているのは，無限に差押えが続くことにより債務者や第三債務者に不利益を及ぼすことがないようにするためである。

---

[16] 谷口園恵＝筒井健夫編著『改正担保・執行法の解説』102 頁以下（商事法務・2002 年），道垣内弘人ほか『新しい担保・執行制度〔補訂版〕』164 頁以下（有斐閣・2004 年）。

その反面，従来は，「請求債権額に満つるまで」という以外に，期間を区切っての特定などは必要ではないと考えられていたと思われる。そして，㈥発生の基礎となる一つの基本的法律関係を特定することが必要とされるのは，それにより，差押えの対象となった債権を容易に特定することができれば，債務者や第三債務者に特に不利益が及ぶことはないからである。

将来の診療報酬債権に一つの基本的法律関係が基礎となっているかに関しては原審や原々審のような見方と本件最高裁決定のような見方があり，双方ともそれ自体としては成り立ちうる考え方であると思われる。しかし，継続的取引基本契約を基礎として発生する多数の売買代金債権は継続的給付に係る債権とされているが(17)，この売買代金債権とても基本契約から当然に生ずるものではなく，個別の売買契約という事実から生ずるものであるから，この関係は，保険医としての地位と個別の診療という関係に類似しているということも不可能ではないであろう。また，将来の診療報酬債権に関しても，上記㈦の必要性はあるし，債務者と第三債務者である社会保険診療報酬支払基金などを特定できれば，㈥で問題とされている特定性の観点からの債務者等に対する不利益は生じないと思われる。そこで，これらの事情に先に述べた実質的考慮を併せ加味すれば，将来の診療報酬債権は継続給付に係る債権というべきであると考える（㈣については後述）。

(3) ところで，先に述べたように，最近は，診療報酬債権が継続給付に係る債権かの議論は棚上げされ，主として将来債権の差押えの観点から議論がなされるようになってきたが，基本的には，将来債権として差し押さえるか，継続的給付として差し押さえるかで差異が生ずべきではないであろう。そして，⑨判決の基準は将来債権としての差押えにも，ひいては継続給付に係る債権としての差押えにも当てはまると考える。

するとまず，差押え段階で債権発生の確実性の審査が必要か否かが問題とされているが，出発点としては⑨判決に準じて不要と考える。こう考えることが，差押え段階では対象債権の存否については審査しない一般の場合の債権執行のあり方とも平仄が合うであろう。

しかしながら，⑨判決の基準を当てはめると，対象債権を一定の期間を限って特定することが必要であり，かつ，その期間の妥当性は債務者や第三債務者に対する不利益の観点からチェックされることになる。この不利益としては，債務者の医療機関の経営に対する圧迫，他の債権者から見ると将来の一般的担保が奪われることになり，詐害行為的な（債務者と馴れあいの）差押えがされると対応が困難であること，執行手続が長期化し，執行裁判所や第三債務者にとっての負担

---

(17) 注解民執(4) 481 頁〔稲葉〕，注釈民執(6) 309 頁〔田中〕。

が大きくなることなどがあげられる[18]。また，期間を区切らずに「請求金額に満つるまで」という形の金額だけで特定して差し押さえるときは，診療報酬債権は収入額が固定しないため，いつまで差押えが継続するかが不明瞭となり，差押えの範囲外の債権の処分・譲受けが事実上困難になることなどによって債務者や第三債務者に不利益が生ずる可能性がある[19]。

　出発点としては差押え段階で対象債権発生の確実性を審査しないこととしても，たとえば，債務者たる医療機関の経営に対する影響を考慮しなければならないとすれば，この影響の審査との関係で必然的に債権発生の確実性も審査されることになるのではなかろうか[20]。そこで，従来の将来債権としての差押えの例におけるように，各期の定期金に対する金額を限定しないで期間だけで特定して差押えをする場合には，手続の明確性，画一性，公平性や簡易・迅速性の要求される差押え段階の処理として，将来1年分に限って差押えを認める執行実務のあり方は，とりあえずは相当というべきであろう[21]。ただし，差押債権者は，債務者や第三債務者に対する不利益の観点から特に問題のないことを証明すれば1年を超えての差押えを求めることもできると解すべきであるが，そのような証明は債務者が審尋されない以上（民執145条2項），実際上は相当困難であろう。また逆に，1年では長すぎるという債務者は，債権差押命令に対する執行抗告（民執145条5項）の中で，その旨を主張すべきことになろう。これに対し，従来の継続的給付に係る債権としての差押えの例では，対象債権を請求金額だけで特定していたと思われるが，場合によっては，期間や差押えの対象になる各期の定期金の金額を限定することも必要となると思われる（前述(2)㈣参照）。

　(4)　民執法151条の2の場合には，請求債権は扶養義務等に係る定期金債権の未払分と将来確定期限が到来する分である。このうち後者は通常は少額であろうし，当該債権が長年にわたり未払いのまま放置することのできない性質のものであるから，前者もそれ程高額とはならないと思われる。そうであるとすれば，これらを請求債権とし，その「債権額に満つるまで」という形での各定期金の金額が固定しない継続的給付に係る債権の差押えを認めたとしても，各定期金債権の全額が差押えの対象となる期間はそれ程長期間は続かず，かつ，その期間が経過すれば，各定期金債権の確定的な金額で限定された比較的少額の一部のみが差押えの対象になるという状態になると考えられる。それ故，この場合には，各定期金の金額以外の金額による限定や期間による限定なしに，請求金額のみによる限

---

(18)　倉地・前掲注(3)342頁以下，中野・民執〔増補新訂5版〕628頁。
(19)　裁判例②，上谷・前掲注(1)70頁参照。
(20)　法の一般原則である比例原則ないし申立権の濫用による制限といえよう。倉地・前掲注(3)543頁参照。
(21)　森田宏樹「判例⑨判批」社会保障判例百選〈第3版〉57頁（2000年）参照。

定の下に継続的給付に係る債権の差押えを認めてよいと考える。もっとも，こうなると執行手続は相当長期化することと思われるが，これは，たとえば子の扶養料債権（民766条）を請求債権としてここで問題としているような差押えを認めた法が予定するものであり，止むを得ないことというべきであろう。

　以上のことは，診療報酬債権を対象とする差押えの場合にも無論当てはまる。ところが，本件事案では，期限が到来している分の婚姻費用分担請求権との関係でも，期限未到来のそれとの関係でも，差押えの対象となる診療報酬債権を1年分に限定している。これは将来債権としての診療報酬債権の差押えについて将来1年分との制限を課してきた従来の執行実務の扱いを考慮したものであろうが，このような限定はここでは不要であったと考える。逆にいうと，既に申立て段階でこのような限定が付されていた以上，この申立ては認容されて当然であったと考える。

　(5)　本決定は診療報酬債権は民執法151条の2第2項に規定する継続的給付に係る債権に該当する旨を判示したものであるが，その基礎となっている申立ては相当限定されたものであった。そこで，私見としては，民執法151条の2の下において，診療報酬債権に対する差押えは本件事案におけるような限定なしに請求債権額による限定だけで認められるべきであると考えるし，本決定の射程もそこまで及ぶようにも思うが，断定はできない。まして況んや，本決定を前提とすると，民執法151条の下においても，期間や対象債権の金額を限定することなしに診療報酬債権を無制限に差し押さえうることになるとは当然にはいえないと考える[22]。

4　実務への影響

　本決定は社会保険診療報酬債権が民執法151条の2第2項に規定する継続的給付に係る債権であることを判示した初めての最高裁判例であり，扶養料債権等の取立てとの関係では実務に大きな影響を及ぼす。しかし，本決定が医療機関に対する貸付債権やリース料債権などを請求債権とした従来の執行実務に影響を及ぼすかは，今後に残された問題というべきであろう。

　【補　遺】　(1)　上記のように，本判例研究の立場は，本決定を前提としても，民執法151条の下において，期間や対象債権の金額を限定することなしに診療報酬債権を無制限に差し押さえうることになるとは当然には言えないというものである。しかし，東京地裁民事第21部は，本決定を契機に，民執法151条の下においても，請求金額による限定だけで，期間による制限なしに診療報酬債権の差押えを認める立場に取扱

---

(22)　和田吉弘「本決定判批」平成17年度重判解143頁（2006年）は，そのようにいえるとする。

いを改めたようである（東京地方裁判所民事執行センター「さんまエクスプレス〈第34回〉」金判1786号89頁（2006年），東京地裁民事執行センター実務研究会編著『民事執行の実務・債権執行編〔第3版〕(上)』134頁（金融財政事情研究会・2012年）参照）。

(2) 本判例研究公表後の本決定評釈類として，上原敏夫・判評574号（判時1944号）209頁以下（2006年）（本決定に賛成），同・法教347号50頁以下（2009年），内山衛次・民商134巻4号1021頁以下（2006年）（本決定正当），近藤隆司・リマークス34号118頁以下（2007年）（本決定に賛成），佐藤鉄男・執行・保全百選〈第2版〉104頁以下（2012年），高橋譲・ジュリ1341号151頁以下（2007年），同・曹時60巻4号285頁以下（2008年），同・最判解説民平成17年度(下)884頁以下，等がある。

ほかに，本決定を機縁とする論文として，大澤知子「複数債権の包括的差押えとその限界」判タ1233号105頁以下（2007年），がある。

（初出・法の支配143号／2006年）

第2部　執行・保全法

23 抵当権に基づく物上代位権の行使としてされた債権差押命令に対する執行抗告において被差押債権の不存在又は消滅を理由とすることの可否

最高裁平成14年6月13日第1小法廷決定
　平成13年(許)第30号，債権差押命令に対する執行抗告棄却決定に対する許可抗告事件
　（民集56巻5号1014頁・裁時1317号249頁・判時1790号106頁・判タ1095号114頁・金法1657号29頁・金判1155号3頁）

要　旨　　抵当権に基づく物上代位権の行使としてされた債権差押命令に対する執行抗告においては，被差押債権の不存在又は消滅を抗告の理由とすることはできない。

事実の概要　　Xは，抵当不動産（9階建ての建物）に係るYのZに対する賃料債権につき，債権差押命令の申立てをした。これを認めた原々審の債権差押命令に対し，Zが執行抗告をした。Zが主張した執行抗告の理由は，①差押えを受けた賃料債権は，ZのYに対する保証金還請求権との相殺により消滅した，②賃料債権のうち，Yが管理会社に支払うべき管理費等の相当額については，差押えの効力が及ばないという事由であり，要するに，被差押債権とされた賃料債権の全部又は一部が存在しないという実体上の事由を主張して，債権差押命令の取消しを求めるものであった。原審は，Zの主張にはいずれも理由がないと判断して，執行抗告を棄却した。この決定に対し，Zは，原審の許可を得て，最高裁に許可抗告をした。最高裁は，次の争点を職権によって取り上げて問題とし，抗告を棄却した原審の判断を結論において是認した。

争　点　　抵当権に基づく物上代位権の行使としてされた債権差押命令に対する執行抗告において，被差押債権の不存在又は消滅を抗告の理由とすることができるか。

決定要旨　　抗告棄却。
　「執行裁判所は，担保権の存在を証する文書が提出されたときは，申立てに係る被差押債権が物上代位の目的となる債権に該当する限り，その存否について考慮することなく，物上代位権の行使による差押命令を発すべきものである。そして，第三債務者は，被差押債権の存否について，抵当権者が提起する当該債権の取立訴訟等においてこれを主張することができ，被差押債権の全部又は一部が存在しないときは，その部分につき執行が効を奏しないことになるだけであって，そのような債権につき債権差押命令が発付されても第三債務者が法律上の不利益を被ることはないのである。したがって，抵当権に基づく物上代位権の行使とし

てされた債権差押命令に対する執行抗告においては，被差押債権の不存在又は消滅を執行抗告の理由とすることはできないと解するのが相当である。」

【参照条文】　民事執行法145条5項・193条，民法304条1項・372条

研究

1　本決定の意義

　本件事案においては，抵当権に基づく物上代位権の行使としてされた債権差押命令に対する執行抗告において被差押債権の不存在または消滅を抗告の理由とすることができるかどうかが問題とされた。この問題については，従来，最高裁の判例も下級審の裁判例も見出されなかったが，動産売買先取特権に基づく物上代位権の行使として転売代金債権についてされた債権差押命令に関しては，下級審裁判例は分かれていた。本決定は，抵当権に基づく物上代位権の行使として賃料債権についてされた債権差押命令に関して否定説を明確にしたものとして重要であるが，その射程が動産売買先取特権に基づく物上代位権の行使の場合や，他の種類の債権に対する抵当権に基づく物上代位権の行使の場合にも及ぶかは問題であろう。

2　従来の裁判例と学説

　民事執行法は，担保権の実行または物上代位権の行使としての債権差押命令に対する不服申立てに関し，一般の強制執行としての債権差押命令に対して執行抗告を認める規定（民執145条5項）と不動産競売の開始決定に対して担保権の不存在または消滅を理由とする執行異議を認める規定（民執182条）の双方を準用している（民執193条2項）。そこで，担保権の実行または物上代位権の行使としての債権差押命令に対して担保権の不存在・消滅という実体上の事由を理由として不服申立てをなしうることは間違いないが，その方法として執行抗告によるべきか，執行異議によるべきかが問題となり，この点に関しては，民事執行法施行直後から相当数の裁判例と学説が公にされている[1]。

　これに対し，被差押債権の不存在または消滅という実体上の事由が担保権の実行または物上代位権の行使として転売代金についてされた債権差押命令に対する執行抗告（この事由に関してはこれ以外に不服申立方法は考えられない）の理由になりうるかについては，動産売買先取特権に基づく物上代位権の行使としての債権

---

(1)　裁判例と学説の詳細については，松村和徳「債権等についての担保権実行における差押命令に対する不服申立方法」判タ858号41頁以下（1994年）参照。

差押命令に関する大阪高決昭和56・7・7（判時1031号130頁）と，東京高決昭和60・3・19（判時1152号144頁）が肯定説を説いていた。物上代位権にあっては，被差押債権である目的債権の不存在・消滅は物上代位権という一種の担保権そのものの不存在・消滅を意味する。そこで，これらの裁判例は，これを理由に前者の不存在・消滅が債権差押命令に対する不服申立ての理由になりうることを当然の前提として，その方法は執行抗告か執行異議かという先に指摘した点を問題としつつ，執行抗告説に従ったものであった。他方，東京高決平成6・6・30（判時1538号193頁）も執行抗告説を前提としていたが，ここでの問題点に関しては，被差押債権が不存在であっても執行が空振りになるだけであるとの，本決定の理由の一つと同趣旨の理由により否定説を採用していた（ただし，傍論）。

　従来の学説にも，特に抵当権に基づく物上代位権の行使としての債権差押命令に即してここでの問題点を検討するものは見出されない。ただし，転売代金債権不存在の場合に動産売買先取特権に基づく物上代位権の行使としての債権差押命令に対する担保権の不存在・消滅を理由にした不服申立てはいかなる方法によるべきかを問題にしている学説は，前掲大阪高決昭和56・7・7と，同東京高決昭和60・3・19と同様に，少なくとも動産売買先取特権に基づく物上代位権との関連では，被差押債権の不存在・消滅が不服申立ての理由になることを当然の前提にしていると思われる[(2)]。

3　本決定の検討

(1)　強制執行としての債権差押命令

　上で見たような裁判例・学説のほか，強制執行としての債権差押命令（または債権仮差押命令）との関係でも被差押債権の不存在・消滅が執行抗告の理由になりうるかを問題にした若干の裁判例・学説が存在する。

　そのうち，東京高決昭和33・4・24（下民集9巻4号735頁）と，仙台高決昭和37・2・14（高民集15巻1号59頁）は否定説であるが，(仮)差押命令の発令にあたっては，執行裁判所は，債務者や第三債務者を審尋することなく，債権者の主張自体に基づいて被差押債権が一応存在し債権者（執行債務者）に帰属するものと認定するだけで足り，実際の存否・帰属については審査しないということと，それの不存在によっては(仮)差押えが空振りになるだけであり，第三債務者や債務者は何らの権利をも害されるものではないということを理由としていた。他方，広島高岡山支決昭和33・9・19（下民集9巻9号1879頁）は肯定説であるが，こ

---

(2) たとえば，松村・前掲注(1)のほか，前掲大阪高決昭和56・7・7に関する評釈である，斎藤和夫・判評284号〔判時1049号〕218頁以下（1982年），同東京高決昭和60・3・19と電話加入権質の実行手続についての裁判例（高松高決平成2・10・15判時1377号69頁）に関する解説である，坂田宏・執行百選226頁以下。

れは，第三債務者には債権(仮)差押命令の取消しを求める法律上の利益があることを前提として，その方法いかんを問題とした裁判例である（なお，これらは旧法下の裁判例であるので，執行抗告の代わりに執行方法に関する異議を問題としている）。

　学説上も，否定説は，取立訴訟で被差押債権の不存在・消滅を争えば足りる[3]とか，被差押債権の存在は債権執行における発令の要件とはされていない[4]ということを理由とする。もっとも，肯定説も存在しないではないが[5]，これは摘示している裁判例・学説から判断すると，強制執行としての債権差押命令と動産売買先取特権に基づく物上代位権の行使としての債権差押命令との相違を全く意識していないように見え，あまり重視することはできない学説であるように思われる。

　このように，否定説にあっては発令にあたり被差押債権の存在が審査の対象とならないことが一つの理由とされているが，この点は裁判例[6]・学説の等しく認めるところである。そして，その理由としては，債権者の関わらない債務者・第三債務者間の関係である被差押債権について執行裁判所の審査が必要であるとすると執行手続の迅速性を害することのほか，再び，債務者・第三債務者につき審尋不要とされていること，被差押債権の不存在・消滅によっては差押えが空振りになるだけであり，債務者や第三債務者の利益を害するおそれはないことが指摘されている[7]。債権差押命令が債権という観念的な存在に対する観念的な作用であるということを，理由として指摘する学説もある[8]。ただし，前者の指摘をする学説は，第三債務者や第三者の利益が害されたり，混乱が生じたりするおそれのある場合（具体的には，仮名預金の〔仮〕差押えの場合をあげている）には例外を認め，被差押債権の債務者帰属性についての審査が必要であるとしている。

　(2)　動産売買先取特権に基づく物上代位権の行使としての債権差押命令

　以上のように，強制執行としての債権差押命令との関係では，多くの裁判例と学説は，その発令にあたって被差押債権の存在は審査の対象とならず，したがって，差押命令に対する執行抗告においてもその不存在を問題とすることはできないとしている。それでは，動産売買先取特権に基づく物上代位権の行使としての債権差押命令に対する不服申立てにおいて被差押債権の不存在・消滅を理由とす

---

(3)　注解民執(4) 416, 425頁〔稲葉威雄〕。
(4)　東京地裁債権執行等手続研究会編著『債権執行の諸問題』175頁〔上田正俊〕（判例タイムズ社・1993年）。
(5)　注釈民執(6) 153頁〔田中康久〕。
(6)　たとえば，東京高決昭和55・12・18判タ436号134頁，仙台高決昭和56・1・14判タ431号103頁。
(7)　東京地裁保全研究会『民事保全実務の諸問題』163頁以下（判例時報社・1988年）。
(8)　中野貞一郎『「担保権の存在を証する文書」（民執193条1項）』同『民事手続の現在問題505頁以下（判例タイムズ社・1989年）。

ることができるか，に関しては裁判例が分かれていることは先に指摘したところであるが，この差押命令の発令にあたって被差押債権である転売代金債権の存在は審査の対象になるであろうか。

　この問題点については民事執行法施行直後は相当問題とされたが[9]，現在では実務は肯定説に従って運用されており[10]，学説上も肯定説が圧倒的な通説となっているといってよいと思われる。

　否定説[11]は，要するに，強制執行としての債権差押命令に関してと同様に考えようというものである。また，否定説を基本としつつも，強制執行としての債権差押命令について例外がありうるという前述の学説を引用しながら，種類物売買の場合には，本来先取特権の目的財産でない売買代金債権に対して差押えの及ぶ事態を生じかねないから，被差押債権が当該売買の目的物の転売代金債権であることについての立証が必要であるとの学説も存在する[12]。

　これに対し，肯定説は，ここでは強制執行の場合とは異なって債務名義が存在しないので，差押えの基礎となる権利が確定されなければならず，したがって，先取特権のみならず物上代位権の成立の立証が必要となり，被差押債権が先取特権の「目的物ノ売却ニ因リテ債務者カ受クヘキ金銭」（民304条）の債権であることが文書によって証明されなければならないとする。そして，こう解しないと，物上代位権の行使に名を藉りた不当執行を防ぐことができないとも指摘する[13]。

(3) 本決定の当否とその射程

　以上で見たような隣接領域の問題点に関する裁判例と学説がある中で，本決定は，抵当権に基づく物上代位権の行使としてされた賃料債権の債権差押命令に対する執行抗告においては，被差押債権の不存在・消滅を理由とすることはできない旨を明確にした。そして，その理由は，強制執行としての債権差押命令との関連で否定説を説く裁判例・学説のそれに依拠していることは明らかである。そこで，本決定の射程はこの場合にも及ぶと考えて間違いないであろうが，強制執行としての債権差押命令に関する裁判例・学説は，当該命令の発令にあたり被差押債権の存否は審査の対象にならないとしている。この点についても，本決定は同

---

(9) 研究会「民事執行の実務（10・完）」判タ537号43頁以下（1984年）参照。
(10) 内山宙「東京地裁執行部における動産売買先取特権に基づく物上代位事件の取扱い」金法1632号20頁（2002年）参照。
(11) 前掲注(9)研究会の大石忠生発言，浦野雄幸発言。
(12) 東京地裁債権執行等手続研究会編著・前掲注(4)374頁〔秋吉仁美〕，注釈民執(8)248頁以下〔三村量一＝大澤晃〕。
(13) 中野・前掲注(8)506頁，上田正俊「動産売買先取特権に基づく物上代位」近藤崇晴ほか編『民事執行の基礎と応用〔補訂増補版〕』307頁（青林書院・2000年），前澤功「動産売買先取特権」山嵜恒＝山田俊雄編『新・裁判実務大系⑿民事執行法』323頁（青林書院・2001年）。

様に考えていると思われる。ただし，上記の学説の中には例外がありうるとするものがあるから，強制執行としての債権差押命令，物上代位権行使としての債権差押命令の各々につき，発令段階で被差押債権の存否が審査の対象にならない，その不存在・消滅は執行抗告の理由にならない，という点には例外がありうるとの留保が必要であろう。

　そのほか，担保権の実行による債権差押命令の場合についても，本決定の射程が及ぶと考えてよいであろう(14)。

　ともあれ，ここに述べたところは，本決定が是認されうることを前提としてのことであるが，動産売買先取特権に基づく物上代位権の行使としての債権差押命令の場合に物上代位権の成立の立証が必要であるとする学説からは，本決定に疑問が提出される可能性がないわけではない。

　しかしながら，民事執行法193条の文言上は，債権差押命令の発令にあたって基礎になる担保権の証明があれば足りるか，それに基づく物上代位権の証明まで必要かは必ずしも明瞭ではない(15)。そして，担保権の実行や物上代位権の行使にあたりどの範囲の権利・事実の証明まで要求するかは，それを要求することができるか，要求しないと何か不都合が生ずるか，によって決せられるべき相対的な問題にすぎまい。それ故，それによって特段の不都合が生じないのであれば，一定の権利・事実については単なる当事者の主張を基礎とすることも許されてよい。このことは，差押えの基礎となる権利についても異ならない（債務名義がないからといって，その証明が必要とは限らない）。本決定はこのような考慮により，物上代位権の行使の場合にも，被差押債権である賃料債権の存在については債権者の主張を基礎に債権差押命令を発令してよく，したがって，その不存在・消滅は発令された債権差押命令に対する執行抗告の理由にならないと考えたと思われる。そして，本決定のこのような考慮は相当であり，賛成してよいと考える。

　被差押債権の存在について上記のように扱ってよいのは，その不存在・消滅の場合に，結局，誰も不当な不利益を被らないからである。これに対し，物上代位権の基礎になる先取特権の存在に関してはそうではない。これが不存在であれば，債務者や第三債務者は，差押え等によって，本来課せられるべきでない制約を課せられることになるから，この存否は債権差押命令発令にあたっての審査の対象になる。そして，動産売買先取特権に基づく転売代金債権への物上代位権の行使の場合には，債権者は売買目的物が転売されたことを主張することによって，基礎になる先取特権が消滅している（民333条）ことを自認してしまっている。それ故，この場合には，消滅してしまった先取特権の証明に代えて，それが形を変

---

(14)　以上の本決定の射程につき，判時1790号108頁のコメント参照。
(15)　上田・前掲注(13)307頁。

えて転売代金債権の上に存続しているということを証明しなければならず，その点に関する判断の誤りは債権差押命令に対する執行抗告の理由になる（ただし，前述のように，執行異議により不服を申し立てるべきであるとの見解もある）。こう考えれば，本決定と動産売買先取特権に基づく転売代金債権への物上代位権の行使の場合に関する従来の実務の取扱いや学説とは矛盾するものではない。すなわち，本決定の射程はこの場合には及ばない。

　本決定の射程は，抵当権に基づく物上代位権の行使のすべての場合に及ぶわけでもない。被差押債権が賃料債権である場合には，その不存在・消滅が抵当権の不存在・消滅を意味するわけではない。しかし，火災保険金請求権への物上代位権の行使が問題になるような場合には，目的物の滅失による抵当権の消滅が自認されてしまっている。すなわち，この場合は，基礎になる担保権の消滅が自認されているとの意味において動産売買先取特権に基づく物上代位権の行使の場合と同様であると考えられるので，それと同じく本決定の射程外と考えるべきである（その意味において，判例集の本決定の判示事項が，抵当権に基づく物上代位権の行使としての債権差押命令一般に関わるものとして示されているのは不適切である）。

4　実務への影響

　抵当権に基づく賃料債権への物上代位権の行使の場合には，被差押債権の存在の審査は不要であり，その不存在・消滅は債権差押命令に対する執行抗告の理由にならないということで今後の実務は進められることになろう。また，本決定は，強制執行としての債権差押命令に関する従来の同様の実務をも是認したという意味も持つであろう。これに対し，抵当権に基づく保険金請求権への物上代位や，最近再び急増しているといわれる[16]動産売買先取特権に基づく転売代金債権への物上代位権行使の場合については本決定の射程は及ばないと考えるが，いずれにせよ，この点については今後の判例の動向を見守ることが必要であろう。

【補　遺】　本判例研究公表後の本決定評釈類として，稲葉重子・判タ1125号平成14年度主民解206頁以下（2003年），内山衛次・民商127巻6号877頁以下（2003年）（本決定に反対），河崎祐子・法教270号120頁以下（2003年）（妥当な判断），萩澤達彦・平成14年度重判解131頁以下（2003年）（結論妥当），長谷川浩二・曹時56巻8号172頁以下（2004年），同・最判解説民平成14年度（上）496頁以下，同・時の判例Ⅲ170頁以下（2004年），福永有利・金判1684号52頁以下（2003年）（本決定に賛成），松村和徳・判評536号〔判時1828号〕197頁以下（2003年）（本決定疑問），山本和彦・リマークス27号119頁以下（2003年）（本決定正当），等がある。

（初出・NBL 756号／2003年）

---

(16)　東京地方裁判所民事執行センター「さんまエクスプレス〈第8回〉」金法1647号60頁（2002年）参照。

24 差押えがされている動産引渡請求権を更に差し押さえた債権者が先行する差押事件で実施される配当手続に参加するために執行裁判所に対して競合差押債権者の存在を認識させる措置を執るべき義務の有無

最高裁平成18年1年19日第1小法廷判決
平成17年(受)第761号，損害賠償請求事件
（民集60巻1号109頁・判時1923号41頁・判タ1202号264頁・金法1774号42頁）

要　旨　差押えがされている動産引渡請求権を更に差し押さえた債権者には，先行する差押事件で実施される配当手続に参加するために，自らの差押事件の執行裁判所及び先行する差押事件の執行裁判所に対し，自らの差押事件の進行について問い合わせをするなどして，競合差押債権者の存在を認識させる措置を執るべき義務はない。

事実の概要　Xは，Aとの間で成立した裁判上の和解調書に基づき，Aの第三債務者Y(国)に対する有価証券の取戻請求権に対する差押命令の申立て（以下「本件申立て」という）を行い，差押命令を得た（以下，この差押命令を「本件差押命令」，本件差押命令に係る執行事件を「本件事件」，本件事件の裁判所を「本件事件執行裁判所」という）。

本件取戻請求権については，本件差押命令に先立って，本件事件執行裁判所と同一の官署としての裁判所に属する執行裁判所によって，Bの申立てに係る差押命令及びCの申立てに係る差押命令が発せられていた（以下，これらの差押命令に係る執行事件を「本件先行事件」，本件先行事件の執行裁判所を「本件先行事件執行裁判所」という）。

Xは，本件申立てと同時に第三債務者の陳述の催告の申立てを行い，同催告に係る第三債務者Yの陳述書には，本件取戻請求権について本件差押命令と競合する本件先行事件の各差押命令があることが記載されていた。

執行官は，本件先行事件について，供託された有価証券の引渡しを受けて換価し，その売得金を本件先行事件執行裁判所に提出した。本件先行事件執行裁判所は，本件先行事件について，配当期日（以下「本件配当期日」という）を指定し，本件先行事件の担当裁判所書記官は，B及びCを配当を受けるべき債権者として，Aを債務者として，それぞれ本件配当期日への呼出しを行い，本件配当期日に配当が実施された（以下，この配当に係る手続を「本件配当手続」という）。

Xは，本件配当期日への呼出しを受けず，本件配当手続に参加できなかったため，本件配当手続に参加することができていれば受けることができたはずの配当

を受けることができなかった。Xは，本件差押命令が発せられてから本件配当期日までの間，本件事件執行裁判所に対し，本件事件に関して，その進行状況の確認等を含め何らの問い合わせもしていない。

Xは，執行裁判所等の民事執行手続上の義務違反行為により，本件配当手続に参加することができず，得べかりし配当金相当額の損害を被ったと主張し，Yに対して，国家賠償法1条1項に基づく損害賠償を請求して本件訴えを提起した。

第1審は，得べかりし配当金相当額の損害の部分に関しては全額請求を認容した。これに対しYが控訴したところ，原審は，Xにも民事執行手続上執るべき措置を執らなかった点に義務違反があるので過失相殺すべきであり，得べかりし配当金相当額の損害の部分に関しては5割のみ請求を認容すべきであるとして，その旨の変更判決をした。Xが，この部分に関して5割の割合による過失相殺を行った点を不服として上告受理の申立てを行ったところ，これが受理され，最高裁は原判決を破棄して，控訴を棄却した。

争点　差押えがされている動産引渡請求権を更に差し押さえた債権者には，先行する差押事件で実施される配当手続に参加するために執行裁判所に対して競合差押債権者の存在を認識させる措置を執るべき義務があるか。

判決要旨　破棄自判。

「1個の動産引渡請求権に対して複数の差押命令が発せられ，差押えの競合が生じている場合において，配当手続を実施するときには，執行裁判所は，執行官が当該動産の引渡しを受けた時までに差押え，仮差押え又は配当要求をした債権者を配当を受けるべき債権者として配当期日に呼び出さなければならない（〔民事執行〕法165条4号，166条，85条2項（平成16年法律152号による改正前のもの））。本件では，Xが本件申立てと同時に申し立てた第三債務者の陳述の催告に対して第三債務者Yが本件事件執行裁判所に提出した陳述書に本件先行事件があることが記載されていたというのであるから，本件事件執行裁判所は，これにより，本件取戻請求権について本件事件と競合する本件先行事件が存在することを知るに至ったということができる。この場合，本件事件執行裁判所には，配当手続の実施に備えて，本件事件執行裁判所に係属した本件事件の存在を本件先行事件執行裁判所に知らせる民事執行手続上の義務があるというべきである。

他方，第三債務者の陳述の催告の制度は，差押債権者が被差押債権に関する情報を取得するためのものであり，これにより当該被差押債権について競合する先行の差押事件（以下「先行事件」という。）の存在を知った当該債権者に対し，その申立てに係る差押事件の存在を先行事件が係属する執行裁判所に知らせる義務を負わせるものではない。そして，他に，〔民事執行〕法上，後行の差押債権者において，先行事件で実施される配当手続に参加することを確保するために執るべきものとされている民事執行手続上の措置はない。

以上によれば，後行事件の差押債権者には，先行事件で実施される配当手続に参加するために，自らの差押事件の執行裁判所及び先行事件の執行裁判所に対し，自らの差押事件の進行について問い合わせをするなどして，競合差押債権者の存在を認識させる措置を執るべき義務はなく，したがって，このような措置を執らなかったことについて過失相殺の対象となる過失もないというべきである。」

【参考条文】　民事執行法 85 条 3 項・165 条 4 号・166 条，民法 722 条

研　究

1　本判決の意義

　債務者が所有しているにもかかわらず第三者が独立の占有を有する動産について，その動産を執行の対象として，それにより金銭債権の満足を得るためには，債権者はまず，債務者の第三債務者に対する実体法上の引渡請求権に対する差押えの申立てをしなければならない。次に，債権者は，この申立てに基づいて発せられた差押命令が債務者に送達されてから 1 週間を経過したときは，第三債務者に対し，債権者の申立てを受けた執行官にその動産を引き渡すべき旨を請求することができる（民執 163 条 1 項）。申立てを受けた執行官は，第三債務者から任意に（任意に引き渡されない場合には，債権者が第三債務者に対して取立訴訟を提起し，その勝訴判決に基づく強制執行により）当該動産の引渡しを受け，動産執行の売却の手続によって売却して売得金を執行裁判所に提出する（同条 2 項）。売得金の提出を受けた執行裁判所は，配当または弁済金の交付の手続を行う（民執 166 条 1 項 3 号）。

　一個の動産引渡請求権を当初の債権者とは別個の債権者が二重に差し押さえ，差押えの競合が生ずることがありうるが，民執法 165 条 4 号は，執行官が当該動産の引渡しを受けた時までに差押え，仮差押えの執行または配当要求をした債権者を配当等を受けるべき債権者としており，これは，競合債権者を参加させて単一の手続で配当手続を行うことを前提にした規定であると解される。そこで，差押えの競合が生じた場合には，競合差押債権者全員が配当手続に参加できるようにすべきと考えられるが，後述のような動産引渡請求権に対する執行手続の構造のせいで，先行の差押事件の執行裁判所も後行の差押事件の執行裁判所も，競合する差押債権者の存在を知らないという事態が生じうる。そのため，差押えがされている動産引渡請求権を二重に差し押さえた債権者には，先行する差押事件で実施される配当手続に参加するために執行裁判所に対して競合差押債権者の存在を認識させる措置を執るべき義務があるかが問題となる。本判決は，この義務を明確に否定した初めての最高裁判決である。

2 本判決に至るまでの経緯と従来の学説

　従来，ここでの争点に言及した学説は唯一つしか存在せず，判例としても本件下級審のそれ以外にはなかった。そして，下級審における当事者の主張，下級審自身の立場はこの学説に大きく依拠しているが，本件事案の下級審段階では，本件争点以外にも幾つかの問題点が争われていた。そこでここでは，本最高裁判決に至るまでの経緯を，上記の学説にも詳しく言及しながら見てみることとする。

　第1審においてはまず，強制競売事件における執行裁判所の処分が関係人間の実体的権利関係に適合しない場合において，当該処分によって自己の権利を侵害される者が，強制執行法上の手続による救済を求めることを怠って損害を被っても，原則として国家賠償を求めることはできないとした最判昭和57・2・23（民集36巻2号154頁）の説くところが本件事案においても適用になるかが争われた。第1審判決（大阪地判平成16・2・27）は，配当期日の呼出しを受けていなかったXには適時に執行異議の申立てをすることは不可能であったとしてこの点を否定しつつ，本件先行事件執行裁判所の担当裁判所書記官の注意義務違反を認めた。期日の呼出しを執行裁判所が行わなければならないとされていること（民執20条，民訴94条参照）を根拠として，執行裁判所書記官には，配当等を受けるべき債権者を確定するための適切な調査確認手段を講じるべき義務があるというのである。ただし，第1審判決は，本件配当期日から本件訴え提起まで7年以上の期間が経過している点を取り上げて，この期間中の得べかりし配当金相当額の損害に対する遅延損害金の発生に関して，Xにも損害を拡大させた過失があるから7割の過失相殺をすべきものとして，一部のみ請求を認容した。

　ところで，学説上は第1審判決以前から，次のような指摘がなされていた[1]。すなわち，債権執行においては，不動産執行における強制競売または強制管理による差押えの登記（民執48条・111条）や動産執行における執行官の占有または封印その他の方法による差押えの公示方法（民執123条1項・3項）のような差押えの公示方法を欠いており，また，申立債権者の陳述に基づき債務者および第三債務者を審尋することなく差押命令を発令する構造をとっている（民執145項2項）ことから，執行裁判所は，差押命令発令に当たって，差押えの目的となっている債権に対する先行の差押え・仮差押えの執行等の存在の有無を知ることはできない。また，差押命令発令後も，執行裁判所は，差押えの競合を当然に知り得べき立場にない。そこで，民事執行法は，差押えの競合が生じたときは，第三債務者に，被差押債権全額に相当する金銭の供託と先行の差押命令を発した執行裁判所に対する事情届出の義務を課しており（民執156条2項・3項，民執規138条），

---

(1) 注釈民執(6) 801頁以下，804頁，814頁，815頁〔三村量一〕。

これにより，執行裁判所は差押えの競合を知ることができることになる。ところが，動産引渡請求権に対する執行の場合には，第三債務者による供託ということがあり得ないから，配当等を実施するに当たって執行裁判所が配当等を受けるべき競合差押債権者の存在を知る機会が保障されているとはいえない。後行差押えの執行裁判所は，第三債務者の陳述（民執 147 条 1 項）により差押えの競合を知ることもあり得るが，第三債務者の陳述の催告は差押債権者の申立てがある場合に限って行われるものであるし，第三債務者の陳述により後行差押えの執行裁判所が差押えの競合を知った場合においても，民事執行法・民事執行規則上は，後行差押えの執行裁判所から先行差押えの執行裁判所に対し後行差押えの存在を通知すべき旨の規定は設けられていない。これらのことからすれば，動産引渡請求権に対する執行においては，差押債権者において第三債務者の陳述の催告を積極的に活用するなどの方法により自ら競合差押えの有無に注意を払い，競合する他の差押えの存在が明らかになったときはその執行裁判所に対して自己の差押えが競合している旨を通知するなどして，配当等を受けるべき競合差押債権者としての自己の存在を配当等の手続を実施する執行裁判所に対して自ら明らかにしない限り，配当等の手続において配当等を受けられることは保障されていないものと解するほかはないであろう。

　第 1 審判決に対して Y が控訴したが，Y の控訴審における主張は，上記の学説を援用しつつ，昭和 57 年最判の法理が本件事案にも適用になる旨と，執行裁判所は，配当手続に当たり，競合差押債権者等の有無を当該事件の記録に基づいて判断すれば足り，それを超えて，他の競合差押債権者等がいるかを調査確認する手段を講じるべき法律上の義務はない旨を強調するものであった。

　原審判決（大阪高判平成 17・1・20 民集 60 巻 1 号 118 頁）も，本件事案には昭和 57 年最判の法理は適用にならないとしつつ，本件事件執行裁判所は，本件事件において提出された第三債務者 Y の陳述書に本件執行事件と競合する本件先行事件が記載されていたのであるから，本件事件執行裁判所と同一の官署としての裁判所に属する本件先行事件執行裁判所に対し，本件先行事件と競合する本件事件が存在することを連絡すべきであったのに，そのような措置を講じなかった点に民事執行手続上の義務違反があるとして，国家賠償責任を認めた。しかし，原審は同時に，X にも，第三債務者 Y の陳述書によって本件事件と競合する本件先行事件が存在することを知った以上，同一の官署としての裁判所に属する本件事件執行裁判所及び本件先行事件執行裁判所に対し，事件進行状況の確認を含め種々の問い合わせをして，各執行裁判所に競合差押債権者の存在を認識させ，競合差押債権者に対する本件配当手続の本件配当期日への呼出しを欠くことのないようにしておくべきであったのに，そのような措置を講じなかった点に注意義務違反があったとして，配当金相当額の損害に関して 5 割の過失相殺を行ったが，

遅延損害金部分に関しては過失相殺を行わなかった。

　Xは，前述のように，5割の割合による過失相殺を行った点を不服として上告受理の申立てを行ったが，Yの方からは上告も付帯上告もなされていない。

3　研　究

(1)　本判決の当否

　上記学説は，民事執行法・同規則の上で，第三債務者の陳述によって後行事件の執行裁判所が差押えの競合を知った場合においても，先行事件の執行裁判所に後行差押えの存在を通知すべき旨を定めた規定がないところから，後行事件執行裁判所のそのような通知義務を否定し，後行事件の差押債権者自ら，先行事件の配当等の手続において自己が配当等を受けられないことにならないように配慮すべき義務があるとしている。これに対し，本判決は，執行裁判所に配当等を受けるべき債権者を配当期日に呼び出さなければならない義務（民執165条4号・166条・85条3項）があることから，後行事件執行裁判所の上記の通知義務を肯定し，他方で，第三債務者の陳述の催告の制度趣旨から，競合差押えの存在を知った後行事件の差押債権者の上記の配慮義務を否定するものである。

　動産の引渡請求権に対する強制執行手続は，換価手続に執行官が補助機関として関与することはあるものの，執行裁判所が執行機関として差押え，換価，配当の全段階の手続を職権によって主宰する手続であり，債権執行手続として完結する[2]。他方，前述のように，単一の配当等の手続が，一定の時期までに差押えをした差押債権者等を配当等を受けるべき債権者として実施されるべきものとされている。したがって，これらのことに鑑みれば，執行裁判所には，配当等を受けるべき債権者全員が配当等の手続に参加することができるように配慮すべき義務があると考えられる。

　ただし，そのように解したとしても，この配慮義務の具体的現れとしてどのような義務を想定するかは別個の問題として問うことができようが，それはともかくとして，後行事件の差押債権者に，配当等から排除されないようにするための措置を執るべき義務がないかも，またさらなる問題となりえよう。

　不動産の強制競売手続においては，平成10年の民事執行法・同規則の改正により，売却を実施しても適法な買受けの申出がない場合には，執行裁判所は，差押債権者に対し，一定の調査を求めることができるという制度（民執規51条の5）や，売却を3回実施しても買受けの申出がなかった場合には手続を停止した上で，差押債権者から買受けの申出をしようとする者があることを理由として，

---

(2)　西岡清一郎ほか編『民事執行の実務・債権執行編（下）』102頁〔村田正臣〕（金融財政事情研究会・2003年）。

売却を実施させるべき旨の申出がなければ強制競売の手続自体を取り消してしまうという制度（民執68条の3）が創設された。これは、不動産が適正な価格で売却されることに最も利害関係を有する差押債権者に、強制競売手続への協力義務を課した規定であると解される[3]。

確かに、本判決のいうように、従来から、第三債務者の陳述の催告の制度は、被差押債権に関する情報を取得するという目的を持った差押債権者のための制度と理解されてきた[4]。しかしながら、上記のような不動産の強制競売に関する新設規定の趣旨に鑑みれば、差押債権者には、民事執行手続を通じて自己の権利の実現をはかるためには、そのために可能な限りのことをすべき手続への協力義務が課されていると解することも不可能ではなかろう。そしてそのように解し、かつ、動産引渡請求権に対する強制執行事件における執行裁判所に課される義務が、本判決のいうように、後行事件裁判所から先行事件裁判所への競合差押債権者の存在の通知義務であるとすれば、後行事件の差押債権者にも、差押えの競合があることを知った以上、先行事件の執行裁判所に自己の存在を知らせて、そこで実施される配当等の手続から排除されないように配慮する義務があるとするのも不可能な解釈とはいえないであろう。

ところが、本判決はこのような解釈を採用しなかった。不動産の強制競売の場合と動産引渡請求権に対する強制執行の場合との差異は、次のような点にあると考えられる。すなわち、前者の場合には、執行裁判所は、買受希望者の有無のような事情は調査して見なければ知り得ず、これを容易に知りうる立場にあるのはむしろ差押債権者である。これに対し、後者の場合には、後行事件の執行裁判所は、競合した差押えの存在を既に知っているという立場にあるし、その存在を先行事件の執行裁判所に通知するようなことは一挙手一投足でなしうることである。それ故、執行裁判所に課される義務を上記のような通知義務であると解するならば、先行事件の執行裁判所に競合差押債権者の存在を認識させることは全面的に後行事件の執行裁判所の責任に委ねられているとしてよく、そのような解釈は民事執行手続の利用者の便宜を最大限にはかった解釈であるとして相当と考えることができよう。

ところで、現在の実務においては、配当等の手続を実施する執行裁判所は、配当等を受けるべき債権者を確定するために、差押えの競合があるか否かを最も確実に知っている第三債務者に対する書面照会等を行っているようである。第三債務者の陳述の催告は職権では行われないが、これは職権でなされる。また、この陳述の催告の申立てがあり、かつ、それに応じて第三債務者の陳述がなされても、

---

(3) 林道晴「不良債権処理のための民事執行法及び民事執行規則の改正について」判タ986号18頁、31頁参照（1999年）。
(4) 注釈民執(6) 172頁以下〔近藤崇晴〕。

その結果の先行事件の執行裁判所への通知がそこでの配当等の手続の実施に間に合わないという可能性は残るが，上記の照会には，配当等の手続を行う執行裁判所自らが行うのであるから，そのような問題はない。したがって，この照会は従来は単なる実務上の工夫であり法的な義務とまでは理解されていなかったのかもしれないが，明文の規定がないことは上記の通知義務であっても同じであるから，こちらの照会の方を配当等を受けるべき債権者全員が配当等の手続に参加することができるように配慮すべき執行裁判所の義務の具体的な現れと捉えた方が適切なように思われる。

　本件事案においても先行事件の執行裁判所の裁判所書記官によって電話による照会がなされているが，何故かＸの氏名は先行事件の執行裁判所には伝わらなかったようである（Ｘは，本件差押えに先立ち，本件事案において問題となっているのと同一の動産引渡請求権を差し押えた後，その申立てを取り下げている。そして，原審判決は，照会に対する回答が氏名でなされた結果，裁判所書記官が電話聴取書の作成に際して，取下げ済みの事件と本件差押えに係る事件とを混同した可能性があると推測している〔民集60巻1号124頁，130頁以下参照〕。ただし，混同するためには，先行事件執行裁判所が取下げに係る事件の存在を認識していなければならないが，それがどのようにしてそれを知ったのかは明確ではない。取下げに係る事件も，先行事件執行裁判所と同一の執行裁判所に係属したのであろうか）。しかし，この照会は執行裁判所と第三債務者との間で行われ，差押債権者の関与するところではないから，差押債権者が何らかの措置を執らなかったからといって，その者の過失を問うことはできないことになる。

　このように考えると，本件事案においては，本来，上記の照会に係る先行事件執行裁判所（裁判所書記官）の行為を問題として国家賠償を求めるべきであったと考えられる。ところが，Ｘは，第1審において，先行事件執行裁判所の注意義務として，後行事件の記録の検討による配当等を受けるべき債権者の調査義務を問題としており，Ｙから，すべての執行事件の記録を検討することを要求するものであって事実上不可能を強いるものであると非難されていた（民集60巻1号123頁以下参照）。また，照会に係る行為としては，第1審および原審において，第三債務者の供託課職員の行為のみを問題としており（先に指摘したような推測をする原審判決，したがって供託課職員は正しく回答しており，それには違法性および過失はなかったとしている），これとの関連では先行事件執行裁判所（裁判所書記官）の行為を問題としていなかった。そして，その代わりに，後行事件執行裁判所の先に指摘したような通知義務を問題としていたわけである。照会が適切に行われていれば，Ｘの態度いかんに関わらず問題は生じなかったはずであるから本判決の結論は適切と考えるが，判決要旨のような判示がなされたのはＸの争い方に引きずられたように思われ，その意味でやや救済判決的な感がしなくもない。

(2) 関連問題

本判決は、第1審と原審において争われていた昭和57年最判の法理が本件事案に適用になるか否かの問題には触れていないが、これはYからの上告や付帯上告がなかったからのようにも思われなくもない[5]。しかし、上告審裁判所は、Yからの上告や付帯上告がなくとも、実体的な問題については職権によっても取り上げることができたはずであり、ただ、不利益変更禁止の原則（民訴313条・304条）により、不服申立てをしたXに不利に原判決を変更しえなかっただけである[6]。したがって、本件事案においては、最高裁としては、昭和57年最判の法理によってYの国家賠償責任を否定しつつも、上告は棄却するという扱いもしえないわけではなかったとも思われる。そこで、にもかかわらず、最高裁がそのようにしなかったのは、昭和57年最判には学説上強い批判があることに鑑み[7]、これを改めることを示唆したとの見方もありうるかもしれないが、それはそうではあるまい。すなわち、昭和57年最判には、執行裁判所が自らその処分を是正すべき場合等特別の事情がある場合は別であるとの留保が付されていたのであり、本判決によると、後行事件執行裁判所には、先行事件執行裁判所に競合債権者の存在を認識させる民事執行手続上の義務があるというのであるから、この特別な事情があると考えたのであろう。無論、先行事件執行裁判所の照会義務を問題とする場合にも、昭和57年最判の法理を適用することはできない。

後行事件の差押債権者が第三債務者の陳述の催告を行わない場合には、後行事件の執行裁判所が競合する差押債権者の存在を知ることはない。したがって、本判決を前提としたとしても、この場合には、それに先行事件執行裁判所に競合差押債権者の存在を認識させる措置を執るべき義務を課すこともできないから、後行事件の差押債権者が先行事件の配当等の手続から排除される結果となったとしても、国家賠償責任を肯定することはできない。

電話加入権執行や預託株券等執行においては、第三債務者の陳述の催告を職権で行い（民執規147条1項・150条の5）、競合差押債権者の存在が明らかになれば、その旨を後行事件の執行裁判所から先行事件の執行裁判所に通知することになっている[8]。配当等を受けるべき債権者全員が配当等の手続に参加することができるように配慮すべき執行裁判所の義務の具体的現れについては、立法によって明確化することが適当であろうが、立法論の選択肢としては、動産引渡請求権の差

---

(5) 判時1923号42頁のコメント参照。
(6) 注釈民訴(8) 323頁以下〔遠藤賢治〕。
(7) 松本博之「執行法上の救済手段をとることの懈怠と国家賠償の成否」執行・保全百選8頁以下および同所掲記の文献参照。
(8) 平成3・12・13民3第504号最高裁民事局長通達「電話加入権を目的とする民事執行事件及び保全執行事件の事務処理について」、平成3・12・20付最高裁民事局長書簡。注釈民執(6) 816頁〔三村〕参照。

押えに関しても，これと同趣旨の規定を明文で設けるか，上記の先行事件執行裁判所からの第三債務者への照会の取扱いを明文化することが考えられよう。また，執行官に動産の引渡しを受ける際に競合差押えの有無を第三債務者に質問するように義務付け，その事実が明らかとなったときは受領調書（民執規142条の2）に記載せしめるという趣旨の規定を明文で設けることも提案されている[9]。第三債務者の陳述の催告や第三債務者への照会を，結果的に差押えの競合がないことが判明する場合にまで行うのは無駄であるから，最後の提案が合理的ではなかろうか。

4 実務への影響

本判決を前提とすると，後行事件執行裁判所は，第三債務者の陳述により知った競合差押債権者の存在を先行事件執行裁判所に通知しなければならないということになろう。しかし，先行事執行裁判所が配当等の実施までに差押債権者の存在を確実に知るための手段としては，この方法には先に述べたような欠陥がある。他方，実務上は，先に述べたような配当等を実施する先行事件執行裁判所からの照会という取扱いが行われており，こちらの取扱いの方が上記の手段として適切なように思われる。本件事案においても，この照会の過程に瑕疵があったために問題が生じたのであるが，適切に行っていれば何ら問題はなかったはずである（だからこそ，本判決に関しては先例が存在しない）。したがって，本判決以後は，競合差押債権者としては，後行事件執行裁判所が先行事件執行裁判所に自己の存在を通知してくれることを当てにしてよいとの評価があるが，そのような通知が行われることになるのか，先行事件執行裁判所からの照会という従来からの方法が維持されるのか，あるいは両者がともに行われることになるのかについては，今後の実務の動きを見てみなければ分からない。

■参考文献

岡正晶「本判決解説」NBL 829号6頁以下（2006年）
斎藤善人「本判決評釈」判評574号〔判時1944号〕34頁以下（2006年）
浦野雄幸「本判決批評」民商135巻3号529頁以下（2006年）

【補　遺】　本判例研究公表後の本判決評釈類として，青野洋士・ジュリ1343号100頁以下（2007年），同・曹時59巻10号319頁以下（2007年），同・裁時の判例Ⅵ236頁以下（2010年），同・最判解説民平成18年度(上)106頁以下，北村賢哲・法協124巻10号146頁以下（2007年）（肯定的評価），小山恵一郎・判タ1245号平成18年度主民解208頁以下（2007年），坂原正夫・法研79巻8号56頁以下（2006年）（執行

---

[9]　岡・後掲8頁。

24 動産引渡請求権の差押えの競合と配当手続の実施

裁判所と差押債権者双方の義務を肯定する立場から判旨反対)、日比野泰久・平成18年度重判解140頁以下(2007年)(判旨賛成)、がある。

(初出・法の支配145号／2007年)

25 不作為を目的とする債務の強制執行として間接強制決定をするために債権者において債務者の不作為義務違反の事実を立証することの要否

最高裁平成 17 年 12 月 9 日第 2 小法廷決定
平成 17 年(許)第 18 号，間接強制決定に対する執行抗告棄却決定に対する許可抗告事件
(民集 59 巻 10 号 2889 頁)

要 旨　不作為を目的とする債務の強制執行として間接強制決定をするには，債権者において，債務者がその不作為義務に違反するおそれがあることを立証すれば足り，債務者が現にその不作為義務に違反していることを立証する必要はない。

事 実　X（債権者・執行抗告相手方・許可抗告相手方）は，Xとフランチャイズ契約を締結して複数の店舗において「つぼ八」の名称で居酒屋営業をしていたY（債務者・執行抗告人・許可抗告人）が，平成 15 年 4 月ころ，同契約を解約したにもかかわらず，他のフランチャイズチェーンの加盟店として居酒屋営業を継続したことは，契約終了後 2 年間は類似する営業を行ってはならないとする同契約の競業禁止条項に違反するとして，Yに対して，Yの営業の差止めを求める訴訟（東京地方裁判所平成 15 年(ワ)第 19620 号）を提起した。

同訴訟の第 1 審は，平成 16 年 4 月 28 日，Xの請求を認容して，Yは平成 15 年 4 月 13 日から平成 17 年 4 月 12 日までの間千葉県及び茨城県において居酒屋営業又はこれに類似する営業をしてはならないとする判決をし，その後，控訴審，上告審を経てこの判決が確定し，Xは，平成 17 年 2 月 21 日に執行文の付与を受けた。

Xは，Yが上記判決後も，居酒屋営業を継続していたことから，平成 17 年 2 月 23 日，債権者をX，債務者をYとして，上記の執行力ある判決正本に基づく間接強制の申立てをした。これに対し，Yは，同年 3 月 1 日以降は，従前「海鮮居酒屋はなの舞」として営業を行っていた店舗につき，その営業内容を海鮮レストランに変更し，看板にも「海鮮レストランはなの舞」と記載してその旨を表示し，メニューも食事中心のレストランメニューに変更した旨を主張した。

原々審は，同月 10 日，「1　債務者は，平成 15 年 4 月 13 日から平成 17 年 4 月 12 日までの間，千葉県及び茨城県において居酒屋営業又はこれに類似する営業をしてはならない。2　本決定送達の日から 7 日を経過した日以降，平成 17 年 4 月 12 日までの間，債務者が前項の記載の義務に違反し，千葉県及び茨城県において居酒屋営業又はこれに類似する営業をしたときは，債務者は，債権者に

対し，違反行為をした店舗1店につき，各1日につき金10万円の割合による金員を支払え。」とする決定をした（東京地決平成17・3・10民集59巻10号2894頁）。

Yが執行抗告を提起し，第1審決定には，平成17年3月1日以降，Yが居酒屋営業又はこれに類似する営業を行っていないのに，これを行っていると認定した事実誤認がある旨を主張した。

これに対し，原審は，「原決定〔＝第1審決定〕には，Y主張のような事実を認定した旨の記載はないところ，不作為を命ずる債務名義に基づく間接強制を命ずる場合において，その不作為義務に違反する債務者の行為の存在は，その要件とはなっていないものと解するのが相当である。Yが同年2月末日まで複数の店舗で居酒屋営業を行い，これを禁ずる不作為義務に違反する行為を行っていたことは，Yも自認するところであり，同年1月1日以降の同店舗における営業が，仮に，Yの主張するように居酒屋営業又はこれに類似する営業に当たらないとしても，間接強制の決定時に違反行為が現に存在することは，その要件ではないから，この点を判断することなく，間接強制の決定をすることに違法，不当な点はない（Yの主張する営業内容の変更は，看板の名称及びメニューの変更にすぎないのであり，Yが違反行為をするおそれが全くないともいえないし，違反行為をするおそれの消滅は，債務名義に表示された差止請求権の消滅の問題ともいい得る。）。Yが現に違反行為を行ったか否かは，本件間接強制の決定を債務名義としてXが決定に定められた金銭の支払の強制執行をしようとする場合の執行文の付与を求める段階で具体的に問題とされるものというべきである。したがって，原決定〔＝第1審決定〕が違反行為の存在を認定したことを前提として，その事実誤認をいうYの主張は，その前提を欠くものといわざるを得ず，失当である。」として，執行抗告を棄却した（東京高決平成17・4・26民集59巻10号2895頁）。

Yから許可抗告の申立てがなされ，これが認められた。

抗告理由 　不作為を命ずる債務名義に基づく強制執行にあたっては，以下の理由により，不作為義務違反の事実の存在が決定発令の要件であると言うべきであるが，仮にそうではないとしても，不作為義務違反のおそれの存在は必要であると言うべきである。

不作為を命ずる債務名義の債務者が不作為義務を履行している限り，間接強制の決定を発令する実質的な理由は全く存在しない。通常，不作為を命ずる債務名義の債権者は，債務者が不作為義務を履行している限り，間接強制の申立てはしないからである。

間接強制決定発令の要件として，民事執行法172条3項は，債務者の審尋を必要的なものとして規定しているが，原決定のように，不作為義務違反の事実の存在は不要と解すると，同条同項は，債務者に対し，間接強制の金額についての防御の機会を与えたにすぎないことになるが，そうであるならば，同条同項は，端

的に間接強制の金額についてのみ審尋すると規定すれば足りることになるのである。しかるに，同条同項は，同条1項全般について審尋を必要的としているのであるから，当然のことながら，不作為義務違反の事実の存否についても審尋の対象になっているものと解される。

原決定は，「違反行為をするおそれの消滅は，債務名義に表示された差止請求権の消滅の問題ともいい得る。」と判示して，違反行為をするおそれの消滅は，請求異議訴訟の問題であるかのように判示しているが，本件のような不作為義務を命じた債務名義の場合，差止請求権の消滅の問題は生じないのであるから，請求異議訴訟の問題とはならず，したがって，その反面，債務者に対し，請求異議訴訟を提起できないことの不利益を，何らかの形で補償する必要がある。本件の場合，Yは，平成17年4月12日までの間，千葉県及び茨城県の全県において地域・店舗を問わず居酒屋営業等を禁止されているのであるから，Yが既存の3店舗を閉鎖したとしても，Yが千葉県及び茨城県の他の地域で居酒屋営業をしないという保証は法的には存在しない（すなわち，居酒屋営業等を行う可能性は常にある）のであるから，Yが債務名義の内容を履行した（すなわち，差止請求権が消滅した）ということを観念することはできないのである。

東京高等裁判所昭和63年1月27日付決定（判例時報1262号105頁）は，積極的に不作為義務違反の事実を認定しており，東京高等裁判所平成3年5月29日付決定（判例時報1397号24頁）は，不作為義務違反のおそれについては判断できると解しているが，原決定は，これらの決定とは見解を異にするものと言わざるを得ない。

【決定要旨】　抗告棄却。

「不作為を目的とする債務の強制執行として民事執行法172条1項所定の間接強制決定をするには，債権者において，債務者がその不作為義務に違反するおそれがあることを立証すれば足り，債務者が現にその不作為義務に違反していることを立証する必要はないと解するのが相当である。その理由は，次のとおりである。

間接強制は，債務者が債務の履行をしない場合には一定の額の金銭を支払うべき旨をあらかじめ命ずる間接強制決定をすることで，債務者に対し，債務の履行を心理的に強制し，将来の債務の履行を確保しようとするものであるから，現に義務違反が生じていなければ間接強制決定をすることができないというのでは，十分にその目的を達成することはできないというべきである。取り分け，不作為請求権は，その性質上，いったん義務違反行為があった後にこれを実現することは不可能なのであるから，一度は義務違反を甘受した上でなければ間接強制決定を求めることができないとすれば，債権者の有する不作為請求権の実効性を著しく損なうことになる。間接強制決定の発令後，進んで，前記金銭を取り立てるた

めには，執行文の付与を受ける必要があり，そのためには，間接強制決定に係る義務違反があったとの事実を立証することが求められるのであるから（民事執行法27条1項，33条1項），間接強制決定の段階で当該義務違反の事実の立証を求めなくとも，債務者の保護に欠けるところはない。

　もっとも，債務者が不作為義務に違反するおそれがない場合にまで間接強制決定をする必要性は認められないのであるから，この義務違反のおそれの立証は必要であると解すべきであるが，この要件は，高度のがい然性や急迫性に裏付けられたものである必要はないと解するのが相当であり，本件においてこの要件が満たされていることは明らかである。

　以上と同旨の原審の判断は，正当として是認することができる。論旨は採用することができない。」

　裁判官全員一致の意見で抗告棄却（古田佑紀，滝井繁男，津野修，今井功，中川了慈）。

【参照条文】　民事執行法172条1項

批　評

　本件事案に関しては決定要旨に賛成する。

　1　不作為義務についての強制執行を間接強制によって行うには，まず，債務名義に基づいて，違反行為が中止されず，またはそれが行われるときは債権者に強制金を支払うべき旨を命ずる予告決定（間接強制決定）を得，次にそれにもかかわらず違反行為があれば，具体的に取り立てることのできる金額を明示した執行文の付与を受け[1]，それに基づいて一般の金銭執行の手続を行うということになる（民執172条）。本決定において問われているのは，この強制金の予告決定を

---

[1]　その際の違反行為の存否についての証明責任の所在と執行文の付与の具体的手続には問題がある。すなわち，注解民執(5)117頁〔富越和厚〕は，特に場合を区別することなく，執行文の付与を受けるに際し，債権者が違反行為の存在を証明する必要があるとする。これに対し，竹下守夫＝上原敏夫＝野村秀敏『ハンディコンメンタール民事執行法』416頁以下〔竹下〕（判例タイムズ社・1985年）は，不作為義務違反行為を中止しないときは各遅延の期間に応じて強制金を支払うべき旨の予告決定の場合と，一定の期間内に中止をしないときは直ちに強制金を支払うべき旨の予告決定の場合には，民執法174条3項を類推すべきであり，将来不作為義務違反をしたときは一回あたりもしくは一定の期間ごとに強制金を支払うべき旨の予告決定の場合には，民執法27条1項の適用があるとする。いずれにせよ，本件事案では，竹下説のあげる第3の場合が問題となっているから，本決定は，単純に民執法27条1項が適用になるものとしている。なお，竹下説は，従前は，予告された強制金を実際に取り立てるためには，改めて決定を得ることが必要であるとしていた（竹下守夫「不作為を命ずる仮処分」吉川還暦『保全処分の諸問題(下)』606頁（法律文化社・1966年））。

するに際して，既に違反行為が行われていることを要するか，違反行為までは要しないとしても，それがなされる何らかの程度のおそれは要しないかである。なお，本件事案は本執行に関わる事案であるが，問題は本執行と仮処分執行とで共通する（民保52条）。

　2　(1)　上記の問題についての違反行為の必要説の根拠は，間接強制も強制執行の一種であるが，一回的不作為義務のうち，一定時期の不作為義務については，その時期までは履行期は到来していないし，一定時期ではなくとも，債務者が一回でも違反行為をすればその義務が消滅してしまう一回的不作為義務や反復的もしくは継続的不作為義務については，違反行為のない間は任意に義務が履行されていることになるから，いずれにせよ執行開始の要件は存しない，という点にある。

　この見解は，かつては有力な論者によって主張されていて，通説たる地位を占めていたし[2]，実務上の取扱いも，これによってきたといわれる[3]。ここでの問題に関する最上級審の判例は本判決以前には存在しないが，大阪高決昭和29・2・5（高民集7巻2号153頁）も，占有回収訴権を被保全権利とした建築工事の続行禁止の仮処分について必要説をとる旨を明言していた。また，人格権の侵害等を理由に暴力団組長に対し建物を組事務所として使用することを禁止した仮処分決定について間接強制の申立てを認容した静岡地浜松支決昭和62・11・20（判時1259号107頁）は，具体的な違反行為があることを認定した上で予告決定をしており，その抗告審である東京高決昭和63・1・27（判時1262号105頁）もこの判断を維持した。

　しかし，不作為義務は，義務違反後に不履行部分の履行を強制執行によって追完的になさしめることの不可能な義務であるから，義務違反に対する事前の予防手段の備わっていることが望ましい。また，必要説によると，権利者は一回は権利侵害を甘受せざるを得ず，そのうえ，一回的不作為義務で違反の結果を残さないものについては（残すものについては，民執171条・民414条3項の適用がある），全く執行の方法がないことになってしまう。そこで，このような考慮に加えて，旧民訴法734条（＝民執172条）の文言がそう解することの妨げとならないこと

---

(2)　加藤正治『改訂強制執行法要論』332頁（有斐閣・1946年），菊井維大『民事訴訟法(二)』301頁（有斐閣・1950年），兼子・執行294頁，吉川大二郎『強制執行法』143頁（法律文化社・1958年），三ヶ月章『民事執行法』423頁（弘文堂・1981年），石川明編『民事執行法』303頁〔斎藤和夫〕（青林書院新社・1981年），中野貞一郎「作為・不作為の強制執行」同『訴訟関係と訴訟行為』283頁（弘文堂・1966年，初出1955年）（ただし，後に改説），山本卓『不作為を目的とする債権に関する強制執行（司法研究報告書8輯2号）』148頁，153頁（司法研修所・1954年），鈴木忠一ほか編『注解強制執行法(4)』175頁〔山本卓〕（第一法規・1978年）。

(3)　注解民執(5)40頁〔富越〕参照。

や同条の沿革をあげて，不要説を強力に主張されてきたのが竹下教授である[4]。そして，この竹下説以降に公にされた見解においては，不要説の方がむしろ多数説になっていたといってよい[5]。

このような状況にあって，マンションの建築工事の妨害禁止の仮処分決定との関係で，すなわち既に履行期の到来した継続的不作為義務に関してであるが，東京高決平成3・5・29（判時1397号24頁）は，この多数説に従い，予告決定の要件として違反行為は不要である旨を明らかにした。その際，理由とされたのは，必要説によると債権者は一回は権利侵害を免れないことになり，債務名義を得た意味がなくなる（特に一回限りの妨害の排除が問題になる場合を考えよとする）という点であり，違反行為の存在については執行文の付与段階で債務者に争う機会が与えられる旨が付言されている。

そして，上記の東京高決平成3・5・29以降は，この決定が実務をリードしているといわれ[6]，学説上も一致して不要説が説かれていたところであるが[7]，本

(4) 竹下・前掲注(1)605頁以下，竹下＝上原＝野村・前掲注(1)415頁〔竹下〕。また，菊池博「不作為を命ずる仮処分における代替執行と間接強制」村松還暦『仮処分の研究(下)』125頁（日本評論社・1966年）も，時を同じくして不要説を主張された。

(5) 中野貞一郎「非金銭執行の諸問題」鈴木忠一＝三ヶ月章監修『新・実務民事訴訟講座⑿』484頁（日本評論社・1984年），同・民執〔新訂4版〕685頁の改説が印象的であるが，そのほかに，中川敏夫「不作為を命ずる仮処分の効果」判タ197号136頁（1966年），松浦馨「仮処分の執行期間について」菊井献呈『裁判と法(下)』917頁（有斐閣・1967年），山口和夫「騒音の規制と被害者の救済」曹時24巻10号1809頁（1972年），上原敏夫「不作為を命ずる仮処分」鈴木忠一＝三ヶ月章監修『新・実務民事訴訟講座⑭』247頁（日本評論社・1987年），上村明広「差止請求訴訟の機能」新堂幸司編集代表『講座民事訴訟(2)』302頁（弘文堂・1984年），同「非金銭執行」新堂幸司＝竹下守夫編『民事執行・民事保全法』291頁（有斐閣・1995年），山木戸克己『民事執行・保全法講義〔補訂2版〕』217頁（有斐閣・1999年），小室直人編著『民事執行法講義〔2訂版〕』160頁（法律文化社・1998年），注解民執(5)44頁〔富越〕，注釈民執(7)201頁〔富越和厚〕。

(6) 判時1920号40頁の本決定コメント参照。

(7) 野村秀敏「東京高決平成3・5・29判批」同『民事訴訟法判例研究』470頁以下（信山社・2002年，初出1992年），池尻郁夫「東京高決平成3・5・29判批」民執百選199頁，大濱しのぶ「東京高決平成3・5・29判批」執行・保全百選181頁（東京高決平成3・5・29の判批としては，さらに，江口とし子・判タ790号224頁以下（1992年）がある），上原敏夫「不作為仮処分の執行」中野貞一郎ほか編『民事保全講座(2)』398頁（法律文化社・1996年），大濱しのぶ『フランスのアストラント』499頁以下（信山社・2004年），山本研「本判決解説」NBL827号10頁（2006年），上原敏夫＝長谷部由起子＝山本和彦『民事執行・保全法〔第2版〕』205頁以下〔山本〕（有斐閣・2006年），生熊長幸『わかりやすい民事執行法・民事保全法』299頁（成文堂・2006年），座談会「間接強制の現在と将来」判タ1168号41頁以下〔春日偉知郎，山本和彦，森田修の各教授の発言〕（2005年）。ただし，この座談会の43頁の伊藤眞発言は，事前（違反行為前）の国家の執行権の発動に慎重な態度を示すが，違反行為がなされたと同視されるべき状態が生じている場合にも執行権の発動を認めるとしているから，違反行為が現になされたことまでは要求しない趣旨と理解されよう。

決定も，この東京高裁の決定や学説と同趣旨のことを指摘しつつ，間接強制の目的達成のためにそう解することが必要であるという一般論を付加したうえで，不要説を採用する旨を明言したわけである。筆者もかねてから不要説に賛成していたところであり，この点に関しては全面的に決定要旨に賛成したい。

(2) 富越判事も不要説を主張されるが，他のそれとは若干趣を異にし，間接強制決定の発令にあたって「債務者の不履行」という不文の要件を設けるべきではないという点を理由とする。そして，その反面，履行期の到来は要するとし，一定時期における一回的不作為義務に関しては，その時期の到来前は履行期が来ていないから，民執法30条1項との関係上，強制金の予告決定をなし得ず，その後は不作為請求権自体が消滅してしまうので，結局，間接強制の余地は全くないと説く(8)。

しかしながら，既に竹下教授の指摘されているように，執行債権の履行期到来前に何らの執行行為をも許さないことにするか否かは政策の問題であると考えられるから，民執法30条1項の規定はこの場合には適用を制限されると解釈すべきであり，上記の不作為義務についても，強制金の予告決定をなしうるとすべきである。竹下教授が政策の問題との主張をされた際に援用されたドイツ民訴法751条1項（民執30条1項と同趣旨）の例外規定であるドイツ民訴法850条d第3項に相当する規定が(9)，平成15年の改正によってわが国にも導入され（民執151条の2），さらには，平成16年改正によって，期限到来前に執行を開始しうる場合が拡張された（民執167条の16）現在では，竹下説の主張された当時よりもより強く，上記のように言いうるであろう。

もっとも，本件事案は継続的不作為義務に係るものであるから，厳密には本決定の射程は上記の一定時期における一回的不作為義務には及ばないと解すべきかもしれない(10)。しかしながら，本決定の理由付けが最近の通説に説くところに強く依存しているように思われる点から見て，本決定は富越説を採用するものではなく，その射程は一定時期における一回的不作義務にも及ぶと解して差し支えな

---

(8) 注解民執(5)44頁，116頁〔富越〕，注釈民執(7)201頁，205頁〔富越〕。小室編著・前掲注(5)160頁も同旨か。

(9) ドイツ法はわが国の間接強制制度の一つの起源となっているが，ドイツ民訴法890条2項は，間接強制のための秩序金・秩序拘留の予告が判決中で掲げられるのを原則としており，これは，強制執行の一般的要件（履行期の到来）がこの場合には予告前に満たされていることを要しないことを示している，と指摘されていることにつき，野村・前掲注(6)472頁以下。また，わが国の間接強制制度のもう一つの起源であるフランスのアストラントにおいても，本案の裁判（債務の履行を命ずる裁判）と同時にアストラントを発令することが普通であり，発令のためには不履行が要求されないことにつき，大濱・前掲注(7)アストラント18頁以下参照。

(10) 山本研・前掲注(7)11頁は，そのように解するようである。

いのではなかろうか⁽¹¹⁾。

3 (1) このように，最近では違反行為自体に関しては不要説がほぼ一致した見解となっているといってよいが，さらに進んで，違反行為がなされる何らかの程度のおそれが必要かには不要説の中でも見解は分かれている。すなわち，違反行為が現に行われていることまでは要求しない見解であっても，強制金の予告決定を得るためには，違反行為の高度の蓋然性⁽¹²⁾，違反行為のおそれが重大かつ明白であること⁽¹³⁾，ないしはそれが切迫していること⁽¹⁴⁾を要し，その旨の証明が必要であるとされることがある。こういった程度のものではなくとも，違反行為のおそれは要するとされることがあり⁽¹⁵⁾，前掲東京高決平成3・5・29も，違反行為のおそれを要求しているように思われる（ただし，違反行為のおそれの有無を判断することはできるとしていてやや曖昧であり，また，具体的にこの有無を判断しているわけではないから〔強制金の金額の決定に関連し，仮処分後の紛争の程度，期間等を考慮するとはしている〕，断定できない）。さらに進んで，いかなる程度のものであれ，違反行為のおそれの立証は不要であるとする見解もある⁽¹⁶⁾。

このような状況の下，本決定も違反行為のおそれを要求しているが，その理由は，東京高裁の決定と同様に，それがない場合にまで予告決定をする必要性はないという点にある⁽¹⁷⁾。

(2) ところで，不作為請求訴訟には大きく分けて二つの種類がある⁽¹⁸⁾。

---

(11) 判時1920号40頁の本決定コメント。
(12) 竹下＝上原＝野村・前掲注(1)415頁〔竹下〕。
(13) 中野・民執〔新訂4版〕865頁〔ただし，後に改説〕。座談会・前掲注(7)41頁〔春日発言〕は，この中野説に賛成する。これに対し，この座談会の42頁，44頁の伊藤発言は，違反行為の危険が重大かつ明白というだけで間接強制の予告決定を認めるのは，理論的には，なお十分納得できないところがあるとしつつ，違反行為がなされたと同視されるべき状態が生じていればよいとするから，違反行為が既になされていることまでは要求されないが，予告決定が可能な場合を極めて限定する立場のように思われる。
(14) 山木戸・前掲注(5)217頁。
(15) 中川・前掲注(5)136頁，山口・前掲注(5)1809頁，小室編著・前掲注(5)160頁。
(16) 松浦・前掲注(5)917頁以下，上村・前掲注(5)講座民訴(5)302頁（ただし，同・前掲注(5)執行・保全法291頁以下は，違反行為がなされる危険の現実の切迫性を要求している），野村・前掲注(7)472頁以下，池尻・前掲注(5)199頁，座談会・前掲注(7)42頁〔山本和彦発言〕。
(17) 本決定後の学説では，中野教授が違反行為のおそれがあれば足りるとの立場に改説されている（中野・民執〔増補新訂5版〕776頁，784頁。上原＝長谷部＝山本・前掲注(7)206頁〔山本〕，生熊・前掲注(7)299頁も本決定の立場に従っている（もっとも，山本和彦教授は，本文に後述するように，以前からこれとは異なった立場を主張されていたのであり，上記の著書では，その教科書としての性質上，判例の立場を祖述されただけであるのかもしれない）。また，上原・前掲注(7)398頁は，違反行為のおそれが全くない場合でないことを要するとしている。これに対し，山本研・前掲注(7)11頁は，いかなる程度にせよ違反行為のおそれは不要とする見解に従っている。
(18) 上村・前掲注(5)講座民訴(5)282頁以下参照。

一つは契約に基づくものであり，これに関しては，不作為に向けられた債務関係の成立とともに，直接，給付請求権たる不作為請求権も成立すると見ることができる。

これに対し，法律に基づく不作為請求訴訟が実体法上の給付請求権を基礎としていると見るかに関しては見解が分かれている。すわなち，実体法説は，所有権のような排他機能を持つ権利を有する者は，他のすべての者に対し，当該所有権を侵害しないことを求める多数の不作為請求権を有するとし，これらの不作為請求権は侵害行為とは関係なしに当該所有権と同時に成立すると見る。次に，訴訟法説は，法律に基づく不作為請求訴訟は，実体上の不作為請求権を基礎に持たない純粋に訴訟上の制度であると見る。中間説は，絶対権の保護が問題となる場合には，その基礎に不作為請求権を認めるのに対し，絶対権以外の法益が問題となる場合には，その基礎に不作為請求権を認めることができないので，不作為請求訴訟を純粋に訴訟上の制度と見る。最後に，新実体法説は，不作為請求権は「侵害」ないし「侵害の危険」という成立原因に基づいて成立すると見て，被保護法益が絶対権であろうと，その他の法益であろうと，広く一般的に実体法上の不作為請求権が不作為請求訴訟の基礎となっているとする。

これらのうち，新実体法説以外の見解によると，違反行為のおそれは不作為請求訴訟の権利保護の必要の問題となると思われるが，わが国においては，法律に基づく不作為請求訴訟の法的性質に関しては新実体法説が通説であり[19]，筆者もこれに賛成する。そうすると，違反行為のおそれは，実体権である不作為請求権の成立要件であり，それが消滅すれば実体権が消滅する。そして，実体権の消滅事由の不存在は強制執行の開始要件ではなく，その存在が請求異議事由となる。確かに，本決定のいうように，違反行為のおそれもないのに間接強制の予告決定をする必要性はないであろうが，法律上の不作為義務を問題とする限り，その存在は債務名義の成立段階で立証されているのであり，予告決定に際して重ねて立証させる必要性はない[20]。

筆者は，このように考えて，予告決定に際しては「違反行為」のみならず，

---

(19) 差止請求権の発生根拠に詳細な検討を加える，根本尚徳「差止請求権の発生根拠に関する理論的考察(2)」早法80巻4号248頁（2005年）〔同『差止請求権の理論』60頁（有斐閣・2011年）〕は，差止請求権の法的構造に関しては新実体法説に対応した説明を当然のこととし，他の見解には全く言及していない。

(20) 前注(9)で指摘したように，わが国の間接強制制度の一つの起源であるドイツ法においては，間接強制のための秩序金・秩序拘留の予告が判決中で掲げられるのを原則としているし，もう一つの起源であるフランスのアストラントにおいても，本案の裁判（債務の履行を命ずる裁判）と同時にアストラントを発令することが普通である。これらは，間接強制決定のために，本案の裁判とは別個に改めて違反行為のおそれの有無を問題としないことを意味している。

「違反行為のおそれ」の立証も不要であると主張した。本件原審決定が「違反行為をするおそれの消滅は，債務名義に表示された差止請求権の消滅の問題ともいい得る」としているのは，この筆者の見解に影響されているように見える。これに対し，抗告理由は，本件の場合には禁止された居酒屋営業を行う可能性は常にあるから不作為請求権は消滅する可能性はないと主張しているが，Yが多額の設備投資をして全く居酒屋営業とは関係のない業種にその営業を転換したような場合には，社会通念上，もはや居酒屋営業を再開する可能性はなくなったと考えてよいであろう。したがって，この主張は，本件事案において問題となっているのが契約に基づく不作為義務であるから，違反行為のおそれが消滅しても不作為請求権は消滅しないとの意味において結果的には正しいが（ただし，契約に基づく義務は契約〔両当事者の合意〕によって消滅させることができるとの限りでは，誤っている），もし本件において問題となっていたのが法律に基づく不作為義務であったならば，このような場合には，不作為請求権は消滅したと扱ってよいであろう。

(3) 本決定以前の先例は，法律に基づく不作為義務に係る事案に関するものであった。そして，従来の見解が念頭においているのはこのような義務であったようにも思われるが，少なくとも明示的には，特に法律に基づく不作為義務と契約に基づく不作為義務とを区別して論じてはいないようである。しかし，筆者は，予告決定に際して「違反行為のおそれ」の立証は不要であるとの見解を主張した際に，契約に基づく不作為義務に関しては考慮の外に置くとして，結論を留保していた[21]。

契約に基づく不作為請求訴訟の場合には，前述のように，契約によって直ちに不作為請求権が成立するから，当該請求権の存在が主張されれば訴えの利益が認められ，かつ，契約の成立が立証されれば請求は認容される。すなわち，ここでは，法律に基づく不作為請求訴訟の場合とは異なって，特に「違反行為のおそれ」などは立証がなくとも債務名義が成立しうる。それ故，この場合には，それ以前に違反行為のおそれが立証されている保証はないから，予告決定に際してその立証をさせる必要があると考える。ただし，将来の一定の時期における一回的不作為または一定の時期以降における継続的ないし反復的不作為を請求する場合は将来の給付の訴えであるから，「あらかじめその請求をする必要」（民訴135条）の枠内において違反行為のおそれは証明されているはずである。したがって，この場合は，法律に基づく不作為義務の場合と同様に，違反行為のおそれの立証は不要であると解する[22]。

---

(21) 野村・前掲注(7)473頁。
(22) ここでは，法律に基づく不作為義務が問題となる場合とは異なって，違反行為のおそれが消滅しても不作為義務自体が消滅するわけではないから，債務者側には，請求異議の訴えによってそのことを主張・立証して強制執行を排除する機会は与えられていない。

以上に対し，契約に基づく不作為義務が問題となる場合であっても，仮処分にあっては保全の必要性の枠内において（も）「違反行為のおそれ」が疎明されているはずであるし，その消滅は事情変更に基づく仮処分の取消事由（民保38条）となる。そして，このことは，現在の不作為を命じた仮処分が問題となる場合であろうと，将来の不作為を命じた仮処分が問題となる場合であろうと同様に当てはまるから，いずれにせよ，予告決定に際しての立証は不要と考える(23)。

 ともあれ，「違反行為のおそれ」の立証が必要な場合には，「高度の蓋然性」等と単なる「おそれ」との区別は実際上は極めて困難であろうから，本決定のいうように，「おそれ」の立証を要求すれば足りると考える。また，単なる「おそれ」よりも高度の蓋然性を要求する立場は，判決や仮処分決定中で既に強制金の予告をなすことを認める立場とも調和しないと考えられる点からも(24)，そのように解するのが適当ではあるまいか。

 本件事案において問題となっているのは，まさに契約に基づく現在の継続的不作為義務であり，かつ，強制執行の基礎となっている債務名義は不作為を命ずる判決であった。したがって，上記のように考えるときは，このような不作為義務と債務名義が問題となっているとの限りで，本件の決定要旨に賛成することができる。そしてその反面，決定要旨を法律に基づく不作為義務や契約に基づく不作為義務でも将来の一定時期における不作為義務や仮処分に基づいて不作為が命ぜ

　　そこで，債権者は，予告決定を得る際に，改めて違反行為のおそれがあることを立証すべきではないかとの考え方もありえよう。しかし，ここでも債権者は既に一度は違反行為のおそれを立証しているのであるから，むしろ予告決定を得るための執行文の付与段階で，債務者側に違反行為のおそれの消滅を立証させる機会を与えるのが適当であろうか。そして，法律に基づく不作為請求訴訟の法的性質に関して，実体法説や訴訟法説，中間説に従うならば，法律に基づく不作為請求訴訟に関連してもこのような取扱いが適当ということになるであろうか。

(23) なお，債務名義が和解調書であるときは，常に契約に基づく不作為義務が問題となっており，かつ，将来の不作為義務との関係でも，債務名義成立段階では違反行為のおそれは立証されていない。そこで，ここでは，仮処分の場合とは反対に，常に，予告決定に際して違反行為のおそれの立証が必要であると解する。

(24) 債務名義成立段階では，おそれの存在しか立証されていないはずである。もっとも，判決や仮処分決定中で強制金の予告をなしうるか自体について，見解は分かれている。判決について否定する裁判例として，東京地判平成11・7・1判時1694号94頁，仮処分について否定する裁判例として，東京高決昭和58・4・20判時1079号50頁があるが，後者については肯定するものもあり（東京地決平成4・8・28〔東京地判平成6・1・28判タ851号286頁の関連事件〕），実務上も肯定されているし（瀬木・民保〔全訂第2版〕364頁），学説上も肯定説が通説とされている（上原・前掲注(5)242頁）。また，判決についても肯定する学説がある（竹下・前掲注(1)606頁，松浦・前掲注(5)918頁，小室編著・前掲注(5)160頁。立法論として肯定するものとして，大濱・前掲注(7)アストラント499頁，山本和彦「強制執行手続における債権者の保護と債務者の保護」竹下古稀『権利実現過程の基本構造』292頁（有斐閣・2002年）〔同『倒産法制の現代的課題』426頁（有斐閣・2014年）〕。

られた場合にまで一般化することには反対であり、最高裁がそのような方向に進むかについては、なお判例の動向を見守る必要があると考える。

(4) 最近、山本和彦教授は、間接強制というのは履行期が到来した時点で、その履行を、括弧付きではあるが任意に履行されるということを目的としている制度であるから、その履行期の到来前に、もし履行しなかった場合にはいくらいくら支払うことになるという警告を与えるのは当然である、と説かれている(25)。この見解によると、上記において「違反行為のおそれ」の立証が必要であるとした場合も含めて、一般的にこの立証は不要であるということになると思われる。

山本説は、判決で権利の存在が確定されている以上、それを履行するのは当然であり、履行すれば強制金の現実の支払義務は生じないのであるから、履行確保のために予め間接強制金の支払義務を定めておいても、本質的に債務者の利益を害するものではないとの考慮に基づくものであろう。しかしながら、先に述べたように、多くの場合において「違反行為のおそれ」は予告決定に際して改めて立証される必要はないと考えるが、いかなる段階でも全くこれを要求しない見解は、あまりに広く国家の執行権の発動を認め、不要かつ不当な債務者の人格権の侵害を招くおそれを生じさせないであろうか。いかに不作為請求権の警告的・予防的機能のためとはいえ、義務違反のおそれと全く関係なしに、私人が国家からの精神的圧力を甘受しなければならないいわれはないであろう(26)。

平成15年の民事執行法の改正によって、間接強制の適用範囲が拡張され、不動産等や動産の引渡し等の執行、第三者占有物の引渡請求権に対する執行、代替的作為義務の執行の場合にも間接強制が認められることになった（民執173条）。上記の山本説によると、これらに関する義務について期限が付されている場合においても、期限到来前に、かつ義務違反のおそれなどは問題にすることなく、強制金の予告決定をなすことを認めることになると思われる(27)。

しかし、違反行為がなくとも間接強制の強制金の予告決定がなされることの根拠が義務違反後の追完的な履行が不能であるという不作為義務の性質にあるとするならば、このようなことは認められないことになろう(28)。本決定の決定理由も、間接強制一般の目的とともに、このような不作為義務の性質を強調しているから、

---

(25) 座談会・前掲注(7)42頁〔山本和彦発言〕。
(26) 山本研・前掲注(7)11頁は、本文に述べた不作為請求権の機能に鑑み、債務者はこれを甘受すべきであるとする。
(27) 座談会・前掲注(7)42頁〔山本和彦発言〕。
(28) 座談会・前掲注(7)42頁〔松下淳一発言〕は、もともと事前に防がないと意味がないという、そこに着目した議論もあると思うとされる。本決定も、基本的にはこの方向にあると考えられるが、おそれのみで予告決定をなしうる場合を、松下教授のいわれるように、一回的な不作為義務に限定することまではしていない。

その射程は上記のような義務には及ばないと思われる[29]。また，平成16年の改正で新設された扶養義務等に係る定期金債権についての強制執行の場合，期限前に強制金の予告決定をするためには，その一部について不履行があることを要求されている点からいっても（民執167条の16），不作為義務以外に安易に違反行為なしに間接強制の強制金の予告決定をなしうる場合を拡張すべきではあるまい。

【補　遺】　本判例研究公表後の本決定評釈類として，上原敏夫・法教348号41頁（2009年），大濱しのぶ・リマークス34号122頁以下（2007年）（本決定に賛成），同・執行・保全百選〈第2版〉148頁以下（2012年），川嶋四郎・法セ620号115頁（2006年）（違反行為のおそれも不要），河村好彦・法研79巻11号106頁以下（2006年）（結論賛成），中村孝雄・判タ1245号平成18年度主民解214頁以下（2007年），宮坂昌利・ジュリ1327号127頁以下（2006年），同・曹時59巻10号307頁以下（2007年），同・最判解説民平成17年度（下）939頁以下，森田修・法協123巻11号2434頁以下（2006年）（違反行為のおそれの意義を説く），同・平成17年度重判解82頁以下（2006年），等がある。

（初出・民商法雑誌135巻3号／2006年）

---

[29]　判時1920号40頁の本決定コメント参照。

26 面会交流を命ずる決定に基づく間接強制の可否

東京高裁平成24年1月12日決定
平成23年(ラ)第2058号，間接強制決定に対する執行抗告事件
(家月64巻8号60頁)

要　旨　　面会交流を命じた決定に表示された債務が同居親である父親の意思で履行することができない債務であるとか，その履行の強制が許されない債務であるとかまでは認められず，間接強制の申立てが権利濫用に当たるとも認めるに足りないとして，父親に対して当該債務名義に基づく間接強制を命じた原決定を維持した事例。

事実の概要　　母親Aが離婚した父親Bを相手方として申し立てた未成年者C（AB間の長男。平成14年生まれ）との面会交流を認めるよう求めた審判事件において，甲府家裁がAの申立てを認める審判をしたところ，Bはこれに対して抗告を提起した。この抗告を受けて，東京高裁は，平成22年10月28日，甲府家裁の審判よりも時間，頻度など面会交流の方法をより制限しつつ，「1　……　2　BはAに対し，本審判確定後2か月以内の日を第1回目として，以後，毎月1回，AがCと面会交流を行うことを許さなければならない。3　上記面会交流の場所は○○市及びその周辺とし，Aは，B（その本件代理人弁護士を含む。）に対しあらかじめ具体的な面会交流の場所を知らせるものとし，日時は土曜日の午前10時から午後4時までの間の2時間とし，具体的な日時場所は当事者（その各本件代理人弁護士を含む。以下，本項及び次項4において同じ。）が協議して定めるものとし，Bは，当事者が協議して定めた面会交流の開始時刻に，○○駅南口において，CをA又はその指定する代理人（Cと面識のある者又は本件のAの弁護士に限る。以下，本項において同じ。）に引き渡し，A又はその指定する代理人は，面会交流終了時刻に，Cの引渡しを受けた場所において，CをBに引き渡す。4　（省略——支障がある場合の，3の協議で定めた面会交流の日時の変更に関する定め——筆者）」との決定をした。

この決定に基づき，一応，平成22年×月，平成23年×月，同年×月の3回にわたってAとCとの面会交流が行われた。しかし，同年×月の4回目の面会交流は，Cの拒否的な態度にあって，CがAに同行することなく，1時間あまりの折衝がなされたのみで終了してしまった。その後も面会交流が行われないので，Aは前記東京高裁決定に基づいて間接強制の申立てをしたが，Bは，CはAとの面会交流を強く拒絶している上，内科医による「面会交流による高ストレスにより当分の間面会交流は不可と考える。」との診断書と，精神科医による「心理的

外傷後ストレス障害（PTSD）により，当分の間，母親との交流は避けることが望ましい。」との診断書があるから，×月の4回目の面会交流とそれ以降の面会交流は中止せざるを得ないのであり，面会交流の場を設けていないBに不履行はない，と主張した。東京高裁は，Aの申立てを認容した甲府家裁決定に対する執行抗告を棄却する本件決定を下し，その結果，次のような間接強制決定が確定した。「1　（面会交流を命じた前記東京高裁決定の）執行力ある決定正本に基づき，Bは，毎月1回別紙記載の方法により，AがCと面会交流することを許さなければならない。2　Bが，本決定の告知を受けた日以降，前項の義務を履行しないときは，BはAに対し，不履行1回につき8万円の割合による金員を支払え。」

【決定要旨】　抗告棄却（確定）。

「債務名義である本件決定は，CがAとは会いたくない旨の意向を示している事実を前提として，Cの年齢，発達段階，忠誠葛藤も見られるその心情を慎重に検討した上，Aとの面会交流をしないことは，その家族内部の交流に伴う情報の交換を途絶えさせ，中長期的に見ても，Cの健全な成長を図るという観点からも相当とはいえず，面会交流を制限しなければ，未成年者の福祉が害されるとはいえないことなどの理由から，Bに対し，このような意向を表明しているCの心身の負担が過大とならない時間間隔と環境下で，本件決定の定める方法によってCとAとの面会交流を命じたものである。そして，第1回ないし第3回の面会交流はBがCに付き添い面会交流中に言葉をかけるなどしており，本件決定の定めた方法によって実施されたものとは認められない上，Bが付き添う方法を採ることで，本件決定が懸念したCの忠誠葛藤をさらに進行させた可能性も否定できないものというべきである。その上，前記1⑹判示の診断書の〔〔事実の概要〕欄第2段落掲記の診断書――筆者〕の記載も，診断の前提とされた面会交流の実施方法等の事実関係や診断の具体的根拠を明らかにするに足りる資料はないのである。以上判示の各点を総合すると，前記1⑹判示の診断書の記載をもって，本件決定が定めたとおりの方法で実施した場合にCに与える影響の内容，程度を具体的に立証するに足りるものではなく，債務名義である本件決定が考慮していない新たな事情が発生したとまでは認めるに足りないし，また，Cの年齢，発達段階等を併せ考えれば，Bが本件決定の上記判断を尊重して，親権者としてCを指導したとしても，その福祉を害することなく本件決定に表示された債務を履行できないとまで認めるに足りないのであって，以上判示の点を総合すれば，Bの主張する上記の事情から直ちに本件決定に表示された債務がBの意思で履行することができない債務であるとか，その履行の強制が許されない債務であるとかまでは認められず，また，本件申立てが権利濫用に当たるとも認めるに足りず，他に本件申立てを却下すべき事由を認めるに足りる資料はない。」

【参照条文】　民法766条〔旧〕1項〔現行2項〕，〔旧〕家事審判法9条1項乙類4号

26 面会交流を命ずる決定に基づく間接強制の可否

〔現行家事事件手続法別表第2の第3項〕，民事執行法172条1項

分析

1 従来の裁判例には，監護家庭の尊重，高葛藤の回避，子の意思の重視という観点を面会交流の認容基準とするものが多かった(1)。しかし，最近では，別居親との面会交流が未成年の子の健全な発達，成長にとって重要であることが認識されるようになり，裁判例の傾向は，別居前または面会交流中に不適切な言動があったり，家庭内暴力（DV）があったような例外的場合を除けば，基本的に面会交流を認めることとし，あとはその方法を工夫するという方向に向かっているようである。その際，面会交流に否定的な子の意思は，同居親や祖父母の影響を強く受けていたり，会いたくても両親に対する忠誠葛藤に悩んでいたり，面会による軋轢そのものを嫌っていたりするためであったりすることがあるから，従来ほどには重視されないようになってきている。別居親との面会交流が子の福祉にも適うのであるから，それに否定的な子にそれに応ずるよう働きかけるのは同居親や祖父母の責務であると指摘する裁判例もある(2)。

紙幅の関係上債務名義である東京高裁決定（以下，「債務名義決定」という）の決定理由の紹介は省略しているが，それは，間接強制に関する本件東京高裁決定（以下，「間接強制決定」という）の決定理由が指摘していることから窺えるように，完全に最近の裁判例の傾向に沿うものであった。そして，この傾向は学説の多くも支持している(3)。

2 審判に関しても蒸返しは禁止されるから，審判後に生じた新たな事情がなければ審判によって形成された権利・義務の存否・内容を争うことはできない(4)。また，面会交流を肯定する審判がなされれば間接強制による強制が問題となるが，その場合でも，それは債務者の意思のみでは実現できない債務について用いることはできないし，面会交流を強制することが子の福祉に反することになる場合にも行うことはできない。

---

(1) 棚瀬孝雄「両親の離婚と子どもの最善の利益」自正60巻12号13頁以下（2009年）参照。
(2) 最近の裁判例については，二宮周平「別居・離婚後の親子の交流と子の意思(2)」戸時579号4頁以下（2005年）参照。
(3) 前注(1)(2)掲記文献のほか，戸時687号5頁以下（2012年），690号32頁以下・40頁以下（2012年），691号8頁以下（2012年）掲載の「面会交流の理論と実務」と題するシンポジウムにおける棚村政行，相原佳子，細谷郁，山口美恵子の各氏による報告等。ただし，この傾向に従うものが裁判例の大勢であるとまでは言えないようであるし，それに反対する学説も根強く主張されている。梶村太市「新時代の家庭裁判所家族法(23)」戸籍872号1頁以下（2012年）。
(4) 佐上善和『家事審判法』264頁以下（信山社・2007年）。

231

Bは、第4回の面会交流以降、Cが面会交流を以前にも増して強く拒絶するようになったこと、新たに2人の医師によってそれぞれ「ストレスのために母親との面会交流を控えるように」との診断書が作成されていることを主張している。これは、このような事情が審判（に対する抗告審の決定）後の新たな事情に当たり、かつ、それによって債務名義上の義務がBの意思のみによっては実現することができない義務に変質したこと、あるいは、無理に面会交流させることが子Cの福祉に反するようになったことを指摘する趣旨と考えられる。

しかしながら、本件債務名義決定は、先にも述べたように、最近の裁判例の傾向に沿うものである。すなわち、それはCが面会交流に拒絶的な意思を表明していることを踏まえた上で、なおかつAがCと面会交流を行うことを許すべきであると命じているのである。また、それは、そのようなCに働きかけてAに対する拒絶的感情を和らげ、円滑にC単独での面会交流を実現させることをもBに命じているものと解される（債務名義決定は、「当事者双方は、……紛争渦中に置かれたCのストレスの大きさを思い、子の福祉を優先し、相互の不信を解消する努力を惜しむことなく、共同親権者としての自覚のもとに面会交流を実施することを求められる……」と述べる）。そうであれば、債務名義決定は、それが命じた方法で面会交流が実施されなければ、間接強制が問題となる段階でCの拒絶的な態度がさらに硬化することも十分に折り込んでいたと言うことができよう。そして、診断書を作成した2人の医師はB側の人物である上（ことに、その1人の内科医は日頃からのかかりつけの医師である）、診断書には診断の前提とされた事実や診断の具体的根拠が記載されておらず、その結論のみが記載されているに過ぎないというのであるから、診断結果を鵜呑みにするわけにはいかない。Bの主張を取り上げるべきであるとするならば、その当否に関する間接強制決定の判断は説得的と言えよう。

3　しかしそもそも、Bの主張は取り上げて審理・判断の対象とすべきであったのであろうか。すなわち、その主張する事柄が債務名義決定後の新たな事情であるとするならば、それは本来、債務名義決定に対する請求異議の訴え[5]で主張すべきことであったはずである。そうであれば、間接強制決定のしたように、間接強制の決定のための債務者審尋の手続の中でこのような事柄を取り上げるのは誤りではないかという疑問を生ずる。

裁判例としては、神戸家決平成14・8・12（家月56巻2号147頁）が債務者の面会交流の拒絶に正当な事由（子の福祉を害するおそれ）があるか否か、債権者が

---

(5)　ただし、そのような事柄は債務名義決定全体に対する請求異議事由にはならず、間接強制決定の対象になる個別の義務に関わる限りでの請求異議事由になるに過ぎないとの立場がある。榮春彦＝綿貫義昌「面接交渉の具体的形成と執行」若林昌子＝床谷文雄編『新家族法大系(2)』149頁（新日本法規・2008年）参照。

面会交流を求め得ない特別の事情（面会交流を権利濫用とする事情）があるか否かという点を間接強制決定をするに当たって審理・判断の対象としているのに対し，その抗告審である大阪高決平成15・3・25（家月56巻2号158頁）は，そのような事由は請求異議事由となるにとどまるとする[6]。

問題を多少一般化すれば，請求異議事由が代替執行の授権決定や間接強制決定に先立つ債務者審尋（民執171条3項，172条3項）の手続における審理・判断の対象となるかということになろうが，わが国では古くは中野教授[7]，最近では大濱教授[8]による肯定説があるほかはほぼ否定説一色である[9]。いずれにせよ，この点についてあまり詳しい議論はなされていない。これに対し，ドイツでは古くから活発な議論がなされており，裁判例・学説の上で肯定説と否定説が相半ばするという状況であったが，連邦通常裁判所2004年11月5日決定[10]は肯定説をとる旨を明らかにした。ドイツでの議論は多岐にわたるが，最終的には，訴訟経済と執行法の体系性，形式性のいずれを重視するかということに帰着するであろう。

ところで，ここでの議論は，執行文付与の訴えや執行文付与に対する異議の訴えで請求異議事由を提出しうるかという論点を思い起こさせる[11]。この点につき，

---

(6) そのほか，大阪高決平成19・6・7判タ1276号338頁も「面会交流が子の福祉に反する事情がある」との債務者側の主張に間接強制決定をするにあたって実体的判断を加えているが，これには，ここでの問題を判断したものではないとみるのが自然であろうとの評価がある。大濱しのぶ「判批」リマークス39号125頁（2009年）。

(7) 中野貞一郎「作為・不作為の強制執行」同『訴訟関係と訴訟行為』278頁以下（弘文堂・1961年，初出1955年）。ただし，最近の，中野・民執〔増補新訂6版〕820頁は請求異議の訴えによるべき旨を説くが，間接強制決定の手続に関する言及はない。

(8) 大濱しのぶ『フランスのアストラント』496頁（信山社・2004年）。

(9) 伊藤剛「授権決定と必要的審尋」藤田耕三ほか編『民事執行法の基礎』264頁（青林書院新社・1983年）（ただし，民法414条3項前段，後段による代替執行の場合，債権者は債務者の義務違反を主張・立証すべきであるとする），注解民執(5)76頁，107頁〔富越和厚〕，釜本修＝沼田幸雄「面接交渉と強制執行」右近健男ほか編『家事事件の現況と課題』188頁以下（判例タイムズ社・2006年，初出2002年），花本彩「面接交渉の間接強制」右近ほか編・前掲書207頁（初出2004年），榮春＝綿貫・前掲注(5)342頁以下。

(10) NJW 2005, 367. ドイツの裁判例・学説はこの決定中に詳しく引用されているが，ドイツ法の状況の簡潔な紹介として，シルケン「ドイツ民訴法における作為・不作為執行の今日的諸問題」石川明著『ドイツ強制執行法と基本権』232頁以下（信山社・2003年，初出2000年）。なお，ドイツ法上は，面会交流の間接強制に関しては，ここで問われているような問題は生じない。すなわち，一般の場合とは異なり，面会交流を規律する裁判（裁判所の決定，裁判所の承認を受けた和解。Haußleiter/Gommille, FamFG (2011), § 89 Rdnr.2）の間接強制は家事及び非訟事件手続法89条によって行われるのであるが，その2項によると，上記の裁判は違反行為があった場合の秩序金または秩序拘留の警告を含まなければならないとされている。したがって，その警告をする前提として債務名義成立後，違反行為前に債務者審尋をする機会は存在しない。

(11) ただし，ここでは，肯定説を採用しても請求異議事由を債務者審尋手続で提出しうる

私はかつて，執行文付与の訴えとの関係で，請求異議事由を単なる抗弁によって主張しうるのと，請求異議の訴えを提起して担保を立てて執行停止決定（民執36条）を得なければならないというのでは債務者の手続的負担に相当の差異があるということを理由に否定説に賛成したことがある[12]。そうすると，同様の理由で，ここで問われている問題に関しても否定説を採用すべきもののようにも思える。実際，ドイツでは前記の連邦通常裁判所決定の後でもなお有力な否定説が説かれているが，その中には，そのような理由によるものがある[13]。

　もっとも，代替執行や間接強制が問題となる状況においては，第1審の受訴裁判所が執行裁判所となることからも窺えるように，実現されるべき請求権やとりうる（とるべき）措置の多様性・可変性に鑑みれば，債務名義上に示された権利・義務に関する判断はいわば中間的なものに過ぎないとも言うことができる[14]。そうであるとすれば，執行文付与の訴えの場合とは異なり，執行手続内でなおその判断に新たな事情を加えて判断を更新し直す余地があってもよいとも考えうるかもしれない。実際，ドイツの肯定説にはこの点を理由の一つとして指摘するものがある[15]。

　ともあれ，執行文付与の訴えなどの場合とは異なった考慮が必要な面もありうるのであるから，この問題はわが国でももっと議論されてしかるべきではなかろうか。

　【補　遺】　本判例研究公表後の本決定評釈類として，犬伏由子・リマークス47号70頁以下（2013年）（Bの主張を取り上げた点を妥当とする），等がある。

（初出・民商法雑誌147巻4・5号／2013年）

　　　というだけで，しなければならないという見解が成立する余地はない。
 (12) 石川明編『注解民事執行法〔上巻〕』313頁以下〔野村秀敏〕（青林書院・1991年）。
 (13) Kannowski/Drisler, Der Erfüllungseinwand im Vollstreckungsverfahren nach § 887 ZPO, NJW 2005, 865, 867. そのほかの否定説として，Baur/Stürner/Bruns, Zwangsvollstreckungsrecht, 13.Aufl. (2006), Rdnr. 40.9; Münchener Kommentar zur ZPO, Bd. 2, 4.Aufl. (2012), § 887 Rdnr. 17 [Gruber].
 (14) 竹下守夫「生活妨害の差止と強制執行・再論」判タ428号27頁，特に36頁以下（1981年）参照。
 (15) Schilken, Die Geltendmachung des Erfüllungseinwandes bei der Handlungs- und Unterlassungsvollstreckung, Festschrift für Gaul (1997), S. 673 f.; Becker-Eberhard, Wirksamer Einwand der Erfüllung des vollstreckbaren Anspruchs auch im Zwangsvollstreckungsverfahren, LMK 2005, S. 31. 川嶋四郎「現実的救済の実現過程における現状と展望」同『民事救済過程の展望的指針』324頁（弘文堂・2006年，初出2001年）もこの立場のようである。

27 面会交流の審判・調停調書に基づく間接強制の可否

27
(1) 監護親に対し非監護親が子と面会交流をすることを許さなければならないと命ずる審判に基づき間接強制決定をすることができる場合（①事件）

(2) 監護親に対し非監護親が子と面会交流をすることを許さなければならないと命ずる審判に基づき間接強制決定をすることができるとされた事例（①事件）

(3) 監護親に対し非監護親が子と面会交流をすることを許さなければならないと命ずる審判に基づき間接強制決定をすることができないとされた事例（②事件）

(4) 非監護親と子が面会交流をすることを定める調停調書に基づき間接強制決定をすることができないとされた事例（③事件）

①事件：最高裁平成 25 年 3 月 28 日第 1 小法廷決定
平成 24 年(許)第 48 号，間接強制に対する執行抗告棄却決定に対する許可抗告事件
（民集 67 巻 3 号 864 頁）

②事件：最高裁平成 25 年 3 月 28 日第 1 小法廷決定
平成 24 年(許)第 41 号，間接強制決定に対する抗告審の取消決定等に対する許可抗告事件
（判時 2191 号 46 頁）

③事件：最高裁平成 25 年 3 月 28 日第 1 小法廷決定
平成 24 年(許)第 47 号，間接強制申立ての却下決定に対する執行抗告棄却決定に対する許可抗告事件
（判時 2191 号 46 頁）

要 旨 1 監護親に対し非監護親が子と面会交流をすることを許さなければならないと命ずる審判において，面会交流の日時又は頻度，各回の面会交流時間の長さ，子の引渡しの方法等が具体的に定められているなど監護親がすべき給付の特定に欠けることがないといえる場合は，上記審判に基づき監護親に対し間接強制決定をすることができる（①事件）。

2 監護親に対し非監護親が子と面会交流をすることを許さなければならないと命ずる審判において，次の(1)，(2)のとおり定められているなど判示の事情の下では，監護親がすべき給付の特定に欠けるところはないといえ，上記審判に基づき監護親に対し間接強制決定をすることができる（①事件）。

(1) 面会交流の日程等は，月 1 回，毎月第 2 土曜日の午前 10 時から午後 4 時までとし，場所は，子の福祉を考慮して非監護親の自宅以外の非監護親が定めた場所とする。

(2) 子の受渡場所は，監護親の自宅以外の場所とし，当事者間で協議して定めるが，協議が調わないときは，所定の駅改札口付近とし，監護親は，面会交流開始時に，受渡場所において子を監護親に引き渡し，子を引き渡す場面のほかは，面会交流に立ち会わず，非監護親は，面会交流終了時に，受渡場所において子を監護親に引き渡す。

3 監護親に対し非監護親が子と面会交流をすることを許さなければならないと命ずる審判において，面会交流の頻度等につき1箇月に2回，土曜日又は日曜日に1回につき6時間とする旨定められているが，子の引渡しの方法については何ら定められていないなど判示の事情の下では，監護親がすべき給付が十分に特定されているとはいえず，上記審判に基づき監護親に対し間接強制をすることはできない（②事件）。

4 非監護親と監護親との間において非監護親と子が面会交流をすることを認める調停が成立した場合において，調停調書に次の(1)，(2)のとおり定められているなど判示の事情の下では，監護親がすべき給付が十分に特定されているとはいえず，上記調停調書に基づき監護親に間接強制決定をすることはできない（③事件）。

(1) 面会交流は，2箇月に1回程度，原則として第3土曜日の翌日に，半日程度（原則として午前11時から午後5時まで）とするが，最初は1時間程度から始めることとし，子の様子を見ながら徐々に時間を延ばすこととする。

(2) 監護親は，上記(1)の面会交流の開始時に所定の喫茶店の前で子を非監護親に会わせ，非監護親は終了時間に同場所において子を監護親に引き渡すことを当面の原則とするが，面会交流の具体的な日時，場所，方法等は，子の福祉に慎重に配慮して，監護親と非監護親間で協議して定める。

事　実　1　①事件：X_1（債権者・抗告審相手方・許可抗告審相手方・父）とY_1（債務者・抗告人・許可抗告審抗告人・母）は，平成16年5月に婚姻の届出をし，平成18年1月に長女Aをもうけた。平成22年11月，X_1とY_1を離婚し，Aの親権者をY_1と指定する判決が確定した。平成24年5月，札幌家庭裁判所において，Y_1に対し，別紙面会交流要領（以下「本件要領」という）のとおりX_1がAと面会交流することを許さなければならないとする審判がなされ（以下「①事件審判」という），①事件審判は，同年6月2日確定した。本件要領には，(1) 面会交流の日程等について，月1回，毎月第2土曜日の午前10時から午後4時までとし，場所は，Aの福祉を考慮して，X_1自宅以外のX_1が定めた場所とすること，(2) 面会交流の方法として，Aの受渡場所は，Y_1自宅以外の場所とし，当事者間で協議して定めるが，協議が調わないときは，JR札幌駅東口改札付近とすること，Y_1は，面会交流開始時に，受渡場所においてAをX_1に引き渡し，X_1は，面会交流終了時に，受渡場所においてAをY_1に引き渡すこと，Y_1は，Aを引き渡す

場面のほかは，X₁とAの面会交流には立ち会わないこと，(3) Y₁は，X₁がAの入学式，卒業式，運動会等の学校行事（父兄参観日を除く）に参加することを妨げてはならないこと（以下，紙幅の関係等により，この部分の間接強制の可否に関する原決定等の判断の紹介，検討は省略する），(4) Aの病気などやむを得ない事情により上記(1)の日程で面会交流を実施できない場合は，X₁とY₁は，Aの福祉を考慮して代替日を定めることなどが定められていた。

X₁は，Y₁に対し，①事件審判確定後の最初の第2土曜日である平成24年6月9日にAと面会交流することを求めたが，Y₁は，Aが面会交流に応じないという態度に終始していて，現時点で面会交流を強制することはAに混乱を生じさせ，悪影響を及ぼすとして，X₁がAと面会交流することを許さなかった。

そこで，X₁は，平成24年7月，札幌家庭裁判所に対し，①事件審判に基づき，Y₁を相手取って，間接強制決定を求める申立てをした。原々審（札幌家決平成24・9・12民集67巻3号884頁）は，「1 Y₁は，……審判（①事件審判）正本に基づき，X₁に対し，別紙面会交流要領（本件要領）に記載の内容にて面会交流することを許さなければならない。2 Y₁が，本決定の告知を受けた日以降，前項の義務を履行しないときは，Y₁は，X₁に対し，不履行1回につき5万円の割合による金員を支払え。」との決定をした。

原審（札幌高決平成24・10・30民集67巻3号884頁）は，以下の理由により，Y₁の抗告を棄却した。本件要領は，権利者，義務者，子，面会交流の日程，回数，場所及び時間，引渡しの方法を含めての面会交流の内容を具体的に特定して定めたから，Y₁は，①事件審判に従い，X₁とAとの面会交流を実現すべき義務を負っているので，間接強制決定をすることができる。また，Aが面会交流を拒絶する意思を示していて，それを強制することはAの生活に悪影響を及ぼすとのY₁の主張する事情は，請求異議の事由あるいは審判後の事情変更による面会交流禁止を求める調停・審判の中で主張すべきものであるにすぎないから，その事由をもって間接強制になじまない事情ということはできない。

2　②事件：X₂（債権者・許可抗告審抗告人・父）とY₂（債務者・許可抗告審相手方・母）は，平成12年12月に婚姻の届出をし，平成14年9月に長男Bを，平成18年7月に二男Cをもうけた。平成24年2月，高知家庭裁判所において，Y₂に対し，X₂とB及びCが，1月間に2回，土曜日又は日曜日に，1回につき6時間面会交流することを許さなければならないなどとする審判がなされ，同審判は，同年3月確定した（以下，この審判を「②事件審判」といい，上記の面会交流を命じた条項を「本件条項」という）。

X₂とB及びCとの面会交流は，②事件審判後，平成24年3月に2回行われたが，同年4月以降は行われていない。

そこで，X₂は，平成24年5月，高知家庭裁判所に対し，②事件審判に基づき，

第2部　執行・保全法

Y₂に対し本件条項のとおりX₂がB及びCと面会交流することを許さなければならないと命ずるとともに、その義務を履行しないときはY₂がX₂に対し一定の金員を支払うよう命ずる間接強制決定を求める申立をした。原審（高松高決平成24・9・24）は、②事件審判は、面会交流の大枠を定めたものにとどまり、Y₂が履行すべき義務内容が具体的に特定していると認められないから、②事件審判に基づき間接強制決定をすることはできないとした。

　3　③事件：X₃（債権者・許可抗告審抗告人・父）とY₃（債務者・許可抗告審相手方・母）は、平成8年12月に婚姻の届出をし、平成13年4月に長男Dを、平成17年6月に二男Eをもうけた。平成19年3月、X₃とY₃は別居し、その後は、Y₃がD及びEを監護している。平成21年12月、福島家庭裁判所郡山支部において、X₃とY₃との間でX₃とD及びEの面会交流について調停が成立した。その調停調書（以下「本件調停調書」という）には、次のような調停条項（以下「本件調停条項」という）がある。ア　Y₃は、X₃に対し、Dと、2箇月に1回程度、原則として第3土曜日の翌日に、半日程度（原則として午前11時から午後5時まで）面接することを認める。ただし、最初は一時間程度から始めこととし、Dの様子を見ながら徐々に時間を延ばすこととする。イ　Y₃は、前項に定める面接の開始時にa県b市のc通り喫茶店の前でDをX₃に会わせ、X₃は終了時に同場所においてDをY₃に引き渡すことを当面の原則とする。ただし、面接交渉の具体的な日時、場所、方法等は、子の福祉に慎重に配慮して、X₃とY₃間で協議して定める。ウ　X₃とY₃は、上記アに基づく1回目の面接交渉を、平成22年1月末までに行うこととする。エ　X₃とY₃は、Eについては、将来的にDと同様の面接交渉ができるようになることを目標にして、面接交渉の是非、方法等について協議する。なお、この協議は、本調停成立日の1年後を目安として始め、その後はEの成長に配慮しながら適宜行い、双方は、Eの面接交渉の開始に向けて真摯に協力することとする。

　X₃は、平成22年1月上記イの喫茶店においてDと面会交流をしたが、その後、Dとの面会交流は実現していない。

　X₃とY₃は、平成22年12月、仙台高等裁判所において、訴訟における和解により離婚し、D及びEの親権者をY₃と定める一方、上記調停条項の合意内容が実現されていないことを確認し、D及びEの福祉を慎重に配慮しつつ、合意内容が早期に実現されるよう努力することを約束する旨の合意をした。

　X₃は、平成23年3月、Y₃に対し、Dとの面会交流の再開及びEとの面会交流に関する協議の申入れを行ったが、いずれも実現しなかった。

　X₃は、平成24年4月、福島家庭裁判所郡山支部に対し、本件調停調書に基づき、本件調停条項アのとおりX₃とDとの面会交流をさせることをY₃に対して命ずるとともに、その義務を履行しないときはY₃がX₃に対し一定の金員を支払

うよう命ずる間接強制決定を命ずるよう申立てをした。

原審（仙台高決平成24・10・29）は，本件調停条項は，面会交流することを「認める」という文言を使用していることに照らして，Y₃の給付の意思が明確に表示されたものとはいうことはできず，また，面会交流の内容について強制執行可能な程度に具体的に特定するものということもできないなどとして，本件調停調書に基づき間接強制決定をすることはできないとした。

　抗告許可申立理由　　①事件においてY₁は以下の理由により，抗告許可の申立てをしたが，②③事件におけるX₂，X₃の抗告許可の申立ての理由は，②③決定掲載誌からは不明である。

「民事執行法172条は，間接強制によることが社会通念上是認できない場合については，その適用対象外とする規定であるところ，本件のように，AがX₁との面会交流を明確かつ再三に渡り拒絶しており，Y₁においてこれを実現するために相当の努力をしてもこれを実現できなかったという事案においては，『面会交流を実現させる義務』の履行がおよそ不可能でかつ，履行を強制した場合にはAに深刻な精神的負担や，Y₁に対して深刻な不信感を抱かせかねない危険を含むのであるから，当該義務につき間接強制によってその履行確保を図るところは同条の予定することではない。

また，仮に，このような間接強制が命じられる事案があるにしても，民事執行法172条は，当該事案において，間接強制による履行確保を図ることが適当か否かにつき，単に形式的要件の充足の有無だけではなく，その実効性，未成年者に与える影響，不利益が生ずる場合の回復可能性，未成年者にとってより利益になる方法の存否等，『未成年者の最善の利益』を慎重に検討したうえで初めてなされることを予定する規定であり，この検討を欠く，原々決定及び原決定は，同条の解釈を逸脱しているというべきである。

　決定要旨　　①事件：抗告棄却。

「(1) 子を監護している親（以下「監護親」という。）と子を監護していない親（以下「非監護親」という。）との間で，非監護親と子との面会交流について定める場合，子の利益が最も優先して考慮されるべきであり（民法766条1項参照），面会交流は柔軟に対応することができる条項に基づき，監護親と非監護親の協力の下で実施されることが望ましい。一方，給付を命ずる審判は，執行力のある債務名義と同一の効力を有する（平成23年法律第53号による廃止前の家事審判法15条）。監護親に対し，非監護親が子と面会交流することを許さなければならないと命ずる審判は，少なくとも，監護親が，引渡場所において非監護親に対して子を引き渡し，非監護親と子との面会交流の間，これを妨害しないなどの給付を内容とするものが一般であり，そのような給付については，性質上，間接強制をすることができないものではない。したがって，監護親に対し非監護親が子と面会交流す

ることを許さなければならないと命ずる審判において，面会交流の日時又は頻度，各回の面会交流時間の長さ，子の引渡しの方法等が具体的に定められているなど監護親がすべき給付の特定に欠けるところがないといえる場合は，上記審判に基づき監護親に対し間接強制決定をすることができると解するのが相当である。

そして，子の面会交流に係る審判は，子の心情等を踏まえた上でされているといえる。したがって，監護親に対し非監護親が子と面会交流することを許さなければならないと命ずる審判がされた場合，子が非監護親との面会交流を拒絶する意思を示していることは，これをもって，上記審判時とは異なる状況が生じたといえるときは上記審判に係る面会交流を禁止し，又は面会交流についての新たな条項を定めるための調停や審判を申し立てる理由となり得ることなどは格別，上記審判に基づく間接強制決定をすることを妨げる理由となるものではない。

(2) これを本件についてみると，本件要領は，面会交流の日時，各回の面会交流時間の長さ及び子の引渡しの方法の定めにより Y_1 がすべき給付の特定に欠けるところはないといえるから，本件審判（①事件審判——野村）に基づき間接強制決定をすることができる。Y_1 主張の事情は，間接強制決定をすることを妨げる理由となるものではない。」

「これと同旨の原審の判断は，正当として是認することができる。論旨は採用することができない。」

裁判官全員一致の意見で，抗告棄却（櫻井龍子，金築誠志，横田尤孝，白木勇，山浦善樹）。

②事件：抗告棄却。

(1)として，①事件決定要旨(1)の第一段落と同文を述べた後，以下のように続けた上で，①事件と同一の裁判官の全員一致の意見で抗告棄却。

「(2) これを本件についてみると，本件条項は，1箇月に2回，土曜日又は日曜日に面会交流をするものとし，また，1回につき6時間面会交流をするとして，面会交流の頻度や各回の面会交流時間の長さは定められているといえるものの，B及びCの引渡しの方法については何ら定められてはいない。そうすると，本件審判（②事件審判——野村）においては，Y_2 がすべき給付が十分に特定しているとはいえないから，本件審判に基づき間接強制決定をすることはできない。」

③事件：抗告棄却。

(1)前半で，①事件決定要旨(1)の第一段落前半（「性質上，間接強制をすることができないものではない。」までの部分）と同趣旨のことを調停調書に即して述べた後，以下のように続けた上で，①事件と同一の裁判官全員一致の意見で抗告棄却。

「(1) ……そして，調停調書において，監護親の給付の特定に欠けることがないといえるときは，通常，監護親の給付の意思が表示されていると解するのが相当である。したがって，非監護親と監護親との間で非監護親と子が面会交流する

ことを定める調停が成立した場合において，調停調書に面会交流の日時又は頻度，各回の面会交流時間の長さ，子の引渡しの方法等が具体的に定められているなど監護親がすべき給付の特定に欠けるところがないといえる場合は，間接強制を許さない旨の合意が存在するなどの特段の事情がない限り，上記調停調書に基づき監護親に対し間接強制決定をすることができると解するのが相当である。

(2) これを本件についてみると，本件調停条項アにおける面会交流することを『認める』との文言の使用によって直ちにY_3の給付の意思が表示されていないとするのは相当ではないが，本件調停条項アは，面会交流の頻度について『2箇月に1回程度』とし，各回の面会交流時間の長さも，『半日程度（原則として午前11時から午後5時まで）』としつつも，『最初は1時間程度から始めることとし，Dの様子を見ながら徐々に時間を延ばすこととする。』とするなど，それらを必ずしも特定していないのであって，本件調停条項イにおいて，『面接交渉の具体的な日時，場所，方法等は，子の福祉に慎重に配慮して，X_3とY_3間で協議して定める。』としていることにも照らすと，本件調停調書は，X_3とDとの面会交流の大枠を定め，その具体的な内容は，X_3とY_3との協議で定めることを予定しているものといえる。そうすると，本件調停調書においては，Y_3がすべき給付が十分に特定しているとはいえないから，本件調停調書に基づき間接強制決定をすることはできない。」

【参照条文】 （①②③事件につき）民法766条1項，家事審判法（平成23年法律第53号による廃止前のもの）15条，家事事件手続法75条，民事執行法172条1項，（③事件につき）家事審判法（平成23年法律第53号による廃止前のもの）21条1項ただし書，家事事件手続法268条1項

批評

1　①②③決定の意義

審判や調停中に非監護親と子との間の面会交流条項が置かれたが，にもかかわらず非監護親が定められた義務を履行しない場合，その強制的実現に関連して以下のようなことが問題となる。

面会交流を実現すべき義務については性質上代替執行はありえないし，直接強制にもなじまないから，問題となりうるのは間接強制である。しかし，そうであるとしても，第1の問題として，そもそも当該義務は間接強制になじむものであるかが問われる。

また，面会交流は継続的に実施されなければならず，その間，子の状況の変化などに柔軟に対応する必要もある。そこで，面会交流条項中であまりに詳細かつ

具体的な内容や条件を定めてしまうことは柔軟性に欠けることになり，不適切である。しかし，他方では，間接強制（のみならず強制執行一般）が可能であるためには，債務名義上，執行によって実現されるべき義務の内容が具体的に特定している必要がある。そうでないと，債務者は，強制金の賦課を免れるために何をしてよいのかが分からない。そこで第2に，面会交流義務に関して間接強制が一応可能であるとしても，どのような場合に，審判や調停中で定められた面会交流義務の内容が間接強制可能なほどに特定していると言えるのかということが問題となる。

強制執行可能であるためには，当該義務に関して「給付」命令，「給付」意思が債務名義上に表示されている（給付文言がある）必要がある。ところが，調停の場合には，「相手方は，申立人に対し，未成年者と……面会させる」との文言ではなく，「面会することを認める」という文言が使用されていることがままある。そこで第3に，このような文言であっても，給付文言と言えるかということが問題となる。

審判や調停の後に新たな事情が生じ，面会交流を義務者の意思のみによって実現できないようになった場合やそれを強制することが子の福祉に反することになった場合には，面会交流を間接強制によって強制することはできない。そして第4のこととして，義務者はこのような事情が生じた場合，それを手続的にどのような手段で主張したらよいのかが問題となる。

まず，①決定は第1の問題を肯定した上で，第2の問題につき，面会交流義務が間接強制可能なほどに特定していると言えるためにはどのような指標が定められていなければならないかを指摘した。②決定，③決定も同趣旨の判断を示している。③決定は，第3の問題につき，第2の問題の指標が満たされていれば，「認める」との文言でも給付文言と言えるとした。これらはすべて，最高裁としては初めての判断である（ただし，第1点につき後掲⑧決定参照）。そして，①②③決定は，第2の問題についての指標がそれぞれの事件において満たされているかの当てはめの問題をも取り扱っている。また，①決定は，やや傍論的ながら，第4の問題についても一定の方向性を示している。

2　面会交流義務に関する間接強制の可否

(1)　従来の下級審の裁判例では，④神戸家龍野支決平成13・12・7（家月56巻2号144頁）が，子の意向をできる限り尊重する必要があり，また，非監護親の反対を押し切って面会交流を強制的に実現することは子の福祉に反することになる可能性が高いとの理由で，およそ面会交流義務（平成23年の改正で「面会交流」という文言が民法766条1項に挿入される前は，「面接交渉」という言葉が用いられるのが通例であったが，本稿では原則として前者の文言で統一する）に関しては強制執

行をすることができないとしていた。

　しかし，これは例外であって，たとえば，④の抗告審である⑤大阪高決平成14・1・15（家月56巻2号142頁）は，間接強制を可能とし，⑤の受差戻審である⑥神戸家決平成14・8・12（家月56巻2号147頁），その第2次抗告審である⑦大阪高決平成15・3・25（家月56巻2号158頁）は，詳細な理由付けの下に実際に間接強制決定をし，または，それをした決定を是認している。また，⑦の許可抗告審である⑧最決平成15・8・6（家月56巻2号160頁）も，特段の理由の説示はないながらも，⑦の結論を是認している。最近の⑨東京高決平成24・1・12（家月64巻8号60頁）も間接強制を命じた第1審決定を是認している。結論として，当該事案における間接強制を否定する⑪高松高決平成14・11・15（家月55巻4号66頁）も，一般論としては，間接強制の余地を認めるものと解される（後掲⑮決定も同様であろう）。また，公刊された裁判例は少ないものの，実務上は積極説が大勢であるとの指摘もある[1]。

　(2)　学説上も，面会交流義務の任意履行的性格，その継続的性格，間接強制の財産紛争適合性・人格紛争不適合性，面会交流紛争の親権帰属紛争的性格（当該紛争は現在の親権者・監護者のそれとしての適格性に関する問題として解決されるべき場合がある），面会交流義務の流動的性格，その法文化親和的性格（わが国の場合監護者が面会交流の実施に強く反対することが多いのは，何百年と培われてきた子育て文化が影響している）を理由にする消極説が存在した[2]。これに対し，通説は，監護親に対して面会交流を心理的に強制することが子の福祉に反することになるとまで一般的にいえるか疑問であるとして，積極説をとる[3][4]。

---

(1)　伊藤茂夫「①決定判批」判タ1184号122頁（2005年）。
(2)　梶村太市「⑤決定判批」民商131巻3号481頁以下（2004年），同「子のための面会交渉再々論」同『家族法学と家庭裁判所』249頁以下（日本加除出版・2008年，初出2007年）。
(3)　伊藤・前掲注(1)122頁。そのほかの積極説として，中野・民執〔増補新訂6版〕820頁，釜本修＝沼田幸雄「面接交渉と強制執行」右近健男ほか編『家事事件の現況と課題』178頁以下（判例タイムズ社・2006年，初出2002年），花元彩「面接交渉の間接強制」右近ほか編・前掲書197頁以下（初出2004年），梶村太市＝徳田和幸編『家事事件手続法〔第2版〕』502頁〔岡部喜代子〕（有斐閣・2007年），榮晴彦＝綿貫義昌「面接交渉の具体的形成と執行」若林昌子＝床谷文雄編『新家族法実務大系(2)』341頁以下（新日本法規出版・2008年）およびこれらに引用の文献。
(4)　本文に指摘した見解の相違の背景には，面会交流の許否は，監護家庭の尊重，高葛藤の回避，子の意思の尊重といった諸々の観点の比較衡量によって決すべきであるとする立場（梶村太市「新時代の家庭裁判所家族法⑳」戸籍872号1頁以下（2012年），同『裁判例からみた面会交流・調停・審判の実務』217頁以下（日本加除出版・2013年）〔以下「梶村・実務」で引用する〕）と，非監護親との面会交流は未成年の子の健全な発達，成長にとって重要であるから，特に不都合がない限り実施されるべきであり，あとはその方法を工夫すべきであるとする立場（戸時687号5頁以下（2012年），690号32頁以下・40頁以下（2012年），691号9頁以下（2012年）掲載の「面会交流の理論と実務」と題

第2部　執行・保全法

しかし，最近では，消極説を主張してきた論者も，例外的に間接強制してでも面会交流を実施することが子の利益にかなう特別の事情がある場合には，間接強制も許されると解してよいとするに至っている[5]。すなわち，現在では，どのような範囲で間接強制を認めるかに関してはなお争いはあるものの，それを許すべき場合があること自体は学説上も一致して認められていると言ってよい。

3　間接強制可能な面会交流義務の特定

(1)　従来の裁判例のうち間接強制を認めたものにおいては，以下のように面会交流義務が特定されていた（なお，以下においては非監護親をX，監護親をY，子をA，Bとする）。

まず，④ないし⑧決定の事案においては，「Yは，Xが未成年者Aと毎月少なくとも2回面接することを認める。具体的な方法は以下のとおりとする。(1) 面接は，毎月第2土曜日からその翌日の日曜日，及び第4土曜日からその翌日の日曜日に行うこととする。(2) Xは，第2土曜日，第4土曜日の午前9時頃から午前10時頃までの間にYの住所において，YからAを引き取り，Yは，翌日の日曜日の午後5時台（大阪発の時間）の特急（スーパー白兎号）に乗ることができるような時間帯に，XからAを引き取ることとする。(3)（省略） (4) XとAとが面接交渉するにつき，その日時，場所，方法等で都合が悪い場合には，Aの意思を尊重し，かつ，その福祉を慎重に配慮して，その都度，当事者双方が協議の上，前項の日時等を変更することとする。」とされていた。また，⑫大阪高決平成19・6・7（判タ1276号338頁）の事案では，「(1) Yは，Xに対しAと毎週1回10時間程度，面接することを認める。ただし，平成19年5月以降，宿泊を伴う面接においては，Aの福祉に配慮して，その時点でXYは協議する。(2) 面接は原則として土曜日又は日曜日とする。ただし，XY及びAに支障のあるときには，事前に連絡の上，面接日を変更することができる。(3) 面接日におけるAの引渡しについては，当分の間，面接開始時にXがY方においてAを引き取り，面接終了時にXがY方においてAを引き渡すこととする。(4)（省略）」というものであった。

さらに，⑬岡山家津山支決平成20・9・18（家月61巻7号69頁）の事案においては，「1　XとAらとの面接交流について，以下のとおり定める。(1) 回数　3

するシンポジウムにおける棚村政行，相原佳子，細谷郁，山口恵美子各氏による報告）の対立がある。しかし，前者の立場も，本文のすぐ後に述べるように，結局は間接強制可能な場合があることを認めるに至っているから，ここではこれ以上この対立に触れる必要はないであろうし，①決定がこれらの立場のいずれかに与しているとも言えないであろう。

[5]　梶村・実務305頁，同「親子の面会交流原則的実施論の課題と展望」判時2177号11頁（2013年）。

か月に1回 (2) 場所 岡山県△△△市及びその周辺において，Yが指定する場所 (3) 時間 午後1時30分から午後4時までの間 (4) 面接日時場所の指定 Yは，Xから求められたときは，少なくとも2週間前までに面接の日時場所を指定しなければならない。なお，子らの健康状態，学校行事等によってあらかじめ指定した面接日時を変更しなければならなくなったときは，Yは，Xに対し，速やかに連絡し，その際に別の日時場所を指定しなければならない。(5) 方法 Yは，面接交渉の開始時に，あらかじめ指定した場所までAらを連れて行き，AらをXらに引き渡し，Xは，面接交渉の終了時に，引渡しを受けた場所において，AらをYに引き渡す。(6) (省略) 2 Yは，Xに対し，前項所定の面接交渉開始時に，Yが指定する場所において，Aらを引き渡し，AらをXに面接させよ。」とされていた。⑭東京家決平成20・9・1（公刊物未登載[6]）の事案の調停条項は，「(1) YはXに対し，Xが平成19年1月以降，毎月第1日曜日（1月及び5月にあっては第2日曜日）午前10時から午後5時までの間，Aと面接交渉することを認める。(2) Yは，Xに対し，Aの病気若しくは仕事その他やむを得ない事情により前項による面接交渉ができないときは，Xがその月第2日曜日（1月及び5月にあっては第3日曜日）午前10時から午後5時までの間，Aと面接交渉することを認める。(3) 前2項による面接交渉のため，Yは，Aを前2項に定める午前10時有楽町線地下鉄○○駅□□市寄り改札口においてXに引き渡し，XはAを同日午後5時同改札口においてYに引き渡すものとする。（以下，省略）」とされていた。

⑨決定の事案では，「1 (省略) 2 YはXに対し，本審判確定後2か月以内の日を第1回目として，以後，毎月1回，XがAと面会交流を行うことを許さなければならない。3 上記面会交流の場所は○○市及びその周辺とし，Xは，Yに対しあらかじめ具体的な面会交流の場所を知らせるものとし，日時は土曜日の午前10時から午後4時までの間の2時間とし，具体的な日及び時間帯は当事者が協議して定めるものとし，Yは，当事者が協議して定めた面会交流の開始時刻に，○○駅南口において，AをX又はその指定する代理人に引き渡し，X又はその指定する代理人は，面会交流終了時刻に，Aの受け渡しを受けた場所において，AをYに引き渡す。4 (省略——支障がある場合の，3の協議で定めた面会交流の日時の変更に関する定め)」とされていた。

これに対し，間接強制が否定された⑪決定では，調停条項が「(1) Yは，Xに対し，XがAと毎月2回面会交流することを認め，その方法，場所等については，Xにおいて良識にかなった面接方法を選択することができることとし，特に制限をしない。(2) XYは，面接場所はYの自宅以外の場所とする。(3)(4) (省略)」とされていた（原審の⑩高松家決平成14・6・25家月55巻4号69頁は間接強制を肯定

---

[6] 磯尾俊明「面会交流事件と間接強制について」ケ研308号150頁以下（2011年）参照。

していた)。また,同じく否定事例である⑮東京高決平成18・8・7(判タ1268号268頁)の事案では,「Yは,Xに対し,A及びBと月2回程度の面会交流をすることを許さなければならず,X及びYは,その具体的日時,場所,方法について,事前に協議しなければならない。」とされていただけであった。

各裁判例の事案において,どのような指標が特定して掲げられていたかを表にまとめると,次のようになる。

		債務名義	頻度	日	時刻	時間	引渡し方法と場所	交流場所	協議条項
積極	⑧	調停	○(毎月少なくとも2回)	○	○		○		○
	⑨	審判	○	○(具体的には協議)	○(具体的には一定の枠内で協議)	○	○	○(具体的にはX指定)	○
	⑫	調停	○	○(土曜日又は日曜日)					○
	⑬	審判	○	○(Y指定)	○	○	○(場所はY指定)	○(Y指定)	
	⑭	調停	○	○	○	○			
消極	⑪	調停	○	(Xが選択)					
	⑮	離婚判決附帯処分	○(月2回程度)	(協議)					

(2) 学説には,面会交流義務の内容にどの程度の特定性を要求するかに関し,回数,日時(代替日),場所,子の受渡しの時間,場所,方法等を具体的に定める必要があるとするもの[7],少なくとも時期と回数が必要とするもの[8],頻度が定まっていればよいとするもの[9],回数・頻度,日にち,引渡しの時間・場所・方法に関し具体的な定めが必要であるとするもの[10]等がある。また,具体的な子と監護親との面会交流をどのような態様で実現すれば最も子の福祉に資することになるのかを最もよく知る立場にあるのは監護親である債務者であるから,生活妨害の場合の抽象的差止判決の執行の場合の竹下説[11]に準じて,抽象的な内容のまま間接強制を行い,細目的な面会交流の履行方法については債権者の選択に委ねることが許されるし,間接強制決定をする際に,執行裁判所が義務の内容

---

[7] 田中壮太=三宅康弘「家事抗告審からみた家事審判」家月58巻7号36頁(2006年)。
[8] 榮=綿貫・前掲注(3)341頁。
[9] 古谷健二郎「間接強制が面接交渉事件に及ぼす影響について」ケ研292号186頁(2007年)。
[10] 磯尾・前掲注(6)159頁以下。
[11] 竹下守夫「生活妨害の差止と強制執行・再論——名古屋新幹線訴訟判決を機縁として」判タ428号27頁以下(1981年)。

をより具体的に特定することも許されるとする見解もある[12]。

(3) このような状況の下で，①決定は，面会交流義務の特定のための具体的指標として，日時（これは日にちと時刻に分解できる）または頻度，面会交流時間の長さ，子の引渡しの方法をあげている。これらは下級審の裁判例であげられていた指標のうち，面会交流の場所以外のすべてである。そして，①決定の事案においては，これらすべてについて具体的な定めがなされているから，特定性に欠けるところがないとされたのは当然である。

これに対し，②決定の事案では，頻度，日にち，時間については定めがあるが，子の引渡しの方法に関しては定めがないために，特定性が欠けるとされた。これは，最高裁がこの方法を特に重視していることを示しているものであろうか。なお，具体的な定めは面会交流の開始時刻，終了時刻（これらは日時のうちの「時」に含まれるはずである）に関してもないが，最高裁は，時間の定めがあるのでこれを重視しなかったものであろうか。

③決定の事案では，頻度，時間については一応の定めはあるが，その特定が不十分であることから，間接強制決定をなしえないものとされた。面会交流の日にちや引渡しの時刻が具体的に特定されていない以上，頻度や時間は重要な指標であろうが，頻度につき「月2回『程度』」とされていたり，時間について「1時間程度から徐々に延ばす」といったのでは，特定性に欠けるとされてもやむを得ないであろう。

(4) 面会交流は，最低限，「何時やるか」と「子をどこでどう引き渡すか」に関する定めがあれば実施可能であろう。後者に関する定めは，①決定や積極の下級審裁判例のすべての債務名義に置かれているのに対し，消極の②③決定や⑪⑮決定の債務名義には置かれていない。引渡しから監護親に返すまでの間，子とどこで何をするかは，面会交流権者である非監護親に委ねれば足りるから，交流場所を定める必要はない。

これに対し，「何時やるか」を具体的にどう特定するかは問題である。日にち（○月の第□◇曜日）と引渡し（午前△時）と引取り（午後▽時）の時刻を具体的に定めてあれば，全く問題はない。①決定の事案と（④ないし）⑧決定，⑭決定の事案の債務名義ではそのような方法によっている。この場合には頻度や時間（これらは自ずから明らかとなる）を定める必要はない。しかし，このように定められていないときは，別の方法によって特定しなければならない。頻度，（○月の第

---

(12) 釜本＝沼田・前掲注(3)184頁，192頁以下。この見解の本文の前者の点に債権者の指定選択でよいとしつつ賛成する学説として，二宮周平「⑤決定判批」判タ1150号106頁（2004年）。後者の点について賛成する学説として，大濱しのぶ「⑫決定判批」リマークス39号125頁（2009年），石川明「子との面接交渉を定めた調停条項と間接強制──大阪高裁平成19・6・7決定（抗告棄却）をめぐって」愛学51巻2号382頁（2010年）。

□◇曜日というほど具体的に特定されていない）日にち，（午前△時というほど具体的に特定されていない）時刻，時間はその限りで問題とすれば足りるであろう。①決定が頻度（これは必須のものではなく，日時と選択的なものとしてあげられている），時間の長さ等にも言及しているのは，この趣旨であると理解したい。

先に指摘したように，学説には，面会交流の細目は債務者に委ねてよいとか，間接強制を行う段階で執行裁判所が定めればよいとする見解がある。それが参考にしている生活妨害の差止めの場合には，実現されるべき結果（たとえば，「債務者の居宅に何デシベル以上の騒音を流入させてはならない」）は明確であるが，そのための手段が不明ないし複数ありうるという状況が問題となっているのに対し，ここでは，この結果に相当するものをどう特定するかが困難である。この点については，試論として以下のように解したい。すなわち，問題の事柄を当該の枠内で具体的にどのように特定しようとも監護親，非監護親の都合や，とりわけ子の福祉の観点から問題がない程度にまでその枠が特定されていれば足りるし，その必要がある。その場合，当該の枠内で具体的に特定する者としては監護親，非監護親のいずれが指定されていても差し支えないし（枠を前提とせずに指定する方式〔⑪決定〕では当該事項の特定性は認められない），その指定がなければ執行裁判所が特定してよい(13)。当事者双方の協議によるという場合にも，間接強制決定の段階では，執行裁判所が特定すべきである。なお，協議条項はそれによって定められた枠を変更しうるとの趣旨（①⑧⑨⑫決定）や，そもそも枠を前提とせずに具体的事項を定めるとの趣旨（⑮決定）で置かれることもあるが，前者はともかく，後者では面会交流義務の内容を特定したとは言えない(14)。

⑨決定の事案では，頻度（毎月1回）と日にち（いずれかの土曜日）と時間帯（土曜日，午前10時から午後4時。そのうちの2時間）の枠内で当事者双方の協議で定めるものとされている。⑫決定の事案では，頻度と時間は特定されているが，日にちの特定は完全ではなく（土曜日又は日曜日），時刻はまったく特定されていない。ただし，子の引取りのためにXの方からY方に赴くことになっているので，

---

(13) 執行裁判所が特定する場合には，それが諸々の事情を考慮して適切な判断をなすであろうから，この枠はより幅広いものであってよいとの考えもあるかもしれない（釜本＝沼田・前掲注(3)194頁，大濱・前掲注(12)125頁はそのように考えているように見える）。しかし，そう考える場合には，この枠付けの基準を見出すのが難しい。この段階では，後述のように（5(3)参照），家庭裁判所調査官を利用しうるかに疑問があることにも留意すべきである。また，債務名義として調停調書が問題となる場合にそのように考えると，当事者が調停成立の際に想定していなかった形での特定がその同意によらずになされることになり（生活妨害の場合には間接強制の下に債務者に履行態様の決定の機会が与えられるが，ここではそのようなこともなく），そのような特定がなされるのであれば，そもそも調停案には同意しなかったはずである，といった問題も生じうる。

(14) 大濱・前掲注(12)125頁は，⑮決定の事案の面会交流条項にも債務名義性を認める余地があるのではなかろうかとする。

Xのイニシアティヴで特定されることになる。⑬決定の事案では，頻度，時刻は具体的に定められており，日にちはYが指定することとされていた。したがって，上で述べた一般論からすると，⑫決定の事案では，このまま間接強制決定をして差し支えなかったし，⑨決定の事案では，執行裁判所が所定の枠の範囲内で具体的な日時を特定した上で間接強制決定をすべきではなかったかと考える[15]。それに対し，⑬決定の事案では，日にちが全く特定されておらず（どの範囲内でYが指定するかの枠さえ設けられておらず），間接強制決定をするのは疑問が残りえたのではなかろうか。

4　「認める」の給付文言性

調停において，「面会交流することを認める」としたのでは給付文言とは認められないとした裁判例としては⑪決定があり（③決定原審もこの立場による），これに賛成する学説もある[16]。この消極説の理由は，「認める」とは裁判所において調停条項や和解条項を作成する場合に確認条項を表示する場合の常套文言であり，給付条項とするのであれば，「面会させる」等の給付意思を明確にした表現がされるべきものであるという点にある（ただし，⑪決定は，給付条項と解するに足る特段の事情の有無も検討している）。

しかし，（⑤ないし）⑧決定，⑫⑭決定では「認める」との文言での間接強制が是認されているし，学説上も積極説が多数説であるといってよいと思われる[17]。この見解は，ここで「認める」との文言が広く使用されてきたのは，実際に権利者と面会交流するのは義務者（監護親）ではなく子であること，義務者（監護親）はその実現に協力する・実現を許容する立場に過ぎないことに配慮したためであって，積極的に確認条項とする意思ではないとか[18]，文言に形式的にとらわれるべきではない[19]と指摘する。ただし，この見解であっても，給付意思が示されているといえるためには，面会交流義務の内容が具体的に特定されている必要があるとする。

③決定がこの積極説に従っていることは明らかである。ただし，積極説も常に

---

(15)　犬伏由子「⑨決定判批」リマークス47号73頁（2003年）は，これで特定性に欠けることはないとする。

(16)　岡部喜代子「⑪決定判批」民商129巻6号940頁以下（2004年），榮＝綿貫・前掲注(3)342頁（ただし，同論文348頁は，面会交流の方法を具体的に特定した事項が定められているなどの特段の事情があれば，給付意思が表示されていると認定する余地があるとする）。

(17)　後注(18)(19)(21)掲記文献のほか，伊藤・前掲注(1)123頁，石川・前掲注(13)379頁（確認訴訟原型観の立場から，確認条項の形式をとっていても給付条項と見るべきであるとする）。

(18)　古谷・前掲注(9)180頁。

(19)　大濱・前掲注(12)124頁。

「認める」との文言に給付文言性を認めるのではなく，この文言の使用のみを理由に間接強制を否定するのは不適切であるとか[20]，特定しているのであれば給付条項として合意されたと見る余地はある[21]との慎重な言い回しをしている。そして，③決定も，特段の事情があれば，面会交流義務の内容が特定していても間接強制が認められないとしている。この特段の事情としては，例としてあがっている「間接強制を許さない旨の合意」以外にどのような事情がありうるのか直ちには想定し難いが，前述（2⑵参照）の間接強制を例外的場合に限定する見解によれば，比較的広く認められることになるのかもしれない。いずれにせよ，間接強制を認めるにせよ，認めないにせよ，調停条項の作成にあたっては，まぎれのない文言を工夫する必要がある。

5　新たな事情の主張手段

⑴　子が面会交流に対して拒絶的態度をとっていても，審判はそのことをも踏まえた上で，なおかつ非監護親と子が面会交流を行うことを許すべき旨を命じていると考えられるから，それを理由に審判によって認められた権利・義務の存否・内容を争うことはできない[22]。調停の場合にも，当事者はそれを踏まえて調停の内容に合意しているのであれば同様であろう。しかし，審判や調停後に子の拒絶的態度により新たな事情が生じたと言いうるときは異なる。この場合，監護親はそのような事情をどのような手段で主張しうるか。この点について，従来から，間接強制のための債務者審尋の手続（民執172条3項），請求異議の訴え（民執35条），再調停・審判[23]という三つないし四つの手段が指摘されてきた。

これらのうちの再調停・審判は一致して認められており，①決定もこれによって元の審判に係る面会交流を禁止し，または面会交流について新たな条項を定めるために利用しうるとしている。この点も，元の債務名義が調停であっても同様であろう。もっとも，審判や調停の申立てをしただけでは当初の債務名義に基づく間接強制の手続は止まらないが，審判前の保全処分（家事105条1項・157条1項柱書および3号）によって執行の停止を命ずることができると解される[24]。

---

[20]　古谷・前掲注(9)180頁。
[21]　磯尾・前掲注(6)155頁。
[22]　釜本＝沼田・前掲注(3)186頁，榮＝綿貫・前掲注(3)342頁。
[23]　再調停とか再審判というが，最初の手続が調停であっても2度目の手続が審判であってよく，逆に，最初の手続が審判であっても2度目の手続が調停であってよいのは言うまでもない。
[24]　松田亨「婚姻関係事件における財産的給付と事情変更の原則」家月43巻12号39頁以下（1991年），榮＝綿貫・前掲注(3)349頁。なお，旧法下では，家事調停の申立てを前提としては審判前の保全処分を命ずることはできず（旧家審15条の3第1項，旧家審規52条の2），他方，調停前の仮の措置（旧家審133条1項）では執行手続を止めることはできないと解されていたと思われる（斎藤秀夫＝菊池信男編『注解家事審判規則』

(2) 以上に対し，間接強制のための審尋の手続において新たな事情を主張しうるかは問題である。

この点につき，⑤決定は，面会交流義務を負う者が正当な事由がないのに義務の履行をしない場合には，面会交流権を行使できる者は特別の事情のない限り間接強制により権利の実現を図ることができるというべきであるとし，それを受けて⑥決定は，正当な事由の有無（主として，子の拒否的感情などにより，面会交流が子の福祉を害するおそれを意味するという）と特別な事情（主として，非監護親の側における面会交流を権利濫用とする事情をいうとする）の有無につき家庭裁判所調査官による子の調査なども活用しながら実体審理の裁判に近いような審理をもして，間接強制決定をしている。また，⑩決定も，結局はその存在を否定しているが，審判によって認められた面会交流義務の監護親の意思で履行できない義務への変化をもたらすような審判後の新事情の有無を審理している。

学説上もこの点につき積極説を主張するものがあるが[25]，⑥決定の抗告審である⑦決定は正当な理由（や権利濫用）は請求異議の事由となるに過ぎないとしており，その立場が通説でもあろう[26]。

①決定の監護親 Y_1 の抗告許可申立理由はこの点についての積極説に立脚するものであり，この見解も十分に検討するに値するとは思うが[27]，①決定はこれを明確に否定している。

(3) 従来，上記の場合の請求異議の訴えの対象は面会交流を許すべきことを命じた債務名義（審判や調停調書）そのものであると考えられてきたと思われる（以下，この説を「前説」という）。しかし，この点については異なった理解もあり[28]（以下，この説を「後説」という），この後説は婚姻費用分担の審判に関する以下のような議論[29]を参照する（調停に関しても，以下と同様に考えられる）。

357頁〔向井千杉〕（青林書院・1987年）は，家事調停前の仮の措置と民事調停前の仮の措置とで，命じることのできる措置の内容に格別の差異はない旨を説き，石川明＝梶村太市編『注解民事調停法』473頁〔深澤利一〕（青林書院・1986年）は，後者の措置では強制執行を止めることはできない旨を説いていた）。再調停の活用を説く①決定の態度には，家事事件手続法によるこの点の改正も影響しているかもしれない。
(25) 大濱・前掲注(12)125頁。間接強制が苛酷執行になりうることを考慮して，この説を評価するものとして，犬伏・前掲注(15)73頁。
(26) 伊藤・前掲注(1)123頁，中野・民執〔増補新訂6版〕820頁，釜本＝沼田・前掲注(3)188頁，花元・前掲注(3)207頁，榮＝綿貫・前掲注(3)342頁。なお，梶村・実務305頁以下，同・前掲注(4)11頁は，債務名義に子の福祉の観点から見て実体法上・手続法上の瑕疵があることが明白であれば，間接強制の手続の中で争いうるが，そうでないときは請求異議の訴えによるべきであるとする。
(27) 野村秀敏「⑨決定判批」民商147巻4・5号480頁以下（2013年）〔本書【26】事件232頁以下〕。
(28) 榮＝綿貫・前掲注(3)349頁。
(29) 松田・前掲注(24)36頁以下。

婚姻費用の分担に関しては，⒤一定の身分関係の存在に基づいて抽象的な権利義務が当然に発生し，ⅱ次いで要扶養状態と扶養可能状態の存在を前提として，審判によって具体的な権利義務の内容が決定されると解される。そして，婚姻関係の解消によって当然に婚姻費用分担義務は消滅し，このことは請求異議事由となる。他方，ⅱの審判の性質に関しては，ⅱの権利義務の内容は既に客観的に定まっており，審判はそれを確認するだけであるとする実体的請求権説と，それは審判によって初めて創設形成されるとする権利形成説の対立がある。実体的請求権説を前提とすれば，ⅱの扶養要件の変動があれば具体的権利義務は当然に変動するから，その変動は請求異議事由として主張しうるが，権利形成説を前提とすると，具体的権利義務は審判によって初めて形成されるものであって扶養要件の変動に伴い実体法上当然に変動するものではなく，したがって，その変動は請求異議事由にはならない。

　上記の後説は面会交流に関しても権利形成説を前提とし，事情変更は請求異議事由にならないとし⁽³⁰⁾，新たな事情によって子の福祉に反することになったというような主張は再調停・審判の手続によって扱われることになるとする。そして，その場合，請求異議の訴えは，間接強制決定の対象となる個別の義務が子の一時的な入院により履行不能になったため不履行に正当理由がある，または，権利濫用となるとか，間接強制決定後に面会交流をさせたなどの個別の場面で執行力を排除する機能を有するにとどまるとする。つまり，この訴えの対象は元の債務名義ではなく，間接強制決定であるというのである。

　①決定は，原審決定とは異なって，新たな事情の主張の手段として請求異議の訴えには言及していない。これは，そもそも許可抗告申立理由が請求異議の訴えに言及していなかったからだけかもしれないが，抗告理由を排斥するだけであれば，再調停・審判にも言及する必要はなかったはずである。そうであるとすれば，①決定の態度は，前記の前説を排斥し，請求異議の訴えの適用範囲を限定する後説を採用することの表れと見ることができなくもない。そして，⑥決定は実際にそうしているが，間接強制決定の手続や請求異議の訴えの手続において家庭裁判

---

(30)　権利形成説を前提としても，本文⒤の身分関係の解消以外の場合にも，審判によって形成された具体的権利義務が審判によらずに変動することはありえないわけではない。たとえば，金銭債務には履行不能はありえないから，婚姻費用の分担に関しては想定されていない事態であるが，特定物による財産分与の場合には，目的物が滅失し，それを分与することが不可能となれば分与された物の引渡しを求める権利は当然に消滅する。そして，審判後の新事情により，面会交流が義務者の意思のみでは実現しえないこととなったとか，その強制が子の福祉に反することとなったということは，面会交流義務の実現が不可能になったということであろうから，上記に準じて考えれば，これによって面会交流義務は当然に消滅し，それは請求異議事由になる，との考えはありうるのではなかろうか。

所調査官を利用しうるかには疑問がありうることに鑑みれば(31)，面会交流をめぐる問題の取扱いをなるべく調停や審判に集約しようとする①決定の態度には相当な合理性があると評価することができようか。

なお，このように解すると，間接強制の債務者審尋の手続では新たな事情を主張しえないとの①決定の射程は，直ちには一般の財産法関係の事件には及ばないとの考えもありうることになるかもしれない。前記の後説が援用する権利形成説の考慮（具体的権利義務は審判によって初めて発生・変動する）もそのような事件には及ばないことからも，そう言えるかもしれない(32)。

【追　記】　校正時に，①②③決定の研究である，金亮完・TKC ローライブラリー新・判例解説 Watch（家族法）No.67（2014年）〔速報判解14号109頁以下（2014年）〕，髙部眞規子・法支172号99頁以下（2014年），に接した。

【補　遺】　本判例研究公表後の①決定または①ないし③決定の評釈類として，上島輝宜・北法64巻6号162頁以下（2014年），池田愛・同法66巻2号283頁以下（2014年）（ある程度抽象的な定めであっても間接強制可能とする），大濱しのぶ・法教402号判例セレクト2013〔Ⅱ〕34頁（2014年）（子の拒絶の意思を間接強制段階で考慮する余地を認める），同・リマークス49号126頁以下（2014年）（間接強制段階での義務内容の具体化に消極的な方向に改説），川嶋四郎・法セ713号116頁（2014年）（間接強制手続過程等を通じた義務内容の具体化を説く），河野康義・白鷗ロー8号63頁以下（2014年）（子の心情等を執行段階での審理対象から排除することに疑問を呈する），小池泰・平成25年度重判解93頁以下（2014年），柴田義明・ジュリ1470号76頁以下（2014年），同・曹時67巻11号350頁以下（2015年），同・最判解説民平成25年度142頁以下，髙田昌宏・民法判例百選3親族・相続〈第7版〉42頁以下（2015年），田中宏・大宮ロー10号53頁以下（2014年），二宮周平・法時88巻12号151頁以下（2016年）（再調停の活用を説く），本間靖規・平成25年度重判解152頁以下（2014年）（債務名義における面会交流義務の特定性を要求，子の意思は再調停・審判で確認するのが適切），本山敦・法教401号判例セレクト2013〔Ⅰ〕24頁（2014年），山木戸勇一郎・法研87巻4号43頁以下（2014年）（②決定の結論は疑問，他は賛成），山口亮子・民事判例Ⅷ110頁以下（2014年），等がある。

---

(31) 榮＝綿貫・前掲注(3)343頁は，明文の規定がないことを根拠に（裁61条の2第2項参照），強制執行手続への家庭裁判所調査官の関与を否定する。これに対し，花元・前掲注(3)208頁はこれを肯定し，釜本＝沼田・前掲注(3)125頁，大濱・前掲注(13)125頁は，立法論として肯定すべき旨を説く。

(32) 一般の財産法関係の事件を念頭に置いて（であろう），新たな事情（請求異議事由）を間接強制の手続で主張しうるとする見解として，中野貞一郎「作為・不作為の強制執行」同『訴訟関係と訴訟行為』278頁以下（弘文堂・1961年，初出1955年），大濱しのぶ『フランスのアストラント』496頁（信山社・2004年），川嶋四郎「現実的救済の実現過程における現状と展望」同『民事救済過程の展望的指針』324頁（弘文堂・2006年，初出2001年）。

ほかに，本決定を機縁とする論文として，中野晴行「面会交流の可否に関する最高裁決定をめぐる考察」ケ研320号32頁以下（2014年），がある。

（初出・民商法雑誌149巻2号／2013年）

28 確定判決と仮処分決定により，同一の者が実質的に相反する実体的な義務を負う場合におけるそれぞれの義務に関する間接強制の許否（積極）

①事件：最高裁平成 27 年 1 月 22 日第 2 小法廷決定
　平成 26 年(許)第 17 号，間接強制決定に対する執行抗告棄却決定に対する許可抗告事件
②事件：最高裁平成 27 年 1 月 22 日第 2 小法廷決定
　平成 26 年(許)第 26 号，間接強制決定に対する執行抗告棄却決定に対する許可抗告事件
　（裁時 1620 号 4 頁・5 頁・判時 2252 号 33 頁・判タ 1410 号 55 頁）

要旨　1　確定判決により干拓地の潮受堤防の排水門を開放すべき義務を負った者が第三者の申立てに基づく仮処分決定により上記排水門を開放してはならない旨の義務を負ったという事情があっても，執行裁判所は上記確定判決に基づき間接強制決定をすることができる（①決定）。

2　仮処分決定により干拓地の潮受堤防の排水門を開放してはならない旨の義務を負った者が第三者の提起した訴訟の確定判決により上記排水門を開放すべき義務を負っているという事情があっても，執行裁判所は上記仮処分決定に基づき間接強制決定をすることができる（②決定）。

事実の概要[(1)]　(1)　諫早湾及びその近傍で漁業を営むＸらは，Ｙ(国)に対し，諫早湾干拓事業によって漁業行使権を侵害されたとして，諫早湾干拓地潮受堤防の北部及び南部各排水門（以下「本件各排水門」という）の開放を求めた訴訟において，平成 22 年 12 月 21 日から 3 年を経過する日までに，防災上やむを得ない場合を除き，本件各排水門を開放し，以後 5 年間にわたってその開放を継続することをＹに命ずる第 1 審判決（佐賀地判平成 20・6・27 判時 2014 号 3 頁）及び同趣旨の控訴審判決（福岡高判平成 22・12・6 判時 2102 号 55 頁）を得た。Ｙが上告しなかったため，控訴審判決は平成 22 年 12 月 20 日の経過をもって確定し（以下，この控訴審判決を「本件確定判決」という），開門の期限は平成 25 年 12 月 20 日となった。

(2)　諫早湾の干拓地で農業を営み，又は同湾内で漁業を営む者らであるＺらは，

---

(1)　〔事実の概要〕欄の事実のほか，〔研究〕欄で指摘される事実は，①②決定のほか，〔事実の概要〕欄掲記の関係裁判例（LEX/DB 登載のものを含む）による。また，諫早湾干拓事業をめぐる各種訴訟の顛末につき，岩橋健定「諫早湾干拓事業をめぐる混迷と民事訴訟制度(1)(2・完)」法教 404 号 44 頁以下，405 号 61 頁以下（2014 年），同「続・諫早湾干拓事業をめぐる混迷と民事訴訟制度」法教 417 号 44 頁以下（2015 年），中島肇「諫早湾潮受堤防撤去事件控訴審判決」論究ジュリ 13 号 150 頁以下（2015 年）参照。

平成25年11月12日，所有権・賃借権・漁業行使権等に基づく妨害予防請求権を被保全権利として，本件潮受堤防の内側にある調整池から諫早湾海域への排水を行う場合を除き，本件各排水門を開放してはならない旨をYに命ずる仮処分決定（長崎地決平成25・11・12 LEX/DB 2550235。以下「本件仮処分決定」という）を得た。

(3) Yが本件確定判決に従わなかったので，Xらの申立てに基づき，佐賀地裁は，平成26年4月11日，Yに対し，防災上やむを得ない場合を除き，決定の送達を受けた日の翌日から2月以内に本件各排水門を開放するとともに，以後5年間にわたってそれを継続するよう命じ，この期間内にこの義務を履行しないときは，期間経過の翌日から履行済みまで，Xらそれぞれに1日につき1万円を支払うよう命ずる間接強制決定をした（③佐賀地決平成26・4・11 LEX/DB 25503902）。

これに対し，Yは執行抗告を提起したが，抗告が棄却されたので（④福岡高決平成26・6・6判時2225号33頁），平成26年7月10日以降，間接強制金の支払が行われている。この抗告審の決定に対するYの許可抗告の申立てが認められた（①事件）。

(4) Yが本件確定判決による義務を履行するために必要と考えられる，各種工事を実施することとし，そのための準備を行っていること等から，Zらの申立てに基づき，長崎地裁は，平成26年6月4日，Yに対し，本件各排水門を開放してはならない旨を命ずるとともに，この義務に違反して開放したときには，Zらに1日あたり49万円を支払うよう命ずる間接強制決定をした（⑤長崎地決平成26・6・4判時2234号26頁）。

これに対し，Yは執行抗告を提起したが，抗告が棄却された（⑥福岡高決平成26・7・18判時2234号18頁）。この抗告審の決定に対するYの許可抗告の申立てが認められた（②事件）。

争　点　確定判決と仮処分決定により，同一の者が実質的に相反する実体的な義務を負い，それぞれの義務について間接強制の申立てがされたときに，それぞれの執行裁判所は間接強制決定をすることができるか。

決定要旨　①決定：抗告棄却。

「本件確定判決に基づきYが負う債務の内容は，防災上やむを得ない場合を除き一定期間各排水門を開放することだけであるから，それ自体性質上Yの意思のみで履行することができるものである。このことは，Yが別件仮処分決定（〔事実の概要〕欄の「本件仮処分」を指す。——野村）により本件各排水門を開放してはならない旨の義務を負ったことにより左右されるものではない。民事訴訟においては，当事者の主張立証に基づき裁判所の判断がされ，その効力は当事者にしか及ばないのが原則であって，権利者である当事者を異にし別個に審理された確定判決と仮処分決定がある場合に，その判断が区々に分かれることは制度上あり

うるのであるから，同一の者が仮処分決定に基づいて確定判決により命じられた行為をしてはならない旨の義務を負うこともあり得るところである。本件確定判決により本件各排水門を開放すべき旨の義務を負ったYが，別件仮処分決定により本件各排水門を開放してはならない旨の義務を負ったとしても，間接強制の申立ての許否を判断する執行裁判所としては，これら各裁判における実体的な判断の当否を審理すべき立場にはなく，本件確定判決に基づき間接強制を求める申立てがされ，民事執行法上その要件が満たされている以上，同決定を発すべきものである。

以上によれば，Yが別件仮処分決定により上記排水門を開放してはならない旨の義務を負ったという事情があっても，執行裁判所は本件確定判決に基づき間接強制決定をすることができる。

Y主張のその余の事情も間接強制決定をすることを妨げる理由となるものではない。」

「なお，本件各排水門の開放に関し，本件各確定判決と別件仮処分決定とによってYが実質的に相反する実体的な義務を負い，それぞれの義務について強制執行の申立てがされるという事態は民事訴訟の構造等からあり得るとしても，そのような事態を解消し，全体的に紛争を解決するための十分な努力が期待されるところである。」

②決定：抗告棄却。

冒頭の1文が「本件仮処分決定に基づきYが負う債務の内容は，本件各排水門を開放してはならないということだけであるから，それ自体性質上Yの意思のみで履行することができるものである。」とあるほか，これ以降の決定要旨の文章は，基本的に，①決定の決定要旨の2番目以降の文章中の「本件確定判決」を「本件仮処分決定」に，「別件仮処分決定」を「別件確定判決（〔事実の概要〕欄の「本件確定判決」を指す。――野村）」に入れ替えただけのものである。

【参照条文】　民事執行法172条1項，民事保全法52条

　研　究

1　間接強制決定の要件としての「債務者の意思のみで履行できる債務」

(1)　民事執行法上，間接強制のためには，当該債務がその対象となる債務であること以上の要件は特段，要求されていない[2]。しかし，ドイツ民事訴訟法888

---

(2)　民事執行法167条の15第1項・172条1項・173条1項参照。①事件で問題となっているのは不代替的作為債務であるので，その間接強制の根拠条文は172条1項，②事件で問題となっているのは不作為債務であるので，やはりその間接強制の根拠条文は172条1

条1項は，不代替的作為債務のための間接強制の要件として「当該作為が専ら債務者の意思に係っていること」を要求しており，これを参照して作成された明治23年の旧民事訴訟法734条も，「債務者カ其意思ノミニ因リ為シ得ヘキ行為ニシテ第三者之ヲ成シ得ヘカラサルモノ」に限り間接強制によって強制しうることを定めていた。そこで，後者の規定が民法制定に伴って明治31年に改正を受け，そこに債務者の意思云々の文言が引き継がれなかった後も，この規定の影響が残り，旧民事訴訟法上も民事執行法上も，債務者の意思のみでは排除できない障害がある場合には，間接強制決定はできないとの原則（以下「本原則」という）が妥当するものとされてきた。

(2) 本原則の趣旨は，債務者の意思のみで履行できない債務に関しては，債務者に圧迫を加えても単にその者を苦しませるだけで，当該行為をさせることが期待できないという点にあろう。そして，この趣旨から，ドイツにおいてもわが国においても，履行のために債務者が調達しえない費用を要するとき，履行のために第三者の協力が必要であるときなどには，間接強制はできないとされている[3]。

(裁)判例上も，大決大正10・7・25（民録27輯1354頁）は，債務者が債権者の財産についてした管理の精算をなすべき債務は第三者にさせることはできず，債務者の意思によって行うことができるもので，明治31年改正後旧民事訴訟法734条の「債務ノ性質上強制履行ヲ許ス場合」に該当するとして，改正前の文言の削除後も債務者の意思のみによって行うことができる債務であることが間接強制の要件であることを明らかにしている。また，大決昭和5・11・5（新聞3203号7頁）は，債務者が第三者である会社から震災によって焼失した株券の再発行を受けて質権者に交付する債務は，会社は再発行義務を負っているが，容易にその義務に応ずるかは不明であるから，当該義務は債務者の意思のみに係るものとはいえないとしている。さらに，東京地判昭和63・5・12（判時1282号133頁）も，雨天中止となったマドンナのコンサートの再演を求める請求について，マドンナ側と被告との関係を問うことなく，第三者であるマドンナ側の協力が必要であるとの事情から，当然に間接強制は許されないとしている[4]。

項である。ただ，①事件の作為債務は代替的作為債務ではないかとの疑問があり，そうなると根拠条文は173条1項・172条1項となるが，ここでは不代替的作為債務との前提で以下の論を進める。山本和彦「間接強制の活用と限界」曹時66巻10号2731頁（2014年）参照。

(3) 兼子・執行289頁，Wieczorek/Schütze/Rensen, ZPO, Bd.10/2, 4.Aufl. (2015), §888 Rdnr.8.

(4) 債務者の意思のみによって行うことができる債務か否かに関する(裁)判例の詳細については，金炳学「相反する実体法上の義務の衝突における間接強制の可否（①決定判例研究）」新・判例解説Watch［民事訴訟法No.56］3頁〔速報判解17号171頁〕（2015年）

上記の例が示しているように，その履行に第三者の協力が必要な債務は稀ではないであろう。そこで，学説上も，第三者の協力云々を字義どおりに解して，第三者の協力が必要な場合には当然に間接強制の適用が排除されるとの見解もないわけではないが[5]，容易に第三者の協力を得られる場合は間接強制は可能とする[6]など，なんらかの基準によって本原則の適用を限定しようとの見解が主張される[7]。とりわけ，近時，最近のドイツ民事訴訟法888条1項に関する一致した見解[8]を取り入れて，以下のような見解が有力に主張されており[9]，間接強制の適用範囲を適切に画することができ，基準としても明確であるので，賛成すべきものと考える。

「第三者の協力が確実であれば間接強制決定は可能であり，逆に協力が得られないことが確実であれば間接強制決定は許されない。そして，協力の有無が明らかでないときは，債務者が第三者の協力等を得るために期待可能なことをすべてしているかどうかがメルクマールとなる。ここに『期待可能なすべてのこと』とは，法律上（つまり，訴訟や強制執行を含めて）・事実上期待できるすべてのことを含むものと解される。」

このように考えることは，第三者の協力等が必要であっても，それを得るために「期待可能なすべてのこと」をしていない限りで間接強制はなお可能とする反面，「期待可能なすべてのこと」を越えた部分では間接強制は適用されないとの意味で，その適用範囲を限定するという趣旨も併せ含むことになる。

2　二つの事件における各裁判所の判断

(1)　①事件第1審の③決定は，本件各排水門の開放（以下「開門」という）に反対する関係自治体および地元関係者の協力・同意が得られるように交渉したり，実施できないでいる対策工事の代替工事を検討したりするなど可能な措置を講じる余地がないとは言えないし，開門の際に必要な管理規程の作成および管理等についても長崎県との交渉を継続する等の措置を講ずべきであるし，仮処分に関しては保全異議の余地があるとして，開門義務の履行について，債務者の意思では排除できない事実上の障害はないとする。

以上に対し，抗告審の④決定は，開門についての管理はYから長崎県に委託

　　　参照。
(5)　我妻栄『新訂債権総論（民法講義Ⅳ）』93頁（岩波書店・1964年）。
(6)　兼子・執行289頁。
(7)　注(5)(6)(9)掲記以外のわが国の学説の詳細については，山本・前掲注(2)2717頁以下，金・前掲注(4)3頁〔速報判例17号171頁〕参照。
(8)　ドイツの判例・学説の詳細については，山本・前掲注(2)2721頁以下参照。
(9)　山本・前掲注(2)2729頁以下。先行する同趣旨の学説として，松本博之『民事執行保全法』330頁（弘文堂・2011年）。

されているものの，Yの意思のみで開放することができるとして，開門義務がその履行に第三者の協力または同意が必要な義務であること自体を否定している。また，対策工事の実施は本件確定判決の内容となっておらず，管理規程の作成や管理について長崎県の協力が得られなければ管理委託契約を解除してY自身が管理すればよいと指摘する。さらに，仮処分の存在や関係自治体等の反対により対策工事・代替工事が実施できないことは，確定判決の債務の性質に関係ない事由であるし，仮処分があることによってその性質に変化が生ずるものでもないとする。

(2) 他方，②事件の第1審である⑤決定は，先行の確定判決による作為義務の存在が後発の差止仮処分による間接強制の障害となるとすると，後者に係る債権者は債務者の任意の履行を期待し，義務違反に対しては事後的な救済を求めるほかないし，先行の訴訟に当事者として関与する機会が保障されているわけでもないことと，民事訴訟・民事保全の判決・決定の効力は相対的であることを指摘するほか，②事件で問題とされているのは作為債務ではなくして不作為債務であって，その性質上自己の意思のみで履行することが可能な債務であるという。抗告審の⑥決定も，同趣旨の理由を述べている。

(3) 最高裁の①決定は，Yの負う債務はそれ自体性質上その意思のみで履行できるものであり，そのことは仮処分決定の存在によって左右されないとし，③決定とは異なって，なお一定の措置をとる余地があるなどということには言及していない。これが何を意味しているかについては後述のような理解もありうるが，②決定が不作為債務であれば当然に債務者の意思のみで履行できる債務に該当するとしているように見えることや，①事件における第1審以来の議論の流れからすると，最高裁は，間接強制によって実現されるべき債務の性質が仮処分決定の存在以外の何らかの事情によって左右されたり，変化する余地があるということはなく，債務者の意思のみで履行できるか否かの判断は債務の抽象的な性質のみによって決定されるべきものであり，債務名義外の当該事案の具体的事情などは関係ないという立場に立っているように見える。要するに，①②決定は④決定の立場に同調しているのであろう。

これに対し，①②決定が判決や決定の効力の相対性を指摘するのは，⑤⑥決定と同様である。また，①②決定は，執行裁判所の立場（実体的な問題に関する判断権限）にも言及した上で，法律上の要件が満たされていれば間接強制決定をすべきとしているが，これは，執行裁判所として間接強制の基礎となる判決・決定の当初からの当否の判断をしないだけでなく，その後に判明した事情や生じた事実を含めて実体上の法律状態の判断をし直すこともしないということも示唆しているように見える（ただし，断言はできない）。

3　各裁判所の判断の検討

(1)　①事件の事案においては，終始，対策工事が問題になっているが，それが有する意味は途中で大きく変化しているように見える。すなわち，本件確定判決の段階では，本件潮受堤防の果たしている洪水時の防災機能および排水不良の改善機能等を代替するための工事であるとされており，これがあれば，防災上やむを得ないとして本件各排水門を閉じなければならない場合が少なくて済む（いわば，無いよりあった方がよい）という程度のものと認識されていたようである。それ故にこそ，本件確定判決は，対策工事を条件とせずに開門を命じたのであろう。ところが，その後の平成24年8月21日に公表された環境アセスメントの結果により，対策工事を実施しないで開門すると，農業，漁業だけでなく，地域住民の生命・身体・財産に重大な影響が生ずることが明らかになった。すなわち，これにより，開門を求める権利は従来の対策工事を条件としないものからそれを条件としたものへと変化した（または，そもそも前者は存在せず後者のみが存在するということが判明した）というべきことになった。これは請求異議事由となる可能性のある事情であるが，請求異議事由は間接強制の手続では考慮しないとすれば，対策工事に地元関係者の協力・同意が得られないことは，本件確定判決に表示された対策工事を条件としない開門を求める権利の間接強制には関係がない。この限度で，①決定の結論には賛成することができる[10]。

これに対し，本件仮処分があっても，対策工事を条件としない開門を求める権利の存在・態様に変化はないから，請求異議ではなく，本原則の適用が問題とされなければならない[11]。そして，先に述べたように，一般論として，本原則の適用の基準は債務者において第三者の協力等を得るために期待できることをすべて行ったか否かであると考えるから，前述のようなものと思われるこの基準に関する①②決定の立場には賛成できない[12]。そうすると，この一般論からして，本件

---

[10]　本件各排水門の管理に関する長崎県の協力は対策工事を条件としない開門のためにも必要なように見える。しかし，長崎県は地元関係者とは異なって，物理的な抵抗をしているわけではないであろうから，④決定のいうように，Yは管理委託契約を解除することによって（にもかかわらず，管理に必要な物件，場所を引き渡さないようなことがあれば，法的なものも含めてそのための手段をとることによって）容易にその協力を不要とすることができる。したがって，こういったことが未だなされていない現段階では，この協力がないことは間接強制決定の障害とならない。

[11]　最近，債権者が建物収去土地明渡しの債務名義を有するが，第三者が当該建物を不法占拠しているという場合に，本原則との関係で，その債権者は当該債務者に対して間接強制をなしうるかという事例が議論されている（梅本聡子「間接強制の可否についての実務上の問題」金法1972号41頁以下（2013年）参照）。この事例では，不法占拠者の有無にかかわらず，執行債権は建物収去土地明渡請求権で変化していない。

[12]　前注[11]の事例では第三者の出現が債務名義成立後である場合も含めて議論されてい

仮処分決定が間接強制決定の障害となるかが問題となる。

　本件仮処分決定の存在は本件確定判決による開門義務の履行の妨げとなっているから，Yは，Zらの協力（Zらに求めるのは開門の妨げをしないことであるから，消極的協力というべきであろう）を得るために期待可能なすべてのことを行わなければならない。具体的には，③決定が指摘している仮処分決定に対する保全異議の申立てであるが，これは既にこの決定前の平成25年12月16日に申し立てられている（第1審で却下決定があり，現在，抗告中[13]）。また，より根本的には本案訴訟で争う手段があるが，これは仮処分申立て前にZらによって自発的に提起されている。したがって，Yは期待可能なことをすべて既に行っていると考えられるから，①事件の間接強制の申立ては却下されるべきであったように思われる[14]。

　(2)　②決定の事案で問題となっている不作為義務では単に何かをしなければよいだけであるから，その履行に関して本原則が問題になることはあり得ないようにも思われる。不作為義務の間接強制に関するドイツ民事訴訟法890条も，同法888条とは異なって，本原則を掲げていないし，わが明治23年旧民事訴訟法734条も，あくまで不代替的作為義務に関する規定であった。確かに，事実的なことだけを考えれば，何かをしないことに対する障害はあり得ないかもしれないが，法的なことに関しては必ずしもそうではないであろう。その意味で，不作為義務に関しても本原則の適用があってよい。

　そうすると，本件確定判決の存在は，本件仮処分決定による間接強制の法的な障害となり得ると考えられる。ただし，その後，先に指摘したように，この判決に対する請求異議事由となる可能性のある事情が生じている（判明している）が，Yは既に②事件が第1審に係属中の平成26年1月9日にこの訴えを提起してい

　　るから，債務名義上は第三者の存在が現われていなくとも，債務名義上の債務の履行のためにその協力が必要であれば，それを得るためにどのようなことが行われたかを問題にしなければならないとされているといえる。すなわち，第三者の協力等により除去されるべき債務の履行の障害は，債務名義の内容となっていなかったり，その成立後に発生した事柄であることもあり得る（後者の意味で，債務名義成立後の事情により，債務者の意思のみで履行できるか否かという債務の性質が変化し得る）と考えられているのは明らかである。

(13)　朝日新聞2015年11年11日付け朝刊社会面。
(14)　私見は本原則の適用の基準に関して山本説に同調するものであるが，山本・前掲注(2) 2734頁は，①事件で間接強制は認められるとしている（ただし，これは，地元関係者の協力・同意の必要性に関する見方を私見とは異にしているし，保全異議の申立てが既になされていることを看過している）。また，山本教授は，本件仮処分決定による債務が確定判決によるものになれば（②事件の方は，この状況に類似する），間接強制決定の阻害事由になると解する余地はあろうとされる。これに対し，金・前掲注(4)4頁〔速報判解17号172頁〕は①決定に，岩橋・前掲注(1)法教417号46頁以下は①②決定に賛成している。

る。つまり，Yは既に本件仮処分決定による債務の履行の妨げとなる障害を除去するために期待可能なことをすべて行っているといえる。したがって，②事件の間接強制の申立ても却下されるべきであったように思われる。

(3) ①②決定は，判決・決定の効力の相対性を指摘したうえで，当事者の一方を同じくする二つの事件で，それらの判決・決定によって当該当事者が矛盾した債務を負うことになるのは制度上あり得ることであるとする。また，確定判決の存在が間接強制の障害となり得るとすると，既存の債務名義による間接強制を免れるために，第三者から提起された後訴で債務者が意図的に敗訴するという間接強制破りの事態を招くのではないかとの指摘もある[15]。

①②決定の言うところは，それ自体は全くそのとおりであるが，そのことと，判決や決定で認められた債務が間接強制によって強制されうるかは別問題であろう。間接強制はあくまで債務者の意思に働きかけて債務の履行を促すための執行手段に過ぎないから，いくら働きかけても債務者がなしえない（してはいけない）ことを，あくまでもしろと働きかけることは適当ではない。確かに，間接強制破りは問題かもしれないが，強制金を課すのはそれ自体が目的ではなく執行手段なのであるから，それを課すべきか，課しうるかに関し，債務者が当該行為をなしえなく（してはいけなく）なったことにつき責任があるか否かは関係がない[16]。もし責任があるとすれば，損害賠償の問題とするほかはない。

以上のように解することは，二つの判決・決定によって矛盾する態度をとるように命ぜられた債務者がそのいずれの態度をとるかにつき自由な選択権を有するということに帰着する。いずれを選択しても，一方の命令には従っているのであるから，それに関しては間接強制の対象にならないのは当然であるし，他方の命令に関しても，それに従うべく期待可能なことはすべて尽くしたのであるから間接強制の対象にならなくともやむを得ないと考えれば，このような結論でなんら差し支えないように思われる。しかし，司法の判断が示されているのに自由な選択権があるというのでは何か違和感を感じないでもない。その場合には，後から示された判断を優先し，これのみが間接強制の対象になりうるとすべきであろうか[17]。どう解すべきかは残された問題としておく。

---

(15) 金・前掲注(4)4頁〔速報判解17号172頁〕。
(16) こう解するのが，ドイツの通説である。Baumbach/Lauterbach/Albers/Hartmann, ZPO, 70.Aufl. (2012), § 888 Rdnr.4; Münchener Kommentar zur ZPO, Bd.2, 4.Aufl. (2012), § 888 Rdnr.22 [Gruber]; Bier, „Willensabhängigkeit" unvertretbarer Handlungen und Beugezwang (§ 888 Abs.1 ZPO), 1987, S.43 ff., 53. 債務者が当該行為をなしえなくなった事態を故意に招いた場合でさえ，間接強制決定はなしえないと解されている。
(17) かなり状況は異なるが，矛盾した二つの既判力があるときは，後行の既判力ある判決が取り消されるまでは（民訴338条1項10号参照），それが通用力を有するとされることに準じて考える。

4 請求異議事由とその主張方法

(1) ①②決定のように考えるにせよ，私見のように考えるにせよ，諫早湾干拓地潮受堤防の本件各排水門の開放の可否をめぐる紛争は解決しない。そこで，①②決定は，別途，全体的に紛争を解決するための十分な努力が期待されるとしているが，政治的ないし行政的解決はもはや不可能なほど本件紛争はこじれにこじれてしまっており，司法の場で，何らかの解決の筋道を付けるしかないのではなかろうか。そして，Yによる本件確定判決に対する請求異議の訴えが，そのような手段として多少なりとも役に立つように思われる[18]。

もっとも，本件確定判決に対する請求異議訴訟につき，既に佐賀地判平成26・12・12（判時2264号85頁）は，環境アセスメントよって明らかになった事実関係は本件確定判決の口頭弁論終結時に客観的には存在していた事実であるからその主張は既判力によって遮断されるとして，その事実を考慮せずに請求棄却判決を下している（現在，控訴中）。

これに対しては，開門の当否は，現在の状況の総合的判断（開門を認めることによる得失，認めないことによる得失の現時点での総合的判断）によって判断されるから，基準時前の事情と基準時後の事情の総合判断により開門が相当と認められるのであれば，基準時前の事情も既判力によって遮断されると考えるべきではないとの趣旨の指摘がある。そして，この見解は，ある事実が環境アセスメントの手続を経て明らかになったということは新事実であるから，総合判断の考慮要素

---

[18] 執行の目的物が第三者の妨害排除請求権の目的となっているような場合にも，当該執行が当該妨害排除請求権の行使を妨げるものである限り第三者異議事由として認められるとの観点から，ZらからXらに対する第三者異議の訴えを認める見解も提案されている（中島・前掲注(1)156頁以下）。しかし，この見解がそのような例としてあげる一つ（建物の所有者から建物の占有者に対する執行官保管の仮処分がされた場合の敷地所有者の第三者異議の訴え。西村宏一「建物の所有者から建物の占有者に対する執行吏保管の仮処分がされた場合，敷地所有者は第三者異議の訴えを提起することができるか」判タ182号88頁以下（1985年）参照）では，建物占有者は建物を占有することによって敷地も占有しているとすれば，建物の執行官保管の仮処分の効力は敷地にも及んでいることになろうから，その仮処分により敷地所有者の敷地所有権の十全な行使が妨げられていることになるので，第三者異議事由が認められるのは当然である。また，もう一つの例（連棟式の建物の区分所有の居住部分に関して，当該敷地の所有者Yが一棟の建物の端の区分所有者Zに対して行った建物収去土地明渡しの強制執行に対する，Zの居住部分とは離れているが同じ棟の区分所有者Xによる第三者異議の訴え。Zの居住部分を収去されると，Xの居住部分も建物の構造上，倒壊の危険が生ずる等を理由とする。大阪地判平成22・11・4判時2104号95頁）では，強制執行の対象部分にXも持分を有する共用部分が含まれているのであるから，第三者異議事由が認められるのは当然である（大阪高判平成23・3・30判時2154号156頁。大阪地判の控訴審判決）。したがって，これらの例から，執行の対象物自体に対する権利を有しなくとも第三者異議の訴えが認められると言ってよいかには，なお検討が必要であると考える。

となるので，それと併せて基準時前に存在した当該の明らかになった事実そのものも総合判断の考慮要素になるとする[19]。

しかしながら，基準時前に存在したが認識されていなかった事実が基準時後に認識されるに至った場合，そこには何らかの経緯・契機があるはずである。そして，その経緯・契機は常に基準時後に存在するから，この見解のように言ったのでは，その時々の事情の総合判断により結論が下されるべき問題に関しては，上記のような場合に既判力の遮断効は常に働かないことになってしまう[20]。無論，この見解は，このようなことを認めるところに真意を有するのではなく，誰も環境アセスメントの手続を経なければ当該事実を認識しえなかったことに着目しているのであろう。そうであれば，後発後遺症事例などに関して言われているように，前訴での主張に期待可能性のなかった事実には既判力の遮断効は及ばないとの理論を認め[21]，その適用として，対策工事なしに開門すると各種の重大な被害が生ずるとの事実を請求異議事由として認めてはどうであろうか[22]。

(2) 上記事実が請求異議事由となるとした場合，次に，その主張は必ず請求異議訴訟による必要があるか，間接強制決定のための手続においても可能かが問題となる。

①事件の間接強制決定の手続では間接強制の申立てが権利濫用または信義則違反となることが主張されていたが，④決定は，権利濫用等を基礎づける事実の一環として主張されていた，対策工事なしに開門すると各種の重大な被害が生ずるとの事実につき，その主張は本件確定判決の既判力に触れるとするほか，その事実を含めて主張されている実体上の事由は強制執行の申立事件では主張できないとしている。先にも述べたように，断定はできないが，①②決定も同趣旨を示唆しているように見える。

わが国では，このような立場が圧倒的通説であろうが[23]，少数ながら，間接強制決定のための手続において請求異議事由の主張を認める見解も主張されている。その際，無制限にこれを肯定する見解と，当該事由を容易に証明しうる場合に限って肯定する見解に分かれている[24]。

---

(19) 岩橋・前掲注(1)法教417号51頁。ただし，この叙述にはやや難解なところがあるので，本文には，私（野村）なりに理解した趣旨を記述させていただいた。
(20) ただし，この見解は，対策工事の実施が不可能な状況にあることや本件仮処分決定の存在も基準時後の新事情としてあげている。
(21) 高橋・重点講義上〔第2版補訂版〕608頁以下，633頁以下参照。
(22) 開門時にこれまでの想定していた事態に収まらない事態が生ずるおそれがあるのではないか，ということを問題にする中島・前掲注(1)156頁も，同趣旨に帰着するであろう。
(23) 注釈民執(7)290頁〔富越和厚〕。
(24) 無制限肯定説として，中野貞一郎「作為・不作為の強制執行」同『訴訟関係と訴訟行為』278頁以下（弘文堂・1961年，初出1955年）（ただし，最近の，中野・民執〔増補新訂6版〕820頁では，面接交渉の拒否についての正当事由につき請求異議の訴えによる

他方，ドイツ民事訴訟法888条の間接強制決定の手続との関係でもわが国におけるのと同様に見解は分かれているが，連邦通常裁判所2004年11月5日決定[25]は，債務名義上の債務が履行されたとの抗弁に関して無制限な肯定説をとっている。さらに，請求異議事由一般との関係でも議論がなされている[26]。

肯定説の根拠の一つは，間接強制が問題となる状況においては，実現されるべき請求権やとりうる（とるべき）措置の多様性・可変性に鑑みれば，債務名義上表示された権利・義務に関する判断はいわば中間的なものに過ぎないとも言え，それ故にこそ，第1審の受訴裁判所が執行裁判所として引き続き事件を担当するという点にあろう。そして，ここでは，先に指摘したような総合判断の考慮要素はすべて又は大部分が既判力の基準時前に存在した事情であり，しかもそのほとんどが既に認識されていたことであるから，より一層，肯定説に傾く要因が大きいといえよう。ただし，考慮されるべき要素はこれだけではないから，これも残された問題としておく。

5　実務への影響

本件確定判決と本件仮処分決定とでYが矛盾した債務を負うこととなってしまったのには，その間に民主党政権から自公政権への政権交代があったこともあって，Yの訴訟追行の姿勢に変化があったことが大きく影響しているようである[27]。ただ，そのことを別にしても，①②決定がいうように，制度上，当事者の一方を同じくする二つの事件で当該当事者が矛盾した債務を負うことになるのを完全に排除することはできない。そうなってしまうのは好ましくないし，そのような事態がそれほど頻繁に生ずるとも思えないから，その意味において①②決定の影響は限定的といえなくもない。しかし，そうなってしまった場合に双方の債務について間接強制が問題となるときは，判例上は，その双方についてそれが可能だという立場が確立されたということにはなろう。

べき旨を説く），大濱しのぶ『フランスのアストラント』496頁（ただし，改説）。制限的な肯定説として，新基本法コンメ民執430頁［大濱しのぶ］。履行の抗弁にのみ言及して制限的な肯定説をとるものとして，松本・前掲注(9)329頁。川嶋四郎「現実的救済の実現過程における現状と展望」同『民事救済過程の展望的指針』324頁（弘文堂・2006年，初出2001年）も，この最後の立場のようである。

(25)　BGHZ 161, 67=NJW 2005, 367. ただし，直接には887条の代替執行に関する判例である。

(26)　この点について，とりあえず，vgl. Wieczorek/Schütze/Rensen, a.a.O.(N.3), § 888 Rdnr. 10, 16; Schuschke/Walker, Vollstreckung und vorläufiger Rechtsschutz, 5.Aufl.(2011), § 888 Rdnr. 20, 21. ドイツ法の状況については，ごく簡単に紹介したことがある。野村秀敏「判例紹介」民商147巻4・5号481頁以下（2013年）〔本書【26】事件233頁以下〕参照。

(27)　岩橋・前掲注(1)法教405号62頁参照。

その当否は別にして，この点に関する①②決定の態度は明確である。これに対し，債務の性質が債務者の意思のみで履行できるものであるか否かの判断基準や，前訴判決基準時前に存在したが認識しえなかった事情が請求異議事由になるか，当該事情を間接強制決定の手続で主張しうるかという点に関しては，最高裁の態度は一応①②決定から窺えるものの，正面から判示はされていない。これらについても，明確な判断が示される機会が訪れることを期待したい。

【補　遺】　本判例研究公表後の①②決定評釈類として，青木哲・平成 27 年度重判解 129 頁以下（2016 年），岡田洋一・判評 683 号〔判時 2274 号〕158 頁以下（2016 年）（①②決定を積極的に評価する），興津征雄・平成 27 年度重判解 53 頁以下（2016 年）（紛争の全体的解決をはかる上での訴訟制度の限界を指摘・検討する），巽智彦・自研 92 巻 9 号 144 頁以下（Z から X への第三者異議の訴えまたは開門請求訴訟の検討を説く），西川佳代・法教 426 号判例セレクト 2015〔Ⅱ〕32 頁（2016 年）（間接強制金の上限が規定されていないことの問題性を指摘する），等がある。

ほかに，ここでの 2 件の決定を機縁とする論文として，金炳学「相反する債務名義による義務の衝突と間接強制の阻害事由」上野古稀『現代民事手続法の法理』567 頁以下（弘文堂・2017 年），西川佳代「間接強制決定をめぐるプロセスと不当利得」上野古稀『現代民事手続法の法理』609 頁以下（弘文堂・2017 年），がある。

（初出・法律のひろば 69 巻 1 号／2016 年）

29 債権に対する仮差押えの執行後に本執行がされた場合において仮差押えが取り下げられたときの仮差押えの執行後本執行前にされた被差押債権の弁済の差押債権者に対する効力

最高裁平成 14 年 6 月 7 日第 2 小法廷判決
平成 13 年(受)第 1662 号，取立金請求事件
（裁時 1317 号 247 頁・判時 1795 号 108 頁・判タ 1101 号 87 頁・金法 1657 号 32 頁・金判 1156 号 3 頁）

要　旨　債権に対する仮差押えの執行後に本執行がされた場合において，仮差押命令およびその執行の申立てが取り下げられたときは，第三債務者は，仮差押えの執行後本執行前にした被差押債権の弁済をもって差押債権者に対抗することができる。

事実の概要　建物新築工事の下請負人であった X は，元請負人である A に対して有すると主張する 577 万円余りの請負残代金債権を被保全権利として，A が Y に対して有するとする 2,515 万円のうち請求債権額に満つるまでの債権に対して仮差押命令を申し立て，これに基づく仮差押命令が Y に送達された。その後，X は，前記被保全権利の一部である 300 万円余りについて A 会社に対する債務名義（本案勝訴判決）を得たことから，これを請求債権として，前記被差押債権の一部である上記金額について差押命令を得，上記命令は Y および A に送達された。ところが，X は，この差押命令の Y への送達後，仮差押えの担保取消決定を得るために，上記仮差押命令およびその執行の申立てを取り下げた。一方，Y は，建物新築工事を続行してもらうために，仮差押命令の Y への送達の前後を通じて，債権差押命令の送達を受けるまでの間に，代理受領権者への弁済を含めて，A に対して負担していた請負代金債権をすべて弁済してしまった。なお，上記仮差押命令の A への送達時には，本件被差押債権につき，A は少なくとも 300 万円以上を有していた。

このような状況において，X が，Y に対して，被差押債権の取立訴訟を提起したところ，第 1 審，原審とも，仮差押執行が本執行に移行した後であっても，仮差押命令およびその執行の申立ての取下げにより仮差押えにより発生していた弁済禁止効は遡って消滅するとして，Y の弁済の抗弁を認め，X の請求をすべて棄却した。X の上告受理の申立ては受理されたが，最高裁は，原審と同様の判断により上告を棄却した。

争　点　債権に対する仮差押えの執行後に本執行がされた場合において，仮差押命令およびその執行の申立てが取り下げられたときは，第三債務者は，仮差押えの執行後本執行前にした被差押債権の弁済をもって差押債権者に対抗する

ことができるか。

判決要旨　　上告棄却。

「金銭債権に対する仮差押命令の送達を受けた第三債務者は，債権者との関係において被差押債権につき債務者への弁済を禁止され（民事保全法50条1項），これをしてもその弁済をもって債権者に対抗することができない。この効力は，仮差押命令及びその執行（以下，併せて「仮差押え」という。）により生ずるものであって，仮差押えが存続する限り存続し，仮差押えが消滅すれば消滅する。そして，このことは本執行が開始された後も変わらないものと解するのが相当である。したがって，債権の仮差押え後本執行による差押えの効力が生ずるまでの間に第三債務者が被差押債権を弁済した場合において，債権者が仮差押えを取り下げたときは，仮差押えによって第三債務者に生じていた上記弁済禁止の効力はさかのぼって消滅し（民事保全法7条，民訴法262条1項），第三債務者は被差押債権の弁済をもって債権者に対抗することができることになる。」

【参照条文】　民法481条，民事保全法50条，民事訴訟法262条1項。

研　究

1　本判決の意義

本件事案においては，仮差押えの本執行への移行後における仮差押命令とその執行の申立ての取下げ（以下，「仮差押えの取下げ」という）の効果が問題とされているが，その前提として，そもそも取下げが可能かが問われなければならない。そして，これらの問題は，本執行への移行後の仮差押えの効力の消長いかんと関連するが，この消長いかんは，移行の手続，時期の問題とともに本執行への移行に伴う問題の一つであり，かつ，消長そのものとの関連でも，本件事案で問われている問題以外に種々の問題が発生する。

本執行への移行後の仮差押えの取下げに関連した問題については，従来，下級審の裁判例は分かれていた。ただし，消長との関連で生ずる別個の問題点については，最高裁は，後述する併存説と呼ばれる見解を前提にしているかに見える態度を示していたが，本判決において，併存説を採用する旨を明示した。消長に関連した問題は併存説を採用することにより，すべて演繹的に解決されうるものではないが，本判決は，本件事案で問われている問題の解決を統一するだけではなく，他の問題の解決にも影響する可能性を有しよう。

2　従来の判例・裁判例と学説

仮差押えの本執行への移行後の仮差押えの効力の消長に関しては，学説上，次

の三つの見解が，順次，有力に主張されてきた。すなわち，絶対消滅説は，仮差押えの効力は移行に伴って将来に向かって消滅し，その移行の瞬間に本執行の効力が発生するとし，また，本執行の終了事由のいかんにかかわらず，消滅した仮差押えの効力が復活することはないとする[1]。次に，条件付消滅説は，移行により仮差押えの効力が将来に向かって消滅すると説く点では絶対消滅説と同様であるが，この消滅は絶対的なものではなく，本執行が被保全権利の満足ないしその不能以外の事由によって終了した場合には（すなわち，これを解除条件として），仮差押えの効力は回復すると説く[2]。最後に，併存説は，移行によって仮差押えの効力が消滅することはなく，被保全権利の満足ないしその不能による本執行の終了までは，本執行と併存していると説く[3]。

絶対消滅説によると，移行後は仮差押えの効力は消滅しているから，その取下げはありえないとの結論に結び付きやすいであろう。そして，こう考えると，あえてそれを行っても法律的な意味はないから，第三債務者は，仮差押えの執行後本執行前にした被差押債権の弁済をもって差押債権者に対抗しえないことになろう。次に，条件付消滅説によっても，条件が成就するまでは仮差押えの効力はないことになるから，絶対消滅説と同一の結論に至りやすいであろうが，この見解を採用しつつも，移行にもかかわらず残存している既往の仮差押えの効力を消滅させるために，取下げを認める者がいる[4]。最後に，併存説によれば，仮差押え

---

[1] 吉川大二郎「仮差押の効力」同『保全処分の研究』103頁（弘文堂・1937年，初出1935年），三ヶ月章「仮差押の効力」同『民事訴訟法研究(6)』112頁以下（有斐閣・1972年，初出1966年），同『民事執行法』114頁以下（弘文堂・1981年），澤田・試釈249頁以下，西山俊彦『新版保全処分概論』295頁（一粒社・1985年）（ただし，仮執行宣言付判決による執行の場合は併存説による）。

[2] 山内俊彦「保全執行の終了」吉川還暦記念『保全処分の体系上巻』438頁（法律文化社・1965年），中野貞一郎「判批」民商61巻2号335頁以下（1969年），篠田省二「判批」民商72巻3号557頁以下（1975年），注解民執(6) 351頁〔小倉顕〕，丹野達『民事保全手続の実務』237頁（酒井書店・1999年），瀬木・民保537頁。中に，保全執行は本執行に包摂されて独自の存在を失うと説くものもある。

[3] 柳川眞佐夫『保全訴訟〔補訂版〕』538頁（判例タイムズ社・1976年），富越和厚「仮差押から本執行への移行」幾代通ほか編『不動産登記講座Ⅳ』131頁（日本評論社・1979年）（不動産執行），小川英明「保全処分から本執行への移行」鈴木忠一＝三ヶ月章監修『新・実務民事訴訟講座(14)』177頁以下（日本評論社・1982年），滝沢泉「本執行への移行」丹野達＝青山善充編『裁判実務大系(4)保全訴訟法』591頁（青林書院・1984年），野村秀敏「保全執行の開始と終了」同『民事保全法研究』57頁以下（弘文堂・2001年，初出1996年），村上博巳「民事保全と民事執行・滞納処分」中野貞一郎ほか編『民事保全講座(1)』420頁以下（法律文化社・1996年），竹下守夫＝藤田耕三編『民事保全法』309頁以下〔塚原朋一〕（有斐閣・1997年），細野敦「本執行への移行」丹野達＝青山善充編『裁判実務大系(4)民事保全法』631頁（青林書院・1999年），中嶋秀二「本執行への移行と仮差押えの効力」丹野＝青山編・前掲『民事保全法』643頁。中に，仮差押えの効力は潜在化すると説くものもある。

[4] 山内・前掲注(2) 442頁。

の効力は現に存在するのであるから，取下げを認める方向に傾くであろうし，実際，この説の論者は，仮差押債権者が自らその手続上の優先的地位を放棄することを禁止する合理的理由もないとして，それを認めている(5)。

　裁判例のうち，①福島地判昭和35・8・30（下民集11巻8号1828頁）は，移行後の仮差押えは潜在的に効力を持続し，その取下げは可能であるとしつつも，取下げによっては仮差押えの処分禁止効は失われないとして，本執行後に仮差押えを取り下げても，仮差押債権者は，仮差押えと本執行の中間時の不動産の第三取得者の所有権取得を否定しうるとした。また，②東京地判昭和46・1・25（判時629号74頁）は，債権執行に関し条件付消滅説によりながら，本執行後の仮差押えの取下げの余地があるかは別として，たとえそれを認めたとしても，との前提の下に，裁判例①と同様に，処分禁止効の不消滅を説いている。これに対し，③福岡高判昭和57・6・9（下民集33巻5～8号913頁）は，やはり債権執行に関し条件付消滅説によりながら，移行後の仮差押えの取下げそのものを否定している。

　仮差押えの取下げに関連した問題以外の，移行後の仮差押えの効力の消長に関連した問題に関しても幾つかの裁判例が公にされている。そのうちまず，④最判昭40・2・4（民集19巻1号23頁）は，債権の一部を被保全権利として仮差押えのなされた不動産の譲渡を受けた第三者は，本執行への移行後も，被保全債権の弁済により，仮差押債権者に対する関係においても，完全に不動産の所有権を取得するとした。これは少なくとも絶対消滅説に立つものではないとの評価(6)や，併存説を前提としていると断言することには躊躇を覚えるとの指摘(7)もないわけではないが，被保全債権の弁済により排除される対象の存在を認めていると思われるから，やはり併存説に立っていたと理解すべきであろう(8)。

　また，⑤大阪高決昭和42・8・3（高民集20巻4号337頁），⑥東京高判昭和48・3・14（高民集26巻2号137頁）と最近の⑦大阪高決平成11・7・15（金法1564号71頁）は，いずれも移行後に本執行が無剰余によって取り消された場合の仮差押えの効力の消長に関わる。そして，裁判例⑤と⑥は，条件付消滅説に従いつつも，無剰余取消しは仮差押えの効力が回復する場合に該当しないとしている。これに対し，裁判例⑦は併存説によることを明言しつつ，無剰余取消しになっても将来的には被保全権利の満足の可能性が残されているから，保全の必要性の消滅を理由として事情変更による仮差押命令の取消しを求めることはできないとした。

---

(5) 富越・前掲注(3)127頁，小川・前掲注(3)179頁，野村・前掲注(3)60頁，中島・前掲注(3)643頁。
(6) 小川・前掲注(3)176頁。
(7) 宮川聡「本判決解説」法教268号133頁（2003年）。
(8) 各本判決掲載誌のコメント参照。

そのほか、⑧東京高判昭和48・2・27（判タ302号200頁）と⑨名古屋高決昭和61・8・26（判タ637号219頁）も条件付消滅説によっていた（ただし、裁判例⑤⑥を含め、条件付消滅説の各裁判例が仮差押えの効力が回復する場合としない場合とを区別する基準は必ずしも学説と同一ではない）。前者は移行後の仮差押命令の事情変更による取消しは許されないとしたものであり、後者は、移行後に仮差押債務者の任意整理の希望を入れて本執行の申立てが取り下げられた場合には、仮差押えの効力は回復するとした。

判例や裁判例に現れた問題のほか、移行後の仮差押えの効力の消長いかんとの関連で、学説上、仮差押解放金の供託による仮差押えの取消しの可否、仮差押執行に対する第三者異議の訴えの係属中に本執行への移行がなされた場合における訴えの変更の要否が問題とされている。

3 本判決の検討

(1) 移行後の仮差押えの効力

以上のように、判例④は併存説を前提としているように理解されるが、その旨を明言していたわけではなかった。他方、下級審の裁判例は、ただ一つの例外を除いて条件付消滅説によっていたが（①は必ずしも明瞭ではないが、その時期からして一種の条件付消滅説と理解してよいであろう）、これはその時期の学説を反映したものであろう。ところが、最近の学説上は、併存説が最も有力に主張されるようになっており、裁判例⑦もその反映であろう。そして、最高裁も、今回、併存説を採用する旨を明らかにしたが、このような判例・裁判例と学説の流れからいって、本判決は大方の賛同を得るものと思われる。

筆者自身も、かねてから併存説に賛成する旨を明らかにしている[9]。理由は、仮差押えは、本執行における被保全権利の満足を保全するという目的を有する、本執行とは別個の手続であること、無剰余取消しの場合のように、本執行終了後の仮差押えの効力の存続を認めなければ酷な場合のあること（裁判例⑤～⑦参照）、仮差押えと本執行との間に目的物の譲渡を受けた第三者に、被保全権利の弁済をして仮差押債権者の優越的地位を排除する余地を認める必要のあること（判例④参照）、等であった。

このような筆者の立場からは、無論、結論および理由ともに本判決に全面的に賛成する。もっとも、取下げを認めても、裁判例①や②のように、仮差押えによる処分禁止効の不消滅を説く立場もある。しかし、本執行に移行することなく仮差押えだけにとどまっている段階では、仮差押えの取下げにより、その効力が遡及的に消滅することを否定する者はいないのではなかろうか。取下げを認める以

---

[9] 野村・前掲注(3)57頁以下。

上，本執行に移行していたか否かによって，その効果を区別することは困難であろう。そして，本判決を前提とすれば，移行後の仮差押えの事情変更による取消しの余地はあることになるし，無剰余取消しや本執行の申立ての取下げ後も仮差押えの効力は存続していることになる。

ただし，本判決は債権執行に関わるが，移行後の仮差押えの効力の消長の問題に関し，不動産執行と債権執行に関しては併存説に従いつつも，動産執行に関しては別異に解することを示唆する見解がある(10)。それ故，本判決によっても，これとの関係では，判例の立場は未確立というべきであろう。また，不動産執行や債権執行との関係で本判決を前提としても，解放金の供託による仮差押えの取消しは認められ，仮差押執行に対する第三者異議の訴えの係属中に本執行への移行がなされた場合には訴えの変更が必要であるとは，当然にはいえないであろう。併存説の論者の間でも，これらの問題に対する態度は分かれているからである(11)。

(2) 担保取消決定の可能性

Xの代理人は，本件仮差押えの取下げによって，依頼者であるXに大きな損害を被らせた。これは，弁護過誤をも問われかねない行為というべきである(12)。もっとも，既に述べたように移行後の仮差押えの効力の消長に関しては併存説以外の考え方も主張されており，それによれば別個の結論になりえたから，損害賠償義務の前提になる過失がなったのではないかとも思われるかもしれない。

しかし，そもそも，Xは，「担保の事由が消滅した」（民訴79条1項）との理由で担保取消決定を得たいと考え，仮差押えを取り下げたようである。Xは本案勝訴判決を得ているが，一部勝訴判決にすぎないから，この判決の取得を理由には担保取消決定を得ることはできない(13)。そこで，問題の取下げがなされた。しかし，取下げをしても，いったん仮差押えの執行をした事実が消えるわけでないから，それによって，仮差押債務者に損害が発生した可能性は残る。すなわち，取下げをしても，担保の事由は消滅したとはいえない(14)。結局，Xの代理人は目的の達成のために何の意味もない行為をしたことによって依頼者に損害を与えたのであるから，やはり，弁護過誤を問われてもやむを得ないのではなろうか。

なお，Xの上告受理申立理由書中の指摘によると，Yは被(仮)差押債権に関する陳述（仮差押えとの関連でのものか〔民保50条5項，民執147条〕，本執行との関

---

(10) 中嶋・前掲注(3)643頁。富越・前掲注(3)131頁は，不動産執行に関しては併存説，動産執行に関しては絶対消滅説であるが，債権執行に関しては不明である。
(11) 野村・前掲注(3)60頁参照。
(12) 座談会「平成14年の取引法判例概観」NBL 576号22頁〔永石一郎発言〕（2002年）。
(13) 瀬木・民保112頁参照。
(14) 西山・前掲(1)125頁，丹野・前掲(2)103頁，竹下＝藤田編・前掲注(3)92頁〔笠井勝彦〕。

連でのものか〔民執147条〕は明瞭ではない）において「当該債権はある」旨の陳述をしており、そのために仮差押えの取下げがなされたのかもしれない。しかし、虚偽の陳述があっても、損害賠償義務（民執147条2項）以外に格別の効果は生じない(15)。

4 実務への影響

本判決によって、債権執行や不動産執行の場合、移行後に仮差押えを取り下げると仮差押えの効力が消滅してしまうことが明らかにされた。取下げを行う場合には、事前に、仮差押えの執行と本執行との間に、被差押債権の弁済や譲渡、それに対する担保権の設定など、目的物に関する処分が行われていないか十分に調査する必要があることになる。

■参考文献
宮川聡「本判決解説」法教268号132頁以下（2003年）

【補　遺】　本判例研究公表後の本判決評釈類として、筆者のもう一つの判例研究である、野村秀敏・金法1684号56頁以下（2003年）のほか、荒木新五・NBL740号4頁以下（2002年）、宇野聡・執行・保全百選〈第2版〉204頁以下（2012年）（判旨賛成）、萩屋昌志・民商128巻1号140頁以下（仮差押命令ないし執行申立ての取下げは、本執行移行後はその終了まで認めないとする）、藤原俊二・判タ1125号平成14年度主民解224頁以下（2013年）、松村和徳・リマークス27号127頁以下（2003年）（条件付消滅説により結論にも反対）、山本和彦・判評534号〔判時1821号〕185頁以下（2003年）（判旨賛成）、等がある。

（初出・NBL771号／2003年）

---

(15)　注解民執(4)441頁〔大橋寛明〕。

30 一筆の土地の一部についての権利を保全するための当該土地全部についての処分禁止仮処分の可否

30 一筆の土地の一部についての権利を保全するため当該一筆の土地全部について処分禁止の仮処分の申立てをすることは，保全の必要性を欠くとして理由はないが，仮処分登記をする前提として，債務者に代位して当該部分の分筆のための手続を履践していると仮処分の目的が達成されなくなるおそれがあるときは，申立ては理由があるというべきであるとして，原決定を取り消して事件が原審に差し戻された事例

大阪高裁平成23年4月6日民事第11部決定
平成22年（ラ）第803号，仮処分申立却下決定に対する抗告事件
（判時2123号43頁）

事　実　(1)　X_1（仮処分債権者・抗告人）は，Yら（仮処分債務者・相手方）の共有に係る本件土地1のうち，別紙物件目録1記載の範囲を，X_1の父AがYらの被相続人B（ただし，相続関係について後述参照）から買い受けたと主張して，本件土地1の全体につき，処分禁止の仮処分を求めた（X_1は本件土地1に隣接する本件土地2についても時効取得を理由に同様の仮処分を求めているが，原決定・本決定とも，占有の事実がないとして申立てのうちこの部分は簡単に却下している）。

また，X_2（仮処分債権者・抗告人）は，本件土地1および本件土地2のうち，別紙物件目録2記載の範囲を，同様に買い受け，あるいは時効取得したと主張して，本件土地1および本件土地2の全体につき，処分禁止の仮処分を求めた。

(2)　裁判所の事実認定は以下のとおりである（本決定の事実認定は極めて簡単であるので，原決定によって補った）。

(ア)　X_1の父Aは，昭和35年12月4日，本件土地1の所有者であるBから，本件土地1の一部を買い受けた。この売買の対象となる範囲は明らかではないが，当該売買契約では，Aが宅地整備をしている地点より南側全部を売買の対象とする合意があり，AやX_1の建物状況から見ると，別紙物件目録1記載の範囲が上記売買の範囲に含まれていることが一応認められる。

(イ)　X_2は，昭和36年4月頃，Bから，登記記録上本件土地1上に所在する二階建居宅（床面積は1階が$25.05m^2$，2階が$23.63m^2$）を購入し，この建物の敷地を賃借したが，昭和38年6月頃には，賃借していた範囲の土地をBから購入した。しかし，X_2が購入した範囲を示す疎明資料はない。もっとも，本件土地1およびこれに隣接する本件土地2には建物の基礎が残っているが，この基礎は南北の二つの区画に分かれており，北側の区画は，本件土地2の範囲にほぼ収まり，東方の本件土地1側に若干はみ出ている約$35m^2$の区画であり，南側の区画は，本件土地1に収まる約$30m^2$の区画である。これに対し，X_2が買った建物の床面積

は登記記録上は25㎡程度でしかなく，これと異なる事実が存在する疎明資料はないし，X_2 は，昭和44年頃に建物を増築したと述べているので，X_2 が買った建物の範囲を建物の基礎から推認することは困難である。したがって，やはり，X_2 がBから買った土地の範囲は不明である。

他方，建物の基礎が残っている上記の部分については，昭和44年頃以降，X_2 が占有していることが一応疎明されているが，その東側の部分については，通路として利用していると認められる部分はともかくとして，X_2 が占有している事実の疎明がない（X_2 は，擁壁工事をしたことや草取りをしたことを述べるが，それがどの部分であるかの疎明がない）。したがって，残っている建物の基礎から考えられうる当時の建物を想定し，これを利用するに相当と認められる部分および通路部分については，時効を原因とする所有権取得を一応認めることはできるが，その余の部分については，時効取得の疎明がない。

(ｳ) 昭和37年7月10日，Bが死亡して B_1 らがBを相続し，昭和38年12月20日受付昭和37年7月10日相続を原因とする法定相続分に従った相続登記がなされた。また，昭和55年7月26日，B_1 が，平成元年7月17日，Bおよび B_1 の相続人の一人であった B_2 が，さらに平成21年9月にはBの相続人の一人であった B_3 が死亡したが，B_1 ないし B_3 の死亡を原因とする相続登記はなされていない。

(3) 原決定（神戸地決平成22・7・21判時2123号45頁）は，一筆の土地の一部についての権利の保全のために，その土地の全部について仮処分をすることは，保全の必要性を超えるものであり，また，Yらについては本件土地1および2を処分するおそれも認められないとして，X_1 らの本件申立てを却下したので，X_1 らが即時抗告に及んだ。

決定要旨 X_1 の申立てのうちの本件土地に係る申立ての却下部分を除いて，原決定を取り消し，担保金額を定めるために差戻し。

「一筆の土地の一部についての権利を保全するため，当該一筆の土地全部について処分禁止の仮処分の申立てをすることも，原則として，保全の必要性を欠くものとして，理由がないというべきである。

しかしながら，仮処分債権者において，一筆の土地の一部についての仮処分命令の発令を得た場合，その執行として公示のための登記をするには，当該仮処分命令の正本を代位原因を証する書面として，債務者に代位して当該対象部分の分筆の登記の手続を行い，その上でその部分について仮処分の内容に沿う仮処分登記をすることになるのであるが，現行の登記実務においては，実際には，分筆登記のためには，すでに地積測量図が作成されているような場合を除いて，隣地所有者立会の上作成された筆界確認書，立会人の印鑑登録証明書，測量図の提出が要求されることになる。したがって，仮処分債権者において，仮処分発令後に分

筆のための登記を履践していると，測量等に相当の時間を要するばかりでなく，その密行性を保てなくなるおそれがあり，その間に債務者が土地を一筆ごと転売するなどして，仮処分の目的が達成されなくなることも十分に考えられる。」

「そして，本件にあっては，X_1（本件土地2にかかる部分を除く。）及びX_2の本件申立てにかかる被保全権利については，その疎明はあると認められる。また，『一筆の土地の一部に対する処分制限の登記の嘱託は受理することはできないが，債権者が当該命令正本を代位原因を証する書面として，債務者に代位してその部分の分筆の登記申請をすることができるので，その分筆の登記がなされた後に当該処分の制限の登記の嘱託がなされたときは，これを受理することができる。』とする昭和27年9月19日民事甲308号民事局長回答，並びに『土地の一部について（被保全権利が）存するに過ぎない場合は，処分禁止の措置はこの部分についてのみ講ずべきである。』とする最高裁判所昭和28年4月16日第一小法廷判決・民集7巻4号321頁は，いずれも分筆登記について上記のような厳格な手続が要求されていなかった時期における先例や判例であること，一件記録によると，X_1らがBから買い受けてそれぞれ占有してきた土地の範囲は，本件土地1及び2の約80パーセントを占めることが認められ，残余部分の処分を制限されることによりYらが被る不利益は小さいといえることからすると，本件申立て（X_1の本件土地2に関する部分を除く。）は，いずれも理由があるというべきである。」

評　釈

　決定要旨の一般論には留保付きで賛成できる部分もあるが，結論としては原決定の方が説得的であると考える。

　1　一筆の土地の一部に関しても，その部分が他から区別して特定される限りは，買主なり時効取得者は，売買や時効によってその部分に関する所有権を取得することができる[1]。そこで，そのような一筆の土地の一部に関する新所有者（買主または時効取得者）は，対抗要件を具備するために，原所有者（売主または時効取得された土地の元の所有者）に対して所有権移転登記を求めうることになる。ただし，新所有者が取得したのはあくまで一筆の土地の一部にすぎないから，求めうる移転登記はその一部に関するものに限られるが，この移転登記請求権を保全するためにも処分禁止の仮処分（民保53条・58条）が可能でなければならない。その際，仮処分の具体的内容は本案請求を保全するという目的を達成するのに必

---

[1] かつては争いがあったところであるが，現在ではこのことに異論はない。我妻栄＝有泉亨補訂『新訂物権法（民法講義Ⅱ）』13頁（岩波書店・1983年）参照。

要にして十分な範囲に限られなければならないとの原則の関係上,一筆の土地の全体についての処分禁止の仮処分は保全の必要性を超えて許されない。

　もっとも,一不動産一登記用紙の原則との関係上,問題の土地全体のために開設されている登記用紙にその一部に関する処分禁止の仮処分の登記を記入することは認められないから,この登記をする前提として分筆登記が必要となるが,その申請をなしうるのは表題部所有者または所有権の登記名義人に限られる(不登39条1項)。そこで,土地の一部についての処分禁止の仮処分を得た仮処分債権者はその登記名義人が任意に分筆登記の申請をしてくれない限り,せっかく取得した仮処分の執行をなしえないかのように思われなくもない。しかし,仮処分債権者は仮処分決定を代位原因証書として,登記名義人に代位して単独で分筆登記の申請をすることができるから(民423条・不登59条7号),この手段による分筆登記を経た上で,所有権を取得した部分に関する処分禁止の仮処分の登記を実現することができる。

　2　(1)　以上述べたところは,本決定の引用に係る昭和27年9月19日の民事局長回答(登記関係先例集下1926頁)を受けて,これも本決定が引用している昭和28年4月16日の最高裁判決が明確に示し,現在まで学説上もほぼ一致して支持されてきた立場といえる[2]。そして,その最高裁判決やその後の学説および実務の取扱いは例外を認めずにこの立場が妥当するとしてきたように思われるが,原決定も本決定も,原則としてはこの立場を適切としつつ,例外がありうるとしている点が目新しい。もっとも,そこから先は両者の態度は異なる。

　原決定はYらが本件土地1,2を処分するおそれがあるかという観点から例外に該当するための特段の事情の有無を具体的に問題とし,最終的にそれがないとして仮処分の申立てを却下している。これに対し,本決定は具体的な登記手続の在り方を問題とし,それとの関係で例外該当性を問うている。すなわち,本決定

---

[2] 本文掲記の最高裁判決に対する賛成評釈として,乾昭三・民商29巻3号173頁以下(1954年),小笠原昭夫・保全百選32頁以下,河上正二・法協96巻10号1341頁以下(1979年),安田保男・法研61巻6号119頁以下(1988年)。そのほか,本田藤男「土地の一部についての処分禁止仮処分」宮崎富哉=中野貞一郎編『仮差押・仮処分の基礎』59頁以下(青林書院新社・1977年),藤原弘道「不動産の一部に対する処分制限の登記」林良平=石田喜久夫編『新版不動産登記の基礎』287頁以下(青林書院新社・1981年),浦野雄幸「不動産の一部に対する処分制限の登記の可否」不動産登記先例百選〈第2版〉206頁以下(1982年),武田聿弘「土地の一部に対する民事保全」丹野達=青山善充編『裁判実務大系(4)民事保全法』127頁以下(青林書院・1999年),野村高弘「処分禁止の仮処分」塚原朋一=羽成守編『現代裁判法大系(14)民事保全』202頁(新日本法規・1999年),疋田定江「嘱託書の記載事項及び添付書類(4)」東京地裁保全研究会編著『民事保全の実務〔新訂増補〕(下)』268頁以下(金融財政事情研究会・2005年)。例外は,本文掲記の最高裁判決直後の澤田直也『仮処分漫歩』120頁以下(布井書房・1954年),同・試釈302頁以下のみである。

30 一筆の土地の一部についての権利を保全するための当該土地全部についての処分禁止仮処分の可否

が例外を認める実質的根拠は，現在の分筆登記の手続は厳格であって各種の添付情報の提供が求められ，既に地籍測量図が作成されているような場合を除いては，仮処分発令後にそれらの情報提供の用意をするための作業を行っていては迅速性や密行性を確保することができなくなり，ひいては仮処分の目的を達成しえなくなるという点にある。そして，それが引用する先例や判決は分筆登記のためにそのような厳格な手続が要求されていなかった時期におけるものであり，現在では一律にそれに従う必要はないとする。このような本決定によると，実際上例外に該当する場合は相当多くなるようにも思われる。

(2) 昭和22年の土地台帳法は，その29条1項において，「分筆をしたときは，測量して各筆の地積を定める。」としていた。したがって，地積測量図は分筆後に初めて作成されればよいとされていたように思われるが，実際に分筆後にせよ，それが作成されていたかは疑わしいようである[3]。次いで，土地台帳・家屋台帳と不動産登記簿の一元化を実現し，分筆登記もその一種である表示の登記の制度を導入した昭和35年の旧不動産登記法の改正は，その81条ノ2第2項に，「前項ノ登記（土地ノ分筆又ハ合筆ノ登記）ノ申請書ニハ分割又ハ合併後ノ土地ノ表示ヲ為シ分筆ノ登記ノ申請書ニハ分割後ノ土地ノ測量図ヲ，……添付スルコトヲ要ス」との規定を挿入した。したがって，これにより，地積測量図は既に申請の際に添付すべきことが要求されるようになった（現行法では，不動産登記令別表8）。

地積測量図には，分筆前の土地を図示し，分筆線を明らかにし，方位，地番，地積および求積の方法を記載し，かつ，土地の筆界に境界標があるときはこれを，地番区域の名称等とともに記載しなければならない（旧不動産登記法施行細則42条ノ4，現行不動産登記規則77条・78条）。これらは，隣地を取り込んで分筆したり，一筆の土地の一部を当該土地の全部として分筆することを避けるために，分筆元地と隣地との筆界を明確にするために提供が求められる情報である。さらに，その筆界が明確にされた上で地積測量図が作成されたことを担保するために，実務上は隣地所有者の筆界確認書，（筆界の確認の場への）立会証明書，その印鑑証明書の添付が望ましいとされている[4]。

---

(3) 杉本幸雄ほか『読解不動産登記Q&A』175頁（清文社・2008年）は，分筆や地積更正等の申請がない従来からの土地および昭和40年頃以前に分筆された土地については，原則として地積測量図はありませんと指摘する。直前の本文に，実際上本決定の例外に該当する場合が相当多くなると述べたのも，このことを踏まえてのことである。

(4) 平成16年前の文献である，匿名O・O氏「登記官の目」登記先例35巻2号88頁以下（1995年），南敏文「続・民事訴訟と不動産登記一問一答(13)」登研622号85頁以下（1999年），山口和秀「分筆・合筆の登記」鎌田薫ほか編『新不動産登記講座(4)』12頁（日本評論社・2000年）は，既に本決定のあげる書類の添付が望ましいとし，あるいは，そうであることを前提とした叙述を行っている。また，山野目章夫「ビジネス&ロー新しい不動産登記(8)」NBL825号60頁（2006年）も，そのような書類を従来から添付する取扱いであったと指摘する。

以上の点は，旧不動産登記法下であろうと，平成16年の現行不動産登記法の下であろうと変わりはない。すなわち，そのいずれの下であろうと，法律の建前上は，分筆後のすべての土地の調査と測量を行って地籍測量図を作成することが要求されている（そして，それを作成するのであれば，その正確性を担保するために，実務上隣地所有者の筆界確認書等の提出が望ましいとされている）。したがって，法律上は，分筆登記の手続が厳格化されたのは昭和35年の改正法によるのであって，平成16年の現行法によるのではないように思われるが，旧法下で実際に厳格な手続が常に履践されていたかにも疑わしい面がある。すなわち，平成16年の現行法の施行後に，その影響によって分筆登記に手間と時間がかかるようになったとの指摘がある[5]。

　本決定が，現行の登記実務においては，分筆登記の手続が厳格化されたとの趣旨のことを述べることの背景にはこのような事情があると推察される。しかし，これは，元々法律上要求されていたことを，厳格に履践するようになったというにすぎないということである。

　(3)　上記の原則には，分筆後の土地のうちの一筆につきその地積と求積の方法を明らかにしなくてもよいという例外が認められており（旧不動産登記事務取扱手続準則123条，現行準則72条。その場合にも概測は必要である。なお，この例外に関しては新旧準則の間に若干の差異がある），何らかの理由で隣地所有者の立会を求めえない場合も例外と認めて差し支えないとされている[6]。ただし，その理由が本決定が問題にするようなものでもよいのかは明確ではない。また，筆界確認書以下の書類は法律上添付が要求されているわけではないので，それがないからといって直ちに登記申請が却下されるわけではない。この場合[7]，登記官が原則として関係者の立会を求めて実地調査を実施し，筆界を確認することになる。すなわち，表示の登記に関しては登記官には実地調査に基づく実質審査権が認められているが（不登29条），分筆登記に際しては，可能な限りこの実地調査を実施すべきものとされている。さらに，土地の一部を取得したことを理由とする代位による分筆登記の申請の際には原所有者からの分筆線（分筆点）に関する同意が必要とされるようである。しかし，代位原因証書が仮処分決定であるときは，分筆

---

[5]　杉本ほか・前掲注(3)110頁は，平成16年の新不動産登記法によって，特例を除いて，分筆する際には分筆前の土地全体を実測し，登記面積と相違する場合には地積更正登記をすることが必要になったので，その影響で分筆登記に手間と時間がかかるようになったと指摘している。

[6]　山野目・前掲注(4)59頁，匿名氏「分筆の登記において提供する地積測量図の記載内容について」登研688号260頁以下（2005年）。

[7]　この場合の取扱いに関して以下で述べることについては，新井史年「仮処分に基づく代位による分筆の登記の申請と仮処分登記の嘱託について」登記インターネット100号94頁以下（2008年）。

元地と隣接地との筆界が明らかであり，かつ，仮処分がされた土地が分筆元地のどの部分に位置するかその決定上明らかになっていれば，その同意が得られなくとも分筆登記が認められうるとされている。

そして，処分禁止の仮処分が発令されたときには，分筆登記と仮処分登記とが連件で申請されることになるが[8]，この場合には，債務者が土地を処分して判決による登記を妨害することを阻止するために，次のように処理するべきであるとされている[9]。つまり，受付けの日をもって代位による分筆登記を行うが，その後，当該土地について実地調査を実施し，その結果，隣接地の各筆界点についての確認ができなければ，不登法25条11号（登記申請に係る不動産の表示と実地調査の結果との不一致）に該当するものとして，職権で，「錯誤による抹消」を原因に分筆登記の抹消をすることになる。

以上を要するに，仮処分の段階で分筆線を一応明確にすることができれば，とりあえずそれに沿って分筆登記を行い，正確な地籍測量図はその後に作成されればよいということであろう。そして，分筆線を一応の程度にせよ明確にしえないときには，そもそも被保全権利の疎明がないということになるように思われる。

3　原決定も本決定も，どの部分かは明らかではないが，X_1らが本件土地1，2の一部を売買なり時効なりによって取得したこと自体は認められるとしている。そして，双方とも，本件事案では被保全権利自体の疎明はあるとしているが，最初にも指摘したように，X_1らが取得したのは土地の一部にすぎないから，本案訴訟においてはその一部についての移転登記を求めることになろうし，それしか求めえない。そこでは，いかに一筆の土地の一部を取得したことが明白であっても，それがどこの部分か不明であり，分筆線を引くことができなければ請求は全面的に棄却されるしかないはずである。したがって，仮処分の段階でも分筆線を一応の程度にせよ明らかにしえないならば，被保全権利の疎明があったとはいえない。

ただし，X_1ら自身は一定の分筆線を主張していた。もし本案訴訟であれば，X_1らの取得した土地の範囲がその分筆線どおりではないにしても，一定の範囲の土地の取得が認められるのであれば，裁判所としては，取得が認定できる範囲を控えめに見積もってそれに沿った分筆線を前提に，その範囲内の土地に関する移転登記を命ずる一部認容判決をするのが通常であろう。本決定は，本件は仮処分事件であり，X_1ら主張のとおりの分筆線を前提としようと，裁判所が少なくともこの範囲の部分の取得は認められるということで引くはずの分筆線を前提と

---

[8]　実務上は，仮処分決定正本とともにその登記嘱託書を債権者に交付し，裁判所の使者の形で登記所に持参してもらい，分筆の代位申請の次順位で登記嘱託書が受理されるようにする扱いが一般的である。疋田・前掲注(2)270頁。

[9]　新井・前掲注(7)96頁以下。

しようと，いずれにせよ一筆の土地全体についての処分禁止の仮処分が認められるべき事案であるので分筆線を明示する必要はないと考えたのかもしれない。しかし，この場合でも，被保全権利の疎明があったというためには一定の分筆線が前提となるのであるから，裁判所は控え目に見積もって引くことのできる分筆線を前提にして，その範囲内の土地の処分禁止を命ずべきではなかったろうか。

　もっとも，これまでにも何箇所かにおいて，登記実務が法律の建前どおり行われてきたかには疑わしい面があると述べてきた。また，実地調査は実際にはあまりなされておらず，特に分筆登記との関係では実施率が低いとの指摘がある[10]。そうすると，このような指摘など[11]に鑑みれば，仮処分に基づく代位申請による分筆の登記と仮処分登記とが連件で申請された場合の処理の仕方について，登記実務が実際に先に指摘したようになされているのかにも疑わしい面があろう。そして，もしそのように行われていないのであれば，例え仮処分の段階で分筆線を一応の程度に明らかにしえたとしても，それに沿って分筆登記を実現するには本決定が指摘するような困難があることは事実であろう。そうであるならば（すなわち，留保付きで），一筆の土地の一部についての権利を保全するために当該一筆の土地の全部についての処分禁止の仮処分を命ずることができる場合がある（本案の権利は一部についての権利であっても，それを保全するためには全部の処分を禁止することが必要であるから保全の必要性を超えない）との一般論に関しては，本決定に賛成することができよう。本決定には登記実務の実情をもう少し明らかにしてから結論を出すことを求めたかったが，債権者審尋しかされない仮処分の申立ての段階ではそれは無理であったろうか。いずれにせよ，留保付きにせよ本決定の一般論に賛成できるとはいっても，そのことは直ちに，留保付きであれば，最終的にも本決定に賛成できるということを意味しない。

　4　先にも指摘したように，原決定は，Yらが本件土地1，2を処分するおそれがあるかという観点から特段の事情の有無を具体的に問題とし，例外該当性を問うている。そして，本件事案の事実関係によると，X_1らとYらは，数十年に

---

(10)　昭和62年4月から同年6月までの間の広域実地調査実施庁（全国717庁）における実地調査の実施率は建物の23.6％に比較し，土地は6.5％と低く，ことに分筆の登記は5.5％と低くなっている（藤原勇喜ほか「座談会・地図（地積測量図）と実地調査をめぐる諸問題」登記先例299号8頁〔山本衛発言〕(1986年))。もっとも，かなり古い統計であり，登記官のより積極的な姿勢が望まれてはいたし（中込敏久「分筆の登記と実地調査」田中康久編著『不動産登記制度と実務上の諸問題上巻』215頁（テイハン・1988年))，現在の不動産登記規則93条は原則的な登記官の実地調査義務を規定するに至っている。

(11)　前掲注(7)(9)の文献に関しては，一応，本文のような趣旨のものとして引用したが，隣地との筆界と分筆線とを明瞭に区別しないで論じているのではないかと思われる叙述なども見られ，それを本文のような趣旨のものとして理解してよいか確信を持ちえない面もある。したがって，そもそもの典拠が不明瞭であるとの意味においても，それに基づいて実務は云々であると言うのにも問題がないわけではない。

わたって本件土地1，2を放置してきたのであり，この状況に変化が加えられるような具体的危険をうかがうことはできないとして，被保全権利を超えて処分禁止を求めることの必要性について疎明があったとはいえないとしている。これに対し，本決定は登記手続の厳格性を指摘するのみで，このようなことを全く問題とせず，必要性が認められるとしている。

　この点，本決定掲載誌コメントは，「係争物に関する仮処分の場合には，被保全権利の疎明が確実であれば，保全の必要性の疎明はかなり抽象的なレベルのもので足りる場合が出てくる。」と述べる文献[12]を引用して，本決定の態度を是認している[13]。評釈者自身も，かなり以前であるが，係争物に関する仮処分に限定せずに同趣旨の立場に賛成したことがある[14]。

　しかしながら，本件事案において疎明があったといえる被保全権利は，（そういえるとしても）裁判所がX_1らが少なくともこの範囲については所有権を取得したと考える，一筆の土地の一部に関してであって，土地全体に関してではない。一部についてしか疎明がないのに全体についての処分を禁止するには，その必要性を基礎づける具体的事実の疎明を求めるべきではなかろうか。最初に結論としては原決定の方が説得的であると考える，とした所以である。

　5　本決定は，「X_1らがBから買い受けてそれぞれ占有してきた土地の範囲は，本件土地1，2の約80パーセントを占めるので，残余部分の処分を制限されることにより Y らが被る不利益は小さい」ことを指摘して，土地全体の処分禁止の仮処分を発令して差し支えないことの理由の一つとしている。

　仮処分の発令に際して相手方の利益を考慮する必要があることは，従来，仮の地位を定める仮処分，とくにいわゆる満足的仮処分に関して指摘されることが多かった[15]。処分禁止の仮処分は仮の地位を定める仮処分ではなくして，係争物に関する仮処分の典型であるから，このような本決定の態度は従来の実務や学説からすると異例であろう。しかし，評釈者は従来から仮処分の種類を限定せずにその発令に際して相手方の利益を考慮すること（利益衡量）の必要性を強調してきたものであり[16]，この点は本決定を評価できると考える。

　もっとも，X_1の仮処分事件とX_2のそれとは固有必要的共同訴訟のような関係にあるわけではなく，本件事案におけるのとは異なって，本来は，それぞれが別個に申し立てられうるものである。その場合，本決定によると，X_1，X_2の少なくとも一方が買得・占有している部分は50パーセントを切ることになるから，

――――――――――――――――
(12)　瀬木・民保〔第3版〕243頁。
(13)　判時2123号44頁。
(14)　野村秀敏『保全訴訟と本案訴訟』269頁（千倉書房・1981年）。
(15)　瀬木・民保〔第3版〕244頁以下参照。
(16)　野村・前掲注(14)242頁以下。

その申立ては却下されてしまうことになろう。したがって，固有必要的共同訴訟のような関係にはないが，事実上，X_1 と X_2 は共同申立てを強制されることになる（別々ではあるが，同時に事件を係属させるということでもよいかもしれない）。単独申立てと共同申立てで結論が異なることになるのには若干違和感を覚えないではないが，保全の必要性（利益衡量）の枠内においては様々な事情が考慮されるので，その一環として同種の立場にある第三者からの申立てがあるという事情も考慮されうるということで，そのような違和感は払拭されうるであろうか。

【補　遺】　X_1 ら代理人による，本決定を契機とする論文として，大塚明「一筆の土地の一部の土地の所有権移転登記請求訴訟――仮処分と本訴と分筆登記との関連」神院 41 巻 3・4 号 103 頁以下（2012 年），がある。

(初出・判例評論 639 号〔判例時報 2142 号〕／2012 年)

31 審判前の保全処分における子の仮の引渡しの判断基準

東京高裁平成 20 年 12 月 18 日決定
平成 20 年(ラ)第 1919 号，審判前の保全処分（子の監護者の指定，子の引渡し）申立各却下審判に対する抗告事件
（家月 61 巻 7 号 59 頁）

要　旨　　共同親権者である夫婦の別居中に，その一方の下で監護されていた未成年者を他方が一方的に連れ去った場合において，従前未成年者を監護していた親権者が速やかに未成年者の仮の引渡しを求める審判前の保全処分を申し立てたときは，従前監護していた親権者の監護下に戻すと未成年者の健康が著しく損なわれたり，必要な養育監護が施されなかったりするなど，未成年者の福祉に反し，親権行使の態様として容認することができない状態となることが見込まれる特段の事情がない限り，その申立てを認め，その後の監護者の指定等の本案審判において，いずれの親が監護することが未成年者の福祉にかなうかを判断するのが相当である。

事実の概要　　本件は，子の監護者の指定及び引渡しの審判の申立てを本案として，抗告人 X（父）が未成年者を連れ去った相手方 Y（母）に対し子の監護者の仮指定（以下，この点には言及しない）と未成年者 A（3 歳になる男児）の X に対する仮の引渡しを命ずる審判前の保全処分を申し立てた事案である。XY とその間の子である A は，X の実家で，X の両親と同居していたが，Y は，心療内科に環境を変えるように勧められたこともあって，一人で実家へ帰った。その後，XY 間では離婚の話が出るようになり，種々の裁判外でのやりとりの後，平成 20 年×月×日と同年×月×日には家庭裁判所において夫婦関係調整調停が行われた。調停の期日間には Y と A との面接交渉や互いの代理人間での A の親権，監護権についての意見交換が行われた。しかし，この調停は，同年×月×日に，離婚合意には至ったものの親権者の指定については合意が成立する見込みがないとして，不成立で終了した。その後も，離婚訴訟の提起を前提として，代理人間で A と Y との面接交渉についての交渉，意見交換が行われたが，それはなかなか実現に至らなかった。そこで，Y は，同年×月×日に，保育園において預かり保育中の A を X はもとより保育園にも何の断りもなしに，保育士のすきをついて保育園内に進入して連れ出した。X は，Y による A の連れ出しの 2 日後に，本件審判と審判前の保全処分の申立てを行った。Y は，現在の住居には同年×月×日から居住し，同所において A を監護しており，裁判所に対しては居場所を明かして家庭裁判所調査官による訪問調査にも応じたが，X には居所を伏せるように求め，

それを明らかにしていない。

　原審（甲府家裁）は，保全処分を認容するためには，保全の必要性と本案認容の蓋然性について慎重に判断すべきであるとの前提に立ちつつ，X側の事情とY側の事情を比較衡量した上で，それらのいずれが子の監護者にふさわしいか即断することはできず，本案認容の蓋然性があるとまではいえないとして，申立てを却下した。その際，現在子を拘束している者が違法な行為によって子の監護を開始したことに関しては，監護者としての適格性を評価する一事情としては考慮すべきとは思われるが，そのことに基づいて直ちに子の引渡しを命ずるのではなく，あくまで子の福祉を考慮して判断すべきであるとした。もっとも，調停や裁判の結果に反して子を奪取した等，相手方の不法性が極めて顕著である場合には早急な審理に基づいて子の引渡しが原則として認められてよいと思われるともしているが，本件事案はそのような場合に該当しないとした。Xから抗告。

【決定要旨】　　変更・一部認容，一部却下（確定）。

　「本件のように共同親権者である夫婦が別居中，その一方の下で事実上監護されていた未成年者を他方が一方的に連れ去った場合において，従前未成年者を監護していた親権者が速やかに未成年者の仮の引渡しを求める審判前の保全処分を申し立てたときは，従前監護していた親権者による監護の下に戻すと未成年者の健康が著しく損なわれたり，必要な養育監護が施されなかったりするなど，未成年者の福祉に反し，親権行使の態様として容認することができない状態となることが見込まれる特段の事情がない限り，その申立てを認め，しかる後に監護者の指定等の本案の審判において，いずれの親が未成年者を監護することがその福祉にかなうかを判断することとするのが相当である（……）。」

【参照条文】　民法766条〔旧〕1項〔現行2項〕，〔旧〕家事審判法9条1項乙類4号・15条の3〔現行家事事件手続法別表第2の第3項・110条〕，〔旧〕家事審判規則52条の2〔現行家事事件手続法157条柱書および3号〕

【分　析】

　1　別居中の夫婦間でその間の未成年である子の引渡しが問題となる場合，それを実現する手段としては①家事審判とそれを前提とする審判前の保全処分の手段と②人身保護請求の手段とがありうる。そして，かつては②の手段が多用された時期もあったが，最判平成5・10・19（民集47巻8号5099頁）と最判平成6・4・26（民集48巻3号992頁）により，人身保護請求が利用できるのは，拘束者が子の引渡しを命ずる仮処分や審判に従わない場合や，子にとって，請求者の下では安定した生活を送ることができるのに，拘束者の監護の下においては著しくその健康が損なわれたり，満足な義務教育を受けることができないなど，拘束者

の子に対する処遇が親権行使という観点からみても容認することができないような例外的な場合に限るとの立場が示され，それ以後，子の引渡請求は①の家裁の手続に移行してきた。

2　通説かつ実務における一般的な取扱いであると思われる見解は，審判前の保全処分に関する一般論として，その本案の審判への強い付随性を指摘し，それを行うためには本案の審判手続の係属が必要とされているが（〔旧〕家審15条の3第1項〔現行家事事件手続法105条1項〕），これは，家事審判は権利義務関係の存否を確定する手続ではなく，これを具体的に形成する手続であることから，保全処分の要件である本案認容の蓋然性の判断には本案の審判手続における権利義務関係の形成の状況を密接に反映させる必要があるからであり，また，本案手続で権利義務関係が具体的に形成されるという事件の特性に鑑みれば，本案認容の蓋然性には十分な配慮が必要である，と説明している[(1)]。

他方，従来，本案審判における子の引渡しの判断基準については，父母のいずれに監護させるのが子の福祉に適するかを主眼とするが，具体的には，家庭裁判所調査官の調査により明らかとなった父母の諸事情や子の事情を総合的に比較衡量して，父母のいずれが監護者として適格であるかを決定すべきであるとされてきた[(2)]。そして，子を奪取する等，拘束者の監護開始の態様が違法であることが引渡しの判断に影響を及ぼすかについては，そのこと自体を理由として引渡しを命ずべきではないが，現拘束者の子の監護者としての適格性を判断する一事情としては斟酌しうるとされてきた[(3)]。

審判前の保全処分と本案の審判との関係，および本案審判における子の引渡しの判断基準に関する上記のような通説ないし従来の一般的な取扱いを組み合わせれば，原審のような立場は当然に導きうるものであり，ごく自然な解釈と言うことができよう。実際，従来の実務では，審判前の保全処分においても，監護開始の態様の違法性は引渡しを命ずべき決定的な要因とはならないとの取扱いが優勢であったようである[(4)]。

3　しかしながら，実際に家事事件を担当する裁判官の間では，本案の審判における判断基準と保全処分における判断基準とを区別し，後者を一時の違法状態

---

(1)　最高裁判所事務総局編『改正民法及び家事審判法規に関する執務資料（最高裁判所家庭裁判資料121号）』74頁以下（法曹会・1981年）。
(2)　最高裁判所事務総局家庭局「平成7年度家事事件担当裁判官協議会における協議結果の概要」家月48巻11号17頁以下（1996年），中山直子「子の引渡しの判断基準」判タ1100号182頁以下（2002年）。
(3)　最高裁判所事務総局家庭局・前掲注(2)22頁。
(4)　最高裁判所事務総局家庭局・前掲注(2)27頁以下，中山・前掲注(2)183頁，梶村太一ほか「子の引渡し保全処分事件の処理をめぐる諸問題」家月47巻7号45頁以下（1995年）。

を排除する手続として捉えつつ、監護開始の態様の違法性を直接の理由として引渡しを命じてよいとする見解もそれなりに有力であるようであり(5)、本決定はこちらの立場の方に従っている。以下に、もう少し決定理由の要点を紹介する。

すなわち、最高裁は、離婚等の調停の進行過程における夫婦間の合意に基づく幼児との面会の機会に夫婦の一方がその幼児を連れ去ったという事案について、当該幼児が現に良好な養育環境の下にあるとしても、その拘束には顕著な違法性があるとして、人身保護請求による幼児の引渡請求を認めている（最判平成11・4・26家月51巻10号109頁）。また、1でも引用した最高裁の判例は、夫婦間の子の引渡しの問題は、まずは、家庭裁判所の保全処分の手続によるのが相当であるとの立場に立っていると考えられる。そして、本件事案の子の連れ去りの態様は上記の調停がらみの事案におけるよりも悪質であり、未成年者略取誘拐罪が認められた事案（最判平成17・12・6刑集59巻10号1901頁）にも類するものである。本件事案においては、子の連れ去りの後、直ちに申立てがなされている。これらのことに鑑みれば、子の違法な連れ去りという本件事案の場合には、審判前の保全処分によっていても、本案の問題はさて措いて、とりあえずの原状回復を図ることが適当である。

また、先に指摘したように原審の判断は従来の通説的ないし一般的な考え方に従っただけであると思われるが、この考え方が懸念する保全処分と本案審判との結論が逆になるのは子の福祉の点からいって望ましくないとの点に関連して、審判前の保全処分が対象とする事案は様々であり、事案に応じて審理判断のあり方は異なるから、原審のように一律に解することは適当ではないし、自力救済を助長したり、却って子の福祉に反することにもなりかねないと指摘する。

4　このような本決定に関しては、民主党政権の姿勢も一因となって最近にわかにそれへの加盟が現実味を帯びつつある「国際的な子の奪取の民事上の側面に関するハーグ条約」(6)の採用する問題処理の方法と本決定の判断基準との同調性を指摘しつつこれに賛成する見解が既に公表されている(7)。筆者も本決定の判断基準に賛成したいが、ここでは、本決定が事案に応じて審判前の保全処分の審理判断のあり方は異なるとしている点に関連して、手続法の観点から簡単に検討を加えておきたい。

まず、本案認容の蓋然性の必要性に正面から疑問を呈し、審判前の保全処分においては本案認容の蓋然性を問うことなく、暫定的に申立人に対して一定の地位を与えあるいは相手方に対して一定の行為を禁止する命令をなしうるとする見解

---

(5) 最高裁判所事務総局家庭局・前掲注(2)27頁以下。
(6) 山口亮子「子の引渡しに関する二つの裁判例」判タ1312号61頁注1（2010年）および朝日新聞2010年2月27日朝刊記事参照。
(7) 山口・前掲注(6)63頁以下。

が注目される(8)。この見解は，このようなことは保全処分が審判手続を円滑に進め，審判の成立を容易にする目的と機能とをもつものであることを承認し，保全の申立ての必要性を考慮することによって可能となるとする。これによれば，本案において問題となる子の福祉の問題を一応措いた上で引渡しを命じうるようにも思われるが，ただ，ここで問題とされている違法行為の結果の迅速な除去というものは，申立ての必要性の内容である事件の関係人の急迫の危険を防止するための必要性（子の福祉が害されるおそれについての緊急性。〔旧〕家審規52条の2〔現行家事事件手続法157条柱書および3号〕）とは別次元のものではないかとの疑問があるかもしれない。

そこでむしろ，ここでは，いわゆる実体的中間法（経過規定）が判例によって法創造されていると見てはどうであろうか。実体的中間法とは，本来の実体法の要件等について争いのある場合に，それが明らかになるまでの経過規定として妥当すべき規律である(9)。本決定のような取扱いを占有権を被保全権利とした不動産明渡断行の仮処分になぞらえて正当化する見解(10)も，結局は同趣旨のことに帰着するように思われる。すなわち，本決定によると，本案審判の判断基準は審判前の保全処分におけるそれとは原則として全く異なるのであるから，この見解は，後者に対応する占有権を被保全権利とした仮処分の本案訴訟としては占有権に関するものではなく本権に関するものを想定しているのであろう。そうであれば，仮処分と本案訴訟とではよるべき規律が異なることになるから，前者において基準となる占有に関する規範は実体的中間法ということになる(11)。そして，それになぞらえられる審判前の保全処分における判断基準も同様ということになる。

5　わが国では，別居時に母親が無断で子を連れて家を出ることはよくあることであり，このようなことは違法な連れ去り，奪取とは考えられていないであろう。しかし，諸外国ではそのように評価されることがあるようであり，前記のハーグ条約もそのような前提に立っている。そうであるとすれば，本決定のような考え方が浸透し，さらにはハーグ条約に加盟することになれば，何をもって違

---

(8) 佐上善和「家事審判における保全処分」木川古稀『民事裁判の充実と促進中巻』565頁以下，580頁（判例タイムズ社・1994年）。

(9) これについては，ディーター・ライポルド（松浦馨訳）「仮の権利保護の基本構造」同（松本博之編訳）『実効的権利保護』374頁以下（信山社・2009年，初出1977年），野村秀敏『保全訴訟と本案訴訟』189頁以下（千倉書房・1981年），長谷部由起子「仮の救済における審理の構造（3・完）」法協102巻9号1728頁以下（1985年）〔加筆修正の上，同『民事手続原則の限界』184頁以下（有斐閣・2016年）に所収〕参照。

(10) 瀬木比呂志「子の引渡しに関する家裁の裁判と人身保護請求の役割分担」同『民事裁判実務と理論の架橋』457頁以下（判例タイムズ社・2007年，初出2002年）。

(11) 長谷部・前掲注(9)1734頁以下〔同・前掲注(9)民事手続原則187頁以下〕，藤原弘道「占有訴権の訴訟上の機能と仮処分」同『時効と占有』251頁以下（日本評論社・1985年，初出1978年）参照。

法な連れ去り，奪取と考えるかが検討すべき喫緊の課題となるであろう[12]。

【補　遺】　(1)　「国際的な子の奪取の民事上の側面に関する条約」は2013年に国会で承認され，さらに同条約の実施に関する法律（平成25年法律第48号）が制定されて，2014年4月1日をもって施行されている。
　(2)　本判例研究公表後の本決定評釈類として，金亮完・速報判解6号105頁以下（2010年）（原審の判断の方に共感を示している），がある。

（初出・民商法雑誌141巻6号／2010年）

---

[12]　山口・前掲注(6)64頁，瀬木・前掲注(10)458頁以下参照。

32 審判前の子の引渡しの保全処分と執行期間

東京高裁平成 15 年 12 月 25 日決定
平成 15 年(ラ)第 2158 号，審判前の保全処分審判に対する即時抗告事件
(家月 56 巻 8 号 60 頁)

要　旨　　審判前の子の引渡しの保全処分審判を得た母が当該保全処分審判の送達がされた日から 2 週間以内に執行に着手しなかったため，即時抗告審において原審判を取り消し，母の申立てを却下した事例。

事実の概要　　母 X（原審申立人・抗告審相手方）は，父 Y（原審相手方・抗告人）を相手取り，平成 15 年 10 月 27 日，東京家庭裁判所に子である事件本人・未成年者 A 及び B の仮の引渡しを求める審判前の保全処分の申立てをした。同裁判所は，平成 15 年 10 月 31 日，Y に対し，X に A を仮に引き渡すことを命ずるとともに，B の仮の引渡しを求める申立てを却下する原審判をした。原審判書謄本は，同年 11 月 4 日，X 代理人に送達されたが，X は，原審判に基づく執行に着手せず，執行期間である同月 18 日が経過した。Y に対して原審判が何時，いかなる方法で告知されたか，Y が何時，即時抗告を提起したか，当初の抗告理由がいかなるものであったかは不明であるが，いずれにせよ，Y は，即時抗告を提起し，即時抗告審において，X は執行期間を徒過したから原審判の A を仮に引き渡すべき旨を命じた部分は取り消されるべきである旨を主張したようである。

決定要旨　　取消し・却下（確定）。

「審判前の保全処分の執行については，〔旧〕家事審判法 15 条の 3 第 6 項〔現行家事事件手続法 109 条 3 項〕により民事保全法等の規定に従うとされており，民事保全法 43 条 2 項によれば，債権者に保全命令が送達された日から 2 週間を経過したときは，これをしてはならないとされ，2 週間の執行期間を経過すると，審判前の保全処分の執行をすることができないことになる。

これを本件についてみると，一件記録によれば，X は，平成 15 年 10 月 27 日，東京家庭裁判所に未成年者 A 及び B の仮の引渡しを求める審判前の保全処分の申立てをし，同裁判所は，平成 15 年 10 月 31 日，Y に対し，X に A を仮に引き渡すことを命ずるとともに，B の仮の引渡し求める申立てを却下する原審判をし，同年 11 月 4 日，原審判書謄本が X 代理人に送達されたこと，しかし X は，原審判に基づく執行に着手せず，執行期間である同月 18 日が経過したことが認められる。

以上の認定事実によれば，X は，原審判に基づく執行に着手せず，執行期間を徒過しており，原審判に基づき執行をする余地はないから，原審判を維持する利

益はない。したがって，YにしXにAを仮に引き渡すことを命じた原審判主文第1項を取り消し，その取消し部分に関する審判前の保全処分の申立てを却下すべきことになる。」

【参照条文】〔旧〕家事審判法15条の3〔現行家事事件手続法110条〕，〔旧〕家事審判規則52条の2〔現行家事事件手続法157条柱書および3号〕，民事保全法43条2項

分 析

1 未成年者である子の両親の間で当該の子の引渡しが問題となる状況としては，①別居中の夫婦間，②離婚時の親権者（監護権者）の指定とともに親権者（監護権者）となるべき者から非親権者（非監護権者）に対するもの，③離婚後の親権者（監護権者）から非監護親に対するもの，④離婚後の親権者（監護権者）変更とともに親権者（監護権者）となるべき者から非親権者（非監護権者）となるべき者に対するもの，というものが考えられる。そして，これらの子の引渡し事件が家事審判事項であるか民事訴訟事項であるかについて，かつては様々な議論がなされたが，現在では，判例・通説はこれらすべてを家事審判事項とすることに落ち着いているようである[1]。すなわち，上記のすべての状況において，民法766条〔旧〕1項〔現行2項〕，〔旧〕家事審判法9条1項乙類4号〔現行家事事件手続法別表第2の第3項〕を適用（②～④の状況）ないし類推適用（①の状況）して，子の監護に関する処分の一態様として子の引渡しを命ずることができるというのである。そして，この子の監護に関する審判の申立てがあったときは，それを本案事件として，〔旧〕家事審判法15条の3〔現行家事事件手続法110条〕，〔旧〕家事審判規則52条の2〔現行家事事件手続法157条柱書および3号〕により子の引渡しを命ずる保全処分が可能となる。

本件事案の子の両親が上記の①から④のいずれの状況にあったのかは明瞭ではない。しかしいずれにせよ，父に対して母に子（の1人）を仮に引き渡すべき旨を命ずる審判前の保全処分が発令されている。

2 審判前の保全処分一般に当てはまることであるが，〔旧〕家事審判法15条の3第6項〔現行家事事件手続法109条3項〕によれば，その執行に関しては民事保全法その他の仮差押え及び仮処分の執行に関する規定によるとされており，その民事保全法43条2項は，債権者に保全命令が送達された日から2週間を経過したときは執行をしてはならないとして，執行期間の制限を定めている。この

---

[1] 斎藤秀夫＝菊池信男編『注解家事審判法【改訂】』361頁〔沼邊愛一〕（青林書院・1992年），梶村太一＝徳田和幸編『家事事件手続法』472頁〔岡部喜代子〕（有斐閣・2005年）参照。

執行期間の趣旨は，一般に，民事保全は緊急の事態に対処するための暫定的・仮定的な措置であるが，命令後かなりの期間が経過すれば基礎となった事態が変化する可能性があることと，執行しないで放置すること自体保全の必要性が消滅したことの現れと見ることもできるという点にあるとされているが[2]，これは特殊保全処分である審判前の保全処分であっても同様であろう。

執行期間に関する問題点の第1として，その期間内にいかなる行為をなすことを要するかという争いがあり，筆者は，かねてから執行の申立てがあれば足りるとする執行申立説に従っているが，判例・通説は執行の着手を要するとする執行着手説を採用しており，本決定もこの立場によっているようである。次に第2として，民事保全の場合には，保全異議手続の係属中，その申立てに伴う執行停止の裁判（民保27条）がないのに2週間の期間が経過し，その後当初の保全命令が認可された場合，改めて執行期間が進行することになるのかには争いがある。筆者はこれを肯定する少数説に賛成しているが，通説は否定している[3]。

本件事案においては，保全処分を得た母は，執行期間内に執行の着手はおろか，その申立てすらしていないようである。また，本件事案においては即時抗告の提起に伴う執行停止の裁判（〔旧〕家審規15条の3第3項〔現行家事事件手続法111条1項〕）はなされていないようである。したがって，第2点に関する通説による限り，第1点に関してどの立場に従うかにかかわらず，本決定の結論は一応は（「一応は」ということの意味については，後述参照）正当ということになろう。

3　執行期間の問題よりも，より争われているのは子の引渡しを命ずる審判ないし審判前の保全処分の執行方法である。すなわち，この点については，「子を（仮に）引き渡せ。」と命じていても，子の引渡請求の実質を，子の占有移転を求めるものではなく，親権（監護権）に基づく妨害排除請求にほかならないと見ることを背景としつつ[4]，間接強制説，直接強制説，不作為を目的とする債権執行説，折衷説（間接強制を基本とし，一定の場合に直接強制を認める）の四つの立場が対立している[5]。そして，従来の実務では間接強制によるべきであるとされ，直接強制は否定されてきたようであるが，これでは家庭裁判所がこの種の事件において実効的な紛争解決機能を果たすことができないとして，最近では，実務家の間に直接強制の余地を認める論者が増えているようである[6]。また，実務におい

---

(2)　瀬木・民保〔全訂第2版〕523頁参照。
(3)　野村秀敏「保全執行の開始と終了」同『民事保全法研究』50頁以下（弘文堂・2001年，初出1996年）参照。
(4)　最判昭和35・3・15民集14巻3号430頁，最判昭和38・9・17民集17巻8号968頁参照。
(5)　吉村真幸「子の引渡しと人身保護請求」判タ1100号178頁以下（2002年），山﨑恒「子の引渡しの強制執行」判タ1100号186頁以下（2002年）。
(6)　吉村・前掲注(5)179頁，山﨑・前掲注(5)188頁，梶村＝徳田編・前掲注(1)476頁〔岡

ても，これを認めた例があるといわれており[7]，筆者も直接強制の余地を認めるのが相当であると考える。

　ところで，上記の四つの立場のいずれに従うかに関係なく，従来の見解は一様に履行勧告（〔旧〕家審15条の5〔現行家事事件手続法289条〕）では執行期間を遵守したことにはならないとしているようである[8]。これは，履行勧告には強制力がないことを理由とするものであろう。しかし，履行勧告であっても，調査官による義務履行に向けての様々な事情聴取や説得活動が行われているようである[9]。他方，直接強制によるときは執行機関となるのは執行官であるが，その場合でも，手段・方法は相当と認められるものでなければならず，立入り，捜査，開錠等の処分（民執169条2項・123条2項），抵抗の排除（民執6条1項）等については慎重な検討が望まれるといわれる[10]。そうであれば，両者の間で強制力の行使・不行使という点でそれ程の差異はないようにも思われる。そして，履行勧告が行われていれば，保全の必要性の消滅の現れがあるとはいえないように思われる。したがって，履行勧告によっても執行期間を遵守したと評価できないか十分に検討の必要があると考える。

　執行の申立てや着手がまったくなかった本件事案においては，本決定が執行方法としてどの立場を前提にしていたのかは明瞭ではない。また，履行勧告の申し出や勧告が行われたのかも明瞭ではない。おそらく，これらもなかったものと思われるが，もし，これでは執行期間を遵守したことにならないとの趣旨で決定文中に摘示されていないのであれば，上で述べたように問題がないわけではない（先に，本決定は「一応は」正当と述べた所以である）。

　4　上記の直接強制説は，かねてから，理論的には直接強制が可能な場合であっても間接強制も利用しうると説いていたが[11]，平成15年の民事執行法の改正により，動産の引渡執行一般についてこのことが正面から認められるようになった（民執173条）。そうすると，執行期間内に直接強制を試みたが不奏功に終わった場合，当初の執行期間経過後に間接強制を行うことができるか，といった問題が生ずる。また，類似の問題は，履行勧告によっても執行期間の遵守のため

　　　部〕，梶村太一ほか「子の引渡し保全処分事件の処理をめぐる諸問題」家月47巻7号68頁（1995年）。
(7)　松山昇平「子どもの引渡しを求める仮処分」門口正人＝須藤典明編『新・裁判実務大系⑬民事保全法』342頁（青林書院・2002年）参照。なお，東京家審平成8・3・28家月49巻7号80頁は，子の引渡しを命ずる審判中で，執行は直接強制によるべき旨を付言する。
(8)　斎藤＝菊地編・前掲注(1)655頁〔阿部嘉人〕。
(9)　梶村ほか・前掲注(6)74頁以下，特に80頁以下に紹介されている事例参照。
(10)　吉村・前掲注(5)179頁，山崎・前掲注(5)189頁，松山・前掲注(7)343頁参照。
(11)　吉村・前掲注(5)179頁，山崎・前掲注(5)189頁。

に十分であるとするときは，これと直接強制や間接強制との間でも生じうる。このようなことは，従来問題としてまったく意識されることはなかったと思われるが，判例の解説の域を超えるので，ここでは問題点の指摘のみにとどめておく。

【補　遺】　本判例研究公表後の本決定評釈類として，萩本修・判タ1184号平成16年度主民解124頁以下（2005年）（履行勧告制度を利用している間は執行期間はその進行を停止すると解する余地もあろう等，興味深い指摘をする），がある。

　筆者は，その後，本決定で問題となったことに関して，より本格的な論考を発表している。野村秀敏「審判前の子の引渡しの保全処分の執行と執行期間」小島武司先生古稀祝賀『民事司法の法理と政策上巻』1025頁以下（商事法務・2008年）〔同『国際的民事紛争と仮の権利保護』423頁以下（信山社・2017年）所収〕。

（初出・民商法雑誌133巻1号／2005年）

第 3 部

倒 産 法

33 債務超過の判断要素

東京高裁昭和 56 年 9 月 7 日第 3 民事部決定
昭和 55 年(ラ)第 1240 号，破産宣告決定に対する即時抗告事件
(判時 1021 号 110 頁・金法 996 号 46 頁)

事実の概要 Y_1 会社（抗告人）は青果物その他食料品等の卸および小売販売を目的とする会社であるが，事業不振のため昭和 55 年 3 月 21 日に弁済期の到来する債務の支払資金の手当てができず，同年 3 月 18 日，Y_1 の当時の代表取締役であった Y_2（抗告人），取締役 A・B（Y_2・A・B は一族である）が辞任届けを残して一時失踪したため，翌 19 日より店舗を閉鎖し，債権者らに対する支払を停止した。そこで，同年 3 月 24 日，弁護士 C・D が Y_1 の取締役兼代表取締役職務代行者に選任されたが，もはや会社の業務を続行することはできず，Y_1 は債権者集会の了承を得て任意整理に移行し，同年 4 月 10 日，従業員全員を解雇するとともに，Y_1 の在庫商品を売却しその売得金等をもって従業員に対する未払賃金等を支払い，かつ，一般債権者に対する第 1 次配当を実施するなどして，整理業務を遂行しつつあった。ところが，代表取締役職務代行者 C・D と Y_1 の株主である Y_2 ら一族との間に Y_1 所有不動産の処分方法をめぐり対立抗争を生じたので，X_1 会社・X_2 会社・X_3（以上，相手方）は，Y_1 の資産の整理および配当の実施の公平を期すため，同年 10 月初旬本件破産の申立てをした。これに対し，原審裁判所は，Y_1 が X_1 ほかの債権者に対し約 1 億 7,300 万円，および抵当権者である E 信用金庫に約 2 億 7,300 万円の債務を負担しており，このため 3 億円以上の債務超過および支払不能であるとして，10 月 4 日破産宣告（現行法では「破産手続開始決定」）の決定を行った。

Y_1・Y_2 は，以下のような理由により，債務超過でも支払不能でもなく，破産原因は存在しないとして抗告した。①X_1・X_2 を含むほとんどの債権者からは債権額の 1 割 8 分の弁済を条件に残余の債務の免除を受けている。②X_2 は 4,090 万円余の債権を有すると主張するが，仮にこの債権があるとしても，Y_2 がこれを保証している。1 割 8 分の弁済を受けたとして残債務を免除した債権者がほとんどであり，免除しない一般債権者は X_2 を含めて 9 名，債権総額約 6,000 万円に過ぎない。③手持現金は 4,500 万円，最小価格でも価格 2 億 3,000 万円の建物 2 棟がある。E 信用金庫に対する 2 億 7,300 万円の債務については，Y_2 が保証するとともに，約 5 億ないし 6 億の担保価値のある個人の不動産を担保提供している。

決定要旨 抗告棄却。

(1)「本件破産申立時におけるY₁の債務は合計4億4577万5499円を下らないこと、これに対してY₁の資産としては……所在の所有建物（店舗）の評価額が合計1億391万1000円であり、他に手持現金2055万4337円あるほかはめぼしい資産はなく、債務超過の状態にあること、以上の事実を認めることができ」る。

(2)「(X₁・X₂らを含む)一般債権者らがY₁に対してした残債務免除の意思表示は、第1次配当以外に配当原資が得られないときは残債務を免除するという条件付のものと解せられるところ、Y₁が本件破産申立当時において約2000万円の現金を有するほかなお不動産などの資産を保有していることが認められるから、右条件は未成就であり、Y₂ら主張の残債務免除の意思表示は未だ効力を生じていないものというべきである。」

(3)「Y₂らは、Y₁の大口債権者であるE信用金庫に対してはY₂が個人保証しかつ個人の不動産を担保提供しており、同じくX₂に対してはY₂が個人保証しているのであり、その資力及び担保価値からみて右両名に対する債務の返済が十分可能であることからすれば、債務超過の破産原因はない、旨主張するが、法人の破産原因としての債務超過の事実を確定するに際しては、その法人の財産をもって債務を完済することができるか否かを判断すれば足り（破産法〔平成16年法律第75号による改正前のもの。以下「改正前破」とする〕127条1項〔破16条1項〕参照）、代表者個人による保証ないし担保提供の事実までしん酌しなければならないものではないから、債務超過の状態にないとするY₂らの主張は理由がない。」

(4)「以上認定したところによれば、Y₁は支払手段の欠亡〔ママ〕の結果その債権者一般に対し履行期に債務の支払をすることができない状態にあり、またその財産をもって債務を完済することができない状況にあることは明らかであるから、Y₁には〔改正前〕破産法126条1項〔破15条1項〕及び127条1項〔破16条1項〕所定の破産原因が存するものといわなければならない。」

解説

1 一般的な破産原因である支払不能（破15条1項〔改正前破126条1項〕）と並び、存立中の合名会社、合資会社を除く法人に関しては債務超過も付加的な破産原因とされている（破16条〔改正前破127条〕。相続財産に関しては、これのみが破産原因とされている。破223条〔改正前破129条〕）。このことの趣旨は、わが破産法の母法であるドイツ旧破産法の立法理由書によれば、物的会社に関しては財産のみが信用の基礎となっているという点にある。すなわち、破産は人的会社の無限責任社員や個人商人にとっては社会的地位の喪失を意味するから、そのような者は、危機に陥っても、なるべく破産を回避しようとするので、この努力に鑑

みれば，自然人の信用を高く評価することができる。しかし，物的会社の場合には，会社が倒産しても社会的地位の喪失を被る者がいないから，債務超過になっても破産を回避しようとの努力を当てにすることができず，それ故，そうなった以上速やかに破産手続を開始しうべきである[1]。

　2　支払不能は，支払能力の欠乏のため，弁済期にある債務を一般的かつ継続的に弁済できない客観的状態」を意味する（破2条11項）。なお，支払不能を推定させる支払停止（破15条2項〔改正前破126条2項〕）とは，支払能力の欠乏のため，弁済期にある債務を一般的かつ継続的に弁済できない旨を外部に表明する債務者の主観的態度である。これに対し，債務超過とは負債の額が資産額を上回ることであり，これも客観的状態を意味する。貸借対照表上借方を貸方が上回っても，直ちに債務超過とはならない。貸方には，純然たる債務のほかに資本金や各種の準備金も計上されているからである。

　債務超過の有無の判断にあたっては，資産のみを考慮に入れるべきであり，支払不能の場合のように信用や労力による金銭の調達可能性は問題にされない。弁済期にある債務だけでなく，期限未到来の債務も考慮しなければならない。このように両者の内容は異なるから，債務超過ではなくとも，資産が即時には換価困難であるといった理由により支払不能ということがありうる[2]。しかしながら，債務者は，経済状態が悪化しても，資産を次々と換価して支払に充て，なお暫くは支払不能に陥ることを回避することができようから，通常は，債務超過の方が支払不能より早く発生する（このことが，先に指摘した債務超過を物的会社に関する追加的破産原因とすることの背景となっている）。

　保証人が資力を有していたり，その提供する物的担保に十分な担保価値があれば，債権者が主たる債務者に対して当面は支払を請求しないということはありうる。そこで，債権者のそのような態度が支払停止の発生に影響を及ぼすということはありうる。しかし，債務超過は負債と資産を客観的に対置して判断すべきであるから，その負債側の問題として個人保証の有無や担保提供の事実が債務超過か否かに関係ないのは当然であり，決定要旨(3)に異論はありえない（ただし，決定要旨(4)は支払不能でもあるとしているが，これに関してはきっとした判断を加えていないように見える[3]）。もっとも，保証人の方について債務超過か否かを問題とするときには，保証人は主債務者に対する求償債権を有しうるのであるから，「主債務者である借主の財産状態も考慮して，（連帯）保証人としての負担すべき

---

(1)　野村・後掲161頁参照。
(2)　福岡高決昭和56・9・7下民集28巻9～12号1072頁は，時価7億円以上の未完成建物を有していても，換価が困難であるとして支払不能を認定する。
(3)　大須賀・後掲29頁参照。

負担部分を決定」することが必要とされる(4)。

3 本件事案において争点となっているわけではないが、債務超過の確定に際しては、むしろ資産側の方により大きな問題がある。

そもそも、ドイツ旧破産法の立法当時には、商法上、商事貸借対照表には資産は売却時価＝処分価額で計上されるべきものとされており、ドイツ旧破産法もこれを当然の前提としていた。すなわち、債務超過か否かは、資産を処分価額＝清算価値で評価し、かつ、その価値は商事貸借対照表から判明すると考えられていた。ところが、その後、商事貸借対照表の計上額は原価を基準とすることなどになって問題が生じ、しかも、企業の解散を前提とする清算価値は帳簿価額から大幅に減価してしまい大きな不都合が生じうることが認識されるようになった。後者の事情を前提とすれば、自己資本率が低いが健全なものと認識されて稼働している企業まで債務超過という破産原因をかかえてしまうことになるのである。

この不都合はわが国においても同様である(5)。そこで、債務超過の確定にあたっての資産の評価方法に関して、様々な学説がドイツにおいて提唱されているが、わが国でもその中の幾つかに対応する見解が唱えられている。ここではわが国の主な学説のみを紹介するが(6)、①清算価値説(7)以外に、②継続企業価値説(8)がある。③清算価値と継続企業価値の二つの基準により債務超過である場合に、法的な意味における債務超過と認めるべきであるとの見解もある(9)。また、④企業活動が継続しているときは継続企業価値により、それが停止されているときには清算価値によるとの見解もある(10)。他方、ドイツには、清算価値による評価によって債務超過であり、かつ、企業の存立能力の予測が否定的に判断される場合に限り、法的な意味における債務超過であるとする修正二段階説と呼ばれる見解が唱えられている。そして、わが国には、⑤自己破産の場合にはこれにより、企業活動を継続している会社に対する債権者からの申立ての場合には継続企業価値によるとの見解がある(11)。

本件事案においては、Y_1側の主張によると価格2億3,000万円の建物2棟の評価額が決定要旨(1)では約1億円となっている。これは、決定要旨が①説によっているためと推察される（ただし、減価のありえない現金有り高が主張と認定とで異

---

(4) 名古屋高決平成7・9・6判タ905号243頁。
(5) そのため、中西・後掲84頁は、合名会社・合資会社の規律を法人全体に及ぼす（類推する）のが立法論・解釈論として妥当であるとする。
(6) ドイツの議論の詳細については、野村・後掲19頁以下参照。
(7) 注解破産〔第3版〕下127頁〔谷合克行〕、阿部・後掲45頁。
(8) 谷口安平『倒産処理法〔第2版〕』76頁（筑摩書房・1980年）。
(9) 霜島甲一『倒産法大系』106頁（勁草書房・1990年）、高橋・後掲28頁。
(10) 伊藤・破産・再生85頁。
(11) 基本法コンメ破産〔第2版〕199頁〔河野正憲〕。

なっているから，断定はできない）。これに対し，福岡地裁小倉支決平成9・1・17（判タ956号293頁）は，抗告審裁判所から，清算価値によれば債務超過ではないとして破産申立てを却下した決定の取消し・差戻しを受けた後，継続価値によれば債務超過ではないとして債務超過の事実を再び否定した（福岡高決平成9・4・22判タ956号291頁はこの判断を是認する）。これは③説を前提としているように思われる。

　私見も基本的には③説に賛成している。ただし，一口に継続企業価値とはいっても，市場価額，帳簿価額，取換価額，再調達価額などもありうるが，わが国では，収益還元法によって得られた価値，すなわち将来の利益予想額を資本還元率によって除して得られた価額を意味すると捉えられている。しかし，これには非現実的な前提に基づいているといった問題があるほか，この方式によっても多くの健全な企業が債務超過になってしまうという不都合は回避されえない。そこで，私見は，これに代わり，たとえば，機械のような使用財については，期待されたその効用がどの程度実際に利用されているかに応じて，より具体的には，その取得原価を操業度に即して修正することによって評価すべきであるという効用価値説を提唱している。また，商事貸借対照表上債務超過であれば，法的な意味における債務超過が事実上推定されると考えている[12]。

■参考文献

大須賀虔「本件解説」新倒産百選28頁以下
高橋宏志「破産原因と破産障害」判タ830号27頁以下（1994年）
田中弘「債務超過の判定と資産の評価」企業会計51巻4号687頁以下（1999年）
阿部信一郎「破産原因」高木新二郎編『破産・和議の基礎知識』42頁以下（青林書院・1996年）
野村秀敏『破産と会計』（信山社・1999年）

【補　遺】　本判例解説は，当初，倒産判例百選〈第3版〉（2002年）に公表したものに，同百選の改定に伴って加筆訂正したものである。

（初出・倒産判例百選〈第5版〉／2013年）

---

(12)　野村・後掲50頁以下，82頁以下，85頁以下。

第3部　倒産法

34 株式会社の取締役等の解任または選任を内容とする株主総会決議不存在確認の訴えの係属中に当該株式会社が破産手続開始決定を受けた場合における訴えの利益の消長

最高裁平成21年4月17日第2小法廷判決
平成20年(受)第951号，株主総会等決議不存在確認請求事件
（金判1321号51頁）

事実の概要　Yの株主であり，平成19年6月28日当時，Yの取締役であったX₁らは，Yに対し，同年7月10日，①同日に開催されたとするYの臨時株主総会における，X₁らを取締役から，Bを監査役から解任し，Aらを新たな取締役と監査役に選任することを内容とする株主総会決議（本件株主総会決議），②同日に新たに選任されたとする取締役らによって開催されたとするYの取締役会におけるAを代表取締役に選任する旨の決議（以下，両決議を併せて，「本件株主総会決議等」という）の不存在確認を求めて，本件訴えを提起した。ところがその後，Yは，本件訴訟が第1審係属中の同年9月7日，破産手続開始の決定を受け，破産管財人が選任された。

第1審（福島地判平成19・11・22金判1321号56頁）では訴えの利益の点は何ら問題とされることなく，X₁らの請求は認容されたが，原審（仙台高判平成20・2・27金判1321号55頁）は，次のとおり判断して，原判決を取り消し，X₁らの訴えをいずれも却下した。すなわち，Yが破産手続開始の決定を受け，破産管財人が選任されたことにより，本件株主総会決議で選任されたとする取締役らは，いずれも，Yとの委任関係が当然終了してその地位を喪失し，他方，同決議で解任されたとする取締役らについても，本件訴訟で勝訴したとしても，破産手続開始の時点で委任関係が当然終了したものと扱われるので，Yの取締役らとしての地位に復活する余地はないから，特別の事情がない限り，本件株主総会決議等不存在確認の訴えは訴えの利益がない。そして，同訴えにつき訴えの利益を肯定すべき特別の事情があるとは認められない。

これに対するX₁らの上告受理申立てが認められた。

判決要旨　破棄差戻し。

「民法653条は，委任者が破産手続開始の決定を受けたことを委任の終了事由として規定するが，これは，破産手続開始により委任者が自らすることができなくなった財産の管理又は処分に関する行為は，受任者もまたこれをすることができないため，委任者の財産に関する行為を内容とする通常の委任は目的を達し得ず終了することによるものと解される。会社が破産手続開始の決定を受けた場合，破産財団についての管理処分権限は破産管財人に帰属するが，役員の選任又は解

任のような破産財団に関する管理処分権限と無関係な会社組織に係る行為等は，破産管財人の権限に属するものではなく，破産者たる会社が自ら行うことができるというべきである。そうすると，同条の趣旨に照らし，会社につき破産手続開始の決定がされても直ちには会社と取締役又は監査役との委任関係は終了するものではないから，破産手続開始当時の取締役らは，破産手続開始によりその地位を当然には失わず，会社組織に係る行為等については取締役らとしての権限を行使し得ると解するのが相当である（最高裁平成12年(受)第56号同16年6月10日第一小法廷判決・民集58巻5号1178頁参照）。

したがって，株式会社の取締役又は監査役の解任又は選任を内容とする株主総会決議不存在確認の訴えの係属中に当該株式会社が破産手続開始の決定を受けても，上記訴訟についての訴えの利益は当然には消滅しないと解すべきである。」

研　究

1　本判決の意義

本判決は，株式会社の取締役（と監査役。以下，簡略化のため，原則として取締役にのみ言及する）の解任または選任を内容とする株主総会決議（と代表取締役を選任した取締役会決議）不存在確認の訴え（無効確認の訴え・決議取消しの訴えでも問題状況は同様であろう）の係属中に当該株式会社が破産手続開始の決定を受けた場合，当該訴訟についての訴えの利益が失われるかの問題について，最高裁が初めて判断を示した新判例である。しかしながら，破産会社の取締役の地位いかんは他の問題点との関連においても現れる問題であり，それらの他の問題点に関する従来の最高裁の判例の立場を前提とすれば，本判決の結論は当然予測されたところであると言い得るように思われる。

2　検　討

(1)　株式会社が破産手続の開始決定を受けると当然に解散し（会社471条5号），同時廃止（破216条）の場合を除いて，破産管財人の手によって破産手続を通じて破産会社の財産の清算が行われる（同時廃止の場合は，必要があれば清算人の手によって通常の清算手続が行われる。後掲②判決）。しかしながら，破産管財人の権限は破産財団所属財産の管理処分にしか及ばず（破78条1項），他方で破産会社も破産の目的の範囲内ではなお存続するものとみなされるから（破35条），破産財団所属財産の管理処分以外の事務，とりわけ破産会社の組織法上の法律関係に

関する事務[1]は会社の機関によって処理されなければならないことになる。そしてそのために，株主総会，取締役，監査役等の機関は破産前と変わらず存続することになる。

以上の限度では特段異論のないところであるが，具体的に取締役の地位に就くのは誰であるのか，すなわち破産手続の開始によって従前の取締役はその地位を失い，新たな取締役を選任する必要があるのか（終任説），あるいはその地位が継続するのか（非終任説）については争いがある。

(2) この問題については，①大判大正14・1・26（民集4巻8頁）（以下，「①判決」という）が非終任説を採用していた。事案は，原告が取締役たる資格において株主失権通知（当時の商法による株金分割払込主義の下，一定の日時までに〔第2回目の〕株金払込みをなさざるときは株主たる権利を喪失する旨の通知）の無効確認を求めた訴訟の係属中に当該会社が破産したというものであった。しかし，当該原告には取締役たる地位に関係なく原告適格が認められたはずであり，また，①判決が非終任説の理由として引用する条文が必ずしも適切ではなかったためか[2]，必ずしも先例として適切ではないと評価されている[3]。

次に，②最判昭和43・3・15（民集22巻3号625頁・金判105号6頁）（以下，「②判決」という）は，株式会社が破産宣告（破産手続開始決定）とともに同時廃止決定を受けた場合，なお存在する残余財産について清算手続を行うために清算人となる者は，商法(旧)417条1項但書（会社478条1項2号・3号）の場合を除いて，利害関係人の請求によって裁判所が選任した者（商(旧)417条2項〔会社478条2項〕）であるとした。そして，「同時廃止決定があったからといって，……従前の取締役が商法(旧)417条1項本文（会社478条1項1号）により当然清算人となるものとは解し難い」理由として，「商法(旧)254条2項（会社330条）によれば，会社と取締役との関係は委任に関する規定に従うべきものであり，民法653条によれば，委任は委任者又は受任者の破産に因って終了するのであるから，取締役は会社の破産により当然取締役の地位を失う」と述べた。

この引用箇所の理由による限りは，②判決は，残余財産の清算以外の事務を処理する権限も含めて，破産手続の開始によって従前の取締役の権限は全面的に失われるとしていると理解するのが素直なように見える[4]。そして，②判決をその

---

(1) たとえば，会社設立無効の訴えや総会決議取消しの訴えに対する応訴。ただし，破産管財人の権限が及ばない組織法上の法律関係とは具体的に何を意味するかには議論がある。松下淳一「法人たる債務者の組織法的側面に関する訴訟の倒産手続における取扱いについて」竹下守夫先生古稀祝賀記念『権利実現過程の基本構造』739頁以下（有斐閣・2002年）。
(2) 加藤正治「①判決判批」法協44巻1号181頁，183頁以下（1926年）参照。
(3) 前田重行「②判決判批」法協86巻6号714頁（1969年）。
(4) 千種秀夫「②判決解説」最判解説民昭和43年度(上)215頁以下は，非終任説によるな

ように理解して，終任説に賛成する立場（全面的終任説）が少なくとも商法学説上は通説であったといってよいと思われる[5]。また，このように理解された判例の立場を前提とする限りは，破産手続開始後に破産会社の取締役等の地位を云々することには，基本的には，今さら意味はない。そこで，本件原審は，「役員選任の総会決議取消の訴が係属中，その決議に基づいて選任された取締役ら役員がすべて任期満了により退任し，その後の株主総会の決議によって取締役ら役員が新たに選任され，その結果，取消を求める選任決議に基づく取締役ら役員がもはや現存しなくなったときは」「特別の事情のないかぎり，決議取消の訴えは実益なしに帰し，訴の利益を欠くに至る」との判例（最判昭和45・4・2民集24巻4号223頁・判時592号86頁）を前提にしつつ，〔事案の概要〕欄引用のように判断したものである（なお，原審では，Yらは，Aが管轄警察署長等に対して行ったYに関する旅館業等の廃業届出などを是正することがYの財産を破産手続において適正な価額で売却するために必要であることが上記の特別の事情に該当すると主張していたが，原審は，旅館業等許可の地位はその建物の買受人に承継されるものではない，などとして退けている）。

(3) しかしながら，②判決は，先の引用箇所に先立ち，当該事案は同時廃止に関するものであり，そのために清算手続と清算人が必要である旨を指摘していた。したがって，上記の理由は，（破産財団所属財産以外の）財産の清算ないし管理処分に関してのみ当てはまると理解する余地があった。

はたして，本判決が引用する③最判平成16・6・10（民集58巻5号1178頁・金判1202号2頁）（以下，「③判決」という）はそのような解釈を示した。事案は，破産した有限会社の取締役が破産宣告後に火災保険に付されていた会社所有建物に放火したため，保険約款の免責条項（被保険者の取締役の故意等によって生じた損害については保険金を支払わない旨の条項）にいう取締役に該当するかが問題とされたというものであった（ここでの問題との関連では有限会社と株式会社とを区別する必要はないであろう）。そして，③判決は，問題を肯定するに際し，取締役の地

らば従前の取締役が同時廃止の場合に清算人となる説も考えられないではないが，終任説によるとそのような余地はなく，②判決は終任説か非終任説かの点についての最高裁の態度を示唆するものといえようとしていた。

(5) 上柳克郎ほか編『新版注釈会社法(6)』55頁〔今井宏〕（有斐閣・1987年），鈴木竹雄＝竹内昭夫『会社法〔第3版〕』270頁（有斐閣・1994年），北沢正啓『会社法〔第5版〕』368頁（青林書院・1998年）は，明示的に②判決を同趣旨として引用しつつ全面的終任説に賛成する。上柳ほか編・前掲書85頁以下〔浜田光代〕，大隅健一郎＝今井宏『会社法論〔第3版〕(中)』174頁（有斐閣・1992年）も，自らは全面的非終任説であるが，②判決を全面的終任説の判例として引用する。そのほか，全面的終任説として，石井照久『会社法〔第2版〕(上)』370頁（勁草書房・1972年），田中誠二『会社法詳論〔3全訂版〕(上)』582頁（勁草書房・1993年），加美和照編著『取締役の権限と責任』48頁〔河内隆史〕（中央経済社・1994年）。

位にある者は，業務執行権限の有無等に関わりなく，例外なく免責の対象となる保険事故の招致をした者に含まれ，本件免責条項にいう取締役とは文字どおり取締役の地位にあるものをいうとの解釈を前提としつつ，「有限会社の破産宣告当時に取締役の地位にあった者は破産宣告によっては取締役の地位を当然には失わず，社員総会の招集等の会社組織に係る行為等については，取締役としての権限を行使しうると解される」との理由を述べた。そして，②判決については，③判決とは事案を異にする旨をなお書きで注記した。

②判決と③判決とを整合的に理解すれば，判例は，（代表）取締役は会社の破産後は会社財産の管理処分権を失い，清算手続が必要な場合でも当然に清算人となることはないが，財産の清算ないし管理処分以外の事務，とりわけ会社の組織法上の行為に係る限りでは権限を保持するとの立場（後者の限りでの非終任説＝限定的非終任説）を採用しているということになろう[6]。

従前の代表者が，法人の解散にもかかわらず，その財産の管理処分権以外の権限を保持することは，③判決以前に④最決平成8・1・30（民集50巻1号199頁・判時1555号3頁）（以下，「④決定」という）によっても暗黙の前提とされていた。事案は，宗教法人が解散命令を受け，その即時抗告が棄却されて清算人が選任された後，宗教法人の従前の代表役員であった者が特別抗告を提起したというものであるが，④決定はこれについて本案の判断を加えており，上記のような前提に立っていたものと推察される[7]。他方，会社財産に関しては破産管財人の管理処分権に服しない場合であっても従前の（代表）取締役の権限が及ぶことはない旨は，⑤最決平成16・10・1（金判1209号38頁。以下，「⑤決定」という）によっても確認されている。すなわち，判例によると，破産財団から放棄された財産を目的とする別除権について別除権者が放棄の意思表示をする相手方は破産者であるとされているが（最決平成12・4・28金判1095号8頁），⑤決定は，②判決を引用しつつ，破産者が会社である場合，破産宣告当時の代表取締役は当然に清算人となることはなく会社財産についての管理処分権を失うから，別除権放棄の意思表示をすべき相手方は放棄された財産の管理処分権を有する商法(旧)417条1項但書または商法(旧)417条2項による清算人であるというのである。

以上のように，従来の判例は全面的な終任説ではなく，破産会社の財産の清算ないし管理処分の権限に関する限りでの終任説を，逆に言えば，それ以外の破産会社の事務の処理に関しては非終任説を採用していると言える。そうであるとすれば，破産手続開始後も後者の事務との関連では従前の取締役の地位を云々する

---

[6] 田中亘「③判決判批」倒産百選〈第4版〉33頁，八田卓也「⑤決定判批」倒産百選〈第4版〉113頁。

[7] そうでなければ，抗告は却下されるべきものである。山下典孝「破産会社の取締役による保険事故招致免責の可否」NBL 799号47頁（2004年）。

ことにはなお意味が失われていないから，取締役（や監査役）の地位に関する株主総会決議（や取締役会決議）の不存在確認の訴えに会社の破産にもかかわらず訴えの利益が失われるものではないとする本判決の結論は，従来の判例から当然のこととして導きうるところである。

(4) ところで，本判決は，破産財団所属財産の管理処分以外の事務である会社組織に係る行為等について非終任説を採用する理由として，「民法653条は，委任者が破産手続開始の決定を受けたことを委任の終了事由として規定するが，これは，破産手続開始により委任者が自らすることができなくなった財産の管理又は処分に関する行為は，受任者もまたこれをすることができないため，委任者の財産に関する行為を内容とする通常の委任は目的を達し得ず終了することによるものと解される」と指摘している。しかしながら，このこと自体は，破産財団所属財産以外の財産の清算ないし管理処分の権限についても非終任説を採用する論理として当てはまる。実際，最近は，この論理によって，このような財産の清算ないし管理処分に関わる事務であるか否かにかかわらず非終任説を採用する立場（全面的非終任説）が破産法の学説上は通説であり[8]，商法学説上も有力である[9]と言ってよいであろう。

全面的終任説や全面的非終任説は，財産の清算ないし管理処分の権限も含めて自説が妥当する根拠として②判決や⑤決定のあげる理由以外にも様々な理由をあげているが[10]，要するに最終的な価値判断として，前者は手続の適正を，後者はその簡易迅速性をより重視するものといえよう。私見としては全面的非終任説に傾くが，いずれにせよ，全面的終任説によらない限り，本判決の結論に異論はないものと思われる。

3 実務への影響

本判決は新判例ではあるが，従来の判例の立場から当然に導かれうる結論が示されただけであり，実務への影響は大きくはないのではなかろうか。なお，本判

---

(8) 谷口安平『倒産処理法〔第2版〕』130頁以下（筑摩書房・1980年），注解破産〔第3版〕上82頁以下〔小室直人＝中殿政男〕，注解破産〔第3版〕下128頁以下，755頁〔谷合克行〕，中島弘雅『体系倒産法Ⅰ』81頁（中央経済社・2007年），伊藤・破産・再生〔第2版〕299頁，530頁。ただし全面的終任説，霜島甲一『倒産法体系』150頁，159頁（勁草書房・1990年）。

(9) 前田・前掲注(3)712頁以下，上柳ほか編・前掲注(5)86頁〔浜田〕，大隅＝今井・前掲注(5)174頁，中西正明「②判決判批」民商59巻5号819頁以下（1969年），近藤光男『最新株式会社法〔第4版〕』203頁以下（中央経済社・2007年），弥永真生「②判決判批」倒産百選〈第4版〉177頁。

(10) 山下・前掲注(7)47頁，大隅健一郎「破産株式会社の取締役」同『会社法の諸問題〔新版〕』357頁以下（有信堂・1983年）参照。

決掲載誌コメント[11]は，⑤決定を引用しつつ，本判決はそこで問われた問題には触れていないとしており，それ自体はそのとおりであろうが，本判決が説く判決理由は従来は全面的非終任説の理由として述べられてきたものであるだけに，破産財団所属財産以外の財産の清算ないし管理処分の権限に関しても非終任説を採用する萌芽を含んでいると見るのは穿ちすぎであろうか。

■参考文献
川嶋四郎「本判決判批」法セ 658 号 118 頁（2009 年）
弥永真生「本判決判批」ジュリ 1382 号 46 頁以下（2009 年）
同「本判決判批」金法 1880 号 6 頁以下（2009 年）

【補　遺】　本判例研究公表後の本判決評釈類として，綾克己・実務に効く事業再生 24 頁以下，釜田薫子・商事 2027 号 49 頁（2014 年）（判旨賛成），久保寛展・福法 55 巻 1 号 145 頁以下（2010 年）（本判決支持），佐藤鉄男・民商 141 巻 1 号 128 頁以下（2009 年）（判旨賛成），杉本和士・倒産百選〈第 5 版〉34 頁以下，中島弘雅・法教 354 号判例セレクト 2009〔Ⅱ〕28 頁（2009 年）（非終任説），同・ビジネス 10 巻 8 号 110 頁以下（2010 年），野田博・金判 1337 号 2 頁以下（2010 年）（判旨賛成），長谷部由起子・金法 1905 号 56 頁以下（2010 年）（全面的非終任説），菱田雄郷・平成 21 年度重判解 153 頁以下（2010 年），藤本利一・リマークス 40 号 114 頁以下（2010 年）（判旨賛成），本間健裕・別冊判タ 29 号平成 29 年度主民解 194 頁以下（2010 年），松嶋隆弘＝金澤大祐・日法 76 巻 3 号 153 頁以下（2010 年）（判旨結論に賛成しつつ，取締役等と破産管財人の権限の関係を問う），丸山秀平・中央ロー6 巻 4 号 97 頁以下（2010 年）（判旨結論に賛成しつつ，どのような行為が組織に関するものか，組織に関するものであれば財産の管理処分に関するものでないかは，なお考慮しなければならないと指摘する），南健悟・会社判例百選〈第 3 版〉220 頁（2016 年），村田典子・法研 83 巻 11 号 86 頁以下（2010 年）（判旨結論に賛成しつつ，会社の組織に関する訴えすべてについて破産管財人が被告適格を有しないのかは今後の課題とする），和田宗久・速報判解 6 号 123 頁以下（2010 年）（非終任説），等がある。

（初出・金融・商事判例 1330 号／2009 年）

---

[11]　金判 1321 号 53 頁，判タ 1297 号 125 頁。

35 破産管財人の源泉徴収義務

最高裁平成 23 年 1 月 14 日第 2 小法廷判決
平成 20 年（行ツ）第 236 号・同年（行ヒ）第 272 号，源泉徴収納付義務不存在確認請求事件
（民集 65 巻 1 号 1 頁・金判 1365 号 31 頁）

事実の概要　A 株式会社は，平成 11 年 9 月 16 日，大阪地方裁判所において破産宣告を受け，弁護士である X が破産管財人に選任された（本件は，旧破産法の適用される事件である）。

X は A の破産手続において，破産管財人として，次の支払と配当をした。① X の報酬を 3,000 万円とする破産裁判所の平成 12 年 6 月 29 日の決定に基づく，同年 7 月 3 日の自らに対する当該報酬の支払，② X の報酬を 5,000 万円とする破産裁判所の平成 13 年 3 月 21 日の決定に基づく，同月 28 日の自らに対する当該報酬の支払，③平成 11 年 9 月 16 日をもって A を退職していた元従業員ら 270 名を債権者とする退職金の債権に対する，平成 12 年 8 月 30 日の合計 5 億 9,415 万 2,808 円の配当。

B 税務署長は，上記①②の支払には所得税法 204 条 1 項 2 号の規定が，③の配当には同法 199 条の規定が適用されることを前提に，平成 15 年 10 月 23 日付けで，X に対し，次の本件各納税告知および本件各賦課決定をした。㋐上記①の支払に係る平成 12 年 7 月分の源泉所得税 590 万円の納税告知および不納付加算税 59 万円の賦課決定，㋑上記②の支払に係る平成 13 年 3 月分の源泉所得税 990 万円の納税告知および不納付加算税 99 万円の賦課決定，㋒上記③の配当に係る平成 12 年 8 月分の源泉所得税 2,013 万 7,500 円の納税告知および不納付加算税 201 万 3,000 円の賦課決定。B 税務署長は，平成 15 年 10 月 28 日付けで，X に対し，本件各納税告知に係る源泉所得税および本件各賦課決定に係る不納付加算税ならびに延滞税について交付要求をした。

X は，Y（国）に対して，第 1・2 審において，主位的に，上記源泉所得税および不納付加算税の納税義務が存在しないことの確認を求めるとともに，第 2 審において，予備的に，上記源泉所得税および不納付加算税の債権が財団債権でないことの確認を求めて本件訴訟を提起した。第 1 審（大阪地判平成 18・10・25 金判 1359 号 36 頁）は X の請求を棄却し，第 2 審（大阪高判平成 20・4・25 金判 1359 号 28 頁）も主位的請求を棄却した第 1 審の判断を是認した上，予備的請求についても棄却した。X から上告および上告受理の申立てがなされた。

なお，X は，Y に対し，本件不納付加算税賦課決定処分の取消しを求める別件

訴訟を提起しており，その第1審（大阪地判平成20・3・14判時2030号3頁）は上記⑦に係る不納付加算税賦課決定処分のみを取り消した。この判決は第2審（大阪高判平成20・10・15 LEX/DB 2842018），最高裁を経てそのまま確定した。

判決要旨　　一部破棄自判・一部棄却。

「(1)　弁護士である破産管財人が支払を受ける報酬は，所得税法204条1項2号にいう弁護士の業務に関する報酬に該当するものというべきところ，同項の規定が同号所定の報酬の支払をする者に所得税の源泉徴収義務を課しているのは，当該報酬の支払をする者がこれを受ける者と特に密接な関係にあって，徴税上特別の便宜を有し，能率を挙げ得る点を考慮したことによるものである（最高裁昭和31年（あ）第1071号同37年2月28日大法廷判決・刑集16巻2号212頁参照）。

破産管財人の報酬は，旧破産法47条3号にいう『破産財団ノ管理，換価及配当ニ関スル費用』に含まれ（最高裁昭和40年（オ）第1467号同45年10月30日第二小法廷判決・民集24巻11号1667頁参照），破産財団を責任財産として，破産管財人が，自ら行った管財業務の対価として，自らその支払をしてこれを受けるのであるから，弁護士である破産管財人は，その報酬につき，所得税法204条1項にいう『支払をする者』に当たり，同項2号の規定に基づき，自らの報酬の支払の際にその報酬について所得税を徴収し，これを国に納付する義務を負うと解するのが相当である。

そして，破産管財人の報酬は，破産手続の遂行のために必要な費用であり，それ自体が破産財団の管理の上で当然支出を要する経費に属するものであるから，その支払の際に破産管財人が控除した源泉所得税の納付義務は，破産債権者において共益的な支出として共同負担するのが相当である。したがって，弁護士である破産管財人の報酬に係る源泉所得税の債権は，旧破産法47条2号ただし書にいう『破産財団ニ関シテ生シタルモノ』として，財団債権に当たるというべきである（最高裁昭和39年（行ツ）第6号同43年10月8日第三小法廷判決・民集22巻10号2093頁，最高裁昭和59年（行ツ）第333号同62年4月21日第三小法廷判決・民集41巻3号329頁参照）。……

(2)　所得税法199条の規定が，退職手当等（退職手当，一時恩給その他の退職により一時に受ける給与及びこれらの性質を有する給与をいう。以下同じ。）の支払をする者に所得税の源泉徴収義務を課しているのも，退職手当等の支払をする者がこれを受ける者と特に密接な関係にあって，徴税上特別の便宜を有し，能率を挙げ得る点を考慮したことによるものである（前掲最高裁昭和37年2月28日大法廷判決参照）。

破産管財人は，破産手続を適正かつ公平に遂行するために，破産者から独立した地位を与えられて，法令上定められた職務の遂行に当たる者であり，破産者が雇用していた労働者との間において，破産宣告前の雇用関係に関し直接の債権債

務関係に立つものではなく、破産債権である上記雇用関係に基づく退職手当等の債権に対して配当をする場合も、これを破産手続上の職務の遂行として行うのであるから、このような破産管財人と上記労働者との間に、使用者と労働者との関係に準ずるような特に密接な関係があるということはできない。また、破産管財人は、破産財団の管理処分権を破産者から承継するが（旧破産法7条）、破産宣告前の雇用関係に基づく退職手当等の支払に関し、その支払の際に所得税の源泉徴収をすべき者としての地位を破産者から当然に承継すると解すべき法令上の根拠は存しない。そうすると、破産管財人は、上記退職手当等につき、所得税法199条にいう『支払をする者』に含まれず、破産債権である上記退職手当等の債権に対する配当の際にその退職手当等について所得税を徴収し、これを国に納付する義務を負うものではないと解するのが相当である。」

|研　究|

1　本判決の意義

　破産管財人は、財団債権である自らの報酬債権に対する弁済をし、あるいは、破産債権である破産手続開始前の労働者の給与や退職金の債権に対する配当金の支払を行う際に、源泉所得税の徴収・納付義務を負うか、負うとするならば、その源泉所得税の債権は財団債権となるか、が本件事案において争われた問題である。

　従来は、これらの破産管財人の源泉徴収義務に関して、課税庁によって実際に納税告知等の処分がされた事例はほとんどなく、破産実務においても否定説に沿った取扱いが長年にわたって行われており、この問題について公表された裁判例も存在しないという状況にあった。ただし、給与・退職金に係る源泉徴収義務に関しては、それを積極的に否定する弁護士等の論稿や各地の裁判所の破産担当部の否定説をとる旨の見解が公表されたことがあったが、破産管財人の報酬に係る源泉徴収義務に関しては、そのようなことはなかった[1]。

　このような中で、本件第1審判決が破産管財人の報酬と退職金の双方に関して源泉徴収義務を認めた上で、それらに係る源泉所得税の債権を財団債権であるとしたため、大いに議論を呼ぶこととなったが、その後の本件第2審判決、別件訴訟第1審判決・第2審判決のいずれにおいても同一の結論が採用された。もっとも、学説上は、本件第1審判決後に公表された論稿においても、少なくとも給与・退職金に関しては源泉徴収義務を否定するものが多数という状況にあった。

---

(1)　以上の点については、別件訴訟の第1審判決（判時2030号18頁）参照。

第3部　倒産法

したがって，ここでの問題に決着を付けた本判決の意義には大きなものがあると言える。

2　従来の議論

(1)　ここでの問題に関しては，本件訴訟・別件訴訟の原告管財人側と被告国側によって充実した議論がなされ，それに基づいてそれぞれの第1審・第2審の各裁判所が詳細な判断を示しており，それらの議論ないし判断と学説[2]との間には相互作用があるように見える。そこで，従来の議論を跡付け，検討するためには，これらの議論・判断を見ておけば十分であろうが，肯定説としては，本件訴訟の第2審の判断を取り上げれば足りよう[3]。なお，従来は主として，給与・退職金の債権に対する配当に際しての源泉徴収義務を念頭に置いて議論がなされてきたと思われるので，こちらの問題点を主として取り扱うこととする。

(2)　ア　最初に，原告管財人側による否定説の議論を見てみる。

(ｱ)　まず争われたのは，破産者が所得税法199条1項の支払をする者に該当するかである。

破産管財人側は以下のように主張した。①源泉徴収義務は，本来の納税義務者以外の第三者に租税を徴収させ，これを国に納付させる義務であり，源泉徴収制度は，源泉徴収義務者の負担の下に，租税債権者である国および本来の納税義務者の負担を軽減するものであるから，源泉徴収義務を課すことが許される第三者の範囲は，本来の納税義務者との間に特に密接な関係があり，このような義務を課すに足りる合理的な理由のある者に限定されなければならない。

②上記①を前提とすると，実際に源泉徴収をすることができない者に源泉徴収

---

[2]　学説としては，注(4)以降の注に掲記の文献のほか，永島正春「破産管財人の源泉徴収義務」税弘36巻9号148頁以下（1998年），佐藤英明「破産手続において支払われる賃金と所得税」税事67号23頁以下（2002年），保木本正樹「判批」行政判解説平成18年176頁以下，市木雅之「判批」月刊税務事例40巻5号19頁以下（2008年），垂井英夫「判批」税理51巻15号85頁以下（2008年），片山正史「破産法における配当等と源泉徴収制度」税大58号383頁以下（2008年），品川芳宣「判批」税研144号88頁以下（2009年），同「判批」TKC税研情報18巻2号53頁以下（2009年），金井恵美子「破産管財人の源泉徴収義務について」税法学562号3頁以下（2009年），伊藤雄太「破産管財人の源泉徴収義務」税法学563号35頁以下（2010年）等。そのほか，破産管財人が源泉徴収義務を負うことを前提として，その具体的内容の検討を行うものとして，佐藤英明「破産管財人が負う源泉徴収義務再論」税事103号25頁以下（2008年），岡正晶「勤務先が倒産し給料債権の回収不能が生じた場合どうしたらよいか」税事106号37頁以下（2008年）。

[3]　本件訴訟第1審・第2審，別件訴訟第1審・第2審における原告管財人の主張，被告国の主張はほぼ同一であり，各裁判所の判断もほぼ同一である。ちなみに，本件訴訟と別件訴訟の第1審は大阪地裁の同一の部に係属し，裁判官の構成も同一であった。また，第2審も大阪高裁の同一の部に係属したが，裁判官は1名のみ交替している。

義務を課すことは酷であるから，支払をする者とは，単にその支払に係る経済的出捐の効果が最終的に帰属する者であるだけでは足りず，現実に支払という行為をし，またはこれをすることができる者，すなわち，自らの権限で支払をすることができる者に限定しなければならない。

③破産者は，破産財団所属財産に対する財産管理処分権を失うから，②の者に該当しない。

(イ) 次に，破産管財人側は，破産債権の配当に際しては源泉徴収義務を負う者はいない（破産管財人にも破産者にも源泉徴収義務はない）として，以下のような理由をあげる。

④個別執行において執行機関が労働債権に対する配当を行う際には，執行機関には源泉徴収義務はないと解されている。配当は任意の支払ではないからであり，債務者はあらかじめ配当金から源泉所得税分を差し引くことができない以上，債務者にも源泉徴収義務はない。これらの点は破産配当の場合にも異ならない。

⑤個別執行においては，執行債権の確定手続と執行手続とは分離され，執行機関は執行債権の存否を問題とすることができず，その意味において，執行機関が債権者に対して負う配当義務は，執行債権の実体法上の性質が捨象された，いわば無色透明の手続上の債務であるということができ，この性質から（給与や退職金を支払っているのではないから），強制執行手続における配当については執行機関にも債務者にも源泉徴収義務は生じないと解される。この点も破産配当に関しても当てはまる。

(ウ) さらに，破産者が退職金について支払をする者に該当するとした場合，破産管財人が源泉徴収義務を負うか，が問題とされた。

この点に関する破産管財人側の主張は以下のとおりである。⑥源泉所得税は，受給者の収入である給付に課せられる租税であり，その給付は破産財団を離脱したものであって，破産財団の管理に関係がないから，当該給付に係る源泉所得税の徴収納付も破産財団の管理等に関する事柄ではなく，破産管財人の管理処分権は及ばない。

⑦源泉徴収事務は破産管財人にとり過大な負担になって，管財事務が停滞する原因になる。そのために破産管財人が当該事務を税理士等に依頼すると，その報酬は財団債権となると考えられるが，破産債権者にとって共益性を有しない源泉徴収に係る事務に要する費用につき，破産財団が負担を強いられるべきではない。

イ　以上に対し，本件第2審判決は，④や⑤のように解すべき実定法上の根拠等は見出し難いとしつつ，支払をする者とはその経済的効果の帰属者であれば足り，退職金に対する配当に関しては破産者であるとした。そして，破産管財人は，(旧)破産法7条の管理処分権に基づいて配当を本来の管財業務として行ったのであるから，それに付随する職務上の義務として源泉徴収義務を負うとした。また，

退職金に対する配当は破産管財人の本来の管財業務としてなされたものであるから，消極財産の管理上なされたものであり，その支払に付随して当然に成立し確定する納税義務は，破産債権者にとって共益的な支出（共益的費用）に係るものであって，(旧)破産法47条2号但書にいう「破産財団ニ関シテ生シタルモノ」に該当し，源泉所得税の債権は財団債権となるとした。

(3) 破産管財人の報酬に係る源泉徴収義務に関しては，簡単に触れるにとどめる。

まず問題とされたのは，弁護士の破産管財人としての報酬が所得税法204条1項柱書および2号にいう弁護士の報酬に該当するかである。つまり，そこにいう報酬は弁護士法3条1項に弁護士が扱うものとしてあげられた法律事務に関するものに限定されるべきではないかが問題とされたが，この点は破産管財人側の主張以外に否定説は見られないと思われるので，これ以上の言及は省略する。

④⑤は，事の性質上，破産債権である退職手当の配当に特有の問題点であるが，当事者や本件第2審判決も，その点を除いては，退職手当に係る源泉徴収義務に関する議論は破産管財人の報酬に係るそれとの関係でも当然に妥当するものとしている。ただし，財団債権の債務者は近時有力な管理機構人格説によると管理機構としての破産管財人であるから，支払をする者は破産管財人自身であるとの国側の主張は，管財人報酬に関する特有の議論である。

3　最高裁の判断

最高裁の判断の眼目は，破産管財人の主張①にいう「特に密接な関係」を重視する点にある。そして，そこから報酬を支払う破産管財人と受領する破産管財人との間にはこれを肯定し，破産手続開始時までに退職している破産者の元従業員と破産管財人との間にはこれが認められないとして，両者の異なった取扱いを導いている。また，破産宣告前の雇用関係に基づく退職手当等の支払に関して源泉徴収義務を破産者から当然に承継する法令上の根拠はないとして，(旧)破産法7条（＝現行破産法78条1項）に基づく第2審判決の議論を否定する。弁護士報酬に係る源泉所得税の債権の財団債権性に関しては，その報酬自体が破産財団の管理の費用であるから，その支払の際に控除された源泉所得税に係る債権は(旧)破産法47条2号但書の財団債権になるとする。

4　若干の検討

(1) ここでの問題については，給与・退職金と破産管財人報酬とを分け，さらに破産管財人の源泉徴収義務に関してはそれ固有の義務と破産者の義務を承継して負う義務とを区別して考察するのが理解を容易にする。ところが，従来の議論ではこれらが明瞭には区別されておらず，そのことが理解を困難にしてきた面があるように思うが（2では，なるべくこれらを分けて紹介するように努めた），本判

決はそのような区別を行っており，分かりやすい。

(2) 最初に，給与・退職金の債権に対する配当に関して述べることとする。すると，先にも指摘したように，本判決の重点は「特に密接な関係」の有無を問う点にあるが，それなしに源泉徴収義務を課せば違憲の問題を生じさせかねないから（最大判昭和 37・2・28 刑集 16 巻 2 号 212 頁），この点は適切である。もっとも，判例上，「特に密接な関係」に関して具体的な定義は与えられていないが，配当関係のほかに全く関係のない破産者の元従業員と破産管財人との間に「特に密接な関係」を認めることができないのは明らかである。

破産管財人固有の源泉徴収義務を否定するにはこの理由だけで十分であったので，本判決は④⑤の個別執行との比較論には触れていない。ただし，本判決後の最判平成 23・3・22（金判 1368 号 15 頁）は，個別執行による回収の場合でも，それによって給与等の支払債務者の債務が消滅するから，その者が支払をする者に該当するとしている。すなわち，これは，個別執行の場合について執行機関自身の源泉徴収義務を否定することを当然の前提としつつ，債務者に関する④の議論を否定したものである。この趣旨を破産に及ぼせば（個別執行と破産とを別異に扱う特段の理由もないように思われる），破産者が支払をする者に該当することになろう。

本判決は⑤の無色透明論にも積極的には触れていないが，3 月 22 日判決はこれも否定している。この議論は学説上はかなり有力ではあるが[4]，受給者や破産者・債務者の側から見れば給与・退職手当の支払の性質を帯びることは否めないように思われる。のみならず，破産配当でも個別執行の配当でも，複数の種類の優先的な債権あれば，それらの間の順位は実体法の定めるところによるのであるから（破 98 条 2 項，民執 85 条 2 項等），配当をする者から見ても，無色透明論は完全には貫徹しえないのではなかろうか。したがって，無色透明論それ自体は，問題を否定するにせよ，肯定するにせよ，決定的な理由にはならないように思われる。

ともあれ，3 月 22 日判決の趣旨を破産の場合に及ぼせば，破産者は支払をする者に該当することになる。そうすると，破産管財人自身は支払をなす者には該当しないとしても，破産管財人は破産者の承継人との側面も有するから，破産者の源泉徴収をなすべき者としての地位を引き継ぐのではないかとの問題が生ずる。本判決は，（破産者が支払をする者であるとしても）その点は否定されるべきであ

---

(4) 竹下重人「税務処理」自正 37 巻 6 号 54 頁（1986 年），桐山正己「破産管財人の源泉徴収義務」銀法 676 号 49 頁（2007 年），山本和彦「破産管財人の源泉徴収義務に関する検討」金法 1845 号 12 頁（2008 年），石井教文「労働債権の配当・弁済に伴う破産管財人の源泉所得税の徴収・納付義務」自正 59 巻 12 号 78 頁（2008 年），伊藤眞「破産管財人等の職務と地位」事再 119 号 13 頁（2008 年），条解破産 954 頁。

るとしているが，法令上の根拠はないとするのみで詳しい理由は述べていない。

否定説の根拠としては，破産管財人が破産者から承継する管理処分権の中には破産債権の債務者としての地位は含まれていないからとの指摘がなされている(5)。しかし，破産債権の債務免除の意思表示の相手方は破産管財人であるし，債権譲渡の通知の相手方も破産管財人であるから，この理由は疑問ではなかろうか(6)。また，源泉徴収義務は公法上の義務だからという理由があげられることがあるが(7)，公法上の義務にも承継されるものがあるから(8)，それだけでは説得的な理由にならない。源泉徴収義務は徴収義務者固有の義務であるとの理由があげられることもあるが(9)，典拠として引用される最判平成4・2・18（民集46巻2号77頁）自体は固有の義務との文言を用いていないし，内容としても，源泉徴収制度においては租税債権者と源泉徴収義務者，後者と本来の納税義務者との間の法律関係があるだけであるとのことを述べているに過ぎない。この判決自体からは，これら二つの法律関係の源泉徴収義務者の地位を破産管財人が引き継がないということは積極的には出て来ないように思われる。それ故，これも承継を否定する決定的な理由にはならないのではなかろうか。

そこで，否定説の論拠としては，⑦の方が重要ではなかろうか。すなわち，そのような源泉徴収に係る事務の処理は租税債権者たる国と本来の納税者たる受給者の利益にはなるが，給与・退職金の債権債務関係の外に位置する破産債権者の利益にはならない。にもかかわらず，破産管財人に源泉徴収義務があると解するならば，その事務処理の費用の請求権は財団債権となろうが，それは破産財団の減少という形でその負担を破産債権者に求めることを意味する。しかし，このことは，破産債権者が共同の負担として，破産財団の管理・換価に伴って発生する費用等を受忍するという財団債権の趣旨に反する(10)。第2審判決は，そうなっても，そのような費用は破産者が支払を行ったとしても生ずる費用であり，元来，破産債権者が自己の債権の引当てとして期待できなかった性質のものであるから，差し支えがないとしている。だが，破産者がそのような事務を破産手続開始前に処理していれば，その費用の請求権は単なる破産債権にしかならないはずのものである（破産手続開始後には破産者は破産財団からそのような支払を行うことはでき

---

(5) 「本判決コメント」金判1365号34頁。
(6) 大コンメ破産331頁〔田原睦夫〕参照。
(7) 山本・前掲注(4)11頁。
(8) 伊藤・前掲注(4)12頁。
(9) 山本・前掲注(4)11頁。
(10) 山本・前掲注(4)13頁，石井・前掲注(4)78頁，伊藤・前掲注(4)13頁，中西正「破産管財人の源泉徴収義務」銀法676号53頁以下（2007年），近藤隆司「判批」平成20年度重判解158頁（2009年），岡正唱「破産手続と租税に関する近時の重要問題」金子宏編『租税法の発展』574頁（有斐閣・2010年）。

ない)。

(3) 破産管財人報酬は，破産管財人が自ら行った管財業務に対する報酬として，自らに対して支払うものであるから，支払をする者と受給者との間に特に密接な関係があることは明らかである。したがって，この関係の有無によって源泉徴収義務の有無を判断する本判決の立場からは，これについて破産管財人に源泉徴収義務があることに疑問の余地はないであろう。また，旧破産法47条2号但書の趣旨も上記の破産財団の管理・換価の費用の財団債権の趣旨と同様のところにあろうが[11]，破産管財人の報酬自体が管理・換価の費用に該当するから，それに係る源泉所得税の債権は上記の意味における財団債権に当たるとする本判決にも問題はないであろう。

5 実務への影響と残された問題点

本判決は，従来の取扱いに反する下級審裁判例が現れて議論を呼んでいた問題について決着を付けたものであり，実務に対して大きな影響を有する。また，本件は旧破産法が適用された事件であるが，本判決の破産管財人の報酬に係る部分は現行破産法下でもそのまま妥当する。旧破産法47条2項但書に相当する規定が現行法には存在しないことは，そう解することの妨げとはならない[12]。また，退職金債権の配当について源泉徴収義務が否定されるのは「特に密接な関係」の欠如を理由としているから，現行法下で財団債権化された給与・退職金に対する弁済（破149条）や裁判所の許可による優先的破産債権であるそれらの請求権に対する支払（破101条）に関しても，破産管財人の源泉徴収義務は否定されよう。

弁護士の業務に対する報酬であっても，給与等の支払をする個人事業者以外の個人からの支払であれば，源泉徴収を要しないが（所税204条2項2号），破産者自身が個人事業者以外の個人であるときに，破産管財人に源泉徴収義務があるかは，残された問題である。また，給与・退職金の支払について破産管財人に源泉徴収義務がないとして，その後の法律関係がどうなるかも問題である。3月22日判決を破産の場合に及ぼせば破産者本人に源泉徴収義務があることになる。その場合，旧破産法の下では源泉所得税の債権は財団債権にも破産債権にもならないとの趣旨を本判決は含んでいるとの理解が示されているが[13]，現行法の下では劣後的破産債権（破99条1項1号・97条4号）になる可能性がある[14]。そうであるとすると，当該債権は破産手続中は（劣後的破産債権に対する配当がなされると

---

(11) 旧破産法47条2項但書の趣旨は現行法148条1項2号に吸収された。条解破産949頁，大コンメ破産584頁〔上原敏夫〕。
(12) 注(11)参照。
(13) 「本判決コメント」金判1365号35頁。
(14) 条解破産955頁。

いう稀な場合を除いては）行使することできず，その終了後に破産者が消滅していなければ，それから徴収しうる可能性があるにとどまることになろう（免責の対象にはならない。破253条1項1号）。これに対し，上記の源泉所得税は破産手続中も破産者自身から徴収しなければならないと考えた場合，あるいは破産者自身も源泉徴収義務を負わないと考えた場合には，その後の処理がどのようになされるか。これに関する一応の解釈論も示されているが[15]，いずれにせよ，この事後的な処理の問題も，立法論的検討も含めて[16]，残された問題である[17]。

　　【補　遺】　本判例研究公表後の本判決評釈類として，池本征勇・月刊税務事例43巻6号1頁以下（2011年）（判旨賛成），石森久広・法教378号判例セレクト2011〔Ⅱ〕11頁（2012年），伊藤博之・税理54巻11号75頁以下（2011年）（今後の実務上の課題を指摘），占部裕典・民商150巻1号81頁以下（2014年）（判旨結論に賛成しつつ，退職手当に係る破産者の源泉徴収義務を肯定），岡正晶・倒産百選〈第5版〉42頁以下（残された解釈論的，立法論的課題を指摘），神谷善英・行政判解説平成23年155頁以下，北濱基継・訟月59巻3号851頁以下（2013年），金春・平成23年度重判解139頁以下（2012年）（「特に密接な関係」に代えて「支払を受ける者との間で，法律上の債権債務関係を有する本来の債務者及びこれに準ずると評価できる者」を基準とすべきであるとする），佐藤孝一・月刊税務事例45巻1号7頁以下（2013年）（本判決により惹起されることとなった課題等に詳しく言及），首藤重幸・税研30巻4号55頁以下（2014年），垂井英夫・税理54巻6号106頁以下（2011年），中西良彦・税理55巻9号84頁以下（2012年），橋本浩史・税経通信66巻7号147頁以下（2011年），渕圭吾・判評637号〔判時2136号〕170頁以下（2012年）（破産手続開始決定により破産者の負っていた源泉徴収義務が解除され，破産手続開始決定後は破産財団＝破産管財人につき新たに源泉徴収義務を判断するとしつつ，判旨結論賛成），古田隆夫・ジュリ1432号100頁以下（2011年），同・曹時66巻1号185頁以下，同・最判解説民平成23年度（上）1頁以下，同・時の判例Ⅶ112頁以下（2014年），松下淳一・租税判例百選〈第6版〉222頁以下（2012年），山崎広道・税法学572号171頁以下（2014年），等がある。

　ほかに，本判決を機縁とする論文として，岡正晶「破産管財人の源泉徴収義務」税事124号32頁以下（2011年），元氏成保「執行により債権の回収が実現された場合における源泉徴収義務の有無」租税訴訟9号509頁以下（2016年），山崎広道「所得税法204条の源泉徴収義務者に関する一考察」熊法127号175頁以下（2013年），がある。

（初出・金融・商事判例1374号／2011年）

---

(15)　「本判決コメント」金判1365号34頁以下。
(16)　立法論的検討として，岡・前掲注(10)574頁以下，同「破産管財人の源泉徴収義務に関する立法論的検討」金法1845号16頁以下（2008年）。
(17)　本判決の研究等として，森稔樹・速報判解9号229頁以下，山本和彦・金法1916号57頁以下，長屋憲一・金法1916号60頁以下，稲葉孝史・NBL947号9頁以下，若林元伸・ジュリ1418号100頁以下，須藤典明・金判1360号1頁，林仲宣＝高木良昌・税弘59巻4号66頁（以上，2011年），等がある。

36 破産手続開始前に成立した第三者のためにする生命保険契約に基づき破産者である死亡保険金受取人が有する死亡保険金請求権と破産財団への帰属

最高裁平成28年4月28日第1小法廷判決
平成27年(受)第330号，債務不存在確認等請求本訴・不当利得返還請求反訴事件
（民集70巻4号1099頁・金判1499号14頁）

事実の概要　(1) Y_1およびAは，平成24年3月7日，東京地方裁判所に破産手続開始の申立てをした。同裁判所は，同月14日，両名についてそれぞれ破産手続開始の決定（以下「本件各開始決定」という）をし，XをY_1およびAの破産管財人に選任した。

(2) Y_1およびAの長男であるBは，平成16年に甲共済生活協同組合連合会との間で，被共済者をB，死亡保険金を400万円とする生命共済契約（以下「本件生命共済契約」という）を，また，平成23年に乙生命保険相互会社との間で，被保険者をB，死亡保険金を2,000万円とする生命保険契約（以下「本件生命保険契約」という）をそれぞれ締結していたが，平成24年4月25日に死亡した。本件生命共済契約の定めによれば，上記死亡共済金受取人はY_1およびAとなり，本件生命保険契約では，上記死亡保険金の受取人はY_1に指定されていた。

(3) Y_1は，平成24年5月上旬，上記死亡共済金および上記死亡保険金の各請求手続をして，同月下旬に合計2,400万円を受け取り，このうち1,000万円（以下「本件金員」という）を費消し，同年9月，残金1,400万円をY_1破産管財人としてのXの預り金口座に送金した。なお，本件金員のうち800万円は，同年6月からY_1の代理人となった弁護士であるY_2の助言に基づいて費消されたものであった。

(4) Xは，Y_1破産管財人として，上記死亡共済金および上記死亡保険金の各請求権（以下「本件保険金請求権等」という）がY_1またはAの各破産財団に属するにもかかわらず，Y_1がこれを費消したことは，Y_1において本件金員を法律上の原因なくして利得するものであり，Y_2にはY_1が本件金員を費消したことにつき弁護士としての注意義務違反があると主張して，Y_1に対しては不当利得返還請求権に基づき，Y_2に対しては不法行為に基づく損害賠償請求権に基づき，800万円および遅延損害金等の連帯支払を求めた。また，Xは，A破産管財人として，同様の理由で，Y_1，Y_2に対して，200万円および遅延損害金等の連帯支払を求めた（Y_1からXに対する反訴があるが，省略する）。

(5) 第1審は，Y_1に対する請求を全面的に，Y_2に対する請求を8割の限度で

認容した（2割の減額は、Y_2 による事件の受任前に既に200万円が費消されていたとの理由による）。原審は Y_1 らの控訴棄却。Y_1 らの上告受理申立てが認められた。

判決要旨　　上告棄却。

「第三者のためにする生命保険契約（生命共済契約を含む。以下同じ。）……の死亡保険金受取人は、当該契約の成立により、当該契約で定める期間内に被保険者が死亡することを停止条件とする死亡保険金請求権を取得するものと解されるところ（最高裁昭和36年（オ）第1028号同40年2月2日第三小法廷判決・民集19巻1号1頁参照）、この請求権は、被保険者の死亡前であっても、上記死亡保険金受取人において処分したり、その一般債権者において差押えをしたりすることが可能であると解され、一定の財産的価値を有することは否定できないものである。したがって、破産手続開始前に成立した第三者のためにする生命保険契約に基づき破産者である死亡保険金受取人が有する死亡保険金請求権は、破産法34条2項にいう『破産者が破産手続開始前に生じた原因に基づいて行うことがある将来の請求権』に該当するものとして、上記死亡保険金受取人の破産財団に属すると解するのが相当である。

前記事実関係によれば、本件生命共済契約及び本件生命保険契約はいずれも本件各開始決定前に成立し、本件生命共済契約に係る死亡共済金受取人は Y_1 及びAであり、本件生命保険契約に係る死亡保険金受取人は Y_1 であったから、本件保険金等請求権のうち死亡共済金に係るものは本件各破産財団に各2分の1の割合で属し、本件保険金等請求権のうち死亡保険金に係るものは Y_1 の破産財団に属するといえる。」

研　究

1　本判決の意義

判決要旨に引用の最判昭和40・2・2（民集19巻1号1頁・判時404号52頁）によると、第三者のためにする生命保険契約において、死亡保険金受取人は、当該契約の成立によって、当該契約で定める期間内における被保険者の死亡を停止条件とする死亡保険金請求権（抽象的保険金請求権）を取得する。他方、破産法34条2項は、破産手続開始時に現に発生している請求権でなくとも、「破産者が破産手続開始前に生じた原因に基づいて行うことがある将来の請求権」も破産財団に属するとする。そこで、契約成立後、破産手続係属中の被保険者死亡によって具体的に発生した死亡保険金請求権（具体的保険金請求権）は、保険契約を上記規定にいう原因と捉えれば破産財団に帰属し（便宜「保険契約成立説」と呼ぶ）、保険事故である被保険者死亡を原因と捉えれば自由財産ということになり（便宜

「保険事故説」と呼ぶ），いずれと解すべきかが問題となる。

本判決はこの問題につき保険契約成立説を採用すべき旨を判示した初めての最高裁の判決であり，保険実務，倒産実務の上で重要な意義を有する。

2　従来の(裁)判例・学説

(1)　上記問題点に関して直接判示した下級審裁判例としてはまず，本件訴訟に先立って，Xの申立てにより，Y₁に対して，破産法156条1項に基づき，Y₁が保管している保険金のXへの引渡しを命じた裁判所の決定に対する抗告に係る①東京高決平成24・9・12（金判1412号20頁）がある。この決定は，本判決と同様に，抽象的保険金請求権が処分および差押えの対象となりうることのほか，破産手続の開始決定が包括的差押えの効力を有することを指摘して，保険契約成立説を採用した（ただし，以下の②ないし④を含め，従来の裁判例には，「一定の財産的価値を有する」旨の文言はない）。

また，②札幌地判平成24・3・29（判時2152号58頁）は，生命共済契約の特約に係る疾病入院共済金請求権に関するものであるが，①判決と同趣旨を説いていた。本判決の第1審③東京地判平成26・6・18（民集70巻4号1109頁・金判1492号25頁），原審④東京高判平成26・11・11（民集7巻4号1147頁・金判1492号22頁）も同様である。

(2)　本判決は，〔判決要旨〕欄の引用部分に引き続き，Y₁らが援用する⑤最判平成7・4・27（生命保険判例集8巻123頁）を，本件には先例として適切ではないとしている。これは⑥大阪高判平成2・11・27（金判875号15頁）を実質的な理由を示すことなく簡単な説示によって是認したものであるが，これらは，破産手続開始決定前に生じた自動車事故（自損事故）によって受傷して，入通院治療を受けていた破産者が，破産手続開始後に，保険会社にその締結していた各種保険契約に基づく保険金の支払を請求したという事案に関するものである。そして⑥判決は，傷害保険の保険事故は「急激かつ偶然な外来の事故による身体障害」，所得保障保険のそれは「被保険者の障害のために発生した就業不能」，高度障害保険のそれは「傷害により所定の高度障害状態になったこと」であるとしつつ，最後のものに関連して，高度障害状態になったのが破産手続開始後であればその保険金請求権が自由財産となることは否定できないとの趣旨のことを述べていた。

保険契約成立説であれば，そもそも保険事故が何時発生したかを問題とすることなく，具体的保険金請求権は破産財団に帰属するはずであるから，それを問題にしている⑥判決は保険事故説を前提にしていると考えられなくもない[1]。しか

---

[1]　山下友信＝永沢徹編著『論点大系保険法2』374頁〔山本哲生〕（第一法規・2016年）は，そのような理解のようである。

しながら，傷害保険，所得保障保険に関しては破産手続開始前に既に保険事故が発生しており，高度障害保険に関してはそもそも保険事故は発生していないというのであるから，⑤⑥判決は，保険契約成立説か保険事故説かに関しては，全く判断する必要がなかった事案に係るものであった。

(3) 生命保険契約では，保険契約者は，保険事故が発生するまでは，何時でも一方的に保険金受取人を変更することができるし（保険43条1項），契約を解除することもできる（保険54条）。そうすると，（特に他人のためにする契約の場合）保険金受取人の地位は極めて不安定であるから，それは単なる希望，期待に過ぎないとして，抽象的保険金請求権の存在を否定する見解が考えられ得る。そして，これを前提とすれば，破産手続開始後に発生した（具体的）保険金請求権は常に自由財産となることになる。

上記のような見解はかつて主張されたことはあるが[2]，現在，学説上明確にこの立場を採るものは見出されない[3]。そして，現在は，権利者としての地位が不安定であることと権利者性とは両立しうると指摘して[4]，生命保険契約の保険金受取人に関しても抽象的保険金請求権の存在を認めた上で，①ないし④判決や本判決と同趣旨を説いて保険契約成立説による立場が通説となっている[5]。

(4) もっとも，権利としての抽象的保険金請求権の存在を認めながら保険事故説を説く少数説もないわけではない。すなわち，遠山説は，停止条件付債権や始期付債権が破産者が将来行うことがあるべき請求権として破産財団に帰属するのは，破産手続開始時に既に将来の発生が予想され，一定の財産的価値を持つものであるから，これを破産債権者のための配当財源とするのが合理的であるとの理由によるとの前提に立ちつつ，停止条件付債権であっても，停止条件が成就して将来発生する可能性が低く，財産的価値も微小であるものは破産財団に属さないとする。そして，前述のように，保険金受取人の地位は不安定であるから，その

---

[2] 三浦義道『補訂保険法論』347頁（巖松堂書店・1928年），河合篤「生命保険契約に因りて生じたる権利の譲渡(1)」民商4巻3号502頁（1936年）。

[3] 本件事案における上告理由はこの立場をとるべき旨を力説する。民集70巻4号1103頁以下。

[4] 山下友信『保険法』509頁（有斐閣・2005年）。

[5] 大森忠夫「保険金受取人の法的地位」大森忠夫＝三宅一夫『生命保険契約法の諸問題』37頁（有斐閣・1958年，初出1942年），大橋眞弓「新保険法と生命保険契約者の破産」明治ロー7号338頁（2010年）（ただし，「特段の事情」による例外を認める），勝野義人「②判決判例研究」共済と保険55巻4号188頁以下（2013年），東京地裁破産再生実務研究会編著『破産・民事再生の実務／破産編〔第3版〕』260頁（金融財政事情研究会・2015年），条解破産〔第2版〕309頁，神原千郷ほか「倒産手続と保険契約に基づく請求権の帰趨」「現代型契約と倒産法」実務研究会編『現代型契約と倒産法』274頁以下（商事法務・2015年）。本判決の解説類も同旨である。杉本和士「本判決解説」法教431号143頁（2016年），田頭章一「破産手続開始前に成立した生命保険契約に基づく死亡保険金請求権の破産財団への帰属」金法2053号16頁以下，特に21頁（2016年）。

財産的価値は極めて低いので，抽象的保険金請求権は破産財団には帰属しないと考えるべきであるとして，保険事故説を主張する[6]。また，論者は，具体的保険金請求権を破産財団に含めると，破産債権者に当初の期待よりはるかに大きな満足を与えること，破産者である保険金受取人の更生を妨げ，保険金受取人やその家族の生活に支障が生ずるなど，固定主義を採用した趣旨に反するという理由も指摘する[7]。

酒井説は，上記の「一定の財産的価値」の内容を，条件成就前であっても，当該権利を破産財団に組み入れて保護すべき債権者の期待権があり，当該権利の実現性が相当程度高く，その財産的価値を具体的に評価できることを意味すると理解することが可能であるとして，この見解に共感を示している[8]。しかし，この論者は，実務上，破産手続における破産者を契約者とする保険契約については，破産管財人を中心とする柔軟な対応がなされており，介入権等の周辺制度をみても，破産者やその関係者の合理的意思を尊重し得る仕組みが整備されており，その運用如何によっては，妥当な結論を導くことも不可能ではないと思われると指摘する[9]。これは結局，運用に期待して通説に賛成するとの趣旨であろうか。

3　検　討

(1)　本件事案において問題となっている他人のためにする生命保険契約の場合，保険事故発生前の保険金受取人の地位は保険契約者によって何時でも無に帰せしめられうるという意味で，極めて不安定であり，遺言者（遺贈者）生存中の受遺者の地位に類似する。そして，受遺者について破産手続が開始された後に遺言者が死亡した場合，遺贈の対象となった財産は自由財産となると解されている[10]。本判決や裁判例①ないし④および通説が，これに反して，具体的生命保険金請求権を保険金受取人の破産財団に帰属させているのはなぜか。

通説によると，その理由は，単なる期待に過ぎないとされる受遺者の地位（最判昭和31・10・4民集10巻10号1229頁）とは異なって，抽象的保険金請求権には権利性が認められることに求められている。それではなぜ権利性が認められるのかというと，その理由は処分（保険47条参照），差押えの対象となり得るからであるとされている。では，なぜ処分，差押えが認められるかというと，権利性が

---

(6)　遠山優治「生命保険金請求権と保険金受取人の破産」文研論集（生命保険文化研究所）125号217頁，220頁（1998年）。倉部真由美「裁判例⑥判例研究」保険判例百選207頁（2010年）も結論として同旨。
(7)　遠山・前掲注(6)221頁。
(8)　酒井優壽「裁判例①②判例研究」ひろば68巻1号71頁（2015年）。
(9)　酒井・前掲注(8)73頁。
(10)　山木戸克己『破産法』110頁（青林書院新社・1974年）。

認められるからではないか。しかし、これでは循環論法にしかならない[11]。保険事故発生前の保険金受取人の地位と遺言者死亡前の受遺者の地位の差異は、前者が処分、差押えの対象になっても、積極的な差支えはないのに対し、後者の処分、差押えにはそれがあり得るという点に求められるべきであると考える[12]。

受遺者の地位（遺言者の死亡後に遺贈の対象となった財産を自己に帰属すると主張しうるかもしれないという地位）の処分、差押えが可能であるとすれば、処分の相手方や差押債権者と受遺者との間に紛争が発生することがありえよう。たとえば、受遺者の地位の譲渡があったが、譲渡前における遺言者による遺言の撤回あるいはその内容と矛盾する新たな遺言（民1022条・1023条参照）があった（その結果、それが実際には不存在であった）のではないかといって、受遺者が譲受人から責任を追及されるような場合である。そうなれば、遺言者は、遺言の有無やその内容の開示を強いられることに繋がりかねない。このことは、遺言の自由[13]の一環としての遺言を内密にすることについての遺言者の利益を害し得る。それ故、受遺者の地位の処分、差押えを認めるのは適当ではない。これに対し、保険金受取人の指定は最初から開示されているのであるから、このような不都合は問題にならない。したがって、抽象的保険金請求権の処分、差押えには積極的な意味もあまりないかもしれないが[14]、特別な不都合もないので、これを認めて差支えないと考える。かくして、消極的な理由によってであるが、この権利には文字どおり権利性が認められると解する。

---

(11) このような循環論法に陥りやすいことは、大森・前掲注(5)7頁の指摘するところである。もっとも、大森・同所は、日本法上は明文規定はないが、権利と解するのに手掛かりとなる条文はあるとして、そうではないと解する必要はないとしている。しかし、そうだとしても保険金受取人の地位が不安定性であるのも事実であり、何故、前者の側面が後者の点より重視されるのかを説明していない。

(12) 「一定の状態において、一定の要件が備わるならば、更に当事者の権利取得のための法律行為を要することなくして、直ちに権利を取得しうべき地位にあり、しかも相手方又は第三者においても、特に侵害しうべき権限を有しない限り、このような地位を侵害してはならないという拘束を受けている」ならば、そのような地位を期待権と言ってよいとして、保険金受取人の地位に権利性を認めるならば（砺波久幸「生命保険契約上の権利に関する滞納処分について」税大17号191頁（1986年）、それでは何故、受遺者の地位には権利性が認められないのかの疑問は残りうるであろう。

(13) 遺言によって自己の相続財産の死後における帰属を自由に（他からの影響を受けることなく）決める権能。これが認められることは、この権能の自由な行使を妨げた者を相続欠格者としている民法891条3号・4号、満15歳に達した者にのみ遺言能力を認めている民法961条、法定代理人もしくは保佐人、補助人の同意なしに遺言をなしうるとしている民法962条、遺言の方式を定めた民法967条以下、共同遺言の禁止に関する民法975条等の規定に現れている。野村秀敏『予防的権利保護の研究』388頁（千倉書房・1995年）参照。

(14) 譲渡を受けたり、差押えをしても、何時でも保険契約の解除や保険金受取人の変更によって、中身が無くなってしまうる。

(2) それでは、具体的保険金請求権は破産財団に帰属するか、自由財産であるかであるが、この点についても、実際上の理由によって、破産財団に帰属すると解する方が、相対的には無難であると考える。

そもそも生命保険には、「生活保障的側面」と「責任財産的側面」の二面性があり、そのことから、保険契約者や保険金受取人などの保護とそれらの債権者の保護とをいかに調和させるかは、生命保険制度における宿命的課題であると言われている[15]。すなわち、前者を一面的に強調して具体的保険金請求権を自由財産とすることにも、後者を重視して破産財団に服せしめることにも、いずれにも不都合があり得る。たとえば、先の遠山説が指摘するように、これを破産財団に帰属させることは破産債権者にとって望外の利益となるかもしれない（もっとも、被保険者死亡という保険事故が保険金受取人の破産手続開始前に発生している場合とのバランスを考えれば、自由財産とすると破産者こそ望外の利益を得ると言えなくもない）。また、自己のためにする生命保険において破産手続開始後に保険契約者（被保険者）が死亡した場合には、相続財産を破産者とする手続が続行される一方（破227条）、破産手続開始時から相続開始時までの新得財産は破産財団の範囲に含まれないと解されている[16]。この場合、相当な保険料が支払われているにもかかわらず、高額な保険金が全額自由財産となるとすれば、それには違和感を感ぜざるを得ない。

これらのことに鑑みると、保険契約成立説をとるにせよ、保険事故説をとるにせよ、その結果を調整する必要があると思われるが、後説をとって具体的保険金請求権を自由財産としたのでは、そのような法律的ないし制度的な手段は見出しえない。これに対し、前説によりそれを破産財団に帰属せしめるときには、破産財団の拡張の手段（破34条4項）がある。それ故、通説と同様に、この制度の柔軟な運用に期待して、保険契約成立説に賛成する[17]。

(3) 本判決は、裁判例①ないし④とは異なって、抽象的保険金請求権が「一定の財産的価値」を有することを指摘している。これは、上記の遠山説を意識したものと思われる。しかし、その財産的価値が零でないことは確かであろうが、「一定の財産的価値」の内容を酒井説のように捉えれば、それがないことも否定しえないであろう。この点については以下のように考えるべきであろう。

まず、消極財産である破産債権の取扱いを確認しておくと、それには条件付債権も含まれるとされる（破103条4項）。そして、当該債権は、条件成就の可能性の程度にかかわらず条件はないものとして扱われ、確定債権額なり評価額なりで

---

[15] 大森忠夫「生命保険契約に基づく強制執行」大森忠夫＝三宅一夫『生命保険契約法の諸問題』105頁以下（有斐閣・1958年、初出1943年）
[16] 条解破産〔第2版〕1494頁、伊藤・破産・再生〔第3版〕90頁。
[17] 田頭・前掲注(5)22頁も、この点を重視する。

の届出が認められる（破103条2項）。ただし，配当との関係では打切主義がとられ，最後配当に関する除斥期間満了までに条件が成就していれば配当に加わることができるが，そうでなければ完全に除斥されるとされている（破198条2項）。

他方，固定主義を採用したことの根拠の一つに，破債権者の範囲を破産手続開始時の債権者に限定したこととの対応がある[18]。つまり，消極財産と積極財産との対応である。そうであれば，積極財産である停止条件付権利に関しても，条件成就の可能性の高低にかかわらず，破産財団に帰属すると解するのが首尾一貫している[19]。そして，破産手続係属中に条件が成就すれば，無条件となった権利が破産財団に帰属する。条件が成就しなければ，破産手続終了直前に放棄することとするか，そうでなければ，その付着したままの権利が破産手続外に残される[20]。

(4) 本判決の論理は自己のためにする生命保険にも，そしてまた生命保険のみならず定額保険一般に妥当し，その射程はこれにも及ぶと考えてよいであろう[21]。これに対し，損害保険のうち物・財産保険に関する保険金請求権についても問題はあり得るが[22]，とりわけ，人保険に係る保険金請求権に関しては特別な問題があることが指摘されている[23]。とりあえず，双方とも本判決の射程外と解

---

(18) 山木戸・前掲注(10)109頁，『（第45回帝国議会提出）破産法案理由書』5頁以下（日本法政学会・1922年）。
(19) 田頭・前掲注(5)21頁。
(20) 最判平成5・6・25民集47巻6号4557頁（破産手続が終結した場合には，原則として破産者の財産に対する破産管財人の管理処分権は消滅し，……破産管財人において，当該財産をもって追加配当の対象とすることを予定し，又は予定すべき特段の事情があるときには，破産管財人の任務は終了していない……）の趣旨からいって，本文のように解してよいであろう。神原＝上田ほか・前掲注(5)277頁。なお，田頭・前掲注(5)23頁も参照。
(21) 金判1499号17頁の本判決コメント参照。
(22) 破産財団に属する物が保険の対象とされている限り，具体的保険金請求権が破産財団に帰属することに問題はないであろうが，動産は差押禁止財産（民執131条）に該当し，自由財産となることが多いであろう（破34条3項2号）。後者に係る具体的保険金請求権に関しては，差押禁止財産の価値変換物であり，それも差押禁止財産として自由財産であるという考え方（次の注(23)参照）と，保険の対象財産と抽象的保険金請求権ひいては具体的保険金請求権はあくまで別個の存在であるとして，破産財団に属するという考え方とがあり得よう。安福達也「倒産事件における震災の影響と運用(8)」金法1932号40頁以下（2011年）参照。
(23) 金判1499号17頁の本判決コメントは，被保険者の破産手続開始後における保険事故発生の場合，破産管財人が保険金の支払を受けてしまうと，保険会社が（本来，新得財産に当たるはずの）破産者たる被保険者の損害賠償請求権に代位できてしまうことをどう考えるか，という問題を指摘している。なお，伊藤眞「固定主義再考（大阪高判平26.3.20）──交通事故に基づく損害賠償請求権などの破産財団帰属性を固定主義から考える」事再145号93頁（2014年）は，破産手続開始前に交通事故が発生した場合を前提にしてであるが，破産手続開始後の期間に継続するであろう苦痛に対応する慰謝料請求

36　破産手続開始前の契約に基づく死亡保険金請求権の破産財団への帰属性

しておく。

　【補　遺】　本判例研究公表後の本判決評釈類として，浅野雄太・リマークス54号138頁以下（2017年）（判旨賛成），杉本純子・速報判解20号239頁以下（2017年），土岐孝宏・法セ740号159頁（2016年），飛澤智行・ジュリ1501号91頁以下（2017年），松下淳一・平成28年度重判解150頁以下（2017年）（判旨賛成），森恵一・金法2073号44頁以下（2017年）（本判決に賛成しつつ，自由財産の拡張，保険金請求権の破産財団からの放棄による柔軟な運用を説く），若狭一行＝阪井大・ビジネス17巻1号93頁以下（2017年）（本判決を前提としての保険会社，申立代理人，破産管財人の対応を説く），等がある。

（初出・金融・商事判例1510号／2017年）

権は新得財産であるとした上で，それに関する保険金請求権は，慰謝料請求権の支払を確保するためのものであり，かつ，慰謝料の支払を内容とするものとして特定しているところから，慰謝料請求権自体と同視することが許される（新得財産である）とする（芳仲美恵子「被害者の破産と損害賠償請求権」高野真人＝溝辺克己＝八木一洋編『交通事故賠償の再構築』（法律のひろば創刊60周年記念別冊）211頁以下（ぎょうせい・2009年）も参照）。

第3部　倒産法

37
(1) 求償権が破産債権である場合において、弁済による代位により取得した財団債権である原債権を破産手続によらないで行使することの可否（①事件）
(2) 求償権が再生債権である場合において、弁済による代位により取得した共益債権である原債権を再生手続によらないで行使することの可否（②事件）

①事件：最高裁平成23年11月22日第3小法廷判決
　平成22年(受)第78号、求償債権等請求事件
　（民集65巻8号3165頁・金判1384号13頁）
②事件：最高裁平成23年11月24日第1小法廷判決
　平成22年(受)第1587号、前渡金請求事件
　（民集65巻8号3213頁・金判1384号13頁）

事実の概要　1　①事件：A社の取引先であるX_1社は、平成19年8月21日、A社代表者の懇請を受けて従業員9名の同年7月分の給料を立替払いし、民法650条1項に従い、Aに対する求償権を取得した。同年8月29日にAについて破産手続開始決定がされ、Y_1が破産管財人に選任された。前記求償権は破産債権となるにすぎないが、X_1は、前記立替払いに基づいて弁済による代位（民501条）により取得した原債権である従業員の給料債権を財団債権（破149条1項）として行使しつつ、破産手続によらずにY_1に対しその支払を求める訴えを提起した。

第1審（③大阪地判平成21・3・12民集65巻8号3186頁・金判1380号23頁）は、原則として原債権の財団債権としての行使は認められないが、本件事案においては例外を認めるべき特段の事情があるとして請求を認容した。これに対し、原審（④大阪高判平成21・10・16民集65巻8号3197頁・金判1380号19頁）は、例外を認めずに原判決を取り消し、訴えを却下した。X_1から上告受理申立て。

2　②事件：B社は、平成19年9月3日、C社との間で、船舶で使用する断熱材の製造を目的とする請負契約を締結し、平成20年1月頃、Cから、上記請負契約の報酬の一部を前渡金（以下「本件前渡金」という）として受領した。Bは、同年6月18日、再生手続開始の決定を受け、同社の管財人に選任されたY_2は、同年7月1日、民事再生法49条1項に基づき、Cに対し、上記請負契約を解除する旨の意思表示をした。前記再生手続開始前に本件前渡金の返還債務を保証していたX_2は、同年8月8日、Cに対し、同債務を代位弁済し、民法459条に従い、B（Y_2）に対する求償権を取得した。この求償権は再生債権にすぎないが、X_2は、前記弁済に基づく代位（民501条）により取得した原債権である請負の前

渡金の返還請求権を共益債権（民再49条5項，破54条2項）として行使しつつ，再生手続によらずにY_2に対しその支払を求める訴えを提起した。

第1審（⑤大阪地判平成21・9・4民集65巻8号3246頁・金判1332号58頁）は訴えを却下したが，原審（⑥大阪高判平成22・5・21民集65巻8号3258頁・金判1343号12頁）は原判決を取り消し，事件を第1審に差し戻した。Y_2から上告および上告受理申立て。

判決要旨 ①事件：破棄自判。

「弁済による代位の制度は，代位弁済者が債務者に対して取得する求償権を確保するために，法の規定により弁済によって消滅すべきはずの原債権及びその担保権を代位弁済者に移転させ，代位弁済者がその求償権の範囲内で原債権及びその担保権を行使することを認める制度であり（最高裁昭和……59年5月29日第三小法廷判決・民集38巻7号885頁，同昭和……61年2月20日第一小法廷判決・民集40巻1号43頁参照），原債権を求償権を確保するための一種の担保として機能させることをその趣旨とするものである。」「この制度趣旨に鑑みれば，求償権を実体法上行使し得る限り，これを確保するために原債権を行使することができ，求償権の行使が倒産手続による制約を受けるとしても，当該手続における原債権の行使自体が制約されていない以上，原債権の行使が求償権と同様の制約を受けるものではないと解するのが相当である。そうであれば，弁済による代位により財団債権を取得した者は，同人が破産者に対して取得した求償権が破産債権にすぎない場合であっても，破産手続によらないで上記財団債権を行使することができるというべきである。このように解したとしても，他の破産債権者は，もともと原債権者による上記財団債権の行使を甘受せざるを得ない立場にあったのであるから，不当に不利益を被るということはできない。以上のことは，上記財団債権が労働債権であるとしても何ら異なるものではない。」（田原睦夫裁判官の補足意見がある。）

②事件：上告棄却。

①判決前半と同文に次のように続ける。「この制度趣旨に鑑みれば，弁済による代位により民事再生法上の共益債権を取得した者は，同人が再生債務者に対して取得した求償権が再生債権にすぎない場合であっても，再生手続によらないで上記共益債権を行使することができるというべきであり，再生計画によって上記求償権の額や弁済期が変更されることがあるとしても，上記共益債権を行使する限度では再生計画による上記求償権の権利の変更の効力は及ばないと解される（民事再生法177条2項参照）。以上のように解したとしても，他の再生債権者は，もともと原債権者による上記共益債権の行使を甘受せざるを得ない立場にあったのであるから，不当に不利益を被るということはできない。」（金築誠志裁判官の補足意見がある。）

第3部　倒産法

> 研　究

1　最高裁判決①②の意義

　第三者の債務をその者に代わって弁済した者は，当該第三者に対して求償権のほか，弁済による代位（民501条）によって原債権をも取得する。そして，この弁済の前または後にその第三者が破産または再生手続の開始決定を受けた場合，求償権が破産債権または再生債権であっても，原債権の方は財団債権または共益債権（倒産手続上の優先権付きの債権）と扱われるはずの債権であることがある。その場合，代位弁済者は，破産または再生手続上，原債権を財団債権または共益債権として破産手続や再生手続によらずに行使する（優先権を主張する）ことができるか。この問題は，近時，多くの下級審裁判例や学説の上で大いに議論されてきたところであるが，①②判決は，一定の場合について積極の方向でそれに決着を付けたものである。

2　従来の議論

⑴　従来の裁判例と学説の傾向

　ここでの問題が最初に議論されたのは，原債権が租税債権である場合に関してであった。すなわち，破産事件に関する⑦東京地判平成17・3・9（金法1747号84頁）はそもそも租税債権が弁済による代位によって弁済者に移転することを否定したが，その控訴審である⑧東京高判平成17・6・30（金判1220号2頁）は代位取得を認めながら，ここでの問題に関しては消極説を採用して訴えを却下した。また，再生手続に関する⑨東京地判平成17・4・15（判時1912号70頁）は代位弁済者が租税債権の一般優先債権性を主張することを否定して消極説を採用し，その控訴審である⑩東京高判平成17・8・25（公刊物未登載[1]）は，⑦判決と同様に，租税債権の移転自体を否定した[2]。

　賃金債権に関しては①事件の③④判決のほかに⑪横浜地川崎支判平成22・4・23（金判1342号14頁）が，破産手続開始後に未払賃金を立替払いした労働者健康福祉機構が原債権（賃金債権）を財団債権として有する旨を認めている。

　民事再生法49条5項，破産法54条2項に基づく共益債権に関しては，②事

---

[1]　上原敏夫「納税義務者の民事再生手続における租税保証人の地位についての覚書」新堂幸司＝山本和彦編『民事手続法と商事法務』203頁以下（商事法務・2006年）による（LEX/DB 25470126）。
[2]　そのほか，東京地判平成18・9・12金判1810号125頁とその控訴審である東京高判平成19・3・15金判1851号8頁〔金融判例版〕は，再生手続において代位弁済者の立替金返還請求権に関する一般優先債権性の主張を否定している。

件の事案と同一の再生債務者に係る⑫大阪地判平成23・3・25（金判1366号54頁）が消極説を採用した。これに対し，これの控訴審である⑬大阪高判平成23・10・18（金判1379号22頁）は，当該事案において代位弁済者が原債権に対する再生計画による弁済を受けていたことを捉えて，もはや原債権を共益債権であると主張することは許されないとした。もっとも，⑬判決も，やや傍論的ではあるが，ここでの問題に関しては消極説をとる旨を付言している。

以上に対し，学説上はむしろ積極説が通説か少なくとも多数説といってよい状況であったが，以下ではまず，①②事件の下級審判決によって両説の主な論拠を見てみることとする。

(2) 消極説の論拠

ⅰ ①②判決引用の昭和61年最判は原債権とその担保権とは求償権に対する附従的な性質を有し，代位行使を受けた相手方は原債権および求償権双方についての抗弁をもって対抗し得るとしているが，民法501条柱書の「自己の権利に基づいて求償できる範囲内」とは，求償権の行使に関する実体法上および手続法上の制約の双方を含むから，求償権の行使が破産（再生）債権としての制約に服するときは，もともとは財団（共益）債権であった原債権に関しても同様である。

ⅱ 破産法149条1項所定の使用人の給料請求権は，労働債権の保護という政策的配慮に基づき創設的に付与された財団債権であるが，第三者が破産手続開始前の使用人の給料を立替払いした場合には，労働者保護の必要性という上記政策目的は既に達成されていることになる。この場合に，労働者でない第三者が弁済による代位によって取得した原債権をも財団債権として扱うことは，本来は総債権者のための共益費用という財団債権の性質を有しないにもかかわらず，政策的見地から財団債権とされた債権を，当該政策目的を超えて，総破産債権者らの負担において保護することに他ならない。また，民事再生法49条5項，破産法54条2項の共益債権の趣旨は，管財人の選択によって一方的に解除されるという不安的な地位を強いられる相手方の保護を図るという点にあるから，これは当該請求権を取得した第三者には当てはまらない。

ⅲ 再生債権である求償権が再生計画によって権利変更が加えられれば，原債権は変更後の求償権の額による制約を受けることになるから，再生計画認可決定の確定前に原債権の再生手続によらない行使を許すと，再生計画認可の前後によって行使しうる原債権の範囲が変化し，再生手続によって求償権に加えられる制約を無意味にする。

(3) 積極説の論拠

ⅰ 民法は手続法ではなく実体法であることに鑑みれば，民法501条柱書の「自己の権利に基づいて求償できる範囲内」とは，求償権が存する場合にその求償できる上限の範囲内，すなわち実体法上の制約の範囲内を意味していると解す

べきであり，それ以上に，上記「範囲内」が手続法上の制約を含むとみることは，実体法の解釈として疑問がある。①②判決引用の二つの最高裁判例は，求償権の額による原債権の行使の制限を判断した事案であり，代位行使を受けた相手方が対抗し得る原債権および求償権双方の抗弁というのも実体法上の制約を意味するものとして用いられていることが明らかであるから，「範囲内」に関する上記の見解は，直ちに二つの最高裁判例に矛盾するとは言えない。

⑪　ある債権が共益債権とされている趣旨は消極説の論拠⑪のとおりであるとしても，直ちに代位弁済者がその共益債権を再生手続外で行使することが許されなくなるというのであれば，相手方の請求権が債権譲渡等によって第三者に移転した場合にも，第三者はその共益債権性を主張できないことになりかねず，共益債権とされた趣旨を根拠に消極説をとるのは相当ではない。

⑫　代位弁済を受けた元の債権者はもともと原債権を再生手続外で行使することができ，再生債務者としては，その請求に応じなければならず，他の再生債権者は，その弁済をした後の財産からの弁済を甘受すべき立場にあったから，代位者が原債権を再生手続外で行使したとしても，他の債権者に不利益を及ぼすものではなく，逆に，代位者が原債権を再生債権としてしか行使し得ないとすれば，他の再生債権者が予想外に多額の弁済を受けることが可能となってしまう。

3　若干の検討

(1)　求償権と原債権の関係

①②判決が引用する二つの最判は実体法上の制約について言っているだけであるから，積極説の論拠①がいうように，それ自体から求償権の行使に関する手続法上の制約に原債権も服するということを導くことはできないであろう[3]。そして，①②判決は，手続法上の制約云々に触れることなく，原債権が有する求償権確保の機能（昭和61年最判）を原債権は求償権の一種の担保であると敷衍し，そこから直ちに，求償権の行使に倒産法上加えられる制約は原債権の行使には及ばないとの帰結を導いている。

確かに，求償権の行使が倒産手続による制約を受けるとしてもそれ自体が実体的に消滅してしまうわけではない以上，原債権は倒産手続の制約を受けることなく行使し得るとした方が担保としての機能をよりまっとうしたと言えるであろう。そして，①事件の田原裁判官の補足意見は，原債権は求償権確保のための譲渡担

---

[3]　高橋眞「⑤判決判批」金法1885号14頁（2009年），高木多喜男「⑤判決判批」金法1890号22頁（2010年），矢部眞規子「⑤判決判批」金法1897号37頁（2010年），上原敏夫「⑤判決判批」判評618号〔判時2078号〕176頁（2010年），伊藤眞「財団債権（共益債権）の地位再考」金法1897号23頁（2010年）等。

保に類するものであるとしている[4]。しかし，代位弁済者に移転したのは債務者の第三債務者に対する権利ではなくして，原債権者の債務者に対する権利であり，原債権の引当ても債務者の一般財産にすぎない。したがって，担保に類似しているといっても，それそのものではない。それ故，求償権の行使が倒産手続による制約を受けるのであれば，そのようなものとしての求償権の行使が確保されることになれば，担保類似のものとしての機能は既に果たされたと言えないわけでもないように思われる[5]。結局，「担保」といっただけでは最終的な結論を導くことはできず[6]，問題の解決は，代位弁済者は原債権の財団債権性ないし共益債権性を承継するかという専ら倒産法の次元に求めざるを得ないと考える[7]。

(2) 財団債権性・共益債権性の承継

(i) 財団債権性ないし共益債権性の承継の有無を判断するに際しては，どのような視点が考慮に入れられるべきか。この点に関しては既に議論が尽くされているように見え，新たに付け加え得るものは何もないようにも思われる。そこで，ここでは視点を代えて，最初にドイツ法の状況をごく簡単に見てみることとする[8]。

ドイツ旧破産法の下では破産手続開始前一定期間の未払賃金債権が財団債権とされる一方で，破産損失給付金という公的機関（連邦雇用庁）による賃金債権の立替払制度が設けられていた。また，旧破産法59条2項は，連邦雇用庁に移転した賃金債権は第1順位の優先的破産債権に格下げされるとしていた。そこで，破産損失給付金請求権を担保とした賃金の支払資金のつなぎ融資の実務が編み出された[9]。これらのことにより，つなぎ融資は時間つなぎとなる，破産管財人の

---

[4] 高木・前掲注(3)22頁が示していた構成である。

[5] 原債権も破産債権ないし再生債権にすぎず，その行使が倒産手続による制約を受けても，そのような原債権が担保の機能を果たしていないとは言われない。

[6] 粟田口太郎「弁済による代位により取得された原債権の倒産法上の取扱い」東京弁護士会倒産法部会編『倒産法改正の展望』362頁注(18)（商事法務・2012年）も同旨。もっとも，にもかかわらず，この見解は，ここでの問題に関しては「担保」ということから演繹的に結論を導く傾向が強いように見える。

[7] 杉本和士「⑥判決判批」金判1361号56頁（2011年）は，民法501条柱書の解釈を問題とする立論自体が失当であったとする。それがそう論ずるに際して参照している，潮見佳男「求償権と代位制度」中田裕康＝道垣内弘人編『金融取引と民法法理』235頁以下，特に253頁（有斐閣・2000年）は，原債権は求償権の担保であるとの一般理論の独走を戒め，特定の問題につき，それがその解決に直結するわけではないことを指摘する。

[8] 詳細については，野村秀敏「ドイツにおける倒産給付金制度の展開」新堂古稀『民事訴訟法理論の新たな構築(下)』705頁以下（有斐閣・2001年）参照。

[9] つなぎ融資の実務とは次のようなものである。すなわち，労働者は倒産手続開始前の賃金債権を銀行に売却し，これによって賃金相当額の売却代金を手にする。使用者は賃金を支払う必要はない。他方，破産損失給付金（倒産給付金）請求権は賃金債権の譲渡に伴って法律上譲受人に移転することになっているから，銀行は，倒産手続開始後にその給付金の支払を連邦雇用庁から受け，これによって融資した資金を回収することがで

金融上の裁量の余地を増す，とりわけ事業継続を可能とし，破産財団の充実と職場の維持に役立つという効用を果たし得るというのである。

1999年1月1日施行の現行倒産法は，優先権を一般的に廃止したため，旧破産法59条2項に相当する規定を置かなかった。そのため，わが国では，ドイツ倒産法の下では①②判決で問われているような問題は生じないことになったとの理解が示されることがあるが(10)，それは一面的な理解である。すなわち，保全処分の一環として選任された債務者財産の管理処分権を与えられた仮倒産管財人は，倒産手続開始についての裁判までの間，原則として企業活動を継続すべきものとされている。そして，ドイツ倒産法55条2項2文は，仮管財人がその管理する財産のために反対給付を請求した限り，継続的債務関係に起因する債務に対応する債権は手続開始後に財団債権になるとしている。そうすると，この規定により，仮管財人が企業活動の継続のために使用した労働者の賃金債権も財団債権になるように思われる。しかし，これでは，先に見た倒産給付金（倒産法の下では破産損失給付金はこのように名称を代えた）によるつなぎ融資の実務の効用が削がれてしまう。そこで，この点が倒産法施行直後に大きな問題とされ，財団債権説のほかに，倒産法の別個の条文を手掛かりとした倒産債権説，連邦雇用庁に移転した賃金債権は倒産債権と扱われるという説が主張された。そして，結局，連邦労働裁判所は2001年4月3日判決(11)によって第3説に賛成し，他方，この判決とは無関係に用意された2001年10月26日の改正法によって，同趣旨の規定が倒産法55条3項に付加された。第3説は，ドイツ民法401条2項が「倒産の場合に債権に結び付けられた優先権は，債権譲渡に伴い新債権者に移転する」と明文で定めているのにもかかわらず，その例外として主張されたものである。

(ii) 以上から，わが国の解釈論に対しても一定の示唆を得ることができるように思われる。

わが国には，民事再生法が予め規律する債権間の優先性秩序の下において共益債権性が定型的に付与されている以上，再生手続の下では，もはや共益債権者の要保護性によってその共益債権性の存在は一切影響を受けないと考えるべきであるとの理由で，共益債権性（財団債権性）の承継を一律に肯定する見解がある(12)。しかし，ドイツ法の状況は，様々な事情の実質的な総合判断によって承継が否定される場合があってもよいことを示している(13)。

きる。他方，銀行が連邦雇用庁に給付金の申請をすると，賃金債権は法律上当然に連邦雇用庁に移転することになっている。そこで，この移転した賃金債権の倒産手続上の地位が問題とされる。
(10) 山本和彦「労働債権の立替払いと財団債権」判タ1314号10頁（2010年）。
(11) ZIP 2001, 1422.
(12) 杉本（和）・前掲注(7)6頁等。
(13) わが国の解釈論として同様の方向を志向するものとして，髙部・前掲注(3)37頁，中

もっとも，そうは言ってもわが国では，ドイツにおけるような倒産給付金によるつなぎ融資の実務は行われていない。したがって，前述したようなその実務の効用を果たさせるために，優先性の承継を否定する必要性はない。ドイツの実務では，積極説の論拠⑪が指摘する予想外の利益を予想外ではなくして，むしろ最初から当てにしているとさえ言い得るが(14)，わが国ではそれはやはり棚ぼた的利益(15)というべきであろう(16)。

①判決の事案はもともとは無関係であった私人が立替払いしたものであるが，労働者健康福祉機構が賃金債権の立替払制度に基づいて立替払いした場合はどうであろうか。②判決の事案について消極説による⑤判決も，この場合に関しては積極説によるべきであるとしている。両者を区別する理由は，同機構が法律上立替払いを義務付けられており，事業主の信用不安に対するリスク回避の手段を講ずることが予定されていない点にある（⑫判決も同様）。

このような見解に対しては，使用者の拠出する労働保険料を値上げすることによってリスク分散等の措置を講ずることができるから，積極説の理由としては適切ではないという指摘がある(17)。この指摘に追随するならば，もともと無関係であったからリスク管理困難であった私人による立替払いの場合と上記機構による立替払いの場合とで，⑤判決とは逆の方向で区別する立場もあり得るかもしれないが，②判決がよりリスク回避の機会を有するはずの保証人による代位弁済の場

西正「財団（共益）債権性・優先的倒産債権性の承継可能性」銀法727号40頁以下（2011年），田頭章一「⑥判決判批」金法1929号55頁（2010年）。

(14) つなぎ融資の実務は，倒産手続開始段階における「最初の金融手段として」「すべての管財人にとっての自明の道具」となったと言われる。野村・前掲注(8)713頁。

(15) ⑤判決に関する，あるいはそれを機縁とする多くの研究の評価である。伊藤・前掲注(3)24頁，髙部・前掲注(3)35頁，上原・前掲注(3)15頁等。

(16) 山本(和)・前掲注(10)12頁は，賃金債権の場合に関して，労働者は，たとえば，財団債権は全額満足できるが，優先的破産債権は一部満足に止まると予測されるような場合には，自己または他の労働債権の中に優先的破産債権の部分が含まれるときは，まず機構に対して弁済を請求することになると考えられるから，労働者の弁済請求は必ずしも偶然によって左右されるものではない（そして，労働者のそのような行為態様は決して不当なものではない）と論ずるが，全額財団債権となる場合には，労働者が財団に請求するか機構に請求するかはやはり偶然に左右されるところが大きいであろう。また，長谷部由起子「弁済による代位（民法501条）と倒産手続」学習院46巻2号249頁（2011年）は，保証人が原債権全額を弁済し，代位によって原債権とそれを被担保債権とする抵当権を取得した場合，その後求償権が減額したり，保証人と主債務者との合意によって当初から求償権の額が全額ではないとされていたときには，後順位抵当権者は代位弁済がされたことによって利益を受けるが，この利益が不当と評価されることはない（から，ここでの他の破産ないし再生債権者の利益も棚ぼたと評価する必要はない）とする。しかし，これらの例の場合は，全額弁済のほかにそこにあげられている一定の出来事ないし行為が介在しているのであるから，ここで問題としている場合とは同列には論じ得ないのではなかろうか。

(17) 松下淳一「⑥判決判批」金判1912号27頁（2010年）。

合にも積極説を採用していることから判断すれば，最高裁はそのような区別はしないとの立場であろう。

(ⅲ) ②判決の事案においても，賃金債権の立替払いの場合と同様に，積極説の論拠ⅲの棚ぼた的利益の不当性を相殺しうるような強い事情は認められないように思われる。もっとも，上記のように，ここでは保証人である代位弁済者にとっては保険によるリスク回避の手段がある（他の債権者の棚ぼた的利益の反面として，原債権の優先性の非承継によって代位弁済者に生ずる不利益を回避する手段がある）という議論はある[18]。

しかし，そうであるとしても，消極説によると保証人が容易に保証債務の履行に応じてくれなくなるであろうという金融取引に対する影響は無視できないのではなかろうか[19]。ただ，この指摘については，保証人が保証債務を履行するかは別の要因によっても影響されるから，この指摘が当てはまるか否かは必ずしも明らかではないとの反論もあるが[20]，常にそうであるとは限らないにしても，消極説が保証人が容易に保証債務の履行に応じてくれなくなることの一つの要因となり得ることは否めないであろう[21]。

最後に，消極説の論拠ⅲはどうか。金築裁判官の補足意見は，代位弁済者に移転した原債権は求償権を確保するための担保的機能を有することと，民事再生法177条2項の類推により[22]，これを否定する。しかし，先にも述べたように，「担保」といっただけでは解答はどちらにでもなり得るように思われる。むしろ，否定の理由は，認可決定確定前の段階で原債権の優先性の承継を肯定しながらその後にそれが失われる理由はないこと[23]，この段階でも棚ぼた的利益を他の債権者に認める必要はないことに求めるべきであろう。

(3) ①②判決の射程

①②判決は，近時，下級審の裁判例や学説の上で大いに争われていた〔研究〕欄1に指摘した問題に決着を付けたものとして，実務上大きな意義を有する。そして，それらの判決理由からすると，それぞれの一般論はそこで問題となってい

---

(18) 杉本純子「⑥判決判批」速報判解9号202頁（2011年），同「⑨判決判批」金判1361号53頁（2011年）。なお，同「優先権の代位と倒産手続」同法59巻1号192頁（2007年）も参照。

(19) 上原・前掲注(1)208頁，同・前掲注(3)14頁，髙部・前掲注(3)36頁以下，加藤哲夫「⑥判決判批」判評632号〔判時2120号〕172頁（2011年）。

(20) 長谷部・前掲注(16)51頁。

(21) そのほか，原債権者が当該債権を現金化する方法として，破産管財人（再生債務者）などからの弁済を受けるか，それを第三者に譲渡してその対価を受領するかによって差異を生じさせる理由はない（消極説は後者の対価を減額させるものである）との指摘も重要である。伊藤・前掲注(3)21頁。

(22) 髙木・前掲注(3)22頁が示していた視点である。

(23) 上原・前掲注(3)14頁，田頭・前掲注(13)55頁。

た事案以外の類似の事案にも妥当するとしているように見えるが(24)，様々な事情の総合判断による類型ごとの判断が求められるとの立場からは，そう解することにはなお留保を求めたい。しかし，賃金債権を労働者健康福祉機構が立替払いした場合には肯定してよいであろうし，双方未履行の双務契約がらみのその他の財団債権・共益債権（破53条1項・148条7号，民再49条1項・4項）についても同様であろう。それに対し，租税債権については，代位によって代位弁済者に移転するかが問題であるから（①判決の田原裁判官の補足意見は否定する），問題は未解決ということになろう。また，代位と任意譲渡とを区別して扱うかという論点もあり，私見としては否定説に賛成するが(25)，①②判決は代位制度の趣旨を強調しているから，この点についての判例としての態度もペンディングというべきであろうか。

【補　遺】　本判例研究公表後の①②判決評釈類として，阿多博文＝丹羽浩介・銀法740号8頁以下（2012年），生熊長幸・民商146巻6号512頁以下（2012年）（判旨賛成），榎本光宏・ジュリ1444号92頁以下（2012年），同・曹時66巻1号224頁以下（2014年），同・曹時66巻1号241頁以下（2014年），同・最判解説民平成23年度705頁以下，同・最判解説民平成23年度722頁以下，同・時の判例Ⅶ262頁以下（2014年），遠藤元一・事再135号11頁以下（2011年）（判旨賛成），岡伸浩・実務に効く事業再生67頁以下（租税債権には①②判決の射程は及ばない），小原将照・法教390号判例セレクト2012〔Ⅱ〕33頁（2013年）（租税債権は射程外），河野憲一郎・法教390号判例セレクト2012〔Ⅱ〕32頁（2013年），栗田隆・関法62巻1号148頁以下（2012年）（判旨賛成），下村信江・民事判例Ⅳ144頁以下（2012年）（租税債権につき，その優先権の代位取得が認められることになるのではないかとする），同・法教389号判例セレクト2012〔Ⅰ〕23頁（2013年），杉本純子・税経通信67巻10号160頁以下（2012年）（代位弁済者の倒産リスク引受けの程度によって区別して，①判決の結論に賛成，②判決の結論に反対），園田賢治・判評647号〔判時2166号〕157頁以下（2013年）（判旨結論賛成），髙部眞規子・金法1947号41頁以下（2013年），高橋眞・リマークス46号30頁以下（2013年）（代位制度の趣旨を重要とする），田中壮太・NBL975号96頁以下（2012年），千葉恵美子・平成24年度重判解77頁以下（2013年）（代位弁済にインセンティブを与える必要性等が求償権者と倒産者の他の債権者・再生債権者間の利益較量の基準となるべきことを指摘），冨上智子・判タ1386号41頁以下（2013年）（租税債権への代位について検討），富永浩明・NBL967号4頁以下（2011年），中島弘雅・倒産百選〈第5版〉98頁以下（代位弁済にインセンティブを与えるという視点から判旨結論賛成），同・法研89巻4号125頁（2016年），中西正・平成24年度重判解139頁以下（2013年）（立法による解決の必要を説く），八田卓也・金法1967号35頁以下（2013年）（判旨

---

(24)　杉本和士「①②判決判批」金判1387号5頁（2012年）は，そう解する。
(25)　区別を強調するのは，杉本（純）・前掲注(18)「優先権」220頁以下。否定説としては，たとえば，山本（和）・前掲注(10)6頁。

結論賛成），水野謙・法教405号121頁以下（2014年）（判旨反対），森田修・法協130巻10号199頁以下（2013年），山本和彦・金法1953号52頁以下（2012年）（労働債権の部分につき異論があるが，結論的にやむを得ないとする），等がある。

　ほかに，ここでの2件の判決を（一つの）機縁とする論文として，潮見佳男「倒産手続における代位者弁済と民法法理」加賀山還暦『市民法の新たな挑戦』321頁以下（2013年・信山社），千葉恵美子「弁済による代位制度における求償権の実現と原債権との関係」松本還暦『民事法の現代的課題』457頁以下，渡邊力「求償権と弁済者代位」名法254号393頁以下（2014年），がある。

（初出・金融・商事判例1394号／2012年）

38 所有権留保付売買の目的物の代位取得と別除権

38 自動車売買代金の立替払いをし立替金等の支払を受けるまで自動車の所有権を留保する者は，購入者に係る再生手続開始の時点で当該自動車につき自己を所有者とする登録がされていない限り，上記所有権を別除権として行使することは許されない。

最高裁平成22年6月4日第2小法廷判決
平成21(受)第284号，自動車引渡請求事件
（民集64巻4号1107頁・金判1353号31頁）

事実の概要 X，A（自動車の販売会社）およびYは，平成18年3月29日，三者間において，Yが，Aから本件自動車を買い受けるとともに，売買代金から下取車の価格を控除した残額（以下「本件残代金」という）を自己に代わってAに立替払いすることをXに委託すること，本件自動車の所有権がYに対する債権の担保を目的として留保されることなどを内容とする契約（以下「本件三者契約」という）を締結し，同契約において，要旨次のとおり合意した。

「ア　Yは，Xに対し，本件残代金相当額に手数料額を加算した金員を分割して支払う（以下，この支払債務を「本件立替金等債務」といい，これに対応する債権を「本件立替金等債権」という。）。

イ　Yは，本件自動車の登録名義のいかんを問わず（登録名義がAとなっている場合を含む。），Aに留保されている本件自動車の所有権が，XがAに本件残代金を立替払することによりXに移転し，Yが本件立替金等債務を完済するまでXに留保されることを承諾する。

ウ　Yは，支払を停止したときは，本件立替金等債務について期限の利益を失う。

エ　Yは，期限の利益を失ったときは，Xに対する債務の支払のため，直ちに本件自動車をXに引き渡す。

オ　Xは，上記エにより引渡しを受けた本件自動車について，その評価額をもって，本件立替金等債務に充当することができる。」

その後，平成18年3月31日に，本件自動車について，所有者をA，使用者をYとする新規登録がされ，同年4月14日には，Xが，Aに対し，本件三者契約に基づいて本件残代金を立替払いした。ところが，Yは，同年12月25日に，本件立替金等債務について支払を停止し期限の利益を喪失してしまい，翌平成19年5月23日，小規模個人再生による再生手続開始の決定を受けた。そこで，Xは，留保した所有権に基づき，本件三者契約の契約条項エに従い，別除権の行使として本件自動車の引渡しを求めて，本件訴えを提起した。これに対して，Yは，本件自動車の所有者として登録されているのはAであり，Xは，本件自動車につ

いて留保した所有権につき登録を得ていないから，別除権の行使は許されないとして争った。

第1審（札幌地判平成20・4・17民集64巻4号1125頁・金判1353号40頁）は請求棄却。これに対し，原審（札幌高判平成20・11・13民集64巻4号1179頁・金判1353号35頁）は，「XがAに立替払することにより，弁済による代位が生ずる結果，Aが本件残代金債権を担保するために留保していた所有権は，AのYに対する本件残代金債権と共に法律上当然にXに移転するのであり，本件三者契約はそのことを確認したものであって，Xが立替払によって取得した上記の留保所有権を主張するについては，Aにおいて対抗要件を具備している以上，自らの取得について対抗要件を具備することを要しない」として，Xの請求を認容した。Yからの上告受理申立てが認められた。

判決要旨 破棄自判（Xの控訴棄却）。

「前記事実関係によれば，本件三者契約は，Aにおいて留保していた所有権が代位によりXに移転することを確認したものではなく，Xが，本件立替金等債権を担保するために，Aから本件自動車の所有権の移転を受け，これを留保することを合意したものと解するのが相当であり，Xが別除権として行使し得るのは，本件立替金等債権を担保するために留保された上記所有権であると解すべきである。すなわち，Xは，本件三者契約により，Yに対して本件残代金相当額にとどまらず手数料額をも含む本件立替金等債権を取得するところ，同契約においては，本件立替金等債務が完済されるまで本件自動車の所有権がXに留保されることや，Yが本件立替金等債務につき期限の利益を失い，本件自動車をXに引き渡したときは，Xは，その評価額をもって，本件立替金等債務に充当することが合意されているのであって，XがAから移転を受けて留保する所有権が，本件立替金等債権を担保するためのものであることは明らかである。立替払の結果，Aが留保していた所有権が代位によりXに移転するというのみでは，本件残代金相当額の限度で債権が担保されるにすぎないことになり，本件三者契約における当事者の合理的意思に反するものといわざるを得ない。

そして，再生手続が開始した場合において再生債務者の財産について特定の担保権を有する者の別除権の行使が認められるためには，個別の権利行使が禁止される一般債権者と再生手続によらないで別除権を行使することができる債権者との衡平を図るなどの趣旨から，原則として再生手続開始の時点で当該特定の担保権につき登記，登録等を具備している必要があるのであって（民事再生法45条参照），本件自動車につき，再生手続開始の時点でXを所有者とする登録がされていない限り，Aを所有者とする登録がされていても，Xが，本件立替金等債権を担保するために本件三者契約に基づき留保した所有権を別除権として行使することは許されない。」

研　究

1　本判決の意義

　本件事案で問題となっているのは，個別割賦購入あっせんと呼ばれる取引形態のうち，信販会社による売買代金の立替払いと組み合わされたものであり[1]，自動車の売買に関してもごく普通に利用されているものである[2]。そして，本判決は，このような取引形態における信販会社の所有権留保の性質を明確にした（本件のそれを除けば，下級審を含めても）初めての判例としての意義を有する。また，本判決は，最高裁として初めて，対抗要件として登記，登録の必要な物権変動に関しては，再生手続開始前に登記，登録を具備していなければ，再生手続との関係でその効力を主張しえない旨を明らかにしたという意義も有する。そこで以下，それぞれの点について論ずることとする。

2　信販会社の所有権留保の性質

　(1)　従来，本件契約のような契約において，立替払いした信販会社が留保されるべき所有権を取得するメカニズムに関して，民法学説上いくつかの見解が主張されてきた。

　第1説によると，個別割賦購入あっせん取引では，まず，販売業者と顧客との間の売買契約上，代金債務の完済に至るまで物件の所有権が販売業者に留保されるが，顧客からの支払委託に基づいて信販会社が販売業者に売買代金残額を支払うと，顧客・販売業者間では，その所有権は完全に顧客に移転することになる。しかし，代位弁済した信販会社としては，物件の所有権が販売会社から信販会社に直接移転する必要があるから，信販会社から顧客に対する求償権を担保するために，法定代位の効果として，原債権＝売買代金債権とともに原債権の担保であった所有権留保(権)が販売会社から信販会社に法律上移転し，信販会社と顧客との間では所有権留保(権)が存続することになる[3]。

　これに対し，第2説は，所有権留保という名前の所有権把握型担保の約束が担保権者（信販会社）と買主たる地位にある者との間でなされており，この特別の

---

[1]　最高裁判所事務総局編『消費者信用事件に関する執務資料（その二）』403頁標準約款（法曹会・1987年）参照。
[2]　佐藤昌義「クレジット会社の所有権留保」NBL463号37頁以下（1990年）参照。
[3]　千葉恵美子「割賦購入あっせん」福永有利編著『新種・特殊契約と倒産法』42頁以下（商事法務・1988年），同「複合取引と所有権留保」内田貴＝大村敦志編・民法の争点153頁以下（ジュリ増刊・2007年）。他に，小峯勝美「クレジット取引と自動車の所有権留保（5・完）」NBL435号26頁（1989年），佐藤鉄男「個別割賦購入あっせん取引と消費者の破産」梶村太市ほか編『割賦販売法〔全訂版〕』135頁（青林書院・2004年）。

合意に基づいて，立替払いをした信販会社に物件の留保された所有権が移転すると構成する[4]。

そのほか，第3説として，物件の所有権は立替払いによる売買代金債権の消滅に伴っていったん販売業者から購入者に移転し，移転した所有権が信販会社に譲渡担保に供されていると見る見解もあるが[5]，所有権が販売業者から信販会社に直接移転するとしている契約書の明文の定めに反する構成を敢えて取る必要はないであろう[6]。

(2) 法定代位による担保権の移転（民501条）は，それに関して対抗要件を具備しなくとも第三者に対抗しうる[7]。そこで，第1説によると，販売業者についての対抗要件があれば信販会社自身の対抗要件がなくとも，立替払いした信販会社にその留保した所有権を基礎とした別除権が認められることになる。また，信販会社・顧客間の所有権留保条項は，弁済による代位の効果を確認したものに過ぎず，求償権自体を保全するために所有権留保を設定したものではないことになる[8]。本件の原審が，基本的に，この立場に従ってXの請求を認容していることは明らかである。

しかしながら，第2説の論者が指摘するように，信販会社が顧客に対して行使する権利の本体は求償権であると解される[9]。また，立替払いした信販会社は，顧客に対して，代位弁済した金額（求償債権額）のみならず，それにプラスして，報酬額，求償債務と報酬債務を分割弁済にして繰り延べる対価としての手数料額を加えた金額を請求するものであり，それ故に，その債権は立替金「等」債権と呼ばれる[10]。そして，そのプラス分の金額は決して無視し得ないそれ相当の金額に上るようである[11]。それ故，個別割賦購入あっせん契約による信販会社の所有権留保はこのプラス分を含めた求償権を担保すると捉えるのが相当であり，そうであるとすれば，信販会社・顧客間の合意は確認的意味ではなく，創設的意味を

---

(4) 安永正昭「所有権留保の内容，効力」加藤一郎＝林良平編集代表『担保法体系(4)』386頁（金融財政事情研究会・1985年），柚木馨＝高木多喜男編『新版注釈民法(9)』911頁〔安永〕（有斐閣・1998年）。
(5) 吉原省三「信販会社のファクタリングについて」金法785号9頁（1976年），佐藤（昌）・前掲注(2)39頁。
(6) 小峯・前掲注(3)25頁，柚木＝高木編・前掲注(4)386頁〔安永〕。
(7) 我妻栄『新訂債権総論（民法講義Ⅳ）』254頁（岩波書店・1964年）。
(8) 千葉（恵）・前掲注(3)『新種・特殊契約と倒産法』43頁以下，同・前掲注(3)争点154頁。
(9) 柚木＝高木編・前掲注(4)911頁〔安永〕。このことは，第1説の論者も認めている。千葉（恵）・前掲注(3)『新種・特殊契約と倒産法』49頁。
(10) 千葉（恵）・前掲注(3)『新種・特殊契約と倒産法』61頁，小峯・前掲注(3)26頁。
(11) たとえば，最高裁判所事務総局編・前掲注(1)237頁以下の裁判例の請求原因では，2件の自動車の個別割賦販売あっせん契約において，1件では立替払代金60万円にプラスして手数料名目で14万4,000円が，もう1件では70万円にプラスして23万1,000円が請求されている。

有することになる。そして，本判決が，基本的にこの第2説の立場に従っていることも明らかである。

ただし，第1・第2の両説とも，個別割賦購入あっせんという取引形態の場合，①販売業者・顧客間の売買契約，②販売業者と信販会社との間の加盟店契約，③販売業者と顧客との間の個別割賦購入あっせん契約（立替払契約）の三つの二者契約が鼎立しているに過ぎないと捉えている(12)。第3説の論者は，①の契約書中ではなく②③の契約書中にその旨が定められているだけで，売買代金の完済にもかかわらず，販売業者と顧客との関係においても所有権が信販会社に移転することになるのかを疑問としており(13)，本判決が③の契約を三者契約と構成したのは，この点を配慮したのかもしれない。しかしながら，③の契約書中の信販会社への所有権移転・承認条項（本件三者契約の契約条項イ）は，完済によって所有権の移転を受けた顧客が予め販売会社・信販会社間の所有権の移転を承認する（対抗要件の欠缺を主張する利益を放棄する）趣旨の条項と理解すれば，単にその取り次ぎをしているに過ぎない販売業者を③の契約の当事者と捉える必要はないのではなかろうか。

3　対抗要件の必要な物権変動と再生債務者

(1)　上記第2説を前提とすると，信販会社の所有権は立替払いに伴って法律上当然に取得されたものではなく，そのための特別な合意に基づいて取得されたものとなるから，これを第三者に対抗するためには，それに関する対抗要件が必要となる（なお，対抗要件である登録それ自体ではなく，公示もない承認の効果は，それをした側に関しては，承認をした者に限り及ぶと解する）。そこで，管財人が選任されていない場合に，再生債務者が，破産管財人（最判昭和46・7・16民集25巻5号779頁・金判278号2頁，最判昭和58・3・22金判708号21頁）と同様の立場に立ち，対抗要件なくして対抗しえない第三者に該当するかが問題となる（道路運送車両法5条1項〔民法177条に相当〕参照）。

多数説である第1説は，以下のような理由によって，一般的に再生債務者の第三者性を認めつつ，問題を肯定する。

①　再生手続開始決定には再生債権者全員のために再生債務者の全財産を差し押さえるという，包括差押えとしての効力があり，再生債権者の利益のために差し押さえられた財産の管理が改めて再生債務者に付託されることになる。その結果として，再生債務者の管理処分権は再生債権者に対する公平誠実義務（民再38条2項）の拘束を受けたものに変容するとともに，再生債務者には管財人とほぼ

---

(12)　佐藤（昌）・前掲注(2)39頁，佐藤（鉄）・前掲注(3)134頁。
(13)　佐藤（昌）・前掲注(2)39頁。なお，前記第3説は，この点を考慮したものであろう。
　　　佐藤（昌）・前掲注(2)40頁，吉原・前掲注(5)8頁。

同等の地位が与えられることになるし，手続開始後の登記・登録の無効を定める民事再生法45条は第三者性を前提とした規定である[14]。

② 再生債権者は平時であれば差押えによって対抗問題における第三者となりえたにもかかわらず，再生手続の開始によって個別執行を禁止されるから（民再39条1項），反面，手続開始の段階で自動的に第三者保護規定の対象となると解さなければ，債権者に酷である[15]。

③ 民事再生法には再生債務者の第三者性を直接示す明文の規定はないが，上記の民事再生法38条2項，45条のほか，双方未履行の双務契約の処理に関する民事再生法49条，相殺禁止に関する民事再生法93条などは第三者性を示す規定である[16]。

また，第2説として，破産管財人，更生管財人，再生債務者は，倒産手続開始によって法律的な地位に変化が生ずるものではなく，従来の法律関係をそのまま引き継ぐとして，これらの者の第三者性を否定しつつも，破産法49条，会社更生法56条，民事再生法45条は，一定の財産につき，倒産債務者の財産を確保するために，倒産手続開始前の財産関係を律する実体法を変更して，倒産手続開始後は対抗要件・効力要件を具備することはできず，これらの要件の具備がない以上，権利主張もできないものとしたとする見解も主張されている。そして，この見解は，不動産や本件事案において問題となっている自動車のような登記・登録制度のある財産に関しては，倒産手続開始前に対抗要件を具備していなければ第三者は自己の権利取得を倒産手続との関係で主張しえないとして，通説と結論を同じくするが，そうではない債権のような財産に関しては，対抗要件なしに権利取得を主張しうるとする[17]。

他方，第3説の否定説は，再生手続の開始決定自体には処分制限の効果がないから，物権の「変更」には該当せず，再生債務者は第三者には該当しないとする。そして，民事再生法45条は，開始決定後になされた登記の効力の問題であり，

---

[14] 山本克己「民事再生手続開始の効力」ジュリ1171号27頁（2000年）。そのほか，それぞれやや異なった側面から破産管財人に第三者性が認められる根拠を説明し，その根拠が機関としての再生債務者にも当てはまるという点から再生債務者の第三者性を肯定する2つの見解（中西正「民事再生手続の概要と問題点」法教230号7頁以下（1999年），松下淳一『民事再生法』50頁以下（有斐閣・2009年））も，大まかな傾向としては，①の亜種と言ってよいであろう。

[15] 山本和彦「再生債務者の地位」三宅省三＝池田靖編『実務解説一問一答民事再生法』335頁（青林書院・2000年）。

[16] 新注釈民再（上）169頁。

[17] 有住淑子「再生債務者の法的地位」櫻井孝一先生古稀祝賀『倒産法学の軌跡と展望』11頁以下（成文堂・2001年）。なお，甲斐哲彦「対抗要件を具備していない担保権の破産・民事再生手続上の地位」司研116号119頁以下（2006年）は，再生債務者の第三者性を否定し，かつ，登記を権利保護要件と捉えつつ，結論は通説に全面的に賛成する。

直接には登記なくして対抗できるかの問題にはただちに決定的な意味を持たないとしつつ，ただし，具体的に再生債務者の行為について処分制限がされた場合（民再41条）や監督命令による財産処分制限がされた場合（民再54条2項・4項）には，対抗問題が生じて再生債務者の第三者性が肯定されるという[18]。

(2) この問題に関する先例としては大阪地判平成20・10・31（金判1314号57頁）が，抵当権設定者が未登記のうちに再生手続開始決定を受けたという事案において，上記①と③（ただし，あげられているのは否認権に関する民事再生法56条・129条・130条である）の論拠によって再生債務者の第三者性を正面から肯定している。これに対し，この控訴審判決である大阪高判平成21・5・29金判1321号28頁〔金判SUPPLEMENT Vol.8〕[19]は，民事再生法45条から未登記抵当権は再生手続との関係で主張しえないとし，上記②と同趣旨の理由によって，別除権が認められるためには，再生手続開始時に登記を具備している必要があるとしている。

本判決も「第三者」という言葉を用いずに，②のような関係者間の衡平という実質的考慮によって，再生手続開始前の登記が必要であるという結論を導いており，上記大阪高判とともに，第1説と第2説のいずれによっているのか必ずしも明確ではないというべきであろう[20]。もっとも，本判決に関与されている千葉勝美裁判官が，かつて，旧会社更生法上の更生管財人に限定してではあるが，第2説に類似した議論を展開されていたことからすると[21]，むしろ第2説によっていると推測されなくもない（いずれにしても，断定はできない）。それ故，本判決の射程は，再生債務者の第三者性の下に論ぜられる他の問題点（民事再生法45条の適用のない債権譲渡の場合や民法94条・96条2項の第三者に再生債務者が該当するか等の問題点）には，当然には及ばないということになろう。

そもそも，最近の学説上は，破産管財人の法律上の地位をめぐる議論から個別の解釈論に関する結論を演繹的に導くことは相当ではないとされており[22]，このことは再生債務者の地位をめぐる議論に関しても同様であろう。その意味で，実質的考慮によって結論を導いている本判決の態度は，その結論とともにそれ自体としては評価されてよい。ただし，再生債務者の第三者性から出発するか否かにかかわらず，結局は個別の問題の解決に際して具体的，実質的考慮が必要であるならば，それを前提にした方が説明しやすい多くの規定（③の規定等）があるこ

---

[18] 条解民再〔第2版〕161頁〔河野正憲〕。
[19] 高田賢治「大阪地判平成20・10・31判批」判評611号〔判時2057号〕183頁（2010年）に詳しい紹介がある。
[20] 第2説の甲斐・前掲注(17)127頁，132頁も第1説の②と同様の考慮によって，対抗要件のない物権変動は再生手続との関係で保護されないとしている。
[21] 千葉勝美「更生管財人の第三者的地位」司研71号1頁以下（1983年）。
[22] 山本和彦『倒産処理法入門〔第3版〕』180頁（有斐閣・2008年）。

4 事案の事後処理

(1) 以上のように，基本的には，本判決の理由付け，結論ともに賛成するが，ただ，従来，再生債務者との関係で対抗要件が必要かが問題とされたのは，再生手続開始前に再生債務者から第三者に物権変動があったにもかかわらず再生手続開始時に対抗要件が具備されていないという状況を念頭に置いてであった。しかし，本件事案においては，この状況と，再生手続開始時には登録名義は再生債務者たる購入者Yにではなく，販売業者Aにあり，かつ，対抗要件がないことが問題とされている物権変動が信販会社XやAとYとの間ではなく，AとXとの間に生じたという相違がある。そして，Xが自己の留保された所有権をYの再生手続との関係で主張しえないとしても，立替払いに基づく売買代金の完済によるAからYへの本件自動車の所有権の移転[23]という物権変動についてもいまだ対抗要件は具備されていない。すなわち，本件事案は，二重譲渡で譲受人の双方に対抗要件が具備されていないという状況に該当するから，Xとしては，現状では自己の所有権をYの再生手続との関係で主張し得ないが，今からであっても登録名義の移転を受けて留保された所有権を別除権として行使し得る可能性はある。

そもそも，自動車の売買に係る個別割賦購入あっせん取引の場合に，信販会社が所有権を取得するにもかかわらず，販売業者を所有者とする登録をし[24]，信販会社に登録名義を移さない理由としては，次のような指摘がなされる。すなわち，信販業者に名義を移してしまうと，それが自動車税（地税145条2項参照）や自動車取得税（地税113条1項・2項参照）を課されてしまうか，少なくともそのおそれが生ずるので，これを回避しようとの動機が働く。また，日々大量に全国各地で作成される契約書の作成にその都度立ち会うのに必要な社員を信販会社が抱えておくことはコスト的に不可能である。そこで，契約書の作成事務は販売業者に委託されるが，もし自動車の所有者名義を信販会社名義にしようとすれば，契約の都度印鑑証明書と委任状を信販会社の社員が陸運局に持っていく必要が生じ，せっかくの節約が無に帰してしまう[25]。

---

[23] 日本法律家協会の判例研究会の席上では，Yが代金を支払わないにもかかわらず，本件自動車の所有権が再生債務者財産に取り込まれてしまうことに対する違和感からであろうが，この点に関する疑問が提出された。しかし，Aの所有権はあくまでも担保のための所有権であるから，立替払いにせよ代金が完済された以上，Aの許にそれが残存する理由はないのではなかろうか。

[24] それどころか，最初から顧客名義に移してしまうことさえあるようである。佐藤（昌）・前掲注(2)40頁，小峯・前掲注(3)23頁。なお，甲斐・前掲注(17)はそのような場合に直面して執筆された論文である。

[25] 佐藤（昌）・前掲注(2)41頁。地方税法145条2項は，販売業者が所有権留保している

信販会社名義に登録をしない理由がこのような点にあるとすれば，信販会社としては，顧客の倒産という緊急事態には，多少のコスト（そのような緊急事態が生ずるのは全体の取引のうちでは少数であろう）と税金の問題は甘受することとして，販売業者の協力を得て（販売業者としては信販会社との関係をこれからも維持することを望むであろうから，協力を得ることは容易であろう）自己名義への登録の移転に努めるのが適当であろう。

(2) 原債権とともにする担保の代位弁済者への移転という法定代位の効果は，法律上当然に生ずる。日本法律家協会の判例研究会の席上では，本判決は，本件事案において問題とされている三者契約はこの効果を排除する趣旨を含むものと理解しているように見えるが，そのように理解すべきではないのではないかとの指摘がなされた。もっともな指摘であると考える。そうであるとすれば，本件事案のXとしても，本件三者契約に基づく所有権留保(権)ではなく，法定代位の効果として移転してきた所有権留保(権)の方を主張していれば，それは認められたことになろう。ただし，この場合には，被担保債権に手数料名目下のプラス分の金額を含めることはできない。また，これは三者契約に基づく所有権留保(権)と相排斥しあうものではないであろうから，信販会社としては，三者契約の方では登録名義移転のためのコストや税金がかかる（かもしれない）というデメリットと，法定代位の方ではプラス分を被担保債権に含めえないというデメリットを比較衡量して，いずれかを主張していくことが適当ということになろう。

5　実務への影響

本判決によれば，再生手続開始前に対抗要件としての登記・登録が具備されていない物権変動は再生手続との関係でその効力を主張し得ないということになる。もっとも，実務上は，第三者に不動産を売却し，移転登記未了の間に再生手続開始決定を受けた再生債務者が買主に対して登記の欠缺を主張するという状況に関しては，そのような事例は皆無といってよいと言われていたことに鑑みれば[26]，本判決の実際上の影響は限られるかもしれない。また，登記・登録を対抗要件としない債権譲渡や民法94条・96条2項の問題には射程が及ばないとすれば，ますますそうである。立替払いを伴う個別割賦購入あっせん取引における顧客の民

ときは，自動車税の賦課徴収については購入者を当該自動車の所有者とみなすとしているが，信販会社が所有権留保している場合の規定はなく，その場合には類推解釈によって対応しているとのことである。しかし，これはあくまで類推解釈に過ぎないので，信販会社名義に登録してしまうと，課税されない保証はない。同法113条1項・2項は，自動車取得税を取得者に課するとしつつ，販売のための取得であれば課さないとしているが，信販会社の取得は例外としていない。なお，小峯・前掲注(3)24頁も参照。

(26)　西謙二＝中山孝雄編『破産・民事再生の実務〔新版〕(下)』120頁〔小笠原寧〕（金融財政事情研究会・2008年）。

第3部　倒産法

事再生の場合に，登録なしに信販会社が別除権を主張するという本判決が直接前提としている状況に関して，本判決を前提として，信販会社がとるのが適当と考えられる対応についてはすでに述べた。信販会社としては，そもそも，三者契約が法定代位を排除する趣旨を含まない旨を契約書上明確にすることが適当かもしれない。

【補　遺】（1）本判決後，下級審の多くの裁判例の上で，登録名義を持たない信販会社が保証債務の履行として代位弁済した場合に，法定代位によって取得した販売会社の留保所有権に基づいて，その後に破産した買主の破産管財人に対して，登録名義のないまま目的物である自働車の引渡しを請求できるか（札幌高判平成28・11・22金判2056号62頁は肯定）や，同様の場合に，販売会社が目的物である自動車の引渡しを受けてそれを換価し，その換価代金を残割賦金等の弁済に充当した行為が買主の破産手続における偏頗行為否認の対象になるか（名古屋高判平成28・11・10金判2056号62頁は肯定）などが問題とされ，学説上も活発な議論がなされている（たとえば，伊藤眞「最二小判平22.6.4.のNachleuchten（残照）——留保所有権を取得した信販会社の倒産手続上の地位」金法2063号36頁以下（2017年）参照）。そして，最判平成29・12・7（金法2080号6頁・金判1533号36頁）は，本判決は事案を異にするとしつつ，前掲札幌高判平成28・11・22の上告審として，その判断を是認した。

（2）本判例研究公表後の①②判決評釈類として，荒木新五・民事判例Ⅱ142頁以下（2011年）（法定代位を認めて判旨反対），印藤孝二・金判1904号4頁以下（2010年）（結論には賛成しつつ，理由付けには疑問を呈する），同・金法1928号80頁以下（2011年），大畠重遠・事再137号200頁（2012年），加毛明・倒産百選〈5版〉118頁以下（X・Y間の新たな担保権の設定と法定代位とは二者択一の関係に立つとする），上江洲純子・平成22年度重判解175頁以下（2011年），小林明彦・金法1910号11頁以下（2011年）（法定代位の可能性は否定されていないとする），小林久起・別冊判タ32号平成22年度主民解284頁以下（2011年），小山泰史・金法1929号56頁以下（2011年）（信販会社には常に対抗要件が必要），同・法教365号判例セレクト2010〔Ⅰ〕16頁（2011年）（明確に法定代位を合意したときに射程が及ぶか不明），坂口彰洋・ジュリ増刊実務に効く担保・債権管理〈判例精選〉162頁以下（2015年），佐藤鉄男・民商143巻4・5号489頁以下（2011年）（判旨疑問），杉本和士・法研86巻10号90頁以下（2013年）（判旨賛成），田頭章一・リマークス43号134頁以下（2011年）（法定代位の可能性は残るとする），田高寛貴・金法1950号48頁以下（2012年）（本件事案では法定代位は否定されているが，明文でその旨めるようにすべきである），田村耕一・広法40巻1号21頁（2016年）（自動車販売の特徴と三者契約の全体像を踏まえると，本判決の一般化には慎重であるべき），直井義典・香川31巻1・2号132頁（2011年）（明確に法定代位を合意したときに射程が及ぶか不明），野村剛司・速報判解13号165頁以下（2013年）（結論に違和感なし），山田真紀・曹時65巻10号147頁以下（2013年），同・最判解説民平成22年度（上）376頁以下，山本和彦・金判1361号68頁以下（2011年）（手続開始時における対抗要件を必要とする判旨の趣旨は債権譲渡の場合や民法94条，177条の場合にも及ぶ），和田勝行・論

叢 170 巻 1 号 120 頁（2011 年）（本判決疑問），等がある。

　ほかに，本判決を（一つの）機縁とする論文として，下村信江「民事再生手続における所有権留保と対抗要件の要否」法時 84 巻 12 号 84 頁以下（2012 年），鈴木尊明「所有権留保特約の解釈とその実行」早誌 64 巻 2 号 441 頁以下（2014 年），関武志「民事再生手続におけるクレジット会社の法的地位(上)(下)」判時 2173 号 3 頁以下・2174 号 3 頁以下（2013 年），中井康之「担保付債権の代位弁済と対抗要件」伊藤眞＝道垣内弘人＝山本和彦編著『担保・執行・倒産の現在』81 頁以下（有斐閣・2014 年，初出 2012 年），福田修久「破産手続・民事再生手続における否認権等の法律問題」曹時 64 巻 6 号 1 頁以下（2012 年），杜下弘記「倒産手続における別除権をめぐる裁判例と問題点」判タ 1344 号 24 頁以下（2011 年），がある。

（初出・金融・商事判例 1353 号／2010 年）

第3部　倒産法

39 別除権協定の解除条件に関する合意が，再生債務者が再生計画の履行完了前に再生手続廃止の決定を経ずに破産手続開始の決定を受けた時から同協定が効力を失う旨の内容を含むものとされた事例

最高裁平成 26 年 6 月 5 日第 1 小法廷判決
平成 24 年(受)第 880 号・第 881 号・第 882 号，配当異議事件
（民集 68 巻 5 号 403 頁・金判 1445 号 14 頁）

事実の概要　(1) Zは，平成14年3月，再生手続開始の決定を受けた。その当時，Y₁，AおよびB（以下「本件各別除権者」という）は，「本件各不動産」につき，それぞれを権利者とする抵当権または根抵当権（以下「本件各担保権」という）の設定を受け，Zに対し，本件各担保権の被担保債権につき，「本件各別除権」を有していた。

(2) Zは，平成14年9月から10月にかけて，本件各別除権者であるY₁，AおよびBとの間で，次のような条項を含む協定書（以下「本件各別除権協定書」という）をそれぞれ取り交わして，本件各別除権協定を締結した。

ア　Zと本件各別除権者は，本件各別除権者の担保権の内容を変更した結果，別除権の目的である本件各不動産について，上記被担保債権の額よりも減額された受戻しの価格（以下「本件各受戻価格」という。）が被担保債権の額であることを確認する。

イ　Zは，本件各別除権に対し，本件各受戻価格の額を平成14年から分割弁済する（分割弁済すべき期間は，早いものでは平成19年まで，遅いものでは平成27年までであった。）。

ウ　Zは，事業を継続するため本件各不動産を使用することができるが，上記イの分割弁済を2回以上怠ったとき等には，本件各不動産を明け渡し，本件各別除権者が本件各担保権を行使することに異議を述べない。

エ　Zと本件各別除権者は，Zが上記イの分割弁済を完了したときは，本件各担保権が消滅することを確認する。

オ　Zと本件各別除権者は，別除権予定不足額（別除権の行使によって弁済を受けることができないと見込まれる債権の額（民事再生法94条2項）をいう。）を本件各別除権協定書記載の金額とする。

カ　本件各別除権協定は，再生計画認可の決定の効力が生じないことが確定すること，再生計画不認可の決定が確定すること又は再生手続廃止の決定が確定することを解除条件とする（以下，この条項を「本件解除条件条項」という。）。

(3) 平成14年9月，Zの再生事件において，再生債権の元本の8％を同年か

352

ら平成24年までに一括または分割して支払う旨の再生計画案が可決されて再生計画認可の決定がされ，その後同決定は確定した。そして，平成17年10月，再生計画認可の決定が確定した後3年を経過したとして再生手続終結の決定がされた。

(4) Zは，再生計画および本件各別除権協定に基づく弁済をし続けていたが，それらの履行完了前に，同社の取締役が破産手続開始の申立てをしたことで，平成20年1月，破産手続開始の決定（以下「本件破産手続開始決定」という）を受け，その破産管財人としてXが選任された。

(5) Aの被担保債権・担保権の承継人であるY_2は，本件各不動産の担保不動産競売の申立てをし，平成20年10月，その開始決定がされた。

その配当手続に際して作成された配当表に記載された本件各担保権に係るYら，すなわち，Y_1，Y_2のほか，Bの被担保債権・担保権の承継人であるCのさらに承継人であるY_3に対する配当実施額は，いずれも本件各担保権の未払額であって，本件各別除権協定によって定められた本件各不動産の本件各受戻価格から上記(4)の弁済額を控除した額を超えるものであった。

そこで，Xは，平成21年9月，上記競売事件の配当期日において，上記配当表のうち本件各受戻価格の未払額を超過する部分につき異議の申出をした上で，Yらに対し，配当異議の訴えを提起した。第1審はXの請求を棄却したのに対し，原審は，第1審判決を取り消し，Xの請求を認容した。この判決に対するYらの上告受理申立てが認められた。

判決要旨 破棄自判（原判決破棄・控訴棄却）。

「(1) 本件各別除権協定書には，本件各別除権協定の解除条件として，再生計画認可の決定の効力が生じないことが確定すること，再生計画不認可の決定が確定すること又は再生手続廃止の決定がされることという記載（本件解除条件条項）がある一方で，その再生計画の履行完了前に再生手続廃止の決定を経ずに破産手続開始の決定がされることは明記されていない。しかし，本件各別除権協定の内容からすれば，本件各別除権協定は，再生債務者であるZにつき民事再生法の規定に従った再生計画の遂行を通じてその事業の再生が図られることを前提として，その実現を可能とするために締結されたものであることが明らかであり，そのため，再生計画の遂行を通じて事業の再生が図られるという前提が失われたというべき事由が生じたことを本件解除条件条項により解除条件としているのである。本件のように，再生計画認可の決定が確定した後3年を経過して再生手続終結の決定がされたが，その再生計画の履行完了前に破産手続開始の決定がされる場合は，もはや再生計画が遂行される見込みがなくなり上記の前提が失われた点において，再生手続廃止の決定がされてこれに伴い職権による破産手続開始の決定がされる場合（民事再生法194条，250条1項参照）と異なるものではないとい

える。また，本件各別除権協定の締結に際し，本件のように再生計画の履行完了前に再生手続廃止の決定を経ずに破産手続開始の決定がされた場合をあえて解除条件から除外する趣旨で，この場合を解除条件として本件解除条件条項中に明記しなかったものと解すべき事情もうかがわれない。

そうすると，本件解除条件条項に係る合意は，契約当事者の意思を合理的に解釈すれば，Zがその再生計画の履行完了前に再生手続廃止の決定を経ずに破産手続開始の決定を受けた時から本件各別除権協定はその効力を失う旨の内容をも含むものと解するのが相当である。

(2) Zはその再生計画の履行完了前に再生手続廃止の決定を経ずに本件破産手続開始決定を受けたものであるから，本件各別除権協定は，本件破産手続開始決定時から，本件解除条件条項によりその効力を失ったというべきである。そして，その結果，本件各担保権の被担保債権の額は本件各別除権協定の締結前の額から前記2(4)（〔事実の概要〕欄(4)——野村）の弁済額を控除した額になり，本件配当表に記載された配当実施額はいずれもこれを超えないから，Yらは配当を受け得る地位にあるといえる。」

研　究

1　本判決の意義

別除権協定によって担保不動産の被担保債権の額が合意された受戻価格の限度まで減額された後，再生債務者が再生計画の履行完了前に再生手続廃止の決定を経ずに破産手続開始の決定を受けた場合，その別除権協定の解除条件条項が当該場合に明示的に言及していなくとも，当該別除権協定は失効（し，被担保債権の額が元に復）するか。本判決は第1審と控訴審とで判断が分かれていたこの問題について，第1審判決と同じく肯定の回答を与えたものであり，注目に値する。

2　別除権協定とそれをめぐる問題点

(1)　民事再生法は担保権を別除権として扱い，手続外での自由な権利行使を認めている（民再53条）。しかし，担保目的財産が再生債務者の事業の継続のために不可欠な財産である場合，担保権の実行を認めたのでは事業の再生は不可能ないし困難となるから，それを担保権者と再生債務者との間の合意によって控えてもらう必要がある。この合意が別除権協定であり，その内容の基本的要素[1]は，

---

(1) この点につき，中井康之「別除権協定に基づく債権の取扱い」ジュリ1459号91頁（2013年）〔伊藤眞＝道垣内弘人＝山本和彦編著『担保・執行・倒産の現在』305頁以下〔中井〕（有斐閣・2014年）〕参照。

①別除権の評価額（受戻額），②その評価額相当額の分割弁済の方法，③順調に分割弁済を継続している間の別除権の不行使，④分割弁済の完了時における担保権の解除である。実質的に，担保目的物の受戻し（民再41条1項9号）に相当する。

①～④に加えて，⑤被担保債権に関する不足額を合意することもある。不足額が確定すれば，それにつき，再生計画に基づく計画弁済の受領など再生債権者としての権利行使が可能となる（民再88条・182条）。さらに，協定の効力の消滅に関する定め，すなわち⑥－a再生債務者が協定に基づく債務について不履行となった場合に協定を解除できる旨や，⑥－b再生手続が廃止され破産に移行した場合に協定が失効する旨の解除条件が定められることもある。

(2) 別除権協定をめぐっては，これまで次のような問題点が論じられてきた[2]。

ⅰ不足額確定のために，被担保債権の減額合意について登記を要するか。ⅱ上記①の額を定める合意により別除権の被担保債権額は実体法的に減額しているのか，⑤の合意により不足額は実体法的に確定しているのか。ⅲ上記⑥－aの解除や⑥－bの解除条件成就があった場合に，被担保債権の減額合意の実体法的効果が維持されるのか（固定説），元の債権額に復活するのか（復活説）。ⅳ協定に基づく債権（被担保債権部分の分割弁済の履行請求権。以下「協定債権」ということがある）は再生債権か共益債権か。そのほか，ⅲで復活説がとられるべきであるとして，ⅴ解除または解除条件成就までに別除権者が受領した金銭を返還しなければならないか，も問題とされる。

本判決は，解除条件条項に明示的にあげられていない事由の発生により条件が成就したとしてよいか，よいとして，ⅲ⑥－bとⅴに対する回答はどうなるか，の各点に関する判断を示している。

3　本件事案の各判決の判断

(1)　本件事案と同種の先例は存在しないようであるし，また，先にも指摘したように，第1審と控訴審とでは判断が分かれていた。そこで，ここではまず，本件事案の各審級の判決の判断を対比して見ておくことにしたい。

第1審の松山地判平成23・3・1（民集68巻5号427・金判1398号60頁）の判断の要点は以下のとおりである。すなわち，本件各別除権協定書の条項オにより，別除権不足額が，ひいては別除権によって担保される部分も実体法的に確定され，後者の部分は本件各別除権協定書アの金額に減額されるとの実体法的効果が生ずる（ⅱに対する回答）。この減額の効果のためには登記を要しない（ⅰに対する回

---

(2)　中井・前掲注(1)91頁以下〔伊藤＝道垣内＝山本・前掲注(1)306頁以下〔中井〕〕。

答）。別除権を有する再生債権者と別除権を有しない再生債権者の公平を図るという不足額責任主義の趣旨からすると，別除権協定に基づく再生債務者の不履行を理由にする解除によっても，別除権によって担保される部分の減額の効果は，再生計画ないし再生手続が存続する限り，維持される（ⅲ⑥－aに対する回答）。しかし，別除権不足額と別除権によって担保される部分とが実体法的に確定されるのは，確定再生債権につき，再生計画に基づく弁済をするため，再生計画における権利変更を行う前提として，別除権不足額を実体法的に確定しておく必要があるからであり，再生計画に基づく弁済のための手段に過ぎない。再生計画の履行完了前に再生債務者に対する破産手続開始決定がされた場合には，再生計画が当然に効力を失って，これによる権利変更の効力も失われるのであるから，上記の点を実体法的に確定しておく必要が失われている。また，通常，別除権者としては，このような場合にまで，別除権協定による被担保債権の減額という実体法的効果が維持・固定されることを想定して，別除権協定の締結に応じているとは考えにくいし，維持・固定されるとすると，別除権者が別除権協定の締結に応ずることに躊躇する可能性が少なくなくなる。したがって，本件解除条件条項には上記のような場合はあげられていないが，そのような場合にも本件別除権協定は失効し，減額された被担保債権も元に復するとしてよい（解除条件成就の有無とⅲ⑥－bに対する回答）。

　他方，原審の高松高判平成24・1・20（民集68巻5号454頁・金判1398号50頁）を失効否定の（したがって，ⅲ⑥－bを問題にするまでもなく，減額された被担保債権は元に戻らないとの）結論に導いた主たる理由は本件解除条件条項を限定列挙と捉えた点にある。

　(2)　以上に対し，本判決は①ⅱの点には明示的には言及していないが，①について登記不用説，ⅱについて実体法的確定肯定説を前提としているといってよいであろう。また，ⅲ⑥－aについて固定説（正面から明言はしていないが，推察される），ⅲ⑥－bについて復活説をとる結論は第1審判決と同一であるが，理由には若干ニュアンスの差があるように見受けられる。すなわち，第1審判決は，別除権者と非別除権者である再生債権者間の公平を図る必要という不足額責任主義の趣旨がなお妥当するかを両者を区別する理由として指摘しているのに対し，本判決は，再生計画を通じて再生債務者の事業の継続が図られるという前提の有無をその理由としている。いずれにせよ，両判決とも，それぞれがあげる必要ないし前提が存在しなくなっている点において，本件解除条件条項にあげられた場合と，本件事案で問題となっている場合とで異ならないというのである。また，別除権者ないし別除権協定の当事者が，それらが言うのとは異なった結論を意図して，本件事案において問題となっている場合を本件解除条件条項中に明記しなかったと想定ないし解すべき事情もないと指摘する点も共通する。

また，本判決は，第1審判決よりさらに進んで，別除権協定が失効して被担保債権が復活した場合，協定に基づく債権の弁済として受領した金額は，被担保債権額から控除することができ，それに相当する金銭を返す必要はない旨も明らかにしている[3]（ⓥに対する回答）。

4 検討

以下では，本件事案で直接問われている問題の前提としてⅱの問題を，次いで，その問われている問題とそれと密接に関連するⅲの問題を順次検討し，最後に，ⓥの問題に簡単に触れる。

(1) ⅱの問題との関係で，別除権の被担保債権額が実体法的に確定しているとは，従来担保されていた債権の額のうち一部が実体法上担保されないことになるという効力が，合意によって既に発生しているということを意味するであろう。そして，そのような効力の失効の余地を認めるか否かは別として，このこと自体を否定する見解は本件の原判決に対するコメント[4]以前は存在しなかったように思われる。

これに対し，上記コメントは，ここでいう「実体法上の効力」というのは，再生手続が予定どおりに終了した場合に，その間において，別除権協定によって合意された別除権受戻価格の額を弁済すれば，当該別除権は被担保債権の弁済により消滅し，その消滅の効力は覆されないということであるし，本来，当該別除権の被担保債権の額が再生手続の推移とは別に当然に縮減するというものではないはずであり，その意味において「手続法上の効力」という方が適切ではないかとする。

しかしながら，被担保債権額縮減の効力が単に手続法的なものであるとすると，再生計画による再生債権の弁済と別除権協定に従った協定債権の弁済の完了後に，被担保債権の減額部分のうち本来であれば別除権でカヴァーされていた部分に関し，再生計画による弁済額を控除して不当利得の返還請求をなしうるというような話しになりかねない。

このように解さなくとも（無論，そう解することはできない），この見解によると，被担保債権の不足額部分は受戻価格全額の弁済完了時に初めて別除権の被担保債権からはずれることになろう。しかし，そうすると，被担保債権の減額部分のう

---

[3] この金額を被担保債権額から控除しても，競売手続における売却代金は本件各不動産に係る第1順位の抵当権者（本件各別除権者）に全額配当されている。控除をしなければ被担保債権額はより高額になるのであるから，その場合もこの配当方法の結果に差異は生じない。そこで，第1審判決は控除の点について言及していないだけなのかもしれない。

[4] 金判1398号54頁。

ち元々別除権によって担保されていた部分は別除権によって担保されていながら，再生計画による弁済を受けることになる。これは，被担保債権のうち別除権によって担保されない部分に関してのみ再生債権としての権利行使が可能であるとする民事再生法 88 条に抵触する。

そこで，別除権協定が再生債務者と別除権者の間の契約に過ぎない点に着目し，民事再生法 88 条の枠外で，受戻価格全額の弁済完了時に不足額部分が別除権の被担保債権からはずれるとしつつ，目的物の交換価値による回収が図れないことが明らかな範囲内で再生計画に基づき弁済を受けるとすることを当事者間で合意することを法は許容している，とする見解が主張される。そして，この見解は，当該合意は民事再生法 88 条とは関係ない合意であるから，その枠内の合意では，別除権協定の解除の場合について固定説がとられるべきであるとしても，上記の合意についてはそのことは当てはまらず，復活説をとりうるとする[5]。

しかしながら，当事者間の契約・合意であるからといって何を定めてもよいわけではない。そして，復活説は，後記（4(2)末尾）のように，他者の利益を害するおそれがあるとの理由によりとることができないのであれば，そのことを潜脱するような合意を当事者間で行ってよいことにはならない。復活説を根拠付けること以外に，この見解にどのようなメリットがあるのかも明瞭ではない。

(2) ⅲの問題に関する固定説は，別除権協定に基づく債務の不履行があった場合，そもそも別除権者は協定を解除しえないとしているのか，解除しうるが協定債権は元に復しないと解しているのか。この点についてはやや曖昧な面があるものの[6]，多くは後者のように解しているように見えるが[7]，前者のように解しても，本件各別除権協定の条項ウのような条項により，別除権者は直ちに協定債権の未払額について担保権を実行することができるとすれば，後者のように解した場合と差異は生じない。これに対し，本件事案の解除条件成就の場合には，別除権協定が失効しないとすると，本件各別除権協定の条項ウには，条項カ掲記のような事由はあげられていないから，解除条件が成就したこと自体は何らの意味を持たないことになってしまう。

本件事案においては，第 1 に，本件解除条件条項に明示されていない事由の発生によって別除権協定自体が失効したかのか否かが問われている。第 2 に，その明示されていない事由が解除条件に該当するとすると，上記のことから，別除権

---

(5) 遠藤元一「別除権協定の後に破産手続が開始された場合の効力」事再 139 号 15 頁以下（2013 年）。

(6) 「原判決コメント」金判 1398 号 54 頁は，本件第 1 審判決は解除しえないとしていると理解しているように見える。また，遠藤・前掲注(5)18 頁は，解除否定説＝固定説と捉えて，それを詳細に批判している。

(7) 山本和彦ほか編『Q&A 民事再生法〔第 2 版〕』253 頁〔難波修一〕（有斐閣・2006 年），詳解民再〔第 2 版〕312 頁〔山本和彦〕，新注釈民再〔第 2 版〕(上) 475 頁〔中井康之〕。

協定は失効しないと考えることはできないから[8]，減額された協定債権の額は元に戻らない（が，条項イウが失効するから協定債権の未払額について担保権を実行しうる。固定説）と捉えるか，協定全体が失効し，減額された協定債権の額も元に復する（復活説）と解するかが問われることになる。そして，この第1点を判断するために，第1審判決と本判決は別除権協定を締結した趣旨を問うている。さらにまた，その趣旨から，第2点の固定説か復活説かの結論も導いているように見える。

別除権協定の一番の眼目は，再生債務者の事業の再生を図るために，担保権の実行を控えてもらうことにある。そして，事業の再生を図る手段は再生計画に集約されるのであるから，その再生計画が失効して，事業の継続を図ることがなくなれば，担保権の実行を控える必要はなくなる。そして，再生計画が失効すれば，それとの関係で別除権の被担保債権額ひいては不足額を確定する必要もなくなるから，そのための条項である本件各別除権協定中の条項アオも失効したとしてよい[9]。そして，再生計画が失効することは，本件解除条件条項中にあげられた事由が発生した場合のほか，本件事案で問題となっている，再生債務者が再生手続の終結決定後，計画の履行完了前に破産手続が開始される場合であっても同様であるから（民再190条参照），その場合も上記と同じように考えてよい。

ところで，固定説は，復活説ではなく自説によるべき理由として，協定の解除や失効により別除権の被担保債権が復活するのであれば，その後の別除権行使によって不足額は変動することになるから，不足額が確定したとは言えないし，不足額が変動する可能性があるのに再生計画による弁済を認めると他の一般再生債権者の利益を害しかねないと述べる[10]。しかし，再生計画が失効すれば不足額部分が変動しても差し支えないことは上に述べたとおりであるし，その場合には，

---

(8) もっとも，本件事案においては，解除条件として破産手続の開始自体が問題となっており，この場合には，別除権協定が失効しないとしても，現在化によって被担保債権の弁済期が到来して別除権を実行し得ることになるから，解除条件成就に意味があるということになるかもしれない。しかし，本件解除条件条項に明示的にあげられている場合には，必ずしも破産手続が開始されるとは限らないし，問題となる事由によって区別するのも不自然であろうから，解除条件成就全般について別除権協定の失効に結び付くとしてよいであろう。

(9) 第1審判決は，失効を認める根拠として不足額責任主義の趣旨が妥当しなくなることを説くが，破産手続においても不足額責任主義は妥当する。しかし，事業の継続を図るための再生計画・別除権協定を前提とした不足額責任主義と清算を前提とした不足額責任主義とでは，自ずからその内容は異なってくるであるから，本判決のように，再生計画を通じた事業の継続という点を重視した方が適切である。なお，本件事案の各別除権協定では，受戻価格の額は担保目的物の価額を相当程度下回っているが，原判決コメント（金判1398号55頁以下）は，それは事業継続への協力のためであり，事業継続が不可能となれば協力の前提を欠くことを強調する。

(10) 中井・前掲注(1)93頁〔伊藤＝道垣内＝山本・前掲注(1)309頁〔中井〕〕。

この理由の後半部分が妥当する前提（再生計画による弁済）が欠けるに至っている。すなわち，逆に言うと，再生計画が失効する前の段階ではこの固定説のいうことはもっともであり，復活説では再生計画の遂行，ひいてはそれによる事業の再生に支障を来すおそれがあると考えられる。

以上を要するに，再生計画の失効と㈽⑥－ａ・ｂ[11]に関して本判決の説くところには，理由，結論とも賛成できる。

(3) ⓥの問題点に関し，別除権協定が失効すれば，失効時までに，それに基づき別除権の被担保債権に対する弁済として受領した金額と，不足額について再生計画に基づく弁済として受領した金額に相当する金銭は返還しなければならないようにも思われる。事実，被担保債権は遡及的に復活するとの理由によってこれを肯定する学説も存在するが[12]，本判決は，その金額は元々の債権額から弁済額を控除した金額になるとして返還義務を否定している。

しかしながら，返還義務を否定すると，復活説をとりつつ返還不要とされた金銭は，まず被担保債権のうち元々別除権によって担保されていなかった部分に充当されることになろう。すると，別除権者は，別除権協定と再生計画により弁済された金銭を保持したまま，他方で担保権の実行によってその把握した担保価値全額（当初の被担保債権額から受領額を控除した額が別除権者の把握した担保目的物の価額を上回っている場合）またはその一部（当初の被担保債権額から受領額を控除した額が別除権者の把握した担保目的物の価額を下回っている場合。この場合には，別除権者にとって本来不可能であった被担保債権全額の回収が可能になってしまう）に相当する金銭をも回収しうることになってしまう。これは別除権者を不当に利するようも思われる[13]。

本判決は返還義務否定の理由を何ら述べていないが，学説には，別除権者は受領金額全額か，少なくとも一部の返還請求には応じないであろうとして，そのための理論構成にいろいろ腐心するものがある[14]。この点は残された問題である。

5　実務への影響

本件事案で問題とされているような状況は，実際にはあまり生じないのではな

---

(11) 解除条件成就の場合には復活説をとるというのは，その解除条件成就が再生計画の失効に結び付くことを前提にしているのであるから（前注(8)参照），それに結び付かない事柄が解除条件とされているときは（実際上，どういう事柄があるかよく分からないが），固定説によるべきである。

(12) 中井・前掲注(1)94頁〔伊藤＝道垣内＝山本・前掲注(1)312頁〔中井〕〕。

(13) 山本和彦「別除権協定の効果について」同『倒産法制の現代的課題』139頁（有斐閣・2014年，初出2013年）参照。

(14) 遠藤・前掲注(5)18頁以下，高井章光「牽連破産に関する諸問題」事業再生研究会編『民事再生の実務と理論』258頁以下（商事法務・2010年）。

かろうか（だからこそ，本件解除条件条項中にあげられていなかった）。ただ，今後は，そのような状況は別除権協定中の解除条件条項に含められることになろう。したがって，本判決の実務への直接的影響は限定的というべきかもしれないが，解除条件条項に含まれていない状況が生じた場合（どのような状況があるか想定し難い。想定可能であれば，当該条項に含められるであろう）に，それにより別除権協定が失効し（て復活説が適用される）か否かの判断基準を示したという意義はある。そして何よりも，再生計画が失効する前の段階では固定説，その後の段階では復活説を採用している（ように見える）点は，固定説か復活説かということが，従来から別除権協定をめぐる1つの大きな問題点とされてきたことに鑑みれば，実務に対する大きな影響を有すると考えられる。

【補　遺】本判例研究公表後の本判決評釈類として，石橋英典・同法67巻5号559頁以下（2015年）（復活説に極めて親和的），印藤弘二・金法2024号6頁以下（2015年）（協定債権の既払金と別除権不足額の計画弁済金の精算を検討），上田裕康＝北野知広・銀法783号20頁以下（2015年）（本判決が再生計画と別除権協定による弁済の保持を認めたとも考えられる点を踏まえて別除権協定のあり方を検討），河野正憲・名法265号179頁以下（2016年）（民事再生法の趣旨に適合した契約の補充的解釈の観点から積極的に評価），倉部真由美・リマークス51号136頁以下（2015年）（破産手続開始決定は解除条件にあたる，別除権協定失効の場合の被担保債権額に関する判断は本判決の射程外），河崎祐子・判評675号〔判時2250号〕132頁以下（2015年）（解除条件条項の意義や内容の評価は別除権の法的意義を踏まえて行うべきである），木村真也・事再150号144頁以下（2015年）（判旨賛成），黒田直行・JA金融法務523号48頁以下（2014年），栗原伸輔・速報判解16号199頁以下（2015年）（固定説と復活説の対立が問題になる事案ではなかったと見る余地がある），小林信明・金法2025号44頁以下（2015年）（別除権は契約であり，原則として，多様な内容を認めるべきであるとの立場から本判決を評価），櫻庭広樹・金法2036号78頁以下（2016年）（復活説），高木裕康・事再146号110頁以下（2014年）（一定限度での既払金の返還義務を肯定），高田賢治・銀法783号29頁以下（2015年）（破産法53条の適用を認めずに，解除条件条項の有効性を広く認めるべきとする），田高寛貴・民事判例Ⅹ15頁（2015年）（本件別除権協定の失効を認めたのは正当），玉井裕貴・東北学院77号42頁以下（2016年）（本件別除権協定失効後の効力についてはなお検討の要がある），堂園昇平・金法2007号25頁以下（2014年）（本判決は復活説を採用），中井康之・民商150巻4・5号131頁以下（2014年）（復活説の本判決の射程を限定），藤本利一・阪法64巻6号295頁以下（2015年）（失効の効力について検討させるために差し戻すべきであった），松下祐記・平成26年度重判解147頁以下（2015年）（本判決は復活説をとりつつ計画弁済額の保持を認めたのではない），山地修・ジュリ1485号94頁以下（2015年），同・曹時68巻2号205頁以下（2016年），同・最判解説民平成26年度224頁以下，渡部美由紀・法教414号判例セレクト2014〔Ⅱ〕26頁（2015年），等がある。

第3部　倒産法

　ほかに，本判決を機縁とする論文として，栗原伸輔「再生手続における合意による不足額の確定」伊藤古稀『民事手続の現代的使命』841頁以下（有斐閣・2015年），がある。

（初出・金融・商事判例1454号／2014年）

40　再生債務者財産と一体となって利用されている第三者所有名義財産上の担保権についての担保権実行中止命令の可否

40 根抵当権の目的不動産上に再生債務者と第三者所有の不動産が含まれ，これらが全体としてぱちんこ遊技場として利用されている場合，全不動産について担保権実行の中止命令を発令するのは相当ではないとされた事例

福岡高裁平成18年2月13日第3民事部決定
　平成18年(ラ)第16号，競売手続中止命令に対する即時抗告事件
　(判時1940号128頁)

事　実　(1)　別紙物件目録記載1ないし6の不動産（以下，一括して「本件不動産」とか「全物件」といい，個別には「物件1」のようにいう）は，株式会社Y（再生債務者・中止命令申立人・抗告手続相手方）のぱちんこ遊技場兼事務所「甲田店」として，現在も使用されている。本件物件のうち土地は全体として東西に長い長方形をなしており，その相互の位置関係等は，西側公道に面して物件1があり，以下，東側に向かって順次，物件3，5，4，2が，いずれも南北に長い長方形として接して存在し，ほぼ物件1及び3の上に物件6の建物があり，物件5，4及び2の上に立体駐車場があって，それら全部が一体として上記ぱちんこ遊技場として利用されている。

(2)　物件1ないし3と物件6は，いずれもYの所有名義であるが，物件4及び5は，Yの元代表取締役Aの名義であって，全物件について，昭和62年3月19日に，同日付けで，極度額20億円の根抵当権設定登記がなされている。X（競売申立人・中止命令相手方・抗告人）は，当該根抵当権について，元本確定後の平成17年1月21日債権譲渡を原因として，同月27日に移転の付記登記を経た。

(3)　Yは，平成17年6月21日に，福岡地方裁判所に民事再生手続開始の申立てをし，同日に保全処分，同年8月8日に再生手続開始決定がなされた。また，既に平成16年9月24日にYの代表取締役を辞任していたAは，Yの民事再生手続に先立ち，福岡地方裁判所小倉支部に，自己破産の申立てをし，平成17年5月30日午後5時に破産手続開始決定を受け，物件4については同年6月2日，物件5については同月14日に，破産手続開始の各登記がなされた。

(4)　Xは，福岡地方裁判所小倉支部に，全物件について担保不動産競売開始申立てをし（同庁平成17年(ケ)第291号事件），平成17年7月27日開始決定がなされ，翌28日，同決定を原因とする差押登記がなされた。

(5)　Yは，平成17年9月1日に，全物件について競売手続中止命令の申立てをした。その際，Yは，民事再生法31条の要件に副う事実を主張したほか，物件4及び5につき，これらはもともとYの所有であるが，土地の交換取得などの関係などでAの名義になっていただけで，そのことは，Xが債権譲渡を受け

た銀行も知っていたと主張し，その関係の資料を提出した。これに対し，Xは，原審の事情聴取を受けて，同年10月13日付け意見書により，競売手続中止に反対した。

　なお，物件4及び5については，同年11月10日，Aに関する破産裁判所の許可の下，AからYに対して，真正な登記名義の回復を原因として所有権移転登記がなされた。

　(6)　原審は，平成12年12月1日，競売手続の中止命令を発令したが，Xは，原命令は違法であるとして，即時抗告の申立てをした。

決定要旨　　取消し・申立て却下。

「(1)　本件物件は現に一体として利用されているのみならず，接道状況や全体の土地の形状等に照らしても，全物体が密接不可分の関係にあるものとして，可能な限り一体処理されるべきであるから，競売に付される場合にも一括競売とされるべきは当然である。それ故にこそ，原審は，競売手続を中止するに当たっても，全物件を対象とすべきであると考えたのであろう。

　(2)　しかしながら，民事再生法31条1項は，『53条1項に規定する再生債務者の財産につき存する担保権の実行手続の中止を命ずることができる』と規定しているから，中止の対象となるのは，再生手続開始の時において再生債務者の財産の上に存する担保権に限られることになる。本件の場合，物件4及び5はYの所有名義ではなく，Aの所有名義であったのであるから，これに対する競売手続を中止することはできないものというべきである。

　この点につき，Yは，上記物件はYの所有であると主張するが，その主張は民法94条2項の類推適用により，Xに対して主張できるか疑問である。そればかりか，そもそも，本件のような手続過程において，そのような実体判断を迫られること自体が問題であるといわなければならず，あくまで登記上の名義によって形式的に判断すべきである。そうであれば，物件4及び5については，中止命令発令の要件がないということになる。

　(3)　このような見解に対しては，本件のように，法人である再生債務者の代表者が再生債務者のために物上保証しているというような事例も世上決して稀なことではないし，当該物件が再生債務者の事業の継続のために不可欠であるということもあり得るのに，そのような場合に担保権の実行手続を中止できないというのでは甚だ不都合であるという批判が予想される。本件のように，再生債務者の財産と再生債務者代表者の物上保証物件がまさに密接不可分のものとして一体化しているような場合にはなおさらである。

　再生債務者の再生を達成するという観点からすれば，上記のような批判はまことにもっともであるが，それは法の明文の規定からすればやはり採用することのできない見解であるものというほかない。

(4) そうだとしても，その余の物件1ないし3及び6については，Yの所有であることは明白であるから，これらについてだけでも原命令を維持することも考えられないわけではない。

しかしながら，上記のとおり全物件が不可分一体の関係にある本件物件を敢えてこのように分離して取り扱うことは決して相当なことではない。また，物件4及び5を欠いたのでは，Yが『甲田店』の経営を継続することは難しいことが明らかであるから，残りの物件のみではYの事業の継続に不可欠な不動産とはいえないということにもなる。さらに，物件4及び5についてのみ中止命令を取り消したとしても，執行裁判所がこれらのみを競売実施するというようなことは執行実務上考え難いことであり，そうであれば，実質的には全物件について中止命令を維持したのと変わらないことにもなりかねない。さればといって，強いて，物件4及び5についてのみ競売手続を実施した場合には，それのみを格安に買い受けて再生手続を攪乱し，それを通じて利を得ようとするような輩が現れないとも限らない。

したがって，物件4及び5について中止命令を取り消さざるを得ないのであれば，この際は全物件について取り消すこととするのが相当である。」

評釈

本決定には大いに疑問がある。

1 (1) 本決定による本件事件に係る事実関係の紹介は多少不完全であるが，他方で，本件事件の関連事件である別の事件に関する決定が他の判例雑誌に掲載されている[1]。また，本決定については，本誌〔判例時報誌〕編集部を通じて即時抗告申立書，即時公告の理由補充書，基本事件である再生手続の申立書の提供を受けた。そこで，既に〔事実〕欄において多少そのようにしているのであるが[2]，最初に，これらの資料を利用して，背景事情や別件事件との関連など，事実関係を補っておきたい（以下，これらを含めたこの事件に係る事実関係全体を指して「本件事案」と，本決定に係る競売手続中止命令事件を「本件事件」と，別件の担保権消滅請求に係る事件を「別件事件」という）。

(2) Yは，そもそも初代社長Bが個人として始めたぱちんこ店を基礎として昭和42年に設立された会社を昭和54年に承継した会社であるが，サウナ店，ぱ

---

(1) 福岡高決平成18・3・28判タ1222号310頁。
(2) 〔事実〕欄の記述のうち，Xへの債権譲渡時に根抵当権の元本が確定していたこと（(2)），Aが自己破産の申立てをした際には既にAがYの取締役を辞任していたこと（(3)），AからYへの物件4,5に関する所有権移転登記には破産裁判所の許可があったこと（(5)）は，注(1)掲記の別件事件の決定により補った。

ちんこ店等を広く経営している。Yはバブル期の過大な設備投資による負債とバブル崩壊等による経営不振に苦しみ，不動産の売却，拡大しすぎた関連事業の切り離し，人件費の削減などに努め，平成16年7月には，A（Bの息子か何か関係者であり，当時はまだ代表取締役であった）らの経営者一族の同意の下，C，D等の金融機関の協力を得て債務減額を得る等の方法による再生スキームの構築の努力を始めた。このような最中に，C銀行からサービサーであるXに債権譲渡がなされたが（〔事実〕欄(2)参照），Xは高額の金銭の支払を要求して再生スキームに協力せず，AやE（Aの母親である），F（Aの息子である）も当初の合意に反して再生スキームに反対するばかりか，種々の妨害行為を行う（とYは主張している）ので，Yは，裁判上の手続により会社の再生をはかるべく民事再生手続の開始申立てをした（〔事実〕欄(3)参照）。

このように，本件事案には，バブル崩壊による経営不振を契機として経営権を失った中小企業の創業者一族とそれに代わった新経営者（旧経営者との関係は不明である）との間の内紛が背景となっている。

(3) 本件不動産に関しては，別件事件抗告裁判所により以下のような事実が認定されている。

物件2ないし5の土地は，いずれも昭和60年8月1日に売買又は交換によりY又はA名義で所有権が取得されたものである。その際，これらの購入資金を調達するために，YがG銀行から金員を借入れ，同月31日にこの借入金を被担保債権として本件不動産を共同担保とする根抵当権を設定し，同日その旨登記した。物件4及び5の土地に設定されているその他の担保権も，いずれも本件全物件を共同担保として設定されたものである。

平成10年1月8日，当時Aが代表取締役であったYは，C銀行に対して提出した再建計画書において，本件不動産がすべてY所有である旨を説明していた。また，平成16年10月29日，Yは，C銀行に対して提出した債権譲渡に関する要望書の中で，本件不動産すべてに関し，他のA所有不動産とは区別して，Yの所有物件であるとした上で，物件4及び5の土地について登記名義にかかわらず実質的にYの所有とみなされる物件であり，A個人所有のものではないと説明していた。Yは，物件4及び5の土地の平成14年度分から平成17年度分の固定資産税について，Yに送付されてきた納付書でもって，Yの負担において納付してきた。また，平成16年6月当時，Yは，全物件を自己の固定資産として把握していた。

(4) このような中で，Yについての再生手続開始申立て，債権譲渡による根抵当権の移転によって根抵当権者となっていたXによる根抵当権の実行，Yによる競売手続中止命令の申立てとなったわけであり，この最後の申立てに係る事件が本件事件である。

40 再生債務者財産と一体となって利用されている第三者所有名義
　　財産上の担保権についての担保権実行中止命令の可否

　ところで，競売手続中止命令の目的は，担保権実行手続をいったん中止させて，再生債務者等に担保権者との別除権協定の合意の機会を確保することや，担保権消滅請求までの時間的余裕を与えることにあり，担保権は別除権で手続外の行使が可能であるから，一時的に中止してみても別除権協定や担保権消滅請求の見込みがない場合には，中止命令は発令されないことになる[3]。本件事案においては，根抵当権の目的物である本件物件の評価に関してＸとＹの間に大きな対立があるようであるから，別除権協定の成立の見込みはないように思われる。しかしながら，担保権消滅請求の場合には，目的物件の評価に関する意見の対立は価額決定の請求（民再149条以下）によって解決されうるから，その成立の障害とはなりえない。そこで，本件事案において競売手続の中止命令が求められていることの背景には担保権消滅請求の手続があると思われるが，中止命令の申立ては最終的には却下されてしまった。ところが，実際に担保権の消滅請求なされた別件事件においては，その請求は，本件事件において競売手続中止命令が認められなかったにもかかわらず許可されている。

　2　(1)　裁判所は，再生手続開始の命令があった場合には，53条1項に規定する「再生債務者の財産」について存在する担保権の実行手続の中止を命ずることができる（民再31条1項）。このように，中止されるべき競売手続は再生債務者の財産について存在する担保権に係るものでなければならず，第三者の財産に存在する担保権に係るものであってはならない。確かに，中小企業にあっては，法人が所有する不動産とその代表者が物上保証人として提供する不動産とが共同抵当に供されており，しかもそれらの不動産が一体となって利用されているという場合も少なくないと思われる。したがって，そのような場合には，法人の代表者の提供した不動産上の担保権に係る競売手続の中止も命じうるとすることが，再生債務者の再生に資するということができる。しかしながら，そのように解することは法の明文に反するものであり，通説の採用するところではない[4]。

　本決定もこのような解釈を前提としつつ，かつ，本件事案においては物件1ないし3及び6とは異なって，物件4，5は再生債務者には帰属していないとして，後者の上の根抵当権の実行手続の中止を命ずることはできないとした。そして，そうである以上，本件事案の事実関係の下では，前者の上の根抵当権の実行手続の中止を命ずることも相当ではないとした。

　本決定を掲載した判例時報誌は，このように，再生債務者以外の第三者に担保物件が帰属するためにその物件に係る競売手続の中止を命ずることができず，かつ，それに引きずられて，再生債務者財産上の担保権の実行手続の中止を命ずる

---

(3)　今中利昭ほか『実務倒産法講義〔上巻〕』256頁（民事法研究会・2006年）。
(4)　注釈民再〔新版〕(上) 109頁〔池田靖〕，条解民再118頁〔髙田裕成〕，詳解民再221頁〔三木浩一〕。

367

ことも相当ではないとした事例的な裁判例として本決定を紹介している[5]。確かに，物件4，5がYではなくAに帰属すると扱うべきならば，本決定の説くところは説得的であるようにも思える。しかしながら，そもそも物件4，5がAに帰属すると扱っている点に大きな問題がある。

(2) 別件事件は担保権の消滅請求に関する事件であるが，そこにおいては，「再生債務者の財産」について53条1項に規定する担保権が存在する場合には，再生債務者等は，裁判所に対し，当該財産の価額に相当する金銭を裁判所に納付して当該財産に存在するすべての担保権を消滅させることの許可の申立てをすることができる（民再148条1項）。したがって，ここでも，消滅請求の対象になる担保権は再生債務者に帰属する財産上のものでなければならない。それ故，やはり，本件事案におけるように，第三者に帰属する不動産の上に存在する担保権についても消滅請求が可能であれば再生債務者の再生に資することがありうると思われるが，それは不可能であると考えられている[6]。しかし，別件事件の抗告裁判所（抗告審はやはり福岡高裁であるが，本件事件を扱った第3民事部とは別の第5民事部である）も，同様の解釈を前提にしながら，物件4，5はAではなくしてYの所有に属するとして，担保権の消滅請求を許可している。

(3) このように，本決定と別件事件の抗告審裁判所とで判断が分かれたのは，問題となっている不動産の帰属を登記という形式を基準に判断するか実質に即して判断するかの点で見解を異にしたからである（問題となっている手続が競売手続の中止命令の手続と担保権の消滅請求の手続であるという差異があるが，この差異は結論の違いをもたらす合理的な理由となるとは思われない）。したがって，本決定の意義は，再生債務者財産の上の担保権の実行手続の中止を命ずることも相当ではないとした事例的な裁判例という点よりも，むしろ，不動産の再生債務者への帰属性を登記を基準に判断した点にあると評価すべきであると考える。そこで以下，そのような判断方法が適切であるかを検討する。

3 (1) 本決定は，登記を基準に判断すべきであるとする理由として，まず第1に，Yの物件4，5が自己の所有に属するとの主張は民法94条2項の類推適用によってXに対抗できるか疑問であるという点をあげている。これは抗告理由があげる論拠の一つを採用したものであるが，抗告理由は，Yが根抵当権設定登記に後れて所有権移転登記を受けている（かつ，Xの前主であるC銀行もX自身も

---

[5] 判時1940号128頁のコメント参照。本決定の表題もその趣旨になっており，本評釈も一応それに従っておいたが，後述のように，それも「民事再生手続における担保権の実行手続の中止命令に当たり，目的不動産について再生債務者が登記を備えていることの要否（積極）」とでもした方が適切であるように思われる。

[6] 注釈民再〔新版〕(上) 462頁以下〔桃尾重明〕，条解民再589頁〔小林〕，森恵一「民事再生法における担保権の処遇」才口千晴ほか編『民事再生法の理論と実務(下)』56頁（ぎょうせい・2000年）。

背信的悪意者ではない）からYの所有権はXに対抗しえないとの論拠もあげていた。同様の論拠は別件事件においても主張されていたが、それら二つの論拠を別件事件抗告裁判所は次のように排斥している。

「『再生債務者の財産』という要件が、当該財産の実体的な所有権が再生債務者に帰属していることを前提としているのはいうまでもない。他方、この担保権消滅許可の制度そのものが、再生債務者が当該担保権の有効な設定を承認していることを前提としているのも同様である。そうである以上、この担保権消滅許可を求める所有者である再生債務者と担保権者との関係はいわゆる対抗問題とはならないことになるから、この消滅許可を求められている担保権者には、所有者である再生債務者の登記欠缺を主張する利益はないことになる。すなわち、再生債務者が担保権消滅許可を申し立ててこれを受けるためには、その所有権について必ずしも対抗要件としての登記を備えていることを要しないというべきである。同様に、当該要件は、あくまで再生手続開始時における所有権の帰属を問題とするものであり、登記の外観を信頼して利害関係を有するに至った第三者の保護が要請される場面ではないから、民法94条2項の類推適用の余地もないと解される。」

上記の別件事件抗告裁判所の説くところに全面的に賛成することができる。Xが対抗問題を云々したのは、Aの所有権を起点とし、そこからXの前主Cのための根抵当権設定、同じくAからYへの所有権移転という方向を異にする二つの物権変動があると法律構成したためであろう。しかしながら、Yの主張は所有権は常にYにあり、ただ名義がAになっていたにすぎないというものであるから、このようなXの法律構成は適切ではなかったことになる。そこで、民法94条2項の類推適用が問題にされたのであろうが、Yは、A名義の不動産に根抵当権という形で利害関係を有するに至ったCないしXの権利を否定しているわけではないから、その意味では上記規定を持ち出す必要もない。そもそもYは、自己所有と主張する物件4、5に当時の代表取締役であったAが会社を代表してCのために根抵当権を設定したというのであるから、その根抵当権を否定しうべくもない。またたとえ、民法94条2項の類推適用を持ち出したところで、CないしXの取得した権利は所有権ではないからYの所有権を否定することはできない。

(2) このようにXとの関係で民法94条2項を持ち出すことは的外れであるが、AはYの民事再生手続に先立ち破産手続の開始決定を受けている。そこで、CないしXとの関係ではなくしてAの破産管財人ないし破産債権者との関係では上記規定の類推適用が問題になりうるが、民法94条2項との関係で誰の善意を問題とすべきかには争いがある[7]。そして、Aに関する破産裁判所の許可の下に真

---

(7) 破産管財人を基準とする見解、破産管財人は常に善意と扱われるという見解、破産債

正な登記名義の回復を登記原因とするYへの移転登記がなされているが，上記の争いについてどのような見解を採用するかと，本件事案の事実関係いかんによっては，破産裁判所の措置には疑問がありうることになる。もし，この点についての破産裁判所の措置が不適切であったということになると，物件4，5はAの破産手続に取り込まれ，Yの所有財産とはいえないことになるから，それに対する競売手続の中止命令は認めえないことになる。

ともあれ，これはAに関する破産裁判所の措置が不当であるとの前提に立っての立論であるが，現にYへの移転登記がなされており，Xからそのような措置の不当性の指摘がなかった以上，再生裁判所や本件事件，別件事件の各抗告裁判所が上記の点を問題にしなかったことは止むを得なかったというべきであろうか。

本決定は取り上げていないが，抗告理由は，物件4，5が真実Yの所有に属するのであれば，手続的には第三者異議及びこれに伴う強制執行停止を申し立てるべきであって，担保権消滅許可を前提に競売停止を求めうるものではないと述べている。しかし，これも，YがXの担保権の存在を否定しているわけではない以上，中止命令に対する適切な反論とはなっていない。

さらに，これも本決定は取り上げていないが，抗告理由は，YがXによる差押登記に後れて所有権移転登記を受けているので，Yの所有権取得は差押債権者であるXに対抗しえないとの主張もしている。これは差押えによる処分禁止の効力が手続相対効説によって把握されることを援用するものであろうが[8]，このことはそれ自体としては誤っている。すなわち，差押え後の処分行為が手続との関係で無効であるというとき，その手続は当該差押えによって開始された競売手続を指すのであって，民事再生手続は競売手続とは別個の手続であるから，それとの関係においてまで差押え後の処分行為が無視されるべきことを意味するわけではないからである。ただし，中止命令の対象になるのは，53条1項に規定する「再生債務者の財産」について存在する担保権の実行手続であるが（民再31条1項），その53条1項は，「再生手続開始の時」において再生債務者の財産につき存する担保権を問題としている。したがって，担保権の存在する財産は再生手続開始の時において再生債務者に帰属しなければならないと解される（このことは，担保権消滅請求にあっては，「再生手続開始の時において再生債務者の財産につき53条1項に規定する担保権が存する場合において」（民再148条1項）となっていてより明瞭である）。それ故，本当に物件4，5が再生手続開始時にA所有財産と取り扱われるべき財産であったならば，それだけで競売手続中止命令は認められないこと

権者の中に一人でも善意者がいれば民法94条2項が適用されるとする見解などがある。この点については，とりあえず，注解破産〔第3版〕上570頁以下〔野村秀敏〕参照。

(8) 手続相対効説については，とりあえず，中野・民執〔増補新訂5版〕33頁以下，388頁以下参照。

になるのであって，その後，当該物件に係る登記がYに移転したことなどは，差押えの効力などを持ち出さなくとも，この結論に影響を及ぼしえない[9]。

(3) 以上のように，抗告理由によって物件4，5に関する競売手続の中止命令に反対するために持ち出された論拠は，本決定に採用されたそれも，そうではないそれもすべて適切ではない。ただし，抗告理由は対抗要件としての登記を云々しているが，登記は対抗要件としてではなく，権利保護要件としても要求されることがある[10]。抗告理由によっては指摘されていなかったが，本決定が独自に持ち出した，本件のような手続過程において実体判断を迫られること自体が問題であり，あくまで登記名義によって形式的に判断すべきであるという第2の論拠は，これに通ずるようにも思われる。すなわち，手続の遅延・混乱を回避するために形式的に判断すべきであるというのであろう。しかしながら，この論拠についても疑問がある。

まず，本件のような手続過程が何を指すかが問題であるが，一つは再生手続全体を指すとの理解がありえよう。だが，本件事案において競売手続の中止命令が問題となっておらず，かつ，AからYへの移転登記もなされていなかったとしよう。この場合，再生債務者Yは実質に即して，Aに対して物件4，5の所有権の確認，移転登記を請求しうるのは明らかであろう（前述のように，Aが破産しているので民法94条2項の類推適用の問題がありうるが，この点はさて措く）。登記名義がAにあるから，再生債務者財産とは扱わないなどということはありえない。

このように考えると，本決定がいう本件のような手続過程とは，より狭く競売手続の中止命令の手続を意味することになろう。しかし，この関係では登記名義を基準にするとしても，上に見たように，再生手続全体との関係ではそのように扱うわけにはいかない。そうすると，名義は第三者にあるが，実質は再生債務者に属する財産は，再生手続に取り込まれるが，その上にある担保権の実行手続を中止しえないという結論になる。そして，同様の論理を推し進めれば，当該担保権に関しては，その消滅請求の手続を取り得ないということにもなる。これは，せっかく再生債務者の事業の継続に資する財産があり，それが再生債務者財産と取り扱われるべきであるとされているにもかかわらず，甚だ不都合な結果であるといわなければならない。本決定は，それならば再生手続開始後に再生債務者に対する移転登記を行えばよいというのかもしれないが，手続開始後の登記では意味がないことは既に指摘したとおりである。そうすると，本決定の立場を前提と

---

(9) 詳解民再417頁〔山本和彦〕も，再生手続開始後に再生債務者等が譲り受けた財産の上に，再生債権を被担保債権とする担保権が存在する場合には，担保権の消滅請求は認め得ないとする。

(10) この点については，とりあえず，内田貴『民法Ⅰ〔第3版〕』85頁，453頁（東京大学出版会・2005年）参照。

する限り，名義が第三者にある財産上の担保権について，その実行手続を中止命令の対象にしたり，担保権消滅請求の対象にしようとするならば，再生手続開始前に，名義人たる第三者から再生債務者に登記名義を移しておくことが要求されることになろう[11]。しかしそのためには，場合によっては移転登記請求等の訴訟によって確定勝訴判決を取得することが必要となる。倒産直前という時期にこのようなことを要求するのは非常に不都合というべきであり，そのようなことをしていては，再生手続開始申立てのタイミングを逸してしまうことにもなろう。

4 (1) このように，本決定とは反対に，ある財産が再生債務者財産に属するか否かは，登記名義に即して形式的に判断するのではなく，実質に即して判断すべきであると考える。そうすると，別件事件抗告裁判所が認定する事実（前述，1(3)参照）を前提とすれば，その抗告裁判所がいうように，物件4，5もY再生手続開始時からYの所有に属していたと認めるのが相当であると思われる。

(2) ただし，このように言うことは，競売手続中止命令を発令するための要件の一つである「再生債務者の財産の上に存する担保権」というそれが満たされているというにすぎず，それ以外の要件が満たされているか否かは全く別個の問題である。そして，そのような要件の一つとして「再生債権者の一般の利益に適合し」ているということがあるが，これは，結局は担保権消滅請求の要件である「担保の目的物が再生債務者の事業の継続に不可欠である」ことと同義であると解されている[12]。

この点，基本事件である再生手続の申立書においては，今後の再生スキームとして，「甲田店」の周辺に同業他社による大型店が次々と出店しており，その営業状況は厳しいので，着実に利益を生み出し，大きな追加投資を要しないサウナ・ホテル事業に資源を集中化することが適当であると述べられている。これは，甲田店の営業は継続される必要がないといっているように見える。ところが他方で，別件事件抗告裁判所は，甲田店の営業はYの事業全体の中でも相当の割合を占めており（甲田店売上総利益はYの5店舗中で3番目に多く，Y事業全体の17.74%，ぱちんこ事業の53.54%を占める），かつ，Yの事業は主要5店舗によって行われているところ，各店舗は相互に利用・補完の関係にあることが窺えると

---

[11] 森・前掲注(6)56頁は，担保権消滅請求との関連であるが，法人の財産と代表者の財産とが共同担保とされている場合，法人についてしか再生手続が開始されていない場合には，全部の財産について担保権消滅請求をするには，再生手続申立て前に代表者の財産を買い取ることが必要であるとする。このようにして，手続開始前に登記名義を他方から一方に移しておく必要があることは，真に当該財産が代表者に帰属する場合には止むを得ないことであろうが，そうでない場合にまで同様の手続を要求することはあるまいと思われる。

[12] 森・前掲注(6)42頁，山本克己「民事再生手続開始の効力」ジュリ1171号33頁（2000年）。

40 再生債務者財産と一体となって利用されている第三者所有名義
　　財産上の担保権についての担保権実行中止命令の可否

して，本件不動産はYの事業にとって重要な財産の一つであって，その継続に欠くことができないものであると認めるのが相当であるとして，担保権の消滅請求を許可した原決定を是認している。両者で言われていることは矛盾しているようにも思われ，したがって，競売手続の中止命令の申立てを認めるのが相当であるか否かを，ここで最終的に判断することはできない。

【補　遺】　本判例研究公表後の本決定評釈類として，酒井博行・金判1361号72頁以下（2011年）（実質に即して判断すべきである），滝澤孝臣・判タ1245号平成18年度主民解230頁以下（2007年）（民事再生手続で担保不動産の所有関係を認定できるという方向に見解が修正される余地がある），髙井章光・実務に効く事業再生132頁以下（本決定と異なる内容の判断の余地がある），がある。

（初出・判例評論581号〔判例時報1965号〕／2007年）

第3部　倒産法

41 民事再生法149条に基づき価額決定請求がなされた担保権消滅許可申立事件の配当手続において，対象不動産の価額と被担保債権に対する配当額との間に差額が生じたことにつき，上記差額に係る請求権が共益債権に当たらないとされた事例

東京地裁平成16年2月27日第1民事部判決
平成15年(ワ)第23057号，弁済金請求事件
(判時1855号121頁)

事　実　(1)　Y（被告）は，東京地方裁判所に対し自らに関する再生手続開始を申し立て，同裁判所は，平成14年7月16日，再生手続開始決定をした（本件再生手続）。

(2)　Yは，平成15年2月21日，同裁判所に対し，民事再生法148条に基づき，X（原告）及び訴外Aを相手方とし，本件不動産につき，その価額（民再148条1項2号）を3,747万1,000円として担保権消滅許可を申し立て，同裁判所は，同年3月27日，担保権消滅許可の決定をした。

(3)　Xは，本件不動産に対し極度額を15億円とする第1順位の根抵当権（本件担保権）の設定を受けた担保権者であり，Yが担保権消滅の許可を申し立てた時点で，Yに対し，同担保権によって担保されている債権（本件被担保債権）を有していた。そこで，Xは，民事再生法149条に基づき，本件担保権の消滅許可申立書の送達を受けた日から1か月以内に，同裁判所に対し価額決定の請求を申し立て，同年5月6日，その手続費用（本件手続費用）として200万円を予納した。

(4)　同裁判所は，同年6月19日，本件不動産の価額を1億1,930万円と定め（本件決定価額），本件手続費用はYの負担とする旨の決定をし（本件決定），Yは，本件決定価額を納付した。

(5)　同裁判所は，平成15年8月27日，本件価額決定請求申立事件につき，配当表に基づき配当を実施し（本件配当），Yが納付した本件決定価額（1億1,930万円）から，まずXに対し，その予納した本件手続費用（200万円）につき配当した後，本件被担保債権（元本，利息及び損害金の合計5億2,128万3,697円）につき1億1,730万円の配当をした。

この結果，本件配当において，本件決定価額（1億1,930万円）と本件被担保債権に係る配当額（1億1,730万円）との間に，本件手続費用と同額である200万円の差額（本件差額）が生じた。

(6)　Yは，平成15年9月25日，Xに対し，本件再生手続の再生計画（本件再生計画）に従い，Xの確定債権額4億5,000万円から本件配当により弁済済みの1億1,730万円を差し引いた未弁済の被担保債権額（本件別除権不足額）3億3,270

41 民事再生手続の価額決定手続において再生債務者が負担した手続費用に相当する，被担保債権への配当金減少額分に係る請求権の共益債権該当性

万円に，本件再生計画に基づく配当率2パーセントを乗じた額である665万4,000円を支払った（本件再生計画に基づく弁済）。

(7) そこで，XはYに対し，次の理由により，本件差額に係る請求権は共益債権に該当するとして，200万円の支払を求めて本件訴えを提起した。すなわち第1に，Xは本件決定に基づき，本件決定価額全額に対する実体法上の請求権（本件対価請求権）を取得したのであり，本件差額は本件対価請求権の未弁済部分であるから，単に担保目的財産の価額を超えた被担保債権部分として一般債権となると解すべきではなく，共益債権（民再119条2号・5号）と解すべきである（争点①）。第2に，XはYに対し，本件決定により，本件手続費用及び本件対価請求権を取得したにもかかわらず，本件配当の際，本件決定価額から本件手続費用が優先的に配当を受けたことによって，Xは，本件対価請求権のうち本件差額の支払を受けられないという損失を被り，一方Yは，本件差額分の金銭の支払を免れる，又は本件差額分を支払わないまま担保権消滅の利得を得たから，共益債権（民再119条6号）に該当する不当利得返還請求権を有する（争点②）。

判決要旨 請求棄却（確定）。

(1) 争点①について

まず判決要旨は，XがYに対して，本件決定によって実体法上の請求権である本件対価請求権を取得したか否かについて，以下のように述べて，これを否定する。

「担保権消滅請求制度に係る民事再生法及び同規則の各規定をみるに，①法152条1項は，価額決定請求のなされた担保権消滅請求手続において，再生債務者等に対し，その対象たる財産につき裁判所の決定した価額を納付することを要求しているものの，価額決定請求に係る手続費用の全部又は一部が再生債務者の負担とされる場合であっても，再生債務者等が上記手続費用の納付をすることは要求していないこと，②上記担保権消滅請求の対象である担保権は，再生債務者等が上記価額を納付したときに消滅し（法152条2項），担保権者の被担保債権の弁済は，価額決定請求手続に係る費用の弁済とともに，その後の価額決定請求手続に係る配当又は弁済金交付の手続（配当等の手続）において行うこととされていること（法151条2項，3項，153条1項，3項，民事執行法85条1項，民事再生規則82条1項，民事執行規則60条），これらの規定に照らせば，民事再生法上，再生債務者が決定された財産の価額全額を担保権者に支払うことが担保権消滅の要件とされていないことは明らかであり，そうであれば，担保権消滅許可手続及びこれに付随する価額決定請求申立手続において，対象となった担保権を消滅させるために，再生債務者が，担保権者に対し，価額決定された財産の価額全額を支払う旨の義務を負担するに至ったと解することはできない。」

次に，判決要旨は，XがYに対し，実体法上の対価請求権を取得したと解しえ

ないとしても，本件差額について請求権を有していたことは明らかであるとし，この差額に係る請求権が民事再生法119条2号の共益債権に該当するかを検討し，結局これを否定する。

「本件差額は，本件決定価額から本件手続費用に優先的に配当がなされた結果生じたものであり（……），本件手続費用をその発生の前提としているところ，本件手続費用は，Xが申し立てた本件価額決定請求申立手続において初めて発生する費用であること，その内容が価額決定請求申立手続において裁判所が価額を決定するため選任する不動産鑑定士等の評価人に対する報酬の支払等であり，債務者による財産の管理処分に関するものとは言い難いこと，必ずしも再生債務者が負担するとは限らない費用であること（法151条1項）等に照らしても，その性質上，財産管理費用等と認めることは相当ではない。とすれば，本件手続費用を前提とする本件差額をもって財産管理費用等に含めると解することもまた相当でないというべきである。」

さらに判決要旨は，本件差額に係る請求権が民事再生法119条5号の共益債権に該当することをも否定する。

「担保権者による価額決定請求は，再生債務者の行う担保権消滅請求の申立てがあって初めて行われるという意味において，再生債務者の行為を前提とするものではあるが，担保権消滅請求の申立てがあった場合に常に行われるものではなく，担保権者において，上記消滅請求における再生債務者の申出額が低いとの異議があった場合に初めて，担保権者自身の判断に基づき行われるものであることに照らしても，価額決定請求申立事件に係る手続費用を，再生債務者財産に関し再生債務者等が再生手続開始後にした資金の借入れその他の行為によって生じたものと同視することはできない。

とすれば，本件手続費用を配当した結果生じた（……）本件差額が上記のような行為によって生じたものと解することもできないというべきであるから，本件差額に対する請求権が法119条5号に定める共益債権に当たると解することもできない。」

(2) 争点②について

続いて判決要旨は，Yに不当利得が成立し，民事再生法119条6号の共益債権が認められることになるかを検討し，これも否定する。

「被担保債権のうち，本件配当において配当を受けられなかった部分は，本件差額を含めて別除権不足額となり，これに対する請求権は一般債権として，Yの再生計画（本件再生計画）に従った弁済に服することとなったと解することが相当である。

そして，YがXに対し本件再生計画に基づく弁済を行ったことは前記認定のとおりである（……）。

41 民事再生手続の価額決定手続において再生債務者が負担した手続費用に相当する，被担保債権への配当金減少額分に係る請求権の共益債権該当性

以上からすれば，本件手続費用に相当する額に係る部分を含め，XのYに対する請求権は適法に消滅しており，Yが本件手続費用又はこれに相当する額の支払を免れたまま本件不動産の担保権を消滅させるという利得を得たとはいえない。」

評　釈

判決要旨の結論には賛成であるが，理由には全く疑問の余地がないわけではないと考える。

1　再生手続上，担保権者は別除権者として，再生手続外でその有する権利を自由に行使できるが（民再53条），再生債務者の事業の継続に欠くことのできない財産について担保権が実行されてしまうと，事業の継続が不可能となりかねない。しかし，担保権の実行を回避するために被担保債権の全額を支払って担保目的物を受け戻したのでは（民再41条1項9号），担保割れが生じている場合には担保権を有しない一般の再生債権者との関係で不公平を生ずる。そこで，この不都合を回避しつつ，再生債務者の事業の継続に欠くことのできない財産を確保するための制度として，民事再生法は担保権消滅請求制度を設けた[1]。

すなわち，再生手続開始当時，再生債務者の財産の上に担保権が設定されている場合，当該財産が再生債務者の事業の継続に欠くことができないものであるときは，再生債務者等（本件においては，管財人が選任されていないので再生債務者を指す。以下，正確には再生債務者等というべきところも，簡単のために再生債務者という）は，裁判所に対し，当該財産の価額に相当する金銭を裁判所に納付して当該財産の上に存するすべての担保権を消滅させることについての許可の申立てをすることができる（民再148条1項）。その際，再生債務者は，申立書に担保目的物たる財産の価額を記載しなければならず（同条2項2号），許可決定がなされれば，この決定書と上記の申立書が担保権者の全員に送達される（同条3項）。そして，担保権者は，上記の申立書に記載された上記の財産の価額（申出額）に異議のあるときは，当該申立書の送達を受けた日から1月以内に，そのための手続費用を裁判所に予納したうえで，財産の価額決定の請求をすることができ（民再149条1項・2項・4項），決定された価額は請求をしなかった担保権者を含め，すべての担保権者を拘束する（民再150条4項）。

価額決定の請求に係る手続に要する費用としては評価人の報酬が主なものであるが，これは相当高額になることがある。そして，前記のように，この費用は取り敢えず申立人たる担保権者によって予納されるが，最終的な負担者については

---

[1]　担保権消滅請求制度の趣旨につき，深山卓也ほか『一問一答民事再生法』190頁（商事法務・2000年）参照。

別途規定が設けられている。すなわち，手続費用は，決定価額が申出額を超える場合には再生債務者の負担とし，申出額を超えない場合には価額決定の請求をした者の負担とされる。ただし，申出額を超える額が手続費用の額に満たないときは，手続費用のうち，その超える額に相当する部分は再生債務者の負担とし，その余の部分は価額決定の請求をした者の負担とされる（民再151条1項）。

担保権は，再生債務者が裁判所に決定価額（価額決定の請求がなかったときは申出額）に相当する金銭を納付した時に消滅し（民再152条1項・2項），納付された金銭は，不動産の強制競売における配当手続に準じて，担保権者に配当される（民再153条）。この配当手続においては，手続費用を予納した担保権者は，手続費用が再生債務者の負担とされた場合には，当該手続費用に関し，他の担保権者に先立って弁済を受けることができる（民再151条3項）。

ところが，このようにすると，配当額は，決定価額から手続費用相当額を控除した金額となり，両者の間にはこの手続費用相当額の差額が必然的に生ずることとなる。

本件事案においても，決定価額（1億1,930万円）が申出額（3,747万1,000円）を超えたところから，価額決定の申立てをした担保権者Xが予納した手続費用（200万円）を再生債務者Yが負担すべきこととされ，かつ，この手続費用が納付された金銭からXに優先的に弁済された。そして，Xは，被担保債権につき，納付された決定価額よりも手続費用である200万円分少ない配当しか受けられないこととなった。

上に述べた差額の請求権の性質に関しては，条文上，必ずしも一義的に明らかとはいえず，これまで判例・学説上もまったく触れられることはなかった。本件は，この問題に関する初めての裁判例であると思われるが，以下では，共益債権であるとするXの根拠に逐一反論を加えている判決要旨に即して問題を検討することとする。

2　(1)　〔事実〕欄の紹介では省略したが，Xは，決定価額全額に対する実体上の請求権を有するとすることの前提として，担保権消滅制度は，再生債務者が担保権者に対し，担保権消滅の対価として「財産の価額」を支払うことによって，その担保目的物を受け戻す制度であると主張している。これは，担保権が消滅するためには，決定価額に相当する金銭が現実に担保権者の手に帰することを要するとの趣旨と思われる。しかしながら，法律上は，決定価額相当の金銭が納付されれば，それが現実に担保権者の手に渡る前に担保権は消滅し（民再152条2項），手続費用の全部または一部が再生債務者の負担とされる場合であっても，その分を決定価額相当の金銭に加えて納付すべきこととはされていない。すなわち，担保権を消滅させるために再生債務者が負担する義務は，決定価額に相当する金銭を納付することに尽き，それが現実に担保権者の手に渡らなくとも再生債務者に

41 民事再生手続の価額決定手続において再生債務者が負担した手続費用に相当する，被担保債権への配当金減少額分に係る請求権の共益債権該当性

は関わりのないことである。争点①に関する判決要旨第1段は正当である。

(2) もっとも，Xは決定価額に相当する金銭の支払を求める請求権を有していることは事実である。そして，本件配当においては，X自らが手続費用に対する配当を優先的に受けた結果にせよ，Xが受けたこの請求権に対する配当額は，手続費用と同額分，減ってしまった。そこで，この減った分（本件差額）の請求権は本件配当後にも残っているから，これが共益債権に該当しないかは，Xが決定価額に相当する実体上の請求権を有しないとしても，別途問題となりうる。

上記と同趣旨の争点①に関する判決要旨第2段冒頭（1番目の括弧の部分と2番目の括弧の部分の中間の箇所）の説示も正当である。しかしながら，差額の請求権が共益債権に該当しないとする具体的な理由には，全く疑問の余地がないわけではないと考える。

まず，本件差額の請求権が民事再生法119条2号の共益債権（財産管理費用等）に該当しないとする理由は，差額の請求権は本件手続費用を前提としているところ，これはYではなく，Xが申し立てた価額決定請求申立事件において初めて発生する費用であり，かつ，必ずしも再生債務者が負担するとは限らない費用であるという点にある。

だが，担保権を消滅させることは，再生債務者の事業の継続のために不可欠な行為であるから（民再148条1項参照），これに要する費用に係る請求権は共益債権といえる。そして，再生債務者が担保権消滅許可の申立てをする際には，適正な価額を提示する義務を負うと考えるべきであり，それがどのように低い価額であってもよいとすべきではなかろう[(2)]。つまり，低すぎる価額が申し出られる場合には，再生債務者の態度に起因して価額決定申立事件が惹き起こされるともいいうる（だからこそ，この場合，価額決定請求申立事件の手続費用は再生債務者の負担とされるのであろう）。とすれば，担保権消滅請求の申立てと価額決定請求事件とを切り離さずに両者を一体として評価し，後者の事件に要した費用をも担保権を消滅させるためにかかった費用として評価することも不可能ではないのではなかろうか。そして，両者を一体として評価することが可能であるとすれば，そのようなことが可能な場合においては，価額決定請求の申立ては常に行われるわけ

---

(2) 再生債務者が少なくとも主観的には適正と考える価額を提示する義務を負うことは，民事再生法38条2項からも根拠付けられると考える。本件事案においては，どのような根拠によるのか不明であるが，後に1億1,930万円と評価される不動産につき，Yはわずか3,747万1,000円の価額を提示しており，このYの態度には疑問が残る。なお，民事再生規則71条2号は，申出額の根拠を示した書面を消滅許可の申出について提出すべき書面としてあげているが，これについて，最高裁判所事務総局民事局監修『条解民事再生規則』131頁（法曹会・2000年）は，価額決定の根拠を明らかにさせることにより，再生債務者等が不当に低い価額を記載することを防止することにも資することになると考えられる，とする。

ではないという判決要旨が指摘する点も，価額決定請求事件に要した費用をも担保権を消滅させるためにかかった費用として評価することの障害とはならないのではなかろうか。

判決要旨が本件手続費用の請求権が民事再生法119条5号の共益債権に当たらないとする点に関しても，上記と同様のことをいいうる。すなわち，その理由の要点は価額決定請求事件は担保権消滅請求の申立てとは別個の事件であるということであるから，同条2号に関連して述べていることと同趣旨であり，したがって，これに対してありうる疑問としても，上に述べたことを援用することができる。もともと，同一の請求権が2号と5号の双方に該当することは多く，2号は費用の支払の面から，5号は相手方の請求権の面から共益債権であることを明らかにしたものに過ぎないから[3]，このように，2号に関する議論と5号に関する議論とが同じようなことになるのは当然である。

以上のように価額決定の手続費用の請求権が共益債権に該当すると解しうるとすれば，これを前提とした本件差額の請求権も共益債権に該当するとしてよいであろう。

(3) もっとも，上に述べたことは，本件差額の請求権が共益債権に該当するかについては，判決要旨のような見方もありうるが，ここで疑問として呈示したような見方もありえないわけではないとの趣旨に過ぎない。すなわち，民事再生法119条2号・5号の文言を問題としている限りは，必ずしも決定的なことはいえないのではないか，ということである。したがって，最終的な結論は共益債権の趣旨に遡らなければ導くことはできないことになる。

民事再生法119条は，再生債権者全体の利益に資する請求権を列挙し，これを共益債権としたものである[4]。ところが，価額決定の請求に基づいて担保目的物たる財産の価額が再生債務者の申出額より引き上げられても，それによる利益を受けるのは当該上昇分によって自己の被担保債権が担保されることになる担保権者だけである。すなわち，担保権を有しない他の再生債権者と上記以外の担保権者は，これによって利益を受けることはない。のみならず，担保権者の被担保債権と再生債権との弁済に充てられる現在の手持ちの資産と将来生み出される資産との合計額が変わらないとすれば（担保権を消滅させるために，即座に必要な資金が増加するとすれば，むしろ将来生み出される資産は減るのが通常であろう），財産価額の引上げによって他の再生債権者等はかえって不利益を被る[5]。したがって，

---

[3] 条解民再460頁〔清水建夫〕。
[4] 条解民再457頁〔清水〕。
[5] たとえば，担保権者Aの担保権を消滅させるために再生債務者が申し出た金額が1,000万円，これにより無担保となるAの債権額が2,000万円，Bの無担保債権が5,000万円，弁済原資が全部で4,000万円とすると，AおよびBの無担保債権への弁済率は7分の3

41 民事再生手続の価額決定手続において再生債務者が負担した手続費用に相当する，被担保債権への配当金減少額分に係る請求権の共益債権該当性

このように一部の者のみの利益をはかるどころか，その他の者にとっては不利益を及ぼすことに繋がりかねないようなことに要する費用の請求権を共益債権とすることはできないであろう。民事再生法119条2号・5号の文言よりも，こちらの理由の方が重要であり，これが結論には賛成であるが，判決要旨の理由には全く疑問の余地がないわけではないと考える所以である[6]。

(4) 〔判決要旨〕欄の紹介では省略したが，判決要旨は，会社更生法上の担保権消滅請求制度（会更104条以下）において，価額決定請求手続の費用が更生会社の負担とされた場合であっても，同費用相当額について更生担保権の一部が更生債権とされることはないこととの均衡から，民事再生法においても価額決定請求手続に係る費用相当額が一般債権となると解することは妥当ではないとのXの主張を，次の理由で排斥している。

すなわち，会社更生手続においては別除権が認められないことから，担保権消滅請求制度においても，決定価額に相当する金銭の納付があっても，その後直ちに担保権者に対する配当等の手続が行われることはなく，担保権者に対する弁済額および弁済時期は，更生手続が更生計画不認可等の理由により終了した場合を除き，更生計画において具体的に定めることとされており，担保権者への弁済はあくまで更生計画に従うことが予定されている。このように，会社更生法と民事再生法上の担保権消滅請求制度は，担保権者の取扱いの点で大きく異なる前提の上に設けられているのであるから，民事再生法上の担保権消滅請求制度に係る各規定の解釈に当たって，会社更生法との均衡を考慮することは相当ではない。

しかしながら，両手続における担保権者の取扱いの差異が，なぜ双方における均衡を考慮することが相当ではないことに繋がるのかは全く説明されていない。だが，この点については，むしろ，両者における担保権者の取扱いについては均衡をとることができると考えるべきではなかろうか。すなわち，更生担保権の確定は手続開始時の担保目的財産の時価を基準に行われるのに対し（会更2条10号），担保権消滅に伴う当該財産の価額は処分価額による（会更規27条，民再規79条1項）。したがって，両者の間には不一致が生ずる可能性があるが，その場合には，裁判所に納付された金銭をそのまま担保付債権の一括弁済財源とするとともに，不足部分を一般更生債権並みに扱うという更生計画が見受けられるという[7]。そして，この場合も，更生会社の負担とされた価額決定請求事件の手続費用は，裁

（〔4,000 − 1,000〕÷〔2,000 + 5,000〕）となる。他方，価額決定請求の結果，決定価額が2,000万円に引き上げられれば，無担保債権への弁済率は3分の1（〔4,000 − 2,000〕÷〔1,000 + 5,000〕）となってしまう。

(6) 上野隆司＝浅野謙一「本件解説」信用保険月報2004年12月号34頁以下は，文言と他の再生債権者等が利益を受けないことの双方を判旨の結論に賛成する理由としてあげる。

(7) 河野玄逸「会社更生手続における更生担保権」門口正人ほか編『新・裁判実務大系(21)会社更生法・民事再生法』159頁以下（青林書院・2004年）参照。

判所に納付された金銭から優先的に弁済される（会更107条3項）。そうすると，上記の不足部分は手続費用額の分だけ拡大することになるが，この拡大部分も一般更生債権並みに扱われることになる。これは，判旨が是認している民事再生法上の本件差額の取扱いと同一である[8]。

3　以上のように，再生債務者は価額決定の請求をした担保権者に対し決定価額に相当する金銭を支払う義務を負担しておらず，本件差額に係る請求権は民事再生法119条に定める共益債権には該当しない。そうであるとすれば，それが一般の再生債権として再生計画に従った弁済を受けた以上，全額の弁済がなされていなくとも不当利得が成立することはないとする争点②に対する判決要旨の判断は当然ということになる。

なお，再生債務者が決定価額に相当する金銭を納付しないために担保権消滅許可決定が取り消された場合には，価額決定請求申立事件に係る手続費用の請求権は共益債権とされているから（民再151条4項），これを類推して本件手続費用の請求権を共益債権とすることが考えられないでもない。

しかしながら，〔判決要旨〕欄での紹介を省略した箇所で述べられているところであるが，これは，この場合価額決定請求申立事件の中で手続費用の弁済をはかることが不可能であることから，特にこれに係る請求権を民事再生手続上の共益債権としたものに過ぎない。すなわち，決定価額に相当する金銭の納付がされることを前提として行動してきた担保権者を保護するためには他の手段がないことから政策的に採用された手段に過ぎない[9]。このような趣旨の規定を他に類推するのは適切ではなかろう。

（初出・判例評論556号〔判例時報1888号〕／2005年）

---

[8]　もっとも，上記の更生計画に更生担保権者が反対の議決権を行使した場合には更生手続は終了のやむなきに至るが（会更236条3項），この場合には，裁判所に納付された金銭の配当が行われることになる（会更110条1項本文）。そして，たとえば，その後破産手続が開始されれば，更生手続における共益債権は財団債権として取り扱われることになるから（会更251条1項前段・254条1項3号・5号・6号），この破産手続においては，手続費用に起因する差額の請求権が財団債権に該当しないかというここでの問題と類似問題が発生しうる。これに対し，破産法上の担保権消滅請求の制度（破186条以下）との関連では，制度の構造が異なるので，ここで問われているような問題は生じない。

[9]　深山ほか・前掲注(1)201頁。

42 破産債権者が破産宣告の時において期限付又は停止条件付であり破産宣告後に期限が到来し又は停止条件が成就した債務に対応する債権を受働債権とし破産債権を自働債権として相殺することの可否

最高裁平成17年1月17日第2小法廷判決
平成13年(受)第704号，破産債権確定・解約返戻金請求事件
（民集59巻1号1頁・金判1220号46頁）

事実の概要 B株式会社は，Y保険会社との間で，同社所有の本件建物につき店舗総合保険契約を，B社の代表取締役であるAは，Yとの間で，積立普通傷害保険契約を締結していた。Aは店舗総合保険契約に基づく保険金を詐取しようと企て，本件建物に放火した。Yが査定してBに店舗総合保険金を支払った後，本件火災がAの放火によるものであることが発覚した。その後，Aは破産宣告を受け，Xが破産管財人に選任された。AがYとの間で締結していた積立障害普通保険契約については，Aが破産宣告を受けた時点において，①既に満期が到来してYの満期返戻金債務となっていたものと，満期が到来していないものとがあった。このうち後者については，②破産宣告後にXの解約によりYの解約返戻金債務となったものと③破産宣告後にXによる解約時点前に満期が到来してYの満期返戻金債務となったものがあった。Yは，保険金詐取の不法行為による損害賠償請求権を自働債権とし，①～③を受働債権として相殺する旨の意思表示を行い，相殺後の差額をXに支払った。そこでXは，これにより未払いとなっている金額およびそれに対する遅延損害金の支払を求めて本件訴えを提起した。

第1審は請求を認容したが，原審は原判決を取り消して請求を棄却した。Xから上告受理の申立てをし，これが認められた。最高裁の結論は，一部上告棄却，一部破棄自判であるが，破棄理由は本研究で取り上げるのとは異なる問題点に関わる。

判決要旨 一部上告棄却・一部破棄自判。

「旧破産法（平成16年法律第75号による廃止前のもの。以下「法」という。）99条後段は，破産債権者の債務が破産宣告の時において期限付又は停止条件付である場合，破産債権者が相殺をすることは妨げられないと規定している。その趣旨は，破産債権者が上記債務に対応する債権を受働債権とし，破産債権を自働債権とする相殺の担保的機能に対して有する期待を保護しようとする点にあるものと解され，相殺権の行使に何らの制限も加えられていない。そして，破産手続においては，破産債権者による相殺権の行使時期について制限が設けられていない。したがって，破産債権者は，破産者に対する債務がその破産宣告の時において期限付

又は停止条件付である場合には，特段の事情のない限り，期限の利益を放棄したときだけでなく，破産宣告後にその期限が到来したときにも，法99条後段の規定により，その債務に対応する債権を受働債権とし，破産債権を自働債権として相殺をすることができる。また，その債務がその破産宣告の時において停止条件付である場合には，停止条件不成就の利益を放棄したときだけでなく，破産宣告後に停止条件が成就したときにも，同様に相殺をすることができる。」

研 究

1 本判決の意義

旧破産法99条後段（現行破産法67条2項後段。以下，旧破産法を旧法，現行破産法を現行法という）によると，破産債権者は期限付，停止条件付債務を負担するときであっても相殺をすることができる。この規定の解釈として，破産債権者が期限の利益を放棄し，または停止条件が成就したものと認めて相殺することができることに争いはない。ところが，旧法104条1号（現行法71条1項1号）は，破産債権者が破産宣告後に負担した債務との相殺を禁止している。そこで，この規定との関係において，破産債権者は，破産宣告後に期限の到来や停止条件の成就を待って相殺することが許されるかについては，かねてから積極説と消極説とが対立していた。本判決は，最高裁として，積立普通障害保険契約の解約ないし満期返戻金との関係においてこの問題を肯定した初めての判例である。

2 従来の判例・裁判例と学説

(1) 従来の判例・裁判例

期限付または停止条件債務を負担する破産債権者は，破産宣告後に期限の到来または停止条件の成就を待って相殺することが許されるか，と問題を一般化して見てみると，これまでに，次のような判例ないし裁判例が報告されている。

まず，商法〔旧〕403条1項により旧法104条が準用されていた〔旧〕会社整理手続の事案に関するものであるが，①最判昭和47・7・13（民集26巻6号1151頁・金判330号2頁）は，整理開始決定前に締結された処分清算型の譲渡担保契約に基づき，債権者が整理開始決定後に譲渡担保物件を処分して負担した剰余金の返還債務を受働債権とし，手続開始前の原因に基づく整理会社に対する譲渡担保の被担保債権とは別口の債権を自働債権とする相殺を否定した。次に，同じく会社整理に関する②東京高判昭和61・2・27（金判743号32頁）も，商品取引員が会社整理開始決定後商品取引所を脱退し商品取引責任準備預託金の返還を求めた場合において，この返還請求権を受働債権とし，商品取引所の有する値洗差金債権

を自働債権とする相殺を否定した。

　これに対し，本件事案と同じく積立普通障害保険契約に関わる③福岡地判平成8・5・17（判タ920号251頁）は，破産宣告前に締結された積立普通障害保険契約に基づく破産宣告後の解約返戻金債務を受働債権とし，破産者に対する別口の貨物海上保険契約に基づく未収保険料債権と保証委託契約の履行に基づく求償債権を自働債権とする相殺を認めた。また，④名古屋高判平成12・4・27（判時1748号134頁）は，破産宣告前に提供された建設協力金により建設された建物を賃借していた賃借人が破産し，破産管財人が賃貸借契約を解除したという事案において，敷金と建設協力金残金の返還債務を受働債権とし，賃貸借契約の中途解約に伴う違約金請求権を自働債権とする相殺を認めた（ただし，全額での相殺を認めることは権利濫用であるとして，相殺に供しうる自働債権を一部に制限している）。さらに，⑤東京地判平成15・5・26（金判1181号52頁）も，信用金庫の会員が破産宣告を受けて信用金庫を脱退したため持分の払戻しを請求しうることとなったという事案において，この持分払戻請求権を受働債権とし，当該会員に対する貸金債権を自働債権とする相殺を認めた。

　このような中にあって本件事案が現れたわけであるが，第1審（岡山地判平成12・3・6民集59巻1号10頁・金判1220号56頁）は消極説を，原審（広島高岡山支判平成13・2・8民集59巻1号18頁・金判1220号52頁）は積極説によっていたのに対し，本判決は積極説を採用する旨を明言したわけである。そしてその後，名古屋地判平成17・5・27（LEX/DB28101445）は，建物更生共済契約消滅による返戻金等の債務を受働債権とし，貸金債権を自働債権とする相殺を，本判決を引用しつつ肯定している。

(2)　従来の学説

　争点に関する一般論として，古い学説上は消極説が通説であったようであるが[1]，①判決を契機に議論が深められ，現在ではむしろ積極説が通説化しているといえる。

　消極説は，厳密には条件付債務についてのみ，停止条件の成就を待っての相殺を否定する見解のようにも見えるが，これについて次のようにいう。すなわち，旧法99条後段による相殺は，破産債権者が停止条件不成就の機会を放棄することを代償として認められるのであり，条件が成就し相殺が破産債権者にとって100％有利になった段階では，条件成就が破産宣告後の債務負担となって相殺は認められない[2]。

---

(1) 宮川知法「③判決判批」リマークス15号162頁（1997年）参照。
(2) 山本克己「倒産法上の相殺禁止規定(1)」民商89巻6号806頁以下（1984年），基本法コンメ破産〔第2版〕158頁〔山本克己〕。他に，谷口安平『倒産処理法〔第2版〕』242頁（筑摩書房・1980年），宮川・前掲(1)164頁。

これに対し，積極説は，旧法99条後段を他の規定とも併せて見てみれば，同条後段は破産債権者の破産宣告時における相殺の担保的機能に対する合理的期待を保護しようとするものであること，停止条件付債務との相殺を一律に否定することは同条後段の趣旨を無にすること，破産においては会社更生（や民事再生）とは異なり，相殺権の行使に特に時期的な制限を設けていないこと等を理由とし，反面，合理的期待が認められない場合には，旧法104条1号により相殺は認められないとする(3)。そして，上記の合理的期待があるかについては，条件成就の蓋然性が最も重視されているが(4)，一般論として債務額が不確定な場合でも合理性を肯定できるかについては，意見が分かれているようである(5)。

　学説は以上のように分かれているが，一般論としては積極説を採用する学説も，①判決の事案に関しては相殺を否定した結論には賛成している(6)。その際理由として指摘されるのは，旧法99条を準用していない会社整理に関する事案であったこと，手続開始時には剰余金返還債務の金額が不確定であったこと，受働債権が譲渡担保の剰余金返還債務という特殊なものであったこと等である。ただし，前2者については理由として適切かには異論もなくはなく，最も重要であるのは最後の点であると思われる。いずれにせよ，積極説を採用する本判決も，①判決は事案を異にし本件には適切ではないとしている。

　③判決に関しても消極説(7)，積極説(8)それぞれの立場から一つずつの判例批評が公にされている。ただし，一般論として消極説を説く前者の論者も，当該事案に関しては，破産債権者である保険会社は，破産者との保険契約に基づく解約返戻金債務，保険金支払債務，満期返戻金債務のいずれかを，解約返戻金債務の額

---

(3) 注(4)(5)掲記文献のほか，山木戸克己『破産法』167頁（青林書院新社・1974年），青山善充「倒産法における相殺とその制限(1)」金法910号7頁，10頁（1979年），林屋礼二ほか『破産法』224頁以下〔福永有利〕（青林書院・1993年）。

(4) 新堂幸司「保険会社の貸付金と解約返戻金との相殺」新堂＝佐藤正謙編著『金融取引最先端』316頁（商事法務・1996年）。

(5) 肯定説として，山木戸克己「①判決判批」同『民事訴訟法判例研究』462頁（有斐閣・1996年），新堂幸司「①判決判批」同『判例民事手続法』165頁（弘文堂・1994年），青山善充「①判決判批」会社判例百選〈第4版〉163頁（1983年）。消極説として，桜井孝一「①判決判批」判評173号〔判時703号〕147頁（1973年）。

(6) 既に摘示したもののほか，①判決に関する判例批評として，霜島甲一・判タ289号95頁以下（1973年），宗田親彦・法研46巻9号126頁以下（1973年），紺谷浩司・倒産百選110頁以下，高見進・新倒産百選134頁以下。他に，判例解説として，鈴木弘・最判解説民昭和47年度639頁以下，原審（大阪高判昭45・2・12金判330号6頁）判例批評として，高津環・金法592号14頁以下（1970年），上田徹一郎・銀行取引判例百選〈新版〉224頁以下（1972年）。高津判批は，唯一の例外として，結論としても相殺を認めるべきであったとする。

(7) 宮川・前掲注(1)160頁以下。

(8) 三木浩一＝工藤敏隆・法研72巻3号109頁以下（1999年）。

を最低金額としつつ，遅くとも保険期間の末日が経過するまでの間に，100％確実に負担することが予定されているから，この最低金額の限度内で保険会社がいだく相殺期待は合理的なものと認めることができるとして，その相殺は期限付債務を受働債権とする相殺に準じて許容されるとしている[9]。

3 本判決の検討

本判決についても既に判例批評が公にされており，それは支払停止後，破産宣告前に停止条件が成就した場合（この場合は，旧法104条2号但書中段，現行法71条2項2号により相殺が許される）とのバランスを重視して積極説を採用しているが[10]，結論としては，この見解に賛成したい。

ここでは，破産手続における破産債権者間の公平な平等扱いの要請と相殺の担保的機能のいずれをどの程度重視すべきかが問われているといえるが，破産法の解釈としては，既に指摘されているように，同法の相殺制度全体の枠組み（同法による相殺制度に対する総体的評価）を重視するのが適当であると考える。すなわち，破産法上，自働債権の方に条件が付されている場合の取扱いは次のようになっている。自働債権に停止条件が付されている場合，直ちには相殺はできないが，その後の停止条件成就による相殺を担保するために弁済額の寄託を請求できる（旧法100条，現行法70条前段）。また，解除条件付きの場合，条件成就による債権消滅に備えて，相殺額につき担保の提供または寄託を要する（旧法101条，現行法69条）。これらの規定は，相殺による債権債務の決済を破産宣告後の条件成就まで引き延ばすことを認めているといえる[11]。それ故，受働債権が停止条件付きの場合にも，積極説を採用して同様の結論を認めるべきである。

消極説については，条件成就の可能性の放棄を相殺期待の合理性の唯一のあかしとするものであるとの評価がある[12]。積極説も，この視点を排斥するものではなく，停止条件付債務といっても給付の内容や条件成就の蓋然性等の債務の性質には様々なものがあるから，積極説を前提としつつ，個々の債務の性質を具体的に検討したうえで，相殺期待の合理性を評価すべきであるとしている[13]。すると，本件事案では，積立普通障害保険契約の性質・内容等を具体的に検討しなければならないことになるが，本件原審判決は，積立保険には補償機能のほかに貯蓄機能があること，保険金が支払われる確率は極めて低く，解約返戻金・満期返戻金支払債務が発生する可能性は極めて高いこと，解約返戻金債務は保険経過年数と

---

(9) 宮川・前掲注(1)164頁。
(10) 中西正・NBL 804号10頁（2005年）。
(11) 山木戸・前掲注(5)462頁，桜井・前掲注(5)146頁，宗田・前掲注(6)130頁。
(12) 宮川・前掲注(1)163頁。
(13) 三木＝工藤・前掲注(8)113頁。

ともに増加すること，契約を解約しうる期間に制限がないこと，解約返戻金・満期返戻金債権は金融機関によって担保として活用されていること，これらの結果，解約返戻金債務・満期返戻金債務は預金債権と類似した機能を有しており，契約当事者もそのような認識を有していること，しかも，本件契約は保険料一時払いであって預金と類似する面が一層強いこと，という事情を詳細に認定して相殺期待の合理性を肯定しており，賛成しえよう（第1審判決も，一般論としては同様の前提に立ちつつ相殺期待の合理性を否定していたが，これに対しては原審判決が批判を加えている）。先に指摘したように，消極説も積立普通障害保険契約に基づく解約返戻金債務に関しては実質的に例外を認めており，そうであるなら，最初から積極説によりつつ，相殺期待の合理性を検討した方が直截であろう（なお，破産宣告時に債務の金額が不確定であるとの事情も，それのみによって一律に相殺を否定してしまうのではなく，相殺期待の合理性を判断する際の大きなものではあるが，あくまでも一つの要素と考えれば足りるのではなかろうか）。

　もっとも，従来の積極説は相殺期待の合理性は相殺を主張する破産債権者が積極的に主張・立証すべきとしていたように見える。これに対し，本判決は原審の上記の認定には言及せずに，「相殺権の行使に何らの限定も加えられていない」と指摘するにとどめている。ただし，「特段の事情のない限り」期限到来，条件成就を待っての相殺が認められると留保を付しているから，この特段の事情の中味として，相殺期待の合理性が判断されることになるのであろう。そして，特段の事情として相殺期待が合理的でないことを，相殺を否定する管財人の側が積極的に主張・立証すべきとするのであろう。それで実際上どれだけの差異があるのかは必ずしも明らかではないが，確かに，このように構成した方が，関係条文（旧法98・99条後段・104条，現行法67条1項・2項後段・71条・72条）の構造により適合的と思われる（相殺期待が合理的でないことが，旧法104条，現行法71条・72条該当事由と並ぶ，それとは別個の相殺を否定する側の抗弁と位置付けられる）。

4　実務への影響

　本件事案は旧破産法の下での事件であるが，ここでの関係条文に特段の変更は加えられていない現行破産法の下でも，本判決の示した解釈はそのまま妥当するであろう[14]。また，本判決の射程は，④判決で問題となった敷金と建設協力金返還債務，⑤判決で問題となった信用金庫の持分払戻債務を受働債権とする相殺にも及ぶであろう。もちろん，積極説によっても個々の債務の性質・内容等に即しての相殺期待の合理性の判断が必要であるから，最終的な結論は留保しなければ

---

(14)　中西・前掲注(10)10頁，伊藤・破産〔第4版〕348頁以下，353頁，加藤哲夫『破産法〔第4版〕』221頁，222頁（弘文堂・2005年）。

ならないが，⑤判決ではそのような判断を加えたうえで相殺を認める結論に至っているから，本判決の下でもそうなる可能性が高いといってよいと思われる。直接問題となっている問題点の取扱いを統一したというのみならず，このように，ある程度射程の長い判例と思われる点からも，本判決は実務に対して影響の大きい判例であると思われる。

以上に反して，本判決の射程は民事再生手続や会社更生手続には及ばないであろう。なぜなら，民事再生手続（民再92条1項）や会社更生手続（会更48条1項）では相殺権の行使に時期的な制限が設けられているが，本判決は，「破産債権者による相殺権の行使時期について制限が設けられていない」ということを積極説を採用する一つの根拠としているからである[15]。

【補　遺】　本判例研究公表後の本判決評釈類として，小原将照・法研78巻11号42頁以下（2005年）（結論には賛成するが，積極的に合意的期待の有無を基準にすべきとする），河野正憲・判評568号〔判時1925号〕192頁以下（2006年）（理由付け不十分），草野真人・判タ増刊1215号平成17年度主民解246頁以下（2006年），栗田隆・リマークス32号128頁以下（2006年）（判旨正当），柴崎暁・金判1267号6頁（2007年）（満期返戻金，解約返戻金は単なる預貯金とは異なることを理由に判旨疑問とする），杉山悦子・法協123巻7号201頁以下（2007年）（条件成就の蓋然性の高さではなく，他の債権者との間で公平を欠く相殺のみ効力を否定すれば足り，濫用論による本判決には合理性がある），同・倒産百選〈第5版〉128頁以下（2013年），髙木裕康・実務に効く事業再生144頁以下，田髙寛貴・判タ1196号18頁以下（2006年），谷本誠司・銀法648号56頁（2005年）（「特段の事情のない限り」とすることにより，相殺が否定される場合をごく例外的場合に限定したと指摘する），同・銀法658号60頁（2006年），三木素子・ジュリ1298号162頁以下（2005年），同・曹時60巻4号129頁以下（2008年），同・最判解説民平成17年度(上)1頁以下，水元宏典・平成17年度重判解144頁以下（2006年）（停止条件不成就の利益を放棄することの意味を問題とする），山本克己・金法1780号52頁以下（2006年）（「特段の事情」は，停止条件未成就前に受働債権の金額未確定の場合を指す），等がある。

（初出・金融・商事判例1225号／2005年）

---

(15)　中西・前掲注(10)10頁。

第3部　倒産法

43
(1) 保証人が主たる債務者の破産手続開始前にその委託を受けないで締結した保証契約に基づき同手続開始後に弁済をした場合に保証人が取得する求償権の破産債権該当性（積極）
(2) 保証人が主たる債務者の破産手続開始前にその委託を受けないで締結した保証契約に基づき同手続開始後に弁済をした場合に保証人が取得する求償権を自働債権とする相殺の可否（消極）

最高裁平成24年5月28日第2小法廷判決
平成21年(受)第1567号，預金返還請求事件
（民集66巻7号3123頁）

要　旨　1　保証人が主たる債務者の破産手続開始前にその委託を受けないで締結した保証契約に基づき同手続開始後に弁済をした場合において，保証人が主たる債務者である破産者に対して取得する求償権は，破産債権である。

2　保証人が主たる債務者の破産手続開始前にその委託を受けないで締結した保証契約に基づき同手続開始後に弁済をした場合において，保証人が取得する求償権を自働債権とし，主たる債務者である破産者が保証人に対して有する債権を受働債権とする相殺は，破産法72条1項1号の類推適用により許されない。

事実の概要　(1) A，B，C，D，E及びF（以下，それぞれ「A」，「B」，「C」，「D」，「E」及び「F」といい，また，併せて「Aら」ということがある）は，銀行業を営む会社であるYとの間で，それぞれ当座勘定取引契約（以下，併せて「本件各当座勘定取引契約」という）を締結していた。

(2) Yは，平成18年4月28日，Aらの委託を受けないで，Aらの取引先であるGとの間で，Aらが同日から平成19年4月27日までの間にそれぞれGに対して負担する買掛債務及び手形債務につき，極度額を定めてそれぞれ保証する旨の保証契約（以下，併せて「本件各保証契約」という）を締結した。極度額は，Aについて2,400万円，Bについて1,200万円，Cについて800万円，Dについて200万円，Eについて200万円，Fについて200万円であった。

(3) Aらは，いずれも，平成18年8月31日，破産手続開始の決定を受け，Xらが，それぞれの破産管財人に選任された。

(4) Yは，平成19年3月27日及び同月28日，本件各保証契約に基づく保証債務の履行として，Gに対し，Aの債務2,400万円を，Bの債務723万0,428円を，Cの債務270万2,700円を，Dの債務73万2,615円を，Eの債務47万0,985円を，Fの債務200万円をそれぞれ弁済した。

(5) Xらは，平成19年5月9日，本件各当座勘定取引契約に定められた手続により，本件各当座勘定取引契約を解約した。

(6) Ｘらは，平成 19 年 5 月 19 日，Ｙを被告として，Ａらの各当座勘定取引残高の支払を求める本件訴訟を提起した。

(7) Ｙは，平成 19 年 6 月 12 日，Ｘらに対し，前記弁済により取得した求償権と本件各当座勘定取引契約に基づきＡらがＹに対して有する債権とをそれぞれ対当額において相殺する旨の意思表示をした。上記の各債権がそれぞれ対当額において相殺されると，Ｙの債務は，Ａに係る債務につき 23 万 9,509 円が，Ｂに係る債務につき 721 万 3,218 円が，Ｃに係る債務につき 41 万 9,052 円が，Ｄに係る債務につき 73 万 2,615 円が，Ｅに係る債務につき 47 万 0,985 円が，Ｆに係る債務につき 200 万円が，それぞれ消滅することとなる（以下，上記の各相殺を併せて「本件各相殺」という）。

(8) Ｙは，平成 19 年 9 月 14 日，Ｘらに対し，前記相殺後の各当座勘定取引残高元本を弁済し，Ｘらは弁済を受けた金額について，その請求部分に係る訴えを取り下げた。

(9) 第 1 審（大阪地判平成 20・10・31 民集 66 巻 7 号 3168 頁・金判 1309 号 40 頁），原審（大阪高判平成 21・5・27 民集 66 巻 7 号 3220 頁・金判 1393 号 26 頁）とも，前記相殺によって前記各金額が減少したことを前提に，各当座勘定取引残高と遅延損害金の支払を命ずる判決をした。Ｘらから上告受理申立て。

争点　1　保証人が主たる債務者の破産手続開始前にその委託を受けないで締結した保証契約に基づき同手続開始後に弁済をした場合において，保証人が主たる債務者である破産者に対して取得する求償権は，破産債権か。

2　保証人が主たる債務者の破産手続開始前にその委託を受けないで締結した保証契約に基づき同手続開始後に弁済をした場合において，保証人が取得する求償権を自働債権とし，主たる債務者である破産者が保証人に対して有する債権を受働債権とする相殺は，許されるか。

判決要旨　一部破棄差戻し・一部上告却下。

「(1)　保証人は，弁済をした場合，民法の規定に従って主たる債務者に対する求償権を取得するのであり（民法 459 条，462 条），このことは，保証が主たる債務者の委託を受けてされた場合と受けないでされた場合とで異なるところはない（以下，主たる債務者の委託を受けないで保証契約を締結した保証人を「無委託保証人」という。）。このように，無委託保証人が弁済をすれば，法律の規定に従って求償権が発生する以上，保証人の弁済が破産手続開始後にされても，保証契約が主たる債務者の破産手続開始前に締結されていれば，当該求償権の発生の基礎となる保証関係は，その破産手続開始前に発生しているということができるから，当該求償権は，『破産手続開始前の原因に基づいて生じた財産上の請求権』（破産法 2 条 5 項）に当たるものというべきである。したがって，無委託保証人が主たる債務者の破産手続開始前に締結した保証契約に基づき同手続開始後に弁済をし

た場合において，保証人が主たる債務者である破産者に対して取得する求償権は，破産債権であると解するのが相当である。

(2) ……破産者に対して債務を負担する者が，破産手続開始前に債務者である破産者の委託を受けて保証契約を締結し，同手続開始後に弁済をして求償権を取得した場合には，この求償権を自働債権とする相殺は，破産債権についての債権者の公平・平等な扱いを基本原則とする破産手続の下においても，他の破産債権者が容認すべきものであり，同相殺に対する期待は，破産法67条によって保護される合理的なものである。しかし，無委託保証人が破産者の破産手続開始前に締結した保証契約に基づき同手続開始後に弁済をして求償権を取得した場合についてみると，この求償権を自働債権とする相殺を認めることは，破産者の意思や法定の原因とは無関係に破産手続において優先的に取り扱われる債権が作出されることを認めるに等しいものということができ，この場合における相殺に対する期待を，委託を受けて保証契約を締結した場合と同様に解することは困難というべきである。

そして，無委託保証人が上記の求償権を自働債権としてする相殺は，破産手続開始後に，破産者の意思に基づくことなく破産手続上破産債権を行使する者が入れ替わった結果相殺適状が生ずる点において，破産者に対して債務を負担する者が，破産手続開始後に他人の債権を譲り受けて相殺適状を作出した上同債権を自働債権としてする相殺に類似し，破産債権についての債権者の公平・平等な扱いを基本原則とする破産手続上許容し難い点において，破産法72条1項1号が禁ずる相殺と異なるところはない。

そうすると，無委託保証人が主たる債務者の破産手続開始前に締結した保証契約に基づき同手続開始後に弁済をした場合において，保証人が取得する求償権を自働債権とし，主たる債務者である破産者が保証人に対して有する債権を受働債権とする相殺は，破産法72条1項1号の類推適用により許されないと解するのが相当である。」

（須藤正彦裁判官と千葉勝美裁判官の各補足意見がある。）

【参照条文】　（1，2につき）民法462条，破産法2条5項，（2につき）破産法67条1項・72条1項1号

研　究

1　本判決の意義

保証人が保証債務を弁済すると代位によって債権者が債務者に対して有していた原債権を取得するとともに（民501条），自己の権利として主債務者に対する

求償権を取得する（民459条・462条）。その際，保証契約の締結が主債務者に関する破産手続の開始前であり，弁済がその後であれば，主債務者に対して債務を負担する保証人は，原債権を自働債権とし，主債務者の債権を受働債権とする相殺をすることはできないが（破72条1項1号），求償権を自働債権とする相殺であればすることができる。

従来，以上のことは，主債務者からの委託を受けた保証人であると委託を受けていない保証人であるとを問わず当てはまるものと考えられてきた。もっとも，その際，念頭に置かれていたのは委託を受けた保証人の場合であったと思われるが，それに関する議論が問題を意識することなくそのまま無委託保証人の場合にも及ぼされていた。ところが，本件事案の第1審判決を契機として，無委託保証人に関しては相殺権を否定すべきではないかが問題とされるようになってきた。このような中で，本判決は，最高裁として，無委託保証人に関して相殺権を否定すべきことを示した新判例である。

2 無委託保証人の求償権の破産債権該当性

破産法は破産債権と破産財団所属債権との相殺を破産債権者に保障している（破67条1項）。そこで第1に問題となるのは，無委託保証人の破産手続開始後の弁済による求償権は破産債権であるか否かである。否定説は，この点について以下のように述べる[1]。破産債権とは，破産者に対して破産手続開始前の原因に基づいて生じた財産上の請求権であって，財団債権に該当しないものをいい（破2条5項），「破産手続開始前の原因」があるというためには，主たる発生原因が具備されていれば足りる（一部具備説）。無委託保証人の求償権の主たる発生原因は事務管理行為（または不当利得発生原因行為）とされる保証人の弁済行為そのものである。したがって，弁済行為が破産手続開始後に行われた場合には，それによる求償権は「破産手続開始前の原因」に基づくものとはいえず，破産債権とはならない。

しかしながら，本判決はこのような議論を否定した。理由の要点は，無委託保証人であっても，弁済によって求償権が発生する以上，保証契約が求償権の主たる発生原因（求償権発生の基礎となる契約関係）であるというものである。そして，千葉補足意見は，この点を次のように敷衍している。無委託保証契約であっても，結果的には，契約締結により一定程度債務者に対する与信の付与の効果は生ずるから，事務管理という観点からみても，保証債務弁済の時ではなく，保証契約締結の時点で主債務者のための事務管理がされたといわざるを得ない。また，委託

---

[1] 増市徹「保証人の事後求償権と相殺」倒産実務交流会編『争点倒産実務の諸問題』273頁以下（青林書院・2012年）。同旨，栗田隆「主債務者の破産と保証人の求償権」関法60巻3号67頁以下（2010年）。

保証人の事後求償権の発生原因も，事前求償権のそれと同様に保証契約であって，弁済前に弁済を条件とする事後求償権（条件付債権）が発生していると解すべきであろうが，無委託保証人の事後求償権は委託保証人のそれと同様の構造で発生するのであるから，その発生原因も同様に，保証契約と捉えるしかなく，無委託保証契約の場合に限って，その発生原因を保証契約でなく，保証債務の弁済であるとするのは，根拠がないといわざるを得ない。無委託保証人の事後求償権は，破産手続開始前に保証契約という主たる発生原因がある条件付破産債権である。

説得的な議論であり，賛成できると考える。

3　無委託保証人の求償権を自働債権とする相殺の可否

⑴　第2のより大きな問題は，上記の無委託保証人の求償権を自働債権とする相殺が破産法72条1項1号によって禁止されないかである。この点については，本判決以前に以下のような見解が主張されていた。

まず，第1の問題に関する肯定説を前提とした見解である。

①事後求償権は将来の請求権・条件付債権として破産手続開始前に生じており，その現実化前に受働債権に対応する債務を弁済する際には寄託請求が可能なものである（破70条）。ここでは事後求償権が既に現在化した後の状況が問題となっているから，寄託請求をするまでもなく相殺が可能である。相殺を認めると求償義務者（主債務者）の知らないところでその責任財産が失われることになるが，求償義務者は無委託にせよ当該保証があることによって信用補完を受けて当該取引を可能とされているという意味で，間接的ではあるが受益をしている[2]。

②事後求償権は代位によって取得される原債権とは異なって「他人の」破産債権ではないから，それを自働債権とする相殺が破産法72条1項1号の相殺禁止に触れることはない[3]。

③ここでは一般破産債権者と自働債権者が受働債権という資産を奪い合う場合が問題となっているのであるから，受働債権に関してとは異なり，自働債権に関しては相殺の基準時におけるその存在を厳格に確認すべきである。破産法67条2項は，期限付，解除条件付の債権との相殺を認めているが，そこには停止条件付債権や将来の請求権はあげられていない。破産法70条は制限解釈されるべきであり，預金払戻し（受働債権に対応する債務の支払）と寄託請求をする前に代位弁済（保証債務の弁済）を行ってしまった場合には適用にならない。破産法72条1項1号の類推適用により相殺は禁止される[4]。

---

[2]　鹿子木康ほか「パネルディスカッション・倒産と相殺」事再136号40頁〔浅田隆発言〕（2012年）。
[3]　鹿子木ほか・前掲注(2)41頁〔中本敏嗣発言〕。
[4]　鹿子木ほか・前掲注(2)40頁〔服部敬発言〕。

④主債務者の債務不履行のリスクを債権者から保証人に移転するため、債権者・保証人間の契約である者が保証人となっても、保証人の主債務者に対する信用供与が促進されるわけではない。すなわち、無委託保証人は主債務者に対する関係で信用を供与していないから、この場合、合理的相殺期待が欠けており、破産法72条1項1号類推により相殺は禁止される(5)。

これに対し、第1の問題に関する否定説を前提とした見解は、それぞれ以下のような理由によりすべて相殺を否定する。

⑤第1の問題についての否定説を前提とすると無委託保証人の事後求償権は財団債権となるか手続外債権となるかであるが、そのいずれであろうとも、それは「原債権の限度」という制約の下にのみ行使が認められるから(破104条3項本文参照)、原債権が相殺禁止に服するときは求償権も同様である(6)。

⑥この場合の事後求償権は財団債権にも該当しないから手続外の非破産債権であり、その引当てになるのは自由財産に限られるから、破産財団所属債権を受働債権とする相殺は許されない(7)。

⑦主債務者は、無委託保証人による保証履行とその通知がない限り、事務管理費用の償還請求権としての性質を有する事後求償権の発生を了知し得ないから、破産手続開始時に保証履行がない場合には、その時点で、いずれその有する債権が将来発生する事後求償権の満足に充てられることをまったく予期しうる立場にない。この場合、無委託保証人による保証履行がない限り、無委託保証人と主債務者との間には何らの法律関係も生じるものではなく、このことは純然たる第三者による弁済の場合と同様であるから、その場合と同様、破産法72条1項1号類推により相殺は禁止される(8)。

⑧無委託保証人の求償権が破産債権とならないとすれば財団債権(破148条1項5号)であろうが、そう解する場合でも、その額は消滅させた破産債権の実価に限定される(9)。

---

(5) 中西正「委託を受けない保証人の求償権と破産財団に対する債務との相殺」倒産実務交流会編『争点倒産実務の諸問題』283頁以下(青林書院・2012年)。同「いわゆる『合理的相殺期待』概念の検討」事再163号50頁(2012年)、新注釈民再〔第2版〕(上)498頁以下〔中西正〕も参照。
(6) 増市・前掲注(1)274頁。
(7) 鹿子木ほか・前掲注(2)41頁〔鹿子木発言〕が紹介する伊藤眞教授の見解である。栗田・前掲注(1)68頁も同旨であるが、⑦と同趣旨の視点も指摘する。
(8) 坂川雄一「保証人の事後求償権と相殺」倒産実務交流会編『争点倒産実務の諸問題』279頁以下(青林書院・2012年)。
(9) 中西・前掲注(5)『争点』286頁。鹿子木ほか・前掲注(2)42頁〔水元宏典発言〕も同旨か。これは既に、山本克己「倒産法上の相殺禁止規定(1)」民商89巻6号821頁(1984年)が、純然たる第三者が破産手続開始後の代位弁済により取得した求償権を自働債権としてする相殺の場合について示唆していた考えである。

(2) 第1審判決と原審判決は，①（事後求償権は将来の請求権・条件付債権として破産手続開始前に生じている）および②と大略同趣旨の理由により相殺を肯定していた。それに対し，本判決は，相殺に対する期待は合理的ではない場合には破産法67条によって保護されることはないとの前提に立ちつつ，⑦の趣旨を受け入れ(10)，ここでの相殺を認めることは，破産者の意思や法定の原因とは無関係に破産手続において優先的に取り扱われる債権が作出されることを認めるに等しいものということができ，この場合における相殺に対する期待は合理的なものとは言えないとして，破産法72条1項1号類推により相殺は禁止されるとした。

(3) 既に，実務家諸氏が，無委託保証にも一定の有用性があることを強調しつつ，本判決に批判的な意見を公にされている(11)。

確かに，保証人の側から見れば相殺に対する期待があると言える。しかしながら，保証契約の締結は，主債務者からの委託を受けないばかりか，その意思に反してもなしうる（民462条参照）。このため，保証契約の締結は主債務者が保証人に対して有する債権が，主債務者が知らないまま，またはその意思に反して担保に供される結果に繋がる。また，①がいうように，無委託にせよ保証があることによって，信用供与を受ける機会の拡大やより有利な信用供与を促進されるなど，主債務者が間接的にせよ受益をしているのは事実であろうが，相殺を認めるためにこれで十分かも問題である。

この点，次のような的確な指摘がある(12)。⑦上記のような一方的に作り出される相殺期待に合理性を認めることができるか否か，④相殺を認めるためには相殺権者の優遇を正当化するだけの取引合理性が要求されると考えるか否か，⑨要求されるとした場合にそれがこの場合に見出されると考えるかが，見解の分かれ目である。

私見としては⑦につき否定説，④につき肯定説，⑨につき否定説をとりたい。すわなち，第2の問題についても結論，理由付けともに本判決に賛成する。なお，⑨について，須藤補足意見は，無委託保証人が受働債権を有し，これを引当てにして保証を行うということがいわば信用取引の一種として取引慣行上定着してい

---

(10) ただし，⑦は求償権が破産債権ではないことを前提としているが，本判決はそうであることを前提としているという差異はある。しかし，⑦の実質的考慮は求償権が破産債権であるか否かに関わらず当てはまると思われる。

(11) 遠藤元一「本最高裁判決が相殺の実務にもたらす影響」銀法747号18頁以下（2012年），吉元利行「委託のない保証の実状」銀法747号24頁以下（2012年），藤原彰吾「委託なき保証における事後求償権を自働債権とした相殺の効力に関する最高裁判決」金法1954号4頁以下（2012年）。これに対し，岡正晶「本判決判批」金法1954号65頁以下（2012年）は，判旨に賛成する。そのほか，本判決につき，渡邊博己「本最高裁判決の検討」銀法747号12頁以下（2012年）。

(12) 山本和彦ほか『倒産法概説〔第2版〕』258頁〔沖野眞己〕（弘文堂・2010年）。

るならば，取引界の支配的通念は，その取引慣行に，実質的平等であるとして容認されるための正当化根拠を見出すことになり得るかもしれないが，無委託保証人が受働債権を有し，これを引当てにして保証をしているという慣行が定着しているという事情も全くうかがい得ないと述べている。

(4) 実務家からは，次のような理由により，予測可能性が害されるのではないかとの危惧も表明される[13]。すなわち，これまでの理解によれば，法律の文言を形式的に解釈し，破産法71条・72条の相殺禁止に触れない限り，同法67条の要件が満たされれば直ちに相殺が許されるということになるはずである。ところが，本判決によれば，さらに相殺の担保的機能に対する期待の合理性の有無を問わなければならないように思われる。

成るほど，最高裁の判例（最判昭和47・7・13民集26巻6号1151頁，最判平成17・1・17民集59巻1号1頁）は，上記の合理的期待が認められる場合に限って相殺が許容されるというような解釈はとっていない。しかし，平成17年最判は，旧破産法99条後段（現行破産法67条2項後段）の趣旨は所定の場合における相殺の担保的機能に対する信頼を保護する点にあるとし，また，その文言上相殺が許される場合でも「特段の事情」があれば別であるとの留保を付していた。そして，この留保については，調査官解説は，相殺権の濫用の場合が一例であり，相殺の担保的機能に対する期待が合理的であるか否かは相殺権の行使が濫用であるかを判断する際の重要な考慮要素として位置付けられるとしていた[14]。そうであるとすれば，相殺権の行使が濫用であるのは例外であろうから，改めて相殺期待の合理性の有無が問われなければならないのも例外となろう。本判決においてこの合理性の有無が問われているのも，このような意味における例外該当性が問題とされているにすぎないとすれば，本判決は従来の判例の延長線上に位置付けることができ，上記の危惧は当たらないように思われる[15]。

4 本判決の射程

簡単に，本判決の射程に触れることとするが[16]，その説示の一般性から見て，

---

(13) 遠藤・前掲注(11)22頁以下。藤原・前掲注(11)5頁も参照。
(14) 三木素子「判例解説」最判解説民平成17年度(上)17頁。
(15) 須藤補足意見は，破産法の規定をたやすく類推適用して相殺を否定することは，予測可能性を害し，円滑な経済の進行を妨げるから，よくよく慎重でなければならないとし，千葉補足意見は，法廷意見は不当に拡大適用を志向するものではないと述べる。無論，類推適用などはしないで済むに越したことはないから，以前からそのようにするための立法提案がなされていたし，最近もそのような提案がある。山本(克)・前掲注(9)820頁，同「相殺権と相殺禁止の見直し」ジュリ1111号120頁（1997年），縣俊介＝清水靖博「相殺の制限規定等」東京弁護士会倒産法部会編『倒産法改正展望』378頁以下（商事法務・2012年）。
(16) 以下では，無委託保証人の事後求償権による相殺がどのような場合に禁止されるかの

それが再生手続や更生手続の場合には及ばないとする理由はないであろう[17]。また，受働債権の差押え後に無委託保証人が保証債務を弁済して求償権を取得した場合，それを自働債権とする相殺は差押債権者に対抗しえないと解するが，これは，個別執行の場合には委託を受けた保証人の場合でも相殺が禁止されるとされていることによるのであって[18]，本判決の論理とは無関係である[19]。

本判決の事案は，信用供与が完了した後に主債務者の財務状況が悪化したため，金融機関との間で無委託保証契約を締結したケースに該当する可能性が高く，そうであれば本判決は是認されうるが，財務状況悪化前に保証契約が締結された場合には相殺を認める正当性があるとの評価がある[20]。これによれば，本判決の射程は後者の場合には及ばないと限定すべきことになるように思われるが，第1審判決は，本件各保証契約は，YがAらの支払不能等の事実を知るより前に締結されたものと認められると認定している。そして，破産者の意思に基づいていないことの不都合はこの場合でも異ならないから，このような限定は相当ではないであろう。

本件事案では保証債務の弁済が破産手続開始後になされているが，それが手続開始前の危機時期になされていた場合にはどうなるか。この点については，本判決の判断内容の趣旨はここにも及び，無委託保証人の相殺期待には合理性が否定されるから保証契約の締結は「前に生じた原因」（破72条2項2号）に該当せず，相殺は認められないとの見解に賛成する[21]。ただし，「前に生じた原因」と停止条件付債権（破70条）の条件とが同一のものであるとするならば[22]，「前に生じた原因」はあるが相殺期待が合理的ではないから相殺は禁止される，とした方が本判決の論理により整合的であるかもしれない。この点については，さらに考え

みに触れるが，それ以外の立場の者の求償権による相殺がどう扱われるかという問題もある。その中で最近問題にされるようになってきたのが，下請会社破産の場合における，その孫請会社に対する債務を元請会社が立替払いしたことによって取得した求償権による相殺の可否の問題である。ここでは，元請会社と下請会社との間の下請負契約中に元請会社は立替払いすることが「できる」旨の立替払約款とその求償権を自働債権として下請会社の元請会社に対する債権とを相殺できる旨の相殺約款が含まれているという特徴がある。この問題については，伊藤尚「下請事業者再生申立後の元請事業者による孫請代金の立替払いと，その求償権に基づく相殺について」事業再生研究機構編『民事再生の理論と実務』137頁以下（商事法務・2010年）参照。

(17) 須藤補足意見はその旨を明言する。
(18) 東京地判昭和58・9・26判時1105号63頁，潮見佳男『債権総論Ⅱ〔第3版〕』496頁（信山社・2005年）。
(19) 岡・前掲注(11)71頁は，本判決の論理によると理解しているように見える。
(20) 遠藤・前掲注(11)19頁以下。
(21) 岡・前掲注(11)71頁。
(22) 中西・前掲注(5)「合理的相殺期待」55頁参照。ただし，この点には異論もある。鹿子木ほか・前掲注(2)35頁以下の諸家の発言参照。

てみたい。

5 破棄差戻しの取扱いについて

本件事案においては，原審口頭弁論終結後に破産管財人が交代しているが（この点の記述は〔事実の概要〕欄では省略した），訴訟代理人があるために訴訟手続は中断せず，とりあえずそのまま進行したようである（民訴124条1項5号・2項）。このような場合，理論的には，当事者の交代を訴訟に反映させなくともよく，旧当事者の名での判決であっても新当事者に対する判決として効力を有するはずであるが，実務は受継類似の処理をしているとされる[23]。

本判決は相殺が認められないことにより増加すべき認容額を明確に指摘しているから，理論どおりであれば，破棄自判ができたはずである。しかし，本判決は，新たな管財人が本訴の訴訟手続を受継したと指摘する一方で，それによる権利の承継に基づき訴えを変更するためとして，差戻しをしている。上記の実務的処理に鑑み，この最高裁の取扱いは興味深く思われる。

6 実務への影響

本判決は，最近行われるようになりつつあると言われる無委託保証契約の実務[24]に大きなマイナスの影響を与えるであろう。既に，実務家から，なるべく委託を受けるスキームとすべきであるとか，それ以外の工夫をすべきであるとしてその例を示す提案などがなされている[25]。また，主債務者から保証委託を受けないまでも，何らかの形で金融機関が保証していることを認識させておけばよいとの考えもありうるが，その効果は未知数とされている[26]。しかし，この場合でも，破産者（主債務者）の積極的関与がないことには変わりはないから，このようなことで相殺が認められることにはなるまいと積極的に推察する[27]。

---

[23] 八木良一「当事者の死亡による当然承継」民訴31号32頁以下（1985年），注釈民訴(4)577頁以下〔佐藤鉄男〕。
[24] その実状の詳細につき，吉元・前掲注(11)24頁以下参照。
[25] 遠藤・前掲注(11)21頁，藤原・前掲注(11)5頁。
[26] 遠藤・前掲注(11)5頁。
[27] 日本法律家協会の研究会の席上では，次のような趣旨の指摘があった。すなわち，債権譲渡であれば債務者の関与なしに譲渡人と譲受人との間の合意によって行いうる。そして，それが支払不能等の危機時期以前に行われ，その時点で債権・債務の対立が生じていれば，破産手続開始後の相殺は問題なく認められる。これとのバランスからいって，一方的なものであっても，危機時期以前に無委託保証がなされていることが主債務者に通知されていれば，手続開始後の弁済による求償権をもってする相殺を認めてよいのではないか。
しかし，無委託保証人の求償権の範囲は弁済当時または現在において主債務者が利益を受ける限度に限られる（民462条）。そうすると，破産開始後には破産者である主債務者は配当によって割合的弁済をなせば足りるはずであるから，その受ける利益はその金額

第3部　倒産法

【追記】　校正時に，小林信明「主たる債務者の倒産後における，委託なき保証人の求償権と相殺」ジュリ1448号76頁以下（2012年）〔伊藤眞＝道垣内弘人＝山本和彦編著『担保・執行・倒産の現在』356頁以下（有斐閣・2014年）所収〕，に接した。

【補遺】　本判例研究公表後の本判決評釈類として，板倉幾久雄・事再138号18頁以下（2012年）（管財人，保証人〔金融機関〕の各々の立場からの対応を検討する），岡正晶・実務に効く事業再生154頁以下（民法462条の趣旨を指摘して，判旨結論賛成），河野正憲・名法264号401頁以下（2015年）（判旨に賛成しつつ，破産法72条1項2号ないし4号との関係では「法定の原因」を認める），木村真也・金法1974号32頁以下（2013年）（弁済前に差押えのなされた場合〔民法511条〕とのバランスを理由に判旨結論賛成），栗田隆・倒産百選〈第5版〉140頁以下（判旨結論賛成），同・関法62巻6号306頁以下（2013年）（破産債権性に関しては別の考え方もありうると留保を付しつつ，判旨結論賛成），柴田義明・ジュリ1469号93頁以下（2014年），同・曹時66巻9号291頁以下（2014年），同・最判解説民平成24年度(上)603頁以下，椙村寛道・NBL987号87頁以下（2012年），関武志・青法55巻2号119頁以下（2013年）（判旨賛成），田髙寛貴・民事判例Ⅴ132頁以下（2012年）（危機時期以前の保証契約で，債務者がその存在を了知する状態を債権者が作出していれば相殺可とする），田村陽子・判評650号〔判時2175号〕121頁以下（2013年）（判旨賛成），中島弘雅・平成24年度重判解137頁以下（2013年）（判旨賛成），永野圧彦＝伊藤隆裕＝細井直彰・判タ1402号32頁以下（2014年）（判旨に賛成しつつ，関連問題を広く検討），比護正史・白鷗ロー7号153頁以下（2013年）（判旨に賛成しつつ，破産法72条1項2号ないし4号との関係では「前に生じた原因」を認める），深川裕佳・法時87巻2号118頁以下（2015年），松下淳一・金法1977号26頁以下（2013年）（特定債権者だけが優先的な債権回収ができたということに対する他の債権者の不公平感を生じさせないことを理由に判旨結論賛成），村田典子・法研86巻8号125頁以下（2013年）（本判決の理論構成は穏当），吉本利行・銀法747号24頁以下（2012年）（無委託保証が濫用的相殺目的でない限り，相殺は制限されるべきではないとする），力石剛志・ビジネス12巻12号69頁（判旨賛成），渡邊博己・京園70号59頁以下（2013年）（判旨賛成），等がある。

ほかに，潮見佳男「相殺の担保的機能をめぐる倒産法と民法の法理——民法の視点からの最高裁平成24年5月28日判決の検証」田原古稀・最高裁判事退官記念『現代民事法の実務と理論(上)』267頁以下（金融財政事情研究会・2013年）

（初出・法の支配168号／2013年）

に限定されるのではないかとの疑問がありうるであろう（前注(9)およびその付記箇所参照）。それ故，やはり，実務的には，委託を受ける等の別のスキームを利用する方が無難と思われる。

44 信義則違反の行為に基づいて可決された再生計画の認可

44 (1) 民事再生法174条2項3号所定の「再生計画の決議が不正の方法によって成立するに至ったとき」には，再生計画案が信義則に反する行為に基づいて可決された場合が含まれるか
(2) 民事再生法172条の3第1項1号の趣旨を潜脱し信義則に反する再生債務者らの行為に基づいて再生計画案が可決されたとして，再生計画に同法174条2項3号所定の不認可事由があるとされた事例

最高裁平成20年3月13日第1小法廷決定
平成19年(許)第24号，再生計画認可決定に対する抗告審の取消決定に対する許可抗告事件
（民集62巻3号860頁・金判1291号16頁）

事実の概要　(1) 再生債務者Yは，Aを代表取締役として不動産賃貸業を営む株式会社であり，借地上のビル（以下「本件建物」という）を所有し，これをW，X_2ほか1社に賃貸していた。Yは甲銀行から4億円を借り入れて本件建物に極度額4億円とする順位1番の根抵当権を設定し，さらに，乙銀行から4億円を借り入れて本件建物に極度額4億円とする上記根抵権と同順位の根抵当権を設定した（以下，これらの根抵当権を「本件各根抵当権」という）。また，Yは，Aが代表取締役を務めるD社の丙に対する7億円の借入債務を連帯保証した。

(2) Yは，平成11年7月頃，経営が破綻し，本件各根抵当権及びその被担保債権を譲り受けた整理回収機構X_1と債務の弁済方法について協議を重ねたが，平成12年11月以降は交渉が途絶え，X_1による本件各根抵当権の実行が避けられない状況に至った。

他方，B，CはAの子で，Yの取締役であるが，Yに対する債権を有していなかった。ところが，Bは，平成18年1月31日，回収可能性がないことを知りながら，丙の上記貸金債権を譲り受け，Yに対する保証債務履行請求権を取得し，同年2月10日，上記の貸金債権および保証債務の履行請求権の一部をCに分割譲渡した。

(3) Yは，同年3月9日，東京地方裁判所に再生手続開始の申立てをし，同月14日，再生手続を開始する旨の決定を受けた。Yの届出再生債権者は，A（家賃41万円余，立替金262万円余），B（6億8,747万円余），C（2億9,648万円余），D（貸付金3,279万円余），W（建設保証金と敷金2,650万円。うち530万円は債権認否で認められなかった），X_1（別除権付きで6億8,747万円余，議決権額5億2,730万円余），X_2（建設保証金7,990万円，敷金624万円）の7名である（債権内容と金額は，原決定〔東京高決平成19・4・11民集62巻3号885頁・金判1269号44頁〕による）。

また，Yは，同月31日，事業の継続のために本件建物が不可欠であるとして，

本件建物につき存する担保権を消滅させることについての許可を申し立て，同年4月14日，再生裁判所の許可を得た。Yは，同年9月，①丁から融資を受けて，再生債権額の1％を早期に一括弁済すること，②再生債権者のうちA，B，C，Dに対しては，個別の同意を得ることを条件として弁済しないことを骨子とする再生計画案（以下「本件再生計画案」という）を提出した。Yは，同年11月30日，丁から約2億円を借り入れ，その一部を前記担保権消滅に係る本件建物の価額に相当する金銭として再生裁判所に納付した。これにより，X_1は，本件各根抵当権を失い，被担保債権の一部の弁済を受けた。Yは，丁に対する借入債務等を担保するため，本件建物を譲渡担保に供した。

(4) 同年12月5日にYの届出再生債権者7名全員の出席の下に開かれた債権者集会において，本件再生計画案は，上記届出再生債権者の過半数であり，議決権者の議決権の総額の63.69％を有するA，B，CおよびDの4名の同意を得て可決された。

Yが破産した場合には，債権者への配当は見込まれなかったが，別除権者であるX_1にとっては，本件建物の担保権消滅を前提とした本件再生計画案によるよりも，Yの破産手続において，本件建物を他の担保物件と合わせて任意売却する方が債権の回収に有利であった。また，本件建物の賃借人であってYに対して保証金返還請求権等を有するX_2およびWにとっても，Yにつき破産手続が進められた方が，民事再生手続よりも本件建物の賃料債務とYに対する債権とを相殺できる範囲が広く，債権回収には実質的に有利であった。

(5) 原々審は，上記のとおり本件再生計画案が可決された再生計画（以下「本件再生計画」という）につき認可の決定をしたが，原審は，X_1，X_2の即時抗告に基づき，民事再生法174条2項3号および4号に該当する事由があるとして原々決定を取り消し，本件再生計画の不認可の決定をした。Yから許可抗告の申立てがなされ，原審は抗告を許可したが，最高裁は，3号該当事由の有無についてのみ判断して抗告を棄却した。

決定要旨　抗告棄却。

「〔民事再生〕法174条が，再生計画案が可決された場合においてなお，再生裁判所の認可の決定を要するものとし，再生裁判所は一定の場合に不認可の決定をすることとした趣旨は，再生計画が，再生債務者とその債権者との間の民事上の権利関係を適切に調整し，もって当該債務者の事業又は経済生活の再生を図るという法の目的（法1条）を達成するに適しているかどうかを，再生裁判所に改めて審査させ，その際，後見的な見地から少数債権者の保護を図り，ひいては再生債権者の一般の利益を保護しようとするものであると解される。そうすると，法174条2項3号所定の『再生計画の決議が不正の方法によって成立するに至ったとき』には，議決権を行使した再生債権者が詐欺，強迫又は不正な利益の供与等

を受けたことにより再生計画案が可決された場合はもとより，再生計画案の可決が信義則に反する行為に基づいてされた場合も含まれるものと解するのが相当である（法38条2項参照）。

前記事実関係によれば，①Yの債権者のうちX_1，X_2及びWにとっては，Yが民事再生手続を利用する方がYにつき破産手続が進められるよりもYに対する債権の回収に不利であり，Yが再生手続開始の申立てをして本件再生計画案を提出しても，届出再生債権者のうちYの代表取締役であるA及び同人が代表取締役を務めるDの同意しか得られず，本件再生計画案は可決されないことが見込まれていたこと，②Yが再生手続開始の申立てをする直前に，Yの取締役であってそれまでYに対する債権を有していなかったBが，回収可能性のない丙のDに対する債権及びYに対する保証債務履行請求権を譲り受け，その一部を同じくYの取締役であってそれまでYに対する債権を有していなかったCに譲渡したこと，③BとCは，それぞれ，債権譲渡を受けたYに対する債権を再生債権として届け出て，本件再生計画の決議において，その有する議決権を本件再生計画案に同意するものとして行使したこと，④BとCによる上記議決権の行使がなければ議決権者の過半数の同意を求める法172条の3第1項1号の要件が充足することはなかったが，上記議決権の行使により同要件が充足し，本件再生計画案が可決されたことが明らかである。

そうすると，本件再生計画案は，議決権者の過半数の同意が見込まれない状況にあったにもかかわらず，Yの取締役であるBから同じくYの取締役であるCへ回収可能性のない債権の一部が譲渡され，Yの関係者4名がYに対する債権者となり議決権者の過半数を占めることによって可決されたものであって，本件再生計画の決議は，法172条の3第1項1号の少額債権者保護の趣旨を潜脱し，再生債務者であるYらの信義則に反する行為によって成立するに至ったものといわざるを得ない。本件再生計画の決議は不正の方法によって成立したものというべきであ」る。

研　究

1　本決定の意義

民事再生法174条2項に列挙された四つの再生計画の不認可事由に関する裁判例は幾つか報告されているが[1]，本件事案において問題となっている3号に関わ

---

(1)　それらの裁判例については，三上威彦「本件原決定評釈」判評592号〔判時1999号〕183頁以下（2008年）参照。

るものは，本件事案の原決定を除いては存在しなかった。したがって，本決定は，3号の一般的意義を明確にした点においても，その具体的適用例を示したという点においても，新判例ということになる。

2　従来の学説・裁判例

(1)　民事再生法174条2項3号と同一の規定は旧和議法51条3号にも置かれていた。また，旧会社更生法233条1項3号およびこれと同趣旨の現行会社更生法199条1項2号は，同一内容を認可のための積極要件として規定している（更生計画の決議が誠実かつ公正な方法でなされたこと）。そこで，民事再生法以外の法律に関わるそれを含めてみても，当該規定に関する学説は非常に貧困である。とりわけ，本件事案で問われている「再生計画案可決のための頭数要件を満たすために債権を分割譲渡して決議を成立させたことが，決議が不正の方法によって成立するに至ったことに該当するか」という問題点に触れた学説は，原決定評釈を除いてほとんど見られない[(2)]。

(2)　最も簡単な学説である第1説は，不正な方法の具体例として，再生債権者に対する詐欺，強迫または賄賂や特別利益の供与等の全部または一部をあげるにとどまっているが[(3)]，第2説は，それらに加えて，虚偽債権を届け出て議決権を行使させるという場合をあげている[(4)]。

これらの学説は単に例をあげるのみで，ほとんど一般論を展開していない。その中で，旧会社更生法に関する注釈書（第3説）は，「決議が誠実・公正な方法でなされなければならないということは，本法全体の趣旨からみて，当然，法の要求するところであると考えられるから，決議が誠実・公正でなければ，更生手続が不適法であったことになり，すでに，本条1項1号の要件（手続または計画の法律の規定への適合）を満たさないという理由で不認可となるはずである。それにもかかわらず，3号で，あらためて決議の誠実・公正を認可の要件としたのは，手続の中でもとりわけ決議が重要であるためと，決議がたんに法の明文の定めに形式的に合致するだけでは足りないとの趣旨を明らかにするためである」と

---

(2)　唯一の例外として，伊藤眞編集代表・ジュリ増刊民事再生法逐条研究193頁（2002年）はこの点に言及しているが，民事再生法は非常にスピーディーな運用がされているため，そのような小細工をする暇はないのではないかとしており，座談会の出席者からは問題に対する回答は示されていない。

(3)　髙木新二郎＝伊藤眞編集代表『民事再生法の実務〔新版〕』226頁〔富永浩明〕（金融財政事情研究会・2001年），注釈民再〔新版〕（下）64頁〔田原睦夫〕，山本和彦ほか編『Q＆A民事再生法〔第2版〕』419頁〔長島良成〕（有斐閣・2006年），新注釈民再（下）102頁〔須藤力〕，伊藤・破産・再生790頁，西謙二＝中山孝雄編『破産・民事再生の実務〔新版〕（下）』287頁〔西＝小河原寧〕（金融財政事情研究会・2008年）。

(4)　麻上正信＝谷口安平編『注解和議法〔改訂〕』401頁〔福永有利〕（青林書院・1993年），詳解民再532頁〔森惠一〕。

述べていた[5]。そして，民事再生法の注釈書（第4説）にもこの叙述を引き継ぐものがある[6]。もっとも，第3説は，決議が誠実・公正でないとは，計画案の可否を決するための議決権行使の意思表示をなす過程に，本人以外の第三者の側から，法の容認しない不当な影響が作用したことを指すとしつつ，例として第1説と同一のものをあげていたのに過ぎないのに対し，第4説は，不正の方法とは信義誠実に反するあらゆる行為を指す[7]として広く捉えつつ，第2説と同様に，虚偽債権を届け出させることをも例示に含めている。

(3) このような状況の下において原決定が現れ，不正の方法とは広く，再生計画の決議の結果を左右する法が容認しない不公正な方法をいうとしつつ，民事再生手続開始申立て後または直前の再生債権の一部譲渡により，譲渡前の状態では頭数要件を具備しなかったものを，頭数要件を具備するものとすることも該当するとした。そして，原決定に対する評釈は全面的にこれに賛成しており[8]，本決定も「法が容認しない不公正な」を「信義則に反する」に言い換えて，同一の立場を採用したものである。

3 本決定の検討

(1) 以上のように，174条2項3号の一般的意義に関しても，その具体的適用例に関しても，従来の学説，裁判例は非常に貧困であると言わざるを得ない。そこで，参考のために，簡単にドイツ法の状況を見ておくこととする。

ドイツ倒産法244条2項は，倒産処理計画の決議との関連において，「それらの権利が（倒産）手続開始原因の発生時まで単一の権利を成していた（複数の）債権者は，決議に際しては1人の債権者と計算される」との周到な規定を置いている（この規定は，ドイツ旧和議法72条2項に由来する）。本件事案のYには，BからCへの債権の分割譲渡がなされた時点の前の時点であるX_1との交渉の途絶時点で，支払不能のおそれが生じていたか，少なくとも事業の継続に著しい支障を来すことなく弁済期にある債務を弁済できないという事情が生じており（民再21条1項参照），再生手続開始原因が存在したといってよいであろう。そうすると，ドイツ法の下であれば，本件再生計画案は頭数要件を満たしておらず可決されていなかったことになる。万一，上記規定に違反して，1人と計算されるべき債権者が複数に数えられて決議が成立したと扱われ，倒産処理計画の認可が求められても，債権者による可決に関する規定違反（ドイツ倒産法250条1号。わが民事再

---

[5] 兼子一監修『条解会社更生法（下）』627頁以下（弘文堂・1974年）。
[6] 条解民再〔第2版〕813頁〔三木浩一〕。
[7] この点について同旨，松嶋英機編著『民事再生法入門〔改訂第2版〕』170頁〔金山伸宏〕（商事法務・2006年）。
[8] 三上・前掲注(1)184頁。

生法174条2項1号に相当）となって，不認可となる[9]。

　他方，ドイツ倒産法250条2号は，倒産処理計画の決議が，不正に，とりわけある債権者への特別利益の供与によって成立させられたことを倒産処理計画の不認可事由としてあげている[10]。これはわが民事再生法174条2項3号に相当しようが，ドイツの学説は，一致して，不正な方法とは信義則に反する方法をいうとして広く解釈している。そして，不正な方法の具体例として，明文であげられた特別利益の供与のほか，債権の分割譲渡があげられる。これは，倒産処理計画案の可決に必要な頭数要件を満たすために，債権を複数の債権者に分割譲渡する操作をいう。これによって，決議の基礎となる事実関係が変動させられ，その結果，債権者の平等扱いの原則が侵害されるが故に，そのような方法は不正と評価されるのである。上記のように，このような方法には既にドイツ倒産法244条2項によって対処されうるが，そのためには分割譲渡が倒産手続開始原因の発生後であることが必要であるし，その発生時点は必ずしも明確ではないこともありうる[11]。

　倒産処理計画案の可決に必要な多数派要件を作り出す操作も不正とされる。たとえば，詐欺，強迫，議決権の買収（特別利益の供与の最も重要な場合であるとされる。これ以外の特別利益の供与の例としては，反対債権を黙っていて相殺を行わないことなどがあげられる），虚偽債権の承認，財産の隠匿などである。

　債権の買取りが不正な方法であるかには争いがある。第1説は原則否定説であり，債権は基本的に自由に譲渡しうるはずであるから可決要件を満たすためという売買当事者の意図によって買取りが不正となることはなく，例外は取得者も平等に扱われるという誤った印象を他の債権者に引き起こす場合にのみ認められるとする。したがって，この見解によると，取得者の受ける利益が開示されていれば，買取りが不正な方法になることはないことになる[12]。第2説は，第三者が自己の利益において，その計算によって債権を取得する限り，不正な方法ではないとする。この場合，新旧債権者が入れ代わるだけであり，新債権者も他の債権者と同じように倒産処理計画に服するからである[13]。第3説は，取得された議決権によって決議を成立させる目的をもってする，倒産処理計画による支払額を超え

---

(9)　Nerlich/Römermann/Braun, InsO (1999), § 250 Rdnr. 13.
(10)　この規定は，ドイツ旧和議法79条3号，旧破産法188条1項1号に由来する。以下，ドイツ倒産法250条2号に関する叙述については，vgl. Frankfurter Kommentar zur InsO, 3.Aufl. (2003), § 250 Rdnr. 16-19 [Jaffé]; Uhlenbruck/Lüer, InsO, 12.Aufl. (2003), § 250 Rdnr. 30; Hess, Insolvenzrecht, Bd. 2 (2007), § 250 Rdnr. 13; Münchener Kommentar zur InsO, Bd. 2, 2.Aufl. (2008), § 250 Rdnr. 22-26 [Sinz].
(11)　Böhle-Stamschräder/Kilger, VerglO, 11.Aufl. (1986), § 73, 3).
(12)　Nerlich/Römermann/Braun, § 250 Rdnr. 13.
(13)　Künne, Vorschläge zur Reform der Vergleichsordnung, DB 1978, 729, 730.

た金額での債権の買取りは不正な方法であるとする見解であり(14)，連邦通常裁判所はこの見解に従っている(15)。

(2) 本決定は，再生手続の目的を達成する上で再生計画の有する重要性，それとの関係において，再生計画が債権者集会において可決されれば直ちに発効するとされておらず，再生裁判所による不認可事由の有無の審査を経て初めて発効するとされていることの意義を強調し，不正の方法とは，再生計画の可決が信義則に反する行為に基づいてされた場合も含むと広く捉えた。適切な理由づけであり，先に見たわが国の学説の第3説や第4説の一般論，そしてドイツ法の状況に照らしても，賛成することができる。

次に，本決定は，上記の一般論を適用して，再生計画案可決のための頭数要件を満たすために債権を分割譲渡して決議を成立させたことは決議が不正の方法によって成立するに至ったことに該当するとしている。本決定は，可決のための頭数要件（民再172条の3第1項1号）の少数債権者の保護の趣旨が潜脱されるといっているが，これは，原決定がより詳しく述べるように(16)，議決権数要件のみでは決議に反映されない可能性のある少数債権者（必ずしも債権の絶対額が僅少であるわけではない）の意向を決議に反映する要件を設けることにより，少数債権者を保護しようとする趣旨がないがしろにされるとの意味である。ドイツの学説が，決議の基礎になる事実関係の変動による債権者平等扱いの原則の侵害というのも同様の趣旨であろう。もとより，このような理由により問題の行為は不正の方法に該当するとの具体的当てはめの結論にも賛成することができる。わが国の学説中の第3説が自らの一般論の適用を「計画案の可否を決するための議決権行使の意思表示をなす過程に，本人以外の第三者の側から，法の容認しない不当な影響が作用した」場合に限定するのは狭すぎる。

(3) 本決定は，何が不正な方法であるかについて信義則という広い基準を示した上で，その具体的な一つの適用例を示した。そうすると直ちに，本件事案において問題となった方法以外に何が不正な方法に該当するかが問われる。この点につき，原決定に関する評釈は，①他人の影響により，議決権者が真意に反して議決権を行使し，行使しえなかった場合（詐欺，強迫，特別利益の供与等），②正当な理由なく債権を一部譲渡すること等によって頭数を水増しするような場合，③無価値な債権を買い漁るなどして議決権者が議決権数を増加させる場合，④債権者が債権の存在を証する書面等を偽造して債権を水増しするような場合，という四つの類型をあげている(17)。

---

(14) Münchener Kommentar zur InsO, § 250 Rdnr. 26 b f. [Sinz]
(15) BGHZ 162, 283 ff.
(16) 金判1269号52頁。
(17) 三上・前掲注(1)184頁以下。

これはドイツの学説があげる例とほとんど同一であり，①は従来から不正の方法の典型例としてあげられていた場合，②は本件事案において問題となった場合である。本件事案においてはBは丙から買い取った債権の一部をCに分割譲渡しており，この分割譲渡が不正の方法になるとされたため，丙からの債権の買取りが不正の方法になるかについては判断されていない。Yは，当初私的整理を指向していたが，私的整理を指向して債務者の関係者が債権を譲り受けることは通常行われていることであり，何ら問題がない行為であると主張している[18]。先に見たように，債権を買い取って決議を成立させることが不正な方法に該当するか，どのような場合に該当するかについてはドイツにおいて議論がなされているところである。それをも参考にして検討を深めることが必要であろう。④も従来から一部の学説やドイツにおいてあげられてきた場合である。しかし，かつての和議や簡易再生，同意再生の場合は別として，手続内において再生債権の実体的確定が図られる通常の再生手続において（民再104条），確定債権として決議に加えられた債権（民再170条2項1号・171条1項1号）の存在を再生計画の認否の段階において改めて問うことができるかには問題が残る（第3説の会社更生法の注釈書が虚偽債権の場合を例としてあげていないのは，このことを考慮したものであろうか）。もっとも，虚偽債権者が債務者と通謀していると，当該債権が虚偽のものであるということを他の債権者が見抜くことは難しいから，再生計画認否の段階に至ってであっても，債権の存在ではなく，直接には当該債権を確定に至らしめた債権者・債務者の態度を問題にしようというのかもしれないが，そのようなことが可能であるか，なお検討が必要であろう。

4 実務への影響

本決定により，再生手続においても信義則に則った手続運営が求められることが明らかにされ，今後，これまで以上に手続の公正性とそれを担保するための手続の透明性に留意されるべきこととなった。ただし，本件事案において問題となった方法以外にどのような方法が不正の方法となるのかについては，ドイツ法の状況なども参考にして議論を詰める必要があるであろう。

【補遺】本判例研究公表後の本判決評釈類として，市川多美子・ジュリ1373号121頁（2009年），同・時の判例VI 259頁以下（2010年），同・曹時63巻4号89頁以下（2011年），同・最判解説民平成20年度166頁以下，木川裕一郎・リマークス38号134頁以下（2009年）（特別利害関係人に議決権行使を認めた点が3号に該当するとの理由で，結論のみ賛成する），倉部真由美・平成20年度重判解159頁以下（2009年）（B，Cが内部者であったことを重視したとする），徳田和幸・倒産百選〈第5版〉184頁以下

---

(18) 金判1269号49頁。

(2013年), 富永浩明・実務に効く事業再生216頁以下（2013年），永島正春・NBL 882号6頁以下（2008年）（B，CがYの特殊関係者であったことが考慮されたとする），服部敬・民商139巻3号378頁以下（2008年）（頭数要件を要求する趣旨に反するとして決定要旨に賛成），三宅康弘・別冊判タ25号平成20年度主民解14頁以下（2009年），村田典子・法研82巻4号172頁（2009年）（本件では，行為主体がYの取締役であったことが影響したとしつつ，決定要旨に賛成），山本和彦・金法1876号48頁以下（2009年）（再生債務者の少数債権者に対する信義則が問題とされている），吉田光碩・金法1839号4頁（2008年）（実務的には，原審が指摘している4号該当性の方が重要とする），等がある。

ほかに，本判決を機縁とする論文として，松下淳一「再生計画可決のためのいわゆる頭数要件について」前田喜寿『企業法の変遷』431頁以下（有斐閣・2009年），がある。

（初出・金融・商事判例1299号／2008年）

第3部　倒産法

45
(1) 仮執行宣言付判決に対する上訴に伴い金銭を供託する方法により担保を立てさせて強制執行の停止がされた後に債務者につき更生手続開始の決定がされた場合における上記担保の被担保債権の性質
(2) 仮執行宣言付判決に対する上訴に伴う強制執行の停止に当たって金銭を供託する方法により担保が立てられた場合において債務者につき更生計画認可の決定がされた後であっても供託金の還付請求権を行使することの可否

最高裁平成25年4月26日第2小法廷決定
　平成24年(許)第15号，担保取消決定に対する抗告棄却決定に対する許可抗告事件
（民集67巻4号1150頁・金判1420号8頁）

事実の概要　(1)　Xは，平成21年9月30日，札幌地方裁判所小樽支部に対し，Aを被告として，不当利得返還請求訴訟（以下「本案訴訟」という）を提起した。同支部は，平成22年2月19日，本案訴訟につき，Xの請求を全部認容する仮執行宣言付判決（以下「本案1審判決」という）を言い渡した。

(2)　Aは，平成22年3月8日，本案1審判決に対し控訴を提起するとともに，強制執行の停止の申立てをした。札幌地方裁判所小樽支部は，同年4月5日，Aに700万円の担保（以下「本件担保」という）を立てさせて，本案訴訟の控訴審判決があるまで本案1審判決に基づく強制執行を停止する旨の決定をした。

(3)　東京地方裁判所は，平成22年10月31日，Aにつき更生手続開始の決定をし，Yを管財人に選任した。

(4)　Xは，平成23年1月27日頃，Aの更生手続において，本案訴訟において請求していた不当利得返還請求権の元利金959万0,029円につき，更生債権として届出をし，同請求権に関しては会社更生法150条1項の規定により確定した。ところが，Xは，本件担保の被担保債権である損害賠償請求権（以下「本件賠償請求権」という）については，更生債権としても，更生担保権としても，届出をしなかった。

(5)　東京地方裁判所は，平成23年10月31日，Aにつき更生計画認可の決定（以下「本件認可決定」という）をした。これにより本件賠償請求権は失権した。

(6)　Yは，Aの更生手続において，本件賠償請求権につき更生債権または更生担保権としての届出がなされなかったため，本件認可決定により，Aは同請求権の責任を免れるから，担保の事由が消滅したとして，本件担保についてその取消しを求めた。

45 強制執行停止のため担保として金銭を供託した場合の債務者の更生手続と供託金還付請求権の行使

(7) 原審（札幌高決平成24・4・12民集67巻4号1171頁・金判1420号17頁）は，①会社更生法2条10項の文言上，本件賠償請求権が更生担保権に当たることは当然であるとした上で，②本件認可決定により本件賠償請求権が失権した以上は，担保の事由が消滅したというべきであるとして，原々審（札幌地小樽支決平成24・1・11民集67巻4号1170頁・金判1420号18頁）の担保取消しの申立てを認容した決定を是認した。これに対するXからの許可抗告の申立てが認められた。

決定要旨 破棄自判（原決定破棄・原々決定取消し・申立て却下）。

「(1) 仮執行宣言付判決に対する上訴に伴い，金銭を供託する方法により担保を立てさせて強制執行の停止がされた場合，債権者である被供託者は他の債権者に先立ち弁済を受ける権利を有するものとされている（民訴法405条2項，77条）。これは，被供託者が供託金につき還付請求権を有すること，すなわち，被供託者が，供託所に対し供託金の還付請求権を行使して，独占的，排他的に供託金の払渡しを受け，被担保債権につき優先的に弁済を受ける権利を有することを意味するものと解するのが相当であって，これをもって被供託者に特別の先取特権その他の会社更生法2条10項所定の担保権を付与したものと解することはできない。したがって，仮執行宣言付判決に対する上訴に伴い，金銭を供託する方法により担保を立てさせて強制執行の停止がされた後に，債務者につき更生手続開始の決定がされた場合，その被担保債権である損害賠償請求権は，更生担保権ではなく，更生債権に当たるというべきである。

(2) そして，民訴法が，仮執行宣言付判決に対する上訴に伴う強制執行の停止に当たって，債務者に担保として金銭を供託させることができるものとした上，当該担保につき債権者である被供託者に上記の優先的な権利を与えているのは，供託金を債務者の責任財産から切り離し，債務者の資力等に影響されることなく，被供託者が強制執行の停止によって被る損害の填補を確実に得られるようにしたものであると解される。そうすると，被供託者の有する供託金の還付請求権が債務者の更生手続によって制約されると解することは，上記の趣旨に反し，被供託者の利益を損なうものであって，相当ではない。

したがって，仮執行宣言付判決に対する上訴に伴う強制執行の停止に当たって金銭を供託する方法により担保が立てられた場合，被供託者は，債務者につき更生計画認可の決定がされても，会社更生法203条2項にいう『更生会社と共に債務を負担する者に対して有する権利』として，供託金の還付請求権を行使することができると解するのが相当である。このように解さなければ，仮に被供託者が被担保債権につき更生債権として届出をした場合であっても，上記被担保債権が更生計画認可の決定によって更生計画の定めに従い変更されるのに伴い，供託金の還付請求権もその影響を受けるものと解さざるを得ないが，この解釈は被供託者の利益を著しく損なうものであって，採り得ないというべきである。

(3) そして，債務者につき更生手続が開始された場合，被供託者は，更生手続外で債務者に対し被担保債権を行使することができなくなるが，管財人を被告として，被供託者が供託金の還付請求権を有することの確認を求める訴えを提起し，これを認容する確定判決の謄本を供託規則24条1項1号所定の書面として供託物払渡請求書に添付することによって，供託金の還付を受けることができると解される。このことは，被供託者が上記更生手続において被担保債権につき届出をせず，被担保債権が失権した場合であっても異なるものではない。

(4) したがって，本件認可決定により本件賠償請求権が失権したとしても，そのことから直ちに本件担保につき担保の事由が消滅したということはできない。」

> 研　究

1　本決定の意義

　仮執行宣言付判決に基づく強制執行が当該判決に対する上訴に伴って担保を立てさせて停止された後，判決確定前に債務者に破産手続開始決定がされた場合，強制執行停止のための担保について担保の事由が消滅したということができるか。この問題について①最決平成13・12・13（民集55巻7号1546頁・金判1139号3頁）は，仮執行宣言付判決に基づく強制執行（仮執行）は，終局的満足の段階に至る点において確定判決に基づく強制執行と異なることはないから，破産手続開始（平成13年当時は破産宣告）当時既に終了している仮執行については破産法42条2項本文（旧破70条1項本文）の適用はなく，破産手続開始により効力を失うことはないということを前提とした上で，強制執行が停止されなかったとしても仮執行が破産手続開始時までに終了していなかったとの事情がない限り，債権者は，強制執行停止により損害を被る可能性があるから，上記の破産手続開始の一事をもって，担保の事由が消滅したとはいえないとした。また，②最決平成14・4・26（判時1790号111頁）もこれと同旨を説きつつ，この担保に対する債権者の権利は債務者が破産手続開始決定を受けたことによって変わることはないとしたが，この権利の破産手続上の性質については明らかにしていなかった。

　決定要旨(1)は，①決定の射程が会社更生手続の場合にも及ぶことを前提としつつ，②決定が明らかにしていなかった問題点に回答を与え，ひいては被担保債権の性質をも明らかにしたものである。また，決定要旨(2)(3)は，強制執行停止の担保に対する還付請求権の行使方法という①②決定以降の下級審の裁判例の上で問題とされていた問題点の一つに回答を与えた上で，被担保債権が更生計画認可決定によって失権しても還付請求権はなお行使しうる旨とその行使の方法を明らか

にしたものである。両者とも，最高裁として初めての判断であり[1]，実務に大きな影響を与えるものと思われる。

2　強制執行停止のための担保の被担保債権の性質

(1)　強制執行停止のための担保については，訴訟費用の担保に関する規定が準用される（民訴405条2項）。そして，この担保として供託された金銭または有価証券に対する被告の権利について，旧民事訴訟法113条は，「質権者ト同一ノ権利ヲ有ス」と定めていたところ，その意義については，被告が原告の供託物取戻請求権の上に法定質権を有すると解する見解（法定質権説）と，被告は被担保債権が発生した場合に供託物の還付を受けて優先的に満足を受ける権利を有するとする見解（還付請求権説）が対立しており，判例[2]は前説に立つものとされていた。供託実務も基本的には前説によっており，被供託者の権利の実行方法として，質権の実行として直接還付請求する方法（民366条）と取戻請求権に対する担保権実行としての差押えの方法の双方が可能であるとされていた[3]。

しかしながら，取戻請求権は担保権の不発生または消滅を条件として発生するものであり，担保権の存在が確定すると条件付権利としての取戻請求権は発生しないことに確定するから，このような取戻請求権を担保権の目的と考える法定質権説には論理的な矛盾がある。また，取戻請求権を行使するには，本来担保取消しの手続が必要であるのに，担保権の実行であるとしてそれを不要とするのも首尾一貫しない。そこで，現行民事訴訟法77条は，還付請求権説に立つ旨を明らかにする趣旨で，被告は「他の債権者に先立ち弁済を受ける権利を有する」との表現に改めるに至った[4]。

(2)　①決定の評釈類の中には，債務者が破産した場合，担保に対する債権者の権利は別除権としての扱いを受けるとするものがあったし[5]，①②決定後に，③神戸地尼崎支判平成16・11・9（金判1205号8頁）は，別除権あるいはこれに類する権利としていた。また，本件事案の原決定のほかＡをめぐる同種事案の下

---

[1]　下級審まで見ても，本件の原審，原々審，後掲⑦判決のほか，本件事案のＡをめぐる同種事案で下された多数の未公表裁判例があるだけであり，その結論に実質的な理由を付しているものはほとんどないようである（金判1420号12頁以下の本決定コメント参照）。

[2]　大決昭和10・3・14民集14巻351頁。

[3]　法務省民事局第4課監修『実務供託法入門』386頁以下（民事法情報センター・1991年）。

[4]　法務省民事局参事官室編『一問一答新民事訴訟法』75頁以下（商事法務・1996年）。

[5]　石渡哲「①決定判批」判評522号〔判時1785号〕209頁（2002年），野村秀敏「①決定判批」民商127巻3号434頁（2002年）〔本書【13】事件106頁〕，長谷部由起子「①決定判批」リマークス26号141頁。

級審裁判例にも，被担保債権は更生担保権となるとするものがあった[6]。

しかし，このような見解は，判例の立場であった法定質権説を前提として上記の権利を別除権としていた旧法下の学説[7]に無自覚に従ったものに過ぎないように思われる。還付請求権説を前提とすると，債権者の担保についての権利は債務者の財産とは切り離されて供託所に供託された供託物である金銭または有価証券に対する権利である。すなわち，その還付請求権の目的物はもはや債務者には帰属していないから，担保権の対象財産が破産財団ないし更生会社に帰属していることを前提にしている別除権や更生担保権（破2条9項，会更2条10項参照）がここで問題となる余地はない。したがって，上記の担保の被担保債権である破産財団ないし更生会社に対する損害賠償請求権自体は単なる破産債権ないし更生債権となるに過ぎない。そうすると，これらは免責や更生計画による権利変更の対象となるが，それに伴って還付請求権も同様となるとするのは，その還付請求権を認めた趣旨を没却する。それ故，供託所が供託物をもってこの損害賠償請求権を担保する保証人的立場に立つことに着目して，それに対する還付請求権は，破産債権者ないし更生債権者が「破産者ないし更生会社と共に債務を負担する者に対して有する権利」（破240条2項，会更203条2項）となり，破産手続や更生手続に影響されることなく行使しうることになると解するのが適当である（無論，再生手続との関係でも同様のことを言いうる）。決定要旨(1)(2)は，以上の趣旨を会社更生手続に即して明快に説いたものであり，支持しうる[8]。この立場は，支払保証委託契約を締結して担保を立てた場合とのバランスもとれている。

3　強制執行停止のための担保に対する還付請求権の行使方法

(1)　還付請求権を実際に行使するためには，供託物払渡請求書に「還付を受ける権利を有することを証する書面」を添付して供託所に提出しなければならない（供託8条1項，供託規24条1項1号）。そして，この書面とは被担保債権の存在を証する書面を意味し，たとえば，確定判決またはこれと同一の効力を有する和解調書，認諾調書，確定した仮執行宣言付支払督促等を指すとされてきた[9]。そ

---

[6]　注(1)掲記文献参照。更生債権とするものや，被担保債権の性質について明示的な判断を示していないものもあった。

[7]　仮執行免脱のための担保に関してであるが，林淳「仮執行宣言の理論」吉村徳重＝井上正三編『講座民事訴訟(6)』268頁以下（弘文堂・1984年），同「判批」新倒産百選105頁。

[8]　注(5)の私見は改める。なお，既に本決定前からそれと同趣旨を説く見解として，吉田清悟「②決定判批」民事法情報189号70頁以下（2002年），林淳「仮執行停止の担保と破産」関東学園27号70頁以下（2004年），小原将照「⑦判決判批」法研82巻9号227頁（2009年）。

[9]　平成9・12・19民四2257号民事局長通達民月53巻1号193頁，201頁以下（1998年）。

45　強制執行停止のため担保として金銭を供託した場合
　　の債務者の更生手続と供託金還付請求権の行使

の際，執行停止の担保に即していえば，この確定判決とは強制執行停止による損害賠償請求権を訴訟物とし，その存在を判決主文で認め（かつ，判決理由中で，それが執行停止のための担保の被担保債権であることを認め）た判決を意味すると理解されてきたと思われる[10]。それでは，債務者が破産手続等の倒産手続に入っているという状況で，被担保債権の存在を証する判決はいかにして取得し得るか。

　前記の③判決とその控訴審である④大阪高判平成17・10・21（金判1228号14頁）では，被担保債権は執行が停止されなかった場合に原告が得たであろう金額と倒産手続により弁済を受ける金額との差額という損害に関する賠償請求権であるとの見解（差額説）を前提としつつ，㋐その損害賠償請求権に関する破産手続における債権調査手続と，㋑破産管財人に対する供託物についての還付請求権の確認請求の訴えが問題とされた。これに対し，⑤福岡地判平成16・5・11（判タ1199号245頁）とその控訴審である⑥福岡高判平成17・5・18（判タ1199号241頁）の事案では，損害について同様の見解を前提としつつ，㋒再生債権である損害賠償請求権につき，再生手続における債権届出を経ずに，被供託者から再生債務者に対して直接請求する訴えが提起された。⑦大阪高判平成20・2・28（判時2030号20頁）の事案でも同様である。

　（2）　このうちの㋐の方法は，被担保債権が既に失権している場合には問題になりえない。その場合，㋑や㋒の方法が認められないとすれば，還付請求権は倒産手続に影響されることなく行使し得るといっても，その権利を証明する書面を用意し得ないことになって，それは不可能になってしまいかねない[11]。

　もっとも，被担保債権がまだ失権していないとしても，㋐の方法については，損害の内容が先に述べたようであるとすれば，その賠償請求権は大元の基本債権と実質的に重複するから，両債権が同時に倒産手続へ参加することを認めることには疑問が生じ得る。ただし，③④判決は実質的な重複行使を回避する方策を示してはいる。しかし，形式的には別個の債権であっても，実質的に重複する二つの債権に関してはその一方の倒産手続参加しか認めない，しかも，主たる債権の方が参加すれば二次的な債権の方の参加は認めないというのが法の建前ではなかろうか（破104条3項，民再86条2項，会更135条2項参照）。また，㋒の方法については，なぜ，倒産債権の倒産手続外での行使が認められるのかという疑問が

---

(10)　③判決はこの旨を明言する。また，古く，兼子一「大決昭和10・3・14判批」同『判例民事訴訟法』457頁以下（弘文堂・1950年）がその旨を説いていた。

(11)　なお，本件事案の原決定のほかＡをめぐる同種事案の下級審裁判例で実質的理由を示しているものは，一つの例外を除いて，被担保債権が失権したことを理由に担保の事由の消滅を認めているようである（例外の高松高決平成24・11・13公刊物未登載は，還付請求権説を前提としつつ，被担保債権の失権を否定して担保の事由の消滅を認めなかった）。

生じ得る(12)。

　㋑の訴えによって得られる判決は，先に指摘したような，従来還付請求権を行使するために必要と考えられてきたような判決に該当しない。そこで，③判決は，㋑の訴えには訴えの利益が欠けるとした（④判決は，㋐の手続による判決があれば還付請求権の行使に十分であるとして，同様の結論に達した）が，本決定は㋑の訴えが認められるとしている。もっとも，㋒の方法はこれからでも考えられるのに言及していないから，それを否定する趣旨ではないかと推測されるのに対し，㋐の方については，本件賠償請求権が既に失権してしまっているから，言及していないだけなのかもしれない。したがって，本決定からは，それが認められるか否かは不明であるし，ひいては，それが認められるとした場合，基本債権の届出との調整のみならず，㋐と㋑の方法の関係，㋐の方法を通じての権利行使と還付請求権の行使との調整という問題も生じ得るが，これらの解決方法も問題として残されていることになる。

　ともあれ，決定要旨(3)は，被担保債権の存在を証する確定判決とは，判決理由中でその存在を認定している判決でも差支えないとしたわけである。被担保債権の存在を証する書面の例としてあげられるほかの書面に必ずしも既判力が伴うわけではないから，この点も支持してよいであろう。ただ，被担保債権の存在はある程度確実に認められなければならないから，判決理由中でその存在を認定している判決であれば何でもよいというわけではないと思われる。㋑の訴えに対する判決でよいとされたのには，それが管財人（ないし公平誠実義務を負う再生債務者）に対するものであること，還付請求権の存在と被担保債権の存在が表裏一体であることが影響していると思われる。また，この方法では倒産債権の存在が倒産手続における債権調査手続を経ずに認められてしまうことになるが，ここでは，その倒産債権が倒産手続に参加する局面が問題になっているわけではないから，それで差支えはないであろう(13)。

---

(12)　この疑問の検討として，内海博俊「㋐判決判批」ジュリ1413号113頁（2010年）。
(13)　このように考え，かつ，ⅰ基本債権の倒産手続を通じての行使，ⅱ被担保債権である損害賠償請求権の倒産手続を通じての行使，ⅲ還付請求権の行使の三者すべてを認めるとそれらの間の調整問題が発生すること，ⅰがなされれば，実際にⅱを通じて被担保債権について配当や弁済を受けることを認める必要はない（ⅱは純粋に債権の確定のためだけの手続となる）こと，ⅱとⅲの方法だけがとられた場合には，基本債権全額を回収する可能性を失うこと（ⅰによって配当・弁済を受けえたはずの金額は損害から控除される）に鑑みると，ⅱの方法は認めずに，ⅰとⅲに絞ってしまうのが簡明な取扱いなようにも思われるが，どうであろうか（もっとも，ⅱ＝㋐⇒ⅲによる被担保債権の確定・行使方法はⅰ⇒ⅲによる確定・行使方法より簡便でありうるというメリットはある）。

4 その他の問題点

(1) 最後に, 本件事案では担保の事由が消滅したか否かだけが問題となっていたので, 本決定では（直接には）触れられていないが, ①②決定後の下級審裁判例の上で問題とされていた問題点に簡単に触れておく。

まず, 被担保債権である損害賠償請求権の成立のために, 執行停止に理由がないと判明することのほかに, その点, すなわち基本債権が法律上または事実上成り立たないものであるという点について, 債務者に過失があったことが必要であるかが問題とされている。この点についてあり得る考え方を債務者にとって厳しい順に列挙すると, ⓐ無過失責任説（本案判決の取消しに伴う仮執行宣言の失効の場合に関する民事訴訟法260条2項の準用）, ⓑ過失推定説（不当民事保全の場合の債権者の損害賠償責任に関する最判昭和43・12・24民集22巻13号3248頁・金判147号6頁に依拠し, 基本債権の不存在が明らかになれば債務者の過失を推定する）, ⓒ不法行為説（不法行為一般と同様に考える）ということになるであろう。そして, ⑤⑥⑦の各判決はⓒ説に従っており（もっとも, ⑦判決は具体の当てはめの部分では, 執行停止の違法性に関する債務者の故意・過失の有無を検討していない), とりわけ⑥⑦判決がⓑ説が妥当でない理由を詳しく述べている（当然, ⓐ説も妥当でない）。さらに, 学説には, ⓒ説を前提としつつも, いかなる場合に訴えの提起が違法となるかに関する最判昭和63・1・26（民集42巻1号1頁・金判800号3頁）を援用して, 過失の有無の判断枠組みについてそれに従うべきであるとするものがある[14]。

しかし, 裁判を受ける権利は国民の重大な権利であることから, 最判昭和63年の判断枠組みは, 原告による提訴前の事実面, 法律面の調査・確認の程度がかなり低くても訴え提起に違法性を認めることはできないとしていると理解されてきたと思われる[15]。他方, 現行法において執行停止の要件が厳格化されたのは, 従来比較的容易に仮執行が停止されていたために, 勝訴者に暫定的に早期に満足を得させる等の仮執行制度の趣旨が損なわれる結果が生じていたのを防止しようとの趣旨であった[16]。そうであれば, 上記の見解ではこの改正の趣旨を損なうことになりかねない。執行停止を求める権利の尊重という観点から, 最判昭和63年のようなことを考える必要はないのではなかろうか。

(2) 次に, 担保される損害の範囲が問題とされる。すなわち, 強制執行停止のための担保は執行の停止によって生ずべき損害を担保するものであるが, 具体的にその損害をどう捉えるかについては, 前述の差額説と, あくまでも本案の請求

---

[14] 小原・前掲注(8)223頁以下。
[15] 松下淳一「判批」判タ1361号54頁（2012年）参照。
[16] 法務省民事局参事官室編・前掲注(4)864頁。

それ自体ではなく、執行停止時から控訴審判決までの執行遅延による損害であるとする立場（執行遅延説）が対立している[17]。そして、③④判決のほか、⑤判決、⑦判決も差額説によっている（⑥判決は債務者の過失を否定しているので、この点には触れていない）。執行遅延説によると、金銭債権の場合、執行遅延による損害というのは遅延損害金を意味することになろうが、本件事案では、Xは不当利得返還請求権の元金のほか更生手続開始時までの遅延損害金についても更生債権としての届出をしている。したがって、本件担保の被担保債権については届出がなかったとしている本決定が執行遅延説ではなく、差額説を前提としていることは明らかである。実務上は、この立場が定着したといってよいのではなかろうか。

【補　遺】　本判例研究公表後の本判決評釈類として、岡正晶・金法2003号41頁以下（2014年）（ここでの損害賠償責任は無過失責任、供託金相当額は相当因果関係内の損害、還付請求権の行使方法は本判決の示した方法を標準的実務とすべきである）、小原将照・法研87巻8号111頁（2014年）（本決定の還付請求権の行使方法は例外であり、原則は、債権届出のうえで確定した債権者表を提出する方法であるべき旨を指摘しつつ、判旨賛成）、杉本和士・平成25年度重判解148頁以下（2014年）（会更法203条2項の援用は便宜的な流用との印象を否めない）、藤本利一・法教402号判例セレクト2013〔Ⅱ〕31頁（2014年）（会更法203条2項の引用には違和感を覚える）、松下祐記・リマークス49号130頁以下（2014年）（会更法203条2項の援用は便宜的な印象を免れない）、深山雅也・金法2001号44頁以下（2014年）（本決定の認める還付請求権の行使方法には、確認の利益が欠けるのでないかとの疑問が残る）、武藤貴明・ジュリ1467号73頁以下（2014年）、同・曹時67巻1号207頁以下（2015年）、同・最判解説民平成25年度256頁以下、がある。

（初出・金融・商事判例1441号／2014年）

---

(17)　高部眞規子「①決定解説」最判解説民平成13年度（下）842頁参照。

判例索引

＊【　】内の数字は本書の判例研究の番号を指す。

大判明治44・2・4民録17輯30頁 …………………………………………… 131
大判大正8・11・27民録25輯2137頁 ………………………………………… 131
大決大正10・7・25民録27輯1354頁 ………………………………………… 258
大判大正12・4・12民集2巻226頁 …………………………………………… 131
大判大正13・5・20民集3巻219頁 …………………………………………… 131
大判大正14・1・26民集4巻8頁 ……………………………………………… 306
大判大正15・2・24民集5巻235頁 …………………………………………… 122
大判大正15・4・21民集5巻270頁 …………………………………………… 110
大判昭和2・3・16民集6巻187頁 …………………………………………… 122
大決昭和3・12・18民集7巻12号1128頁 ……………………………………… 6
大決昭和5・7・23新聞3165号7頁 …………………………………………… 137
大決昭和5・11・5新聞3203号7頁 …………………………………………… 258
大判昭和6・11・14民集10巻1052頁 ………………………………………… 131
大決昭和7・11・18民集11巻2197頁 ………………………………………… 138
大判昭和7・11・30民集11巻2217頁 ………………………………………… 131
大判昭和9・10・25民集13巻1999頁 ………………………………………… 131
大決昭和10・3・14民集14巻351頁 …………………………………………… 413
大判昭和10・7・9新聞3869号12頁 ………………………………………… 122
大判昭和12・12・14判決全集5輯1号18頁 …………………………………… 131
東京地判昭和15・6・29評論16巻民訴38頁 ………………………………… 131
大判昭和16・5・3判決全集8輯18号617頁 …………………………………… 62
最昭和25・12・28民集4巻13号701頁 ……………………………………… 46
最判昭和28・4・16民集7巻4号321頁 ……………………………………… 277
大阪高決昭和29・2・5高民集7巻2号153頁 ………………………………… 220
金沢地判昭和31・1・25下民集8巻1号107頁 ………………………………… 18
東京高決昭和31・5・15東高民時報7巻5号101頁 ………………………… 123
最判昭和31・10・4民集10巻10号1229頁 ………………………………… 41,325
名古屋高金沢支判昭31・12・5下民集7巻12号3562頁 ……………………… 131
東京地判昭和31・12・14判タ73号80頁 ……………………………………… 123
東京地決昭和31・12・20下民集7巻12号3722頁 …………………………… 18
最判昭和32・6・7民集11巻6号948頁 ……………………………………… 95
東京高決昭和32・11・28高集10巻9号521頁 ………………………………… 18
東京高決昭和33・4・24下民集9巻4号735頁 ……………………………… 200
飯田簡判昭和33・8・23判タ83号76頁 ……………………………………… 123

419

判例索引

広島高岡山支決昭和33・9・19下民集9巻9号1879頁	200
札幌高決昭和33・10・27判時167号20頁	123
最判昭和34・2・20民集13巻2号209頁	96
最判昭和35・3・15民集14巻3号430頁	293
福島地判昭和35・8・30下民集11巻8号1828頁	271
最判昭和36・2・9民集25巻2号209頁	110
仙台高決昭和37・2・14高民集15巻1号59頁	200
最大判昭和37・2・28刑集16巻2号212頁	317
最判昭和37・5・24民集16巻5号1157頁	126
最判昭和37・8・10民集16巻8号1720頁	96
最判昭和38・9・17民集17巻8号968頁	293
青森地弘前支判昭和39・2・28民集26巻5号1119頁	159
東京地判昭和39・3・14金法374号12頁	131
東京地判昭和39・4・30下民集15巻4号999頁	190
福岡高判昭和39・7・23ジュリ313号7頁	123
福岡高決昭和39・12・22金法401号15頁	123
最判昭和40・2・2民集19巻1号1頁	322
最判昭40・2・4民集19巻1号23頁	271
東京地判昭和40・4・10判時417号53頁	98
横浜地判昭和40・11・15下民集16巻11号1691頁	131
最大決昭和41・3・2民集20巻3号360頁	33,35
東京高決昭和41・11・14判タ199号137頁	123
大阪高決昭和42・8・3高民集20巻4号337頁	271
東京高判昭和43・2・23高民集21巻8号82頁	190
最判昭和43・3・15民集22巻3号625頁	306
最判昭和43・6・27訟月14巻9号1003頁	101
最判昭和43・9・6民集22巻9号1862頁	126
最判昭和43・12・24民集22巻13号3248頁	417
最判昭和45・4・2民集24巻4号223頁	307
最判昭和45・4・24判時592号71頁	131
最判昭和45・5・22裁判集民99号201頁	65
最判昭和45・7・25民集24巻7号1177頁	96
東京地判昭和46・1・25判時629号74頁	271
広島高判昭和46・3・23高民集24巻1号55頁	98
最判昭和46・7・16民集25巻5号779頁	345
岡山地判昭和47・6・7判時678号82頁	98
最判昭和47・6・30民集26巻5号1111頁	159
最判昭和47・7・13民集26巻6号1151頁	384,397
福岡高判昭和47・12・21判時698号70頁	123
東京高判昭和48・2・27判タ302号200頁	272

東京高判昭和 48・3・14 高民集 26 巻 2 号 137 頁	271
最判昭和 48・4・5 民集 27 巻 3 号 419 頁	96
東京地判昭和 49・9・4 判タ 315 号 284 頁	66
最判昭和 49・12・23 民集 28 巻 10 号 2098 頁	46
静岡地浜松支判昭和 50・6・25 無体集 7 巻 1 号 188 頁	18
東京地判昭和 50・8・29 判時 808 号 80 頁	56
東京高判昭和 52・5・31 判タ 359 号 225 頁	53
最判昭和 52・7・21 金法 838 号 31 頁	131,134
大阪高判昭和 53・5・31 判時 915 号 69 頁	98
福岡高決昭和 53・11・13 金判 579 号 33 頁	190
最判昭和 53・12・15 判時 916 号 25 頁	190
福岡高決昭和 54・1・16 金判 579 号 34 頁	190
東京高決昭和 54・9・19 判時 944 号 60 頁	191
大阪高判昭和 55・5・28 高民集 33 巻 2 号 73 頁	131,132
東京高決昭和 55・12・18 判タ 436 号 134 頁	201
仙台高決昭和 56・1・14 判タ 431 号 103 頁	201
東京高決昭和 56・6・29 判タ 450 号 95 頁	143
大阪高決昭和 56・7・7 判時 1031 号 130 頁	200
東京高決昭和 56・9・7 判時 1021 号 110 頁（【33】）	299
福岡高決昭和 56・9・7 下民集 28 巻 9〜12 号 1072 頁	301
東京地判昭和 56・9・14 判時 1015 号 20 頁	107,112
大阪高決昭和 56・11・26 判時 1043 号 67 頁	143
最大判昭和 56・12・16 民集 35 巻 10 号 1369 頁	24
最判昭和 57・2・23 民集 36 巻 2 号 154 頁	208
仙台高決昭和 57・5・10 金判 650 号 30 頁	143
仙台高秋田支決昭和 57・5・19 判タ 473 号 148 頁	143
福岡高判昭和 57・6・9 下民集 33 巻 5〜8 号 913 頁	271
東京高判昭和 57・6・29 東高民時報 33 巻 5・6 号 81 頁	101,103
大阪高決昭和 57・8・19 金判 660 号 40 頁	143
東京高決昭和 57・12・23 判時 1066 号 62 頁	143
最判昭和 58・3・22 金判 708 号 21 頁	345
東京高決昭和 58・4・20 判時 1079 号 50 頁	226
東京高決昭和 58・8・24 判時 1090 号 133 頁	143
東京地判昭和 58・9・26 判時 1105 号 63 頁	398
東京高決昭和 60・3・19 判時 1152 号 144 頁	200
名古屋高判昭和 60・4・12 下民集 34 巻 1〜4 号 461 頁	29
大阪高決昭和 60・5・14 高民集 38 巻 2 号 69 頁	138
東京高決昭和 60・5・15 判時 1184 号 77 頁	143
東京高決昭和 60・6・13 判タ 574 号 90 頁	143
札幌高決昭和 60・10・16 判タ 586 号 82 頁	191

判例索引

東京高決昭和61・1・31判時1184号77頁……………………………144
東京高判昭和61・2・27金判743号32頁……………………………384
最判昭和61・3・13民集20巻2号389頁………………………………36
東京高判昭和61・4・9判時1192号1頁…………………………………29
仙台地判昭和61・4・15労判473号11頁…………………………………42
名古屋高決昭和61・8・26判タ637号219頁……………………………272
釧路簡判昭和61・8・28NBL433号40頁…………………………………66
最判昭和61・11・4訟月33巻7号1981頁…………………………………55
名古屋地判昭和61・11・27判時1226号96頁…………………………160
神戸地判昭和61・12・23判タ638号247頁………………………………67
大阪地判昭和62・3・26判時1246号116頁………………………………29
東京地判昭和62・6・23判時1274号113頁……………………………160
東京高判昭和62・7・15判時1245号3頁…………………………………29
東京高決昭和62・10・27判時1254号72頁……………………………144
名古屋地決昭和62・11・16判時1273号87頁……………………………67
静岡地浜松支決昭和62・11・20判時1259号107頁…………………220
最判昭和63・1・26民集42巻1号1頁……………………………………417
東京高決昭和63・1・27判時1262号105頁……………………………220
東京地判昭和63・5・12判時1282号133頁……………………………258
東京高判昭和63・7・19金法1231号40頁……………………………112
札幌高判昭和63・7・28判タ683号200頁………………………………131
東京高決平成元・10・5東高民時報40巻9～12号117頁……………144
札幌簡判平成2・1・25NBL454号43頁…………………………………67
高松高決平成2・10・15判時1377号69頁………………………………200
大阪高判平成2・11・27金判875号15頁………………………………323
東京地判平成3・5・22判時1400号84頁…………………………………67
東京高決平成3・5・29判時1397号24頁……………………………221,223
最判平成3・12・17民集45巻9号1435頁…………………………………97
最判平成4・2・18民集46巻2号77頁……………………………………318
大阪高判平成4・2・20判時1415号3頁…………………………………29
大阪高判平成4・2・27判タ793号268頁…………………………………66
福岡高判平成4・3・6判時1418号3頁……………………………………29
仙台高判平成4・3・17判時1429号63頁………………………………160
最判平成4・9・10民集46巻6号553頁……………………………………67
最判平成4・9・10資料版商事102号143頁………………………………60
最判平成4・10・29民集46巻7号1174頁…………………………………81
東京地判平成5・1・27判タ838号262頁………………………………191
最判平成5・2・25民集47巻2号643頁……………………………………29
最判平成5・2・25裁判集民167号下359頁………………………………29
東京高判平成5・3・3判時1456号101頁…………………………………72

最判平成5・3・30民集27巻4号3439頁	60
最判平成5・6・25民集47巻6号4557頁	328
大阪地判平成5・10・13判タ840号205頁	112
最判平成5・10・19民集47巻8号5099頁	286
最判平成5・11・11民集47巻9号5255頁	127
東京地判平成6・1・28判タ851号286頁	226
福岡高判平成6・3・31判タ858号257頁	53
最判平成6・4・26民集48巻3号992頁	286
東京地判平成6・5・30判時1504号93頁	67
東京地決平成6・6・21公刊物未登載	18
東京高決平成6・6・30判時1538号193頁	200
最判平成6・10・13家月47巻9号52頁	35
最判平成6・11・23民集48巻7号1355頁	96
東京高決平成7・1・23判時1545号55頁	144
最判平成7・3・7民集9巻3号893頁	35
最判平成7・4・27生命保険判例集8巻123頁	323
大阪地堺支判平成7・7・12労判682号64頁	42
名古屋高決平成7・9・6判タ905号243頁	302
最決平成8・1・30民集50巻1号199頁	308
東京家審平成8・3・28家月49巻7号80頁	294
福岡地判平成8・5・17判タ920号251頁	385
福岡地裁小倉支決平成9・1・17判タ956号293頁	303
最判平成9・3・11判時1599号48頁	55
福岡高決平成9・4・22判タ956号291頁	303
大阪高決平成9・11・21判タ964号272頁	138
最判平成9・12・16判時1627号144頁	60,62
岡山地判平成10・3・30民集54巻2号530頁（【4】第1審）	33
福岡高那覇支判平成10・5・22判時1646号3頁	29
最判平成10・6・12民集52巻4号1147頁	96
最判平成10・6・30民集52巻4号1225頁	97
大阪地判平成10・8・31判タ1000号281頁	42
広島高岡山支判平成10・10・27民集54巻2号549頁（【4】第2審）	33
最判平成11・1・21民集53巻1号1頁	41
最判平成11・1・29民集53巻1号151頁	191
最判平成11・4・26家月51巻10号109頁	288
東京高判平成11・5・27判時1718号58頁	60
最判平成11・6・11判時1685号36頁	41
東京地判平成11・7・1判時1694号94頁	226
大阪高決平成11・7・15金法1564号71頁	271
最決平成11・11・12民集53巻8号1787頁	84

判 例 索 引

最判平成 12・2・24 民集 54 巻 2 号 523 頁（【4】） ……………………… 33
岡山地判平成 12・3・6 民集 59 巻 1 号 10 頁（【42】第 1 審）……… 385
最判平成 12・4・7 民集 54 巻 4 号 1355 頁 ………………………… 137
名古屋高判平成 12・4・27 判時 1748 号 134 頁 …………………… 385
最決平成 12・4・28 金判 1095 号 8 頁 ………………………………… 308
大阪地決平成 12・7・31 民事法情報 171 号 58 頁 ………………… 110
東京高判平成 12・8・17 判時 1741 号 88 頁（【15】） ……………… 129
大阪高決平成 12・10・18 民事法情報 171 号 58 頁 ………… 107,108,110
広島高岡山支判平成 13・2・8 民集 59 巻 1 号 18 頁（【42】第 2 審）… 385
最判平成 13・4・13 民集 55 巻 3 号 671 頁（【17】） ………………… 141
東京高決平成 13・4・19 民集 55 巻 7 号 1561 頁（【13】第 2 審）… 106
大阪高判平成 13・6・13 判タ 1083 号 282 頁 ……………………… 160
前橋地高崎支判平成 13・6・28 民集 57 巻 11 号 2274 頁（【8】第 1 審）… 57
東京高判平成 13・7・17 金判 1123 号 19 頁 ………………………… 161
大阪高判平成 13・8・30 労判 816 号 23 頁 …………………………… 42
東京高判平成 13・10・30 判時 1775 号 65 頁 ……………………… 160
神戸家龍野支決平成 13・12・7 家月 56 巻 2 号 144 頁 …………… 242
最決平成 13・12・13 民集 55 巻 7 号 1546 頁（【13】） …………… 106,412
東京高判平成 13・12・26 民集 57 巻 11 号 2280 頁（【8】第 2 審） … 57
大阪高決平成 14・1・15 家月 56 巻 2 号 142 頁 …………………… 243
最判平成 14・4・12 民集 56 巻 4 号 729 頁 ……………………………… 6
最決平成 14・4・26 判時 1790 号 111 頁 ………………… 110,115,412
東京高判平成 14・4・30 判タ 1106 号 297 頁 ……………………… 161
横浜地小田原支判平成 14・5・10 金判 1171 号 16 頁（【19】第 1 審）… 160
東京地八王子支判平成 14・5・30 判時 1790 号 47 頁（【3】第 1 審）… 24
最判平成 14・6・7 裁時 1317 号 247 頁（【29】） …………………… 268
最決平成 14・6・13 民集 56 巻 5 号 1014 頁（【23】） ……………… 198
高松家決平成 14・6・25 家月 55 巻 4 号 69 頁 ……………………… 245
神戸家決平成 14・8・12 家月 56 巻 2 号 147 頁 ………………… 232,243
東京高判平成 14・8・28 金判 1171 号 13 頁（【19】第 2 審）……… 160
最判平成 14・10・22 判時 1804 号 34 頁 …………………………… 161
高松高決平成 14・11・15 家月 55 巻 4 号 66 頁 …………………… 243
札幌高決平成 15・2・24 判時 1833 号 135 頁 ……………………… 192
最決平成 15・3・14 判時 1852 号 76 頁（【16】） …………………… 136
大阪高決平成 15・3・25 家月 56 巻 2 号 158 頁 ………………… 233,243
大阪高判平成 15・5・8 労判 881 号 72 頁 …………………………… 42
東京地判平成 15・5・26 金判 1181 号 52 頁 ……………………… 385
東京地判平成 15・5・27 労判 859 号 51 頁 …………………………… 42
最判平成 15・7・3 裁時 1343 号 202 頁（【19】） …………………… 157
最決平成 15・8・6 家月 56 巻 2 号 160 頁 …………………………… 243

判例索引

最判平成15・12・16民集57巻11号2265頁（【8】）……………………………57
東京高決平成15・12・25家月56巻8号60頁（【32】）……………………291
最決平成16・2・20裁判集民213号541頁……………………………………76
東京判平成16・2・27判時1855号121頁（【41】）…………………………374
最決平成16・4・8民集58巻4号825頁（【2】）………………………………17
福岡地判平成16・5・11判タ1199号245頁…………………………………415
最判平成16・6・10民集58巻5号1178頁……………………………………307
最決平成16・10・1金判1209号38頁…………………………………………308
神戸地尼崎支判平成16・11・9金判1205号8頁……………………………413
最判平成17・1・17民集59巻1号1頁（【42】）…………………………383,397
大阪高判平成17・1・20民集60巻1号118頁（【24】第2審）……………209
東京地判平成17・3・9金法1747号84頁……………………………………332
東京地判平成17・4・15判時1912号70頁…………………………………332
東京高決平成17・4・26民集59巻10号2641頁（【22】）第2審…………187
東京高決平成17・4・26民集59巻10号2895頁（【25】第2審）…………217
福岡高判平成17・5・18判タ1199号241頁…………………………………415
名古屋地判平成17・5・27 LEX/DB 28101445……………………………385
東京高判平成17・6・30金判1220号2頁……………………………………332
最決平成17・7・22民集59巻6号1888頁……………………………………76
東京高判平成17・8・25 LEX/DB 25470126…………………………………332
東京地中間判平成17・9・29民集63巻8号1823頁（【1】第1審中間判決）……3
最決平成17・10・14民集59巻8号2265頁……………………………………76
大阪高判平成17・10・21金判1228号14頁…………………………………415
最決平成17・11・10民集59巻9号2503頁……………………………………86
東京高判平成17・11・30判時1938号61頁（【3】第2審）…………………24
最判平成17・12・6刑集59巻10号1901頁……………………………………288
最決平成17・12・6民集59巻10号2629頁（【22】）…………………………186
最決平成17・12・9民集59巻10号2889頁（【25】）…………………………216
最判平成18・1・19民集60巻1号109頁（【24】）……………………………205
福岡高決平成18・2・13判時1940号128頁（【40】）………………………363
福岡高決平成18・3・28判タ1222号310頁…………………………………365
東京地判平成18・5・18労判919号92頁（【1】第1審）………………………3
最判平成18・7・7家月59巻1号98頁…………………………………………46
最判平成18・7・7民集60巻6号2307頁………………………………………46
東京高決平成18・7・18金法1926号112頁…………………………………171
最判平成18・7・21民集60巻6号2542頁………………………………………4
東京高決平成18・8・7判タ1268号268頁…………………………………246
最決平成18・9・11民集60巻7号2622頁（【14】）…………………………121
東京地判平成18・9・12金判1810号125頁…………………………………332
大阪地判平成18・10・25金判1359号36頁（【35】第1審）………………311

425

判 例 索 引

大阪高判平成19・1・19 労判 937 号 135 頁 ……………………………………… 42
千葉地決平成19・2・20 金法 1805 号 57 頁 …………………………………… 171
東京高判平成19・3・15 金判 1851 号 8 頁〔金融判例瓦版〕………………… 332
最判平成19・3・20 民集 61 巻 2 号 586 頁（【9】）……………………………… 64
東京地判平成19・3・26 判時 1965 号 3 頁（【5】）……………………………… 38
東京高決平成19・4・11 民集 62 巻 3 号 885 頁（【44】第 2 審）……………… 401
東京地判平成19・5・25 労判 949 号 55 頁 ……………………………………… 42
最判平成19・5・29 判時 1978 号 7 頁（【3】）…………………………………… 24
大阪高決平成19・6・7 判タ 1276 号 338 頁 ……………………………… 233,244
大阪高決平成19・9・19 判タ 1254 号 318 頁 …………………………………… 171
福岡高宮崎支判平成19・9・28 LEX/DB 2542003 ……………………………… 94
東京高判平成19・10・4 民集 63 巻 8 号 1831 頁（【1】第 2 審）………………… 3
仙台高判平成20・2・27 金判 1321 号 55 頁（【34】第 2 審）………………… 304
大阪高判平成20・2・28 判時 2030 号 20 頁 …………………………………… 415
最判平成20・3・13 民集 62 巻 3 号 860 頁（【44】）…………………………… 401
大阪地判平成20・3・14 判時 2030 号 3 頁 ……………………………………… 312
大阪地判平成20・4・25 金判 1359 号 28 頁（【35】第 2 審）………………… 311
佐賀地判平成20・6・27 判時 2014 号 3 頁 ……………………………………… 255
最判平成20・7・10 判時 2020 号 71 頁（【12】）………………………………… 92
東京家決平成20・9・1 公刊物未登載 …………………………………………… 245
岡山家津山支決平成20・9・18 家月 61 巻 7 号 69 頁 ………………………… 244
大阪高判平成20・10・15 LEX/DB 2842018 …………………………………… 312
大阪地判平成20・10・31 民集 66 巻 7 号 3168 頁（【43】第 1 審）…………… 391
大阪地判平成20・10・31 金判 1314 号 57 頁 ………………………………… 347
東京高決平成20・11・7 判タ 1290 号 304 頁 ………………………………… 181
札幌高判平成20・11・13 民集 64 巻 4 号 1179 頁（【38】第 2 審）…………… 342
東京高判平成20・11・26 判タ 1290 号 194 頁（【6】）………………………… 44
東京高決平成20・12・18 家月 61 巻 7 号 59 頁（【31】）……………………… 285
奈良地決平成21・3・5 消費者法ニュース 79 号 200 頁 ……………………… 181
大阪地判平成21・3・12 民集 65 巻 8 号 3186 頁（【37】①第 1 審）………… 330
高松地観音寺支判平成21・3・25 消費者法ニュース 80 号 347 頁 ………… 181
最判平成21・4・17 金判 1321 号 51 頁（【34】）……………………………… 304
大阪高判平成21・5・27 民集 66 巻 7 号 3220 頁（【43】第 2 審）…………… 391
大阪高判平成21・5・29 金判 1321 号 28 頁〔金判 SUPPLEMENT Vol.8〕… 347
大阪地判平成21・9・4 民集 65 巻 8 号 3246 頁（【37】②第 1 審）………… 331
大阪地判平成21・10・16 民集 65 巻 8 号 3197 頁（【37】①第 2 審）………… 330
最判平成21・10・16 民集 63 巻 8 号 1799 頁（【1】）…………………………… 3
最決平成22・4・12 裁判集民 234 号 1 頁 ……………………………………… 86
横浜地川崎支判平成22・4・23 金判 1342 号 14 頁 …………………………… 332
大阪高判平成22・5・21 民集 65 巻 8 号 3258 頁（【37】②第 2 審）………… 331

最判平成 22・6・4 民集 64 巻 4 号 1107 頁（【38】）……………………………… 341
神戸地決平成 22・7・21 判時 2123 号 45 頁（【30】第 1 審）………………… 276
大阪地判平成 22・11・4 判時 2104 号 95 頁……………………………………… 264
東京地決平成 22・11・16 金判 1363 号 43 頁…………………………………… 171
福岡高判平成 22・12・6 判時 2102 号 55 頁……………………………………… 255
東京高決平成 23・1・11 金法 1918 号 109 頁…………………………………… 171
東京高決平成 23・1・12 金法 1918 号 109 頁…………………………………… 171
最判平成 23・1・14 民集 65 巻 1 号 1 頁（【35】）……………………………… 311
松山地判平成 23・3・1 民集 68 巻 5 号 427 頁（【39】第 1 審）……………… 355
最判平成 23・3・22 金判 1368 号 15 頁…………………………………………… 317
大阪地判平成 23・3・25 金判 1366 号 54 頁……………………………………… 333
大阪高判平成 23・3・30 判時 2154 号 156 頁…………………………………… 264
東京高決平成 23・3・30 金法 1922 号 92 頁……………………………………… 171
東京高決平成 23・3・31 金法 1922 号 92 頁……………………………………… 171
大阪高決平成 23・4・6 判時 2123 号 43 頁（【30】）…………………………… 275
東京高決平成 23・4・14 金法 1926 号 112 頁…………………………………… 171
東京地決平成 23・4・28 民集 65 巻 6 号 2733 頁（【20】第 1 審）………… 168
東京高決平成 23・5・16 判時 2111 号 38 頁……………………………………… 171
仙台高秋田支決平成 23・5・18 金判 1376 号 26 頁…………………………… 171
東京高決平成 23・5・18 金法 1926 号 112 頁…………………………………… 171
最判平成 23・6・3 判時 2123 号 41 頁（【7】）…………………………………… 51
東京高決平成 23・6・6 民集 65 巻 6 号 2738 頁（【20】第 2 審）………… 168
東京高決平成 23・6・21 金法 1926 号 122 頁…………………………………… 171
東京高決平成 23・6・22 判時 2122 号 82 頁……………………………………… 171
東京高決平成 23・6・30 金法 1926 号 126 頁…………………………………… 171
最決平成 23・9・20 民集 65 巻 6 号 2710 頁（【20】）……………… 168,177,179
東京高決平成 23・9・20 金判 1376 号 29 頁……………………………………… 171
大阪高判平成 23・10・18 金判 1379 号 22 頁…………………………………… 333
東京高決平成 23・10・26 判時 2130 号 4 頁………………………………… 175,180
最判平成 23・11・22 民集 65 巻 8 号 3165 頁（【37】①）…………………… 330
最判平成 23・11・24 民集 65 巻 8 号 3213 頁（【37】②）…………………… 330
東京高決平成 24・1・12 家月 64 巻 8 号 60 頁（【26】）……………… 229,243
高松高判平成 24・1・20 民集 68 巻 5 号 454 頁（【39】第 2 審）………… 356
最判平成 24・2・28 民集 66 巻 3 号 1240 頁……………………………………… 81
札幌地判平成 24・3・29 判時 2152 号 58 頁……………………………………… 323
札幌高決平成 24・4・12 民集 67 巻 4 号 1171 頁（【45】第 2 審）………… 411
最判平成 24・5・28 民集 66 巻 7 号 3123 頁（【43】）………………………… 390
最決平成 24・7・24 裁判集民 241 号 29 頁（【21】）…………………………… 177
東京高決平成 24・9・12 金判 1412 号 20 頁……………………………………… 323
名古屋高決平成 24・9・20 金判 1405 号 16 頁…………………………………… 180

判例索引

東京高決平成 24・10・10 金判 1405 号 16 頁 …………………………………… 180
東京高決平成 24・10・24 金判 1412 号 9 頁 ……………………………………… 180
札幌高決平成 24・10・30 民集 67 巻 3 号 884 頁（【27】①第 2 審）………… 237
高松高決平成 24・11・13 公刊物未登載 …………………………………………… 415
福岡地直方支判平成 24・11・30 民集 70 巻 8 号 1800 頁（【18】第 1 審）… 150
最決平成 25・1・17 金判 1412 号 8 号 ……………………………………………… 180
最決平成 25・3・28（平成 24 年(許)第 48 号）民集 67 巻 3 号 864 頁（【27】①）… 235
最決平成 25・3・28（平成 24 年(許)第 41 号）判時 2191 号 46 頁（【27】②）…… 235
最決平成 25・3・28（平成 24 年(許)第 47 号）判時 2191 号 46 頁（【27】③）…… 235
最決平成 25・4・19 裁時 1578 号 13 頁（【10】）………………………………… 74
最決平成 25・4・26 民集 67 巻 4 号 1150 頁（【45】）………………… 117,410
長崎地決平成 25・11・12 LEX/DB 25502235 ……………………………………… 256
佐賀地決平成 26・4・11 LEX/DB 25503902 ……………………………………… 256
広島高岡山支決平成 26・5・29 判例自治 392 号 49 頁（【11】第 2 審）…… 89
長崎地決平成 26・6・4 判時 2234 号 26 頁 ……………………………………… 256
最判平成 26・6・5 民集 68 巻 5 号 403 頁（【39】）…………………………… 352
福岡高決平成 26・6・6 判時 2225 号 33 頁 ……………………………………… 256
東京地判平成 26・6・18 民集 70 巻 4 号 1109 頁（【36】第 1 審）………… 323
福岡高決平成 26・7・18 判時 2234 号 18 頁 …………………………………… 256
最決平成 26・10・29 裁判集民 248 号 15 頁（【11】）………………………… 83
東京高判平成 26・11・11 民集 7 巻 4 号 1147 頁（【36】第 2 審）………… 323
福岡高判平成 26・11・21 民集 70 巻 8 号 1813 頁（【18】第 2 審）……… 150
佐賀地判平成 26・12・12 判時 2264 号 85 頁 …………………………………… 264
最決平成 27・1・22（平成 26 年(許)第 17 号）裁時 1620 号 4 頁（【28】①）… 255
最決平成 27・1・22（平成 26 年(許)第 26 号）裁時 1620 号 5 頁（【28】②）… 255
東京高判平成 27・7・30 判時 2277 号 13 頁 …………………………………… 32
最判平成 28・4・28 民集 70 巻 4 号 1099 頁（【36】）………………………… 321
名古屋高判平成 28・11・10 金判 2056 号 62 頁 ………………………………… 350
札幌高判平成 28・11・22 金判 2056 号 62 頁 …………………………………… 350
最判平成 28・12・1 民集 70 巻 8 号 1793 頁（【18】）………………………… 150
最判平成 28・12・8 判時 2325 号 37 頁 …………………………………………… 32
最判平成 29・12・7 金法 2080 号 6 頁 …………………………………………… 350

〈著者紹介〉

野 村 秀 敏（のむら　ひでとし）

1950年　東京都に生まれる
都立小石川高等学校，一橋大学法学部を経て，
1978年　一橋大学大学院法学研究科博士課程単位取得退学
成城大学教授，横浜国立大学教授等を経て，
現在，専修大学教授・法学博士

〈主著〉

『保全訴訟と本案訴訟』（千倉書房・1981年）
『予防的権利保護の研究』（千倉書房・1995年）
『破産と会計』（信山社・1999年）
『民事保全法研究』（弘文堂・2001年）
『民事訴訟法判例研究』（信山社・2002年）
『教材倒産法ⅠⅡ』（共編著，信山社・2010年）
『最新EU民事訴訟法判例研究Ⅰ』（共編著，信山社・2013年）
『法学民事訴訟法』（信山社・2013年）
『国際的民事紛争と仮の権利保護』（信山社・2017年）

学術選書
180
民事訴訟法

❀ ❁ ❀

民事訴訟法判例研究集成

2018(平成30)年5月30日　第1版第1刷発行
6780-8：P452　￥12800E：012-025-010

著　者　野　村　秀　敏
発行者　今井貴　稲葉文子
発行所　株式会社　信山社
〒113-0033 東京都文京区本郷6-2-9-102
Tel 03-3818-1019　Fax 03-3818-0344
henshu@shinzansha.co.jp
笠間才木支店 〒309-1611 茨城県笠間市笠間515-3
Tel 0296-71-9081　Fax 0296-71-9082
笠間来栖支店 〒309-1625 茨城県笠間市来栖2345-1
Tel 0296-71-0215　Fax 0296-72-5410
出版契約2018-6780-8-01011 Printed in Japan

©野村秀敏, 2018　印刷・製本／東洋印刷・牧製本
ISBN978-4-7972-6780-8 C3332 分類327.200-c100

JCOPY 〈(社)出版者著作権管理機構 委託出版物〉
本書の無断複写は著作権法上での例外を除き禁じられています。複写される場合は，
そのつど事前に，(社)出版者著作権管理機構（電話03-3513-6969, FAX 03-3513-6979,
e-mail: info@jcopy.or.jp）の許諾を得てください。

◆ 野村秀敏 著 ◆

民事訴訟法判例研究

国際的民事紛争と仮の権利保護

破産と会計

法学民事訴訟法

最新EU民事訴訟法 判例研究Ⅰ
野村秀敏・安達栄司 編著

教材倒産法　Ⅰ 解説篇・問題篇
　　　　　　Ⅱ 記録篇
野村秀敏・若田順 編

信山社